司法解释理解与适用丛书

最高人民法院
新劳动争议司法解释(一)
理解与适用

最高人民法院民事审判第一庭 编著

人民法院出版社
PEOPLE'S COURT PRESS

图书在版编目（CIP）数据

最高人民法院新劳动争议司法解释（一）理解与适用／最高人民法院民事审判第一庭编著．--北京：人民法院出版社，2021.7

ISBN 978-7-5109-3180-2

Ⅰ．①最… Ⅱ．①最… Ⅲ．①劳动争议-劳动法-法律解释-中国②劳动争议-劳动法-法律适用-中国 Ⅳ．①D922.591.5

中国版本图书馆CIP数据核字（2021）第101378号

最高人民法院新劳动争议司法解释（一）理解与适用

最高人民法院民事审判第一庭　编著

策划编辑　陈建德　李安尼
责任编辑　赵芳慧
出版发行　人民法院出版社
地　　址　北京市东城区东交民巷27号（100745）
电　　话　（010）67550628（责任编辑）　67550558（发行部查询）
　　　　　　65223677（读者服务部）
客服QQ　2092078039
网　　址　http://www.courtbook.com.cn
E-mail　courtpress@sohu.com
印　　刷　三河市国英印务有限公司
经　　销　新华书店

开　　本　787毫米×1092毫米　1/16
字　　数　657千字
印　　张　44.25
版　　次　2021年7月第1版　2025年2月第7次印刷
书　　号　ISBN 978-7-5109-3180-2
定　　价　158.00元

前 言

为贯彻落实习近平总书记在中共中央政治局第二十次集体学习时的重要讲话精神，以清理涉及《民法典》相关司法解释为契机，在最高人民法院颁布施行的原有4个劳动争议司法解释基础上，根据《民法典》《劳动法》《劳动合同法》《民事诉讼法》《劳动争议调解仲裁法》以及《劳动合同法实施条例》等法律法规，对涉及劳动争议的司法解释作清理整合。经反复研究论证，《最高人民法院关于审理劳动争议案件适用法律问题的解释（一）》（以下简称本解释）由最高人民法院审判委员会第1825次会议审议通过，于2021年1月1日起施行。

这次重新修改制定本解释，有以下重要意义：

第一，有利于人民法院正确统一实施劳动法律和《民法典》。从《劳动法》到《劳动合同法》《劳动争议调解仲裁法》，劳动法律不断发展、完善，为应对劳动争议案件审理中出现的新问题、难问题，最高人民法院曾先后颁布施行4个审理劳动争议案件的司法解释，内容丰富、体系庞大，跨越所谓劳动法时代和劳动合同法时代，因此也出现了2001年《劳动争议司法解释》、2006年《劳动争议司法解释（二）》相关内容与后颁布的《劳动合同法》《劳动争议调解仲裁法》内容不协调、不一致的情况。本解释严格依照《劳动法》《劳动合同法》《劳动争议调解仲裁法》以及《民法典》等法律制定。需要指出：一是劳动法律与民法关系问题。劳动法律属于社会法范畴，有其特有理念和规则，民法则属于私法范畴，民法与劳动法律对同一问题有不同规定时，应当适用劳动法律有关规定。例如《民法典》对欺诈行为效力的规定与《劳动合同法》规定不同，本解释相关条文并未依照《民法典》规定作修改，而是与《劳动合同法》保持一致。但是劳动法律没有规定时，《民法典》仍有适用余地，劳动法律中的部分概念、规则，例如主体资格、民事行为能力等，仍然要以《民法典》规定为基础；劳动关系相关规定或者约定不得违背《民法典》强制性规定等。二是《劳动法》与《劳动合同法》《劳动争议调解仲裁法》关系问题。可以说，《劳动法》是劳动法律领域的基本法，《劳动合同法》是劳动合同领域的特别法，《劳动争议调解仲裁法》是劳动争议程序领域的特别法，《劳动法》与《劳动合同法》《劳动争议调解仲裁法》对同一问题规定不一致时，应当以特别法为准。例如《劳动法》第 82 条与《劳动争议调解仲裁法》第 27 条对仲裁时效的起算、中断、中止等规定不一致，本解释制定时就将 2001 年《劳动争议司法解释》、2006 年《劳动争议司法解释（二）》中有关仲裁时效条文予以废止，相关案件审理可以直接援引《劳动争议调解仲裁法》第 27 条的规定。

第二，有利于构建发展和谐稳定的劳动关系。劳动关系是现代社会最重要、最基本的社会经济关系之一，健康和谐的劳动关系是社会稳定、经济发展的基石；维护劳动者合法权益，合理平衡劳动者与用人单位双方利益，有效促进企业生产经营，构建科学、和谐的劳动关系，是人民法院劳动争议审判工作的职责和使命。据统计，近三年来，全国劳动争议纠纷案件一审收案数量每年超过 40 万件，且呈逐年递增态势。这些案件的处理，既涉及劳动者权益保护和用人单位发展，又涉及我国劳动用工、社会保障制度改革成果的落实。正因为如此，本解释制定中，根据《劳动合同法》关于劳动者权益保护的制度发展，例如经济补偿、赔偿金制度等，以及新形势下对劳动者和用人单位双方利益的平衡，对原解释特别是 2001 年《劳动争议司法解释》、2006 年《劳动争议司法解释（二）》有关条文作相应修改，修改后的条文应当结合这一背景来理解。

第三，有利于广大劳动者、用人单位准确理解法律。按照诉讼程序进程和劳动关系演变规律，将原解释中的相关内容整合归纳。本解释原则上分为劳动争议案件受理范围、管辖、裁审衔接、当事人、劳动合同的订立、履行和变更、解除和终止、其他事项 8 个部分。通过归纳整合，更加有利于广大劳动者、用人单位完整、系统地理解《劳动法》《劳动合同法》《劳动争议调解仲裁法》等有关法律内容，依法维权。以裁审衔接部分为例，处理劳动争议主要依赖于调解、仲裁和诉讼三大程序，理顺诉裁衔接程序是解决劳资纠纷、畅通劳资关系的主要途径；通过对原有 4 个解释中涉及裁审衔接的条文归纳整合，例如依照《劳动争议调解仲裁法》相关规定，对先予执行仲裁裁决的情形作了完善，进一步规范劳动争议纠纷案件处理程序，促进裁审衔接。

为帮助各级人民法院法官和社会各界准确把握司法解释条文原意和制定背景，我们延续以往惯例，组织参与司法解释起草和讨论工作的最高人民法院民一庭同志和部分中级人民法院劳动争议审判业务专家撰写本书，逐一对解释条文作翔实阐释。为使读者深入理解司法实务中应当注意的问题，比照条文顺序精选了相应案例附后，进一步增强了本书的实践性，以满足各界人士在司法实践以及其他劳动争议处理实务中的多样化需求。

最高人民法院民事审判第一庭

2021 年 6 月 18 日

凡 例

1. 法律文件名称中的“中华人民共和国”省略，其余一般不省略，例如《中华人民共和国民法典》，简称为《民法典》。特别说明：《民法典》自2021年1月1日起施行，《婚姻法》《继承法》《民法通则》《收养法》《担保法》《合同法》《物权法》《侵权责任法》《民法总则》同时废止。

2. 《最高人民法院关于审理劳动争议案件适用法律若干问题的解释》，简称为2001年《劳动争议司法解释》，已于2021年1月1日起废止。

3. 《最高人民法院关于审理劳动争议案件适用法律若干问题的解释（二）》，简称为2006年《劳动争议司法解释（二）》，已于2021年1月1日起废止。

4. 《最高人民法院关于审理劳动争议案件适用法律若干问题的解释（三）》，简称为2010年《劳动争议司法解释（三）》，已于2021年1月1日起废止。

5. 《最高人民法院关于审理劳动争议案件适用法律若干问题的解释（四）》，简称为2013年《劳动争议司法解释（四）》，已于2021年1月1日起废止。

6. 《最高人民法院关于适用〈中华人民共和国民事诉讼法〉的解释》，简称为《民事诉讼法司法解释》。

目 录

第一部分 司法解释全文

第二部分 重点问题理解与适用

第三部分 条文释义

第一部分　司法解释全文

最高人民法院

关于审理劳动争议案件适用法律问题的解释（一）

法释〔2020〕26号

（2020年12月25日最高人民法院审判委员会第1825次会议通过
2020年12月29日最高人民法院公告公布　自2021年1月1日起施行）

为正确审理劳动争议案件，根据《中华人民共和国民法典》《中华人民共和国劳动法》《中华人民共和国劳动合同法》《中华人民共和国劳动争议调解仲裁法》《中华人民共和国民事诉讼法》等相关法律规定，结合审判实践，制定本解释。

第一条　劳动者与用人单位之间发生的下列纠纷，属于劳动争议，当事人不服劳动争议仲裁机构作出的裁决，依法提起诉讼的，人民法院应予受理：

（一）劳动者与用人单位在履行劳动合同过程中发生的纠纷；

（二）劳动者与用人单位之间没有订立书面劳动合同，但已形成劳动关系后发生的纠纷；

（三）劳动者与用人单位因劳动关系是否已经解除或者终止，以及应否支付解除或者终止劳动关系经济补偿金发生的纠纷；

（四）劳动者与用人单位解除或者终止劳动关系后，请求用人单位返还其收取的劳动合同定金、保证金、抵押金、抵押物发生的纠纷，或者办理劳动者的人事档案、社会保险关系等移转手续发生的纠纷；

（五）劳动者以用人单位未为其办理社会保险手续，且社会保险经办机构不能补办导致其无法享受社会保险待遇为由，要求用人单位赔偿损失发生的纠纷；

（六）劳动者退休后，与尚未参加社会保险统筹的原用人单位因追索养老金、医疗费、工伤保险待遇和其他社会保险待遇而发生的纠纷；

（七）劳动者因为工伤、职业病，请求用人单位依法给予工伤保险待遇发生的纠纷；

（八）劳动者依据劳动合同法第八十五条规定，要求用人单位支付加付赔偿金发生的纠纷；

（九）因企业自主进行改制发生的纠纷。

第二条 下列纠纷不属于劳动争议：

（一）劳动者请求社会保险经办机构发放社会保险金的纠纷；

（二）劳动者与用人单位因住房制度改革产生的公有住房转让纠纷；

（三）劳动者对劳动能力鉴定委员会的伤残等级鉴定结论或者对职业病诊断鉴定委员会的职业病诊断鉴定结论的异议纠纷；

（四）家庭或者个人与家政服务人员之间的纠纷；

（五）个体工匠与帮工、学徒之间的纠纷；

（六）农村承包经营户与受雇人之间的纠纷。

第三条 劳动争议案件由用人单位所在地或者劳动合同履行地的基层人民法院管辖。

劳动合同履行地不明确的，由用人单位所在地的基层人民法院管辖。

法律另有规定的，依照其规定。

第四条 劳动者与用人单位均不服劳动争议仲裁机构的同一裁决，向同一人民法院起诉的，人民法院应当并案审理，双方当事人互为原告和被告，对双方的诉讼请求，人民法院应当一并作出裁决。在诉讼过程中，一方当事人撤诉的，人民法院应当根据另一方当事人的诉讼请求继续审理。双方当事人就同一仲裁裁决分别向有管辖权的人民法院起诉的，后受理的人民法院应当将案件移送给先受理的人民法院。

第五条 劳动争议仲裁机构以无管辖权为由对劳动争议案件不予

受理，当事人提起诉讼的，人民法院按照以下情形分别处理：

（一）经审查认为该劳动争议仲裁机构对案件确无管辖权的，应当告知当事人向有管辖权的劳动争议仲裁机构申请仲裁；

（二）经审查认为该劳动争议仲裁机构有管辖权的，应当告知当事人申请仲裁，并将审查意见书面通知该劳动争议仲裁机构；劳动争议仲裁机构仍不受理，当事人就该劳动争议事项提起诉讼的，人民法院应予受理。

第六条　劳动争议仲裁机构以当事人申请仲裁的事项不属于劳动争议为由，作出不予受理的书面裁决、决定或者通知，当事人不服依法提起诉讼的，人民法院应当分别情况予以处理：

（一）属于劳动争议案件的，应当受理；

（二）虽不属于劳动争议案件，但属于人民法院主管的其他案件，应当依法受理。

第七条　劳动争议仲裁机构以申请仲裁的主体不适格为由，作出不予受理的书面裁决、决定或者通知，当事人不服依法提起诉讼，经审查确属主体不适格的，人民法院不予受理；已经受理的，裁定驳回起诉。

第八条　劳动争议仲裁机构为纠正原仲裁裁决错误重新作出裁决，当事人不服依法提起诉讼的，人民法院应当受理。

第九条　劳动争议仲裁机构仲裁的事项不属于人民法院受理的案件范围，当事人不服依法提起诉讼的，人民法院不予受理；已经受理的，裁定驳回起诉。

第十条　当事人不服劳动争议仲裁机构作出的预先支付劳动者劳动报酬、工伤医疗费、经济补偿或者赔偿金的裁决，依法提起诉讼的，人民法院不予受理。

用人单位不履行上述裁决中的给付义务，劳动者依法申请强制执行的，人民法院应予受理。

第十一条　劳动争议仲裁机构作出的调解书已经发生法律效力，一方当事人反悔提起诉讼的，人民法院不予受理；已经受理的，裁定驳回起诉。

第十二条 劳动争议仲裁机构逾期未作出受理决定或仲裁裁决，当事人直接提起诉讼的，人民法院应予受理，但申请仲裁的案件存在下列事由的除外：

（一）移送管辖的；

（二）正在送达或者送达延误的；

（三）等待另案诉讼结果、评残结论的；

（四）正在等待劳动争议仲裁机构开庭的；

（五）启动鉴定程序或者委托其他部门调查取证的；

（六）其他正当事由。

当事人以劳动争议仲裁机构逾期未作出仲裁裁决为由提起诉讼的，应当提交该仲裁机构出具的受理通知书或者其他已接受仲裁申请的凭证、证明。

第十三条 劳动者依据劳动合同法第三十条第二款和调解仲裁法第十六条规定向人民法院申请支付令，符合民事诉讼法第十七章督促程序规定的，人民法院应予受理。

依据劳动合同法第三十条第二款规定申请支付令被人民法院裁定终结督促程序后，劳动者就劳动争议事项直接提起诉讼的，人民法院应当告知其先向劳动争议仲裁机构申请仲裁。

依据调解仲裁法第十六条规定申请支付令被人民法院裁定终结督促程序后，劳动者依据调解协议直接提起诉讼的，人民法院应予受理。

第十四条 人民法院受理劳动争议案件后，当事人增加诉讼请求的，如该诉讼请求与讼争的劳动争议具有不可分性，应当合并审理；如属独立的劳动争议，应当告知当事人向劳动争议仲裁机构申请仲裁。

第十五条 劳动者以用人单位的工资欠条为证据直接提起诉讼，诉讼请求不涉及劳动关系其他争议的，视为拖欠劳动报酬争议，人民法院按照普通民事纠纷受理。

第十六条 劳动争议仲裁机构作出仲裁裁决后，当事人对裁决中的部分事项不服，依法提起诉讼的，劳动争议仲裁裁决不发生法律效力。

第十七条　劳动争议仲裁机构对多个劳动者的劳动争议作出仲裁裁决后，部分劳动者对仲裁裁决不服，依法提起诉讼的，仲裁裁决对提起诉讼的劳动者不发生法律效力；对未提起诉讼的部分劳动者，发生法律效力，如其申请执行的，人民法院应当受理。

第十八条　仲裁裁决的类型以仲裁裁决书确定为准。仲裁裁决书未载明该裁决为终局裁决或者非终局裁决，用人单位不服该仲裁裁决向基层人民法院提起诉讼的，应当按照以下情形分别处理：

（一）经审查认为该仲裁裁决为非终局裁决的，基层人民法院应予受理；

（二）经审查认为该仲裁裁决为终局裁决的，基层人民法院不予受理，但应告知用人单位可以自收到不予受理裁定书之日起三十日内向劳动争议仲裁机构所在地的中级人民法院申请撤销该仲裁裁决；已经受理的，裁定驳回起诉。

第十九条　仲裁裁决书未载明该裁决为终局裁决或者非终局裁决，劳动者依据调解仲裁法第四十七条第一项规定，追索劳动报酬、工伤医疗费、经济补偿或者赔偿金，如果仲裁裁决涉及数项，每项确定的数额均不超过当地月最低工资标准十二个月金额的，应当按照终局裁决处理。

第二十条　劳动争议仲裁机构作出的同一仲裁裁决同时包含终局裁决事项和非终局裁决事项，当事人不服该仲裁裁决向人民法院提起诉讼的，应当按照非终局裁决处理。

第二十一条　劳动者依据调解仲裁法第四十八条规定向基层人民法院提起诉讼，用人单位依据调解仲裁法第四十九条规定向劳动争议仲裁机构所在地的中级人民法院申请撤销仲裁裁决的，中级人民法院应当不予受理；已经受理的，应当裁定驳回申请。

被人民法院驳回起诉或者劳动者撤诉的，用人单位可以自收到裁定书之日起三十日内，向劳动争议仲裁机构所在地的中级人民法院申请撤销仲裁裁决。

第二十二条 用人单位依据调解仲裁法第四十九条规定向中级人民法院申请撤销仲裁裁决，中级人民法院作出的驳回申请或者撤销仲裁裁决的裁定为终审裁定。

第二十三条 中级人民法院审理用人单位申请撤销终局裁决的案件，应当组成合议庭开庭审理。经过阅卷、调查和询问当事人，对没有新的事实、证据或者理由，合议庭认为不需要开庭审理的，可以不开庭审理。

中级人民法院可以组织双方当事人调解。达成调解协议的，可以制作调解书。一方当事人逾期不履行调解协议的，另一方可以申请人民法院强制执行。

第二十四条 当事人申请人民法院执行劳动争议仲裁机构作出的发生法律效力的裁决书、调解书，被申请人提出证据证明劳动争议仲裁裁决书、调解书有下列情形之一，并经审查核实的，人民法院可以根据民事诉讼法第二百三十七条规定，裁定不予执行：

（一）裁决的事项不属于劳动争议仲裁范围，或者劳动争议仲裁机构无权仲裁的；

（二）适用法律、法规确有错误的；

（三）违反法定程序的；

（四）裁决所根据的证据是伪造的；

（五）对方当事人隐瞒了足以影响公正裁决的证据的；

（六）仲裁员在仲裁该案时有索贿受贿、徇私舞弊、枉法裁决行为的；

（七）人民法院认定执行该劳动争议仲裁裁决违背社会公共利益的。

人民法院在不予执行的裁定书中，应当告知当事人在收到裁定书之次日起三十日内，可以就该劳动争议事项向人民法院提起诉讼。

第二十五条 劳动争议仲裁机构作出终局裁决，劳动者向人民法院申请执行，用人单位向劳动争议仲裁机构所在地的中级人民法院申请撤销的，人民法院应当裁定中止执行。

用人单位撤回撤销终局裁决申请或者其申请被驳回的，人民法院应当裁定恢复执行。仲裁裁决被撤销的，人民法院应当裁定终结执行。

用人单位向人民法院申请撤销仲裁裁决被驳回后，又在执行程序中以相同理由提出不予执行抗辩的，人民法院不予支持。

第二十六条　用人单位与其他单位合并的，合并前发生的劳动争议，由合并后的单位为当事人；用人单位分立为若干单位的，其分立前发生的劳动争议，由分立后的实际用人单位为当事人。

用人单位分立为若干单位后，具体承受劳动权利义务的单位不明确的，分立后的单位均为当事人。

第二十七条　用人单位招用尚未解除劳动合同的劳动者，原用人单位与劳动者发生的劳动争议，可以列新的用人单位为第三人。

原用人单位以新的用人单位侵权为由提起诉讼的，可以列劳动者为第三人。

原用人单位以新的用人单位和劳动者共同侵权为由提起诉讼的，新的用人单位和劳动者列为共同被告。

第二十八条　劳动者在用人单位与其他平等主体之间的承包经营期间，与发包方和承包方双方或者一方发生劳动争议，依法提起诉讼的，应当将承包方和发包方作为当事人。

第二十九条　劳动者与未办理营业执照、营业执照被吊销或者营业期限届满仍继续经营的用人单位发生争议的，应当将用人单位或者其出资人列为当事人。

第三十条　未办理营业执照、营业执照被吊销或者营业期限届满仍继续经营的用人单位，以挂靠等方式借用他人营业执照经营的，应当将用人单位和营业执照出借方列为当事人。

第三十一条　当事人不服劳动争议仲裁机构作出的仲裁裁决，依法提起诉讼，人民法院审查认为仲裁裁决遗漏了必须共同参加仲裁的当事人的，应当依法追加遗漏的人为诉讼当事人。

被追加的当事人应当承担责任的，人民法院应当一并处理。

第三十二条　用人单位与其招用的已经依法享受养老保险待遇或

者领取退休金的人员发生用工争议而提起诉讼的，人民法院应当按劳务关系处理。

企业停薪留职人员、未达到法定退休年龄的内退人员、下岗待岗人员以及企业经营性停产放长假人员，因与新的用人单位发生用工争议而提起诉讼的，人民法院应当按劳动关系处理。

第三十三条 外国人、无国籍人未依法取得就业证件即与中华人民共和国境内的用人单位签订劳动合同，当事人请求确认与用人单位存在劳动关系的，人民法院不予支持。

持有《外国专家证》并取得《外国人来华工作许可证》的外国人，与中华人民共和国境内的用人单位建立用工关系的，可以认定为劳动关系。

第三十四条 劳动合同期满后，劳动者仍在原用人单位工作，原用人单位未表示异议的，视为双方同意以原条件继续履行劳动合同。一方提出终止劳动关系的，人民法院应予支持。

根据劳动合同法第十四条规定，用人单位应当与劳动者签订无固定期限劳动合同而未签订的，人民法院可以视为双方之间存在无固定期限劳动合同关系，并以原劳动合同确定双方的权利义务关系。

第三十五条 劳动者与用人单位就解除或者终止劳动合同办理相关手续、支付工资报酬、加班费、经济补偿或者赔偿金等达成的协议，不违反法律、行政法规的强制性规定，且不存在欺诈、胁迫或者乘人之危情形的，应当认定有效。

前款协议存在重大误解或者显失公平情形，当事人请求撤销的，人民法院应予支持。

第三十六条 当事人在劳动合同或者保密协议中约定了竞业限制，但未约定解除或者终止劳动合同后给予劳动者经济补偿，劳动者履行了竞业限制义务，要求用人单位按照劳动者在劳动合同解除或者终止前十二个月平均工资的30%按月支付经济补偿的，人民法院应予支持。

前款规定的月平均工资的30%低于劳动合同履行地最低工资标准

的，按照劳动合同履行地最低工资标准支付。

第三十七条 当事人在劳动合同或者保密协议中约定了竞业限制和经济补偿，当事人解除劳动合同时，除另有约定外，用人单位要求劳动者履行竞业限制义务，或者劳动者履行了竞业限制义务后要求用人单位支付经济补偿的，人民法院应予支持。

第三十八条 当事人在劳动合同或者保密协议中约定了竞业限制和经济补偿，劳动合同解除或者终止后，因用人单位的原因导致三个月未支付经济补偿，劳动者请求解除竞业限制约定的，人民法院应予支持。

第三十九条 在竞业限制期限内，用人单位请求解除竞业限制协议的，人民法院应予支持。

在解除竞业限制协议时，劳动者请求用人单位额外支付劳动者三个月的竞业限制经济补偿的，人民法院应予支持。

第四十条 劳动者违反竞业限制约定，向用人单位支付违约金后，用人单位要求劳动者按照约定继续履行竞业限制义务的，人民法院应予支持。

第四十一条 劳动合同被确认为无效，劳动者已付出劳动的，用人单位应当按照劳动合同法第二十八条、第四十六条、第四十七条的规定向劳动者支付劳动报酬和经济补偿。

由于用人单位原因订立无效劳动合同，给劳动者造成损害的，用人单位应当赔偿劳动者因合同无效所造成的经济损失。

第四十二条 劳动者主张加班费的，应当就加班事实的存在承担举证责任。但劳动者有证据证明用人单位掌握加班事实存在的证据，用人单位不提供的，由用人单位承担不利后果。

第四十三条 用人单位与劳动者协商一致变更劳动合同，虽未采用书面形式，但已经实际履行了口头变更的劳动合同超过一个月，变更后的劳动合同内容不违反法律、行政法规且不违背公序良俗，当事人以未采用书面形式为由主张劳动合同变更无效的，人民法院不予支持。

第四十四条 因用人单位作出的开除、除名、辞退、解除劳动合同、减少劳动报酬、计算劳动者工作年限等决定而发生的劳动争议，用人单位负举证责任。

第四十五条 用人单位有下列情形之一，迫使劳动者提出解除劳动合同的，用人单位应当支付劳动者的劳动报酬和经济补偿，并可支付赔偿金：

（一）以暴力、威胁或者非法限制人身自由的手段强迫劳动的；

（二）未按照劳动合同约定支付劳动报酬或者提供劳动条件的；

（三）克扣或者无故拖欠劳动者工资的；

（四）拒不支付劳动者延长工作时间工资报酬的；

（五）低于当地最低工资标准支付劳动者工资的。

第四十六条 劳动者非因本人原因从原用人单位被安排到新用人单位工作，原用人单位未支付经济补偿，劳动者依据劳动合同法第三十八条规定与新用人单位解除劳动合同，或者新用人单位向劳动者提出解除、终止劳动合同，在计算支付经济补偿或赔偿金的工作年限时，劳动者请求把在原用人单位的工作年限合并计算为新用人单位工作年限的，人民法院应予支持。

用人单位符合下列情形之一的，应当认定属于“劳动者非因本人原因从原用人单位被安排到新用人单位工作”：

（一）劳动者仍在原工作场所、工作岗位工作，劳动合同主体由原用人单位变更为新用人单位；

（二）用人单位以组织委派或任命形式对劳动者进行工作调动；

（三）因用人单位合并、分立等原因导致劳动者工作调动；

（四）用人单位及其关联企业与劳动者轮流订立劳动合同；

（五）其他合理情形。

第四十七条 建立了工会组织的用人单位解除劳动合同符合劳动合同法第三十九条、第四十条规定，但未按照劳动合同法第四十三条规定事先通知工会，劳动者以用人单位违法解除劳动合同为由请求用人单位支付赔偿金的，人民法院应予支持，但起诉前用人单位已经补正有关程序的除外。

第四十八条　劳动合同法施行后，因用人单位经营期限届满不再继续经营导致劳动合同不能继续履行，劳动者请求用人单位支付经济补偿的，人民法院应予支持。

第四十九条　在诉讼过程中，劳动者向人民法院申请采取财产保全措施，人民法院经审查认为申请人经济确有困难，或者有证据证明用人单位存在欠薪逃匿可能的，应当减轻或者免除劳动者提供担保的义务，及时采取保全措施。

人民法院作出的财产保全裁定中，应当告知当事人在劳动争议仲裁机构的裁决书或者在人民法院的裁判文书生效后三个月内申请强制执行。逾期不申请的，人民法院应当裁定解除保全措施。

第五十条　用人单位根据劳动合同法第四条规定，通过民主程序制定的规章制度，不违反国家法律、行政法规及政策规定，并已向劳动者公示的，可以作为确定双方权利义务的依据。

用人单位制定的内部规章制度与集体合同或者劳动合同约定的内容不一致，劳动者请求优先适用合同约定的，人民法院应予支持。

第五十一条　当事人在调解仲裁法第十条规定的调解组织主持下达成的具有劳动权利义务内容的调解协议，具有劳动合同的约束力，可以作为人民法院裁判的根据。

当事人在调解仲裁法第十条规定的调解组织主持下仅就劳动报酬争议达成调解协议，用人单位不履行调解协议确定的给付义务，劳动者直接提起诉讼的，人民法院可以按照普通民事纠纷受理。

第五十二条　当事人在人民调解委员会主持下仅就给付义务达成的调解协议，双方认为有必要的，可以共同向人民调解委员会所在地的基层人民法院申请司法确认。

第五十三条　用人单位对劳动者作出的开除、除名、辞退等处理，或者因其他原因解除劳动合同确有错误的，人民法院可以依法判决予以撤销。

对于追索劳动报酬、养老金、医疗费以及工伤保险待遇、经济补偿金、培训费及其他相关费用等案件，给付数额不当的，人民法院可以予以变更。

第五十四条 本解释自2021年1月1日起施行。

第二部分　重点问题理解与适用

《关于审理劳动争议案件适用法律问题的解释（一）》几个重点问题的理解与适用①

为贯彻落实习近平总书记在中共中央政治局第二十次集体学习时的重要讲话精神，以清理涉及《民法典》相关司法解释为契机，在最高人民法院颁布施行的原有四个劳动争议司法解释基础上，根据《劳动法》《劳动合同法》《劳动争议调解仲裁法》以及《劳动合同法实施条例》等法律法规，对涉及劳动争议的司法解释作清理整合。通过听取专家学者、社会有关方面建议，征求全国人大常委会法工委、科技部、人力资源和社会保障部等单位，以及各高级人民法院意见建议，经反复研究论证，《最高人民法院关于审理劳动争议案件适用法律问题的解释（一）》最终由最高人民法院审判委员会第1825次会议审议通过，于2021年1月1日起施行。

一、本解释出台的背景

关于劳动争议的司法解释向来是社会关注度高、司法审判急需的重要解释。采取废止原有多个司法解释，重新修改制定新解释的清理模式，主要考虑：一是增强司法解释的体系性、完整性，通过重新修订整合，既统一了解释形式，也方便法官、劳动者、用人单位等查找条文。二是保持新旧司法解释内容的连续性、稳定性，对与《劳动合同法》《劳动争议调解仲裁法》等法律法规相冲突的予以删除，对已经被前述法律吸收的条文内容不再重复，对前述法律新规定的内容予以适当补充，整体未作大规模修改。三是保持适度的前瞻性、开放性，对于有争议仍待司法实践探索或者法律作出新规定但适用中分歧较大

① 本文刊登于《人民司法》2021年第7期，作者：刘敏、于蒙、危浪平等。

的问题暂不作规定，因为《民法典》颁布施行后，相关法律和司法解释将作对应调整，本解释在这些法律、司法解释颁布施行后，还将进一步补充、细化、完善。四是相关单位和社会有关方面认为目前劳动争议相关的司法解释纷繁复杂，建议清理修改，重新整合。

二、关于案件管辖制度

本次司法解释清理，对原有几个解释中涉及劳动争议案件管辖的规定作了整合，在第3～5条中重新作出规定，涉及地域管辖、管辖权确定等方面。

第一，关于劳动争议案件管辖的一般规定。一是关于用人单位所在地法院管辖。依据《民事诉讼法》关于地域管辖基本原则，即原告就被告，劳动争议案件应由一方当事人住所地人民法院管辖，用人单位住所地相对固定，且用人单位相关管理规章往往依据所在地地方性法规、规章等文件制定，因此相对于劳动者住所地，由用人单位所在地法院管辖更为适当。二是关于合同履行地法院管辖。在用人单位所在地与合同履行地不一致的情况下，例如，用人单位所在地在上海市黄浦区，合同履行地在北京市通州区，当事人赴用人单位所在地起诉极为不便，因此本解释第3条规定可以由合同履行地的基层人民法院管辖。三是关于法律另有规定的，依照其规定。例如《劳动争议调解仲裁法》第49条规定用人单位申请撤销终局仲裁裁决的，向劳动争议仲裁委员会所在地的中级人民法院提出。

第二，关于双方当事人同时起诉的法院管辖。征求意见时有建议认为，可以结合《劳动争议调解仲裁法》第21条，规定双方当事人对同一仲裁裁决不服同时提起诉讼的，由该劳动争议仲裁机构所在地人民法院管辖。这一建议具有一定合理性，有利于管辖权恒定，减少裁判尺度不一引发法律适用不一致的现象。但是考虑到一方面以劳动争议仲裁机构所在地作为人民法院地域管辖根据，不符合原告就被告的基本规则，目前也无其他程序法就此作出明确规定；另一方面劳动争议仲裁机构层级设置与法院不完全相同，有的一个劳动争议仲裁机构管辖范围内可能有多个基层人民法院，在此情况下反而增加了管辖权确定的难度。因此，本解释仍然规定“后受理的人民法院应当将案件移送给先受理的人民法院”。征求意见过程中，有人认为可以参考《劳动争议调解仲裁法》第21条关于双方当事人分别向有管辖权的劳动争议仲裁机构申请仲裁的处理，规定双方当事人同时向有管辖权的人民法院起诉的，直接明确由合同履行地基层人民法院管辖。我们认为，交由合同履行地基层人民法院管辖是否更符合实际，或者是否有更加合适的解决办法，可以留待立法、司法实践继续作探索优化。

第三，关于劳动者和用人单位同时起诉的诉讼地位。劳动者和用人单位均不服同一仲裁裁决提起诉讼的，2001年《劳动争议司法解释》、2006年《劳动争议司法解释（二）》有关规定存在冲突。根据2001年《劳动争议司法解释》第9条规定：先起诉的为原告，后起诉的为被告，但是对被告诉讼请求一并审理；根据2006年《劳动争议司法解释（二）》第11条规定：人民法院应当并案审理，双方当事人互为原告和被告。司法实践中，一是因为当事人均不服同一仲裁裁决提起诉讼的，由于起诉时间不同，负责立案审查人员可能不同，导致法院先后立了两个案子；二是由于当事人可以向用人单位所在地或者劳动合同履行地的人民法院起诉，双方当事人分别选择其一的，也会产生不同法院分别立案的情况。因此，根据2006年《劳动争议司法解释（二）》第11条规定，依据《民事诉讼法》对前述情况实行并案审理，既能体现“两便”原则，减轻当事人讼累，防止出现“同案不同判”，也能解决劳动争议案件是否存在反诉机制的理论困惑。并案审理后，双方互为原告和被告，一方提出撤诉申请并经人民法院裁定准许后，表明其作为原告提起的诉讼消除，其不再以原告身份参加诉讼，但是其在对方当事人为原告所提诉讼中的被告身份没有因撤诉而改变，因此即使一方当事人撤诉，人民法院仍应当根据另一方当事人的诉讼请求对案件继续审理。因此，本解释制定时，将2001年《劳动争议司法解释》第9条和2006年《劳动争议司法解释（二）》第11条合并，废止前者部分内容，保留后者。

三、关于达到法定退休年龄人员的用工认定

关于达到法定退休年龄人员的用工认定问题，司法实践中仍有争议，本解释第32条对此作了规定，准确理解这一条，应当注意以下两个方面。

第一，关于与依法享受养老保险待遇或者领取退休金人员建立的用工关系的性质认定。依法享受养老保险待遇或者领取退休金人员再就业的情况非常普遍，对于这类人员的用工关系如何定性，目前司法实践争议不大。依照《劳动合同法》第44条第2项规定，劳动者依法享受养老保险待遇，是劳动者与用人单位劳动合同终止的法定原因。劳动者只要享受基本养老保险待遇，劳动合同即终止，不宜再建立劳动关系。所以用人单位与这类人员建立的用工关系，不应当认定为劳动关系，否则违背《劳动合同法》规定，也违背基本养老保险待遇制度初衷。因此根据本解释第32条第1款规定，用人单位与已经依法享受养老保险待遇或者领取退休金人员发生用工争议提起诉讼的，应当按劳务关系处理。

第二，关于与达到法定退休年龄但不能享受养老保险待遇人员建立的用工关系的性质认定。一般情况下，享受养老保险待遇的人员已经达到法定退休年龄，但是达到法定退休年龄的不一定能够享受养老保险待遇。对于用人单位与已达到法定退休年龄但是不能享受养老保险待遇人员的用工关系定性，实践中存在争议。一种意见认为，用人单位应当继续履行劳动合同，为劳动者缴纳社会保险，当符合可以享受基本养老保险的条件时，用人单位可以终止劳动合同。另一种意见认为，劳动者已经达到法定退休年龄而不能依法享受基本养老保险待遇的情况非常复杂。可能用人单位为劳动者缴纳了社会保险费，但是由于该劳动者累计缴费年限不满15年，因此不能享受按月支付的基本养老保险待遇；还有的地方没有把农民工等人员纳入基本养老保险覆盖范围，这些劳动者可能根本没有参加基本养老保险；如果在这些情况下，一律禁止用人单位终止劳动合同，对其不公。根据《劳动合同

法实施条例》第21条规定，劳动者达到法定退休年龄的，劳动合同终止。我们认为，可以将该条规定视为《劳动合同法》第44条第6项规定的“法律、行政法规规定的其他情形”。该条规定虽然赋予了用人单位在劳动者达到法定退休年龄时对劳动关系的终止权，但是并不意味着劳动关系自动终止。人民法院应当对该条规定适用情形作实质审查，对于达到法定退休年龄，但是非因用人单位原因不能享受基本养老保险待遇的，例如前述另一种意见中出现的情况，可以终止劳动关系；对于达到法定退休年龄，但是因为用人单位原因不能享受基本养老保险待遇的，不能随意终止劳动关系。

四、关于涉我国港澳台地区劳动关系认定

关于涉我国港澳台地区劳动关系认定问题，2013年《劳动争议司法解释（四）》第14条作了规定，本解释制定过程中，根据国务院行政法规变化作了修订。

第一，涉我国港澳台地区劳动关系建立不再需要《台港澳人员就业证》。依照2013年《劳动争议司法解释（四）》第14条规定，我国港澳台地区居民未依法取得就业证件即与内地（大陆）用人单位签订劳动合同的，不认定为劳动关系。2018年7月28日，国务院印发《关于取消一批行政许可等事项的决定》（国发〔2018〕28号，以下简称《决定》），取消我国港澳台地区人员在内地（大陆）就业许可；之后，人社部印发《关于香港澳门台湾居民在内地（大陆）就业有关事项的通知》，规定2018年7月28日起，我国港澳台地区人员在内地（大陆）就业不再需要办理《台港澳人员就业证》。据此，本解释制定中，对2013年《劳动争议司法解释（四）》第14条作出修改，删除前述涉及我国港澳台地区居民内地（大陆）用工相关内容，即通过司法解释予以明确，我国港澳台地区居民与内地（大陆）用人单位建立劳动关系，不再需要办理《台港澳人员就业证》。

第二，国务院《决定》对涉我国港澳台地区劳动关系认定的影响。本解释制定过程中，出现了“溯及论”和“分段论”两种意见。

所谓“溯及论”，是指无论我国港澳台地区居民与用人单位签订劳动合同的时间在《决定》出台前还是出台后，只要一方起诉时间在《决定》出台后，均不适用2013年《劳动争议司法解释（四）》第14条关于我国港澳台地区居民就业须办理就业证的规定。这种意见有其合理性，但是从人社部门和人民法院实践出发，综合考虑劳动者和用人单位权益平衡保护、同一时段劳动者权益的平等保护、相关问题属于特殊阶段司法实践问题等因素，我们认为，“分段论”更符合实践情况，更具操作性和稳妥性，也更符合司法解释时效规定的总体逻辑。劳动者未办理《台港澳人员就业证》的，以《决定》施行日期（2018年7月28日）为时间节点分段，对于《决定》施行以前建立的用工关系，不宜认定为劳动关系，可以认定为劳务关系，对于《决定》施行以后（含当日）建立的用工关系，应当认定为劳动关系，受劳动法律保护。

五、关于劳动合同期满后权利义务的确定

关于劳动合同期满后权利义务的确定问题，虽然本解释第34条对2001年《劳动争议司法解释》第16条未作修改，但是应当结合《劳动合同法》《劳动合同法实施条例》等相关规定作出准确理解。

第一，关于“视为双方同意以原条件继续履行劳动合同”中“原条件”理解。劳动合同期满，用人单位未与劳动者续订劳动合同，但是劳动者继续在用人单位工作的，视为双方同意以原条件继续履行劳动合同。实践中，原条件如何把握，是否包括原劳动合同约定的履行期限，存在争议。我们认为，第34条规定的原条件，是指原劳动合同中除劳动合同期限以外的其他权利义务内容，包括劳动时间、工资报酬、奖金、福利待遇等，“以原条件继续履行”是指上述问题参照原劳动合同的约定执行。关于劳动合同履行期限的约定，属于双方对劳动合同持续时间的合意，这种合意很难通过默示行为来推定，与可以通过工资报酬的支付、接受行为来推定双方对工资报酬的合意不同，因此不宜以劳资双方的履行默示来认定原劳动合同约定的期限就是双

方合意，而需要根据当事人明示意思表示来确定。如果双方就继续履行的期限未协商或者协商不成，则应当根据《劳动合同法》等法律法规来认定。

第二，"视为双方同意以原条件继续履行劳动合同"的，不能免除用人单位应当与劳动者签订书面劳动合同的法定责任。一般情况下，为使劳动者对原劳动合同到期后是否续订有合理预期，以便提前准备再就业等，用人单位应当基于诚实信用原则在原合同到期前合理期间内通知劳动者，协商办理终止或者续订劳动合同事宜。如果用人单位按时履行相关附随义务，就不会出现视为双方同意以原条件继续履行劳动合同的情况。如果用人单位未履行上述附随义务，用工关系继续的，用人单位对原劳动合同期满和继续用工的法律后果均有预期，原劳动合同期满之日，即是用人单位应当续订劳动合同之日和承担未续订法律后果之日。依照《劳动合同法》第 10 条、第 14 条第 3 款、第 82 条和《劳动合同法实施条例》第 6 条规定，劳动合同期满后，用人单位未与劳动者续订书面劳动合同的，应当按规定向劳动者每月支付 2 倍工资，并补订书面劳动合同；如果经用人单位书面通知，劳动者不与用人单位续订劳动合同的，用人单位应当书面通知劳动者终止劳动关系，依照有关规定支付经济补偿。用人单位自劳动合同期满之日起满 1 年不与劳动者续订书面劳动合同，视为用人单位与劳动者已订立无固定期限劳动合同。

第三，关于"一方提出终止劳动关系的，人民法院应予支持"的理解。本条款内容并非赋予用人单位任意解除权。为平衡劳动者和用人单位的利益，用人单位不愿与劳动者续订书面劳动合同，提出终止劳动关系的，视为符合《劳动合同法》第 44 条第 1 项规定的终止情形，应当依照《劳动合同法》第 46 条第 5 项的规定支付经济补偿，不以违法终止劳动关系论。

第四，关于第 34 条第 2 款的理解。符合《劳动合同法》第 14 条规定的订立无固定期限劳动合同情形，用人单位不与劳动者订立的，视为双方已经依照原劳动合同确定的权利义务建立无固定期限劳动合同关系，并且依照《劳动合同法》第 82 条第 2 款规定支付 2 倍工资。符合《劳动合同法》第 14 条第 2 款规定情形的，劳动者有权选择续订、订立固定期限劳动合同或者终止劳动合同，用人单位无权作此选择，否则应当承担违法终止等相关责任。

六、关于劳动合同无效的处理

本解释第 41 条对劳动合同被确认无效后，用人单位如何承担责任作了系统规定，准确理解应注意以下三个方面。

第一，关于劳动报酬。劳动合同被确认无效后，劳动者已经付出劳动的，用人单位应当支付劳动报酬；劳动报酬支付标准依照《劳动合同法》第 28 条确定。劳动合同明确约定了劳动报酬数额，且不违反法律、法规和国家规定的，虽然劳动合同被确认全部无效或者部分无效，用人单位仍应当按照劳动合同约定支付劳动报酬；劳动合同没有约定劳动报酬，但是用人单位支付了劳动报酬，且符合法律、法规和国家规定的，该劳动报酬数额有效；用人单位没有支付劳动报酬或者实际支付报酬不符合法律、法规和国家规定的，报酬数额可以参照本单位相同或者相近岗位劳动者的劳动报酬确定。相同岗位，即劳动者从事工种相同，提供劳动相同；相似岗位，指劳动者从事工种不同，提供劳动性质不同，但是在本单位所处位置、发挥作用相同。

第二，关于经济补偿。《劳动合同法》第 26 条第 1 款规定了劳动合同无效的 3 种情形；依照《劳动合同法》第 38 条第 1 款第 5 项规定，由于用人单位存在前述 3 种情形致使劳动合同无效的，劳动者获得单方解除权；在上述情形下，依照《劳动合同法》第 46 条第 1 项规定，用人单位应当依照该法第 47 条规定的计算标准向劳动者支付经济补偿。因此，本解释第 41 条第 1 款规定：劳动合同被确认为无效，劳动者已付出劳动的，用人单位应当按照《劳动合同法》第 46 条、第 47 条规定支付经济补偿。

第三，关于经济损失赔偿。依照《劳动法》第 97 条、《劳动合同法》第 86 条规定，由于用人单位原因订立无效劳动合同，给劳动者造成损害的，用人单位应当赔偿劳动者因合同无效所造成的经济损失，本解释第41条第2款对此作了明确规定。该款规定的损害赔偿责任系过错责任，赔偿损失应当以实际损失为限，不同于惩罚性赔偿。

七、关于口头变更劳动合同的效力规则

司法实践中，如何理解口头变更劳动合同的效力规则存在争议，本解释第43条对此作了进一步明确。

第一，关于“应当采用书面形式”的理解。根据《劳动合同法》第35条规定，变更劳动合同应当采用书面形式。此条规定既是签订书面劳动合同原则的延伸，也是为了预防因变更事项理解不明而发生争议。对于是否应当承认口头或者事实变更劳动合同的法律效力，目前已有共识。《劳动合同法》第35条规定的“应当”，应理解为管理性规范，而非效力性规范，当事人未采取书面变更形式不能认为其违反了强制性规范，只要变更后的合同内容不违法且经过一定期间劳动者未提异议，就应当肯定这种变更行为的效力。主要是考虑到劳动合同变更采取口头形式符合我国企业生产经营管理现状，在签订了书面劳动合同的情况下，对于那些通过口头变更后履行了较长时间的劳动合同，应当确认其效力，防止一直处于悬而未决的事实状态。

第二，关于“用人单位与劳动者协商一致”的理解。依照《劳动合同法》第35条规定，用人单位与劳动者协商一致，可以变更劳动合同约定的内容。口头变更劳动合同，应当建立在劳资双方合意前提下，这种合意可以是明示的，也可以是默示的，即通过当事人连续的实际履行行为表现出来。需要注意的是，不能把沉默当成默示，依照《民法典》第140条规定，沉默只有在有法律规定、当事人约定或者符合当事人之间的交易习惯时，才可以视为意思表示。2013年《劳动争议司法解释（四）》第11条未强调变更需协商一致这个前提，导致司法实践中形成一种误解，认为只要实际履行变更的劳动合同超过1个月，就认定变更有效，而不论变更是否经过双方协商一致。例如，用人单位在没有明确告知劳动者的情况下单方降薪，并按照降薪后的标准发

放超过1个月的工资，劳动者以不知情为由请求用人单位补足工资差额，此时用人单位抗辩称劳动者对降薪未提异议，工资标准已经通过实际履行的方式作变更。这种观点忽略了本解释第43条的适用前提是双方就变更劳动合同已经协商一致，如果仅是劳动者对降薪未持异议，实际上劳动者是对降薪保持消极沉默，用人单位没有证据证明其与劳动者就降薪进行协商的，这种沉默并不构成《民法典》第140条规定的意思表示，不能视为双方就变更劳动合同已经协商一致。

第三，准确把握本解释第43条规定的内容。为与《劳动合同法》第26条和《民法典》第153条规定保持一致，本解释第43条除增加"用人单位与劳动者协商一致"条件外，还将"不违反法律、行政法规、国家政策以及公序良俗"修改为"不违反法律、行政法规且不违背公序良俗"。因此，应当从四个方面理解本解释第43条内容：一是用人单位与劳动者协商一致变更劳动合同；二是协商一致可以是明示，也可以是默示；三是默示判断标准是变更的劳动合同已经实际履行超过1个月；四是变更后的劳动合同内容合法，不违反法律、行政法规以及公序良俗。

八、关于加付赔偿金的理解

本解释第45条就加付赔偿金问题作了规定，如何理解这一规定，其与《劳动合同法》第87条规定的"二倍赔偿金"适用有何不同？对此可以作如下理解。

第一，将加付赔偿金案件纳入劳动争议案件受案范围的考量。对于加付赔偿金案件是否纳入劳动争议处理程序，本解释制定过程中有不同意见，司法实践中也有争议。一种意见认为，依照《劳动合同法》第85条规定，用人单位存在该条规定情形的，应当由劳动行政部门责令用人单位支付劳动报酬、加班费或者经济补偿，逾期不支付的，责令用人单位支付一定比例的赔偿金。因此，责令加付赔偿金是劳动行政部门的职责，不属于人民法院主管范围，建议删除2001年《劳动争议司法解释》第15条有关规定。另一种意见认为，劳动者往往在劳动关系中处于弱势，用人单位存在《劳动合同法》第 85 条或者第 38 条规定情形时，表面上是劳动者可以获得单方解除权，实质上可能是劳动者迫于前述情形提出解除合同，用人单位借此规避由其解除合同的相关责任。这种情况下，仅通过劳动者向劳动行政部门检举等，由劳动行政部门责令用人单位承担相应支付责任，保障力度不够，应当赋予劳动者请求司法保护并获得强制执行的权力。本解释原则上采纳了第二种意见，保留 2001 年《劳动争议司法解释》第 15 条有关规定，并在第 1 条中明确赋予劳动者就加付赔偿金案件依法提起诉讼的权利。至于是否要求劳动者提供经劳动行政部门先行处理的证据，将劳动争议处理程序作为一种补充救济手段，从贯彻落实《劳动合同法》第 85 条的立法原意来看，司法实践中还可以继续探索优化。

第二，对本解释第 45 条的理解。第 45 条与劳动者单方解除劳动合同的权利密切相关。依照《劳动合同法》第 38 条规定，用人单位具有该条所列五种情形时，劳动者可以获得单方解除权；在该五种情形下，劳动者被迫提出解除劳动合同的可能性大，此时用人单位应当依法支付劳动报酬和经济补偿，如果未按时支付的，参照《劳动合同法》第 85 条规定按应付金额 50% 以上 100% 以下标准向劳动者加付赔偿金。具体案件中确定具体标准时，要因时制宜，不能追求惩罚过度，否则于用人单位不公平，应当着重考虑以下因素：一是用人单位违法行为严重性及过错程度；二是劳动者因用人单位违法行为所受损害大小；三是用人单位因违法行为获利情况；四是用人单位接受其他处罚情况。

第三，本解释第 45 条关于“加付赔偿金”规定与《劳动合同法》第 87 条关于“二倍赔偿金”规定的区别。如前所述，前者是劳动者受迫提出解除劳动合同，符合有关条件时，应当加付的赔偿金；如果用人单位按时支付劳动报酬和经济补偿，就不再加付赔偿金；另外，在本解释第 45 条规定的五种情形下，劳动者解除劳动合同符合《劳动合同法》第 38 条规定，属于合法解除，作为解除方的劳动者不承担责任。对于后者，依据《劳动合同法》第 87 条规定，用人单位违反

《劳动合同法》等法律规定，解除或者终止劳动合同的，应当依照《劳动合同法》第 47 条规定经济补偿标准的 2 倍支付赔偿金；根据《劳动合同法实施条例》第 25 条规定，用人单位依照《劳动合同法》第 87 条规定支付了赔偿金的，不再支付经济补偿；相对于前者，后者是用人单位违法解除或者终止劳动合同，作为解除方的用人单位需要承担责任。因此，二者区别明显，不能混同。

第三部分　条文释义

第一条

劳动者与用人单位之间发生的下列纠纷，属于劳动争议，当事人不服劳动争议仲裁机构作出的裁决，依法提起诉讼的，人民法院应予受理：

（一）劳动者与用人单位在履行劳动合同过程中发生的纠纷；

（二）劳动者与用人单位之间没有订立书面劳动合同，但已形成劳动关系后发生的纠纷；

（三）劳动者与用人单位因劳动关系是否已经解除或者终止，以及应否支付解除或者终止劳动关系经济补偿金发生的纠纷；

（四）劳动者与用人单位解除或者终止劳动关系后，请求用人单位返还其收取的劳动合同定金、保证金、抵押金、抵押物发生的纠纷，或者办理劳动者的人事档案、社会保险关系等移转手续发生的纠纷；

（五）劳动者以用人单位未为其办理社会保险手续，且社会保险经办机构不能补办导致其无法享受社会保险待遇为由，要求用人单位赔偿损失发生的纠纷；

（六）劳动者退休后，与尚未参加社会保险统筹的原用人单位因追索养老金、医疗费、工伤保险待遇和其他社会保险待遇而发生的纠纷；

（七）劳动者因为工伤、职业病，请求用人单位依法给予工伤保险待遇发生的纠纷；

（八）劳动者依据劳动合同法第八十五条规定，要求用人单位支付加付赔偿金发生的纠纷；

（九）因企业自主进行改制发生的纠纷。

【条文主旨】

本条是关于人民法院受理的劳动争议案件范围的规定。

【条文理解】

本条是在对2001年《劳动争议司法解释》第1条，2006年《劳动争议司法解释（二）》第4条、第5条、第6条，2010年《劳动争议司法解释（三）》第1条、第2条、第3条进行整合的基础上形成，对于本条的理解，着重要把握以下几个问题。

一、劳动关系的认定

在没有书面劳动合同的情况下，到底以哪些要件来认定劳动关系，实务中没有统一标准。为解决这个问题，原劳动和社会保障部在2005年5月颁布了《关于确立劳动关系有关事项的通知》，在第1条规定了认定事实劳动关系的实质要件。根据其规定，在没有订立书面劳动合同的情况下，同时具备以下三个条件的，劳动关系成立：（1）用人单位和劳动者符合法律、法规规定的主体资格；（2）用人单位依法制定的各项劳动规章制度适用于劳动者，劳动者受用人单位的劳动管理，从事用人单位安排的有报酬的劳动；（3）劳动者提供的劳动是用人单位业务的组成部分。

这条规定对统一认定劳动关系的标准、保护劳动者权益起到了积极作用，但在实践中，仍有不足之处。第一，因为这三个条件只是劳动关系表现出来的几个常见特征，并不都能体现劳动关系的本质属性。该规定等于是通过总结劳动关系的几点常见特征，然后从特征倒推劳动关系，同时符合这些特征的就是劳动关系，不同时符合这些特征的就不是劳动关系。这样做会导致以偏概全，遗漏一些虽然不具备这些常见特征，但仍然是劳动关系的情形，因此，不能全面地保护劳动者。

第二，不论是《民法通则》《合同法》还是《民法总则》《民法典》，都没有把主体资格作为法律关系（或法律行为）成立或者生效的要件来对待。在法律关系成立层面，一般来说，行为人意思表示达成一致，法律关系即告成立。在法律关系生效层面，一般来说，只要行为人不是无民事行为能力人或者限制民事行为能力人，意思表示真实，行为内容不违反法律、行政法规的强制性规定，不违背公序良俗，不存在恶意串通损害他人合法权益的情节，法律关系即告生效。而按照该通知的规定，当主体资格不合法，比如用人单位被吊销营业执照、责令关闭、撤销的时候，就不能构成劳动关系，这显然是不利于保护劳动者的，而且也和《劳动合同法》第93条①以及《工伤保险条例》第66条②等的规定相冲突。第三，一些管理不规范的用人单位，没有成文的劳动规章制度；一些用人单位，对劳动者的管理以口头为主；一些用人单位以现金支付工资；这些情形都导致劳动者难以取证证明劳动关系。第四，有一些劳动者，比如单位的保洁，提供的劳动并非用人单位业务组成部分，但是显然不能因此就一刀切，认定双方之间不存在劳动关系。

为进一步保护劳动者，正确认定劳动关系，《劳动合同法》修正了《劳动法》第16条以劳动合同作为劳动关系要件的规定，也没有采用《关于确立劳动关系有关事项的通知》第1条确立的认定标准，而是在第7条作出全新规定。按照该规定，“用人单位自用工之日起即

---

① 《劳动合同法》第93条规定：“对不具备合法经营资格的用人单位的违法犯罪行为，依法追究法律责任；劳动者已经付出劳动的，该单位或者其出资人应当依照本法有关规定向劳动者支付劳动报酬、经济补偿、赔偿金；给劳动者造成损害的，应当承担赔偿责任。”

② 《工伤保险条例》第66条规定：“无营业执照或者未经依法登记、备案的单位以及被依法吊销营业执照或者撤销登记、备案的单位的职工受到事故伤害或者患职业病的，由该单位向伤残职工或者死亡职工的近亲属给予一次性赔偿，赔偿标准不得低于本条例规定的工伤保险待遇；用人单位不得使用童工，用人单位使用童工造成童工伤残、死亡的，由该单位向童工或者童工的近亲属给予一次性赔偿，赔偿标准不得低于本条例规定的工伤保险待遇。具体办法由国务院社会保险行政部门规定。前款规定的伤残职工或者死亡职工的近亲属就赔偿数额与单位发生争议的，以及前款规定的童工或者童工的近亲属就赔偿数额与单位发生争议的，按照处理劳动争议的有关规定处理。”

与劳动者建立劳动关系”。为了进一步厘清劳动关系与劳动合同的区别，《劳动合同法》在第10条进一步强调：“已建立劳动关系，未同时订立书面劳动合同的，应当自用工之日起一个月内订立书面劳动合同。用人单位与劳动者在用工前订立劳动合同的，劳动关系自用工之日起建立。”

（一）劳动关系认定的实质要件

根据《劳动合同法》第7条的规定，劳动关系建立的要件是“用工”。此处的“用工”应作何理解？理论和实务中主要有两种观点。一种是“实际使用说”。“实际使用说”认为，用工即劳动者的劳动力被用人单位实际使用或者消耗。该观点注重的是劳动力被实际使用的事实。另一种观点被称为“控制说”。“控制说”认为，用工即劳动者已将其劳动力使用权转让给用人单位，或者说，用人单位对劳动者的劳动力已取得使用权。该观点注重的是劳动者的劳动力处于被用人单位控制的状态，既包括劳动者的劳动力被实际使用，也包括劳动力虽然还未被实际使用但已经处于用人单位有权随时使用的状态，或者劳动者虽未开始提供劳动，但已经被单位安排去熟悉工作环境、学习规章制度或者进行岗前培训等。从保护劳动者的角度，“控制说”对劳动者更为有利，实践中已有地方立法采用“控制说”。比如，根据《山西省劳动合同条例》第8条第2款规定，作为劳动关系建立时间的“用工之日”，是指劳动者根据用人单位的安排，到用人单位报到之日。①

劳动关系中的“用工”，区别于普通民事雇佣中的用工，区别的关键在于其具有从属性，从属性至少可以从两个层面来理解：

第一个层面，用工的人格从属性。其侧重点在于，劳动者受用人单位控制程度较高，其从事何种劳动、运用何种手段劳动、工作内容、工作时间和地点等事项，均受到用人单位较高程度的控制，能自主决定的程度比较低。比如，实践中存在的，自带车辆的司机与物流公司、

① 参见王全兴：《劳动法》（第四版），法律出版社2017年版，第35页。

运输公司之间到底是劳动关系还是承揽之类的关系？判断这个问题，就可以看用工有没有人格从属性。如果司机每天接受单位的业务安排，在单位的指挥下开展业务，营运所得归单位，司机只是按照出车次数或者里程获得劳动报酬，那么双方之间就是劳动关系。如果司机并不接受公司的管理，而是有业务的时候就接受单位的安排，单位没有业务的时候可以自由安排自己的时间，还可以承接其他单位的业务，此时双方之间就可能是承揽关系。

第二个层面，用工的组织从属性。劳动者的劳动被纳入用人单位的生产经营系统，成为其中的一个组成部分，劳动者成为用人单位的劳动组织成员，在劳动中承担作为劳动组织成员所应负的遵守规章制度、保守商业秘密等义务。组织从属性可以弥补人格从属性的不足，将一些工作自主性较高、不宜纳入人格从属性范围的人员吸纳进来。比如律师对于律师事务所、会计师对于会计师事务所，企业内部承包者对于企业。

（二）形式标志与实质要件的关系

并不是在所有的案件中都能查明是否存在用工的事实。这时候，就可以根据劳动关系的一些形式标志来进行判断和认定。所谓形式标志，是指由“用工”所映射出来的劳动关系的一些形式特征。比如书面的劳动合同、考勤记录，还有像原劳动和社会保障部在《关于确立劳动关系有关事项的通知》第 2 条所提及的工资支付记录、工资发放花名册、社保缴纳记录、工作证、招聘登记表等。在劳动者不能直接证明用工事实的时候，如果能提供相应的证据证明这些形式标志的存在，就可以帮助裁判者依法行使自由裁量权。当劳动者证明的形式标志足够多的时候，裁判者根据劳动者的举证，认为其与用人单位之间存在劳动关系的可能性高达一定程度时，就可以依据《民事诉讼法司法解释》第 108 条第 1 款关于举证规则的规定，认定双方间存在劳动关系。①

在认定劳动关系时，用工事实是劳动关系的实质要件，它决定着劳动关系的本质，也决定了形式标志，决定了何种现象和事实可以成为认定劳动关系的形式标志。但是，形式标志和实质要件比起来，更具有直观性，更容易举证。而且，一般情况下，形式标志与实质要件是统一的。所以，一般情况下，只要形式标志足够充分，就可以认定劳动关系。但是，当形式标志与实质要件不一致的时候，还是要依据实质标志来认定是不是存在劳动关系。比如，用人单位与劳动者在用工之前就已经订立了劳动合同的，劳动关系建立的时间应当以实际开始用工的时间为准，而不是以劳动合同订立的时间为准。

（三）当事人之间存在劳务合同等普通民事合同时，如何认定

建立劳动关系属于民事法律行为的一种，因此，劳动关系的建立，除了看“用工”之外，也要看民事主体双方有没有建立劳动关系的合意。根据《民法典》第133条规定，民事法律行为是民事主体通过意思表示设立、变更、终止民事法律关系的行为。换言之，意思表示是民事法律行为的核心要素，意思表示一致是民事法律行为成立的前提条件。因此，应当认为，《劳动合同法》第7条第1句隐含了双方对建立劳动关系达成合意的推定。也就是说，对于《劳动合同法》第7条第1句完整的解读应当是：“囿于劳动者举证能力弱，只要其能证明存在用工的事实，法律就推定其与用人单位存在建立劳动关系的意思表示并就此达成合意，而无需其就此举证证明。”因此，反过来说，如果有证据证明双方存在的是建立其他法律关系的合意，比如单位提供反证证明双方订立了劳务合同，此时应当根据双方真实意思表示来确定法律关系，否则有违意思自治原则，对单位来说也有失公平。但是，对于劳务合同、合作协议等证据，要从两个方面进行审慎的实质性审查：一是审查合同内容，是不是名为劳务合同，实为劳动合同；二是

① 《民事诉讼法司法解释》第108条第1款规定：“对负有举证证明责任的当事人提供的证据，人民法院经审查并结合相关事实，确信待证事实的存在具有高度可能性的，应当认定该事实存在。”

审查劳动者提供的劳动，是否符合前文所说的劳动关系项下的“用工”的本质特征，如果符合，仍然要认定双方存在的是劳动关系。

做这种处理的原因有三个：一是防范用人单位利用自身优势迫使劳动者订立其他类型的合同，逃避劳动法上的义务。二是认定法律关系的性质，要以民事主体之间实际真实存在的法律关系为准。三是从立法体系来看，我国相关立法并没有预设单位与个人存在形成劳务雇佣关系的空间。根据《劳动法》第73条规定，在劳动关系项下，劳动者因工伤残或患职业病的，依法享受工伤保险待遇；《侵权责任法》在规定用人者责任时，却只在第35条规定了个人之间形成劳务关系的，提供劳务一方因劳务自己受到损害的，根据双方各自的过错承担相应的责任。该规定被《民法典》第1192条承继。可见，在法律层面，并没有规定个人受雇于单位、双方形成劳务雇佣关系这种情形下，个人因提供劳务受伤害，该如何分担责任。但是鉴于我国民法并未对个人与单位之间建立劳务雇佣关系作出禁止性的规定，且实践中仍然存在这样的用工形式，当个人因提供劳务受伤害时，如果适用侵权法的过错原则来处理，则对个人很不利，会造成单位与个人之间的利益失衡。因此，过往的实务中，对于这种情况，一般依然适用《最高人民法院关于审理人身损害赔偿案件适用法律若干问题的解释》（法释〔2003〕20号）第11条第1句来解决问题，即雇员在从事雇佣活动中遭受人身损害，雇主应当承担赔偿责任。但是2020年修正后的《最高人民法院关于审理人身损害赔偿案件适用法律若干问题的解释》却删除了上述条款。从上述分析可见，在法律的层面，单位与个人之间建立劳务雇佣关系是不符合立法预期、不被立法鼓励的。因此，当我们审查发现劳动者提供的劳动符合劳动关系中用工的本质属性时，即使双方订立的是劳务合同，仍然要遵循立法本意，原则上还是要认定双方之间存在的是劳动关系。

二、劳动争议的主体

（一）用人单位

1. 用人单位的范围

劳动争议的主体也即劳动争议的当事人。根据《劳动合同法》第2条的规定，劳动争议的主体是指用人单位和与之建立劳动关系的劳动者。因此，确定用人单位的范围成为确定劳动争议主体的关键。确定了用人单位的范围，就可以相应地确定与之建立劳动关系的劳动者的范围。

根据《劳动合同法》第2条的规定，用人单位包括在我国境内的企业、个体经济组织、民办非企业单位等组织，以及国家机关、事业单位、社会团体。对于《劳动合同法》第2条中“等组织”的范围，《劳动合同法实施条例》第3条通过列举的方式，明确会计师事务所、律师事务所等合伙组织属于劳动争议的主体。另外，该条还强调基金会这样的财团法人也属于劳动争议的主体。①

但是，随着《民法总则》及《民法典》对我国境内的法人类型作了不同于《民法通则》的新划分，劳动争议的主体范围也应当随之发生变化，在将来，有必要对《劳动合同法》作相应修订，以保持与《民法典》规定的一致性。

2. 用人单位的特殊形态

（1）不完全资格用人单位。在一般情况下，用人单位具有完全的用人资格，依法可以独立行使全部用人权利和履行全部用人义务。而在法定的特殊情形下，有的用人主体只具有部分用人资格。例如，在劳务派遣中，派遣单位和用工单位都是不完全资格用人单位，一个完整的用人资格被分为两个不完整的部分。又如，根据《劳动合同法实

① 根据《社会团体登记管理条例》第2条第1款的规定，社会团体是指中国公民自愿组成，为实现会员共同意愿，按照其章程开展活动的非营利性社会组织。按照该定义，基金会这样的财团法人并不属于社会团体，因此，《劳动合同法实施条例》第3条强调基金会属于劳动争议的主体确有必要。

施条例》第4条规定，用人单位设立的分支机构，依法取得营业执照或者登记证书的，可以作为用人单位与劳动者订立劳动合同；未依法取得营业执照或者登记证书的，受用人单位委托可以与劳动者订立劳动合同。在这里，依法取得营业执照或者登记证书的分支机构，就属于不完全资格用人单位；未依法取得营业执照或者登记证书的分支机构，就不属于不完全资格用人单位，而只是用人单位的单位行政。①

（2）不合格用人单位。合格用人单位，指的是依法取得用人单位资格的用人主体。而不合格用人单位，也被称为“非法用工主体”，是指未依法取得用人单位资格却实际使用他人劳动力的单位，比如，无营业执照、营业执照被吊销或者营业期限届满仍继续经营的用人单位。

根据《劳动合同法》第44条第5项规定，用人单位被吊销营业执照、责令关闭、撤销或者用人单位决定提前解散的，劳动合同终止。也就是说，用人单位被吊销营业执照、责令关闭、撤销或者用人单位决定提前解散的，既存的劳动合同终止，新订立的劳动合同无效。

但是，劳动合同终止并不意味着不合格的用人单位不需要承担劳动法上的义务或者责任。《劳动合同法》第93条将这类单位统称为“不具备合法经营资格的用人单位”，并且明确规定，对不具备合法经营资格的用人单位，劳动者已经付出劳动的，该单位或者其出资人应当依照本法有关规定向劳动者支付劳动报酬、经济补偿、赔偿金；给劳动者造成损害的，应当承担赔偿责任。《工伤保险条例》第66条也规定：无营业执照或者未经依法登记、备案的单位以及被依法吊销营业执照或者撤销登记、备案的单位的职工受到事故伤害或者患职业病的，由该单位向伤残职工或者死亡职工的近亲属给予一次性赔偿，赔偿标准不得低于本条例规定的工伤保险待遇；前述规定的伤残职工或者死亡职工的近亲属就赔偿数额与单位发生争议的，按照劳动争议的有关规定处理。

---

① 王全兴：《劳动法》（第四版），法律出版社2017年版，第116页。

按照上述法律、行政法规的规定，不合格用人单位与劳动者之间的劳动合同虽然终止或者无效，但对于两者之间形成的用工，仍然要按劳动关系对待。这样的处理是正确的，毕竟劳动者作为非法用工的相对方，一般情况下并不存在过错，不应当因为非法用工主体的违法行为而导致他们的合法权益得不到保护；而且，如果按照劳务雇佣等法律关系来处理，非法用工主体所要承担的义务和责任会减轻很多，也就是说，非法用工主体反而因自己的非法行为而获利，这是不能接受的。

（二）劳动者

劳动法上的劳动者，有广义和狭义之分。广义上的劳动者，指具有劳动能力，但不一定已参与到特定劳动关系中的自然人；狭义上的劳动者，指具有劳动能力且已经依法参与到特定劳动关系中的自然人。

需要注意的是，在一般意义的劳动者之外，还存在一些特殊形态的劳动者：

1. 达到退休年龄的劳动者

根据《劳动合同法》第44条第2项规定，劳动者开始依法享受基本养老保险待遇的，劳动合同终止。与此相应，2010年《劳动争议司法解释（三）》第7条规定：用人单位与其招用的已经依法享受养老保险待遇或领取退休金的人员发生用工争议，向人民法院提起诉讼的，人民法院应当按劳务关系处理。该条司法解释较好地解决了实务中退休人员的用工问题，因此，本次清理、制定新劳动争议司法解释时予以保留。

但是，《劳动合同法实施条例》第21条对此作出不同于《劳动合同法》的规定，即“劳动者达到法定退休年龄的，劳动合同终止”。也就是说，劳动者只要达到法定退休年龄的，劳动合同即告终止，而不论其是否依法享受基本养老保险待遇。

2. 在校生劳动者

所谓在校生劳动者，指的是具有学生身份的劳动者。在校生劳动可能与劳动关系发生关联，包括高等学校、中等专科、职业学校学生的实习、勤工俭学、自发受雇和见习。①

（1）学生实习。学生实习，是指学校按照专业培养目标要求和教学计划的安排，组织在校生到用人单位进行教学实习和顶岗实习，是学校专业教学的重要内容。实践中有真、假实习之分。常见的假实习，是培训机构与企业合谋，将“实习生”派往企业较长时间作为其员工使用，但不享受员工待遇。对于培训机构而言，是以安排实习之名，行职业介绍之实；对于企业而言，是以接受实习之名，行用工之实。真正的学生实习，应当是教学关系与劳动力使用关系并存。对于假实习，应当认定其已形成劳动关系。对此，有的地方已经作出积极探索。②

（2）勤工俭学。勤工俭学，是指学生由学校组织，利用课余时间在校内外参加劳动取得合法报酬，用于改善学习和生活条件。勤工俭学与实习的根本区别就在于，勤工俭学中不存在教学关系。对于勤工俭学是否形成劳动关系，立法没有明确规定，现实中只有两种选择，或是作为民事雇佣看待，或是作为劳动关系的一种特殊形态看待。但原劳动部在 1995 年颁布的《关于贯彻执行〈中华人民共和国劳动法〉若干问题的意见》（劳部发〔1995〕309 号）第 12 条规定：在校生利用业余时间勤工助学，不视为就业，未建立劳动关系，可以不签订劳动合同。

（3）自发受雇。自发受雇是指学生未经学校组织，私自在校外从事有报酬的劳动。自发受雇区别于实习的关键在于其未经学校组织，也不在教学计划内，不属于教学环节；区别于勤工俭学的界限在于未经学校组织。因此，其中的劳动力使用关系，只要具备劳动关系要件，就可以作为劳动关系看待。例如，有的学生虽未毕业，但是学校对其的教学计划已经完成，只是毕业手续尚未办理完毕，该学生自发应聘

① 参见王全兴：《劳动法》（第四版），法律出版社 2017 年版，第 93～95 页。

② 比如《北京市高级人民法院、北京市劳动争议仲裁委员会关于劳动争议案件法律适用问题研讨会会议纪要（二）》第 23 条规定：“在校学生在用人单位进行实习，应当根据具体事实进行判断，对完成学校的社会实习安排或自行从事社会实践活动的实习，不认定劳动关系。但用人单位与在校学生之间名为实习，实为劳动关系的除外。”

在某单位从事有报酬的劳动，具备劳动关系要件的，就应当作为劳动关系看待。

（4）见习。所谓见习，指的是毕业生见习。有两种情形：一种是见习期内的见习，即对毕业生初次正规就业所实行的功能类似于试用期的见习，包括在劳动合同期限内，属于正规就业劳动关系，见习期满且考核合格的转为正式职工。另一种是见习基地的见习，是指毕业生正规就业前的过渡就业形式，属于非正规就业的劳动关系，或者说是特殊形态的劳动关系。

3. 未依法取得就业证件的外国人、无国籍人

根据本解释第 33 条规定，外国人、无国籍人未依法取得就业证件即与我国境内的用人单位签订劳动合同，当事人请求确认与用人单位存在劳动关系的，人民法院不予支持。因此，他们之间订立的劳动合同也是无效的，用工关系只能按民事雇佣处理。但持有《外国专家证》并取得《外国专家来华工作许可证》的外国人，与我国境内的用人单位建立用工关系的，可以认定为劳动关系。之所以作出这样的规定，是因为我国对上述人员在境内的就业实行行政许可制度，上述人员未经行政许可，不能与内地用人单位建立劳动关系。

4. 童工

所谓童工，依据《禁止使用童工规定》（中华人民共和国国务院令第 364 号）第 2 条规定，是指用人单位招用的不满 16 周岁的未成年人。

按照我国法律和行政法规的规定，用人单位不得招用不满 16 周岁的未成年人。但是，文艺、体育单位经未成年人的父母或者其他监护人同意，可以招用不满 16 周岁的专业文艺工作者、运动员。用人单位应当保障被招用的不满 16 周岁的未成年人的身心健康，保障其接受义务教育的权利。学校、其他教育机构以及职业培训机构按照国家有关规定组织不满 16 周岁的未成年人进行不影响其人身安全和身心健康的教育实践劳动、职业技能培训劳动，不属于使用童工。

对于用人单位使用童工，到底构成劳动关系还是民事雇佣关系，

存有争论。一种观点认为，根据《劳动法》第15条第1款规定，禁止用人单位招用未满16周岁的未成年人；《禁止使用童工规定》明确禁止用人单位招用童工；我国亦不承认经未成年人的法定代理人同意可以建立劳动关系。故用人单位与童工订立的劳动合同，违反了法律、行政法规的强制性规定，一律无效，双方之间也不能建立事实劳动关系。至于用人单位与童工之间的用工关系，应当按照民事雇佣关系处理。另一种观点则认为，《劳动法》和《禁止使用童工规定》的禁止性规定，并非效力性规定。用人单位违反禁止性规定招用童工，依法应当受到刑事或者行政处罚，而不应就此否定劳动合同的效力。法律和行政法规禁止用人单位招用童工，不能简单认为只是禁止用人单位与童工建立劳动关系，显然，用人单位与童工之间建立民事雇佣关系也是被禁止的。因此，如果劳动合同无效，那么民事雇佣关系也应属无效，这将致使童工不受我国民事法律保护，用人单位就无须承担任何民事责任。

从相关立法来看，我国是倾向于承认用人单位与童工之间的劳动关系的。根据《禁止使用童工规定》第10条规定，童工患病或者受伤的，用人单位应当负责送到医疗机构治疗，并负担治疗期间的全部医疗和生活费用。童工伤残或者死亡的，用人单位还应当一次性地对伤残的童工、死亡童工的直系亲属给予赔偿，赔偿金额按照国家工伤保险的有关规定计算。根据《工伤保险条例》第66条规定，用人单位不得使用童工，用人单位使用童工造成童工伤残、死亡的，由该单位向童工或者童工的近亲属给予一次性赔偿，赔偿标准不得低于本条例规定的工伤保险待遇。并进一步明确规定，童工或者童工的近亲属就赔偿数额与单位发生争议的，按照劳动争议的有关规定处理。

三、本条与《劳动争议调解仲裁法》第2条的衔接适用

我们知道，《劳动争议调解仲裁法》第2条实质上也是对劳动争议诉讼受案范围的规定。而本条规定里的某些项，在《劳动争议调解仲裁法》第2条中已经有所体现，但是出于体系完整性的考虑，本次

清理、制定新司法解释时予以保留。需要说明的是，本条规定通过有限列举的方式，规定劳动争议的受案范围，起的只是强调作用，并不是说本条没有列举的就不属于劳动争议。本条没有列举的，但是属于《劳动争议调解仲裁法》第2条规定的劳动争议的，当然也属于劳动争议受案范围。具体到本条，强调了以下九种劳动者与用人单位之间发生纠纷，属于劳动争议。

（一）履行劳动合同过程中发生的纠纷

本项系由2001年《劳动争议司法解释》第1条第1项整合而来，在《劳动争议调解仲裁法》第2条第2项里已有体现，在此不再赘述。需要强调的一点是，所谓劳动者与用人单位在履行劳动合同过程中发生的纠纷，并非指向履行劳动合同这个期间段内所有的民事纠纷，而是限定于与履行劳动合同存在牵连性的民事纠纷，换言之，该纠纷的发生，必须与劳动争议主体行使劳动合同项下的劳动权利、履行劳动义务存在关联。比如，劳动者与用人单位因住房制度改革产生的公有住房转让纠纷，与履行劳动合同并无牵连性，不属于劳动争议，而是平等民事主体之间的普通民事纠纷。又如，劳动者在用人单位开办的商店里购买商品，因此发生的买卖纠纷，与行使劳动权利、履行劳动义务并无关联，也就不属于劳动争议。

（二）没有订立书面劳动合同，但已形成劳动关系后发生的纠纷

本项系由2001年《劳动争议司法解释》第1条第2项整合而来。《劳动合同法》虽然明确规定建立劳动关系应当订立书面劳动合同，但是考虑到实务中仍然存在已经形成劳动关系，却因种种原因未订立书面劳动合同的现象，为保护广大劳动者的合法权益，有必要将用人单位与劳动者虽未订立书面劳动合同，但已形成劳动关系后发生的纠纷，也纳入劳动争议的受案范围，这也是符合国际立法趋势和惯例的。

（三）劳动者与用人单位因劳动关系是否已经解除或者终止，以及应否支付解除或者终止劳动关系经济补偿金发生的纠纷

本项是由2006年《劳动争议司法解释（二）》第4条整合而来。

其中关于应否支付解除或者终止劳动关系经济补偿金发生的纠纷，实际上已经在《劳动争议调解仲裁法》第 2 条第 5 项里体现，在此不再赘述。而关于因劳动关系是否已经解除或者终止发生的纠纷，属于确认之诉，并没有完全被《劳动争议调解仲裁法》第 2 条第 2 项所体现，因此自有保留的必要。

（四）劳动者与用人单位解除或者终止劳动关系后，请求用人单位返还其收取的劳动合同定金、保证金、抵押金、抵押物发生的纠纷，或者办理劳动者的人事档案、社会保险关系等移转手续发生的纠纷

本项由 2006 年《劳动争议司法解释（二）》第 5 条整合形成。根据《劳动合同法》第 9 条规定，用人单位招用劳动者，不得扣押劳动者的居民身份证和其他证件，不得要求劳动者提供担保或者以其他名义向劳动者收取财物。《劳动合同法》第 84 条接着规定了违法上述规定用人单位将承担相应的行政责任和民事责任："用人单位违反本法规定，扣押劳动者居民身份证等证件的，由劳动行政部门责令限期退还劳动者本人，并依照有关法律规定给予处罚。用人单位违反本法规定，以担保或者其他名义向劳动者收取财物的，由劳动行政部门责令限期退还劳动者本人，并以每人五百元以上二千元以下的标准处以罚款；给劳动者造成损害的，应当承担赔偿责任。劳动者依法解除或者终止劳动合同，用人单位扣押劳动者档案或者其他物品的，依照前款规定处罚。"《劳动合同法》第 50 条还规定：用人单位应当在解除或者终止劳动合同的 15 日内为劳动者办理档案和社会保险关系转移手续。

如前所述，我国相关法律明确规定，禁止用人单位扣押劳动者的居民身份证和其他证件，禁止用人单位要求劳动者提供担保或者以其他名义向劳动者收取财物。但在实践中，往往难以避免上述情况的发生。如果不把该类纠纷作为劳动争议，人民法院对此类纠纷不予受理，则劳动者的合法权益不能通过司法途径加以保护。同样，在劳动合同解除或者终止后，劳动者要求用人单位及时办理人事档案、社会保险关系等转移手续，也是劳动者合法权益的重要内容。用人单位不应基

于其在劳动关系中的优势地位随意侵害劳动者的权益。但是在现实中，用人单位在解除、终止劳动合同后不按照法律规定及时办理劳动者的人事档案、社会保险转移手续的现象仍然不时存在，劳动者只得委曲求全。基于上述考虑，以及社会各界的强烈要求，本条规定将劳动者在劳动合同解除或者终止后，请求用人单位返还其收取的劳动合同定金、保证金、抵押金、抵押物发生的纠纷，以及请求用人单位办理人事档案、社会保险关系等转移手续的纠纷，作为劳动争议，规定在解释条文之中。当然，在劳动合同履行过程中，劳动者请求用人单位返还其收取的劳动合同定金、保证金、抵押金、抵押物发生的纠纷，自然也属于劳动争议，此乃本项规定的应有之义。

（五）劳动者以用人单位未为其办理社会保险手续，且社会保险经办机构不能补办导致其无法享受社会保险待遇为由，要求用人单位赔偿损失发生的纠纷

本项是关于人民法院受理社会保险争议案件范围的规定，系由2010年《劳动争议司法解释（三）》第1条整合形成。《劳动争议调解仲裁法》第2条第4项虽然规定因社会保险发生的争议属于劳动争议，但该规定对具体哪些社会保险争议属于劳动争议，未予明确，本解释对此作出回应。

调研发现，各地普遍认为人民法院审理社会保险纠纷案件难度相当大，主要表现在：一是专业性太强；二是时间跨度较大；三是判决生效后社会保险经办机构不配合执行。《社会保险法》《社会保险费征缴暂行条例》等法律法规既赋予了社会保险经办机构办理缴费登记、催促缴费等职责，同时又赋予了其调查、检查等职能，由此，对于那些已经由用人单位办理了社保手续但因用人单位欠缴、拒缴社会保险费或者因缴费年限、缴费基数等发生的争议，由社会保险经办机构处理最为适宜。而对于用人单位没有为劳动者办理社会保险手续且社会保险经办机构不能办理补交手续导致劳动者无法享受社会保险待遇的，

由此产生赔偿损失纠纷，则由人民法院处理为宜。①

（六）劳动者退休后，与尚未参加社会保险统筹的原用人单位因追索养老金、医疗费、工伤保险待遇和其他社会保险待遇而发生的纠纷

与前项一样，本项也是关于人民法院受理社会保险争议案件范围的规定，系由 2001 年《劳动争议司法解释》的第 1 条第 3 项整合形成。与前项解释不同的是，本项是专门针对劳动者退休以后的社会保险纠纷作出的规定。

一种意见认为，劳动者退休后与原用人单位发生的纠纷是因退休而引发的，与劳动关系并无关联，因此不属于劳动争议。但本解释认为，考虑到劳动者退休后，虽与原用人单位不存在劳动关系，但他们所享有的养老金、医疗费、工伤保险待遇和其他社会保险待遇，是基于过去在劳动岗位上履行劳动义务为前提条件的。因此，由此发生的争议可视为劳动争议。至于将用人单位限定为是尚未参加社会保险统筹的，是因为我国实行社会统筹保险制度，保险费统一由税务机关和劳动保障行政部门设立的社会保险经办机构向用人单位及其职工征收、征缴和管理。这就将劳动合同中关于社会保险待遇的劳动权利义务转化为一种行政管理的权力内容，此时因社会保险待遇发生的纠纷应属于行政诉讼，争议双方为社会保险管理机构与用人单位或劳动者，不属于劳动争议范围。因此，本项规定将因社会保险待遇发生争议的主体限定为尚未参加社会保险统筹的用人单位和退休的劳动者。参加了社会统筹保险的，因社会保险费的征收、发放、领取发生的纠纷，属于行政诉讼。②

---

① 参见最高人民法院民事审判第一庭编著：《最高人民法院劳动争议司法解释（三）的理解与适用》，人民法院出版社 2015 年版，第 35～36 页。

② 参见最高人民法院民事审判第一庭编著：《最高人民法院劳动争议司法解释的理解与适用》，人民法院出版社 2015 年版，第 18 页。

（七）劳动者因为工伤、职业病，请求用人单位依法给予工伤保险待遇发生的纠纷

本项是关于工伤保险待遇劳动争议案件受理范围的规定，由2006年《劳动争议司法解释（二）》第6条整合形成。虽然涉及工伤保险的纠纷非常复杂，其中很多问题涉及相关行政部门行政权力的行使和法定义务的履行，但是据此绝对地将劳动者与用人单位之间有关工伤保险引发的纠纷统统排除于劳动争议范围之外，既没有法律依据也不利于保护劳动者权益的保护。① 因此，根据《工伤保险条例》第54条规定，职工与用人单位发生工伤待遇方面的争议，按照处理劳动争议的有关规定处理。根据该条例第62条第2款、第3款规定，依照本条例规定应当参加工伤保险而未参加工伤保险的用人单位职工发生工伤的，由该用人单位按照本条例规定的工伤保险待遇项目和标准支付费用。用人单位参加工伤保险并补缴应当缴纳的工伤保险费、滞纳金后，由工伤保险基金和用人单位依照本条例的规定支付新发生的费用。本解释则进一步明确，劳动者因为工伤、职业病，请求用人单位依法给予工伤保险待遇发生的纠纷，属于劳动争议。需要说明的是，职业病属于工伤的一种情形，但是鉴于职业病的特殊性，本解释将其单列出来，以示强调。

（八）劳动者依据《劳动合同法》第85条规定，要求用人单位支付加付赔偿金发生的纠纷

本项是关于人民法院受理劳动者要求用人单位因未及时足额支付工资、加班费、经济补偿金和低于最低工资标准支付工资而支付加付赔偿金的规定，由2010年《劳动争议司法解释（三）》第3条整合形成。

用人单位存在《劳动合同法》第85条规定的违法行为时，劳动者是否可以通过民事诉讼的途径获得救济，从而取得赔偿金，在实践

① 参见最高人民法院民事审判第一庭编著：《最高人民法院劳动争议司法解释的理解与适用》，人民法院出版社2015年版，第225页。

中存在争议。一种观点认为，《劳动合同法》第 85 条规定的赔偿金，只能通过劳动行政监察部门“责令支付”的形式来实现。同时，从赔偿金的性质上看，它属于一种类似于加处罚款的执行罚措施，目的是通过加收一定数额赔偿金的手段，促使用人单位履行法定支付义务，以保护劳动者的合法权益。另一种观点则认为，上述法律规定的赔偿金，是用人单位因为违反法律规定而侵犯了劳动者的合法权益，并因此而应当承担的一种惩罚性赔偿责任，是民事法律责任的一种承担方式，劳动者可以通过民事诉讼来主张。① 为了更加充分地保护劳动者的权益，本项规定采纳了第二种观点，将《劳动合同法》第 85 条规定的赔偿金，纳入人民法院审理劳动争议案件的范围。

对本项规定的理解应该分为两个层次：一是用人单位存在《劳动合同法》第 85 条规定的未及时足额支付工资、加班费、经济补偿金和低于最低工资标准支付工资的不法情形时，劳动者首先应当向劳动行政部门申请责令用人单位限期支付；用人单位逾期不支付的，劳动行政部门应责令用人单位按应付金额的 50% 以上 100% 以下的标准向劳动者加付赔偿金。二是用人单位仍不支付的，劳动者可以通过民事诉讼来主张该加付赔偿金。

由于司法解释是由最高人民法院颁布的、指导人民法院审理案件的法律文件，并不必然适用于劳动争议仲裁机构审理劳动争议案件。因而可能会出现劳动者在仲裁阶段要求用人单位按照《劳动合同法》第 85 条的规定支付加付赔偿金而仲裁委员会不予受理的情况。对于出现此种情况的，劳动者是否可以在诉讼中直接提出此项请求呢？我们认为，依据本解释第 6 条的规定，劳动争议仲裁机构以当事人申请仲裁的事项不属于劳动争议为由，作出不予受理的书面裁决、决定或者通知，劳动者不服，依法向人民法院起诉提起诉讼的，人民法院应当受理。

如果劳动者在仲裁阶段未提出此项请求，是否可以在诉讼中直接

① 参见最高人民法院民事审判第一庭编著：《最高人民法院劳动争议司法解释（三）的理解与适用》，人民法院出版社 2015 年版，第 65 ~ 66 页。

提出呢？我们认为，根据本解释第 14 条的规定，“人民法院受理劳动争议案件后，当事人增加诉讼请求的，如该诉讼请求与讼争的劳动争议具有不可分性，应当合并审理；如属独立的劳动争议，应当告知当事人向劳动争议仲裁机构申请仲裁”。因此，劳动者请求用人单位支付加倍赔偿金，前提是其在仲裁阶段即要求用人单位支付拖欠的工资、加班费、经济补偿金等，由于赔偿金与拖欠的劳动报酬和补偿金之间密不可分，具有不可分性，人民法院应当予以合并审理。

（九）因企业自主进行改制发生的纠纷

本项是关于人民法院受理的因企业改制所引发的劳动争议案件受理范围的规定，系由 2010 年《劳动争议司法解释（三）》第 2 条整合而来。

所谓企业改制，是改革企业体制的简称，指依法改变企业原有的资本结构、组织形式、经营管理模式或体制等，使其在客观上适应企业发展的新的需要。企业改制的核心是经济机制的转变和企业制度的创新，实质是调整生产关系以适应生产力发展的需要。一般是将原单一所有制的国有、集体企业改为多元投资主体的公司制企业和股份合作制企业或者是内外资企业互转。企业改制一般有内启动、外启动和内外启动相结合等方式。企业改制的方式从总体上分为整体改制和部分改制，改制的形式主要有股份有限公司、有限责任公司、股份合作制企业以及内外资企业互转等。国有企业改制是企业改制中最重要和最主要的组成部分，是指国有独资企业、国有独资公司及国有控股企业（不包括国有控股的上市公司）改制为国有资本控股、相对控股、参股和不设置国有资本的公司制企业、股份合作制企业或中外合资企业，即改变原有国有企业的体制和经营方式，以便适应于社会主义市场经济的发展。一般来讲，国企改制就是要建立现代企业制度，以完善的企业法人制度为基础，以有限责任制度为保证，以公司为主要形态，以产权清晰、责权明确、政企分开、管理科学为前提，最终的目的是要解决企业的发展动力问题。国有企业改制是一项转换企业经营机制和建立现代企业制度的系统工程。①

对企业改制特别是国有企业改制过程中引发的劳资纠纷，到底是由政府统筹协调还是由人民法院立案审理的问题，存在着不同的观点。观点一认为，这些纷争是国有企业改制过程中发生的特殊情况，不属于劳动者与用人单位在履行劳动合同中出现的问题，由此引发的纠纷，应当由政府有关部门按照企业改制的政策规定统筹解决，人民法院不宜以劳动争议案件立案受理。观点二认为，国有企业改制过程中涉及由政府政策调整而产生的劳动争议纠纷，应明确主管部门，原则上不予受理。但是如当事人依《民事诉讼法》第119条的规定向人民法院递交诉状，并附有相关的材料及仲裁处理决定书的，就应积极予以受理。观点三认为，人民法院受理的劳动争议案件范畴，是作为平等民事主体的双方当事人之间发生的纠纷，因此，因企业改制引发的纠纷，只要实质上符合法院受理民事案件的条件，形式上符合《民事诉讼法》第119条的规定，人民法院都应当依法受理。但是，对于那些改制过程中，政府及有关主管部门等起决定性因素，并非企业和职工之间基于平等民事主体关系发生的纠纷，人民法院还是不宜作为民事案件受理。上述各种观点，站在不同角度上对因企业改制引发的纠纷处理提出了建设性意见，都是有一定道理的。在综合考量各种观点之后，司法解释采纳了观点三的意见。②

本项规定主要有三方面的含义：其一，企业自主改制引发平等主体之间关于民事权益纷争的劳动争议案件，属于人民法院主管的案件范围，人民法院应当依法予以受理。其二，改制并非企业自主进行而是由政府主导、指令下进行的，因改制引发的纠纷，不属于人民法院应受理的平等民事主体之间因民事权益发生纷争的劳动关系，人民法院不予受理。其三，确定人民法院受理此类案件范围时，不因企业性

① 参见最高人民法院民事审判第一庭编著：《最高人民法院劳动争议司法解释（三）的理解与适用》，人民法院出版社2015年版，第54页。

② 参见最高人民法院民事审判第一庭编著：《最高人民法院劳动争议司法解释（三）的理解与适用》，人民法院出版社2015年版，第53页。

质不同而区别对待。尽管就改制的企业从属性而言，大多属于国有企业，但实践中仍有部分集体企业或民营企业的改制是在政府主导下完成的，因此，本条不再根据企业性质作出不同划分。[①]

【审判实践中应注意的问题】

本解释对劳动争议仲裁机构的名称作了调整

对于劳动争议仲裁机构的名称，在2001年《劳动争议司法解释》和2006年《劳动争议司法解释（二）》中，称为“劳动争议仲裁委员会”；在2010年《劳动争议司法解释（三）》和2013年《劳动争议司法解释（四）》中，则改称为“劳动人事争议仲裁委员会”。本次清理旧解释、制定新解释过程中，各界意见均认为，有必要统一劳动争议仲裁机构的名称。考虑到在实务中，就全国而言，劳动争议仲裁机构的名称可能存在不统一的情况，并且，将来也存在变更劳动争议仲裁机构名称的可能性，因此，本解释将之统一称为“劳动争议仲裁机构”。

由于《劳动争议调解仲裁法》已经明确将人事争议纳入劳动争议受案范围，因此人事争议已经成为劳动争议的一个子集，“劳动争议仲裁机构”自然也就包括了“人事争议仲裁机构”。

【案例解读】

一、基本案情

2016年4月8日，聂某入职北京某文化公司，双方签订了《合作设立茶叶经营项目的协议》。北京某文化公司法定代表人告知聂某月工资标准为基本工资1万元，此外还有业绩提成。其在职期间的工作

① 参见最高人民法院民事审判第一庭编著：《最高人民法院劳动争议司法解释（三）的理解与适用》，人民法院出版社2015年版，第53～54页。

内容为负责《中国书画》艺术茶社的经营管理，主要负责接待、茶叶销售、对外开放等工作。该项目上的员工接受其管理，由其负责记录考勤，其如果请假需经林某批准。该项目的员工由林某确定是否录用，工资标准由林某确定。北京某文化公司向聂某支付工资至2017年2月28日，2017年5月6日北京某文化公司向其出具终止协议通知。工作期间双方未签订劳动合同。双方签订的《合作设立茶叶经营项目的协议》显示：甲方北京某文化公司，乙方聂某。甲乙双方经平等协商，一致同意按照有关法律、法规规定共同开展茶叶经营业务，特制定如下协议："第一条：双方约定，甲方出资进行茶叶项目投资，聘任乙方为茶叶经营项目经理，乙方负责公司的管理与经营。第二条：待项目启动后，双方相机共同设立公司，乙方可享有管理股份。第三条：利益分配：在公司设立之前，乙方按基本工资加业绩方式取酬。公司设立之后，按双方的持股比例进行分配。乙方负责管理和经营，取酬方式以：基本公司（工资）+业绩、奖励+股份分红。第四条：双方在运营过程中，未尽事宜由双方友好协商解决。第五条：本合同正本一式两份，公司股东各执一份。"后双方因终止协议发生纠纷，聂某申请劳动仲裁，要求北京某文化公司支付其违法解除劳动关系赔偿金等项。

二、裁判结果

北京市某中级人民法院认为，对合同性质的认定不能仅凭合同名称而定，而应根据合同内容所涉法律关系，即合同双方当事人所设立的权利义务关系来进行认定。首先，双方签订的协议第一条明确约定聘任聂某为茶叶经营项目经理，聂某负责公司的管理与经营，根据常识，"聘任"一词广泛用于招聘员工的场合中，一般表明当事人有雇佣劳动者为其提供劳动的意思表示。其次，双方签订的协议第三条明确约定了聂某的取酬方式，无论在双方设定的目标公司成立之前还是之后，聂某均可获得基本工资、业绩等报酬，众所周知，日常生活中"工资"一词即指雇主或用人单位以货币形式对员工的劳动所支付的报酬，此种取酬方式与合作经营中的收益分配明显不符。最后，合作经营合同的典型特征在于合作双方共同出资、共担风险，而本案合同中既未约定聂某的劳务出资比例，更未约定双方共负风险，明显与合作经营合同不符。综上，本案《合作设立茶叶经营项目的协议》名为合作经营，实为具有劳动雇佣内容的合同。在我国，劳动雇佣的形式有两种：一是受《劳动合同法》调整的劳动合同；二是受普通民事法律调整的劳务合同。进一步判定本案合同的性质，除了应当考察合同的内容外，还应当考察履行合同过程中所体现的双方当事人的权利与义务关系。具体到本案，首先，根据经过公证的微信沟通记录，显示出聂某询问林某是否发放工资、询问林某来应聘人员的面试情况及结果、向林某汇报《中国书画》艺术茶社的经营状态、按照林某的要求安排落实相关具体事务、向林某请假，并且聂某提交的请假单显示其请假需经过林某的批准，上述证据反映出聂某需听从北京某文化公司的指示和要求，接受北京某文化公司的管理，符合劳动合同中人格从属性的基本特征。其次，根据经过公证的邮件往来记录，显示出聂某按月向林某汇报包括聂某本人在内的《中国书画》艺术茶社人员的考勤情况、上月款项分配情况、当月开支情况、当月销售情况、下月工作计划及备用金申请。其中每月明细中均显示聂某的工资构成及金额，且其实发工资与出勤天数密切相关。二审法院认为，上述证据充分体现出北京某文化公司按月向聂某支付工资，且聂某的实际出勤天数影响最后的实发工资金额，工作中聂某需接受北京某文化公司的管理，双方在履行合同过程中形成的关系符合劳动合同中人格从属性和经济从属性的双重特征。综上，足以认定北京某文化公司与聂某之间存在劳动合同关系。北京某文化公司向聂某出具《终止合作协议通知》，告知聂某终止双方的合作，具有解除双方之间劳动关系的意思表示。北京某文化公司未就解除原因提交证据予以证明，应当承担不利法律后果，其公司应向聂某支付违法解除劳动关系赔偿金。

三、评析

劳动法律关系是劳动法上适格的主体在实现社会劳动过程中形成的职责职权和权利义务关系，与其他平等民商事法律关系相比，劳动法律关系的本质特征在于劳动者与用人单位之间具有从属性。在判断劳动关系成立与否的问题上，世界各国司法实践均采取实质要件判断标准，即劳动者与用人单位有雇佣劳动者向用人单位提供劳动的合意、劳动者受用人单位的管理、劳动者以其劳动获得报酬。实质要件判断标准的意义在于防止企业利用其资方的优势地位通过订立其他合同方式掩盖其用工事实，变相地排除国家法律赋予劳动者的法定权利。本案即以实质要件为指引，通过辨析劳动者与用人单位签订的合同内容的性质、实际履行合同中体现出来的双方权利与义务，最终确认双方之间系劳动关系而非合作经营关系。①

① 参见吴在存主编：《劳动争议案件裁判规则与法律适用》，法律出版社2020年版，第36～41页。

第二条

下列纠纷不属于劳动争议：

（一）劳动者请求社会保险经办机构发放社会保险金的纠纷；

（二）劳动者与用人单位因住房制度改革产生的公有住房转让纠纷；

（三）劳动者对劳动能力鉴定委员会的伤残等级鉴定结论或者对职业病诊断鉴定委员会的职业病诊断鉴定结论的异议纠纷；

（四）家庭或者个人与家政服务人员之间的纠纷；

（五）个体工匠与帮工、学徒之间的纠纷；

（六）农村承包经营户与受雇人之间的纠纷。

【条文主旨】

本条是关于哪些纠纷不属于劳动争议的规定。

【条文理解】

本条规定承继了2006年《劳动争议司法解释（二）》第7条，对一些貌似劳动争议但是实际上不属于劳动争议的纠纷进行了总结。条文共列举了6种纠纷类型，旨在强调所列举的6种纠纷不属于劳动争议，但并不代表未被列举的劳动者与用人单位之间的纠纷就一定属于劳动争议。在实务中广大法官需就具体纠纷具体分析，以确定其是否属于人民法院受理的劳动争议。

与劳动法领域所涉及的全部社会关系所对应的劳动争议，为广义劳动争议，包括劳动法领域中劳动行政部门、其他行政主管部门、工会、用人单位、劳动者等各种主体相互间的争议，如劳动合同争议、劳动保险争议、劳动行政争议、集体合同争议等。而属于人民法院受理的劳动争议仅指劳动关系双方当事人之间关于劳动权利和劳动义务发生的纠纷。本条规定明确以下6种纠纷不属于人民法院受理的劳动争议。

一、劳动者请求社会保险经办机构发放社会保险金的纠纷

这里的社会保险金是一个概括的称谓，包括依法应由社会保险经办机构发放的各种基本养老保险待遇、基本医疗保险待遇、工伤保险待遇、失业保险待遇和生育保险待遇等社会保障待遇中各种应当给付的费用。

尽管按照《劳动争议调解仲裁法》第2条第4项、第50条以及《社会保险法》第83条第3款的规定，劳动者与用人单位发生社会保险争议的，可以提起仲裁或诉讼。但是社会保险费争议与一般的劳动争议相比，具有很大的特殊性。其特殊性主要体现在两方面：一是在社会保险争议中，司法职能与行政职能相互交叉、重叠，界限不清。《社会保险法》等法律法规明确规定了社会保险管理机构的征收、支付、监督检查、调查等职责，也就是说，我国社会保险从办理登记、缴费、发放社保费用，到监督检查等均由社保管理部门负责和管理。这一规定是与我国当前社会发展阶段相适应的，如果人为地由司法权强行介入，不利于日益完善的社会保险功能的正常运行。二是社会保险纠纷案件的执行离不开社保管理部门的密切配合。对于那些已经由用人单位办理了社保手续，但因用人单位欠缴、拒缴社会保险费或者因缴费年限、缴费基数等发生的争议，由社会保险经办机构处理最为适宜，即使将社会保险纠纷案件全部纳入司法程序予以处理，最终有关社会保险纠纷案件判决或裁定的执行也需要社会保险经办机构的配合。如果社会保险经办机构不予配合，会有损司法权威的建立。[①]

① 参见最高人民法院民事审判第一庭编著：《最高人民法院劳动争议司法解释（三）的理解与适用》，人民法院出版社2015年版，第41～43页。

结合现阶段中国的国情，本解释认为，社会保险金纠纷应当区分三个层次。一是如果用人单位没有依法给劳动者建立社保关系、缴纳社会保险费，造成劳动者损失的，这类争议应当属于劳动争议。二是用人单位为劳动者建立社保关系后，没有按时足额缴费，这类争议应当属于行政争议，依照行政强制征缴的程序办理。三是保险金的发放或者社会保险待遇的给付属于社会保险经办机构应当自觉履行的法定职责，这个职责属于行政法规授权行使行政职权的职责，如果产生纠纷，应属于行政案件，人民法院不能作为劳动争议案件处理。上述区分的一个法律政策依据就是2001年5月27日原劳动和社会保障部发布并施行的《社会保险行政争议处理办法》，该办法第6条第1款第6项明确公民法人或者其他组织认为社保经办机构不依法支付其社会保险待遇或者对经办机构停止其享受社会保险待遇有异议的，可以申请行政复议。根据该办法第9条第2款的规定，申请人与经办机构之间发生的属于人民法院受案范围的行政案件，申请人也可以依法直接向人民法院提起行政诉讼。这一条规定在实际执行时因为很多老百姓区分不清，所以本解释作出细化的规定，以便于掌握。①

二、劳动者与用人单位因住房制度改革产生的公有住房转让纠纷

因住房制度改革发生的公有住房转让纠纷，表面上是劳动者与用人单位之间的涉及住房福利的争议，但是由于公有住房转让实际上是属于产权归属争议，从性质上讲是不动产物权的法律关系，不属于劳动法律关系，所以也就不是劳动争议案件。公有住房制度改革之前，在计划经济时代，我国实行“统一管理，统一分配，以租养房”的公有住房实物分配制度。应该说，这种制度模式在当时较低水平的消费层次上，较好地满足了职工的基本住房需求。住房制度改革起始于1980年，此后，房改大致经历了试点售房（1979～1985年）、提租补

① 参见最高人民法院民事审判第一庭编著：《最高人民法院劳动争议司法解释的理解与适用》，人民法院出版社2015年版，第237～238页。

贴（1986～1990年）和以售代租（1991～1993年）等改革阶段，以及全面推进住房市场化改革的确立（1994～1997年）阶段。1994年7月，国务院发布《关于深化城镇住房制度改革的决定》（国发〔1994〕43号），开启了城镇住房制度正式改革之路。1998年7月3日，国务院发布的《关于进一步深化城镇住房制度改革加快住房建设的通知》（国发〔1998〕23号），该文件宣布全国城镇从1998年下半年开始停止住房实物分配，全面实行住房分配货币化，同时建立和完善以经济适用住房为主的多层次城镇住房供应体系。到2005年，我国确立的企业住房制度改革目标是：改革住房实物分配方式，逐步实行住房分配货币化，为理顺企业内部的收入分配关系、建立与现代企业制度相适应的收入分配制度服务；逐步实现企业的主辅分离，把住房建设和维修管理职能从企业生产经营职能中分离出来，减轻企业社会负担，实现住房建设和维修管理的社会化。企业住房货币分配的主要形式，包括职工工资中的住房消费含量、职工住房公积金（含补充公积金）中的单位资助部分，以及由单位原有住房建设资金转化的住房补贴等。新参加工作的职工、实行聘任制的职工、新设立企业的职工，全部进入住房新体制，实行住房分配货币化。经过多年改革，目前我国城镇住房实物分配的福利体制已经基本终止，货币化住房分配、市场化和社会化供给体系也已大体建立。改革在取得一定成绩的基础上，也积累了诸多矛盾，围绕房屋权益发生的民事纠纷也日趋增多。此类纠纷，有的属于劳动争议案件，有的则属于一般民事案件。无论是劳动争议案件，还是一般民事案件，人民法院均应依法作出处理。公有住房在房改过程中产生的权属纠纷主要是指出售公有住房而产生的纠纷。大致有以下几种情况：在履行劳动合同过程中，劳动者依照有关城市公有住房出售规定，与用人单位签订城市公有住房出售合同将单位自管房屋出售给劳动者，但尚未变更产权登记的，原告劳动者起诉要求解除合同、返还房屋的纠纷；职工认为符合购房条件，但是单位不售房的纠纷；职工未在规定期限购房，单位不允许其购房的纠纷；已签合同尚未办理过户时一方反悔的纠纷；职工取得产权证后辞职调离，单位要求收回房屋或补足房款的纠纷；公有住房进行房改，原承租代表人与产权人签订了出售公有住房协议并取得产权，或者原承租代表人死后，原房屋共同承租人中的一人与产权单位重新建立承租关系，并进行房改取得产权，其他共同承租人或原承租代表人的继承人起诉要求确认房改协议无效的纠纷；等等。这些纠纷本质上还是平等主体之间民事财产权利义务的争议，应作为普通民事案件处理。①

与此类似的，一些纠纷从时间上看，确实是发生在劳动合同履行、解除等过程中，但是与劳动合同的履行、解除等并不存在牵连性，与劳动争议主体行使劳动合同项下的劳动权利、履行劳动义务没有关联性，这样的纠纷就不属于劳动争议，而是平等民事主体之间的普通民事纠纷。比如，劳动者在用人单位开办的商店里购买商品，因此发生的买卖合同纠纷，与行使劳动权利、履行劳动义务并无关联，也就不属于劳动争议。又如，劳动者承租了用人单位对外出租的房屋用于居住，而双方的劳动合同对此并无约定，后来双方就房屋租赁发生纠纷，该纠纷因与劳动合同的履行没有牵连性，与行使劳动权利、履行劳动义务并无关联，所以也不属于劳动争议。

三、劳动者对劳动能力鉴定委员会的伤残等级鉴定结论或者对职业病诊断鉴定委员会的职业病诊断鉴定结论的异议纠纷

所谓工伤职工伤残等级鉴定，也就是《工伤保险条例》第四章规定的劳动能力鉴定。依据《工伤保险条例》第21条以及《工伤职工劳动能力鉴定管理办法》第7条的规定，职工发生工伤，经治疗伤情相对稳定后存在残疾、影响劳动能力的，或者停工留薪期满（含劳动能力鉴定委员会确认的延长期限），工伤职工或者其用人单位应当及时向设区的市级劳动能力鉴定委员会提出劳动能力鉴定申请。

依据《工伤保险条例》的规定，劳动能力鉴定的内容主要包括劳动功能障碍程度和生活自理障碍程度的等级鉴定。其中劳动功能障碍

---

① 参见最高人民法院民事审判第一庭编著：《最高人民法院劳动争议司法解释的理解与适用》，人民法院出版社2015年版，第238～240页。

程度分为十个伤残等级，一级最重，十级最轻；生活自理障碍程度分为三个等级：生活完全不能自理、生活大部分不能自理和生活部分不能自理。劳动能力鉴定的标准由国务院社会保险行政部门会同国务院卫生行政部门等部门制定。劳动能力鉴定由用人单位、工伤职工或者其近亲属向设区的市级劳动能力鉴定委员会提出申请。设区的市级劳动能力鉴定委员会收到劳动能力鉴定申请后，应当从其建立的医疗卫生专家库中随机抽取3名或者5名相关专家组成专家组，由专家组提出鉴定意见。设区的市级劳动能力鉴定委员会根据专家组的鉴定意见作出工伤职工劳动能力鉴定结论；必要时，可以委托具备资格的医疗机构协助进行有关的诊断。设区的市级劳动能力鉴定委员会应当自收到劳动能力鉴定申请之日起60日内作出劳动能力鉴定结论，必要时，作出劳动能力鉴定结论的期限可以延长30日。劳动能力鉴定结论应当及时送达申请鉴定的单位和个人。申请鉴定的单位或者个人对设区的市级劳动能力鉴定委员会作出的鉴定结论不服的，可以在收到该鉴定结论之日起15日内向省、自治区、直辖市劳动能力鉴定委员会提出再次鉴定申请。省、自治区、直辖市劳动能力鉴定委员会作出的劳动能力鉴定结论为最终结论。自劳动能力鉴定结论作出之日起1年后，工伤职工或者其近亲属、所在单位或者经办机构认为伤残情况发生变化的，可以申请劳动能力复查鉴定。

依据《职业病诊断与鉴定管理办法》的规定，当事人对职业病诊断机构作出的职业病诊断结论有异议的，可以在接到职业病诊断证明书之日起30日内，向职业病诊断机构所在地设区的市级卫生行政部门申请鉴定。设区的市级职业病诊断鉴定委员会负责职业病诊断争议的首次鉴定。当事人对设区的市级职业病鉴定结论不服的，可以在接到鉴定书之日起15日内，向原鉴定组织所在地省级卫生行政部门申请再鉴定。职业病鉴定实行两级鉴定制，省级职业病鉴定结论为最终鉴定。

从上述关于劳动能力鉴定和职业病诊断鉴定的规定可以看出，这两种鉴定均具有单方意志性。首先，鉴定机构是特定的，不能由申请人自由选择；其次，鉴定结论尤其是省级鉴定部门作出的鉴定结论为最终结论，对申请人、相关单位都具有拘束力。根据《工伤保险条例》第55条的规定，对劳动能力鉴定结论不服的，不在可提起行政复议或行政诉讼的范围内。而从民事诉讼的角度观察，上述鉴定结论属于鉴定意见，属于《民事诉讼法》第63条规定的证据种类之一，属于事实认定的范畴，既不是具体行政行为，且作出鉴定结论的鉴定机构与被鉴定对象及利害关系人之间也不存在民事法律关系，不具有可诉性。因此，本解释规定，劳动者对劳动能力鉴定委员会的伤残等级鉴定结论或者对职业病诊断鉴定委员会的职业病诊断鉴定结论的异议纠纷不属于劳动争议。

四、家庭或者个人与家政服务人员之间的纠纷

现实生活中，随着生活水平的提高，出于照顾老人、抚育婴幼儿等需要，家庭或者个人雇佣保姆、月嫂等家政服务人员的现象已经十分普遍。家政服务人员向家庭或者个人提供劳动，获取报酬，从外形看，具有劳动关系的一些特征。那么，家庭或者个人与家政服务人员之间是劳动关系吗？如果发生纠纷，属于劳动争议吗？

我们认为，家庭或者个人与家政服务人员之间不存在劳动关系。首先，根据《劳动合同法》第2条的规定，在家政服务关系下，家庭或者个人不属于劳动关系中的用人单位。其次，家政服务人员相对于雇主，也不存在强烈的人格从属性和组织从属性，他们之间形成的关系，不符合劳动关系的本质。

具体来说，有的家政服务人员是由家庭或者个人自己寻找到的或者通过他人介绍找到的。这种情况下，家庭或者个人是直接与家政服务人员建立雇佣关系。还有的家政服务人员，是通过专业的家政服务机构介绍的，此时，家庭或者个人系与家政服务机构之间成立雇佣关系，而家政服务人员系受家政服务机构的指派为家庭或者个人提供劳务。

因此，本解释规定，家庭或者个人与家政服务人员之间发生的纠纷，不属于劳动争议，而是普通的民事纠纷。一旦家政服务人员的权

益受到损害，可以通过民法予以保护。

五、个体工匠与帮工、学徒之间的纠纷

所谓帮工，一般是指无偿提供劳务的帮工人。所谓学徒，一般是指跟着某行业的前辈一起学习技能的新手。在现实生活中，仍然存在帮工、学徒这样的群体，他们为了学习手艺或者因为其他原因，不以获得劳动报酬为主要目的，向他人提供劳务。而个体工匠，既可能是个体工商户，也可能不是个体工商户。经过研究，我们倾向于认为，这类就业形式久已有之，对于个体工匠与帮工、学徒之间的纠纷，原则上按照普通民事纠纷处理比较合适，故界定上述纠纷不属于劳动争议。

六、农村承包经营户与受雇人之间的纠纷

尽管现在农村的种植业、养殖业有了较大发展，依托农业科技开发搞集约化经营的模式越来越多，农村承包经营户也有了雇工的现象，但不能把农业生产的人员纳入工商业劳动者的范畴，这是劳动法的一项原则。《劳动法》确认的合法用工主体“个体经济组织”，在原劳动部《关于贯彻执行〈中华人民共和国劳动法〉若干问题的意见》中解释为雇工 7 人以下的个体工商户，而不包括农村承包经营户。当然，如果是作为乡镇企业的职工，或者是进城务工经商的农民与相应的企业雇主之间形成的劳动关系仍然应属于《劳动法》的调整范围。

【审判实践中应注意的问题】

一、仲裁裁决认为不属于劳动争议，但当事人提起诉讼的纠纷应如何处理

实务中，如果劳动争议仲裁机构以当事人申请仲裁的事项不属于劳动争议为由，作出不予受理的书面裁决、决定或者通知，当事人不

服，依法向人民法院提起诉讼的，人民法院应当分别情况予以处理：如果经审查认为该纠纷属于劳动争议案件的，应当受理；如果经审查发现，该纠纷虽不属于劳动争议案件，但属于人民法院主管的其他案件，应当依法受理；这里的依法处理，主要是指向《民事诉讼法》第124条。具体来说，人民法院经审查，认为纠纷属于普通民事纠纷的，应当依法受理；认为纠纷属于行政诉讼受案范围的，告知当事人提起行政诉讼；对不属于本院管辖的案件，告知当事人向有管辖权的人民法院起诉；人民法院经审查，认为依照法律规定，应当由其他机关处理的争议，告知当事人向有关机关申请解决。

二、外国企业常驻代表机构聘用中国劳动者并产生纠纷，是否属于劳动争议

在我国，按照《劳动法》《劳动合同法》《劳动合同法实施条例》等法律法规的规定，劳动关系中用人单位一方为特殊主体，必须是中华人民共和国境内的企业、个体经济组织、民办非企业单位等组织，以及国家机关、事业单位、社会团体、基金会等。外国企业常驻代表机构不属于上述用人单位，不能作为我国劳动关系的主体。而在我国，雇佣合同的主体无此限制。所以，外国企业常驻代表机构与其聘用的中国劳动者之间建立的不是劳动合同关系，而是具有一定劳动关系特征的雇佣关系，双方之间的权利义务应适用雇佣合同关系进行调整。又根据《国务院关于管理外国企业常驻代表机构的暂行规定》第11条的规定，常驻代表机构租用房屋、聘请工作人员，应当委托当地外事服务单位或者中国政府指定的其他单位办理。因此，如果常驻代表机构未到相关部门办理合法用工手续，其与中国劳动者之间订立的合同无效，对于劳动者付出了实际劳动的，应由雇佣方根据劳动者的实际工作时间支付劳动报酬。

【案例解读】

一、基本案情

某技术服务公司为提供代驾服务的公司，其开发了一个手机软件，代驾司机可以打开软件，如客户需要代驾，可以选择附近的代驾司机。某技术服务公司按代驾费用的20%收取代驾司机信息服务费。2013年4月，某技术服务公司与庄某签署代驾驾驶员合作协议，其中载明：(1) 合作内容：由某技术服务公司（甲方）向庄某（乙方）提供代驾服务的信息，由乙方向客户提供驾驶服务。乙方按照甲方对社会公布的各项收费标准收取并获取服务收益，甲方从乙方的收益中扣除相应费用，作为甲方提供信息服务的费用。(2) 合作服务流程：①由甲方接受客户预约后通知乙方服务内容，或客户直接与乙方联系。②乙方依据本协议执行“代理驾驶”的合作任务。(3) 收益分配与结算形式：①甲方向乙方提供代驾服务信息，暂定按每次代驾实际收费的20%收取信息费用，扣除税后其余部分为乙方所得。②通过代驾正规预约渠道进行预约乙方的，视为甲方向乙方提供代驾服务信息，甲方有权收取对应的信息费。③随着市场的变化以及竞争的改变，甲方有权调整对乙方收取的信息费，其他特殊情况信息费用的收取甲方另行通知乙方。2013年4月，某技术服务公司对庄某罚款500元。2013年8月，某技术服务公司在其网站发布公告，以庄某多次恶意逃单为由与其解除合作关系。

庄某遂申请劳动仲裁，要求某技术服务公司支付未签书面劳动合同二倍工资、违法解除劳动关系赔偿金等项。

二、裁判结果

北京市某区人民法院判决驳回庄某的诉讼请求，庄某上诉至北京市某中级人民法院，该院经审理认为，本案争议焦点为庄某与某技术服务公司是否存在劳动关系。劳动关系的成立一方面需要劳动者为单位提供有偿劳动，接受用人单位的管理，服从单位的劳动分工及安排，遵守劳动纪律及相关规章制度；另一方面，用人单位必须为劳动者提供工作条件，按照劳动者的劳动数量和质量给付其劳动报酬，保障劳动者享有相关福利待遇。从本案主要事实来看，庄某没有固定的工作场所，工作时间可自行掌握，庄某亦非按月从某技术服务公司获取劳动报酬。结合代驾司机的行业特点以及本案中庄某与某技术服务公司签订了代驾驾驶员合作协议的情况，法院认为庄某与某技术服务公司之间并非劳动关系，故庄某基于其与某技术服务公司存在劳动关系而提起的各项诉讼请求，缺乏事实和法律依据，法院均不予支持。该院判决驳回上诉，维持原判。

三、评析

代驾员与代驾公司之间是一种什么关系？是否必然是劳动关系？我们认为，对此不能一概而论，还是应当结合案情来具体分析代驾员与代驾公司之间是否符合劳动关系的认定标准。

司法实践中，认定劳动关系的标准通常包括：(1) 管理标准。主要指劳动者服从用人单位的管理，遵守用人单位的规章制度。(2) 生产条件标准。主要指用人单位提供了基本的劳动条件，包括劳动场所、劳动对象和劳动工具，这样劳动者同用人单位提供的生产资料相结合，双方之间才能形成劳动法律关系。(3) 报酬标准。主要指劳动者向用人单位提供劳动，用人单位向劳动者支付劳动报酬，由用人单位发放劳动报酬是认定劳动关系的重要标志。上述标准有助于对劳动关系进行判断，但认定劳动关系最核心的标准还是管理标准，即用人单位与劳动者之间是否存在管理与被管理、指挥与被指挥、监督与被监督的关系。如果代驾公司依法制定的各项劳动规章制度适用于代驾司机，代驾司机受代驾公司的劳动管理，从事代驾公司安排的有报酬的劳动，可以认定双方之间存在劳动关系，否则，对代驾司机关于双方之间存在劳动关系的主张，不予支持。

具体到本案，庄某虽然必须穿某技术服务公司工服，戴工牌，按照公司指定的标准收费，但这只是庄某提供代驾服务的形式，不足以据此认定庄某与某技术服务公司之间存在劳动关系。根据查明的事实，庄某的工作完全由其自行安排，想接活即可打开手机软件，不想接活也不受某技术服务公司的约束，在这种情况下，并不存在庄某服从某技术服务公司指挥的情形，不能认定庄某在接受某技术服务公司的劳动管理。同时，从庄某与某技术服务公司签订的合作协议看，某技术服务公司向庄某提供信息，收取信息服务费，其余的代驾服务费则作为庄某的收入，可见庄某也并非从某技术服务公司获取劳动报酬，故庄某与某技术服务公司之间并非劳动关系，而是一种合作关系，双方之间是一种平等的民事主体关系，权利义务应按照合作协议确定。[1]

① 参见吴在存主编:《劳动争议案件裁判规则与法律适用》，法律出版社2020年版，第20～24页。

第三条

劳动争议案件由用人单位所在地或者劳动合同履行地的基层人民法院管辖。

劳动合同履行地不明确的，由用人单位所在地的基层人民法院管辖。

法律另有规定的，依照其规定。

【条文主旨】

本条是关于劳动争议案件管辖的规定。

【条文理解】

本条规定来源于2001年《劳动争议司法解释》第8条规定，与原规定相比，保留了第1款和第2款规定，新增了第3款规定。

一、制定背景

随着我国经济体制改革的深入和市场经济的逐步建立完善，劳动关系的类型由单一的公有制劳动关系转变为国家、集体、私营、个体、外资等多种经济形式劳动关系并存的局面。劳动关系呈现多样化、复杂化，劳动争议大量出现，由此引发的诉讼案件也呈上升之势。面对大量的劳动争议案件，审判实践中存在大量的疑难问题需要解决。这些问题中，管辖问题是人民法院受理劳动争议案件首需解决的问题。

在2001年《劳动争议司法解释》第8条规定施行之前，各地人民法院基于对劳动争议案件的认识不同，对劳动争议案件的管辖形式多样。就级别管辖而言，有些高级人民法院规定劳动争议案件一律由中级人民法院管辖，另一些高级人民法院则规定劳动争议案件由基层人民法院管辖。甚至在同一省行政辖区内，劳动争议案件既有中级人民法院管辖，又有基层人民法院管辖的情况。实践中还存在按照劳动争议案件争议金额确定级别管辖的情况。劳动争议案件级别管辖标准的混乱，影响了不同级别法院职能的发挥，也是一部分当事人选择不同地域起诉，以达到选择不同级别法院受理案件的原因。因此需要对劳动争议案件的级别管辖作出明确规定。就地域管辖而言，各地人民法院对劳动争议案件的地域管辖标准同样不统一。有些人民法院按照《民事诉讼法》原告就被告的管辖原则，确定劳动争议案件由被告住所地人民法院管辖。有些人民法院基于劳动争议案件仲裁前置的原则，规定劳动争议案件由劳动争议仲裁委员会所在地的基层人民法院或中级人民法院管辖，即以作出仲裁裁决的劳动争议仲裁委员会所在地确定人民法院对劳动争议案件的管辖。

管辖问题是当事人诉至人民法院首先要解决的问题，劳动争议案件管辖标准的不一致，导致劳动争议案件难以合法及时得以解决，难以有效保护劳动者合法权益。因此，在充分调研的基础上，2001 年《劳动争议司法解释》第 8 条对劳动争议案件的级别管辖和地域管辖作出了明确规定，在之后多年的司法实践中发挥了重要作用。本次劳动争议司法解释清理，对原第 8 条规定充分论证后，保留了原规定的表述，同时考虑到《劳动争议调解仲裁法》对部分劳动争议案件的管辖有特别规定等，增加规定了第 3 款“法律另有规定的，依照其规定”，从而形成了本条规定。

二、条文含义

（一）级别管辖

本条第 1 款规定了劳动争议案件由基层人民法院管辖。级别管辖，是指按照一定的标准，划分各级人民法院之间受理第一审民事案件的分工和权限。级别管辖是确定管辖的首要环节。就一宗具体的民事案件而言，首先要确定的就是该案件应当归各级人民法院中的哪一级法院管辖。级别管辖并不涉及某个具体的法院，而只是解决不同级别的法院之间在受理第一审民事案件上的分工和权限问题。按照《民事诉讼法》的规定，确定级别管辖的标准是案件性质、繁简程度和影响范围“三结合标准”①。基本的原则是越高级别的人民法院审理案情越复杂、影响范围越广、适用法律难度越大的案件，以达到通过案件审理指导下级人民法院审判工作的目的。但上述级别管辖标准只是原则性规定，就具体案件的级别管辖而言，具有一定的主观性和相对性。比如对于案情的繁简程度，当事人起诉时难以确定，往往是人民法院在审理当中才能确定案情是否复杂；对于案件的影响范围，不同人往往会作出不同的判断。因此，审判实践中，最高人民法院对各级人民法院级别管辖标准的确定，在遵照《民事诉讼法》规定的前提下，兼顾了各级人民法院职能的发挥及《民事诉讼法》确定的“两便原则”，考虑到各个高级人民法院辖区经济发展程度、地理环境、案件数量不平衡等原因，一般是要求各高级人民法院根据本地实际情况，制定本辖区各级人民法院分级受理第一审民事、经济纠纷案件级别管辖标准，报经最高人民法院批准。

从《宪法》《民事诉讼法》和《人民法院组织法》的规定来看，最高人民法院的主要职能是指导监督、统一司法。高级人民法院同样也担负着对下级人民法院的指导监督职能。因此，为充分发挥最高人民法院和高级人民法院的监督指导职能，应当尽量减少最高人民法院和高级人民法院审理的案件数量，使上述法院能够集中精力审理好新类型、疑难复杂、影响范围广泛的案件，起到对下级人民法院的业务指导作用。

人民法院80%的法官在基层，80%的案件也受理在基层，基层人民法院担负着人民法院主要案件审判工作，因此，应当将大多数类型

① 比如《民事诉讼法》第18条规定：“中级人民法院管辖下列第一审民事案件：（一）重大涉外案件；（二）在本辖区有重大影响的案件；（三）最高人民法院确定由中级人民法院管辖的案件。”

的案件由基层人民法院管辖，这符合《民事诉讼法》的“两便原则”。最高人民法院通过一系列的通知，贯彻了确定级别管辖的基本精神。比如最高人民法院于2015年印发《最高人民法院关于调整高级人民法院和中级人民法院管辖第一审民商事案件标准的通知》，将案件的诉讼标的额作为级别管辖的主要标准，同时规定婚姻、继承、家庭、物业服务、人身损害赔偿、名誉权、交通事故、劳动争议等案件，以及群体性纠纷案件，一般由基层人民法院管辖。《人民法院组织法》亦在第25条第1款规定“基层人民法院审理第一审案件，法律另有规定的除外”。上述规定是为方便当事人诉讼和人民法院就地进行案件调解工作，提高审判效率，节省诉讼资源，准确实现四级法院职能定位。也是基于上述考虑，本条第1款规定统一了劳动争议案件的级别管辖，即规定劳动争议案件由基层人民法院管辖，从而完善了我国劳动争议案件的受理制度，具有重要意义。

（二）地域管辖

本条第1款和第2款针对劳动争议案件的地域管辖作出了规定。地域管辖，是指同级人民法院之间受理第一审民事案件的分工和权限。

各国民事诉讼法确定地域管辖的标准主要有两个：一是诉讼当事人的住所地与法院辖区之间的联系；二是诉讼标的、诉讼标的物或法律事实与法院辖区之间的联系。我国《民事诉讼法》也采用上述标准确定地域管辖。《民事诉讼法》规定的地域管辖主要包括以下两方面内容。

1. 一般地域管辖

一般地域管辖是指以当事人所在地与人民法院的隶属关系来确定诉讼管辖。《民事诉讼法》确定的一般地域管辖原则是原告就被告，即以被告住所地作为确定管辖的标准。① 同时，为方便当事人诉讼和

① 《民事诉讼法》第21条规定：“对公民提起的民事诉讼，由被告住所地人民法院管辖；被告住所地与经常居住地不一致的，由经常居住地人民法院管辖。对法人或者其他组织提起的民事诉讼，由被告住所地人民法院管辖。同一诉讼的几个被告住所地、经常居住地在两个以上人民法院辖区的，各该人民法院都有管辖权。”

人民法院对案件的审理，《民事诉讼法》又补充了几种原告就被告的例外情形，比如第22条规定，对不在中华人民共和国领域内居住的人提起的有关身份关系的诉讼、对被采取强制性教育措施的人提起的诉讼等几种情形，由原告住所地人民法院管辖。

2. 特殊地域管辖

特殊地域管辖是指不以被告所在地，而是以引起诉讼的法律事实的所在地、诉讼标的物所在地人民法院作为管辖法院。如《民事诉讼法》规定因合同纠纷提起的诉讼，由被告住所地或者合同履行地人民法院管辖；因侵权行为提起的诉讼，由侵权行为地或者被告住所地人民法院管辖。合同履行地和侵权行为地就是依照引起诉讼的法律事实所在地与人民法院隶属关系确定的管辖。

在上述依据的基础上，本条规定根据各地人民法院对劳动争议案件受理的具体情况，确定了劳动争议案件的地域管辖标准。一方面，原告就被告虽是《民事诉讼法》有关地域管辖的一项基本原则，但劳动争议案件具有一定的特殊性。劳动争议案件中，劳动者作原告、用人单位作被告的案件占据绝大多数。且在劳动者作被告时，劳动者的住所、户籍相对不固定，特别是在当今劳动力市场开放的情况下，劳动者的流动性特别大。如果在劳动者作被告时，严格按照原告就被告的原则来执行，有时很难找到劳动者，致使无法确定案件的管辖地，不利于案件审理。故基于上述考虑，本条规定最终认定以用人单位所在地作为劳动争议案件的管辖地。另一方面，劳动争议案件是基于劳动关系产生，劳动关系也是一种合同关系，依据《民事诉讼法》关于合同纠纷诉讼的管辖原则，本条同时规定劳动合同履行地也是劳动争议案件的管辖地。

在实践中，依据《民事诉讼法》第21条的规定，用人单位所在地一般是指用人单位住所地。依据《民事诉讼法司法解释》第3条的规定，用人单位住所地是指用人单位的主要办事机构所在地。主要办事机构所在地不能确定的，用人单位的注册地或者登记地为住所地。关于劳动合同履行地，劳动合同履行地就是劳动合同当事人约定的履行劳动义务的地点。依据《民事诉讼法司法解释》第18条规定，劳动合同中约定了劳动合同履行地的，以约定的履行地为劳动合同履行地；如果没有约定履行地，则以劳动者实际履行劳动义务的地点来确定劳动合同的履行地。劳动者履行义务的地点，也可以说是劳动者提供劳动的具体场所。一般而言，劳动者提供劳动的地点就是用人单位所在地。所以在大多数情况下，劳动合同履行地与用人单位所在地是一致的。但是在特定情况下，劳动合同履行地与用人单位所在地不一致。如用人单位在甲地，而劳动者提供劳动的地点在乙地。在此情形下，如果是劳动者作为原告向人民法院起诉，则有选择权，选择向用人单位所在地，或者劳动合同履行地的人民法院起诉。这种选择权的规定，便于劳动者行使诉权。

如果劳动合同履行地不明确，即劳动合同约定的履行地和实际履行地点均不明确的，这种情况下，由用人单位所在地的基层人民法院管辖。

（三）法律特别规定

本条第3款为新增规定，主要是考虑到法律有特别规定的情形。比如《劳动争议调解仲裁法》第49条规定用人单位不服一裁终局案件的裁决的，可以自收到仲裁裁决书之日起30日内向劳动争议仲裁委员会所在地的中级人民法院申请撤销裁决。该条规定明显不同于本条第1款和第2款规定，属于法律的特别规定。这种情形下，应当依照法律规定确定管辖法院。

三、争议观点阐释

在2001年《劳动争议司法解释》第8条规定制定过程中，有意见提出劳动争议案件都是仲裁前置，为了便于裁审衔接，可否以劳动争议仲裁机构所在地确定法院对案件的管辖。我们经研究后，没有采纳这种意见，理由主要是：第一，关于地域管辖，《民事诉讼法》规定的基本原则为原告就被告原则，劳动争议案件的当事人是劳动者和用人单位，劳动争议仲裁机构并非当事人，故以劳动争议仲裁机构所在地确定法院对案件的管辖缺少法律依据。第二，劳动争议仲裁机构的设置和人民法院的设置不同。人民法院是按行政区划逐级设立，但根据《劳动争议调解仲裁法》第17条规定，劳动争议仲裁委员会是按照统筹规划、合理布局和适应实际需要的原则设立，不按行政区划层层设立，与各级行政区划不完全一致。有时一个劳动争议仲裁委员会可能同时管辖好几个市辖区，有时一个劳动争议仲裁委员会可能只管辖一个县或者市辖区的劳动争议案件。有许多市辖区一级尚未设立劳动仲裁委员会，甚至在某些直辖市只有一个市级劳动仲裁委员会，却有两个以上中级人民法院。如果以劳动争议仲裁机构所在地确定人民法院对案件的管辖，可能造成同一个仲裁机构因同时管辖数个市辖区而不能具体确定管辖法院的情形，或者造成案件均集中到劳动仲裁委员会所在地的法院的情形，不利于人民法院的审判工作。

【审判实践中应注意的问题】

关于劳动争议案件中约定管辖条款是否有效。实践中，如果双方当事人协议选择用人单位所在地或者劳动合同履行地之外的人民法院管辖的，约定管辖条款是否有效，对此存有一定争议。我们认为，根据《民事诉讼法》第34条的规定，协议管辖的适用领域为合同或者其他财产权益纠纷，因身份关系产生的民事纠纷一般不能协议选择管辖法院。劳动争议案件涉及的劳动关系中，用人单位对劳动者具有工作上的管理权，劳动者成为用人单位的一员，具有人身从属性，因此劳动争议案件不属于法律规定可以由当事人约定管辖法院的案件范畴。再者，在普通的民事关系中，民事当事人具有平等的地位，可以自主、充分地表达自己的意愿，而在劳动关系中，劳动者一般处于弱势地位，劳动合同一般都是由用人单位提供的，如果约定管辖有效，用人单位可能会利用约定管辖给劳动者维权造成制约，对劳动者权益保护不利。所以，我们认为，如果用人单位和劳动者在劳动合同中约定的管辖法院不属于劳动合同履行地或者用人单位所在地的法院的，约定应属无效。

【案例解读】

一、基本案情

周某与苏州某信息科技公司劳动争议纠纷由北京市T区劳动人事争议仲裁委员会受理。周某于2018年6月15日入职某信息科技公司，工作地点位于北京市T区。苏州某信息科技公司的注册地址在江苏省苏州市W区。该仲裁委员会作出仲裁裁决后，苏州某信息科技公司不服该仲裁裁决，向江苏省苏州市W区人民法院提起诉讼。江苏省苏州市W区人民法院认为，用人单位与履行劳动合同不在同一地的，为便于当事人诉讼和案件事实的查实，应由劳动合同履行地的基层人民法院管辖，且本案已由北京市T区劳动人事争议仲裁委员会前置处理，故裁定本案移送北京市T区人民法院管辖。北京市T区人民法院受移送后与江苏省苏州W区人民法院对管辖权发生争议，协商未果，报请北京市高级人民法院与江苏省高级人民法院协商解决。

二、裁判结果

江苏省高级人民法院裁定，撤销原裁定，指定本案由江苏省苏州市W区法院审理。

三、评析

本案的主要争议在于用人单位所在地与劳动合同履行地不一致的情形下，如何确定劳动争议案件的地域管辖。2001年《劳动争议司法解释》第8条对劳动争议案件的级别管辖及地域管辖作出了特别规定。其中劳动争议案件的地域管辖是依照《民事诉讼法》中关于地域管辖所确立的“原告就被告”的原则，兼顾劳动争议案件劳动者流动性大，用人单位的地址相对固定的特点，确定工资关系所在地即用人单位所在地作为管辖地。但考虑到在劳动合同履行地与用人单位所在地不一致的情形下，用人单位所在地不便于当事人诉讼，也不利于案件事实的查实，又规定了选择性条款，即劳动合同履行地作为人民法院管辖地。这一规定也是参照了《民事诉讼法》第23条关于合同纠纷的地域管辖原则。本解释第3条保留了这一规定。因此，在用人单位所在地与劳动合同履行地不一致的情形下，用人单位所在地和劳动合同履行地的基层人民法院共同具有管辖权，但该规定不适用于用人单位申请撤销终局裁决的案件。

而《民事诉讼法》第35条规定："两个以上人民法院都有管辖权的诉讼，原告可以向其中一个人民法院起诉；原告向两个以上有管辖权的人民法院起诉的，由最先立案的人民法院管辖。"劳动争议作为民事诉讼的一类，在共同管辖的情况下，劳动者和用人单位均可以选择其中一个人民法院起诉，此亦被称为选择管辖。共同管辖与选择管辖，实际上是一个问题的两个方面。从法院的角度来看，两个或者两个以上的法院都有管辖权，所以出现共同管辖的情况；从当事人的角度来看，由于两个或者两个以上的法院都有管辖权，所以只能选择其中一个法院进行诉讼。从共同管辖与选择管辖的逻辑关系来看，共同管辖是选择管辖的前提，选择管辖是共同管辖的结果。因为只有在两个或者两个以上的法院都有管辖权的情况下，才有从中进行选择的必要，才有原告向其中一个法院起诉的结果。比如用人单位所在地与劳动合同履行地一致的情况下，仅有一家法院具有管辖权，不存在共同管辖，则当事人也不具有选择权。

本案中，苏州某信息科技公司作为周某的用人单位，因不服北京市T区劳动人事争议仲裁委员会前置仲裁结果向法院提起诉讼，其作为用人单位既可向其住所地江苏省苏州市W区法院提起诉讼，也可向劳动合同履行地北京市T区法院提起诉讼。因苏州某信息科技公司已行使法律规定的管辖选择权，向江苏省苏州市W区法院提起诉讼，江苏省苏州市W区法院对本案有管辖权，其将案件移送北京市T区法院不当。

另外，如用人单位与劳动者就同一仲裁裁决，分别向有管辖权的人民法院起诉，即本案中周某在苏州某信息科技公司提起诉讼之后，向北京市T区法院提起诉讼，根据《民事诉讼法》第35条以及本解释第4条的规定，应由最先立案的人民法院管辖，后受理的北京市T区法院也应当将案件移送给先受理的江苏省苏州市W区法院。

第四条

劳动者与用人单位均不服劳动争议仲裁机构的同一裁决，向同一人民法院起诉的，人民法院应当并案审理，双方当事人互为原告和被告，对双方的诉讼请求，人民法院应当一并作出裁决。在诉讼过程中，一方当事人撤诉的，人民法院应当根据另一方当事人的诉讼请求继续审理。双方当事人就同一仲裁裁决分别向有管辖权的人民法院起诉的，后受理的人民法院应当将案件移送给先受理的人民法院。

【条文主旨】

本条是关于如何确定双方起诉时的诉讼主体及案件管辖法院的规定。

【条文理解】

劳动争议案件作为特殊的民事案件，无法与其他典型的民事案件一样完全适用现行的《民事诉讼法》，同时由于目前缺失有关审理劳动争议案件的诉讼立法，实践中的许多问题缺乏明确法律依据。在本次司法解释清理过程中，最高人民法院根据《民事诉讼法》有关诉讼主体规定的原则精神，针对劳动争议案件审判实践中出现的特殊情况，综合2001年《劳动争议司法解释》第9条与2006年《劳动争议司法解释（二）》第11条的规定，结合劳动争议案件的特点和审判经验，对因劳动争议案件双方当事人均不服同一劳动争议仲裁机构作出的同一裁决同时向人民法院起诉时，如何确定诉讼主体及审理方式、案件管辖作出的规定。

一、制定背景

依照《劳动法》规定，我国实行劳动争议仲裁前置，即审理劳动争议案件实行“一裁两审”处理机制。虽然《劳动合同法》《劳动争议调解仲裁法》对“一裁两审”作出了部分修改，但仅涉及有条件的一裁终局、举证责任的部分转移等内容。人民法院受理的劳动争议案件必须经过劳动争议仲裁机构先行仲裁的前置程序，因此产生了劳动者与用人单位均对劳动争议仲裁机构作出的同一仲裁裁决不服，同时向人民法院起诉的情形。虽然双方当事人向人民法院起诉是因不服劳动仲裁机构所作的劳动争议仲裁裁决，但依据《劳动法》的规定，劳动争议案件的双方当事人是用人单位和劳动者，劳动仲裁机构不能作为当事人，在双方当事人向人民法院起诉时，诉讼主体仍是用人单位和劳动者。如果仅是一方当事人不服劳动仲裁裁决而向人民法院起诉的，依据《民事诉讼法》的规定，起诉的一方当事人为原告，另一方当事人为被告，不会产生歧义。但如果劳动争议的双方当事人均对劳动仲裁机构作出的同一仲裁裁决均不服，依法向同一人民法院起诉时，诉讼主体如何确定，谁是原告谁是被告，案件是否应合并审理等，成为审判实践中的难点和热点问题。各地人民法院有不同做法。主要做法有：

一是按照《民事诉讼法》规定原则，将先起诉的一方当事人作为原告，后起诉的一方当事人作为被告。这种做法存在的弊端是，后起诉的一方当事人被列为被告，就不能提出独立的请求，而只能针对先起诉一方的请求进行抗辩或提出反诉，实际上剥夺了后起诉一方当事人的诉讼权利。如果先起诉一方当事人撤诉，案件就丧失继续审理的法律依据而归于撤销，后起诉一方当事人的诉讼请求未得到审理，劳动争议难以得到最终解决。同时，后起诉一方向人民法院提起诉讼，目的是享有原告的诉讼地位，而其目的由于案件程序上的缺陷难以实现，使当事人难以接受案件处理结果，案件审理无法取得应有的社会效果。

二是双方同时起诉时，如果符合反诉条件的，将双方当事人列为反诉原告和反诉被告。反诉是指在已经开始的民事诉讼中，被告为了维护自己的民事权益，以本诉中的原告作为被告向人民法院提出的一种与本诉有牵连的独立的反请求。反诉的构成要件首先必须是本诉的被告对本诉的原告提起；其次是必须向审理本诉的法院提起，并适用同一诉讼程序；再次是其请求具有独立性，反诉具有独立的诉的要素，即当事人、诉讼标的和诉讼理由；复次，反诉的目的是对抗，抵销、排斥、吞并原告的诉讼请求，使原告的诉讼请求部分或全部失效；最后，反诉与本诉具有牵连性，两诉是以同一事实为依据而产生的。依照民事诉讼反诉理论，根据劳动争议案件的特点，劳动争议案件中的反诉应当符合下列条件：（1）反诉的内容经劳动争议仲裁机构仲裁；（2）反诉的请求具有独立性，如果原告撤诉，被告的反诉请求仍独立存在，案件仍需继续审理；（3）反诉与本诉具有牵连性，是基于同一事实而产生的两个诉讼。在劳动争议案件中，双方当事人提起的诉讼请求在多数情况下是不一致的，依照劳动争议案件反诉条件，形成反诉的仅是为数较少的一种情况，不具有普遍性。

三是如果双方当事人同时起诉，则分别立案，因诉讼请求不同而将案件分别审理。这种做法的弊端是，当事人相同却立两个案号，缺乏法律规定也不利于当事人进行诉讼，分别审理容易出现相悖的判决结果，造成司法混乱。

上述做法不一的情况，使人民法院对劳动争议案件的审理难以统一法律适用，案件审判无法实现法律效果和社会效果的有机统一，进而不易得到社会公众的普遍认可。为规范审理劳动争议案件的诉讼程序，统一尺度，最高人民法院在2001年《劳动争议司法解释》第9条规定："当事人双方不服劳动争议仲裁机构作出的同一仲裁裁决，均向同一人民法院起诉的，先起诉的一方当事人为原告，但对双方的诉讼请求，人民法院应当一并作出裁决。当事人双方就同一仲裁裁决分别向有管辖权的人民法院起诉的，后受理的人民法院应当将案件移送给先受理的人民法院。"该规定确定了先行起诉的一方当事人为原告的基本原则，但后起诉的一方当事人应列为什么地位，2001 年《劳动争议司法解释》并没有明确，主要是考虑到每个劳动争议案件的具体情况不同而且非常复杂，如果说后起诉的一方当事人是被告，但其也提出了明确的诉讼请求，按《民事诉讼法》的原则只对原告的诉讼请求进行审理，而不存在审理被告诉讼请求的情况，这样一来，后起诉的一方当事人的诉讼权利就得不到保障；如果将后起诉的一方也列为原告，就会出现两个原告，而没有被告，不符合民事诉讼“两造对立”的当事人基本结构。对于后起诉一方当事人的诉讼地位如何解决，可以根据案件的不同情况分别确定。首先，如果后起诉的一方当事人所提出的诉讼请求与原告提出的诉讼请求构成反诉的，就将后起诉的一方当事人列为反诉原告，先行起诉的一方当事人就列为反诉被告。其次，如果当事人双方的诉讼请求没有构成反诉，可以作为两个独立的案件分别立案，分别审理，根据当事人在各个案件中的起诉情况确定诉讼地位；如果为便于当事人诉讼、经济诉讼及节约审判资源，也可将双方当事人相互作为原告、被告，合并审理。同时，如在司法解释中一一列举写明，既不符合制定司法解释的惯例，也有挂一漏万之嫌。仅靠有限的条文是难以穷尽实践中的种种情况，反而限制各级人民法院根据案件具体情况进行灵活处理，不利于案件的及时解决。故 2001 年《劳动争议司法解释》第 9 条规定仅对先起诉的一方当事人明确为原告，对后起诉的一方当事人如何确定诉讼地位，可由受案的人民法院根据案件具体情况予以决定。但为保障后起诉的一方当事人的诉讼请求得以法律救济，规定无论对后起诉的当事人是列为原告还是被告，对其双方的诉讼请求都应当一并作出裁决。当时较为一致的意见是确定先起诉的一方当事人无疑是原告，后起诉的一方当事人就列为被告，这仅仅是程序形式上的被告，但对其诉讼请求也一并予以解决，不能因一方被列为被告而对其诉讼请求不予审理，这就可以保障当事人的权利。

2001 年《劳动争议司法解释》公布后，从案件的受理范围、受理程序、诉讼主体的确定等各个方面为人民法院审理劳动争议案件提供了的法律依据，为及时公正解决劳动争议案件发挥了重大作用。但这一规定又遇到了新的情况和问题。从司法实践中执行2001年《劳动争议司法解释》第9条规定反馈的情况看，各地人民法院仍存在着执法不统一的情况。主要原因就是该条规定只是作出原则性规定，而没有明确具体做法，没有从根本上解决劳动争议的双方当事人均不服仲裁裁决，向同一法院起诉时，诉讼主体如何确定的问题。为适应形势的发展，及时解决审判实践中出现的难点问题，2006年《劳动争议司法解释（二）》对诉讼主体如何确定及审理方法进行补充规定，2006年《劳动争议司法解释（二）》第11条规定："劳动者和用人单位均不服劳动争议仲裁机构的同一裁决，向同一人民法院起诉的，人民法院应当并案审理，劳动者和用人单位互为原告和被告。在诉讼过程中，一方当事人撤诉的，人民法院应当根据另一方当事人的诉讼请求对案件继续审理。"确定此种情况下，劳动者和用人单位互为原告和被告，人民法院应当对案件合并审理。

我们在起草制定本解释时，将此问题列为调研重点，并了解审判实践中的做法，收集听取建议。从所收集的意见看，一些地方人民法院反映2001年《劳动争议司法解释》第9条关于诉讼主体如何确定的规定简便适用，便于灵活操作掌握，但多数人民法院和专家学者及相关部门认为，司法解释应对此作出统一明确的具体规定，这样才能真正规范人民法院的司法行为，达到司法解释制定的目标。我们也曾拟定直接将双方当事人列为原告（反诉被告）、被告（反诉原告），但鉴于在劳动争议案件中，双方当事人提起的诉讼请求在多数情况下并不能形成反诉，在研究讨论过程中没有确定下来。综合社会各界意见，结合审判实践，总结以往司法解释起草过程中的经验，本解释的第4条明确规定："劳动者与用人单位均不服劳动争议仲裁机构的同一裁决，向同一人民法院起诉的，人民法院应当并案审理，双方当事人互为原告和被告，对双方的诉讼请求，人民法院应当一并作出裁决。在诉讼过程中，一方当事人撤诉的，人民法院应当根据另一方当事人的诉讼请求继续审理。双方当事人就同一仲裁裁决分别向有管辖权的人民法院起诉的，后受理的人民法院应当将案件移送给先受理的人民法院。”

二、条文的具体内涵

对本条文的理解，应从解决实际问题的角度，予以分析把握。本条规定主要包含三个方面的内容：一是劳动者和用人单位均不服劳动争议仲裁机构的同一裁决，向同一人民法院起诉时的诉讼主体确定问题；二是对此类诉讼的具体审理方法；三是在法院具有共同管辖权时案件的移送问题。

（一）诉讼主体的确定

依据《劳动法》第2条的规定，《劳动法》调整的主体范围是用人单位和劳动者。双方主体在发生劳动争议申请仲裁时，用人单位和劳动者无疑为仲裁当事人。在劳动争议仲裁机构作出仲裁裁决后，用人单位或劳动者不服向人民法院起诉时，诉讼主体如何确定曾有不同观点和做法。有观点认为，用人单位或劳动者是因不服劳动仲裁机构所作的劳动争议仲裁裁决而提起诉讼的，劳动争议仲裁机构又是劳动保障行政部门所属职能部门，因此，劳动争议诉讼应属于行政诉讼案件，劳动争议仲裁机构应作为被告参加诉讼，即使作为民事案件受理，劳动争议仲裁机构也应作为第三人参加诉讼。对此，最高人民法院一直以来的观点是，劳动争议当事人不服劳动争议仲裁机构的仲裁决定，向人民法院起诉，争议的双方仍然是用人单位与劳动者，双方当事人在适用法律上和诉讼地位上是平等的。人民法院在审理时，应以争议的双方为诉讼当事人，不应把劳动争议仲裁机构列为被告或第三人。明确了劳动争议案件不属于行政案件，而是民事案件，诉讼主体仍是用人单位和劳动者，劳动仲裁机构不能作为诉讼当事人。

如前所述，劳动争议案件虽作为民事案件由人民法院受理，但其属于特殊的民事案件，在诉讼程序和实体法律的适用上有其不同于典型民事案件的特性。对于仅是一方当事人不服劳动仲裁裁决而向人民法院起诉的，完全可以依据《民事诉讼法》的规定，确定起诉的一方当事人为原告，被起诉的一方当事人为被告。但如果劳动争议的双方当事人均对劳动仲裁机构作出的同一仲裁裁决不服，依法向同一人民法院起诉时，是否应分别将用人单位和劳动者列为原告、被告，作为两个案件分别审理，还是并案审理？分案审理会增加当事人讼累和人民法院工作量，不符合经济诉讼的司法原则；并案审理，诉讼主体的确定在现行立法上又无法得到相应的支撑。对此难题，在司法解释起草制定过程中均是仁智各见，始终没有定论。对此问题已如前述，不再赘述。为便于各级人民法院适用司法解释，统一审判标准，维护法律的权威性，我们综合社会各界意见，总结审判实践经验，采纳了多数意见和建议，明确规定劳动者和用人单位均不服劳动争议仲裁机构的同一裁决，向同一人民法院起诉的，人民法院应当并案审理，劳动者和用人单位互为原告和被告。这就明确了在此情况下，人民法院首先应当将用人单位和劳动者各自分别提起的诉讼，在经立案审查后必须合并审理。目的就是既减轻当事人的讼累，体现司法为民的原则，也可解决当前劳动争议案件迅猛上升而人民法院审判力量相对不足的问题，节省司法资源，实现经济诉讼的司法原则。其次，在确定将两个案件并案审理的前提下，按照当事人双方的起诉时序，分别将劳动者和用人单位相互列为原告、被告，这就使得当事人对其在诉讼主体名称的称谓上也可释然，人民法院也有了审理当事人双方诉讼请求的依据，符合《民事诉讼法》在当事人和案件审理方面的立法精神。虽然现行《民事诉讼法》没有对此问题的明确规定，但最高人民法院通过制定司法解释来对人民法院在案件审理过程中就现行法律规定的适用予以补充解释说明，以规范各级人民法院司法的行为，是法律赋予的职权，并为立法所确认。

（二）审理方法的明确

不论双方当事人的诉讼主体地位如何确定，基于吸收当事人诉权保护理论，依照《民事诉讼法》确定的合并审理原则，规定对双方当事人的诉讼请求，人民法院应当一并作出裁决。由于我国没有专门的劳动诉讼法，劳动争议案件是按照《民事诉讼法》的程序以及劳动法的有关程序性规定进行审理。但基于劳动关系的特殊性，劳动争议案件又区别于一般的民事案件，不能完全照搬民事诉讼程序的规定。如按照《劳动法》的规定，劳动争议仲裁是劳动争议案件进入诉讼程序的前置程序，如果当事人对劳动争议仲裁裁决不服，向人民法院提起民事诉讼的，劳动争议仲裁裁决不发生法律效力。人民法院应当对该劳动争议仲裁裁决事项进行全面审理，而不是仅根据原告不服仲裁裁决的部分请求事项进行审理。依据民事诉讼“不告不理”的原则，显然劳动争议案件的“全面审理”之规定与一般民事诉讼只能“诉什么、审什么”的规定相冲突，这是劳动争议案件以仲裁为诉讼前置程序的特殊性，影响了“不告不理”原则在诉讼阶段的表现形式。对后续进行的诉讼程序而言，不能将其与前置的仲裁程序截然分离开来。当事人在仲裁申请中提出的请求和主张对诉讼而言仍然要审理。因此，“不告不理”的民事诉讼原则在劳动争议的案件中，体现在仲裁和诉讼两个请求相结合的形式上。基于劳动争议案件的特殊性，在双方当事人均不服同一仲裁机构作出的同一仲裁裁决，分别向人民法院提起诉讼的情况下，如果将双方提起的诉讼分别审理，审理法院就要对同一仲裁裁决中的申请事项进行两次全面审理。同时，因双方当事人是对同一仲裁机构的同一仲裁裁决不服提起的诉讼，两个案件在审理中具有牵连性，往往一个案件事实的认定，是另一案件审判的前提。如劳动者请求解除劳动合同，用人单位赔偿损失，而用人单位请求认定劳动合同无效。这样，劳动者主张解除合同能否得到支持（解除合同的前提是合同有效），就成为用人单位认定合同无效主张是否能得到支持的前提。由于两案的牵连性，符合合并审理条件，因此，一并审理应当理解为合并审理。

在将用人单位和劳动者各自提起的诉讼并案审理过程中，一方当事人申请撤诉的，人民法院应当根据另一方当事人的诉讼请求对案件继续审理。在劳动争议案件的审理过程中，往往会出现作为原告的一方当事人申请撤诉的情况。根据《民事诉讼法》的规定，当事人在一审和二审宣判前申请撤诉的，经人民法院审查，如无损害国家和集体利益、社会公共利益及他人合法权益的，应裁定准许撤诉。民事诉讼以解决民事纠纷为目的，而民事纠纷又是在相对的双方当事人之间发生的，在古罗马法中，两个主体间的一次性交往成为当时民事交往的基本模式，所以决定了民事诉讼只承认“两造诉讼”的格局，即民事诉讼必须要存在有原告和被告的双方对立才可成立。现代各国民事诉讼立法均采取了以两造对立为当事人的基本结构，即以原告的攻击主张和被告的防御抗辩为诉讼程序的发展线索来规范程序的过程和当事人在诉讼中的权利义务关系，并立足于当事人之间的相互对立。我国的民事诉讼立法也不例外。在作为原告的一方当事人撤诉申请被裁定准许后，两造诉讼即不成立，原告、被告双方当事人之间的诉讼也就自然终结。但在本条规定所指的用人单位和劳动者互为原告、被告的情形下，由于是将两个诉讼并案审理，双方当事人既是原告，也是被告，同时处于原告、被告的诉讼主体地位。因此，在用人单位一方或劳动者一方提出撤诉申请并被人民法院裁定准许后，也只是表明其作为原告提起的两造诉讼关系消除，其不再以原告的诉讼主体身份参加诉讼，但其在对方当事人为原告所提诉讼中的被告诉讼地位没有因其撤诉而改变，两造诉讼依然成立。因此，在劳动者和用人单位均不服劳动争议仲裁机构的同一裁决，向同一人民法院起诉，劳动者和用人单位互为原告和被告的情况下，即使一方当事人申请撤诉，人民法院仍应根据另一方当事人的诉讼请求对案件继续审理。

（三）管辖法院的确定

本条同时解决了审判实践中劳动争议案件受理和管辖中存在的实际问题，即双方当事人分别向不同的有共同管辖权的人民法院起诉时，案件的移送问题。依照《民事诉讼法》及本解释确定的劳动争议案件管辖原则，对同一劳动争议，存在两个以上人民法院都具有管辖权的情形，这就有可能发生当事人双方不服同一仲裁裁决分别向有管辖权的人民法院起诉的情况。本条规定参照民事诉讼共同管辖理论，规定后受理的人民法院应当将案件移送给先受理的人民法院。

民事诉讼共同管辖是指根据法律规定，两个或两个以上人民法院对同一案件都有管辖权。在此情况下，当事人可以从中选择一个法院起诉。根据《民事诉讼法》和相关司法解释的规定，适用共同管辖时，遵循以下原则：（1）两个以上人民法院都有管辖权的诉讼，原告可以向其中一个人民法院起诉；原告向两个以上有管辖权的人民法院起诉的，由最先立案的人民法院管辖。（2）两个以上人民法院都有管辖权的诉讼，先立案的人民法院不得将案件移送给另一个有管辖权的人民法院。人民法院在立案前发现其他有管辖权的人民法院已先立案的，不得重复立案。（3）两个以上人民法院对同一案件都有管辖权并已分别立案的，后立案的人民法院得知有关法院先立案的情况后，应当将案件移送先立案的人民法院。（4）当事人基于同一法律关系或者同一法律事实而发生纠纷，以不同诉讼请求分别向有管辖权的不同法院起诉的，后立案的法院在得知有关法院先立案的情况后，应当将案件移送先立案的法院合并审理。

本解释根据劳动争议案件的特殊性，从节省诉讼资源，提高诉讼效率，利于当事人进行诉讼及人民法院对案件审理的角度，参照民事诉讼共同管辖的处理原则，规定后受理的法院将案件移送给先受理的法院。实践中，各基层人民法院应当严格执行这一规定，避免出现争夺管辖权和推诿案件管辖的两种不良现象。

【审判实践中应注意的问题】

虽然本条规定在劳动者与用人单位均不服劳动争议仲裁机构作出的同一裁决而向同一人民法院起诉，劳动争议案件合并审理时，双方当事人互为原告和被告，在裁判文书当事人地位通常列为原告（被告）、被告（原告），但此种表述相对容易造成混乱。在审判实践中，有部分法院将双方当事人列为原告（互诉被告）、被告（互诉原告），以更好地区分双方当事人的主体地位，便于认定和理解，同时避免造成裁判文书中表述的混淆，我们认为该经验值得各级法院参考和借鉴。

【案例解读】

一、基本案情

李某系南京A公司的职工，双方于2014年9月8日签订最后一期无固定期限劳动合同。2018年4月23日，李某向南京市L区劳动人事争议仲裁委员会申请仲裁，请求裁决南京A公司支付其2018年1月至3月被非法克扣工资、绩效工资、2017年年终奖、未休年休假工资等。南京市L区劳动人事争议仲裁委员会于2018年9月29日作出仲裁裁决书，裁决南京A公司支付李某2018年2月至3月被扣发的工资1108.56元，对李某的其他仲裁请求不予支持。南京A公司、李某均对该仲裁裁决书不服，先后向南京市L区人民法院提起诉讼。南京A公司起诉请求为不予支付李某2018年2月被扣发工资。李某的起诉请求为要求南京A公司支付2018年1月至3月被非法克扣工资、绩效工资、2017年年终奖、未休年休假工资等。后李某经南京市L区人民法院合法传唤后未到庭参加诉讼。

二、裁判结果

南京L区人民法院裁定按李某撤回起诉处理，并判决南京A工资支付李某2018年2月、3月克扣工资1108.56元，驳回李某的其他请求。

三、评析

2006年《劳动争议司法解释（二）》第11条的规定解决了劳动争议的双方当事人均不服同一仲裁裁决依法向同一人民法院起诉时，诉讼主体如何确定的问题，即双方当事人互为原告和被告。根据该条规定，即便用人单位或者劳动者一方提出撤诉申请并被人民法院裁定准许后，其在对方当事人作为原告所提诉讼中的被告诉讼地位没有因其撤诉而改变，两造诉讼仍然成立。本解释第4条保留了这一规定。本案中，李某与南京A公司均不服同一仲裁裁决向南京L区人民法院提起诉讼，李某经法院传票传唤无正当理由未到庭参加诉讼，南京市L

区人民法院在并案审理后，作出裁定对李某按撤回起诉处理。但根据上述规定，南京市L区人民法院对南京A公司的起诉仍继续进行审理。

而根据本解释第16条的规定，当事人对裁决中的部分事项不服，依法提起诉讼的，劳动争议仲裁裁决不发生法律效力。因此，一方当事人起诉，另一方当事人未起诉，不能以此认为未起诉方当事人对仲裁裁决的认可，人民法院应贯彻全面审理和独立审理的原则，对该劳动争议的全部内容进行审理。

实践中，人民法院对当事人未提起诉讼的仲裁裁决事项，与当事人提起诉讼的部分事项在审理方式上有所区别，即对仲裁裁决中当事人未提起诉讼的仲裁裁决事项不再作为争议焦点进行审理，而是作为法院查明的案件事实组成部分，列入人民法院发生法律效力的裁判文书主文，以此作为执行的依据。如北京市、江苏省就规定，仲裁裁决有多项内容，当事人仅就部分内容提起诉讼的，人民法院对双方当事人均未起诉的仲裁结果部分，可在“本院认为”中予以确认，并直接写入判决主文。但法院对于案件事实的审理不受当事人诉讼请求的限制，法院应当结合证据对事实进行综合判断和认定。① 本案中，因李某未到庭发表答辩意见，应当视为其放弃自身权利，认可仲裁裁决结果，南京市L区人民法院对该部分仲裁事项在判决主文部分予以确认，符合法律规定。

① 《北京市高级人民法院、北京市劳动争议仲裁委员会关于劳动争议案件法律适用问题研讨会会议纪要（二）》（京高法发〔2014〕220号）第3条。

第五条

劳动争议仲裁机构以无管辖权为由对劳动争议案件不予受理，当事人提起诉讼的，人民法院按照以下情形分别处理：

（一）经审查认为该劳动争议仲裁机构对案件确无管辖权的，应当告知当事人向有管辖权的劳动争议仲裁机构申请仲裁；

（二）经审查认为该劳动争议仲裁机构有管辖权的，应当告知当事人申请仲裁，并将审查意见书面通知该劳动争议仲裁机构；劳动争议仲裁机构仍不受理，当事人就该劳动争议事项提起诉讼的，人民法院应予受理。

【条文主旨】

本条是关于劳动争议仲裁机构以无管辖权为由对劳动争议案件不予受理，当事人向人民法院提起诉讼的处理规定。

【条文理解】

一、制定背景

1995年1月1日起施行的《劳动法》，以基本法律的形式规定了“一调一裁两审制”的劳动争议处理机制。劳动争议发生后，劳动者和用人单位可以协商解决，也可以依法申请调解。调解可以在用人单位内部进行，也可以在劳动争议仲裁机构进行，调解不成的，当事人一方可以向劳动争议仲裁机构申请仲裁。当事人也可以不经协商解决和调解程序，直接向劳动争议仲裁机构申请仲裁。经过劳动争议仲裁机构审理，当事人对仲裁裁决不服的，可以自收到仲裁裁决书之日起15日内向人民法院提起诉讼，人民法院立案后对该争议进行审理，人民法院审理劳动争议依旧实行两审终审制。未经过劳动争议仲裁前置程序，当事人直接向人民法院提起诉讼的，人民法院不予受理。

我国现行的“一调一裁两审制”劳动争议处理机制在调整劳动关系、保护劳动者合法权益，维护用人单位生存发展，促进劳动关系和谐稳定方面发挥了重要作用。但该机制也存在程序较长、劳动者权益不能得到快捷保护的弊端，理论界和实务界均存在对该机制进行改革的呼声。在此背景下，2008年实施的《劳动争议调解仲裁法》在“一调一裁两审制”的基础上增设了有限的一裁终局制度，对部分劳动争议案件实行“一裁终局”，缩短审理时限。《劳动争议调解仲裁法》第47条规定：“下列劳动争议，除本法另有规定的外，仲裁裁决为终局裁决，裁决书自作出之日起发生法律效力：（一）追索劳动报酬、工伤医疗费、经济补偿或者赔偿金，不超过当地月最低工资标准十二个月金额的争议；（二）因执行国家的劳动标准在工作时间、休息休假、社会保险等方面发生的争议。”

随着我国社会主义市场经济制度不断发展，劳动争议案件呈现数量大幅度增长、审理难度不断增加等新特点，劳动争议仲裁机构容易产生畏难情绪，经常以对劳动争议案件无管辖权为由不予受理，导致大量案件直接涌向人民法院。对于劳动争议仲裁机构以无管辖权为由不予受理的劳动争议案件，当事人向人民法院起诉的，人民法院应否受理，有以下两种处理意见：

一种处理意见认为，人民法院应予受理。主要理由在于：（1）有利于保护劳动者的合法权益。人民法院不予受理，造成劳动者上告无门，易引发社会不稳定因素，不利于社会矛盾化解。（2）符合不得拒绝审判的要求。司法审判权原则上不得对当事人的请求拒绝裁判。

(3) 符合《劳动争议调解仲裁法》[①]《劳动人事争议仲裁办案规则》[②]等相关法律法规、规章的规定。根据上述规定，只要劳动争议仲裁机构不予受理的，当事人均可以向人民法院起诉。而当事人起诉的，人民法院原则上应当受理。(4) 避免程序过于冗长。现行“一调一裁两审”劳动争议处理机制，过多地强调仲裁前置，导致劳动争议处理程序过于冗长，不利于保护当事人的权益。

另一种处理意见认为，人民法院应区分情况加以处理，具体而言，人民法院经审查发现，该劳动争议仲裁机构对案件确实无管辖权的，应当告知当事人向有管辖权的劳动争议仲裁机构申请仲裁；人民法院经审查认为劳动争议仲裁机构对案件确有管辖权，应当告知当事人向该劳动争议仲裁机构申请仲裁，同时将对该案件的审查意见书面通知该劳动争议仲裁机构，建议劳动争议仲裁机构对该劳动争议案件进行受理并予以仲裁。劳动争议仲裁机构接到人民法院的书面审查意见仍不受理，当事人就该劳动争议事项提起诉讼的，人民法院应予受理。必要时，人民法院可以向劳动争议仲裁机构发出司法建议，指出工作中存在的不足。这样处理的主要理由在于：(1) 符合“一调一裁两审”劳动争议处理机制。(2) 部分适用“一裁终局”的案件，通过劳动争议仲裁机构仲裁，更有利于劳动者快速维护合法权益。(3) 有利于节约司法资源。

本条规定承继了2013年《劳动争议司法解释（四）》第1条之规定，采纳了第二种处理意见。除了上述第二种意见的理由之外，还基

① 《劳动争议调解仲裁法》第29条规定：“劳动争议仲裁委员会收到仲裁申请之日起五日内，认为符合受理条件的，应当受理，并通知申请人；认为不符合受理条件的，应当书面通知申请人不予受理，并说明理由。对劳动争议仲裁委员会不予受理或者逾期未作出决定的，申请人可以就该劳动争议事项向人民法院提起诉讼。”

② 《劳动人事争议仲裁办案规则》（人力资源和社会保障部令第33号）第31条规定：“对不符合第三十条第（一）、（二）、（三）项规定之一的仲裁申请，仲裁委员会不予受理，并在收到仲裁申请之日起五日内向申请人出具不予受理通知书；对不符合第三十条第（四）项规定的仲裁申请，仲裁委员会应当在收到仲裁申请之日起五日内，向申请人作出书面说明并告知申请人向有管辖权的仲裁委员会申请仲裁。对仲裁委员会逾期未作出决定或决定不予受理的，申请人可以就该争议事项向人民法院提起诉讼。”

于以下几点考虑：(1)“一裁两审”的劳动争议处理机制系法定程序。上述机制是现行法律所明确规定的纠纷解决机制，也是多年来行之有效的纠纷解决机制，劳动争议仲裁机构和当事人均不得违反仲裁前置程序，使仲裁前置形同虚设。(2) 司法审判力量有限。当前我国劳动争议案件数量急剧上升、司法审判力量有限，如果任由案件不经过仲裁程序而直接进入人民法院，审判力量难以应对，进而影响案件审判质量，更不利于保护当事人的合法权益，影响社会稳定。(3) 避免当事人故意回避仲裁程序。如果采纳第一种意见，则可能导致部分当事人故意向无管辖权的劳动争议仲裁机构申请仲裁，从而达到规避仲裁程序的目的，无形之中也剥夺了被申请人通过仲裁处理劳动争议的权利，这不符合程序上平等保护双方当事人的原则。(4) 强调仲裁程序的实体审理。我国法律所规定的“一调一裁两审制”的劳动争议处理机制，要求仲裁程序应当是实体审理，而非程序性审理，因此凡是因为管辖权错误导致未经仲裁前置程序的劳动争议案件，应当通过纠错的形式完成仲裁程序。

二、劳动争议仲裁案件管辖的基本规定

（一）劳动争议仲裁机构的一般地域管辖

《劳动争议调解仲裁法》第 21 条规定：“劳动争议仲裁委员会负责管辖本区域内发生的劳动争议。劳动争议由劳动合同履行地或者用人单位所在地的劳动争议仲裁委员会管辖。双方当事人分别向劳动合同履行地和用人单位所在地的劳动争议仲裁委员会申请仲裁的，由劳动合同履行地的劳动争议仲裁委员会管辖。”这是关于劳动争议案件的一般性规定，亦适用于劳动争议仲裁机构的管辖。

其中，关于用人单位所在地的如何确定的问题，根据《民事诉讼法司法解释》第 3 条，法人或者其他组织的住所地是指法人或者其他组织的主要办事机构所在地。法人或者其他组织的主要办事机构所在地不能确定的，法人或者其他组织的注册地或者登记地为住所地。

《劳动争议调解仲裁法》规定劳动合同履行地的劳动争议仲裁机

构具有优先管辖权，一方面，更方便劳动者就地参加劳动争议仲裁活动，有利于保护劳动者的合法权益；另一方面，由劳动合同履行地即劳动者实际工作场所地的劳动争议仲裁机构管辖，有利于劳动争议仲裁机构调查取证，方便劳动争议仲裁机构审理和查明案件事实。对于《劳动争议调解仲裁法》第21条所规定的劳动合同履行地，根据《劳动人事争议仲裁办案规则》第8条第1款规定，劳动合同履行地为劳动者实际工作场所地。根据《劳动人事争议仲裁办案规则》第8条第1款规定，劳动合同履行地为劳动者实际工作场所地，用人单位所在地为用人单位注册、登记地或者主要办事机构所在地。用人单位未经注册、登记的，其出资人、开办单位或者主管部门所在地为用人单位所在地。此外，《劳动人事争议仲裁办案规则》第8条第3款规定，案件受理后，劳动合同履行地或者用人单位所在地发生变化的，不改变争议仲裁的管辖。

（二）劳动争议仲裁的级别管辖

级别管辖是指各级劳动争议仲裁机构受理劳动争议的分工和权限。对于级别管辖的确定，原则上是根据劳动争议仲裁机构的设置加以确定。《劳动争议调解仲裁法》第21条第1款规定：劳动仲裁委员会负责管辖本区域内发生的劳动争议。而《劳动人事争议仲裁组织规则》中并无级别管辖的相关规定。

一般来说，劳动争议仲裁机构按照统筹规划、合理布局和适应实际需要的原则设立。而对于劳动争议仲裁机构的设立，《劳动人事争议仲裁组织规则》第4条规定：“仲裁委员会按照统筹规划、合理布局和适应实际需要的原则设立，由省、自治区、直辖市人民政府依法决定。”目前，我国劳动仲裁机构尚处于逐步建设及发展的形势下，笼统地确定具体的劳动争议仲裁机构的级别管辖，尚不具备制度上的支撑。

（三）现行劳动争议仲裁管辖权具有法定性

劳动仲裁管辖不允许当事人自由约定。我国《民事诉讼法》关于地域管辖部分有约定管辖的规定，即在有关经济合同纠纷的民事诉讼地域管辖中，允许合同双方当事人在书面合同中协议选择被告住所地、合同履行地、合同签订地、原告住所地、标的物所在地人民法院管辖。民事诉讼的协议管辖充分反映了合同双方当事人的意思自治。我国的民商事仲裁所适用的《仲裁法》也规定，由双方当事人在合同或协议中约定处理双方当事人争议的仲裁委员会。但是，在《劳动争议调解仲裁法》及配套的《劳动人事争议仲裁办案规则》等相关法律法规中，均无有关协议约定由特定的劳动争议仲裁机构管辖的规定。这说明我国劳动争议仲裁管辖权具有法定性，不能由双方当事人协议约定劳动争议仲裁机构。

实践中，经常存在劳动争议仲裁管辖权的争议，比如劳动者认为该案件应由某劳动争议仲裁机构管辖，但该机构却坚持认为该争议不属于其管辖范围，或者被申请人收到应诉通知后向劳动争议仲裁机构提出管辖权异议，要求将案件移送至异地劳动争议仲裁机构审理。在上述情形下，均可能发生管辖权的争议。事实上，往往存在两个以上的劳动争议仲裁机构对劳动争议均有管辖权的情况，之所以存在这种情况，是因为用人单位所在地与劳动合同履行地可能先后有多个，或者用人单位所在地与劳动合同履行地可能不是同一个地方。如在劳务派遣关系中，劳务派遣公司（用人单位）与用工单位的所在地可能不一致；在总公司与异地分公司之间的用工关系中，劳动者与公司签订劳动合同，而实际在异地分公司工作；用人单位派遣促销员至异地长期进行促销工作；用人单位派遣质检员长期定点至异地供应商的工厂从事质检工作；用人单位安排业务人员长期在外地多个地点从事销售工作；劳动者在用人单位异地搬迁前后的两地均上班等。对于这种管辖权争议，应当坚决贯彻《劳动争议调解仲裁法》关于管辖权问题规定的法定性，即劳动合同履行地与用人单位所在地的劳动争议仲裁机构对劳动争议都有管辖权，但是在确定具体管辖权争议时，劳动合同履行地的劳动争议仲裁机构具有优先管辖权。这种法定的管辖权顺序不允许当事人加以约定，即便用人单位以与劳动者约定了由用人单位所在地的劳动争议仲裁机构处理双方争议为由，要求由用人单位所在地劳动争议仲裁机构处理劳动争议案件的，也不具有法律效力。

三、劳动争议仲裁机构受理案件的基本程序

《劳动争议调解仲裁法》第28条规定：“申请人申请仲裁应当提交书面仲裁申请，并按照被申请人人数提交副本。仲裁申请书应当载明下列事项：（一）劳动者的姓名、性别、年龄、职业、工作单位和住所，用人单位的名称、住所和法定代表人或者主要负责人的姓名、职务；（二）仲裁请求和所根据的事实、理由；（三）证据和证据来源、证人姓名和住所。书写仲裁申请确有困难的，可以口头申请，由劳动争议仲裁委员会记入笔录，并告知对方当事人。”与《劳动争议调解仲裁法》第28条规定相适应，《劳动人事争议仲裁办案规则》第29条规定：“申请人申请仲裁应当提交书面仲裁申请，并按照被申请人人数提交副本。仲裁申请书应当载明下列事项：（一）劳动者的姓名、性别、出生日期、身份证件号码、住所、通讯地址和联系电话，用人单位的名称、住所、通讯地址、联系电话和法定代表人或者主要负责人的姓名、职务；（二）仲裁请求和所根据的事实、理由；（三）证据和证据来源，证人姓名和住所。书写仲裁申请确有困难的，可以口头申请，由仲裁委员会记入笔录，经申请人签名、盖章或者捺印确认。对于仲裁申请书不规范或者材料不齐备的，仲裁委员会应当当场或者在五日内一次性告知申请人需要补正的全部材料。仲裁委员会收取当事人提交的材料应当出具收件回执。”

对于劳动争议仲裁机构的受理期限，《劳动争议调解仲裁法》第29条规定：“劳动争议仲裁委员会收到仲裁申请之日起五日内，认为符合受理条件的，应当受理，并通知申请人；认为不符合受理条件的，应当书面通知申请人不予受理，并说明理由。对劳动争议仲裁委员会不予受理或者逾期未作出决定的，申请人可以就该劳动争议事项向人民法院提起诉讼。”《劳动人事争议仲裁办案规则》第30条则对应规定：“仲裁委员会对符合下列条件的仲裁申请应当予以受理，并在收到仲裁之日起五日内向申请人出具受理通知书：（一）属于本规则第

二条规定的争议范围；（二）有明确的仲裁请求的事实理由；（三）申请人是与本案有直接利害关系的自然人、法人或者其他组织，有明确的被申请人；（四）属于本仲裁委员会管辖范围。”第 31 条进一步规定：“对不符合第三十条第（一）、（二）、（三）项规定之一的仲裁申请，仲裁委员会不予受理，并在收到仲裁申请之日起五日内向申请人出具不予受理通知书；对不符合第三十条第（四）项规定的仲裁申请，仲裁委员会应当在收到仲裁申请之日起五日内，向申请人作出书面说明并告知申请人向有管辖权的仲裁委员会申请仲裁。对仲裁委员会逾期未作出决定或决定不予受理的，申请人可以就该争议事项向人民法院提起诉讼。”因此，根据上述规定，对劳动争议仲裁机构不予受理或者逾期未作出决定的，《劳动争议调解仲裁法》和《劳动人事争议仲裁办案规则》均规定申请人可以就该劳动争议事项向人民法院提起诉讼。

四、劳动争议仲裁机构以无管辖权为由不予受理的处理

虽然《劳动争议调解仲裁法》等法律法规对劳动争议仲裁管辖权作了较为详尽的规定，特别是《劳动人事争议仲裁办案规则》第 9 条规定：“仲裁委员会发现已受理案件不属于其管辖范围的，应当移送至有管辖权的仲裁委员会，并书面通知当事人。对上述移送案件，受移送的仲裁委员会应依法受理。受移送的仲裁委员会认为受移送的案件依照规定不属于其管辖，或者仲裁委员会之间因管辖争议协商不成的，应当报请共同的上一级仲裁委员会主管部门指定管辖。”

从上述法律法规和部门规章的规定来看，劳动争议仲裁机构不会存在因管辖权问题引发的推诿问题。但是，在实践中，仲裁管辖权仍然是劳动者反映强烈的一个问题。特别是，当作为仲裁申请人的劳动者向某劳动争议仲裁机构申请仲裁时，有的劳动争议仲裁机构会以不属于其管辖为由不予受理，从而造成劳动者的权利不能得到有效的保障。尽管对于这些劳动争议仲裁机构以管辖权问题不予受理的案件，劳动者可以向人民法院提起诉讼，但是这样的处理，其弊端也是明显

的，具体来说有以下几点：（1）将这些本来应由劳动争议仲裁机构仲裁的案件直接交由人民法院进行审理，则无异于回避了仲裁前置程序，从而将我国立法明确规定并且多年来被证明行之有效的“一调一裁两审”劳动争议纠纷处理机制弃之不理，直接影响到法律规范在现实中的实施。（2）将这些本应由劳动争议仲裁机构受理的劳动争议案件交由法院进行处理，则可能对于其中一些符合《劳动争议调解仲裁法》中所规定的一裁终局案件，还需要经过法院的两审程序，从而导致劳动者亟待得到保护的权益不得不经历法院的审理程序，影响到劳动者基本权益，对社会生活的稳定造成潜在的风险。（3）这样做的后果还必然造成人民法院审理的案件数量居高不下或者急剧上升，从而在司法资源有限的情况下影响到司法审判功能发挥，影响到司法权威，不利于司法公信力的提高。基于此，在审判实践中，应当坚决杜绝将应该通过劳动争议仲裁机构会先行仲裁的案件直接由人民法院受理，特别是对于那些应当适用“一裁终局”的案件。

五、适用本条规定需要注意的几个问题

（一）适用前提

本条规定适用的前提在于该类劳动争议案件属于劳动争议仲裁机构的仲裁事项。对于何种事项属于劳动争议仲裁机构的仲裁事项，《劳动争议调解仲裁法》第 2 条的规定可以作为人民法院审理此类案件的参考。具体来说，该条规定：“中华人民共和国境内的用人单位与劳动者发生的下列劳动争议，适用本法：（一）因确认劳动关系发生的争议；（二）因订立、履行、变更、解除和终止劳动合同发生的争议；（三）因除名、辞退和辞职、离职发生的争议；（四）因工作时间、休息休假、社会保险、福利、培训以及劳动保护发生的争议；（五）因劳动报酬、工伤医疗费、经济补偿或者赔偿金等发生的争议；（六）法律、法规规定的其他劳动争议。”

对于上述劳动争议事项，劳动者向劳动争议仲裁机构提起仲裁的，则劳动争议仲裁机构应当受理；即使该劳动争议仲裁机构对劳动者提

起的仲裁申请无管辖权，则该委员会应按照《劳动人事争议仲裁办案规则》第9条的规定，将该案件移送到有管辖权的劳动争议仲裁机构，而不应以各种理由不予受理。当然，如果劳动者提交的事项确实不属于劳动争议案件，而一定程度上属于刑事案件或者行政诉讼案件，甚至属于普通的民事案件，则该类案件就不属于劳动争议案件，在此种情况下人民法院则可以直接受理。

（二）对劳动人事争议仲裁委员会确无管辖权的处理

在实践中，对于当事人提起的仲裁申请，该劳动争议仲裁机构确无管辖权，比如该申请违反了地域管辖或者级别管辖的，原则上劳动争议仲裁机构应该依照《劳动人事争议仲裁办案规则》第9条的规定，将该案件移送到有管辖权的劳动争议仲裁机构。而受移送的劳动争议仲裁机构对上述移送案件，应依法受理，即使是受移送的劳动争议仲裁机构认为受移送的案件依照规定不属于该仲裁委员会管辖，或劳动争议仲裁机构之间因管辖争议协商不成的，其应当报请共同的上一级仲裁委员会主管部门指定管辖，而不能作出不予受理的决定。但是在实践中，对于有的劳动争议仲裁机构并不遵守上述规章的规定，直接决定不予受理，而非移送到有管辖权的仲裁委员会的，在当事人向人民法院提起诉讼时，人民法院应告知其向有管辖权的劳动争议仲裁机构申请仲裁。对此，人民法院则需要根据相关劳动争议仲裁机构的管辖权限来确定该案件的管辖权，并且告知当事人。

（三）对劳动人事争议仲裁委员会有管辖权的处理

对于当事人向劳动争议仲裁机构申请仲裁但却被决定不予受理的案件，人民法院经审查认为该劳动争议仲裁机构有管辖权的，应当告知当事人向该劳动争议仲裁机构继续申请仲裁。同时，为了保障当事人的仲裁权利得到实现，并发挥人民法院对劳动争议仲裁机构的监督作用，人民法院应一并将审查意见书面通知该劳动争议仲裁机构，告知该仲裁委员会，当事人所申请仲裁的案件属于其管辖范围，其应依法受理。在书面通知中，人民法院应同时列明该劳动争议仲裁机构应依法受理的法律、法规和部门规章的依据。原则上，在人民法院通知后，劳动争议仲裁机构收到当事人继续仲裁申请的，应该受理。但是，对于劳动争议仲裁机构在收到人民法院的书面通知后仍不受理的，如果当事人就该劳动争议事项向人民法院提起诉讼的，人民法院则应予受理。

【审判实践中应注意的问题】

一、对劳动人事争议仲裁委员会逾期未作出受理决定的处理

劳动争议仲裁是提起诉讼的先决程序。因此，如果劳动争议仲裁机构因自己的工作效率不高等问题而逾期不作出仲裁裁决，那么当事人的利益则会因劳动争议仲裁机构的不作为而受到较大影响，这对当事人是很不公平的。基于此，《劳动争议调解仲裁法》在对案件受理的审查上从两个方面加强了对劳动人事争议仲裁委员会的监督和制约：一是对劳动争议仲裁机构不予受理的，申请人可以就该劳动争议事项向人民法院提起诉讼；二是对劳动争议仲裁机构逾期未作出决定的，申请人可以就该劳动争议事项向人民法院提起诉讼。

对于第一种情形，即属于本条规定所针对处理的问题。而对于第二种情形，则应适用本解释第 12 条的规定，该条规定："劳动争议仲裁机构逾期未作出受理决定或仲裁裁决，当事人直接提起诉讼的，人民法院应予受理，但申请仲裁的案件存在下列事由的除外：（一）移送管辖的；（二）正在送达或者送达延误的；（三）等待另案诉讼结果、评残结论的；（四）正在等待劳动争议仲裁机构开庭的；（五）启动鉴定程序或者委托其他部门调查取证的；（六）其他正当事由。当事人以劳动争议仲裁机构逾期未作出仲裁裁决为由提起诉讼的，应当提交该仲裁机构出具的受理通知书或者其他已接受仲裁申请的凭证、证明。"因此，在劳动争议仲裁机构逾期未作出决定，包括逾期不作出受理决定或者不出具不予受理通知书的情况下，当事人向人民法院起诉的，除了本解释第 12 条第 1 款规定的 6 种情形外，人民法院均应

予以受理。因此，在审判实务中，对于本条规定要同劳动争议仲裁机构逾期未作出决定加以区别。

二、劳动合同履行地有仲裁优先管辖权

《劳动争议调解仲裁法》第21条规定："劳动争议仲裁委员会负责管辖本区域内发生的劳动争议。劳动争议由劳动合同履行地或者用人单位所在地的劳动争议仲裁委员会管辖。双方当事人分别向劳动合同履行地和用人单位所在地的劳动争议仲裁委员会申请仲裁的，由劳动合同履行地的劳动争议仲裁委员会管辖。"

这里的"劳动合同履行地"即劳动者实际工作场所地。"用人单位所在地"即用人单位注册、登记地或者主要办事机构所在地。用人单位未经注册、登记的，其出资人、开办单位或主管部门所在地为用人单位所在地。而在劳动者向劳动合同履行地、用人单位向用人单位所在地提起仲裁的情况下，不能依据受理在先的原则确定仲裁案件管辖权，而应适用劳动合同履行地的劳动仲裁机构优先管辖的原则。比如，宋某大学毕业，在某服装公司求得一文员职位，并与公司签订了两年的劳动合同。宋某在履行劳动合同期间提出辞职后，要求确认劳动关系、支付奖金等，与用人单位协商不成后，向工作地的劳动争议仲裁机构申请劳动仲裁；用人单位却以宋某未履行完合同约定的劳动期限违约为由，向用人单位所在地的劳动争议仲裁机构申请劳动仲裁，要求宋某赔偿损失。对此案件，则应由宋某劳动合同履行地的劳动争议仲裁机构管辖。

当然，如果劳动合同履行地不明确的，则根据《劳动人事争议仲裁办案规则》第8条第2款之规定，由用人单位所在地的劳动争议仲裁机构管辖。

三、劳动人事争议不可以约定仲裁管辖

劳动争议由劳动合同履行地或者用人单位所在地的劳动争议仲裁机构管辖。双方当事人分别向劳动合同履行地和用人单位所在地的劳

动争议仲裁机构申请仲裁的，由劳动合同履行地的劳动争议仲裁机构管辖，这些是《劳动争议调解仲裁法》的强制性法律规定，当事人不得通过约定改变上述管辖规定。如果用人单位与劳动者约定改变上述管辖规定的，则该约定属于“违反法律、行政法规强制性规定”条款，应认定为无效。比如，韩某是山西人，在北京某公司求得一职，后被派遣回山西工作。韩某在与公司签订的劳动合同中约定：发生劳动争议向公司所在地北京某区劳动争议仲裁机构申请仲裁。双方因奖金、加班工资等发生争议以后，韩某与北京某公司发生纠纷，按约定其需要去北京申请仲裁，路途遥远成本高，韩某遂要求认定该条款无效，就地向山西某地某区劳动争议仲裁机构申请仲裁，该劳动争议仲裁机构应予受理。

四、2017 年《劳动人事争议仲裁办案规则》第 8 条第 2 款规定的理解与适用

2009 年《劳动人事争议仲裁办案规则》（已失效）第 12 条第 3 款规定：“多个仲裁委员会都有管辖权的，由先受理的仲裁委员会管辖。”这容易使人理解为：如果劳动者向其工作所在地提起仲裁，而用人单位向其单位所在地提起仲裁、并且用人单位的仲裁申请先被受理，则根据上述规定用人单位所在地的劳动争议仲裁机构就有优先管辖权。

上述理解并不符合法律规定。《劳动争议调解仲裁法》第 21 条规定：“……双方当事人分别向劳动合同履行地和用人单位所在地的劳动争议仲裁委员会申请仲裁的，由劳动合同履行地的劳动争议仲裁委员会管辖。”并且上述规定具有法定性，不允许当事人自由约定，故在劳动者向劳动合同履行地的劳动争议仲裁机构申请仲裁的情况下，即使用人单位先向单位所在地的劳动争议仲裁机构提起仲裁申请，也不能改变劳动者劳动合同履行地的劳动争议仲裁委员会对于该劳动争议案件的管辖。正确的理解应当是：有多个劳动合同履行地的，由最先受理的仲裁委员会管辖。

因此，2017年7月1日起施行的《劳动人事争议仲裁办案规则》第8条第2款在吸收上述意见的基础上予以明确：双方当事人分别向劳动合同履行地和用人单位所在地的仲裁委员会申请仲裁的，由劳动合同履行地的仲裁委员会管辖。有多个劳动合同履行地的，由最先受理的仲裁委员会管辖。

【案例解读】

案例一

一、基本案情

北京某联合科技公司的工商注册地址为北京市海淀区北三环西路×号。展某某称其于2016年6月16日入职该公司，工作地点位于北京市西城区平原里×号楼，工作岗位为工程技术员，月薪4580元。经查，北京某联合科技公司与展某某于2019年2月18日签订的《劳动合同书》约定，展某某的工作区域或工作地点为注册地，同时载明北京某联合科技公司的经营地为北京市西城区平原里×号楼。北京某联合科技公司在庭审中认可展某某的实际工作地点为北京市西城区平原里×号楼，并认可《劳动合同书》载明的经营地为该公司实际经营地。2018年2月，展某某以北京某联合科技公司擅自扣发部分工资为由提出辞职，并向北京市西城区北京市西城区劳动人事争议仲裁委员会提起劳动仲裁，该仲裁委以无管辖权为由向展某某出具了不予受理通知书。展某某不服向北京市西城区人民法院提起诉讼。

二、裁判结果

北京市西城区人民法院裁定驳回起诉。

三、评析

本案争议焦点在于劳动人事争议仲裁委员会以无管辖权为由对劳动争议案件不予受理，当事人提起诉讼的，人民法院应当如何处理。最高人民法院在出台2013年《劳动争议司法解释（四）》之前，相关法律法规对此种情形的处理并没有明确规定，司法实践中各地人民法院的处理原则亦不统一。2013 年《劳动争议司法解释（四）》第 1 条对此问题予以明确。本解释在对关于审理劳动争议适用法律若干问题的四部解释进行梳理时，将该条以第 5 条的形式予以保留。

具体到本案，虽然北京某联合科技公司的注册登记地在北京市海淀区，双方亦约定展某某的工作区域或工作地点为北京某联合科技公司的注册登记地，但双方签订的劳动合同中载明北京某联合科技公司的经营地为北京市西城区，北京某联合科技公司亦认可其实际经营地为北京市西城区。因此，北京某联合科技公司的主要办事机构所在地为北京市西城区，也就是说本案所涉用人单位的所在地为北京市西城区。此外，展某某的劳动合同履行地也是北京市西城区，并非劳动合同中所约定的北京市海淀区。因此，无论是从用人单位所在地还是劳动合同履行地的角度，北京市西城区劳动人事争议仲裁委员会对本案所涉劳动争议具有管辖权。现北京市西城区劳动人事争议仲裁委员会以无管辖权为由不予受理，展某某提起诉讼后，北京市西城区人民法院审理后，应当适用本条规定依法作出处理。

本条规定的内容是，劳动争议仲裁机构以无管辖权为由对劳动争议案件不予受理，当事人提起诉讼的，人民法院按照以下情形分别处理：（1）经审查认为该劳动争议仲裁机构对案件确无管辖权的，应当告知当事人向有管辖权的劳动争议仲裁机构申请仲裁；（2）经审查认为该劳动争议仲裁机构有管辖权的，应当告知当事人申请仲裁，并将审查意见书面通知该劳动争议仲裁机构；劳动争议仲裁机构仍不受理，当事人就该劳动争议事项提起诉讼的，人民法院应予受理。根据上述规定，北京某联合科技公司的主要办事机构所在地为北京市西城区，展某某的劳动合同履行地也是北京市西城区，故无论是从用人单位所在地还是劳动合同履行地的角度，北京市西城区劳动人事争议仲裁委员会对本案所涉劳动争议具有管辖权。北京市西城区人民法院应当告知展某某申请仲裁，并将审查意见书面通知北京市西城区劳动人事争议仲裁委员会，同时将本案裁定驳回起诉。如北京市西城区劳动人事争议仲裁委员会仍不受理，展某某就该劳动争议事项提起诉讼的，应予受理。

案例二

一、基本案情

夏某自1997年1月进入南通市T区公安局某派出所工作。2019年9月26日，夏某为追索住房公积金、社会保险争议向江苏省南通市R县劳动人事争议仲裁委员会申请仲裁，该仲裁委员会认为，依据《劳动人事争议仲裁办案规则》第30条第4项之规定，夏某申请书中所列仲裁请求不属于该委管辖范围，遂作出《不予受理通知书》。夏某于2019年10月9日诉至江苏省南通市R县人民法院，该院于2019年10月12日作出民事裁定，将案件移送江苏省南通市T区处理。江苏省南通市T区人民法院就管辖权问题向江苏省南通市中级人民法院请示，该院审查后作出民事裁定，认为劳动争议案件由用人单位所在地或者劳动合同履行地的基层人民法院管辖，夏某诉请的用人单位所在地在江苏省南通市T区，故本案应由江苏省南通市T区人民法院管辖。

二、裁判结果

江苏省南通市T区人民法院裁定驳回起诉。

三、评析

《劳动争议调解仲裁法》建立了一裁终局制度，但对于非终局裁决的劳动争议处理机制仍然沿袭了《劳动法》规定的“一调一裁两审制”，即当事人必须经过仲裁前置程序才能向法院提起诉讼。但如果仲裁委员会以无管辖权为由，对劳动争议案件不予受理，当事人提起诉讼的，根据2013年《劳动争议司法解释（四）》第1条的规定，人民法院应对仲裁委员会有无管辖权进行实质审查，并分两种情况处理。本解释第5条保留了这一规定。

本案中，夏某就与南通市T区公安局某派出所的劳动争议向南通市R县劳动人事争议仲裁委员会申请仲裁，但该仲裁委员会依据《劳动人事争议仲裁办案规则》第30条第4项之规定，即属于本仲裁委员会管辖范围的应予受理，认为双方之间的劳动争议不属于其管辖范围，决定不予受理。故本案应审查南通市R县劳动人事争议仲裁委员会对双方之间劳动争议有无管辖权。

人民法院审查劳动争议仲裁机构有无管辖权，应当依据适用劳动争议仲裁机构的相关规定，如《劳动争议调解仲裁法》和《劳动人事争议仲裁办案规则》等进行审查。《劳动争议调解仲裁法》第21条规定，劳动争议仲裁委员会负责管辖本区域内发生的劳动争议。劳动争议由劳动合同履行地或者用人单位所在地的劳动争议仲裁委员会管辖。双方当事人分别向劳动合同履行地和用人单位所在地的劳动争议仲裁委员会申请仲裁的，由劳动合同履行地的劳动争议仲裁委员会管辖。本案中，夏某的劳动合同履行地及用人单位均在江苏省南通市T区，江苏省南通市R县劳动人事争议仲裁委员会作出《不予受理通知书》符合上述法律规定，属于本解释第5条第1项规定的情形，即经审查认为该劳动争议仲裁机构对案件确无管辖权的。此种情况不应当视为该劳动争议已经经过仲裁前置处理，人民法院需告知当事人向有管辖权的劳动争议仲裁机构申请仲裁，否则当事人完全可以通过向不具有管辖权的仲裁机构提出申请，规避“一调一裁两审制”的劳动争议处理机制，仲裁前置程序就形同虚设。故南通市T区人民法院认为，夏某依据江苏省南通市R县劳动人事争议仲裁委员会以无管辖权为由作出的不予受理通知书诉至法院，不能认定为已经过仲裁前置程序，不符合人民法院受理劳动争议的起诉条件，夏某应向江苏省南通市T区劳动人事争议仲裁委员会申请仲裁，最终裁定驳回起诉。这一处理既有效地保障了当事人的仲裁权利，也有利于仲裁机构有效发挥过滤纠纷的作用。

需要注意的是，如果夏某向江苏省南通市T区劳动人事争议仲裁委员会申请仲裁后，该仲裁委员会仍然以无管辖权为由不予受理，则属于本条规定的第二种情形。江苏省南通市T区人民法院应当依法将审查意见书面告知仲裁机构，仲裁机构仍不予受理的，当事人就该劳动争议事项再次提起诉讼的，为了减少当事人的诉累，该院应当予以受理。

第六条

劳动争议仲裁机构以当事人申请仲裁的事项不属于劳动争议为由，作出不予受理的书面裁决、决定或者通知，当事人不服依法提起诉讼的，人民法院应当分别情况予以处理：

（一）属于劳动争议案件的，应当受理；

（二）虽不属于劳动争议案件，但属于人民法院主管的其他案件，应当依法受理。

【条文主旨】

本条是当事人不服劳动争议仲裁机构以当事人申请仲裁事项不属于劳动争议为由不予受理时提起诉讼的处理规定。

【条文理解】

一、劳动争议诉讼与劳动争议仲裁衔接

劳动争议诉讼是争议当事人就争议事项向法院起诉，法院依据相关法律、法规对争议进行审理并作出判决的司法解决方式。劳动争议诉讼程序的作用是确保当事人获得司法救济、保障当事人权利，以及对争议仲裁裁决进行一定的监督和审查，保障裁决书、调解书的执行。

典型的劳动争议案件一般会经过以下几个程序：劳动争议调解程序、劳动争议仲裁程序、不服劳动争议仲裁裁决向法院起诉的一审程序、不服一审上诉的二审程序。其中调解程序非必经程序，当事人可以向用人单位内部的劳动争议调解机构申请调解，也可以向劳动争议

仲裁机构申请仲裁。

根据《劳动法》第79条规定，劳动争议案件经劳动仲裁机构仲裁是提起诉讼的必经程序，“劳动争议发生后，当事人可以向本单位劳动争议调解委员会申请调解；调解不成，当事人一方要求仲裁的，可以向劳动争议仲裁委员会申请仲裁。当事人一方也可以直接向劳动争议仲裁委员会申请仲裁。对仲裁裁决不服的，可以向人民法院提起诉讼”。《劳动法》第83条规定：“劳动争议当事人对仲裁裁决不服的，可以自收到仲裁裁决书之日起十五日内向人民法院提起诉讼。一方当事人在法定期限内不起诉又不履行仲裁裁决的，另一方当事人可以申请人民法院强制执行。”同时，劳动争议案件的当事人起诉时还要符合《民事诉讼法》第119条规定的四个起诉条件：（1）原告是与本案有直接利害关系的公民、法人和其他组织；（2）有明确的被告；（3）有具体的诉讼请求和事实、理由；（4）属于人民法院受理民事诉讼的范围和受诉人民法院管辖。在我国，劳动争议仲裁是劳动争议诉讼的前置程序，劳动争议案件“先裁后审”的程序设计是为了保护劳动者作为弱者的合法权益。

二、人民法院案件受理范围

一般来说，法院受理劳动争议诉讼的范围与劳动争议调解、仲裁的受案范围相同。

（一）劳动争议案件

法院受理劳动争议案件的基础是，当事人之间是否已形成劳动关系，因此认定劳动关系是解决纠纷的核心问题。以下法律法规规定的争议事项都属于劳动争议：本解释第1条规定的情形。《劳动法》第2条规定：“在中华人民共和国境内的企业、个体经济组织（以下统称用人单位）和与之形成劳动关系的劳动者，适用本法。国家机关、事业组织、社会团体和与之建立劳动合同关系的劳动者，依照本法执行。”《社会保险法》第4条第2款规定：“个人依法享有社会保险待遇，有权监督本单位为其缴费情况。”《劳动争议调解仲裁法》第2条规定："中华人民共和国境内的用人单位与劳动者发生的下列劳动争议，适用本法：（一）因确认劳动关系发生的争议；（二）因订立、履行、变更、解除和终止劳动合同发生的争议；（三）因除名、辞退和辞职、离职发生的争议；（四）因工作时间、休息休假、社会保险、福利、培训以及劳动保护发生的争议；（五）因劳动报酬、工伤医疗费、经济补偿或者赔偿金等发生的争议；（六）法律、法规规定的其他劳动争议。"

对于"人事档案纠纷"是否属于劳动争议范畴的问题，司法实践存在不同的观点。第一种观点认为：在计划经济时代，政府对劳动者的档案进行统一管理。实行市场经济改革后，根据1992年制定的《企业职工档案管理工作规定》（劳力字〔1992〕33号）第5条，职工档案由所在企业的劳动（组织人事）职能机构管理。实行档案综合管理的企业单位，档案综合管理部门应设专人管理职工档案。因此，用人单位管理劳动者的档案是履行行政义务，并不是用人单位基于劳动合同应当对劳动者履行的义务，人事档案纠纷属于行政争议而非劳动者争议，劳动仲裁机构及人民法院不应受理。第二种观点认为：《劳动合同法》第84条规定，用人单位违反本法规定，扣押劳动者居民身份证等证件的，由劳动行政部门责令限期退还劳动者本人，并依照有关法律规定给予处罚。用人单位违反本法规定，以担保或者其他名义向劳动者收取财物的，由劳动行政部门责令限期退还劳动者本人，并以每人500元以上2000元以下的标准处以罚款；给劳动者造成损害的，应当承担赔偿责任。劳动者依法解除或者终止劳动合同，用人单位扣押劳动者档案或者其他物品的，依照前款规定处罚。据此，人事档案纠纷应由劳动行政部门责令用人单位办理或处以罚款，而不应由人民法院受理，并且法院受理之后也难以执行。第三种观点认为：人事档案独立于劳动合同，但由于用人单位与职工存在管理与被管理的关系，用人单位对劳动者的人事档案负有保管义务。因此，人事档案纠纷是用人单位与劳动者之间因保管合同产生的纠纷，属于一般民事争议，劳动者无须申请劳动仲裁，可以直接向人民法院起诉。第四种观点认为：《企业职工档案管理规定》第 18 条规定，企业职工调动、辞职、解除劳动合同或被开除、辞退等，应由职工所在单位在一个月内将其档案转交其新的工作单位或其户口所在地的街道劳动（组织人事）部门。据此，在企业职工调动、辞职、解除劳动合同或被开除、辞退等情况下，用人单位负有将档案移转到相应部门的法定义务。性质上，这是劳动合同解除时和解除后所产生的附随义务。用人单位未履行该附随义务而发生纠纷的，属于劳动合同履行争议的延伸，性质上仍属于劳动争议，劳动仲裁机构及人民法院应当受理。

司法实践中一般采纳第四种观点，即人事档案纠纷性质上属于劳动争议，理由如下：（1）随着我国从计划经济走向市场经济，人事档案管理也逐渐改革，企业成为独立的市场主体，不再行使对劳动者的行政管理职权，劳动者人事档案开始实行市场化管理模式，即实行“人才”管理与存放档案、当事人付费的模式，由人才市场和劳动力市场代管档案。当然，这一改革并不彻底，还存在不少问题。但总体而言，无论根据《企业职工档案管理规定》第 18 条还是《劳动合同法》第 50 条，管理档案是用人单位的附随义务之一，其来源并非平等主体之间的保管合同。在劳动关系解除或终止时，用人单位有为员工办理档案转移手续的义务。（2）大多数情况下，人事档案纠纷往往只是一种表象，实质上是其他纠纷的另一种反映。用人单位扣押劳动者的档案，无非有两个方面的原因：其一，用人单位不同意劳动者离开本单位；其二，用人单位利用扣押劳动者档案企图获得其他利益。至于丢失员工档案的问题，主要是档案在被使用过程中才凸显档案其价值的，如员工到其他单位谋职、办理社会保险手续、升学等都可能使用到档案。换言之，人事档案纠纷的背后，实际上是劳动权利义务纠纷。（3）《劳动合同法》第 84 条规定劳动行政部门对于用人单位扣押劳动者档案的，可以责令用人单位限期退还，并依照有关法律规定给予处罚。这是《劳动合同法》赋予劳动行政部门的职权，但与人民法院受理人事档案纠纷并不矛盾，并非意味着此类纠纷只能由劳动行政部门处理。人民法院判决用人单位限期办理人事档案转移手续也并非不具有可执行性。因此，人事档案纠纷属于劳动争议，劳动者诉请用人单位办理人事档案移转手续的，人民法院可依据《劳动合同法》第50条，根据案件情况判决是否支持劳动者的请求。

（二）非劳动争议案件

理论上说，劳动法调整的是劳动关系以及与劳动关系密切相关的其他社会关系。但在实践中，并非一切的劳动关系都由劳动法调整，并非一切的劳动争议都可以进行仲裁和诉讼。劳动仲裁和诉讼手段调整的是依附有劳动合同或者事实上存在的劳动关系，只有劳动合同履行过程中所产生的争议，人民法院才予以受理。

对于不属于劳动争议的情形，除本解释第2条规定所明确的情况外，还包括本解释第15条、第27条第2款及第33条第1款所规定的情形。①《2015年全国民事审判工作会议纪要》第59条规定：用人单位已经为劳动者办理了社会保险手续，但因用人单位欠缴、拒缴社会保险费或者因缴费年限、缴费基数等发生争议，当事人向人民法院起诉的，人民法院告知劳动者向劳动行政部门申请解决。

【审判实践中应注意的问题】

1. 劳动争议机构以不属于劳动争议为由而不予受理的案件作出的书面裁决、决定或通知，并不属于劳动争议仲裁机构对于劳动争议案件的实体裁决。当事人对于劳动争议仲裁机构作出的实体裁决不服的，在法定期间内向人民法院起诉，法院应当受理。

2. 既不属于劳动争议案件，也不属于法院主管的其他案件的，法院应当根据法律规定，不予受理。

---

① 本解释第15条规定："劳动者以用人单位的工资欠条为证据直接提起诉讼，诉讼请求不涉及劳动关系其他争议的，视为拖欠劳动报酬争议，人民法院按照普通民事纠纷受理。"第27条第2款规定："原用人单位以新的用人单位侵权为由提起诉讼的，可以列劳动者为第三人。"第33条第1款规定："外国人、无国籍人未依法取得就业证件即与中华人民共和国境内的用人单位签订劳动合同，当事人请求确认与用人单位存在劳动关系的，人民法院不予支持。"

3. 法院对诉讼时效不能主动审查。根据《民法典》第193条“人民法院不得主动适用诉讼时效的规定”，如果当事人没有主动提出诉讼时效抗辩，法院不应对诉讼时效问题进行释明并主动适用诉讼时效进行裁判。只有在诉讼程序中，当事人主动提出超过诉讼时效的抗辩事由时，法院才能对诉讼时效进行审查。

4. 劳动者不服仲裁裁决，向法院起诉后撤诉，又再次起诉的，法院应驳回其诉讼请求。当事人撤诉的，根据《最高人民法院关于人民法院对经劳动争议仲裁裁决的纠纷准予撤诉或驳回起诉后劳动争议仲裁裁决从何时起生效的解释》（以下简称法释〔2000〕18号）第1条规定处理。该条规定：“当事人不服劳动争议仲裁裁决向人民法院起诉后又申请撤诉，经人民法院审查准予撤诉的，原仲裁裁决自人民法院裁定送达当事人之日起发生法律效力。”《2015年全国民事审判工作会议纪要》也作出了相关规定，① 当事人撤诉的又再次起诉的，法院应以起诉不符合法律规定为由，驳回起诉，不予受理。

5. 当事人对仲裁裁决不服，向法院起诉，人民法院依法审查裁定驳回起诉，原劳动争议仲裁裁决的生效日期要分几种情况。第一，当事人超过起诉期间的，根据法释〔2000〕18号第2条规定，当事人因超过起诉期间而被人民法院裁定驳回起诉的，原仲裁裁决自起诉期间届满之次日起恢复法律效力。第二，仲裁裁决确定的主体资格错误或者仲裁裁决事项不属于劳动争议被人民法院驳回起诉的情形应当适用法释〔2000〕18号第3条的规定，原仲裁裁决不发生法律效力。此种情况属于原仲裁裁决有根本性错误，法院驳回当事人起诉，实质上撤

---

① 参见最高人民法院《2015年全国民事审判工作会议纪要》第55条规定：当事人申请仲裁后，无正当理由拒不到庭或者未经仲裁庭同意中途退庭，劳动人事仲裁机构按照自动撤回仲裁处理后，该当事人又提起仲裁申请，劳动人事仲裁机构作出不予受理的决定或通知，当事人不服向人民法院起诉的，人民法院应予受理。人民法院经审查认为确属无正当理由拒不到庭或者未经仲裁庭同意中途退庭的，应当裁定驳回起诉。第58条规定：当事人不服劳动人事仲裁机构作出的仲裁裁决或不予受理裁决、决定或通知向人民法院起诉后，撤回起诉或被人民法院按撤诉处理的，当事人又提起诉讼的，人民法院不予受理，已经受理的，裁定驳回起诉。

销了原仲裁裁决，不存在恢复仲裁裁决书效力的问题。

6. 劳动争议仲裁调解生效后再提诉讼，应适用一事不再理原则。一事不再理原则对维护法律秩序稳定和司法裁判权威、节约司法资源、保证纠纷得到终局解决具有十分重要的意义。《民事诉讼法》第124条规定，对判决、裁定、调解书已经发生法律效力的案件，当事人又起诉的，告知原告申请再审，但人民法院准许撤诉的裁定除外。同时，相关司法解释也明确当事人重复起诉的，裁定不予受理；已经受理的，裁定驳回起诉。劳动人事争议仲裁委员会作为法律明文规定前置解决劳动争议的仲裁机构，其依法作出的仲裁调解书经劳动者与用人单位双方当事人签收后，与人民法院依法作出的调解书具有同等法律效力。劳动者或用人单位均不得在仲裁调解书生效后，以相同的事实、理由和仲裁请求再次提请仲裁和诉讼，否则应视为违反一事不再理原则，法院应当裁定不予受理或驳回起诉。[①]

7. 劳动争议诉讼中能否提起反诉。劳动人事争议案件属于一类特殊的民事案件，需要以劳动仲裁为前置程序，即先裁后审。当事人在收到劳动仲裁裁决后15日内，如果不服仲裁裁决，可以提起民事诉讼。如果当事人对劳动人事争议仲裁部门的裁决没有异议，那么裁决就是生效的文书了。如果一方当事人的反诉申请没有经过仲裁程序，法院是不予受理的。

【案例解读】

一、基本案情

姜某原为某技术公司员工，双方曾于2015年5月12日签署《竞业限制协议》约定竞业限制期限为姜某离职之日起两年。2015年8月31日某技术公司向姜某送达《劳动合同到期不续签通知书》，告知姜某双方劳动关系于2015年9月30日到期后不再续签。2016年3月31

① 王鑫、陈敏佳：《仲裁调解生效后再提诉讼——法院认为生效仲裁调解适用一事不再理原则》，载《人民法院报》2016年7月7日，第3版。

日某技术公司向姜某出具《竞业限制终止通知书》，告知姜某自2016年4月1日起，终止其在离职期间所履行的竞业限制义务。另，姜某曾以要求某技术公司支付终止劳动合同经济补偿金、加班费等为由提起仲裁申请，在劳动仲裁委主持下，姜某与某技术公司曾达成调解协议：(1) 双方协商于2015年9月30日解除劳动合同；(2) 某技术公司向姜某支付经济补偿金等共计65 000元；(3) 姜某自愿放弃其他申请请求；(4) 姜某与某技术公司在明确知晓劳动合同法、劳动法等相关法律法规、政策规定前提下，确认双方此后再无其他劳动争议。某技术公司表示该协议签署表明姜某对竞业限制补偿金的放弃。

后姜某再次提起仲裁申请，要求某技术公司支付2015年10月至2016年3月竞业限制补偿金，劳动仲裁委以不属于劳动争议受案范围为由，作出不予受理案件通知书。姜某遂向法院提起诉讼。

二、裁判结果

法院认为，某技术公司虽主张双方曾在仲裁期间达成调解协议，确认双方再无劳动争议纠纷，无须再行支付竞业限制补偿金的意见，但该调解协议中并未涉及劳动关系解除后的竞业限制内容，故某技术公司据此进行抗辩的意见法院不予采纳。就姜某诉讼中主张的某技术公司提前解除竞业限制协议补偿款一项，该诉求虽未经过仲裁前置程序，但与诉争事项具有不可分性，应合并审理。现姜某要求某技术公司支付竞业限制补偿金的请求，属于劳动争议案件，人民法院应当受理。

三、评析

本案涉及的争议焦点是：对于劳动争议仲裁机构以当事人申请仲裁的事项不属于劳动争议为由，作出不予受理的书面裁决、决定或者通知，人民法院应当如何处理？目前，我国劳动争议的解决机制是“一裁两审制”，劳动仲裁为劳动争议诉讼的前置程序。实践中，劳动争议仲裁机构往往根据《劳动争议调解仲裁法》《劳动人事争议仲裁办案规则》的相关规定对于当事人申请的事项是否属于劳动争议进行审查，如果认定当事人申请的事项不属于劳动争议的，劳动仲裁机构有权依法作出不予受理的书面裁决、决定或者通知，当事人不服提起诉讼的，法院应当对当事人的请求进行审查，并根据不同的情况分别予以处理：(1) 如果双方当事人之间的纠纷属于劳动争议案件范畴的，人民法院应当予以受理。尽管劳动争议仲裁机构了作出书面裁决、决定或者通知，而未予以实质性处理，人民法院仍应视为该争议已经过劳动争议仲裁机构的仲裁前置程序。(2) 如果双方之间的纠纷确实不属于劳动争议，但是属于人民法院主管的其他案件的，为便于当事人诉讼，保护当事人的合法权益，人民法院应分别按照其他民事、行政、刑事等诉讼程序予以立案受理。(3) 如果双方当事人之间的纠纷不属于劳动争议案件，又不属于人民法院主管的其他案件，根据《民事诉讼法》第 124 条第 3 项关于“依照法律规定，应当由其他机关处理的争议，告知原告向有关机关申请解决”的规定，此时人民法院应不予受理，已经受理的，应裁定驳回起诉。本案中，姜某与某技术公司曾就相关劳动争议事项在劳动争议仲裁机构达成了调解协议，后双方因竞业限制补偿金问题又产生了新的争议，姜某再次向劳动争议仲裁机构提起仲裁，虽然劳动争议仲裁机构以该申请事项不属于劳动争议受案范围为由，作出不予受理案件通知书。但在姜某不服该通知书并依法起诉的情况下，法院应当对当事人申请仲裁的事项是否属于劳动争议进行实质审查。姜某与某科技公司关于离职后竞业限制补偿金的问题显然属于劳动争议的受案范围，虽然双方对于原调解协议的内容以及是否应当支付相应竞业限制补偿金存在争议，但该争议属于法院对于案件实体问题的审理，并不影响人民法院依法受理该案件。

第七条

劳动争议仲裁机构以申请仲裁的主体不适格为由，作出不予受理的书面裁决、决定或者通知，当事人不服依法提起诉讼，经审查确属主体不适格的，人民法院不予受理；已经受理的，裁定驳回起诉。

【条文主旨】

本条是关于当事人不服劳动争议仲裁机构以申请仲裁主体不适格为由不予受理时提起诉讼的处理规定。

【条文理解】

广义的劳动争议指用人单位和劳动者之间因劳动关系所发生的一切纠纷。狭义的劳动争议指用人单位与劳动者之间所发生的有关劳动权利和义务的争议。① 从劳动争议的含义可知争议双方之间存在劳动关系是劳动争议的前提，只有在当事人双方之间存在劳动关系的情况下，双方发生的争议才属于劳动争议。劳动争议的主体为签订有劳动合同或形成事实劳动关系的用人单位和劳动者。本条规定源于2001年《劳动争议司法解释》第4条规定，原条文表述为："劳动争议仲裁委员会以申请仲裁的主体不适格为由，作出不予受理的书面裁决、决定或者通知，当事人不服，依法向人民法院起诉的，经审查，确属主体不适格的，裁定不予受理或者驳回起诉。"可以看出，本条规定仅是文字上的调整与修改，条文表述更符合《民事诉讼法》的相关规定及

① 范跃如：《劳动争议诉讼程序研究》，中国人民大学出版社2006年版，第17页。

表述方式。

依据《劳动法》[①]《劳动合同法》[②] 的相关规定，劳动法律制度中的用人单位主要包括我国境内的企业、个体经济组织、民办非企业单位、依法成立的会计师事务所、律师事务所和基金会等组织，在一定情况下，还包括国家机关、事业组织和社会团体。对于国家机关、事业单位、社会团体等组织中实行劳动合同制度的劳动者而言，国家机关、事业单位、社会团体就属于用人单位的范畴。而劳动者必须具有相应的劳动权利能力和劳动行为能力。随着市场经济的不断发展，多种所有制形式在经济社会中普遍存在，劳动关系也日益呈现复杂化、多元化特征。同时，由于部分用人单位和劳动者的劳动法律意识不强，对各自之间法律关系的性质可能认识不清或判断有误，在发生争议申请劳动仲裁时，往往会出现申请仲裁主体不适格的情况。在实务中，申请仲裁的主体不适格主要表现为两种情况：一种是用工主体不具有合法的用工资格，即并非《劳动法》《劳动合同法》所规定的中国境内的企业、个体经济组织、民办非企业单位、依法成立的会计师事务所、律师事务所和基金会等组织，以及特定情形下的国家机关、事业组织和社会团体等。例如没有用工资格的个人或未经批准登记注册的个体户、其他各种组织以及上述用人单位下属的职能部门等，其招聘雇工进行某项劳务，上述主体并非劳动法律意义上的用人单位。另一种是双方虽具备《劳动法》《劳动合同法》所规定的劳动者和用人单位的主体资格，但双方之间并不属于劳动合同关系，此时也不属于劳动仲裁和劳动争议诉讼的适格主体。例如劳动者通过公开招聘的方式入职某事业单位，其具有事业单位正式编制，并与某事业单位签订了

---

① 《劳动法》第2条规定："在中华人民共和国境内的企业、个体经济组织（以下统称用人单位）和与之形成劳动关系的劳动者，适用本法。国家机关、事业组织、社会团体和与之建立劳动合同关系的劳动者，依照本法执行。"

② 《劳动合同法》第2条规定："中华人民共和国境内的企业、个体经济组织、民办非企业单位等组织（以下称用人单位）与劳动者建立劳动关系，订立、履行、变更、解除或者终止劳动合同，适用本法。国家机关、事业单位、社会团体和与其建立劳动关系的劳动者，订立、履行、变更、解除或者终止劳动合同，依照本法执行。"

《事业单位聘用合同》，后因工资、福利、保险、劳动保护等事项与事业单位发生争议时，劳动者误认为双方是存在劳动关系，并以事业单位作为劳动争议的一方当事人提出仲裁申请，要求确认双方是劳动关系，这显然不符合受理劳动争议的范围。因为劳动争议是劳动者与用人单位之间产生的纠纷，劳动争议案件的当事人之间原则上是应当具有劳动法律关系的，如果当事人申请仲裁的对方主体与自己之间并没有劳动合同关系，就不符合受理劳动争议的主体条件。

按照本解释所界定的劳动争议应具备以下条件：

一是争议的主体必须适格。即劳动争议的主体原则上必须是符合上述《劳动法》和《劳动合同法》规定的劳动者与用人单位。当然，为保护劳动者的合法权益，同时考虑到查明事实和争议解决便利的需要，法律、司法解释也规定了在特定情况之下，某些不具备用人主体资格的组织和个人也有可能成为劳动争议案件的主体。例如，对于未办理营业执照、营业执照被吊销或者营业期限届满仍继续经营的用人单位，以挂靠等方式借用他人营业执照经营的，劳动者与用人单位发生劳动争议时，应当将用人单位和营业执照出借方同时列为当事人。

二是争议的主体之间必须订立有劳动合同或者虽未订立书面劳动合同，但形成了事实劳动关系的。《劳动合同法》第10条规定，建立劳动关系，应当订立书面劳动合同。实践中，有些用人单位虽没有与劳动者之间订立书面劳动合同，但是客观上存在劳动关系，可以认定为事实劳动关系。关于事实劳动关系的认定，原劳动和社会保障部《关于确立劳动关系有关事项的通知》（劳社部发〔2005〕12号）中进行了明确。其中第1条规定，用人单位招用劳动者未订立书面劳动合同，但同时具备下列情形的，劳动关系成立：“（一）用人单位和劳动者符合法律、法规规定的主体资格；（二）用人单位依法制定的各项劳动规章制度适用于劳动者，劳动者受用人单位的劳动管理，从事用人单位安排的有报酬的劳动；（三）劳动者提供的劳动是用人单位业务的组成部分。”第2条对于认定双方存在劳动关系时可参照的凭证进行了列举，包括：“（一）工资支付凭证或记录（职工工资发放花名册)、缴纳各项社会保险费的记录；（二）用人单位向劳动者发放的'工作证''服务证'等能够证明身份的证件；（三）劳动者填写的用人单位招工招聘'登记表''报名表'等招用记录；（四）考勤记录；（五）其他劳动者的证言等。其中，（一）、（三）、（四）项的有关凭证由用人单位负举证责任。"

《劳动争议调解仲裁法》第29条规定了劳动争议仲裁机构对于劳动仲裁申请是否符合受理条件时的处理方式，即：劳动争议仲裁机构收到仲裁申请之日起5日内，认为符合受理条件的，应当受理，并通知申请人；认为不符合受理条件的，应当书面通知申请人不予受理，并说明理由。对劳动争议仲裁委员会不予受理或者逾期未作出决定的，申请人可以就该劳动争议事项向人民法院提起诉讼。根据该规定，对劳动争议仲裁机构接到当事人的仲裁申请，经审查认为申请仲裁的主体与被申请的主体之间不存在劳动关系，以一方主体不适格为由，作出不予受理的裁决、决定或者通知的，当事人如不服，依法向人民法院起诉时，人民法院应视为该争议已经过劳动仲裁的前置程序，并按照《民事诉讼法》规定的起诉条件进行全面审查。

除符合上述劳动争议的条件和仲裁前置程序要件之外，根据《民事诉讼法》第119条的规定，起诉必须同时符合下列四个条件：

一是原告是与本案有直接利害关系的公民、法人和其他组织。在劳动争议案件就表现为原告必须是与劳动争议所涉及的劳动权利义务关系有直接利害关系的劳动者或者用人单位。

二是有明确的被告，即要求原告将其起诉的对象加以具体化、特定化，以便受诉人民法院能够明确诉讼主体。明确的被告不仅是指被告的称谓要明确，而且是指被告的有关情况也应当明确。在劳动争议案件中，被告是劳动者的，必须要由用人单位向受诉人民法院明确劳动者的姓名、性别、年龄、民族、职业、工作单位和住所；在被告是用人单位的情况下，则必须要由劳动者向受诉人民法院明确用人单位的名称、住所地和法定代表人或者主要负责人的姓名、职务。这些都是构成明确被告所不可缺少的要件。

三是有具体的诉讼请求和事实、理由。所谓具体的诉讼请求是指原告提出的实体权利的主张，在内容和所涉及的范围上，必须具体化，能够界定，否则便无实际意义，且受诉人民法院也无法对案件进行审理和作出裁判。所谓事实和理由是指原告用来支撑起所提出的诉讼请求的基础和依据。事实主要是指当事人之间发生争议的法律关系产生、变更、消灭的事实以及争议的事实；理由主要是指原告用来证明前述事实并最终证明自己实体权利主张的证据材料，其次指有关的法律规定。

四是属于人民法院受理民事诉讼的范围和受诉人民法院管辖。这是指当事人之间的争议事项必须属于人民法院行使民事审判权的职权范围，即主管范围。在此前提下，原告的起诉还必须向依法对该案件享有管辖权的特定人民法院提起，而不能任意向其他人民法院起诉。

受诉人民法院按照上述法定起诉条件逐项审查后，如符合《民事诉讼法》第119条规定的起诉的主体条件，并且争议属于人民法院主管的劳动争议案件范围，受诉人民法院就应依法受理，并尽快依法进入诉讼审理程序。根据本条规定，如人民法院经审查发现，当事人一方确属主体不适格的，应裁定不予受理，当事人坚持起诉或立案后发现起诉不符合受理条件的，裁定驳回起诉。

【审判实践中应注意的问题】

一、常见的劳动法律意义上的用人单位类型

依据《劳动法》《劳动合同法》的相关规定，劳动法律意义上的用人单位主要包括以下几种类型：

1. 企业。企业包括内资企业、港澳台商投资企业和外商投资企业。其中内资企业包括国有企业、集体企业、股份合作制企业、联营企业、有限责任公司、股份有限公司、私营企业和其他企业等。企业是最常见、最广泛的用人单位类型。

2. 个体经济组织。个体经济组织是指依法经工商行政管理部门核准登记，并领取营业执照从事生产、经营活动的个体单位，主要是指个体工商户。

3. 民办非企业单位。民办非企业单位是指企业事业单位、社会团体和其他社会力量以及公民个人利用非国有资产举办的，从事非营利性社会服务活动的社会组织。例如民办学校等。根据国务院《民办非企业单位登记管理暂行条例》的相关规定，我国对民办非企业单位实行统一归口登记管理体制，由民政部门作为民办非企业单位的统一登记管理机关。

4. 国家机关。国家机关是指依法设立的，从事国家管理或行使国家权力，以国家预算作为独立活动经费的机构。需要注意的是，国家机关与其建立劳动关系的劳动者之间发生争议的，通过劳动争议仲裁程序解决；国家机关与其事业编制的工作人员发生争议的，则要通过人事争议仲裁程序解决。

5. 事业单位。事业单位是指国家为了社会公益目的，由国家机关举办或其他组织利用国有资产举办的从事教育、科研、文化、卫生等活动的社会服务组织。与国家机关一样，只有在事业单位与同其建立劳动关系的劳动者之间发生的争议，才能通过劳动争议仲裁程序解决；事业单位与同其签订聘用合同，具有事业编制的工作人员之间发生的争议，要通过人事争议仲裁程序解决。

6. 社会团体。社会团体是指公民自愿组成的，为实现会员共同意愿，按照其章程开展活动的非营利性社会团体。与国家机关、事业单位一样，只有在社会团体与同其建立劳动关系的劳动者之间发生的争议，才能通过劳动争议仲裁程序解决。

7. 会计师事务所、律师事务所等合伙组织和基金会。根据《劳动合同法实施条例》第3条规定，依法成立的会计师事务所、律师事务所等合伙组织和基金会，属于《劳动合同法》规定的用人单位，因此，依法成立的会计师事务所、律师事务所等合伙组织和基金会属于劳动法上适格的用人单位主体。

二、用人单位设立的分支机构是否属于劳动争议的适格主体

用人单位分支机构的法律地位比较特殊，其不具有独立的法人资格，但仍具有相对的独立性。分支机构是否具备用工主体资格，即是否可以独立的以用人单位的名义招用劳动者，是实践中常见的问题之一。《劳动合同法实施条例》对此作出了明确规定，其中第4条规定："劳动合同法规定的用人单位设立的分支机构，依法取得营业执照或者登记证书的，可以作为用人单位与劳动者订立劳动合同；未依法取得营业执照或者登记证书的，受用人单位委托可以与劳动者订立劳动合同。"同时，根据《民事诉讼法司法解释》第52条之规定，《民事诉讼法》第48条规定的其他组织是指合法成立、有一定的组织机构和财产，但又不具备法人资格的组织，其中包括了依法设立并领取营业执照的法人的分支机构，以及依法设立并领取营业执照的商业银行、政策性银行和非银行金融机构的分支机构等。据此，用人单位设立的分支机构具有一定的用工资格，但同时受到一定的限制。关键是在于区分分支机构是否已经依法取得营业执照或登记证书，如果依法取得了营业执照或登记证书，则可以独立地招用劳动者，与劳动者订立劳动合同，并可以作为劳动争议的适格主体；反之，如果分支机构并未依法取得了营业执照或登记证书，其能受用人单位委托与劳动者订立劳动合同，而不能独立地作为用人单位订立劳动合同，亦非劳动争议的适格主体，此时应当将设立该分支机构的单位列为用人单位。

三、外国企业常驻代表机构是否属于劳动争议的适格主体

根据国务院颁布的《外国企业常驻代表机构登记管理条例》的相关规定，外国企业常驻代表机构，是指外国企业依照该条例规定，在中国境内设立的从事与该外国企业业务有关的非营利性活动的办事机构。代表机构不具有法人资格。关于外国企业常驻代表机构能否直接雇佣中国劳动者，并与之建立劳动关系，上述《外国企业常驻代表机构登记管理条例》中未予直接规定。目前，通说观点认为，外国企业

常驻代表机构在中国境内不得与中国劳动者直接建立劳动关系，其应当通过中国外事服务单位与中国劳动者签订劳动合同，再由中国外事服务单位与外国企业常驻代表机构签订提供劳动服务的合同，即此时劳动者的用人单位为中国外事服务单位，而非外国企业常驻代表机构。理由主要是基于以下几点：

第一，外国企业常驻代表机构不具有法人资格，亦不属于现行《劳动法》《劳动合同法》规定的用人单位类型，故其与中国劳动者之间不能成立劳动合同关系。同时，如果允许外国企业常驻代表机构能够与中国劳动者之间成立劳动合同，也容易引发法律适用上的争议，可能不利于对中国劳动者合法权益的保护。

第二，从国家及各省市已出台的相关规定看，均明确了外国企业常驻代表机构应当通过外服机构进行招聘，不得直接招聘中国劳动者。例如，《北京市人民政府关于外国企业常驻代表机构聘用中国雇员的管理规定》第 5 条规定："外国企业常驻代表机构招聘中国雇员，必须委托外事服务单位办理，不得私自或者委托其他单位、个人招聘中国雇员。"第 8 条第 1 款规定："外事服务单位应当按照劳动法的规定与中国雇员签订劳动合同，并依法为中国雇员缴纳社会保险费用。"《上海市关于管理外国企业常驻代表机构的规定（试行）》第 10 条规定："常驻代表机构聘用中国工作人员的，应当委托外事服务单位或者中国政府指定的其他单位办理。常驻代表机构不得在中国境内自行招聘职工。"在此前国务院颁布的《关于管理外国企业常驻代表机构的暂行规定》（国发〔1980〕272 号）第 11 条也规定："常驻代表机构租用房屋、聘请工作人员，应当委托当地外事服务单位或者中国政府指定的其他单位办理。"此外，原劳动和社会保障部办公厅在《关于外国使领馆雇佣中国公民有关问题的复函》（劳社厅函〔2005〕51 号）中亦明确，外国驻华外交代表机构不能直接与中国劳动者建立劳动关系、订立劳动合同；外国驻华外交代表机构聘用中国雇员，应按照现行法律规定，由外交人员服务机构派遣雇员，代理社会保险事务。上述规定均明确表明了外国企业常驻代表机构在中国境内不得与中国劳动者直接建立劳动关系的意见。

第三，从目前各地法院的司法裁判观点看，亦较为一致地认为外国企业常驻代表机构未通过涉外就业服务单位直接招用中国雇员的，应认定有关用工关系为雇佣关系。例如：《北京市高级人民法院、北京市劳动争议仲裁委员会关于劳动争议案件法律适用问题研讨会会议纪要》（2009 年 8 月 17 日）第 16 条规定，外国企业常驻代表机构未通过涉外就业服务单位直接招用中国雇员的，应认定有关用工关系为雇佣关系。《上海市高级人民法院关于适用〈劳动合同法〉若干问题的意见》（沪高法〔2009〕73 号）第 22 条规定，境外公司在沪设立办事机构的，该机构已经合法办理了登记手续，并按照相关法律规定通过对外服务机构招用劳动者，劳动者就相关劳动权利义务与该办事处产生纠纷的，可以该办事机构作为劳动争议的当事人；该办事机构未按照相关法律规定通过对外服务机构招用劳动者，劳动者就报酬支付等问题与该办事处产生纠纷的，作为民事纠纷处理，该办事机构可以作为民事诉讼的当事人。

【案例解读】

一、基本案情

杨某自 2016 年 11 月 7 日开始入职到以王某个人名义登记设立的个体工商户（该个体工商户无登记字号）工作，担任司机一职，双方约定工资每月 3400 元，以微信转账或现金的方式支付。王某承接 A 公司运输业务，由杨某驾驶货车为 A 公司运输货物。双方未签署书面合同。2017 年 11 月 3 日，杨某完成交接手续后从王某处离职，后杨某因要求王某支付未签订劳动合同的二倍工资差额发生争议，故杨某将个体工商户的经营者王某列为被申请人，提出仲裁申请，要求王某支付其 2016 年 12 月 7 日至 2017 年 11 月 3 日期间未签订劳动合同的二倍工资差额合计 37 400 元。劳动争议仲裁机构以主体不适格为由，作出《不予受理案件通知书》，决定不予受理杨某的申请。杨某收到该申请后持上述请求向法院提起诉讼。

二、裁判结果

法院生效判决认为，本案争议的焦点是：王某是否符合劳动法律法规意义上的用人单位的主体资格。《劳动合同法》第2条规定："中华人民共和国境内的企业、个体经济组织、民办非企业单位等组织（以下简称用人单位）与劳动者建立劳动关系，订立、履行、变更、解除或者终止劳动合同，适用本法。国家机关、事业单位、社会团体和与其建立劳动关系的劳动者，订立、履行、变更、解除或者终止劳动合同，依照本法执行。"本案中，杨某成为王某的司机时，原登记在王某名下并已办理《道路运输证》和个体工商户登记的车辆已经转让他人，而杨某未能举证证明其所驾驶过的车辆已经办理了业户名称或经营者登记为王某的《道路运输证》和个体工商户登记，亦即，杨某未能举证证明王某为符合上述规定的合法个体经济组织，不符合我国劳动法律法规意义上的用人单位资格，故杨某提起本案劳动争议纠纷，属被告主体不适格。劳动争议仲裁委员会以申请仲裁的主体不适格为由，作出不予受理的书面裁决、决定或者通知，当事人不服，依法向人民法院起诉，经审查，确属主体不适格的，裁定不予受理或驳回起诉。故本案依法应裁定驳回杨某的起诉。

三、评析

对于本案的处理，存在两种不同的意见：

第一种意见认为应当裁定驳回杨某的起诉。理由是：根据2006年《劳动争议司法解释（二）》第9条，劳动者与起有字号的个体工商户产生的劳动争议诉讼，人民法院应当以营业执照上登记的字号为当事人，但应同时注明该字号业主的自然情况。该案中杨某系以王某为被申请人提起劳动仲裁，王某并无登记字号，杨某亦未能举证证明王某符合《劳动合同法》规定的用人单位范畴，属于被告主体不适格。劳动争议仲裁机构以申请仲裁的主体不适格为由，作出不予受理的书面裁决、决定或者通知，当事人不服提起诉讼，经审查确属主体不适格的，人民法院不予受理；已经受理的，裁定驳回起诉。故本案应当裁定驳回杨某的起诉。

第二种意见认为应当判决驳回杨某的诉讼请求。理由是：本案中杨某以王某为被申请人提起仲裁，王某无登记字号，现杨某无法举证证明王某符合《劳动合同法》规定的用人单位范畴，属于法院对双方能否成立劳动关系的实体处理，应当判决驳回杨某的诉讼请求。

我们倾向于第一种观点，裁定通常解决的是诉讼过程中的程序问题，目的是使法院有效地处理诉讼，清除诉讼中的障碍，推进诉讼的进程。判决往往解决的是当事人双方争执的权利义务问题，即实体法律关系，目的是解决民事权益纠纷，使当事人之间的争议得以解决。驳回起诉是指人民法院认为原告不是合格的诉讼主体或者所提出的诉讼请求不属于人民法院受理案件的范围而作出的不予审理的裁定，裁定驳回起诉主要是针对程序方面的问题。驳回诉讼请求是法院依照法律、司法解释的规定，认为当事人的实体请求无正当理由或法律依据，以判决形式予以拒绝的司法行为，驳回诉讼请求针对的是实体问题。从程序法角度，关于主体适格的要件归属，特别是被告主体不适格的要件归属是“诉讼要件”还是“权利保护要件”，学界一直存在较大争议。但我们认为，只有在当事人双方之间存在劳动关系的情况下，双方发生的争议才属于劳动争议。劳动争议的主体为签订有劳动合同或形成事实劳动关系的用人单位和劳动者。如果不具有劳动法律语境下的劳动者和用人单位的主体资格，向劳动争议仲裁机构提出劳动仲裁申请，劳动争议仲裁机构有权以申请仲裁的主体不适格为由，作出不予受理的书面裁决、决定或者通知；当事人不服提起劳动争议诉讼，经审查如果确属主体不适格的，人民法院不应作为劳动争议受理；已经受理的，应裁定驳回起诉。

第八条

劳动争议仲裁机构为纠正原仲裁裁决错误重新作出裁决，当事人不服依法提起诉讼的，人民法院应当受理。

【条文主旨】

本条是关于劳动争议仲裁机构为纠正原仲裁裁决错误重新作出裁决后的可诉性规定。

【条文理解】

一、制定背景

《劳动争议调解仲裁法》第 48 条规定，劳动者对终局裁决不服的，可以自收到仲裁裁决书之日起 15 日内向人民法院提起诉讼。该法第 50 条则规定，当事人对非终局裁决不服的，可以自收到仲裁裁决书之日起 15 日内向人民法院提起诉讼；期满不起诉的，裁决书发生法律效力。作为处理劳动争议关系的一项基本法律制度，上述规定明确了有关劳动争议的仲裁裁决具有可诉性。这一法律制度设计充分体现了以人为本的法治理念，创设这一制度的目的是依法调节劳动关系，充分保护劳动关系中处于弱势地位的劳动者的合法权益，维护社会稳定。一般情况下，劳动争议仲裁机构就劳动争议问题作出一次裁决即可，但在有些情况下，也存在劳动争议仲裁机构就劳动争议问题作出若干次裁决的情形，比较典型的就是劳动争议仲裁机构为了纠正原仲裁裁决错误而重新作出裁决。对于该裁决是否也具有可诉性问题，实践中曾有两种不同的观点：一种观点认为，劳动争议仲裁机构为纠正原仲裁裁决错误而重新作出裁决，不具有可诉性，当事人就该仲裁裁决提起诉讼的，人民法院应当不予受理，已经受理的，应当裁定驳回起诉。理由是：既然《劳动争议调解仲裁法》已经赋予了终局裁决的劳动者及非终局裁决的劳动关系当事人可就劳动争议仲裁机构作出的仲裁裁决向人民法院提起诉讼的权利，意味着立法者已经考虑到了劳动关系当事人特别是劳动者的合法权益保护和救济渠道问题，虽然实践中也的确存在劳动争议仲裁机构为纠正原仲裁裁决而作出第二次仲裁裁决，甚至作出第三次仲裁裁决的情形，但这恰恰说明了劳动争议仲裁机构更加重视劳动关系当事人的权益保障，体现了劳动争议仲裁机构贯彻以人为本、有错必究的原则，如再赋予劳动关系当事人就劳动争议仲裁机构为纠正原仲裁裁决错误重新作出的裁决，可向人民法院提起诉讼的权利，有程序繁琐，浪费司法资源之嫌，实际效果并不好。另一种观点认为，应当赋予劳动关系当事人对于劳动争议仲裁机构为纠正原仲裁裁决错误而重新作出的仲裁裁决，也可以向人民法院提起诉讼的权利。理由是：劳动争议仲裁机构为纠正原仲裁裁决错误而重新作出的仲裁裁决，应当视为劳动争议仲裁机构作出了一个新的仲裁裁决，形成了一个新的法律关系。既然是一个新的法律关系，基于法律规定的劳动争议仲裁裁决具有可诉性的特点，那么，该新的仲裁裁决也应当具有可诉性，即劳动关系的当事人对该仲裁裁决不服的，也可以诉诸人民法院，人民法院应当依法受理。原司法解释权衡利弊，采纳了第二种观点。在本次进行劳动争议司法解释清理时仍保留该条意见。

二、适用本条文需注意的问题

（一）须劳动争议仲裁机构为纠正原仲裁裁决错误而重新作出了裁决

从劳动争议仲裁机构的角度看，如其认为已作出的仲裁裁决有错误，还可以重新作出裁决，以纠正原有错误的裁决。这一行为的依据系基于适用劳动争议仲裁机构的内部监督程序，类似于人民法院的审判监督程序。劳动争议仲裁机构的“原仲裁裁决错误”包括原仲裁裁决实体错误、原仲裁裁决书技术错误两种情形。前者又包括全部实体错误和部分实体错误。《劳动争议调解仲裁法》第19条第2款规定，“劳动争议仲裁委员会依法履行下列职责：（一）聘任、解聘专职或者兼职仲裁员；（二）受理劳动争议案件；（三）讨论重大或者疑难的劳动争议案件；（四）对仲裁活动进行监督。”《劳动人事争议仲裁组织规则》（人力资源和社会保障部令第34号）依据《劳动争议调解仲裁法》第19条的规定，就仲裁委员会对仲裁活动的监督作出了具体规定。其中第32条规定，仲裁委员会应当建立仲裁监督制度，对申请受理、办案程序、处理结果、仲裁工作人员行为等进行监督。其中争议案件的仲裁处理结果，通常指仲裁委员会的结论性、终结性文书上承载的各项具体内容，表现形式通常为仲裁委员会制发的裁决书、调解书、决定书等。对处理结果的监督主要包括：处理结果依据的事实认定是否确凿清楚；适用法律法规依据是否准确；仲裁请求事项是否逐一得以回应；自由裁量权的行使是否正确；是否依法向当事人告知其起诉权等。对案件处理结果实施监督的方式，可以由仲裁委员会撤销原存在问题的处理结果重新制作仲裁文书，或者重新组庭审理。① 应当强调的是，只有劳动争议仲裁机构就原仲裁裁决实体错误（包括全部实体错误和部分实体错误）予以纠正并重新作出仲裁裁决的，该新的仲裁裁决才具有可诉性，即劳动关系的当事人对该新的仲裁裁决不服的，才可以向人民法院提起诉讼。如果劳动争议仲裁机构根据《劳动人事争议仲裁办案规则》（人力资源和社会保障部令第33号）第54条的规定，对裁决书中的文字、计算错误或者仲裁庭已经裁决但在裁决书中遗漏的事项予以纠正的，该补正裁决不具有可诉性。实践中，劳动关系的当事人针对劳动争议仲裁机构作出的技术性补正裁决而提起诉讼的现象较为鲜见，如其提起诉讼的，则应告知当事人该技术性补正裁决不具有可诉性，如当事人坚持起诉的，应裁定不予受理，或者已经立案受理的，应裁定驳回起诉。但也应当指出，如果上述补正

① 劳动人事争议调解仲裁培训教材编写组：《劳动人事争议仲裁办案规则和组织规则释义》，中国劳动社会保障出版社2018年版，第225页。

裁决事实上涉及当事人的实体权利义务的，则应当属于劳动争议仲裁机构纠正原仲裁裁决实体错误的范畴，应当具有可诉性。因此，对于劳动争议仲裁机构的补正裁决是否具有可诉性一定要根据个案情况而定，不仅要审查补正裁决的形式，更要审查补正裁决的实质内容，即既要看“名”，更要看“实”，要最大限度地保护劳动关系当事人特别是劳动者的合法权益。

（二）劳动关系的当事人依法享有处分权

处分权既是一项程序权，也是一项实体权。法律规定，劳动争议仲裁机构就劳动争议作出仲裁裁决后，如非终局裁决的双方当事人、终局裁决的劳动者在法定的期限内不起诉以及终局裁决的用人单位在法定期限内未申请撤销仲裁裁决的，劳动者可以申请人民法院强制执行。这就意味着非终局裁决的双方当事人及终局裁决的劳动者是否向人民法院提起诉讼享有充分的选择权，这是当事人享有的一项程序权，属于当事人处分权的范畴（进入诉讼程序后，当事人还享有实体上的处分权，如变更或放弃诉讼请求）。无论是程序处分权，还是实体处分权，只要当事人的处分行为系其真实意思表示，且不损害他人利益和社会公共利益，就应当尊重其选择，并认定该处分行为合法有效。从构建和谐社会的角度看，包括劳动争议在内的民事纠纷的解决机制不应当是单一的诉讼模式，而应当是包括民间调解、行政调解、仲裁裁决在内的多元化解决机制。处于中立地位的人民法院并不鼓励当事人有了纠纷必须要去法院起诉，而是要充分地尊重当事人的选择权。只有当事人主动向人民法院提起诉讼的，人民法院才依法审查，决定是否立案受理。

（三）认真审查当事人的起诉是否符合民事案件受理的条件

“受理”通常也称立案，是启动民事诉讼程序的第一道门槛，也是实现程序公正的关键所在。如果符合立案条件而不立案，即出现人们所说的“告状难”问题，则程序公正无从谈起，更谈不上实体公正。《民事诉讼法》第 119 条规定起诉应具备几个条件，即原告是与本案有直接利害关系的公民、法人和其他组织；有明确的被告；有具体的诉讼请求和事实、理由；属于人民法院受理民事诉讼的范围和受诉人民法院管辖。应当说，上述规定是人民法院受理民事案件的基本法律依据。就劳动争议的解决机制而言，法律规定了一个前置程序，即对于劳动争议首先要由劳动争议仲裁机构进行仲裁，换言之，如未经劳动争议仲裁机构先行仲裁，那么该劳动争议是不具有可诉性的。只有经过了劳动争议仲裁机构的仲裁，而非终局裁决的双方当事人及终局裁决的劳动者仍对该仲裁裁决不服的，才可以依法向人民法院提起诉讼，这种诉讼的性质为平等主体之间的民事纠纷。而提起民事诉讼首先要符合程序法规定的起诉的条件。同样道理，劳动争议仲裁机构为纠正原仲裁裁决错误而重新作出裁决，当事人对新的仲裁裁决不服提起诉讼，同样要符合程序法规定的起诉的所有要件。

【审判实践中应注意的问题】

一、仲裁内部监督与仲裁司法监督程序的衔接问题

对劳动争议仲裁的监督主要分为两种，一种是司法监督，即根据《劳动争议调解仲裁法》第48～50条的规定，非终局裁决的双方当事人及终局裁决的劳动者一方有权在法定期限内向人民法院提起诉讼，用人单位有权就终局裁决向中级人民法院申请撤销仲裁裁决。如当事人有证据证明劳动争议仲裁裁决书、调解书存在本解释第24条的规定情形的，人民法院可以裁定不予执行。另一种则是仲裁内部监督，即根据《劳动人事争议仲裁组织规则》第32条的规定，仲裁委员会应当建立仲裁监督制度，对申请受理、办案程序、处理结果、仲裁工作人员行为等进行监督。目前司法监督仍为仲裁监督的主要方式。

《劳动人事争议仲裁组织规则》虽未对仲裁内部监督程序作出具体规定，但各地的仲裁机构制定的实施细则中对仲裁内部监督程序进行了进一步细化，如《江苏省劳动人事争议调解仲裁办法》第53条就规定，劳动人事争议仲裁委员会发现其已经生效的仲裁裁决有下列

情形之一的，应当撤销裁决。但已生效超过1年的仲裁裁决和人民法院已经受理当事人申请执行的仲裁裁决除外：（1）适用法律、法规确有错误的；（2）违反法定程序，可能影响案件公正裁决的；（3）裁决所根据的证据是伪造的；（4）当事人隐瞒了足以影响公正裁决的证据的；（5）仲裁员在审理案件时有索贿受贿、徇私舞弊、枉法裁决行为的。仲裁裁决被撤销后，劳动人事争议仲裁委员会应当自撤销之日起10日内另行组成仲裁庭对案件进行重新审理，重新审理期限从撤销之日起计算。由此可见，仲裁内部监督与司法监督对于仲裁裁决的审查范围基本一致，但在启动程序及申请时限上有所区别。如同一仲裁裁决同时启动仲裁内部监督程序与司法监督程序的，就存在重复审查的问题，且仲裁裁决的效力也会发生冲突。故人民法院应当尊重仲裁的内部监督程序，鼓励和支持仲裁内部纠错，有利于维护仲裁机构的权威，理顺仲裁内部监督与司法监督的关系。在进入仲裁内部监督程序的裁决被撤销后，当事人向人民法院起诉或申请撤销仲裁裁决已不符合受理条件，人民法院应当不予受理，已经受理的应当驳回起诉或者驳回申请。

二、对劳动争议仲裁机构作出补正决定的处理

《劳动人事争议仲裁办案规则》第54条规定，对裁决书中的文字、计算错误或者仲裁庭已经裁决但在裁决书中遗漏的事项，仲裁庭应当及时制作决定书予以补正并送达当事人。补正决定书不影响原裁决的效力，一般自送达之日起生效。补正决定书实际上没有独立存在的意义，应当与已作出的裁决书作为一个整体，经决定书补正的内容以决定书记载为准。据此，补正决定书是对文字错误、计算错误、仲裁庭已经裁决但在裁决书中遗漏的事项进行补正，不涉及当事人的实体权利，当事人的起诉期间或者申请仲裁期间仍应当以原仲裁裁决的送达时间为准，不因补正决定书的送达而重新计算。当事人在原仲裁裁决作出后的法定期限内未提起诉讼，或者申请撤销，则原仲裁裁决即已发生法律效力，补正决定书的作出不影响原仲裁裁决的效力。但如果上述补正决定涉及当事人的实体权利义务，则应当属于劳动争议

仲裁机构纠正原仲裁裁决实体错误的范畴，仍按照本条规定处理。

【案例解读】

一、基本案情

2006年欧某到某物业公司从事保洁工作，2012年1月19日下午欧某在打扫清洁时发生事故并导致双足受伤，后因工伤待遇双方发生争议，欧某向劳动争议仲裁委员会申请仲裁。2014年4月7日，该劳动仲裁委作出第03号仲裁裁决书，并于2014年4月11日向物业公司送达，又于2014年6月16日向欧某送达。2014年9月1日，该劳动仲裁委作出第1号仲裁决定书对第03号裁决书的落款时间予以更正。2014年9月9日，该劳动仲裁委又作出第2号仲裁决定书对第03号裁决书的落款时间予以更正，并补正“裁决条款1-9条共计79 884元被申请人自收到本裁决书之日起30日内支付申请人”。物业公司于2014年9月9向法院起诉，请求不承担欧某工伤保险待遇的一次性医疗补助金、一次性就业补助金、解除劳动关系经济补偿金以及欧某自行缴纳的社会保险费。

二、裁判结果

法院认为，本案争议的焦点是物业公司的起诉是否符合法律规定，法院应否受理。依据相关法律规定，劳动仲裁委有权对原裁决书中的文字、计算错误或者遗漏的事项进行补正，也可以重新作出裁决。补正的内容的不同，其产生的法律后果亦不同。就事实认定、法律适用或具体裁决意见等予以纠正并重新作出新的裁决的，当事人对新裁决书不服的，可在收到新裁决15日内向人民法院提起诉讼。对仲裁裁决书中的笔误，在制作该裁决书的劳动争议仲裁委员会作出补正后，若不影响当事人的权利义务，不能视为新的裁决，其起诉权限定在收到原裁决15日之内。根据《民事诉讼法司法解释》的相关规定，《民事诉讼法》规定的笔误是法律文书误写、误算、诉讼费用漏写、误算和其他笔误。本案中劳动争议仲裁委员会作出的第2号仲裁决定书是对原第03号裁决书履行期限的确定，涉及当事人的实体权利和义务。不属于补正笔误。物业公司基于上述第2号仲裁决定书向人民法院起诉，符合2001年《劳动争议司法解释》的第5条规定，应当予以审理。故法院遂结合双方证据对物业公司的各项请求进行审查，因物业公司的诉讼请求缺乏充分证据佐证，法院遂驳回物业公司的全部诉讼请求。

三、评析

本案争议的焦点问题是：劳动争议仲裁机构为纠正原仲裁裁决错误重新作出裁决，当事人不服依法提起诉讼的，人民法院应当如何处理。对此，原劳动部在1996年《关于劳动争议当事人对纠正后裁决不服是否有申诉权问题的复函》（劳部发〔1996〕216号，2016年4月13日起废止）中指出："劳动争议仲裁委员会可对未向法院起诉，已发生法律效力而且确实有错误的裁决书，通过监督程序予以纠正。如果劳动争议仲裁委员会就事实认定、法律适用或具体裁决意见等予以纠正并重新作出新的裁决，当事人对该裁决书不服的，可依法向人民法院提起诉讼。对仲裁裁决书中的笔误，在制作该裁决书的劳动争议仲裁委员会作出补正后，若不影响当事人的权利义务，当事人仅就此不服提起诉讼的，人民法院不予受理。"在这一批复中，把纠正后的仲裁裁决分为两类：一类是纠正原仲裁裁决书笔误，但是对当事人的权利义务没有影响；另一类为纠正事实认定、法律适用或具体裁决意见等影响当事人权利义务的裁决书。前一种情形，人民法院不予受理，而后一种情形，则可以向人民法院起诉。2001年《劳动争议司法解释》第5条亦明确了劳动争议仲裁委员会为纠正原仲裁裁决错误重新作出裁决后的可诉性问题，本解释条文对于该条文规定再次进行了明确。需要注意的是，劳动争议仲裁机构的"原仲裁裁决错误"，不仅仅指原仲裁裁决的事实认定错误、适用法律错误和裁决意见错误，也包括原仲裁裁决的笔误。应当强调的是，只有劳动争议仲裁机构就原仲裁裁决实体错误（包括全部实体错误和部分实体错误）予以纠正并重新作出仲裁裁决的，该新的仲裁裁决才具有可诉性，即劳动关系的当事人对该新的仲裁裁决不服的，才可以向人民法院提起诉讼。如果劳动争议仲裁机构对其作出的原仲裁裁决书存在的诸如错别字、文字表述等笔误予以纠正的，一般并不影响当事人的权利义务，该补正裁决原则上不具有可诉性。

第九条

劳动争议仲裁机构仲裁的事项不属于人民法院受理的案件范围，当事人不服依法提起诉讼的，人民法院不予受理；已经受理的，裁定驳回起诉。

【条文主旨】

本条是关于当事人不服劳动争议仲裁事项不属于人民法院受案范围而提起诉讼的处理规定。

【条文理解】

《劳动法》未明确规定劳动争议范围。1993 年 7 月 6 日，国务院发布的《企业劳动争议处理条例》（2011 年 1 月 8 日起废止）规定劳动争议范围为："（1）因企业开除、除名、辞退职工和职工辞职、自动离职发生的争议；（2）因执行国家有关工资、保险、福利、培训、劳动保护的规定发生的争议；（3）因履行劳动合同发生的争议；（4）法律、法规规定应当依照本条例处理的其他劳动争议。"2008 年 5 月 1 日施行的《劳动争议调解仲裁法》总结多年来劳动争议处理的实践，明确下列劳动争议适用本法："（1）因确认劳动关系发生的争议；（2）因订立、履行、变更、解除和终止劳动合同发生的争议；（3）因除名、辞退和辞职、离职发生的争议；（4）因工作时间、休息休假、社会保险、福利、培训以及劳动保护发生的争议；（5）因劳动报酬、工伤医疗费、经济补偿或者赔偿金等发生的争议；（6）法律、法规规定的其他劳动争议。"2017 年 7 月 1 日施行的《劳动人事争议仲裁办案规则》

第2条则规定，“本规则适用下列争议的仲裁：（一）企业、个体经济组织、民办非企业单位等组织与劳动者之间，以及机关、事业单位、社会团体与其建立劳动关系的劳动者之间，因确认劳动关系，订立、履行、变更、解除和终止劳动合同，工作时间、休息休假、社会保险、福利、培训以及劳动保护，劳动报酬、工伤医疗费、经济补偿或者赔偿金等发生的争议；（二）实施公务员法的机关与聘任制公务员之间、参照公务员法管理的机关（单位）与聘任工作人员之间因履行聘任合同发生的争议；（三）事业单位与其建立人事关系的工作人员之间因终止人事关系以及履行聘用合同发生的争议；（四）社会团体与其建立人事关系的工作人员之间因终止人事关系以及履行聘用合同发生的争议；（五）军队文职人员用人单位与聘用制文职人员之间因履行聘用合同发生的争议；（六）法律、法规规定由劳动人事争议仲裁委员会处理的其他争议”。当前实践中，劳动争议仲裁机构对当事人提出申请仲裁的各类纠纷，通常按照《劳动争议调解仲裁法》和《劳动人事争议仲裁办案规则》的上述规定进行审查。

而人民法院对劳动争议案件的受理，一方面，审查当事人提起诉讼的案件是否为劳动争议案件；另一方面，还要按照《民事诉讼法》的规定，审查当事人提起的诉讼是否符合起诉条件。这样，因职业的不同、看问题的角度不同，对劳动争议案件范围的认识上就会存在偏差。在制定2001年《劳动争议司法解释》时，最高人民法院劳动争议案件司法解释调研小组在北京、上海、广东、浙江、山东、黑龙江等六个劳动争议案件比较多的省市进行调研，发现劳动争议仲裁的裁决结果与人民法院审理结果相一致的比例不是很高。造成此结果的原因很多，其中对争议事项性质认识不同也是原因之一。这表明劳动争议仲裁机构仲裁的争议事项与法院受理的案件范围不完全一致。一般而言，劳动争议仲裁机构确定的劳动争议仲裁案件范围应与人民法院受理的劳动争议案件范围一致，但实践中确实存在一些不一致的情况。此类案件经劳动争议仲裁部门裁决后，当事人不服而起诉到人民法院，人民法院掌握的原则不同。有些人民法院认为，仲裁是劳动争议案件起诉到法院的前置程序，因此，凡是经过劳动争议仲裁机构裁决的案件，当事人不服而起诉到人民法院，人民法院均应以劳动争议案件受理，否则，人民法院对劳动争议案件的受理与仲裁前置程序无法衔接。而有些人民法院依照主管权，对经劳动争议仲裁部门裁决的非劳动争议案件不予受理。上述两种处理方法在实践中均引发了一些问题。因此，在充分研究的基础上，2001 年《劳动争议司法解释》第 7 条对劳动争议仲裁机构仲裁的事项不属于人民法院受理的案件范围，当事人不服，依法向人民法院起诉时，如何处理的问题进行了规定。

在《劳动争议调解仲裁法》公布实施后，从各地法院调研情况反馈来看，由于仲裁委员会和人民法院对劳动人事争议案件受理范围依据、认识的不同，仍然存在受理范围不一致的现象。对比《劳动争议调解仲裁法》《劳动人事争议仲裁办案规则》与司法解释的相关规定来看，主要在社会保险争议和人事争议的范围上存在明显差异。[①] 为此，2017 年 11 月 8 日人社部与最高人民法院就共同出台《关于加强劳动人事争议仲裁与诉讼衔接机制建设的意见》（人社部发〔2017〕70 号）专门作出规定："二、统一裁审受理范围和法律适用标准（一）逐步统一裁审受理范围。各地劳动人事争议仲裁委员会（以下简称仲裁委员会）和人民法院要按照《中华人民共和国劳动争议调解仲裁法》等法律规定，逐步统一社会保险争议、人事争议等争议的受理范围。仲裁委员会要改进完善劳动人事争议受理立案制度，依法做到有案必立，有条件的可探索实行立案登记制，切实发挥仲裁前置的功能作用。"基于仲裁与诉讼的受理范围仍待进一步统一的现状，本次司法解释的清理保留了该条规定。

① 刘敏、肖峰等：《〈关于加强劳动人事争议仲裁与诉讼衔接机制建设的意见〉的理解与适用》，载《民事审判指导与参考》2017 年第 4 辑。

【审判实践中应注意的问题】

一、对于部分仲裁事项不属于人民法院受理范围的仲裁裁决的处理

在当前的劳动争议处理实践中，劳动者提起的诉讼请求多为复合型请求，会相应出现部分诉讼请求不属于受理范围，部分诉讼请求属于受理范围的情形。在仲裁裁决作出一并处理后，当事人依法向人民法院起诉的，对于仅有部分仲裁事项不属于人民法院受理范围的，如何处理存在两种观点：一种是对于不属于人民法院受理范围的仲裁事项，单独作出驳回起诉的裁定。其余属于人民法院受理范围的事项，作出实体判决。另一种是对于不属于人民法院受理范围的仲裁事项，在判决书中作出说明，对该事项不予处理，不再单独作出驳回起诉的裁定，最终以判决吸收裁定的方式作出判决。

由于劳动者的诉讼请求逐渐多元化、复杂化，劳动者的部分诉讼请求不属于人民法院受理范围内的案件比例较大，如均分别作出裁定，劳动者再分别上诉，不利于纠纷的及时处理，也造成司法资源的浪费。为减少当事人的诉累，节约司法资源，提高司法效率，各地司法实践中多采取第二种做法。如北京市就规定，用人单位未给劳动者缴纳社会保险费，劳动者通过其他渠道自行缴纳保险费后，要求用人单位据此支付费用的，不属于法院的劳动争议受理范围，不予受理，已经受理的，裁定驳回起诉。如果与其他诉讼请求一并提出，且其他诉讼请求属于受理范围，则可以判决吸收裁定的方式作出判决。①

① 参见北京市高级人民法院《2014年部分劳动争议法律适用疑难问题研讨会会议纪要》。

二、对于终局裁决的事项不属于人民法院受理范围的仲裁裁决的处理

人民法院对于终局裁决的审查，应当严格按照《劳动争议调解仲裁法》第49条的规定进行审查。该条规定："用人单位有证据证明本法第四十七条规定的仲裁裁决有下列情形之一，可以自收到仲裁裁决书之日起三十日内向劳动争议仲裁委员会所在地的中级人民法院申请撤销裁决：（一）适用法律、法规确有错误的；（二）劳动争议仲裁委员会无管辖权的；（三）违反法定程序的；（四）裁决所根据的证据是伪造的；（五）对方当事人隐瞒了足以影响公正裁决的证据的；（六）仲裁员在仲裁该案时有索贿受贿、徇私舞弊、枉法裁决行为的。人民法院经组成合议庭审查核实裁决有前款规定情形之一的，应当裁定撤销。仲裁裁决被人民法院裁定撤销的，当事人可以自收到裁定书之日起十五日内就该劳动争议事项向人民法院提起诉讼。"据此，人民法院对撤销仲裁裁决案件的受理条件为：（1）申请人为用人单位；（2）该裁决为终局裁决；（3）用人单位自收到裁决书之日起30日内申请撤销。劳动争议仲裁机构作出的终局裁决事项不符合人民法院劳动争议案件及民事案件受理范围的，不影响用人单位向人民法院申请撤销仲裁裁决案件的立案受理。

而该条规定的"违反法定程序的"主要是指：（1）仲裁组织的组成不合法的；（2）违反了有关回避规定的；（3）违反了有关期间规定的；（4）审理程序违法；等等。劳动争议仲裁机构作出的终局裁决事项不符合人民法院劳动争议案件及民事案件受理范围的，不符合该规定的情形，人民法院同样不能以此为由撤销该仲裁裁决。

【案例解读】

一、基本案情

中山市某电子公司与张某某于2017年9月14日签订1年期限劳

动合同。2018 年 4 月 1 日，双方又签订自当日起无固定期限劳动合同。张某某主张其入职时间为 2010 年 3 月，中山市某电子公司则主张 2017 年 9 月 14 日入职。双方确认劳动关系存续至 2019 年 6 月。

2019 年 6 月张某某申请仲裁，请求裁决：确认其与中山市某电子公司 2010 年 3 月至 2019 年 6 月期间存在劳动关系及该期间的工资标准为 5000 元/月。劳动争议仲裁机构裁决：（1）确认双方 2010 年 3 月至 2019 年 6 月期间存在劳动关系；（2）确认张某某 2017 年 7 月至 2019 年 6 月期间的月薪分别为：5000 元、5000 元、3020 元、3352 元、5137 元、4830 元、4610 元、1752 元、5995 元、5585 元、4012 元、4615 元、3676 元、2700 元、2600 元、2482 元、2700 元、4695 元、4340 元、2240 元、4047.2 元、4947 元、4109 元、5000 元。中山市某电子公司向一审法院提起诉讼，请求确认双方 2010 年 3 月至 2017 年 8 月期间不存在劳动关系。张某某另案申请仲裁，请求中山市某电子公司支付违法解除劳动关系经济赔偿金。

二、裁判结果

广东省中山市第一人民法院审理认为，双方争议焦点为张某某的入职时间。用人单位应当建立职工名册备查，双方因计算劳动者工作年限发生争议应由用人单位负举证责任。中山市某电子公司作为未能提交证据证明张某某的入职时间，应承担不利后果。因劳动者入职后不及时订立劳动合同的情况客观存在，故劳动合同订立时间不足以证明劳动者的入职时间。一审法院认定张某某 2010 年 3 月入职，并确认双方 2010 年 3 月至 2019 年 6 月期间存在劳动关系。另双方对仲裁裁决确认的张某某 2017 年 7 月至 2019 年 6 月期间月工资数额无异议，一审法院予以确认。一审判决结果与仲裁结果相同，中山市某电子公司提起上诉。

广东省中山市中级人民法院审理认为，首先，张某某仲裁申请确认 2010 年 3 月至 2019 年 6 月期间其工资标准为 5000 元/月，该仲裁请求仅涉及事实认定，并不涉及确认法律关系的问题，不具有可诉性，不属于法院受理案件范围。其次，双方对存在劳动关系不持异议，只是对张某某入职时间有争议，张某某请求确认2010年3月至2019年6月期间双方存在劳动关系，本质为确认其入职时间，属于事实认定的范畴。因张某某在本案仲裁中并未提出与其入职时间相关诉讼请求，确认张某某入职时间不具有可诉性，本案中不应进行审查。最终二审裁定撤销原判，改判驳回中山市某电子公司的起诉。

三、评析

根据《民事诉讼法》第119条的规定，当事人起诉必须是属于人民法院主管范围的案件，当事人只有将具有可裁判性的事项提交法院，才能够使纠纷通过司法途径获得解决。民事诉讼中法院主管是指法院审判权行使的范围，亦是法院受理民事案件的权限。劳动争议由于实行“一裁两审制”，诉讼之前必须经过仲裁程序。实务中，由于劳动争议仲裁机构与人民法院对劳动争议案件的范围存在不同的理解，因此劳动争议仲裁机构主管范围与法院主管范围可能存在不一致，但就人民法院的审判工作而言，只有属于人民法院主管并符合受诉法院案件受理条件的纠纷，才能进入民事诉讼程序。

本案中，张某某在仲裁时提出两项仲裁请求，即确认其与中山市某电子公司2010年3月至2019年6月期间存在劳动关系，以及确认该期间工资标准为5000元/月。上述两项仲裁请求中，第二项请求为确认张某某一段期间内月工资数额，仅涉及事实认定；而第一项请求看似确认劳动关系纠纷，符合《劳动争议调解仲裁法》第2条规定的劳动争议受理范围，但由于双方对存在劳动关系并无争议，仅是对张某某入职时间存在争议，故第一项请求本质为确认张某某入职时间。在民事诉讼中，一般可分为确认之诉、形成之诉和给付之诉。其中确认之诉仅指确认当事人之间的法律关系存在或不存在，其诉讼客体为法律关系，而不是事实。对第一项请求，若张某某提出与入职时间相关的诉讼请求，如涉及工作年限计算的经济补偿金等，应对张某某入职时间这一基本事实进行审查，但张某某未提出类似请求，导致本案成为单纯事实确认。事实确认并不具有诉的利益，不能成为确认之诉的审理对象。张某某提出的两项仲裁请求实质为单纯的事实确认，并不涉及确认法律关系的问题，不具有可诉性，不属于法院应受理的范围，二审最终裁定驳回了中山市某电子公司的起诉。本案仲裁裁决因中山市某电子公司提起诉讼而不发生法律效力，二审裁定驳回起诉实质否定了仲裁裁决结果。

第十条

当事人不服劳动争议仲裁机构作出的预先支付劳动者劳动报酬、工伤医疗费、经济补偿或者赔偿金的裁决，依法提起诉讼的，人民法院不予受理。

用人单位不履行上述裁决中的给付义务，劳动者依法申请强制执行的，人民法院应予受理。

【条文主旨】

本条是关于劳动争议仲裁委员会作出的先予执行裁决不可诉，但可以申请强制执行的规定。

【条文理解】

一、制定背景

劳动争议案件中不少属于追索劳动报酬的案件，还有工伤保险待遇案件，涉及工资、医疗费、抚恤金等，申请人需要得到劳动收入满足其维护生活和供养家属的基本生活需要，需要及时获取医疗救治的相关费用。我国《劳动法》第 50 条规定，工资应当以货币形式按月支付给劳动者本人，不得克扣或者无故拖欠劳动者的工资。工资按月支付就是考虑当事人基本生活需要，不能按日支付，也不能按年支付。在劳动争议案件的司法救济程序中，将劳动报酬案件划入先予执行的范围，就是考虑了上述因素。一般情况下，无论诉讼程序，还是仲裁程序，当事人都不可能在程序进行当中实现其权利，程序也可能旷日持久，这样，难免发生影响当事人基本生活的现象。比如，我国劳动争议仲裁制度中没有设立先予执行制度，当事人追索被欠发工资、劳动报酬只能追随劳动争议仲裁程序的节奏。程序时间长，当事人等待的时间长；程序时间短，当事人等待的时间短。在此期间，影响当事人基本生活的情况常常发生。实践中，很多工伤认定结论要经历行政复议、行政诉讼评残结论可能被申请复查，所需要的时间往往是急需治疗救助的受伤职工难以承受的，而一些用人单位正是利用这些程序达到拖延的目的。为了切实保障受伤职工的基本生活生存需要，国家规定对用人单位拖欠劳动者急需的劳动报酬、工伤医疗费、经济补偿或者赔偿金，仲裁委员会可以进行部分裁决，用人单位不得就部分裁决起诉，劳动者可以直接向法院申请强制执行。

本条在修改的过程中，将原来的预先支付劳动者部分工资或者医疗费用的裁决，修改为劳动者劳动报酬、工伤医疗费、经济补偿或者赔偿金的裁决，与《劳动争议调解仲裁法》第44条第1款有关先予执行的规定保持一致。

二、理解与适用

先予执行裁决也叫劳动仲裁的部分裁决制度，指的是劳动争议仲裁委员会在劳动争议案件终结裁决作出前，要求企业预先支付职工一方工资、工伤医疗费、经济补偿或者赔偿金的裁决。这适用于当事人之间权利义务关系明确，用人单位有履行能力，不作部分裁决将严重影响劳动者一方生活的情况。劳动争议仲裁委员会对于确属下列紧急情形之一的劳动争议案件，经过初步审理后，可以采用部分裁决的形式裁决企业支付职工工资、医疗费：（1）企业无故拖欠、扣罚或停发工资超过3个月，致使职工生活确无基本保障的；（2）职工因工负伤，企业不支付急需的医疗费的；（3）职工患病，在规定的医疗期内，企业不支付急需的医疗费的。

先予执行的着眼点是满足申请人的迫切需要。执行本应在仲裁裁决发生法律效力之后，先予执行是为了解决一部分当事人由于生活或生产的迫切需要，必须在裁决之前采取措施，以解燃眉之急。例如，申请人因高度危险作业遭受工伤，造成严重的身体伤害，急需住院治疗，申请人无力负担医疗费用，而与负有承担医疗费用义务的被申诉人不能协商解决，申请人向劳动争议仲裁委员会申请劳动争议仲裁。仲裁庭裁决劳动争议案件，应当自劳动争议仲裁委员会收到仲裁申请之日起45日内结束，这之间需要一段时间，如果不先予执行，必然耽误申请人的治疗时间，或者造成严重后果。在这样的案件中，如果不先予执行，等仲裁庭作出生效裁决后再由义务人履行义务，就会使权利人不能得到及时治疗。仲裁庭裁决先予执行就可以解决这个问题。在劳动争议案件中，通常情况下当事人对权利的期待非常迫切，有的还可能因争议的发生而影响了基本生活，急需先予执行裁决能够尽快结束以使其权利能够得到实现。仲裁庭审理劳动争议案件，从受理到作出仲裁裁决，从裁决生效到当事人自动履行或强制执行需要一个过程。在这段时间里，个别劳动者可能因为经济困难，难以维持正常的生活或者生产经营活动，先予执行制度就是为了解决当事人的燃眉之急，在最终裁决前让被申请人先给付劳动者一定数额的款项或者财物，以维持劳动者正常的生活或者生产。

先予执行裁决的前提是当事人之间的权利义务关系明确，案件的事实十分清楚，当事人之间的是非责任显而易见。不先予执行将严重影响申请人的生活，申请人是依靠被申请人履行义务而维持正常生活的，在仲裁庭作出裁决前，如果不裁定先予执行，申请人将难以维持正常的生活。

我国民事诉讼程序中有先予执行的规定。《民事诉讼法》第106条规定："人民法院对下列案件，根据当事人的申请，可以裁定先予执行：（一）追索赡养费、扶养费、抚育费、抚恤金、医疗费用的；（二）追索劳动报酬的；（三）因情况紧急需要先予执行的。"民事诉讼程序设置先予执行制度的目的是考虑上述生活困难的当事人在期待权利保障过程中的救急性措施，其中追索劳动报酬案件被列入其中，可见先予执行制度在处理劳动争议程序中的必要性。劳动争议仲裁程序如同诉讼程序一样，在程序进行中，劳动者的生活已经处于非常困难的情况下，可以采取先予执行措施。先予执行措施带有强制性，只能由人民法院采取，但劳动争议仲裁程序作为独立的程序，如果没有该制度的保障，保障当事人合法权益的程序机制就是不完善的。仲裁庭不能直接采取先予执行措施，但仲裁庭可以裁决先予执行，移送人民法院执行。《民事诉讼法》所规定的先予执行，有以下几点需要注意：（1）仅对特定类型案件可以申请先予执行。这些特定类型案件是指追索劳动报酬、工伤医疗费、经济补偿或者赔偿金的案件。其他类型的案件不适用先予执行。（2）必须根据当事人的申请。只有当事人申请，仲裁庭才能作出先予执行的裁定。如果当事人不申请，仲裁庭不能主动作出先予执行的裁决。（3）当事人之间的权利义务关系明确，案件的事实十分清楚。

关于先予执行的效力问题。时间效力方面，人民法院裁定先予执行，其实质是使原告提前实现了将来判决可能确认的部分权利，使被告提前履行了将来判决生效后可能履行的部分义务。因此，先予执行的裁定必须采用书面形式。先予执行裁定送达当事人后立即生效。其时间效力应维持到判决生效时止。对当事人的效力，对当事人的效力主要表现在：当事人收到裁定后不允许提起上诉，必须按裁定的要求执行。当事人对裁定不服的，可以申请复议一次。但是，复议期间不停止裁定的执行。对有关单位和个人的效力，人民法院先予执行的裁定，需要有关单位和个人协助的，有关单位接到先予执行的协助执行通知书，必须及时按通知要求予以协助。例如，通知单位将被申请人收入扣留，交给申请人；要求从被申请人的账户上将一定款额划拨给申请人等。对人民法院的效力，先予执行的裁定书送达当事人后，对人民法院也是有法律效力的。主要表现在：当事人不履行的，人民法院有责任采取强制执行措施；当事人对先予执行的裁定不服申请复议的，人民法院应及时审查。经审查认定裁定正确的，通知驳回当事人的申请；认定裁定不当的，作出新的裁定变更或者撤销原裁定；受诉人民法院院长或者上级人民法院发现采取先予执行措施确有错误的，应当按照审判监督程序立即纠正。由于先予执行的裁定是人民法院根据申请人的申请所采取的临时性措施，案件审理终结不一定就能作出完全满足原告诉讼请求的判决，甚至还可能出现原告败诉的情形。如果判决原告败诉，则应适用《民事诉讼法》第233条和《民事诉讼法司法解释》第173条关于执行回转的规定。

劳动争议仲裁程序结束后，通常情况下，当事人如获得仲裁委员会的支持，仅仅是获得仲裁裁决书而已，实现其中权利只能靠对方当事人主动履行仲裁裁决，或者向人民法院申请强制执行。部分裁决是在劳动仲裁整体裁决不能进行的情况下，为避免因仲裁时效太长而影响劳动者的基本生活、生存条件，保障劳动者当事人基本权益而设计的一种制度。所以，本条规定所说的预先支付劳动者劳动报酬、工伤医疗费、经济补偿或者赔偿金的裁决，一经作出立即生效，用人单位不服只能申请复议，不得向人民法院提起诉讼。

从我国现行的民事审判制度看，给当事人设定财产保全、先予执行或先行给付制度，都是保障当事人实体权利实现的一种措施，属于民事诉讼中的行为保全措施。如果说财产保全制度带有一定的预防措施性质，那么，先予执行制度则是权利的提前实现。先予执行是指人民法院对一定范围内的给付之诉，在作出判决之前，裁定一方当事人履行一定义务，并立即执行，保障当事人合法权益的特殊性程序制度。适用先予执行制度限于给付之诉，但不是所有的给付之诉都适用该制度。我国《民事诉讼法》第106条规定："人民法院对下列案件，根据当事人的申请，可以裁定先予执行：（一）追索赡养费、扶养费、抚育费、抚恤金、医疗费用的；（二）追索劳动报酬的；（三）因情况紧急需要先予执行的。"

本条规定的先予执行虽然不能等同于《民事诉讼法》规定的先予执行的内容，但是，人民法院在受理和审查执行仲裁机构作出的裁决的方法上应当是相通的，即当事人之间的劳动关系是明确的，适用先予执行是必须的。人民法院采取先予执行的措施以后，按照审判实践的惯常做法，应当在最后的裁判文书中予以明确交代。同时，民事诉讼先予执行的纠错机制在劳动争议仲裁先予执行中同样适用。先予执行裁决与仲裁裁决不一致的，以仲裁裁决为准，如果当事人不服仲裁裁决提起诉讼的，当事人应当按照发生法律效力的民事判决履行。先予执行完毕的，应当恢复到先予执行前的状态，最终的执行结果应当符合仲裁裁决或民事判决的内容。因返还和赔偿发生争议的，申请人和被申请人可以就这一争议另行提起诉讼。申请人在规定的期限内不履行发生法律效力的裁决书、判决书的，被申请人可以依照《民事诉讼法》的有关规定向人民法院申请强制执行。如果先予执行的申请人提供了担保，则可以该项担保来履行返还和赔偿义务。

【审判实践中应注意的问题】

关于先予执行，审判实践中有以下几点需要注意：（1）仅对特定类型案件可以申请先予执行。这些特定类型案件是指追索劳动报酬、工伤医疗费、经济补偿或者赔偿金的案件。其他类型的案件不适用先予执行。（2）必须根据当事人的申请。只有当事人申请，仲裁庭才能作出先予执行的裁定。如果当事人不申请，仲裁庭不能主动作出先予执行的裁决。（3）当事人之间的权利义务关系明确，案件的事实十分清楚。

【案例解读】

一、基本案情

2016年3月，银某某到高台县某搬运有限公司从事装卸工工作。2016年4月14日，银某某在工作中受伤，住院治疗至2016年6月20日，共支付医疗费130 888.5元。2016年6月24日，行政主管部门作出《认定工伤决定书》，认定银某某受伤属于工伤。银某某向劳动争议仲裁机构申请仲裁，劳动争议仲裁机构裁决：由高台县某搬运有限公司先行支付银某某医疗费102 888.5元。高台县某搬运有限公司向甘肃省高台县人民法院提起诉讼，认为仲裁裁决未对银某某违规操作致受伤应承担的民事责任予以确定，现起诉要求驳回银某某关于高台县某搬运有限公司先行给付医疗费的请求。

二、裁判结果

法院审查认为，《劳动争议调解仲裁法》第44条规定，仲裁庭对追索劳动报酬、工伤医疗费、经济补偿或者赔偿金的案件，根据当事人的申请，可以裁决先予执行，移送人民法院执行。该规定明确仲裁庭作出的先予执行裁决，一经作出即发生法律效力，故对高台县某搬运有限公司的诉请，不予受理，裁定驳回高台县某搬运有限公司的起诉。

三、评析

劳动争议仲裁程序虽相对普通民事诉讼而言，更加简洁高效，审查周期一般在45日之内。但无论如何，一个劳动争议案件从仲裁机构受理到作出仲裁裁决，再从仲裁裁决生效到当事人自动履行或强制执行需要一个较长的过程。在这段时间里，个别劳动者及其家庭可能因为经济困难而难以维持正常的生活，法律有必要予以救济。《劳动争议调解仲裁法》因此设置了先予执行制度，准许劳动争议仲裁机构在作出最终裁决之前，可先行裁决让用人单位预先给付劳动者一定数额的款项，以维持劳动者及其家庭正常生活。根据《劳动争议调解仲裁法》第44条规定，先予执行制度仅限于劳动者追索劳动报酬、工伤医疗费、经济补偿或者赔偿金等四类仲裁请求，对劳动者提出的其他仲裁请求，即使劳动者提出先予执行申请，亦不能适用。由于《劳动争议调解仲裁法》第44条明确规定先予执行裁决可直接移送人民法院执行，因此先予执行裁决一经作出即发生法律效力，用人单位或劳动者不服只能申请复议，不得向人民法院提起诉讼。

本案中，银某某所受伤害已被认定为工伤，其家庭已支出巨额医疗费用于治疗，可能已严重影响银某某及其家属的生活。工伤事故又适用无过错责任，不论劳动者对工伤事故的发生是否存在过错，用人单位在未为劳动者参加工伤保险的情况下均应承担工伤赔付责任，银某某与高台县某搬运有限公司之间权利义务关系明确。银某某已支付医疗费130 888.5元，劳动争议仲裁机构裁决用人单位在此金额内先予支付部分工伤医疗费符合法律规定。用人单位收到仲裁裁决后应当立即支付，如不支付银某某可向人民法院申请强制执行。由于先予执行裁决属于执行实施类的仲裁裁决，一经作出即发生法律效力，用人单位不服只能向仲裁机构申请复议，其向法院提起诉讼应不予受理。本案中，涉案的先予执行裁决错误地赋予当事人诉权，允许当事人就先予执行裁决结果向法院提起诉讼没有法律依据，针对先予执行裁决提起的诉讼不属于法院主管案件范围之内，法院最终裁定驳回高台县某搬运有限公司的起诉。

第十一条

劳动争议仲裁机构作出的调解书已经发生法律效力，一方当事人反悔提起诉讼的，人民法院不予受理；已经受理的，裁定驳回起诉。

【条文主旨】

本条是关于劳动争议仲裁机构作出的调解书生效后当事人又反悔的处理规定。

【条文理解】

一、制定背景

《劳动争议调解仲裁法》第 42 条规定："仲裁庭在作出裁决前，应当先行调解。调解达成协议的，仲裁庭应当制作调解书。调解书应当写明仲裁请求和当事人协议的结果。调解书由仲裁员签名，加盖劳动争议仲裁委员会印章，送达双方当事人。调解书经双方当事人签收后，发生法律效力。调解不成或者调解书送达前，一方当事人反悔的，仲裁庭应当及时作出裁决。"《人事争议处理规定》第 22 条规定："仲裁庭处理人事争议应注重调解。自受理案件到作出裁决前，都要积极促使当事人双方自愿达成调解协议。当事人经调解自愿达成书面协议的，仲裁庭应当根据调解协议的内容制作仲裁调解书。协议内容不得违反法律法规，不得侵犯社会公共利益和他人的合法权益。调解书由仲裁庭成员署名，加盖人事争议仲裁委员会印章。调解书送达后，即发生法律效力。当庭调解未达成协议或者仲裁调解书送达前当事人反悔的，仲裁庭应当及时进行仲裁裁决。”根据上述规定，不管是劳动争议仲裁程序，还是人事争议仲裁程序，都应坚持调解优先、注重调解，调解达成协议的，劳动争议仲裁机构应当根据协议内容制作调解书，调解书自送达之日起具有法律效力。但实践中，当事人已签收劳动争议仲裁机构作出的调解书，事后反悔起诉到法院的情况仍然存在，有的主张调解违反了合法自愿原则，有的主张诉讼请求与调解书内容不一致，有的主张调解书遗漏了争议事项等。在此情况下，人民法院能否仅以调解书自送达之日起即具有法律效力为由不予受理或驳回起诉，审判实践中对该问题的认识产生了分歧。如韦某与某公司劳动争议案。韦某原是某公司职工。2004 年 8 月 5 日，韦某因身体不适请假治病，2005 年 10 月 26 日被确诊为矽肺Ⅱ + 期，11 月被认定为工伤，12 月评定为四级伤残。2005 年 12 月 27 日，在劳动争议仲裁机构的主持下，韦某与某公司达成调解协议，劳动争议仲裁机构据此作出仲裁调解书，确认：（1）韦某工伤期间的医疗费某公司已支付；（2）签订协议前某公司曾向韦某支付20 000元；（3）签订协议时某公司再向韦某支付95 000元；（4）终止双方劳动关系等。韦某收取某公司的款项后，认为自己是在不知情及误解的情况下签订的调解书，于是再次提起仲裁，在仲裁申请被驳回的情况下又提起诉讼，要求撤销调解书并由某公司支付医药费等共计49 179.2元。[①] 该案在审理过程中，对于是否应驳回当事人起诉产生了争议。基于审判实践中存在不同认识，有必要进一步对仲裁调解书的效力作出明确规定，同时也为司法审判提供指引。2010 年《劳动争议司法解释（三）》第 11 条规定了劳动仲裁机构作出的调解书的效力以及当事人反悔后的处理方式，在此之后法律法规及司法解释未作出新规定，制定背景未发生变化，故本条对该条款予以保留。

---

① 参见韦某与某公司工伤事故损害赔偿纠纷上诉案，广东省佛山市中级人民法院（2006）佛中法民一终字第 734 号民事裁定书。

二、理论依据

《仲裁法》第51条、第52条对仲裁中的调解作了规定，确立了仲裁调解制度，成为我国仲裁制度的重要组成部分。这种调解取决于当事人的意志，双方当事人同意，可以随时开始，只要一方当事人反对调解，又可随时终止。仲裁和调解可以交叉使用。这种调解比仲裁具有更大的灵活性，它没有固定的规则，当事人可以面对面谈，也可背靠背谈，也可以两者结合起来。只要双方商谈取得一致意见，就可以不写理由和责任。因此，仲裁调解有利于当事人互谅互让，迅速处理纠纷。

源于商事仲裁的仲裁调解制度后逐渐发展到劳动和人事争议仲裁领域。《劳动法》第77条规定：“用人单位与劳动者发生劳动争议，当事人可以依法申请调解、仲裁、提起诉讼，也可以协商解决。调解原则适用于仲裁和诉讼程序。”这标志着劳动争议仲裁中的调解制度正式确立。其后的《企业劳动争议处理条例》[①] 第27条规定：“仲裁庭处理劳动争议应当先行调解，在查明事实的基础上促使当事人双方自愿达成协议。协议内容不得违反法律、法规。”从而以行政法规的形式确立了劳动仲裁中的调解优先原则。《劳动争议调解仲裁法》第42条第1款规定：“仲裁庭在作出裁决前，应当先行调解。”再次以法律的形式确定了劳动争议仲裁中的调解优先原则。《人事争议处理规定》第22条第1款规定：“仲裁庭处理人事争议应注重调解。”则在人事争议仲裁领域确立了调解制度。将调解融进仲裁程序，既体现了仲裁的优点，又体现了调解的优点，强化了解决纠纷的功能。因此，调解已成为劳动和人事争议仲裁程序的一个重要环节，很大一部分劳动和人事争议都是以调解的方式得到解决的。

---

① 该条例已于2011年1月8日废止。

三、适用本条文需注意的问题

（一）关于调解书的效力

按照《劳动争议调解仲裁法》的规定，劳动争议仲裁机构作出裁决前，应当先行调解。调解达成协议的，劳动争议仲裁机构应当制作调解书，调解书经双方当事人签收后，发生法律效力。

调解书的法律效力主要表现在：（1）使仲裁程序终结，调解书一经签收生效，仲裁程序即告结束，劳动争议仲裁机构便不再对该案进行审理，这是调解书在程序上的法律效果。（2）纠纷当事人的权利义务关系被确定，这是调解书的实体上的法律效果。（3）任何机构或组织都要在重新处理该案方面受调解书约束。因此，当事人已签收劳动争议仲裁机构作出的调解书，事后反悔向人民法院起诉的，人民法院不应受理。

（二）关于适用条件

本条适用有两个条件：一是当事人已经签收劳动争议仲裁机构制作的调解书，调解书已经发生法律效力。根据《劳动争议调解仲裁法》第42条、《人事争议处理规定》第22条的规定，当庭调解未达成协议或者仲裁调解书送达前当事人反悔的，劳动争议仲裁机构应当及时进行仲裁裁决。也就说，即使当事人已经达成调解协议，劳动争议仲裁机构根据调解协议也已经制作了调解书，只要一方当事人在签收调解书之前反悔并拒绝签收调解书，该调解协议和调解书均不生效，不具有法律效力，劳动争议仲裁机构应当及时作出裁决。因此，未生效的调解书不适用于本条规定。二是当事人不履行已经生效的调解书，因为反悔而提起诉讼的，无论其反悔的理由如何，人民法院都不应当受理。调解书生效后，当事人不管是主张调解违反了合法自愿原则，还是主张诉讼请求与调解书内容不一致、遗漏了争议事项等，只要以不履行调解书为目的提起诉讼的，人民法院都不应当受理。

【审判实践中应注意的问题】

一、正确区分劳动争议调解组织调解和劳动仲裁调解的效力

根据《劳动争议调解仲裁法》第10条、第14条、第15条的规定，发生劳动争议，当事人可以到企业劳动争议调解委员会、依法设立的基层人民调解组织，在乡镇、街道设立的具有劳动争议调解职能的组织申请调解。在这些组织主持下达成调解协议的，应制作调解协议书，调解协议书由双方当事人签名或者盖章，经调解员签名并加盖调解组织印章后生效，对双方当事人具有约束力，当事人应当履行。但是达成调解协议后，一方当事人在协议约定期限内不履行调解协议的，另一方当事人可以依法申请仲裁。根据本解释第51条的规定，当事人在调解组织主持下达成的具有劳动权利义务内容的调解协议，具有劳动合同的约束力，可以作为人民法院裁判的依据。对于仅就劳动报酬争议达成调解协议，用人单位不履行调解协议确定的给付义务，劳动者直接提起诉讼的，人民法院可以按照普通民事纠纷受理。因此，在劳动争议调解组织主持下达成的调解协议，当事人应当履行，但该调解协议并没有强制效力，当事人如果不履行或者反悔，另一方还是要申请仲裁或者提起诉讼。但是劳动争议仲裁机构出具的调解书，一经签收即发生法律效力，当事人不可以再申请仲裁或起诉至法院。

二、当事人对于调解书不服的救济途径

调解书一经签收即发生法律效力，如果不服不能直接向法院起诉，那么如何终止调解书的法律效力，当事人对调解书不服的救济途径是什么？虽然对于发生法律效力的调解书不能直接向法院起诉，但还是有救济途径的。本解释第24条规定：“当事人申请人民法院执行劳动争议仲裁机构作出的发生法律效力的裁决书、调解书，被申请人提出

证据证明劳动争议仲裁裁决书、调解书有下列情形之一，并经审查核实的，人民法院可以根据民事诉讼法第二百三十七条规定，裁定不予执行：（一）裁决的事项不属于劳动争议仲裁范围，或者劳动争议仲裁机构无权仲裁的；（二）适用法律、法规确有错误的；（三）违反法定程序的；（四）裁决所根据的证据是伪造的；（五）对方当事人隐瞒了足以影响公正裁决的证据的；（六）仲裁员在仲裁该案时有索贿受贿、徇私舞弊、枉法裁决行为的；（七）人民法院认定执行该劳动争议仲裁裁决违背社会公共利益的。人民法院在不予执行的裁定书中，应当告知当事人在收到裁定书之次日起三十日内，可以就该劳动争议事项向人民法院提起诉讼。”

根据该条规定，当事人申请人民法院执行劳动争议仲裁调解书，被申请人申请不予执行的，人民法院经审查认为调解书有《民事诉讼法》第237条规定的情况的，可以裁定不予执行，人民法院不予执行的裁定可终止调解书的法律效力。这里有三点需要注意：一是只有被申请人申请不予执行，人民法院才可作出不予执行的裁定。人民法院不能依职权作出不予执行裁定。二是人民法院裁定不予执行仲裁调解书时，应就整个仲裁调解书裁定不予执行，而不能裁定部分不予执行。另外，申请不予执行的事由仅限于上述七种情形，但具有其中任何一种情形均可导致整个仲裁调解书不予执行。三是不予执行的申请是在启动对仲裁调解书的执行程序后才发生，人民法院作出不予执行的裁定后，当事人可以通过向人民法院提起诉讼的方式对相关劳动争议事项予以解决，但无须再经过劳动争议仲裁前置程序。

【案例解读】

一、基本案情

郄某原系某公司职工。2016年8月8日，郄某驾驶电动自行车在上班途中与他人相撞，发生交通事故死亡。2016年11月15日，在沭阳县劳动人事争议仲裁委员会主持下，郄某的近亲属马某等人与某公司达成调解协议，约定：某公司向马某等人支付郄某丧葬费、供养亲属抚恤金、死亡补助金等共计66万元。支付时间：2016年11月16日支付6万元，12月30日由保险公司理赔60万元，马某等人若无法从保险公司获得60万元理赔款，该60万元由某公司承担，并于2017年1月30日前支付完毕；马某等人不再向某公司主张本调解协议外的其他权利。沭阳县劳动人事争议仲裁委员会根据上述调解协议，于2016年11月15日作出仲裁调解书并送达给双方。该调解书于2016年年底全部履行完毕。

2016年11月20日，沭阳县人力资源和社会保障局作出工伤认定书，认定郄某的死亡为因工死亡。后马某等人向沭阳县劳动人事争议仲裁委员会申请仲裁，要求某公司支付相应工亡待遇。沭阳县劳动人事争议仲裁委员会于2017年10月16日作出仲裁裁决书，对马某等人的仲裁请求不予支持。马某等人遂诉至法院，认为郄某在某公司工作期间，某公司未依法为其缴纳工伤保险，而是购买商业保险，马某等人是在存在重大误解的情况下与某公司签订了调解协议，该调解协议约定的赔偿费用与应得工伤保险待遇相比，存在巨大差距，利益明显失衡，违背了马某等人的真实意思表示，应予撤销，故请求撤销仲裁调解书，并由某公司向马某等人支付一次性工亡补助金62.39万元，并支付相应的供养亲属抚恤金。

二、裁判结果

法院审查后认为，劳动争议仲裁机构作出的仲裁调解书已经双方当事人签收，发生法律效力，故裁定驳回马某等人的起诉。

三、评析

《劳动争议调解仲裁法》第42条第3款规定，调解书经双方当事人签收后，发生法律效力。因此，劳动争议仲裁机构根据当事人达成的调解协议制作的调解书，一经签收即生效，当事人的权利义务关系被确定，仲裁程序也由此结束，劳动争议仲裁机构以及人民法院对调解书所涉劳动争议的处理都要受到调解书的约束。此后，当事人以不履行调解书为目的而提起诉讼的，人民法院不应当受理。本案中，马某等人与某公司在沭阳县劳动人事争议仲裁委员会主持下就郄某工亡赔偿一事自愿达成调解协议，该委据此作出仲裁调解书，且双方亦确认调解书内容已履行完毕。现一方当事人以签订调解协议时存在重大误解、利益严重失衡为由提起诉讼的，人民法院不应受理。

第十二条

劳动争议仲裁机构逾期未作出受理决定或仲裁裁决，当事人直接提起诉讼的，人民法院应予受理，但申请仲裁的案件存在下列事由的除外：

（一）移送管辖的；

（二）正在送达或者送达延误的；

（三）等待另案诉讼结果、评残结论的；

（四）正在等待劳动争议仲裁机构开庭的；

（五）启动鉴定程序或者委托其他部门调查取证的；

（六）其他正当事由。

当事人以劳动争议仲裁机构逾期未作出仲裁裁决为由提起诉讼的，应当提交该仲裁机构出具的受理通知书或者其他已接受仲裁申请的凭证、证明。

【条文主旨】

本条是关于劳动争议仲裁机构逾期未作出受理决定或仲裁裁决的处理规定。

【条文理解】

一、制定背景

劳动争议仲裁机构在法定期间内行使仲裁权是其法定职责，也是进行仲裁程序、迅速解决当事人之间纠纷的关键。既然仲裁是诉讼的前置程序，那么仲裁程序推进的效率必定会对诉讼程序产生巨大影响。如果劳动争议仲裁机构迟迟不履行其职责，或者不严格遵守期限，有意或无意拖延仲裁程序，不仅影响仲裁程序的顺利进行，也影响诉讼程序的启动，更不利于当事人合法权益的整体保护。因此，《劳动争议调解仲裁法》及《劳动人事争议仲裁办案规则》对劳动争议仲裁机构的受理及审理行为进行了规范，包括：劳动争议仲裁机构在收到仲裁申请之日起 5 日内，要向申请人出具受理或不予受理的通知书；对于不属于仲裁委员会管辖范围的，应当在收到仲裁申请之日起 5 日内，向申请人作出书面说明并告知申请人向有管辖权的仲裁委员会申请仲裁；仲裁庭裁决劳动争议案件，应当自劳动争议仲裁委员会受理仲裁申请之日起 45 日内结束。案情复杂需要延期的，经劳动争议仲裁委员会主任批准，可以延期并书面通知当事人，但是延长期限不得超过 15 日。

上述规定规范了仲裁的审理期限，突出了劳动和人事争议仲裁制度的及时、高效原则，防止案件久拖不决。但实践中也存在机械理解仲裁程序中有关期间规定的情况。一方面，当事人可能不考虑期间延长的客观原因，只要超过相应期间，就直接诉讼至法院；另一方面，劳动争议仲裁机构也存在拖延审查，导致超过期限，从而引导当事人向法院起诉的情况。这就造成本来能够在仲裁程序中解决的纠纷延续到了诉讼环节，既不利于当事人利益的及时保护，徒增诉累，也浪费了司法资源。因此，有必要对《劳动争议调解仲裁法》第 29 条、第 43 条的适用条件作出进一步的解释，从而使仲裁前置制度的功能得以更好发挥。2010 年《劳动争议司法解释（三）》第 12 条规定了劳动争议仲裁机构逾期未受理或仲裁时的处理方式，在此之后法律法规及司法解释未作出新规定，制定背景未发生变化，故本条对该条款予以保留，只是进行了个别表述调整。

二、理论依据

对于劳动争议的处理，各国（地区）主要有以下几种模式：第一种模式是设立专门的劳动法院或劳动法庭。如联邦德国1952年专门制定和颁布了《德国劳动法院法》，该法既是劳动法院组织法，又是审理劳资争议案件的程序法，规定了一系列不同于普通案件的审理程序和方式。1974年颁布的《芬兰劳工法庭法》，明确规定劳工法庭以特别法庭的资格审理和裁定产业工人以及文职人员的劳动争议。第二种模式是调解和仲裁结合的方式，如我国台湾地区的"劳资争议处理法"规定劳资争议解决的方式，一是由调解委员会进行调解；二是由仲裁委员会进行仲裁，并规定实行调解前置主义，规定劳资争议事件，未经调解程序者，不得付仲裁。但争议当事人双方声请径付仲裁时，不在此限。《日本劳动关系调整法》也有类似的规定。第三种模式是采取调解与诉讼相结合的方式。如《美国劳工管理法》规定对劳资争议可以通过调停和调解解决，同时又规定对于劳资争议可以向能够管辖有关各方的任何美国地区法庭提出，不问争议牵涉的数目的大小，也不问争议有关各方的公民地位。第四种模式是采用行政程序和诉讼程序相结合的方式。这种模式主要是苏联和东欧一些国家采用。如1972年《罗马尼亚劳动法典》规定：凡工作人员与单位之间涉及劳动合同的订立、执行或终止劳动争议，由司法委员会、法院或法律规定的其他机关解决。

我国解决劳动和人事争议采用了调解、仲裁和诉讼相结合的方式。《劳动法》第79条规定："劳动争议发生后，当事人可以向本单位劳动争议调解委员会申请调解；调解不成，当事人一方要求仲裁的，可以向劳动争议仲裁委员会申请仲裁。当事人一方也可以直接向劳动争议仲裁委员会申请仲裁。对仲裁裁决不服的，可以向人民法院提起诉讼。"《人事争议处理规定》第3条规定："人事争议发生后，当事人可以协商解决；不愿协商或者协商不成的，可以向主管部门申请调解，其中军队聘用单位与文职人员的人事争议，可以向聘用单位的上一级单位申请调解；不愿调解或调解不成的，可以向人事争议仲裁委员会申请仲裁。当事人也可以直接向人事争议仲裁委员会申请仲裁。当事人对仲裁裁决不服的，可以向人民法院提起诉讼。"根据上述规定，对于劳动和人事争议，当事人可以通过协商解决，也可以通过相关调解组织调解解决，还可以向劳动争议仲裁机构申请仲裁和向人民法院提起诉讼来解决。当事人一方可以不经调解直接向劳动争议仲裁机构申请仲裁，但不能未经仲裁直接向人民法院提起诉讼。因此，申请仲裁与提起诉讼是前后关系，即先裁后审，也称作仲裁前置。先裁后审的做法在实践中具有一定的优越性，特别是对分流劳动和人事争议案件的解决途径，保证准确、及时解决劳动和人事争议发挥了积极的作用。

三、适用本条文需注意的问题

对本条的理解，应当从以下几个方面把握：

（一）对人民法院应予受理的情形明确规定

仲裁机构逾期未作出受理决定或仲裁裁决，当事人直接提起诉讼的，人民法院应予受理。

《劳动争议调解仲裁法》第29条规定："劳动争议仲裁委员会收到仲裁申请之日起五日内，认为符合受理条件的，应当受理，并通知申请人；认为不符合受理条件的，应当书面通知申请人不予受理，并说明理由。"第43条规定："仲裁庭裁决劳动争议案件，应当自劳动争议仲裁委员会受理仲裁申请之日起四十五日内结束。案情复杂需要延期的，经劳动争议仲裁委员会主任批准，可以延期并书面通知当事人，但是延长期限不得超过十五日。逾期未作出仲裁裁决的，当事人可以就该劳动争议事项向人民法院提起诉讼。"《劳动人事争议仲裁办案规则》第30条规定："仲裁委员会对符合下列条件的仲裁申请应当予以受理，并在收到仲裁申请之日起五日内向申请人出具受理通知书：（一）属于本规则第二条规定的争议范围；（二）有明确的仲裁请求和事实理由；（三）申请人是与本案有直接利害关系的自然人、法人或者其他组织，有明确的被申请人；（四）属于本仲裁委员会管辖范围。"第31条规定："对不符合本规则第三十条第（一）、（二）、（三）项规定之一的仲裁申请，仲裁委员会不予受理，并在收到仲裁申请之日起五日内向申请人出具不予受理通知书；对不符合本规则第三十条第（四）项规定的仲裁申请，仲裁委员会应当在收到仲裁申请之日起五日内，向申请人作出书面说明并告知申请人向有管辖权的仲裁委员会申请仲裁。对仲裁委员会逾期未作出决定或者决定不予受理的，申请人可以就该争议事项向人民法院提起诉讼。”第 45 条规定：“仲裁庭裁决案件，应当自仲裁委员会受理仲裁申请之日起四十五日内结束。案情复杂需要延期的，经仲裁委员会主任或者其委托的仲裁院负责人书面批准，可以延期并书面通知当事人，但延长期限不得超过十五日。”因此，劳动争议仲裁程序中有明确且严格的受理及审理期限的规定，对于劳动争议仲裁机构未能遵守上述期限规定，及时作出是否受理的决定或仲裁裁决的案件，当事人可以就该劳动争议事项直接向人民法院提起诉讼，人民法院应予受理。

（二）对于例外情形的把握

对于劳动争议仲裁机构未能及时作出是否受理的决定或仲裁裁决的案件，人民法院应予受理是总的原则，不予受理的情形是例外性规定，主要包括以下六种情形：

1. 移送管辖的

《劳动争议调解仲裁法》第 17 条规定：“劳动争议仲裁委员会按照统筹规划、合理布局和适应实际需要的原则设立。省、自治区人民政府可以决定在市、县设立；直辖市人民政府可以决定在区、县设立。直辖市、设区的市也可以设立一个或者若干个劳动争议仲裁委员会。劳动争议仲裁委员会不按行政区划层层设立。”第 21 条规定：“劳动争议仲裁委员会负责管辖本区域内发生的劳动争议。劳动争议由劳动合同履行地或者用人单位所在地的劳动争议仲裁委员会管辖。双方当事人分别向劳动合同履行地和用人单位所在地的劳动争议仲裁委员会申请仲裁的，由劳动合同履行地的劳动争议仲裁委员会管辖。”根据上述规定，劳动争议仲裁机构的管辖区域可能与行政区划重合，也可能不重合。而劳动合同履行地与用人单位所在地都是确定劳动争议管辖的要素。如果双方当事人分别向劳动合同履行地和用人单位所在地的劳动争议仲裁机构申请仲裁的，则由劳动合同履行地的劳动争议仲裁机构管辖。由此可见，劳动争议发生后，管辖可能并不会立即确定，这就应当允许劳动争议仲裁机构有处理管辖问题的期间。

2. 正在送达或送达延误的

仲裁文书记载的内容都事关当事人的权益，故应当严格履行送达程序，避免影响当事人及时主张诉讼权利，同时也使仲裁文书及时产生法律效果，维护其严肃性。《劳动人事争议仲裁办案规则》第20条第3款规定："仲裁文书的送达方式，本规则未规定的，仲裁委员会可以参照民事诉讼关于送达方式的有关规定执行。"① 故应当参照民事裁判文书的送达情形来认定劳动争议仲裁机构是否已向当事人送达了相关仲裁文书。一般来讲，劳动争议仲裁机构作出裁决书后应及时送达当事人，以便当事人能够及时行使其他程序上的权利。但在实践中往往由于当事人的地址、联系方式不确定等原因致使仲裁文书不能及时送达当事人的手中，或者因为客观原因，如不可抗力等导致仲裁文书送达延误。在上述情况下，因为劳动争议仲裁机构已经作出仲裁裁决，不属于逾期未作出仲裁裁决的情形，如当事人以尚未收到裁决书为由向人民法院提起诉讼，人民法院不予受理。

3. 等待另案诉讼结果、评残结论的

《劳动人事争议仲裁办案规则》第46条规定，中止审理期间不计入仲裁期限内；第47条规定，案件审理需要以其他案件的审理结果为依据，且其他案件尚未审结的，经仲裁委员会主任或者其委托的仲裁院负责人批准，可以中止案件审理，并书面通知当事人。如在工伤保险待遇赔偿案件中，涉及第三人侵权责任时往往会引发人身损害赔偿纠纷的民事案件，这类案件的审理结果，可能会影响工伤医疗费赔偿数额的确定，因此是劳动争议仲裁案件审理的依据。此外，因人身损害赔偿纠纷往往也存在对人身损害伤残程度的鉴定问题，其评残的结

① 人力资源和社会保障部于2008年制定了《劳动人事争议仲裁办案规则》，即人力资源和社会保障部令第2号，后又被2017年人力资源和社会保障部令第33号取代，在相关规定基本精神未发生变化的情况下，本处及下文引用的办案规则均为后者。

论也会影响到相关赔偿数额的确定。因此，对于因等待另案诉讼结果、评残结论，致使劳动争议仲裁机构未能在《劳动争议调解仲裁法》规定的期限内作出裁决书的，不属于逾期未作出仲裁裁决的情形，当事人如以尚未收到裁决书为由向人民法院提起诉讼，人民法院不予受理。

4. 正在等待劳动争议仲裁机构开庭的

虽然《劳动争议调解仲裁法》以及《劳动人事争议仲裁办案规则》对于劳动争议仲裁机构应当在案件受理多少天之内安排开庭作出明确规定，但是根据一般理解，从受理到作出裁决共计45日，因此应当在此期间内合理安排开庭时间。但实践中，因为一些客观原因，如一定期间内收案量较多，或者是受理后当事人主体发生变化等，致使劳动争议仲裁机构安排的开庭时间过于靠后，明显无法在45日内作出裁决，在此情况下，则不能对劳动争议仲裁机构的审理期限作过于机械的理解，应当允许劳动争议仲裁机构根据客观情况，合理安排开庭时间，等待开庭。此时当事人以劳动争议仲裁机构未按时作出裁决书为由向人民法院提起诉讼的，人民法院不予受理。

5. 启动鉴定程序或者委托其他部门调查取证的

《劳动争议调解仲裁法》第37条规定："仲裁庭对专门性问题认为需要鉴定的，可以交由当事人约定的鉴定机构鉴定；当事人没有约定或者无法达成约定的，由仲裁庭指定的鉴定机构鉴定。"《劳动人事争议仲裁办案规则》第47条规定，案件处理需要等待工伤认定、伤残等级鉴定以及其他鉴定结论的，经仲裁委员会主任或者其委托的仲裁院负责人批准，可以中止案件审理，并书面通知当事人。因此，启动鉴定程序属于可中止案件审理的情形，应当为其保留合理的时间。

6. 其他正当事由

该项包括法律规定的其他情形，比如《劳动人事争议仲裁办案规则》第47条规定的其他中止审理的情形：包括劳动者一方当事人死亡，需要等待继承人表明是否参加仲裁的；用人单位终止，尚未确定权利义务承继者的；一方当事人因不可抗拒的事由，不能参加仲裁的；等等。再比如调解，劳动争议仲裁机构因为调解而不能在法定期限内作出处理决定的，应当从时间上给予一定宽限，使劳动争议能够在最初阶段予以化解，也有利于维护劳动争议“一调一裁两审制度”的稳定，避免该制度流于形式，从而防止大量劳动争议案件未经仲裁便径行进入诉讼程序。

（三）当事人诉讼中应当提交的相关凭证或证明

人民法院对于劳动争议仲裁机构逾期未作出受理决定或未作出仲裁裁决的案件，原则上应当受理，但是需要对是否为上述例外情形进行审查，故当事人以劳动争议仲裁机构逾期未受理或裁决为由向法院提起诉讼的，应当提交相关凭证。

当事人以《劳动争议调解仲裁法》第 29 条的规定，即劳动争议仲裁机构超过 5 日未作出是否受理的决定为由，直接向人民法院起诉的，应当向人民法院提交其申请仲裁时间的凭证，包括劳动争议仲裁机构出具的仲裁申请回执单、仲裁申请时间确认书和终止审查确认书等。当事人以劳动争议仲裁机构在《劳动争议调解仲裁法》第 43 条规定的期限内未作出仲裁裁决为由，直接向人民法院起诉的，应当向人民法院提交劳动争议仲裁机构出具的受理通知书和裁决尚未作出的确认书。①

① 对此，各地有具体的操作规定，如《江苏省劳动人事争议调解仲裁办法》第 44 条规定：“劳动人事争议仲裁委员会未在法定期限内作出受理决定的，应当书面征询申请人是否同意由劳动人事争议仲裁委员会受理。申请人同意的，劳动人事争议仲裁委员会应当受理；申请人不同意的，劳动人事争议仲裁委员会应当在收件回执上对超过 5 日期限予以确认，申请人可以自确认之日起 15 日内向人民法院提起诉讼。”第 45 条规定：“劳动人事争议仲裁委员会未在法定期限内对劳动人事争议作出裁决的，应当书面征询各方当事人是否同意由其继续审理。各方当事人均同意继续审理的，劳动人事争议仲裁委员会应当继续审理；一方当事人不同意继续审理的，劳动人事争议仲裁委员会应当作出终结审理决定，当事人可以自收到决定之日起 15 日内向人民法院提起诉讼。”

【审判实践中应注意的问题】

一、人民法院对“逾期未作出决定”及“不予受理”案件的不同处理

《劳动争议调解仲裁法》第29条规定了对劳动争议仲裁机构不予受理或者逾期未作出决定的，申请人都可以向人民法院提起诉讼。但“逾期未作出决定”和“不予受理”是两种不同情形，“逾期未作出决定”是指未作出任何处理，包括实体上和程序上的，而“不予受理”是指作出了相应的程序上的处理，但未作实体上的处理，包括认为无管辖权、主体不适格、不属于劳动争议等。当事人如是因劳动争议仲裁机构“逾期未作出决定”而向人民法院提起诉讼，人民法院审查认为无本条规定的例外情形的，原则上进入对案件全面审理的阶段。而对于当事人在劳动争议仲裁机构作出了“不予受理”的决定后向人民法院提起诉讼的，人民法院还要针对具体情形作出不同处理。如本解释第5条规定的情形。因此，司法实践中应当对上述两种情形进行区分。

二、规范受理程序的衔接

人民法院应严格审查仲裁审理期间，合理把握仲裁审理时限超期的认定标准。对于劳动争议仲裁机构确有正当理由未能在规定时限内作出受理决定或仲裁裁决的，人民法院应告知当事人等待劳动争议仲裁机构的决定或裁决。人民法院对劳动争议仲裁机构逾期未作出受理决定或仲裁裁决的案件予以立案的，应在立案后及时将该案的受理情况告知劳动争议仲裁机构，劳动争议仲裁机构应及时决定该案件终止审理。

三、人民法院应当给予劳动争议仲裁机构必要的协助

一是要协助财产保全。在劳动争议仲裁过程中，可能会出现因一

方当事人的行为或其他原因，致使将来发生法律效力的裁决不能执行或难以执行的情形，这就客观地存在着财产保全的必要性。劳动争议仲裁机构对在仲裁阶段可能因用人单位转移、藏匿财产等行为致使裁决难以执行的，应告知劳动者通过劳动争议仲裁机构向人民法院申请保全。劳动者申请保全的，劳动争议仲裁机构应及时向人民法院转交申请书及仲裁案件受理通知书等相关材料。人民法院裁定采取保全措施或者裁定驳回申请的，应将裁定书送达申请人，并通知劳动争议仲裁机构。二是要协助证据保全。同财产保全一样，在劳动争议仲裁中，也会发生证据可能灭失或者以后难以取得的情况，这也需要采取必要的措施，对证据进行保全。对于证据保全，可以适用财产保全的相关程序。三是要积极执行仲裁裁决。劳动争议仲裁机构依法裁决先予执行的，应向有执行权的人民法院移送先予执行裁决书、裁决书的送达回证或其他送达证明材料；接受移送的人民法院应按照《民事诉讼法》和《劳动争议调解仲裁法》相关规定执行。人民法院要加强对仲裁裁决书、调解书的执行工作，加大对涉及劳动报酬、工伤保险待遇争议特别是集体劳动人事争议等案件的执行力度。

【案例解读】

一、基本案情

沈某原系某供销合作社职工，工作岗位为棉检员。2002 年 9 月 25 日，某供销合作社向沈某收取上岗抵押金30 000元，并出具收款收据。2003 年 10 月 9 日，某供销合作社又向沈某收取 2003 年收购棉花押金 5000 元，并出具收款收据。沈某与某供销合作社于 2007 年 6 月解除劳动合同关系。2015 年 2 月 2 日，沈某通过 EMS 快递向东台市劳动人事争议仲裁委员会寄送劳动仲裁申请书，该委收到后未出具书面答复。沈某遂于 2015 年 2 月 11 日向法院提起诉讼，要求某供销合作社返还押金35 000元。

二、裁判结果

一审法院经审查后认为，本案系劳动争议，应首先进行劳动仲裁。沈某虽向劳动争议仲裁机构邮寄了仲裁申请书，但劳动争议仲裁机构尚未回复，不能视为本案已经仲裁程序处理，故裁定驳回沈某的起诉。沈某不服，提起上诉。二审法院经审查后认为，劳动争议仲裁机构在确认收到沈某邮寄的仲裁申请书的情况下，既不受理其仲裁申请，也未向其出具书面答复，属于“逾期未作出决定”的情形，在此情况下，沈某提起诉讼，人民法院应当受理，故裁定指令一审法院进行审理。

三、评析

我国解决劳动争议的途径采用了调解、仲裁和诉讼相结合的方式，即“一调一裁两审”。根据《劳动法》第79条的规定，仲裁与诉讼是前后关系，即仲裁前置。当事人一方可以不经调解直接向劳动争议仲裁机构申请仲裁，但不能未经仲裁直接向人民法院提起诉讼。既然仲裁是诉讼的前置程序，那么仲裁程序推进的效率必定会对诉讼程序产生巨大影响。劳动争议仲裁机构在法定期间内行使仲裁权是其法定职责，也是迅速解决当事人之间纠纷的关键。《劳动争议调解仲裁法》第29条、第43条对劳动争议仲裁机构案件受理以及审查的期限作了严格规定，即劳动争议仲裁机构在收到仲裁申请之日起5日内应当决定是否受理，在受理仲裁申请之日起45日内应当审理结束。案情复杂需要延期的，经劳动争议仲裁委员会主任批准，可以延期并书面通知当事人，但是延长期限不得超过15日。如果仲裁庭迟迟不履行其职责，或者不严格遵守期限，有意或无意拖延仲裁程序，不仅影响仲裁程序的顺利进行，也影响诉讼程序的启动，更不利于当事人合法权益的整体保护。因此，《劳动争议调解仲裁法》第29条、第43条还规定，劳动争议仲裁机构逾期未作出受理或者仲裁裁决的，当事人可以直接向人民法院提起诉讼。本案中，沈某于2015年2月2日向劳动争议仲裁机构邮寄了仲裁申请书，但劳动争议仲裁机构未能在5日之内决定是否受理，且也不具有移送管辖、启动鉴定程序等导致审理期限中止或延长等事由。在此情况下，沈某提起诉讼，人民法院应当受理，而不应强求其必须等待劳动争议仲裁机构作出书面不予受理决定或进行实体裁决，影响劳动者主张权利。

第十三条

劳动者依据劳动合同法第三十条第二款和调解仲裁法第十六条规定向人民法院申请支付令，符合民事诉讼法第十七章督促程序规定的，人民法院应予受理。

依据劳动合同法第三十条第二款规定申请支付令被人民法院裁定终结督促程序后，劳动者就劳动争议事项直接提起诉讼的，人民法院应当告知其先向劳动争议仲裁机构申请仲裁。

依据调解仲裁法第十六条规定申请支付令被人民法院裁定终结督促程序后，劳动者依据调解协议直接提起诉讼的，人民法院应予受理。

【条文主旨】

本条是关于劳动者依法申请支付令的处理规定。

【条文理解】

一、制定背景

本条系对2010年《劳动争议司法解释（三）》第17条的保留。为方便劳动者维护自身权益，促使当事人之间尽快解决劳资纠纷，《劳动合同法》第30条和《劳动争议调解仲裁法》第16条均规定有督促程序，但又未对支付令因对方提出异议被终结督促程序后如何处理进行规定，故2010年《劳动争议司法解释（三）》第17条对此予以明确，该条规定明确、具体，可操作性强，司法实践中亦无较大争议，故本解释予以相应保留，只是对个别表述进行了调整，无实质性修改。

本条分三款，分别规定了劳动者申请支付令的条件；支付令失效后，劳动者就劳动争议事项直接向人民法院起诉的，人民法院如何处理；支付令失效后，劳动者依据调解协议直接向人民法院提起诉讼的，人民法院如何处理。

二、督促程序

（一）督促程序的含义和性质

督促程序，是指法院根据债权人申请，以支付令督促债务人限期履行金钱债务的程序。债务人若在法定期间内对支付令不提出异议或者异议被驳回的，则支付令具有执行力。因此，督促程序又称支付令程序。

督促程序是一种督促债务人偿还债务的简捷程序，其主要目的是简便快捷地督促债务人偿还金钱债务，以实现债权人金钱债权。

督促程序的适用具有可选择性，即在同时符合督促程序法定的适用范围和适用条件时，劳动者既可以依据《劳动合同法》第 30 条第 2 款和《劳动争议调解仲裁法》第 16 条规定向人民法院申请支付令，也可以就劳动争议事项申请仲裁，或者依据调解协议直接起诉。

（二）督促程序的开始

督促程序始于劳动者申请支付令。劳动者申请支付令应当符合以下四个要件：

第一，用人单位拖欠或者未足额支付劳动报酬，或者因支付拖欠劳动报酬、工伤医疗费、经济补偿或者赔偿金事项达成调解协议，用人单位在协议约定期限内不履行。

第二，须具备督促程序的适用条件。一是劳动报酬已到履行期，或者劳动者与用人单位就支付拖欠劳动报酬、工伤医疗费、经济补偿或者赔偿金事项达成调解协议，用人单位在协议约定期限内没有履行；二是劳动者和用人单位没有其他债务纠纷；三是支付令能够送达用人单位。

第三，须向有管辖权的基层人民法院提出书面申请。申请书应当写明劳动者请求用人单位支付劳动报酬、工伤医疗费、经济补偿或者赔偿金的数量和所根据的事实和证据。

第四，依法交纳申请费。

（三）督促程序的续行

1. 法院受理

根据《民事诉讼法》第 215 条的规定，法院收到劳动者申请书后，应当在 5 日内就劳动者的申请是否符合法定要件进行审查，并决定是否受理。

法院审查后，认为符合申请要件的，则决定受理，并应立即通知劳动者。劳动者对不予受理的通知，不得声明不服。在法院受理决定作出前或者支付令发出前，劳动者可撤回申请，法院同意撤回的，则裁定终结督促程序。

法院审查后，认为申请书不合法的，应酌定期间令劳动者补正，劳动者若无正当理由不按期补正或者补正后仍不合法的，则不予受理。管辖不合法的，法院告知劳动者向有管辖权的法院申请，若已经受理的，则应移送管辖。

2. 法院审查

法院受理督促程序申请后，应在 15 日内进行审理并决定是否向用人单位发出支付令。法官根据劳动者提供的事实和证据进行书面审查，为了查明案件事实，法官也可以口头或言词的方式询问劳动者和证人，劳动者或证人也应口头陈述或口头作证。

发出支付令的要件，主要是指债权债务关系明确和合法。债权债务关系明确，是指劳动报酬或者调解协议款项已到清偿期并数额确定，而且没有争议。债权债务关系合法，是指引起债权债务关系发生的事实以及债权债务关系的内容不违反法律的强制性规定。

有下列情况之一的，法院应当裁定驳回发出支付令的申请：劳动者不适格；劳动报酬或者调解协议款项没有约定逾期给付利息或者违约金、赔偿金，劳动者要求给付利息或者违约金、赔偿金；劳动者要求给付的劳动报酬或者调解协议款项属于违法所得；劳动者申请支付令之前或同时向法院申请诉前保全。

法院驳回支付令申请的裁定没有确认债权是否存在、是否合法，不具有既判力，劳动者可以补足申请理由再次申请支付令，也可以直接起诉。

3. 法院发出支付令

（1）发出和送达支付令

经过审理，法院认为符合督促程序的适用范围、适用条件和具备发出支付令的要件，应在 15 日内向用人单位发出支付令，并及时送达劳动者、通知劳动者支付令送达用人单位的日期以便劳动者确定申请执行的时间。

支付令应当载明以下内容或事项：劳动者、用人单位的基本情况；用人单位应当给付的劳动报酬数额或者调解协议款项的种类、数额等；用人单位清偿债务或者提出异议的期限；用人单位在法定期间不提出异议的法律后果等。

（2）支付令的效力

羁束力。支付令一宣告，就产生羁束力。对于违法或错误的支付令，可以通过用人单位异议或法院裁定撤销等途径使其失效。支付令中如有误写、误算或其他类似显然的技术上或形式上错误的，法院可以裁定更正。

督促力。即支付令具有督促用人单位在法定期间内清偿债务或者提出异议的效力，自用人单位收到支付令之日始发生。根据《民事诉讼法》第 216 条第 2 款的规定，用人单位应当自收到支付令之日起 15 日内清偿债务，或者向法院提出书面异议。

确定力。支付令一宣告，就具有形式确定力，不得提起上诉。用人单位自收到支付令之日起在 15 日内不提出书面异议或者异议被驳回的，支付令才具有实质确定力（既判力），即劳动者和用人单位就支付令所确定的债权债务关系不得提起诉讼。

执行力。支付令要具有既判力和执行力必须满足“债务人自收到支付令之日起在 15 日内不提出书面异议或者异议被驳回”这一条件。

因此，支付令又被称为附条件的支付令。

需要注意的是，用人单位收到支付令后不在法定期间提出书面异议，而向其他法院起诉的，不影响支付令的效力。劳动者可以存在支付令为由请求受诉法院不予受理或驳回起诉，受诉法院也应以存在具有既判力的支付令为由，裁定不予受理或驳回起诉。

4. 支付令异议

（1）支付令异议的含义

支付令异议，是指用人单位就支付令所记载的债务，向发出支付令的法院书面提出不同意见，其目的系使支付令不发生既判力和执行力。

（2）支付令异议的成立要件

用人单位提出异议须同时具备以下必要的程序要件：第一，应在收到支付令之日起15日内，向作出支付令的法院提出异议，在收到支付令之日起超过15日才提出异议的，该异议不成立。第二，应以书面形式提出异议。第三，应当针对其债务本身或劳动者的债权提出异议，这里需要注意的是：用人单位对债权债务关系没有异议，只是对清偿的能力、期限、方式等提出不同意见，支付令异议不成立；劳动者基于同一债权债务关系，向用人单位提出多项支付请求，用人单位仅就其中一项或数项请求提出合法异议的，不影响其他请求的效力。用人单位提出异议无须附实体理由，即无须附支付令异议所依据的事实证据和相应的实体法证据。

（3）法院审查

根据《民事诉讼法》第215条的规定，法院应当在收到债权人支付令申请后5日内，进行书面审查以决定是否受理。那么，根据平等原则，法院也应当在收到债务人支付令异议后5日内，进行书面审查以决定支付令异议是否成立。

法院对支付令异议的审查范围仅为支付令异议是否具备成立要件，无须审查支付令异议是否有实体理由。对法院驳回异议的裁定，债务人不得提出异议。

（4）支付令异议成立的效果

支付令因异议而失效之后，劳动者就劳动争议事项直接起诉的，根据《劳动法》第79条劳动争议仲裁前置的规定，人民法院不予受理，但应告知其先向劳动争议仲裁机构申请仲裁；劳动者依据调解协议直接起诉的，人民法院应予受理；符合督促程序申请要件的，劳动者也可再次申请适用督促程序。劳动者起诉的，可以将申请费列入诉讼请求。用人单位若败诉，并且判决内容与支付令内容基本一致，督促程序费用应由用人单位负担。这样可以在一定程度上制约用人单位随意或恶意提出支付令异议。

（四）督促程序的终结

包括但不限于下述情形之一的，人民法院应当裁定终结督促程序：（1）不符合督促程序或者支付令申请要件，法院不予受理；（2）法院受理督促程序申请后，不符合督促程序的适用范围、适用条件或者不具备发出支付令的要件，裁定驳回申请；（3）法院发出支付令前，劳动者撤回支付令申请；（4）用人单位在法定期间内未提出支付令异议或异议被驳回；（5）用人单位在法定期间内提出合法支付令异议；（6）法院受理督促程序申请后，劳动者就同一债权关系提起诉讼；（7）法院发出支付令之日30日内无法送达用人单位的，支付令自行失效。

对于第（1）（2）（3）（5）和（7）种情形，劳动者可以提起诉讼。对于第（1）（3）和（7）种情形，符合督促程序申请要件的，债权人可再次申请适用督促程序。

【审判实践中应注意的问题】

一、督促程序不属于特别程序

《民事诉讼法》第十五章“特别程序”第一节第177条明确规定：“人民法院审理选民资格案件、宣告失踪或者宣告死亡案件、认定公民无民事行为能力或者限制民事行为能力案件、认定财产无主案件、确认调解协议案件和实现担保物权案件，适用本章规定。”故《民事诉讼法》规定的特别程序案件只限于上述六类案件。督促程序不属于用特别程序，亦不应适用《民事诉讼法》第十五章第一节关于特别程序的一般规定。

二、因用人单位拖欠或者未足额支付工伤医疗费、经济补偿或者赔偿金，劳动者是否可以申请支付令

申请支付令制度的主要目的是简便快捷地督促债务人偿还金钱债务，以快速实现债权人的金钱债权。为了达到这一目的，申请支付令的一个重要条件就是给付的金钱数额要确定，而工伤医疗费、经济补偿或者赔偿金的数额往往不确定。加之债务人提出支付令异议并不需要提出证据，而工伤医疗费、经济补偿或者赔偿金的数额往往双方争议很大，如果允许劳动者申请支付令，那么用人单位提出支付令异议的可能性接近100%。因此，因用人单位拖欠或者未足额支付工伤医疗费、经济补偿或者赔偿金，劳动者不能申请支付令。本条第1款明确了申请支付令的法律依据，即《劳动合同法》第30条第2款和《劳动争议调解仲裁法》第16条，其中所涉两类劳动者可以申请支付令的情形并未包括因用人单位拖欠或者未足额支付工伤医疗费、经济补偿或者赔偿金的情形。

三、本条第2款和第3款的衔接

申请支付令被人民法院裁定终结督促程序后，如果劳动者不是就劳动争议事项直接向人民法院起诉，而是与用人单位就用人单位拖欠或者未足额支付其劳动报酬等达成协议，劳动者以此为据向人民法院起诉的，人民法院应予受理，但受理的依据不是本条第2款，而是本条第3款。

四、对本条第3款规定的“调解协议”的理解

根据《劳动争议调解仲裁法》第16条的规定，因支付拖欠劳动报酬、工伤医疗费、经济补偿或者赔偿金事项达成调解协议的，劳动者可以依法申请支付令。这里的“调解协议”，要看实质内容是否达成一致，而不应仅看它的名称。具体包括：（1）用人单位和劳动者的意思表示一致，在协议上签字或者盖章；（2）就劳动报酬、工伤医疗费、经济补偿或者赔偿金事项达成协议；（3）有明确的数额；（4）具备履行期限。作为申请支付令基础的合同，必须具备履行期限这一条款，且履行期限已到，这是该类调解协议与一般民事合同的区别之处，需要注意。

五、申请支付令不是起诉的前置程序

因支付拖欠劳动报酬、工伤医疗费、经济补偿或者赔偿金事项达成调解协议，用人单位在协议约定期限内不履行的，劳动者可以持调解协议书依法向人民法院申请支付令，也可以直接起诉。申请支付令不是起诉的前置程序。

六、关于《劳动争议调解仲裁法》第15条规定的调解协议与第16条规定的调解协议的关系问题

《劳动争议调解仲裁法》第15条规定：“达成调解协议后，一方当事人在协议约定期限内不履行调解协议的，另一方当事人可以依法申请仲裁。”第16条规定：“因支付拖欠劳动报酬、工伤医疗费、经济补偿或者赔偿金事项达成调解协议，用人单位在协议约定期限内不履行的，劳动者可以持调解协议书依法向人民法院申请支付令。人民法院应当依法发出支付令。”同样是调解协议，为什么会有如此差别呢？这是因为第16条规定的调解协议是特定的，即因支付拖欠劳动报酬、工伤医疗费、经济补偿或者赔偿金事项达成调解协议，这种调解协议只具有直接给付内容，不具有解决其他劳动争议的内容，实际上该协议的达成已经表明双方的劳动争议已经完全变为债权债务关系，符合申请支付令的条件，因此可以申请支付令。而第15条规定的调解协议，有可能包括给付内容，但肯定还包括解决其他劳动争议的内容。

因此，该协议不符合申请支付令的条件，故不能申请支付令。从体系解释的角度来看，第15条规定的调解协议的内涵比第16条规定的调解协议的内涵大，包括了不具有直接给付内容的其他劳动争议。而第16条规定的调解协议的内涵比第15条规定的调解协议的内涵小，且内涵是固定的，即因支付拖欠劳动报酬、工伤医疗费、经济补偿或者赔偿金事项达成的调解协议。

【案例解读】

一、基本案情

某公司与黄某于2012年10月1日签订了劳动合同。2014年10月23日，某公司向黄某出具一份工资结算单，载明：截至2014年10月31日应支付黄某工资341 037.62元（不含个人所得税），并加盖某公司财务专用章。双方于2015年3月解除劳动关系。2016年8月2日，黄某向法院申请支付令，要求某公司支付工资，因某公司在法定期限内提异议，法院依法终结督促程序。黄某遂向法院提起诉讼，要求某公司支付其工资。

二、裁判结果

一审法院审查认为，黄某向法院申请支付令被裁定终结督促程序后，应先向劳动争议仲裁机构申请仲裁，对仲裁裁决不服才可以向人民法院起诉，故裁定驳回黄某的起诉。黄某不服，提起上诉。二审法院审查认为，黄某以某公司出具的工资结算单为证据提起诉讼，人民法院应当受理，并应按照普通民事纠纷处理，故裁定指令一审法院审理。

三、评析

在劳动争议解决机制中引入督促程序，是为方便劳动者维护自身权益，促使当事人之间尽快解决劳资纠纷。《劳动合同法》第30条规定："用人单位应当按照劳动合同约定和国家规定，向劳动者及时足额支付劳动报酬。用人单位拖欠或者未足额支付劳动报酬的，劳动者可以依法向当地人民法院申请支付令，人民法院应当依法发出支付令。”《劳动争议调解仲裁法》第16条规定：“因支付拖欠劳动报酬、工伤医疗费、经济补偿或者赔偿金事项达成调解协议，用人单位在协议约定期限内不履行的，劳动者可以持调解协议书依法向人民法院申请支付令。人民法院应当依法发出支付令。”上述规定明确，在两种情形下劳动者可以向人民法院申请支付令：一是追索劳动报酬的；二是持有就劳动报酬、工伤医疗费、经济补偿或者赔偿金事项达成的调解协议的。

《民事诉讼法》第217条规定：“人民法院收到债务人提出的书面异议后，经审查，异议成立的，应当裁定终结督促程序，支付令自行失效。支付令失效的，转入诉讼程序，但申请支付令的一方当事人不同意提起诉讼的除外。”劳动争议解决机制中的督促程序源于民事诉讼法的原理，但是与上述规定中督促程序终结后即转入诉讼程序相区别的是，劳动争议解决机制中的督促程序结束后，并不必然首先转入诉讼程序。劳动者追索劳动报酬，依据《劳动合同法》第30条规定申请支付令被终结督促程序的，由于没有明确的书面协议确认双方的权利义务关系，因此双方之间的纠纷仍然应当按照一般劳动争议处理模式进行，即先仲裁，后诉讼。而对于双方已经就劳动报酬、工伤医疗费、经济补偿或者赔偿金等达成调解协议，且数额及支付时间明确的，因为这种协议本身已经具备明确的履行内容，所以当事人可以直接向法院提起诉讼，人民法院可以按照普通民事纠纷受理和审理。

本案中，黄某因追索劳动报酬向法院申请支付令，督促程序因某公司在法定期限内提出异议而终结，此时似乎就应当按照上述两条路径来审查接下来应当如何处理。一审法院注意到，黄某与某公司之间系追索劳动报酬，但双方并没有达成非常明确的调解协议，因此在督促程序终结后，应当首先申请仲裁，故驳回了黄某的起诉。但其实本案还涉及另外一条规定的适用，即“劳动者以用人单位的工资欠条为证据直接提起诉讼，诉讼请求不涉及劳动关系其他争议的，视为拖欠劳动报酬争议，人民法院按照普通民事纠纷受理”。黄某虽然未与某公司达成明确的调解协议，但其持有某公司出具的工资结算单提起诉讼，该结算单中载明的工资数额等事项十分明确，且不涉及其他争议，此时人民法院当然可以按照普通民事纠纷受理并进行裁判。

第十四条

人民法院受理劳动争议案件后，当事人增加诉讼请求的，如该诉讼请求与讼争的劳动争议具有不可分性，应当合并审理；如属独立的劳动争议，应当告知当事人向劳动争议仲裁机构申请仲裁。

【条文主旨】

本条是关于当事人提出超出原来仲裁申请事项的诉讼请求时的处理规定。

【条文理解】

一、制定背景

本条系对2001年《劳动争议司法解释》第6条的保留。在我国，劳动者法律知识欠缺、对自身权利认识不足的情况具有一定的普遍性。这导致劳动者在仲裁阶段往往不清楚自己在劳动中享有哪些权利，也不知道用人单位侵犯了自己何种权利，往往单就争议的一个事项申请仲裁。在仲裁的过程中，随着对法律的认识不断加深，劳动者逐渐清楚了自己所应享有的权利内容。如果这时候已经进入诉讼阶段，劳动者往往将自己在仲裁中没有提出的请求在诉讼中提出。依照劳动争议仲裁前置程序的设置，当事人起诉时提出的请求，应当与原仲裁申请事项一致。超出原仲裁申请事项的请求，属于诉讼中增加的请求。现行法律虽规定对原告增加的诉讼请求，可以合并审理的，应当合并审理，但当事人增加的诉讼请求在何种情形下满足合并审理的条件，各地法院有不同的看法，故2001年《劳动争议司法解释》第6条对此予以明确，即以增加的诉讼请求与讼争的劳动争议具有不可分性作为合并审理的条件。该条规定明确、具体，可操作性强，司法实践中亦无较大争议，故本解释予以相应保留，只是对个别文字进行了修改。

二、制定依据

（一）法律依据

按照《劳动法》确定的劳动争议案件处理程序，劳动争议案件首先要经过劳动争议仲裁委员会仲裁，当事人对劳动争议仲裁委员会作出的裁决不服的，有权向人民法院提起诉讼。劳动争议案件的审理程序适用《民事诉讼法》的规定。《民事诉讼法》第140条规定："原告增加诉讼请求，被告提出反诉，第三人提出与本案有关的诉讼请求，可以合并审理。"《民事诉讼法司法解释》第232条规定："在案件受理后，法庭辩论结束前，原告增加诉讼请求，被告提出反诉，第三人提出与本案有关的诉讼请求，可以合并审理的，人民法院应当合并审理。"上述法律及司法解释是制定本条文的法律依据。

（二）理论依据

对当事人增加的诉讼请求进行合并审理，涉及诉讼系属及诉的合并理论。

诉讼系属是指特定当事人之间的特定请求，已在某个法院起诉，现存在于法院而成为法院应当终结的诉讼事件之状态。[①] 关于诉讼系属的发生，一般认为应当以起诉之时为诉讼系属的发生时间，具体来说，如果是以书面方式起诉的，自起诉状送交于法院时而发生诉讼系属；如果是口头方式起诉的，自法院书记官作成笔录时发生诉讼系属；如果是在言词辩论时起诉的（例如诉之变更、追加、反诉），则以言词陈述起诉之时发生诉讼系属。民事诉讼上的诉讼系属是指自第一审起诉时起至终审裁判确定时止，某诉讼事件系属于法院的状态，只有

---

① 刘学在：《略论民事诉讼中的诉讼系属》，载《法学评论》2002年第6期。

在终审判决确定时，其诉讼系属始归于消灭。但是对于非以终结诉讼为目的的裁定，例如，移送管辖或指定管辖的裁定、上级法院将案件发回原审法院重审的裁定等，即使已经确定，也不会导致诉讼系属的消灭。诉讼系属产生诉讼标的恒定的法律效果。其含义是，诉讼系属后，原告不得随意将原诉变更或追加他诉，这一效果称为诉讼标的之恒定。这一含义的目的在于更好地为被告提供程序保障，避免原告对被告造成诉讼突袭，同时也可避免诉讼的过分迟延。在符合这一要求的条件下，则可以允许诉讼请求的变更或增加，德国、日本及我国台湾地区的民事诉讼制度中均对此予以了规定。我国《民事诉讼法》未完全吸收诉讼系属理论，但对于具体的合并审理条件未有明确规定。在确定是否合并审理时，应当充分考虑诉讼系属理论，以合并审理不妨碍原诉的审理，不会造成诉讼拖延为前提。

诉的合并是指将当事人增加的诉讼请求与原诉一并审理。诉的合并一般有诉的主观合并与诉的客观合并两种基本形态。实践中，还存在诉的主客观合并情形。诉的主观合并，又称诉的主体合并，即诉讼当事人的合并，是指在同一案件中原告或者被告为多数的情形，如追加原告或者追加被告，从而成为共同诉讼。诉的客观合并，是指在同一诉讼程序中，同一原告对同一被告主张两个以上诉讼标的的诉的合并。① 对于诉的客观合并是诉讼标的的合并还是诉讼请求的合并，理论界一直存在争议。一种观点认为，诉的合并只能是诉讼标的的合并审理。诉讼请求的合并在很多情况下，并不存在多个诉的合并。在这种诉讼中，只要诉讼标的唯一，无论有多少个诉讼请求合并在一起，人民法院都只裁判了一个诉。② 法院审理的基于同一诉讼标的提起的不同请求，只能算作对一个诉讼标的的审理，而不能看作合并审理。另一种观点认为，诉的合并就是诉讼请求的合并审理，并因此将诉的合并情形归纳为：（1）同一当事人之间若干诉讼请求的合并（包括诉讼请求增加后诉讼请求的合并）；（2）普通共同诉讼中若干诉讼请求

① 邵明：《民事诉讼法理研究》，中国人民大学出版社2004年版，第221~222页。

② 李龙：《民事诉讼诉的合并问题探讨》，载《现代法学》2005年第2期。

的合并；（3）反诉与本诉的合并。[①] 从民事诉讼法的规定来看，合并审理（诉的客观合并）主要指对诉讼请求的合并审理。实践中掌握的合并审理亦指向诉讼请求的合并审理。因此，我们认为实践中的诉的客观合并，主要指在同一个诉讼程序当中，将两个或两个以上有一定联系的诉讼请求合并审理的审判行为。这种合并审理包括原告增加的诉讼请求、被告提起的反诉、第三人提起的与本诉有关的诉讼请求三种情况。本解释中的合并审理，指的是对当事人增加的诉讼请求与原诉讼请求的合并审理。原告在诉讼中增加诉讼请求，属于诉的客观合并情形之一。本条文中不涉及诉的主观合并，对诉的主观合并不再赘述。

诉的客观合并的理由是，在一个诉讼程序中同时解决多个争议，从而尽可能地维持原有程序中诉讼资料的利用，借以满足诉讼经济的基本要求，同时增强诉讼制度解决纷争功能和减免矛盾判决。[②] 因此，各国在民事诉讼法中均规定在一定条件下，允许诉的合并。许多国家规定了诉的客观合并的合法要件，即在满足何种条件下，允许当事人进行诉的客观合并。我国《民事诉讼法》并没有规定对于原告增加的诉讼请求，在满足何种条件下，可以与原诉讼请求合并审理。原告增加的诉讼请求，是否符合合并审理条件，可由法官根据案件的具体情况及增加的诉讼请求性质来确定。

综合分析诉讼系属理论及诉的合并理论，诉的客观合并的主要价值在于以有限的司法资源，高效解决纷争，以减轻当事人诉讼负担，实现诉讼效益最大化，同时，可以避免相互关联的请求重复审理并作出自相矛盾的判决。但如果无条件地承认合并审理，反而会使审理复杂化，使当事人应诉困难，导致拖延诉讼，进而背离了诉的合并目的，因此，应当对合并审理的条件加以限制。就劳动争议案件而言，对当事人增加的诉讼请求是否应当合并审理，一方面要考虑民事诉讼法及审判实践中对合并审理的限制，同时要考虑劳动争议案件仲裁前置原

---

① 张卫平：《民事诉讼法》，法律出版社2005年版，第47页。

② 邵明：《民事诉讼法理研究》，中国人民大学出版社2004年版，第222页。

则。因此，应将当事人增加的诉讼请求与讼争的劳动争议具有的不可分性，作为合并审理的条件。对于独立的劳动争议，仍然要坚持仲裁前置的原则。

三、合并审理的前提

如果增加的诉讼请求与仲裁的事项是基于同一法律关系或事实而产生，相互间有依附性、不可分性，就可一并审理。如果增加的诉讼请求是独立的劳动争议，与起诉到法院的仲裁事项无关，就应严格遵守劳动争议案件仲裁前置原则，告知当事人就增加的诉讼请求另行向劳动仲裁委员会申请仲裁，不服仲裁裁决的，再向人民法院起诉。

【审判实践中应注意的问题】

一、准确把握合并审理的条件

前面已经提到，如果对合并审理的条件不加限制，就可能导致案件审理日趋复杂，审理期限拖延，劳动者通过诉讼解决纷争，保护自身权益的目的落空。同时，当事人可能通过增加诉讼请求，规避仲裁前置规定，使劳动争议仲裁前置立法目的落空。因此，实践中应准确把握劳动争议案件合并审理的条件，对当事人增加的诉讼请求是否合并审理，应主要考虑以下因素：

第一，一般是同一原告针对同一被告在同一诉讼中追加的诉讼请求。

第二，受诉法院有管辖权，即受诉法院应当对增加的诉讼请求有管辖权，或者基于受诉法院对原诉讼请求有管辖权进而对与该诉有牵连关系的增加的诉讼请求也有管辖权。当然，属于其他法院专属管辖的除外。

第三，对增加的诉讼请求合并审理，不会造成对原诉讼请求审理的拖延。

第四，增加的诉讼请求与讼争的劳动争议具有不可分性。不可分性主要应从增加的诉讼请求与原诉讼请求是否基于同一法律关系或事实的角度进行审查确定。增加的诉讼请求与仲裁的事项是基于同一法律关系或事实而产生的，相互间有依附性，就可一并审理，如劳动者基于支付劳动报酬的法律关系，请求用人单位给付拖欠的工资。劳动报酬的范围很广，包括工人工资、加班费、奖金等报酬。劳动者提出支付拖欠工资的请求后，又增加请求支付加班费，加班费与工资是基于同一法律关系而提出，因此，对两个请求的审理具有不可分性，这两个请求就可以合并审理。但如果劳动者申请仲裁时请求给付拖欠工资，诉讼中增加请求用人单位办理养老保险。增加的请求与原诉讼请求是基于不同的法律关系提出，亦是基于不同的事实而提出，二者属于不同的劳动争议，各自独立。这种情形，不应合并审理，告知当事人就增加的诉讼请求向劳动争议仲裁机构申请仲裁。

二、正确适用仲裁前置原则

仲裁前置程序问题，根据劳动法立法部门的意见，一是考虑法院和法官不是处理劳动争议的专业部门和专业人员，设置仲裁前置程序有利于纠纷的解决和法院对案件的审理；二是考虑法院受理案件的数量太大，仲裁前置程序可以消化一部分劳动争议案件，减轻法院的审判负担，及时保护劳动者合法权益。实践中，仲裁前置程序对于及时解决纷争、保护劳动者合法权益，合理利用有限司法资源，建立纠纷多元化解决机制方面发挥了积极作用。法院也严格掌握仲裁前置原则。基于仲裁前置原则的要求，在当事人增加的诉讼请求与讼争的劳动争议是两个独立的争议，而非基于同一事实、同一法律关系提出，不符合合并审理条件时，应当告知当事人就增加的诉讼请求向仲裁机关申请仲裁，而不能简单合并审理，进而规避仲裁前置规定。

【案例解读】

一、基本案情

姜某自2010年7月22日入职某商场，双方于2012年9月19日签订劳动合同。2013年8月27日，根据某商场对多名职工提出的统一要求，姜某向某商场出具申请书一份，内容为：某商场因业务需要，装修期间不付工资，所签合同自本日起终止。双方劳动关系于2013年9月6日解除。姜某向滨海县劳动人事仲裁委员会申请仲裁，认为某商场无故解除劳动合同，要求某商场支付经济赔偿金及法定节假日加班工资等。该委作出仲裁裁决，对姜某的请求不予支持。姜某遂向法院提起诉讼，要求某商场支付经济补偿金、经济赔偿金及法定假日加班工资。某商场认为双方劳动关系因姜某自己书面申请而提前终止，其不存在加班事实，且姜某要求支付经济补偿金的请求未经仲裁前置程序，故请求驳回姜某的诉讼请求。

二、裁判结果

法院经审查后认为，双方劳动关系的解除是由用人单位提出的动议，劳动者以书面形式表示同意，双方就劳动关系的解除达成合意。本案不符合应当支付经济赔偿金的情形，但符合支付经济补偿金的情形，而经济补偿金和经济赔偿金都是基于劳动关系已解除的事实而提出，两个请求所依据的法律关系相同，具有不可分性。故对姜某要求支付经济补偿金的请求予以支持。因此一审法院予以受理并作出实体判决，并无不当。

三、评析

劳动关系所涉权利义务并非都基于同一法律关系而产生，而是涉及民事、行政、社会保障等多方面的法律关系。近年来，劳动争议案件中，当事人的诉求亦逐渐呈复合化趋势，单一诉求的案件逐渐下降，同时主张多项权利的案件上升明显，如在主张工伤保险待遇的案件中，同时还主张解除劳动关系的经济补偿金、加班工资、未签订书面劳动合同的双倍工资等。这些请求并不都是基于同一事实、同一法律关系而产生。因此，劳动争议案件的法律适用较为复杂。在案件审理过程中，不仅要能根据当事人的诉求迅速地找到应当适用的法律法规，而且要精准地把握适用的尺度。这也是劳动争议仲裁前置程序设置的意义之一，即分流劳动争议案件的解决途径，保证及时、准确、专业地解决劳动争议。

但是实践中，大部分劳动者对于自身权利的认识仅停留在“知其然”，但不能“知其所以然”的阶段，更无法正确区分劳动争议在处理程序上的要求，往往是走一步看一步。劳动者在仲裁阶段一般不十分清楚具体应该提出哪些请求，随着程序的推进，对法律的认识也在不断加深，从而逐渐了解了自己所享有的权利内容。如果这时候进入诉讼阶段，劳动者往往将自己在仲裁中没有提出的请求在诉讼中提出。因此，对于当事人提起的超出原仲裁申请事项的这部分诉讼请求是与原诉讼请求合并审理，还是告知当事人先另行申请仲裁，就产生了争议。对于这个问题的解决，一方面要保障仲裁前置程序的实质化运转，另一方面也要提高纠纷解决效率，减少诉讼成本。因此，对于当事人增加的诉讼请求是否合并审理，应根据增加的诉讼请求与已经仲裁的争议事项之间的关系，视具体情况分别处理。如果当事人增加的诉讼请求与讼争的劳动争议具有不可分性，应当合并审理；如属独立的劳动争议，应当告知当事人先向劳动争议仲裁机构申请仲裁。

本案中，双方劳动关系解除的过程是确定的，即姜某是根据某商场的要求出具了申请书，双方对于劳动关系已经解除的客观结果也没有争议。姜某在仲裁时提出的请求为要求某商场支付违法解除劳动关系的经济赔偿金，是因为此时姜某在主观上认为是某商场违法要求解除劳动关系。而进入诉讼之后，随着案件的审理，姜某意识到“违法解除”可能不能被认定，因此其提出了要求支付经济补偿金的请求。而无论是支付违法解除劳动关系的经济赔偿金，还是支付解除劳动关系的经济补偿金，其依据的基础事实都是劳动关系已经解除，无论认定系“某商场违法解除”还是“双方协商一致解除”，都是对劳动关系解除的过程以及方式作出的认定，因此无须再要求姜某对经济补偿金的请求先另行申请仲裁。

第十五条

劳动者以用人单位的工资欠条为证据直接提起诉讼，诉讼请求不涉及劳动关系其他争议的，视为拖欠劳动报酬争议，人民法院按照普通民事纠纷受理。

【条文主旨】

本条是关于劳动者以工资欠条为证据直接提起诉讼，人民法院按照普通民事纠纷受理的处理规定。

【条文理解】

由于我国“一调一裁两审”的劳动争议处理机制，经过仲裁前置程序后，原告才能提起诉讼。因此劳动者以工资欠条为证据主张用人单位支付劳动报酬的，在审判实践中曾有三种观点，第一种观点为否定说。该种观点认为，人民法院应该不予受理，告知当事人先向劳动争议仲裁机构申请仲裁。第二种观点为肯定说。该种观点认为，人民法院应该按照债务纠纷受理。既然劳动者起诉时提出的证据是“欠条”，那么人民法院就应该作为债务纠纷案件予以受理。第三种观点为折中说。该种观点认为，劳动者以用人单位的工资欠条为证据直接提起诉讼，如果该诉讼请求不涉及劳动关系其他争议的，视为拖欠劳动报酬争议，人民法院应该按照普通民事纠纷受理。如果该诉讼请求还涉及劳动关系其他争议的，人民法院应该告知当事人先向劳动争议仲裁机构申请仲裁。

2006 年《劳动争议司法解释（二）》制定时采纳了上述折中说的

理论，认为比较符合法律规定和我国的审判实际，将劳动争议案件程序和普通民事案件程序进行了正确的区分，克服了否定说和肯定说的不足。该司法解释实施十余年来，从实施效果来看是符合司法解释制定时的目的的，也就是为了及时、有效地保护劳动者的合法权益，减少了相关劳动者的诉累。在劳动者仅以工资欠条为证据直接提起诉讼的情况下，如果该争议并不涉及劳动关系其他纠纷，劳动者和用人单位之间存在的只是用人单位是否欠付或者欠付劳动者多少工资的纠纷。如果在此情形下仍要求劳动者就该纠纷先申请仲裁，不利于劳动者尽快实现权利。本条规定采纳2006年《劳动争议司法解释（二）》的观点，仅对相关表述进行了修改。我们认为，应以劳动者提出的工资欠条是否涉及劳动关系其他争议为界，劳动者以用人单位的工资欠条为证据直接提起诉讼，如果该诉讼请求还涉及劳动关系其他争议的，人民法院不应该按照普通民事纠纷受理，而应该告知当事人应先向劳动争议仲裁机构申请仲裁。如果该诉讼请求不涉及劳动关系其他争议的，视为拖欠劳动报酬争议，应该按照普通民事纠纷受理。

【审判实践中应注意的问题】

司法实践中，劳动者直接起诉用人单位追索劳动报酬，用人单位往往会抗辩不适用本条规定。在具体诉讼过程中，可能还会出现以下几个细节性问题，需要引起注意：

一、关于工资

工资是指用人单位依据国家有关规定或劳动合同的约定，以货币形式直接支付给本单位劳动者的劳动报酬，是工薪劳动者的基本生活来源。工资与劳务费、佣金、稿酬等相比有许多不同之处。如前者属劳动法的范畴，由劳动法调整，实行按劳分配、同工同酬的原则；而后者属民法的范畴，由民法调整，实行自愿、公平、等价有偿的原则。①

二、关于工资欠条

本条规定的工资欠条，是指用人单位向劳动者出具的用人单位拖欠劳动者多少工资的书面证据。不一定非得有“欠条”二字。只要该书面证据的实质内容是用人单位欠劳动者多少工资，就足以认定是工资欠条。

三、关于按普通民事纠纷受理

按照普通民事纠纷受理，即区别于一般劳动争议案件受理的条件，不需要仲裁前置。这里的“普通民事纠纷”，是与“劳动争议”相对的。在我国，劳动争议仍然是民事纠纷的一种，只是其比较特殊，是特殊民事纠纷。人民法院在受理劳动争议案件时应以仲裁为前置程序。其特殊性表现在，这类纠纷必须先经仲裁后，对仲裁裁决不服的，才能向人民法院起诉。但起诉后，仍然由人民法院的民事审判庭审理。

为了更深入地理解劳动争议与普通民事纠纷的区别，有必要对劳动争议及其特征作一分析。

劳动争议是指中国境内的用人单位与劳动者发生的劳动合同纠纷、社会保险纠纷、福利待遇纠纷等因劳动权利和劳动义务所发生的争议。在我国，劳动争议属于传统民事纠纷案件。② 劳动争议与其他纠纷如民事纠纷一样，都是某种社会关系产生矛盾的表现，直接体现了该社会关系当事人之间的利益冲突。由于各种社会关系纠纷产生的前提和基础不同，决定了调节和化解这些纠纷适用的法律也不同。最明显的区别在于人民法院受理劳动争议案件应以劳动仲裁为前置程序。因此，区别不同社会关系就成为准确实施法律的前提。

---

① 关怀、林嘉主编：《劳动法》，中国人民大学出版社2012年版，第141页。

② 人民法院出版社编著：《最高人民法院民事案件案由适用要点与请求权规范指引》（第二版），人民法院出版社2020年版，第560页。

劳动争议与其他社会关系纠纷相比，具有以下特征：

（一）有特定的当事人

劳动争议的当事人就是劳动关系的当事人，即一方为用人单位，另一方为劳动者，并且只有相互之间建立了劳动关系的劳动者和用人单位，才有可能成为劳动争议的双方当事人。而其他关系纠纷的当事人不具有这一特点。例如在民事纠纷中，任何公民包括刚出生的婴儿之间、公民与法人之间以及法人相互之间都可能成为民事纠纷的当事人。劳动争议双方当事人之间虽然在劳动合同关系中法律地位平等，但在实际生产和劳动中，存在着劳动法上的隶属关系。包括人身上、经济上和组织上的隶属性。“人身隶属性”是指劳动者向用人单位提供劳动时，其对用人单位在一定限度内具有人身依附性。“经济隶属性”表现在劳动者通过劳动换取生活资料，体现出劳动力与劳动报酬的交换关系。“组织隶属性”是指劳动关系建立以后解除之前，劳动者始终作为用人单位组织中的一员而存在，接受用人单位的指挥与管理。表现在具体形式上，劳动关系的建立意味着用人单位要对劳动者安排工作、支付报酬、进行管理。劳动争议双方当事人之间这种错综复杂的关系是劳动争议区别于其他争议的又一大特征。

（二）有特定的争议内容

劳动争议的对象是劳动权利和劳动义务，其实质是劳动领域中的利益冲突，它与用人单位的生产、经营及劳动者的生命、健康及生活有着直接的联系，因劳动报酬、劳动保护、社会保险、福利等而发生纠纷。其他社会关系的争议则不具有上述内容。例如，民事纠纷仅限于平等主体之间的以财产关系和与财产关系有密切联系的人身关系为内容形成的纠纷。

（三）有特定的争议表现形式

在我国，实行经济体制市场化改革以后，企业被赋予用工自主权；劳动者被赋予择业自主权；劳动合同的普遍推行，使劳动关系的运行和内容越来越取决于双方当事人的合意；劳动行政职能由对劳动关系的决定和支配，逐渐转变为对劳动关系的指导、监督和保障。这样，劳动关系不再是纯粹的公法关系，而兼有私法关系的属性，原来只是公法的劳动法也随之兼有了私法特色。[①] 而普通民事纠纷表现为争议主体之间的利益冲突，影响面的范围局限于主体范围之内。

四、关于案由

劳动者以用人单位的工资欠条为证据主张工资，系劳动者与用人单位因劳动报酬所发生的争议。本条规定也已经十分明确，劳动者以用人单位的工资欠条为证据直接提起诉讼，诉讼请求不涉及劳动关系其他争议的，视为拖欠劳动报酬争议。劳动者据此提起诉讼的，根据最高人民法院《民事案件案由规定》应确定为追索劳动报酬纠纷。

五、关于管辖

劳动者以用人单位的工资欠条为证据直接提起诉讼，诉讼请求不涉及劳动关系其他争议的，人民法院按照普通民事纠纷受理。虽然无须经过仲裁前置程序，但双方争议是用人单位是否欠付或者欠付劳动者多少工资，纠纷的性质仍为劳动争议。案由为劳动争议下的追索劳动报酬。故该类案件管辖仍应按劳动争议确定。本解释第3条就劳动争议案件的管辖作出了规定，劳动争议案件由用人单位所在地或者劳动合同履行地的基层人民法院管辖。劳动合同履行地不明确的，由用人单位所在地的基层人民法院管辖。

六、关于时效

仲裁时效具体来说就是指权利人于一定期间内不行使请求劳动争议仲裁机构保护其民事权利的请求权，就丧失该请求权的法律制度。仲裁时效具有以下四个方面的突出特征：第一，从仲裁时效的条件上看，仲裁时效是以权利人不行使请求劳动争议仲裁机构保护其权利的

① 王兴全：《劳动法》，法律出版社2008年版，第44页。

事实状态为前提的。第二，在仲裁时效完成后权利人所丧失的并非向劳动争议仲裁机构申请仲裁的权利。在时效完成后，权利人仍有权向劳动争议仲裁机构申请仲裁，不过劳动争议仲裁机构不再保护其权利。第三，仲裁时效具有强制性。法律关于仲裁时效的规定，属于强制性规范，当事人不得协议排除对仲裁时效的适用，也不得协议变更仲裁时效的期间。第四，仲裁时效具有特殊性。所谓特殊性，是指这里规定的仲裁时效仅适用于劳动争议仲裁案件。

诉讼时效是指权利人在法定期间内不行使权利，义务人有权提出拒绝履行的抗辩的法律制度。诉讼时效由以下两个基本要素构成：一是须经过一定的期间。期间的长短，因情形而异，各国民法规定也各不相同，我国《民法典》第 188 条规定的普通诉讼时效为 3 年。二是须权利人持续地不行使权利，即权利人在能够行使权利的情况下不行使权利，并且该状态持续一定时间。诉讼时效期间分为三类：第一类是普通诉讼时效期间，它是《民法典》规定的普遍适用于应当适用时效的各种法律关系的时效期间，根据《民法典》第 188 条的规定，普通诉讼时效的期间为 3 年。第二类是特别诉讼时效期间，它是《民法典》及其他民事特别法规定的适用于某些民事法律关系、不同于普通诉讼时效期间的特定时效期间，根据特别法优先于普通法的原理，特别时效优先于普通时效适用。第三类是最长诉讼时效期间，它是不适用诉讼时效中断、中止规定的时效期间，根据《民法典》第 188 条规定，最长诉讼时效为 20 年。其中，普通诉讼时效期间和特别诉讼时效期间自权利人知道或应当知道权利遭受侵害和义务人之日起计算，也被称为主观诉讼时效期间；最长诉讼时效期间自权利受到损害之日起计算且不适用诉讼时效中断、中止规定，因此也被称为客观诉讼时效期间。①

因本条规定了劳动者以用人单位的工资欠条为证据直接提起诉讼，诉讼请求不涉及劳动关系其他争议的，无须经过仲裁前置程序，人民

① 最高人民法院民法典贯彻实施工作领导小组主编：《中华人民共和国民法典总则编理解与适用》，人民法院出版社 2020 年版，第 947 页。

法院按照普通民事纠纷受理。故在此情形下，仲裁时效制度并不适用于该类案件，而应适用诉讼时效制度。

【案例解读】

案例一

一、基本案情

2009年1月至2015年6月期间，何某与H公司存在劳动关系。2013年10月8日，H公司当时的法定代表人楼某向何某出具《销售业务结算清单》，确认业务员何某有相关业务量，按公司业务提成3%结算，扣除已经支付的业务费后合计245 000元。2017年5月18日，何某以结算清单为证据，直接诉至一审法院，请求判令：（1）H公司支付何某工资245 000元，并支付自起诉日起至实际履行日止按中国人民银行同期同档次贷款利率计算的利息损失；（2）H公司承担诉讼费。

二、裁判结果

一审认为，何某与H公司之间的劳动合同依法成立，双方均应按约履行合同。本案中，H公司时任法定代表人楼某确认H公司尚欠何某业务费245 000元，其确认行为可以代表H公司，合法有效，何某有权就此向H公司主张上述款项。H公司辩称何某主张已超出仲裁时效及诉讼时效，一审法院认为H公司向何某出具的销售业务结算清单并未写明履行期限，故何某有权要求H公司随时支付上述款项，何某的上述主张并未超出时效，且2006年《劳动争议司法解释（二）》第3条规定："劳动者以用人单位的工资欠条为证据直接向人民法院起诉，诉讼请求不涉及劳动关系其他争议的，视为拖欠劳动报酬争议，按照普通民事纠纷受理。"本案无需仲裁前置程序，故一审法院对H公司的答辩意见不予采纳。何某要求H公司支付工资245 000元自起诉日起至实际履行日止按中国人民银行同期同档次贷款利率计算的利息损失，一审法院认为何某与H公司之间系劳动争议，并非合同纠纷，故何某要求H公司支付工资利息的主张，于法无据，不予支持。判决：一、H公司于判决生效之日起10日内支付何某工资245 000元；二、驳回何某的其余诉讼请求。如H公司未按判决指定的期间履行给付金钱义务，应当依照《民事诉讼法》第253条之规定，加倍支付迟延履行期间的债务利息。案件受理费10元，减半收取5元，由何某负担，予以免交。

二审认为，2013年10月8日，楼某向何某出具了《销售业务结算清单》，该清单确认H公司尚欠何某业务费合计245 000元。楼某当时系H公司法定代表人，其有权对该业务费进行确认，故该相应的责任应由H公司承担，H公司认为楼某系倒签，实际出具时间为楼某卸任H公司法定代表人之后无有效证据证实，相关上诉理由不予采信。依据2006年《劳动争议司法解释（二）》第3条规定，何某依据《销售业务结算清单》主张H公司支付其相应业务费无须经仲裁前置，H公司认为本案应仲裁前置的上诉理由与最高人民法院司法解释相悖，不予采纳。《销售业务结算清单》中并未明确履行期限，一审法院认为何某主张并未超过诉讼时效并无不当。H公司认为业务费应在其收回款项后结算与《销售业务结算清单》不符，也无事实依据，不予支持。判决：驳回上诉，维持原判。二审案件受理费10元，由H公司负担。

三、评析

本案中双方当事人争议的主要焦点在于是否应当经过仲裁前置程序等。

（一）人民法院是否能按照普通民事纠纷直接受理本案

本案中何某以《销售业务结算清单》为证据，直接提起诉讼，首先，需要审查的即该《销售业务结算清单》是否属于工资欠条性质。如前所述，本条规定的工资欠条，是指用人单位向劳动者出具的用人单位拖欠劳动者多少工资的书面证据。不一定非得有“欠条”二字。只要该书面证据的实质内容是用人单位欠劳动者多少工资，就足以认定是工资欠条。《销售业务结算清单》中载明了何某完成的业务量，计算业务费的标准，以及尚须支付业务费的数额。依据《劳动法》《劳动合同法》《关于工资总额组成的规定》，销售业务提成应属于工资范畴，因此，该《销售业务结算清单》符合本条规定的工资欠条的形式要件。其次，何某在本案中仅主张用人单位支付工资，并不涉及劳动关系其他争议。因此本案无须经过仲裁前置程序。何某直接提起诉讼，人民法院按照普通民事纠纷受理，并无不当。

（二）本案中如何适用时效制度

用人单位在本案中抗辩劳动者诉请已过仲裁或诉讼时效。仲裁时效具体来说就是指权利人于一定期间内不行使请求劳动争议仲裁机构保护其民事权利的请求权，就丧失该请求权的法律制度。诉讼时效是指权利人在法定期间内不行使权利，义务人有权提出拒绝履行的抗辩的法律制度。本案中何某的起诉依法无须经过仲裁前置程序，人民法院按照普通民事纠纷受理。在此情形下，仲裁时效制度并不适用于该类案件，而应适用诉讼时效制度，人民法院应依据被告的抗辩，依法审查原告诉请是否已过诉讼时效。《民法典》同时规定了普通诉讼时效期间、特别诉讼时效期间和最长诉讼时效期间，从三者的起算规定看，我国诉讼时效期间的起算兼采了主观标准和客观标准。普通时效期间和特别时效期间的起算需满足以下条件：(1) 权利客观上受到侵害。权利受到侵害是诉讼时效期间起算的前提之一，如权利未受到侵害，不涉及诉讼时效问题。(2) 权利人知道或应当知道权利受到侵害。虽然权利客观上受到侵害，但是权利人可能并不知道权利受侵害情况，故诉讼时效期间的起算应将权利人知道或应当知道权利受侵害作为条件之一。所谓应当知道指的是以一般人的标准，权利人在当时的情况下应当知道权利受到侵害。(3) 权利人知道或应当知道具体侵害人。权利人知道权利受侵害还不够，如果不知道侵害人是谁，也无法行使请求权，故诉讼时效期间的起算还需要权利人知道或应当知道具体的义务人。与普通诉讼时效期间和特别诉讼时效期间的起算相比，最长诉讼时效期间的起算具有以下特点：一是自权利受到损害之日起计算。最长诉讼时效采用客观标准，从权利受到损害之日开始计算。二是不考虑权利人何时知道权利受到侵害及具体义务人。即使权利受到侵害后权利人一直不知道，但是只要权利受到损害之日起超过20年的，除极特殊情况下的诉讼时效延长外，人民法院就不予保护。三是具有固定性，该期限不适用诉讼时效中止、中断的规定，固定为20年时间。[①] 在适用《民法典》处理诉讼时效问题时还要特别注意诉讼时效与除斥期间的区别、诉讼时效的中止、中断以及人民法院不得主动适用诉讼时效等问题。经过审理，何某直接提起诉讼，人民法院按照普通民事纠纷受理，并无不当，其诉讼请求也未超过诉讼时效，因此判令H公司支付何某工资，符合程序及实体的相应法律规定，且有益于降低劳动者讨薪维权的司法成本，及时保护劳动者的合法权益。

案例二

一、基本案情

范某于2009年5月12日入职某公司，先后担任总监理工程师、监理部主任以及总经理等职务。某公司于2018年12月28日向范某出具欠条，载明差欠范某2018年工资70 713.78元，并承诺于2019年6月30日前付清。2019年1月18日，某公司又向范某出具一份欠条，载明差欠范某2018年奖金16 005元。范某于2019年9月7日向盐城市亭湖区劳动人事争议仲裁委员会申请劳动仲裁，要求某公司支付2018年度及2019年度工资、经济补偿金，后又以还在某公司上班为由，撤回上述申请。2019年11月3日，范某向某公司提交解除劳动关系通知书，要求与某公司解除劳动关系。后向法院提起诉讼，要求某公司支付2018年工资及奖金共计86 718.78元。

二、裁判结果

法院审查后认为，范某以某公司出具的欠条为证据起诉到人民法院，要求某公司支付拖欠的劳动报酬，且不涉及其他争议，应当按照

① 最高人民法院民法典贯彻实施工作领导小组主编：《中华人民共和国民法典总则编理解与适用》，人民法院出版社2020年版，第948~949页。

普通民事纠纷受理，故判决支持范某的诉讼请求。

三、评析

因为我国实行劳动争议案件仲裁前置制度，所以劳动争议发生后当事人不能直接向人民法院起诉，而是必须先向劳动争议仲裁委员会申请仲裁，只有对仲裁裁决不服时，才可以进入诉讼程序。实践中，由于对工资欠条的性质看法不一，所以对于劳动者以用人单位出具的工资欠条为证据直接向人民法院起诉的，人民法院能否直接受理，也存在争议。有观点认为，欠条只是工资的表现形式，双方争议的本质仍然是工资纠纷，属于劳动争议，因此应当先行仲裁。也有观点认为，欠条实际上反映的就是债务纠纷，因此可以作为普通民事案件直接受理。但事实上，劳动关系所涉的权利义务十分复杂，且不是所有权利义务都基于同一事实或者法律关系而产生，劳动者以欠条为证据起诉时，除主张劳动报酬外，还有可能同时主张其他权利。因此，当劳动者以工资欠条为证据提起诉讼时，应当以是否涉及劳动关系其他争议为标准，如果劳动者的诉求仅是主张工资，而不涉及其他争议，应当按照普通民事纠纷受理；如还涉及劳动关系其他争议的，则告知当事人该纠纷属于劳动争议，应先向劳动争议仲裁机构申请仲裁。因为在有工资欠条的情况下，如不涉及劳动关系其他争议，表明劳动者和用人单位之间存在的只是用人单位欠劳动者多少工资以及何时应当支付的纠纷，这种纠纷符合一般民事债权债务纠纷的特征，如果此时还要求劳动者就该纠纷先申请仲裁，则不利于保护劳动者的合法权益。

本案中，范某持某公司出具的工资欠条向人民法院提起诉讼，其仅主张欠条所涉工资，并不涉及其他劳动争议，如果此时机械地将该纠纷划归为劳动争议，要求范某先申请劳动仲裁，则不利于其尽快拿到被拖欠的工资，在某种程度上也损害了劳动者的合法权益。

第十六条

劳动争议仲裁机构作出仲裁裁决后，当事人对裁决中的部分事项不服，依法提起诉讼的，劳动争议仲裁裁决不发生法律效力。

【条文主旨】

本条是关于当事人对仲裁裁决中的部分事项不服提起诉讼时，劳动争议仲裁裁决不发生效力的规定。

【条文理解】

当事人对劳动争议仲裁裁决的部分内容不服，向人民法院提起诉讼，人民法院是否应当对劳动争议仲裁案件的全案进行审理？还是仅对当事人提起诉讼的仲裁裁决部分内容进行审理？这是本条要解决的核心内容，其本质是解决审理劳动争议案件的仲裁程序与审理民事案件的诉讼程序之间的冲突及协调两种程序制度衔接问题。

依照《劳动争议调解仲裁法》《劳动法》和《民事诉讼法》等法律的规定，劳动争议案件实行“一裁二审”制度，劳动争议仲裁是劳动争议案件进入诉讼程序的前置程序，当事人对劳动争议仲裁裁决不服，向人民法院提起民事诉讼的，劳动争议仲裁裁决不发生法律效力。

劳动争议诉讼虽然适用的是民事诉讼法的规范体系，但其与普通民事诉讼存在一定区别。按照民事诉讼法的理论，对于当事人的起诉人民法院采取“不告不理”的原则，人民法院对案件的审理范围以当事人诉讼请求的内容为限，对于当事人起诉时未提出诉讼请求的内容不属于人民法院审理范围。若将“不告不理”的原则适用于劳动争议诉讼案件，在当事人仅对劳动争议仲裁裁决的部分内容不服，向人民法院提起诉讼时，人民法院的审理范围也将仅限于当事人就劳动争议仲裁裁决不服而提出的诉讼请求的事项，而未提起诉讼的仲裁事项在被排除出人民法院审理范围的情况下，该部分仲裁事项的效力该如何确定呢？若该部分仲裁事项直接生效，显然割裂了一个仲裁裁决，造成当事人申请强制执行的混乱及劳动争议纠纷化解的程序脱节。从仲裁到诉讼是一个完整的自成体系的程序过程，有其自身的规范体系和特征，不能因其诉讼阶段适用民事诉讼程序，而完全以民事诉讼的规范和理念来排斥劳动争议处理程序本身的规范和特征。对于"一裁二审"的劳动争议纠纷处理机制，"不告不理"原则的适用有别于以一审为程序起点的普通民事诉讼案件，而应当从仲裁与诉讼两个程序的结合中才能得到完整体现。在当事人只对劳动争议仲裁裁决的部分内容不服，向人民法院提起诉讼时，劳动仲裁裁决整体不发生法律效力。

对于提起诉讼的仲裁裁决事项，在不发生法律效力后，自然进入诉讼审理范围，而对于未提起诉讼的仲裁裁决事项，在不发生法律效力后，若不进入审理并作出判决，该部分仲裁裁决事项将失去向人民法院申请强制执行的依据。仲裁与诉讼之间关系不同于一审、二审诉讼之间的关系，对于未提起诉讼的仲裁裁决事项，人民法院不能在裁判文书中对该部分仲裁事项直接作出维持仲裁裁决的判项。因此，本条解决的不仅是仲裁裁决的效力问题，同时明确了劳动争议诉讼案件的审理范围，即，当事人对劳动争议仲裁裁决的部分事项不服，依法向人民法院起诉的，人民法院应当对劳动争议仲裁裁决的全部内容进行审理并依法作出裁判。

一、民事诉讼程序与劳动争议仲裁裁决效力关系

"一裁二审"的劳动争议处理程序，因仲裁和诉讼系由不同组织适用不同的程序进行，必然要求劳动争议仲裁程序与人民法院的诉讼程序之间具有承继和衔接。仲裁机构作出仲裁裁决后，因当事人具体处分行为，仲裁裁决的效力出现以下几种情形：

第一，仲裁裁决后，当事人均未在法定期限内提起诉讼，仲裁裁决书发生法律效力。

第二，仲裁裁决后，任一具有诉权的当事人提起诉讼，仲裁裁决书不发生法律效力；仲裁裁决后，任一具有诉权的当事人就部分或全部仲裁事项提起诉讼，仲裁裁决书不发生法律效力。

劳动争议仲裁是劳动争议诉讼的前置程序，劳动争议诉讼是劳动争议仲裁的承继，劳动争议诉讼程序的启动也阻却了劳动争议仲裁裁决效力的发生。在进入劳动争议诉讼程序后，劳动争议仲裁裁决的效力也呈现几种不同情形：

第一，进入诉讼程序后，原告撤诉，劳动争议仲裁裁决书应从何时起发生法律效力？《最高人民法院关于人民法院对经劳动争议仲裁裁决的纠纷准予撤诉或驳回起诉后劳动争议仲裁裁决从何时起生效的解释》第1条规定："当事人不服劳动争议仲裁裁决向人民法院起诉后又申请撤诉，经人民法院审查准予撤诉的，原仲裁裁决自人民法院裁定送达当事人之日起发生法律效力。"此种情况下，原仲裁裁决自人民法院准予撤诉的裁定书送达当事人之日发生法律效力。

第二，进入诉讼程序后，人民法院经审查依法裁定驳回起诉，原劳动争议仲裁裁决应当从何时起恢复法律效力？人民法院裁定驳回起诉的劳动争议案件又分为两种情形：（1）当事人因超过起诉期间而被人民法院裁定驳回起诉的情形。根据《劳动法》《劳动争议调解仲裁法》之规定，当事人对仲裁裁决不服的，可以自收到仲裁裁决书起15日内向人民法院提起诉讼，期满不起诉的，仲裁裁决发生效力。即在15天的起诉期内，仲裁裁决书属于效力待定期间。超过15天后当事人提起诉讼，人民法院应不予受理，对于已经受理的，应裁定驳回起诉。《最高人民法院关于人民法院对经劳动争议仲裁裁决的纠纷准予撤诉或驳回起诉后劳动争议仲裁裁决从何时起生效的解释》第2条规定："当事人因超过起诉期间而被人民法院裁定驳回起诉的，原仲裁裁决自起诉期间届满之次日起恢复法律效力。"（2）因仲裁裁决确定的主体资格错误或者仲裁裁决事项不属于劳动争议被人民法院驳回起诉的情形。该解释第3条规定："因仲裁裁决确定的主体资格错误或仲裁裁决事项不属于劳动争议，被人民法院驳回起诉的，原仲裁裁决不发生法律效力。"此种情况属于劳动争议仲裁主体不适格或者仲裁裁决事项不属于劳动争议仲裁机构主管，原仲裁裁决存在根本性错误，人民法院驳回当事人起诉，实质上也是撤销了原仲裁裁决，不存在恢复原仲裁裁决书效力问题。

第三，进入诉讼程序后，仲裁裁决书不发生法律效力，人民法院经审理作出判决书或调解书的，人民法院的终审裁判文书发生法律效力。

二、"不告不理"原则在劳动争议诉讼中的理解与适用

劳动争议诉讼适用民事诉讼法的规范体系，但因"一裁二审"的特殊制度安排，劳动争议诉讼相较于普通民事诉讼有其特殊性，其中一方面就表现在改变了民事诉讼中"不告不理"原则的具体表现形式，反映在以下三个方面：（1）诉讼请求经由仲裁程序向诉讼程序转移形成。劳动争议诉讼是以仲裁为前置程序的一种特殊诉讼程序，后续进行的诉讼程序不能将其与前置的仲裁程序截然分离，已经完成的仲裁程序因素对诉讼程序仍具有某种程序价值意义。即"不告不理"原则在劳动争议诉讼中，应从仲裁与诉讼的两个程序的结合中才能得到完整体现。（2）在诉讼中当事人可以提出与仲裁诉请内容"具有不可分性"的诉讼请求。本解释第14条规定："人民法院受理劳动争议案件后，当事人增加诉讼请求的，如该诉讼请求与讼争的劳动争议具有不可分性，应当合并审理；如属独立的劳动争议，应当告知当事人向劳动争议仲裁机构申请仲裁。"人民法院受理劳动争议诉讼案件，不完全受制于已经经过的仲裁程序中的诉争事项的限制，可以有条件的超出该劳动争议案件在仲裁程序中的讼争范围。（3）当事人在劳动争议诉讼中提出诉讼请求的形式可与一般民事诉讼有所区别，表现在劳动争议诉讼的起诉与诉讼请求的提出两者一定程度上可以分离。劳动争议仲裁裁决后，任意一方当事人不服仲裁裁决提起诉讼的，人民

法院都应当对劳动争议案件进行全面审理，其他没有起诉的当事人，如果仍然坚持其在仲裁程序中的请求，无须另行提起诉讼或提起反诉，人民法院应当对各方当事人的诉讼请求一并作出判决。而在一般民事诉讼中，人民法院只能针对起诉或者反诉的诉讼请求作出判决。

对本条的正确理解，关键就在于对“不告不理”原则在劳动争议诉讼中的正确适用。劳动争议仲裁裁决机构作出仲裁裁决后，当事人对其中的部分事项不服，向人民法院起诉，如仲裁裁决事项有 5 项，当事人只对其中的 2 项不服，向人民法院起诉。在法定准许起诉的 15 天内，仲裁裁决书属于效力待定期间，人民法院受理当事人起诉后，仲裁裁决书不发生法律效力，而人民法院的终审裁判文书发生法律效力。上述情况下，人民法院审理的 5 项劳动争议仲裁事项全部不发生法律效力，而不是其中 2 项不发生法律效力，3 项发生法律效力。若按照普通民事诉讼“不告不理”的理论，上述情形下，对于当事人不服仲裁裁决的 2 项内容属于人民法院审理范围，而对未提起诉讼的 3 项内容则不属于人民法院的审理范围。在劳动争议诉讼中简单机械地适用普通民事诉讼的“不告不理”原则，显然是割裂了以劳动争议仲裁作为程序起点的裁审关系，忽略了“一裁二审”作为完整且连贯纠纷处理制度的特殊性。劳动争议仲裁裁决作出后，当事人对部分仲裁事项不服提起诉讼，就仲裁裁决书的效力而言，其与当事人对全部仲裁事项不服提起诉讼是一致的，即仲裁裁决不发生法律效力。但就劳动争议诉讼的审理范围而言，未提起诉讼的仲裁事项在诉讼程序启动后，已经不发生法律效力，无法作为当事人申请强制执行的依据，但人民法院与劳动争议仲裁机构不存在隶属或监督关系，劳动争议诉讼程序亦非劳动争议仲裁程序的监督程序，人民法院的裁判文书中不应含有撤销或维持仲裁裁决的内容。因此，以劳动争议仲裁为前置程序的劳动争议诉讼，对于当事人未提起诉讼但已经失效的仲裁裁决事项，应纳入劳动争议诉讼审理范围，并以适当方式对上述事项作出裁判。

在劳动争议仲裁裁决后，当事人对其中的部分事项不服，向人民法院提起诉讼，劳动争议仲裁裁决不发生法律效力，人民法院应当对劳动争议仲裁裁决的全部内容进行审理并依法作出裁判。本条所规定的内容，本质上并非背离民事诉讼“不告不理”原则，而相反，是对“一裁二审”劳动争议纠纷处理程序特殊性的正确认识，是“不告不理”原则在劳动争议纠纷处理制度中的具体表现形式。

【审判实践中应注意的问题】

一、有关审理方式的问题

人民法院对劳动争议仲裁裁决中当事人未提起诉讼的部分裁决内容，虽属于人民法院案件审理范围，但应当与当事人提起诉讼的劳动争议仲裁裁决部分在审理方式上有所区别。

按照本条规定，劳动争议仲裁裁决当事人对部分裁决内容提起诉讼的，整个劳动争议仲裁裁决不发生法律效力，整体进入诉讼程序，全案均属于人民法院民事案件的审理范围。“在审判实际工作中，同时应对劳动仲裁裁决的全部内容进行审理，并作出处理。”① 也就是说，对于劳动争议案件的当事人未提起诉讼的仲裁裁决事项也属于人民法院案件审理范围，上述指导思想应当体现在人民法院裁判文书中。应当注意的是，尽管当事人未提起诉讼的仲裁裁决事项也属于人民法院案件审理范围，但与当事人提起诉讼的劳动争议仲裁裁决部分在审理方式上应有所区别。首先，当事人提起诉讼部分的有关事实和法律适用应作为劳动争议诉讼案件的审理重点，而对当事人未提起诉讼部分，可直接在人民法院裁判文书的“本院查明”部分作出表述，将其作为法院查清的案件事实的组成部分予以表述，并将当事人未提起诉讼的仲裁裁判事项列入人民法院发生法律效力的裁判文书主文，以此作为执行依据。其次，在案件审查过程中，如果发现当事人未提起诉

---

① 《最高人民法院〈关于审理劳动争议案件适用法律若干问题的解释〉的理解与适用》，载最高人民法院民事审判第一庭编：《民事审判指导与参考》(2001年第2卷)，法律出版社2001年版，第83页。

讼部分确有错误，应区别情况予以处理：如果未提起诉讼部分的错误属于违反法律禁止性规定，或者损害国家利益、社会公共利益、他人合法权益的，人民法院应对该部分作出实体审查并判决；如果未提起诉讼部分的错误并非上述情形，鉴于当事人的处分权行使，一般按照仲裁裁决结果列入裁判文书主文而不予调整。人民法院主要职能在于形式上将未提起诉讼的劳动争议仲裁裁决部分列入人民法院案件审理范围，国家公权力的介入是有限度的，原则上尊重了当事人在劳动争议仲裁作出后就是否诉讼作出的选择，体现了诉讼民主原则。

二、有关裁判文书的表述问题

按照本条规定，鉴于一方当事人起诉后仲裁裁决不发生法律效力，双方当事人不受原仲裁裁决书的约束，双方恢复到劳动争议仲裁前的平等地位上。人民法院在审理期间，应当要求原告对仲裁裁决的每一项内容提出意见，然后法官对该劳动争议案件全面审理。经过人民法院审理，如果认为原告的全部诉讼请求均不成立，人民法院不能够按照审判一般民事案件的原则驳回原告的诉讼请求，维持原仲裁裁决书。因为《最高人民法院对劳动部〈关于人民法院审理劳动争议案件几个问题的函〉的答复》第 2 项已经规定在判决书、裁定书、调解书中也不应含有撤销或者维持仲裁决定的内容。可见，人民法院经审查原告不服劳动争议仲裁委员会仲裁裁决的理由不能成立的，人民法院在驳回原告诉讼请求同时，应当将符合法律规定的仲裁裁决的内容写进人民法院裁判文书主文中。这样做，可以在人民法院的裁判文书中明确人民法院对劳动争议案件的处理结果，明确执行依据，便于案件的执行。如果当事人对仲裁裁决的全部事项均不服而向人民法院提起诉讼，人民法院经审理认为仲裁裁决的内容符合法律规定的，也不能简单地写明维持仲裁裁决的全部内容，而应当在人民法院裁判文书的主文中重新对符合法律规定的裁决内容作出处理，也就是说，人民法院必须将仲裁裁决的内容重新在人民法院的裁判文书中表述一遍，否则，劳动争议仲裁裁决因当事人起诉而不具有法律效力，法院的裁判文书主文又没有可供执行的内容，既不符合本条规定的精神，也不利于人民法院对生效裁判文书的执行。

具体而言，仲裁裁决结果未支持当事人某项请求，人民法院认为应当支持该项请求，可直接写入裁判文书主文；人民法院认为不应支付该项请求，则应当驳回当事人的诉讼请求。再具体而言，仲裁裁决结果为金钱给付，人民法院认定不应给付金钱，裁判文书主文应表述为“无须支付”；人民法院认定应当给付金钱，则应将金钱给付内容写入裁判文书主文；人民法院认定应当给付金钱但具体数额应调整的，则在裁判文书主文中写明经调整后需给付金钱的数额。

第十七条

劳动争议仲裁机构对多个劳动者的劳动争议作出仲裁裁决后，部分劳动者对仲裁裁决不服，依法提起诉讼的，仲裁裁决对提起诉讼的劳动者不发生法律效力；对未提起诉讼的部分劳动者，发生法律效力，如其申请执行的，人民法院应当受理。

【条文主旨】

本条是关于集体仲裁中部分劳动者对仲裁裁决不服提起诉讼时，劳动争议仲裁裁决的效力规定。

【条文理解】

本条与本解释第16条一样，均属于劳动争议仲裁裁决程序与诉讼程序衔接规定。在本解释第16条规定情形下，劳动争议仲裁机构作出仲裁裁决后，当事人对裁决中的部分事项不服提起诉讼的，劳动争议仲裁裁决的全部内容不发生法律效力。但在多个劳动者基于同一劳动争议仲裁事项申请劳动争议仲裁，劳动争议仲裁机构作出裁决后，部分劳动者对仲裁裁决不服提起诉讼的，仲裁裁决是否整体不发生法律效力？答案是否定的。本条在回应集体仲裁案件裁决后部分劳动者提起诉讼的行为对其他未提起诉讼的劳动者是否发生法律效力的问题。随着《劳动争议调解仲裁法》《劳动人事争议仲裁办案规则》的相继颁布施行，集体仲裁制度已经发生较大变化，对于人数众多的劳动者一方内部行为效力的理解愈加接近民事诉讼程序中的共同诉讼制度。但现有法律并未明确规定劳动争议集体仲裁制度和共同诉讼制度衔接，本条对劳动争议集体仲裁和民事诉讼的衔接仍有指导意义，故对本条作保留处理。

一、集体仲裁制度

职工一方3人以上发生劳动争议后，基于同一事实经过而且申请仲裁的理由相同的劳动争议仲裁为集体仲裁。按照集体仲裁的规定，所有具有“共同理由”的当事人都应当参加到集体仲裁中，所有的当事人都应当听从仲裁代表人的意见，仲裁代表人在仲裁期间所作出的意思表示对其他当事人产生法律效力，劳动争议仲裁结果也对其他当事人发生法律效力。

《劳动争议调解仲裁法》第7条规定：“发生劳动争议的劳动者一方在十人以上，并有共同请求的，可以推举代表参加调解、仲裁或者诉讼活动。”据此，发生劳动争议的劳动者一方在10人以上，有共同的仲裁请求的为集体仲裁。集体仲裁的当事人可以推举代表人参加调解、仲裁活动。同时，代表人也可以参加诉讼活动。因此，自2008年5月1日《劳动争议调解仲裁法》施行之日起，集体仲裁就以该法为依据。2017年7月1日施行的《劳动人事争议仲裁办案规则》第63条第1款规定：“发生劳动者一方在十人以上并有共同请求的争议的，劳动者可以推举三至五名代表参加仲裁活动。代表人参加仲裁的行为对其所代表的当事人发生效力，但代表人变更、放弃仲裁请求或者承认对方当事人的仲裁请求，进行和解，必须经被代表的当事人同意。”

很显然，现行有效的《劳动争议调解仲裁法》《劳动人事争议仲裁办案规则》对集体仲裁及集体仲裁代表人制度的规定作了较大的修改，对比新旧规定，差异主要体现在以下几个方面：

第一，旧规中集体仲裁的人数为3人以上；新规中集体仲裁人数为10人以上。

第二，旧规中集体仲裁的基础为“共同理由”，共同理由是指职工一方3人以上发生劳动争议后，基于同一事实经过而且申请仲裁的理由；新规中集体仲裁的基础为“共同请求”，共同请求是指相同的仲裁申请事项。

第三，旧规中集体仲裁“应当”推举代表人，且代表人在仲裁期间所作的意思表示对其他当事人发生法律效力；新规中集体仲裁的劳动者“可以”推举代表，更加重要的是，《劳动人事争议仲裁办案规则》进一步明确，对于“代表人变更、放弃仲裁请求或者承认对方当事人的仲裁请求，进行和解，必须经被代表的当事人同意”，即仲裁代表人所作出的意思表示并不必然对其他当事人发生法律效力，对于代表人所作涉及上述事项的行为，只有在征得被代表的当事人同意的前提下，代表人的行为才对被代表人产生法律效力。

从上述规则变迁，可以感受到劳动争议集体仲裁制度已然在向共同诉讼制度靠近。当然，我们需要再进一步理顺共同诉讼制度。

二、集体仲裁之于共同诉讼的制度属性

有关劳动争议集体仲裁制度的法律规定并不详尽，从本质上讲，集体仲裁是仲裁的主体的合并，与共同诉讼最主要的不同就在于所处程序的差别，集体仲裁发生于“一裁二审”的劳动仲裁阶段。但就集体仲裁的制度属性来说，亦可在共同诉讼制度的分类和特征中找到相应的理论归属。

共同诉讼分为普通共同诉讼和必要共同诉讼，普通共同诉讼和必要共同诉讼的根本区别在于共同诉讼的一方当事人对于争议的诉讼标的（实体法律关系）是否具有共同的权利义务，即诉讼标的是否具有同一性、不可分性。其中，共同诉讼人与对方当事人之间争议的是同一个诉讼标的的，为必要共同诉讼；争议的诉讼标的属于同一种类型，即法律关系性质相同的，则为普通共同诉讼。

劳动争议集体仲裁系共同仲裁申请人基于“共同请求”而合并的劳动争议仲裁，共同请求是指相同的仲裁申请事项，比如五个劳动者向同一用人单位主张拖欠的劳动报酬，劳动者的仲裁申请事项属于同一类型，但各个劳动者相互之间对仲裁申请事项并不存在共同的权利义务。因此，劳动争议集体仲裁在本质上与普通共同诉讼的合并事由

是相同的，我们甚至可以将集体仲裁理解为劳动争议纠纷化解程序中的“普通共同仲裁”。再换一个角度分析，作为仲裁程序的延续，当集体仲裁案件裁决后用人单位不服，或者多个劳动者不服提起诉讼的，若征得当事人同意，劳动争议案件可以合并为共同诉讼，该共同诉讼为普通共同诉讼。即从程序承继的角度分析，集体仲裁亦可视为劳动争议“一裁二审”的纠纷化解程序中特殊的“普通共同仲裁”。集体仲裁之于普通共同诉讼的区别，仅在于合并的法定性，但该差别并不影响对集体仲裁（普通共同诉讼）中人数众多一方内部行为效力的分析。

在共同诉讼中，共同诉讼一方当事人数量众多，共同参与诉讼后，一人所为诉讼行为的效力对其他共同诉讼人是否产生与本人相同的法律效力，是实践中审理涉共同诉讼案件的关键问题。一些国家和地区的民事诉讼制度对于此问题的认定，采用了“有利原则”的识别方法，认为在共同诉讼中，在全体共同诉讼人必须有其确定诉讼标的的情况下，其中一人的诉讼行为，只有有利于全体时，才发生效力。即以客观上产生的利益结果为衡量标准。如《日本民事诉讼法》第40条规定，在全体共同诉讼人必须合一确定诉讼标的的情况下，其中一人的诉讼行为，有利于全体时才发生效力。我国法律则作出了不同的规定。我国《民事诉讼法》第52条第2款规定：“共同诉讼的一方当事人对诉讼标的有共同权利义务的，其中一人的诉讼行为经其他共同诉讼人承认，对其他共同诉讼人发生效力；对诉讼标的没有共同权利义务的，其中一人的诉讼行为对其他共同诉讼人不发生效力。”可见，我国民事诉讼法对于共同诉讼人内部关系的认定，是按照分类处理的原则。对于必要共同诉讼，基于诉的标的的不可分性，我国《民事诉讼法》采用承认原则来认定各共同诉讼人的内部关系，必要共同诉讼的某一当事人所为诉讼行为得到其他共同诉讼人的承认后，该行为即可对全体共同诉讼人产生相同的法律效力；而对于普通共同诉讼，此种诉的合并系基于诉讼经济的原因而松散合并的诉，共同诉讼人之间各有其独立的诉讼请求，故普通共同诉讼人之间所为诉讼行为不具有传递、复制效应，对其他共同诉讼人不发生法律效力。

普通共同诉讼人各自具有独立性。它的独立性表现在，共同诉讼人只对自己实施的诉讼行为负责，其中任何一个共同诉讼人的诉讼行为对其他共同诉讼人均不发生效力，只对自己发生效力。例如，共同诉讼人一人撤回诉讼请求时，其撤回诉讼请求的效力只及于自己，不影响其他共同诉讼人继续进行诉讼，也不影响法院对其他共同诉讼人诉讼请求的审理和裁判。众多共同仲裁申请人基于“共同请求”而合并成为集体仲裁，各仲裁申请人之间具有独立性，其仲裁申请均单线指向同一用人单位，众多仲裁申请人内部仲裁行为效力应当与普通共同诉讼原理一致，即其中任何一个集体仲裁申请人的仲裁行为对其他共同仲裁申请人不发生效力，只对自己发生效力。尤其是《劳动争议调解仲裁法》《劳动人事争议仲裁办案规则》颁布施行之后，变更了对仲裁代表人的强制性规定，众多申请人可以推举代表参加仲裁或诉讼活动，也可以直接自行参加仲裁或诉讼活动，集体仲裁亦为松散合并的仲裁。同时更加明确了，对于代表人仲裁行为中涉及变更、放弃仲裁请求或者承认对方当事人仲裁请求、进行和解的仲裁行为，必须经被代表的当事人同意，否则对被代表的当事人不发生法律效力。

集体仲裁的法定合并、代表人的有限代表等规定，旨在契合劳动争议仲裁程序简便、灵活有效的制度优势，《劳动争议调解仲裁法》《劳动人事争议仲裁办案规则》对集体仲裁规定的修正，亦在使集体仲裁回归“普通共同仲裁”的本质，在确保程序简便高效的同时，保障当事人个体权利在程序中的行使。

综合上述分析，不难得出结论，在劳动争议仲裁机构对多个劳动者的劳动争议作出仲裁裁决后，部分劳动者对仲裁裁决不服，依法提起诉讼的，仲裁裁决对提起诉讼的劳动者不发生法律效力；对未提起诉讼的部分劳动者，仲裁裁决发生法律效力，如其申请执行的，人民法院应当受理。

【审判实践中应注意的问题】

一、注意区分仲裁代表人与委托代理人的权限

对于涉及劳动者人数众多的劳动争议仲裁案件，劳动者可以推举代表参加仲裁活动，也可以委托代理人参加仲裁活动。仲裁代表人与代理人产生的根据不同，与仲裁的利害关系不同，在仲裁中保护的权益范围不同，仲裁行为产生的法律后果也不同。因此应当明确且严格区分仲裁代表人与代理人之间的权限，突出对劳动者个体权益的保障。

二、理顺裁审衔接的同时，兼顾裁执衔接

集体仲裁裁决系针对众多劳动者一并作出的一份仲裁裁决。当部分劳动者对仲裁不服提起诉讼的，仲裁裁决对该部分劳动者不发生法律效力，需要特别指出的是，不发生法律效力是指与该部分劳动者仲裁申请相关的所有事实认定和裁决结果，人民法院依法受理该部分劳动者的起诉后，该劳动者仲裁申请的所有事项均为诉讼审理范围。而对未提起诉讼的劳动者，仲裁裁决发生法律效力，其法律后果表现为仲裁裁决结果具有可执行力，即劳动者申请强制执行的，人民法院应当受理，而不受其他劳动者诉讼案件的影响，即便其他劳动者的劳动争议诉讼案件所作出的事实认定与仲裁裁决的事实认定存在差异。

第十八条

仲裁裁决的类型以仲裁裁决书确定为准。仲裁裁决书未载明该裁决为终局裁决或者非终局裁决，用人单位不服该仲裁裁决向基层人民法院提起诉讼的，应当按照以下情形分别处理：

（一）经审查认为该仲裁裁决为非终局裁决的，基层人民法院应予受理；

（二）经审查认为该仲裁裁决为终局裁决的，基层人民法院不予受理，但应告知用人单位可以自收到不予受理裁定书之日起三十日内向劳动争议仲裁机构所在地的中级人民法院申请撤销该仲裁裁决；已经受理的，裁定驳回起诉。

【条文主旨】

本条是关于用人单位不服未载明仲裁裁决类型的裁决书向基层人民法院起诉如何处理的规定。

【条文理解】

一、有关终局裁决的规定

《劳动争议调解仲裁法》第 47 条规定：“下列劳动争议，除本法另有规定的外，仲裁裁决为终局裁决，裁决书自作出之日起发生法律效力：（一）追索劳动报酬、工伤医疗费、经济补偿或者赔偿金，不超过当地月最低工资标准十二个月金额的争议；（二）因执行国家的劳动标准在工作时间、休息休假、社会保险等方面发生的争议。”该法律条文创设了一裁终局制度，规定部分劳动争议案件实行终局裁决，这是对劳动争议处理机制的重大改革举措，是我国《劳动争议调解仲裁法》的首创，也是《劳动争议调解仲裁法》对劳动争议处理程序设计上的一大亮点。在劳动争议处理程序上区分终局裁决和非终局裁决，针对劳动者和用人单位分别规定不同的救济途径。根据《劳动争议调解仲裁法》第48条、第49条的规定，对终局裁决，劳动者如不服可以自收到仲裁裁决书之日起15日内向人民法院提起诉讼，而用人单位在有证据证明符合法定条件的情况下可以自收到仲裁裁决书之日起30日内向劳动争议仲裁委员会所在地的中级人民法院申请撤销裁决。对于非终局裁决案件，则没有特别限制，无论劳动者还是用人单位如不服均可以自收到仲裁裁决书之日起15日内向人民法院提起诉讼。对当事人而言，尤其对用人单位一方而言，仲裁裁决的类型一定意义上来讲决定了其司法救济途径，因此，在劳动仲裁裁决中列明仲裁裁决的类型并告知当事人与之相对应的诉讼权利就显得尤其重要和必要，这不仅是贯彻一裁终局的制度性要求，更是为当事人更好行使诉权而提供明确指引的现实需要。

二、终局裁决与非终局裁决的区别

《劳动争议调解仲裁法》创设的“一调一裁两审与一调一裁分流”体制下，一裁终局制度是劳动争议案件经仲裁裁决后即行终结的制度，即仲裁裁决一经作出即发生法律效力，用人单位不得再向人民法院提起诉讼。该终局裁决与原“一裁两审”制度下的非终局裁决在适用范围、救济途径等方面存在明显的差异。

（一）适用范围不同

终局裁决适用范围较小，有严格的案件类型和金额限制。第一类主要是包括四种小额案件，即不超过当地月最低工资标准12个月金额的追索劳动报酬纠纷、追索工伤医疗费纠纷、追索经济补偿纠纷以及追索赔偿金纠纷。第二类则是有关劳动标准的争议，主要包括因执行国家的劳动标准在工作时间、休息休假、社会保险等方面发生的争议。

除上述法定类型案件外，其他劳动争议案件均纳入非终局裁决范围，因此，非终局裁决的范围明显大于终局裁决。

（二）适用的主体范围不同

根据《劳动争议调解仲裁法》第 48 条的规定，劳动者对终局裁决不服的可以提起诉讼，据此，终局裁决在适用主体方面主要保护的是劳动者的权利，其终局性主要是针对用人单位而言，对劳动者不必然产生终局的效力。而非终局裁决则不区分劳动者还是用人单位，在主体范围的适用上不存在差异。

（三）仲裁裁决发生法律效力的时间和条件不同

根据《劳动争议调解仲裁法》第 47 条规定，终局裁决一经作出即发生法律效力。结合该法第 48 条的规定，所谓一经作出即发生法律效力，主要针对的对象是用人单位，而劳动者则有权选择提起诉讼，若劳动者起诉则该终局裁决作出后亦不生效，若劳动者未提起诉讼，则终局裁决发生法律效力。

对非终局裁决而言，根据《劳动争议调解仲裁法》第 50 条、《最高人民法院关于人民法院对经劳动争议仲裁裁决的纠纷准予撤诉或驳回起诉后劳动争议仲裁裁决从何时起生效的解释》第 1 条、第 2 条以及本解释第 16 条的规定，不论劳动者还是用人单位自收到仲裁裁决书之日起 15 日内不向人民法院提起诉讼，或者起诉后又申请撤诉或者按撤诉处理，或者裁定驳回起诉，仲裁裁决发生法律效力。可见，非终局裁决不是一经作出立即生效的，至少要超过 15 日的期间。

（四）救济程序不同

关于终局裁决的救济程序，《劳动争议调解仲裁法》对劳动者和用人单位规定了不同的救济途径：劳动者对终局裁决享有诉权，对仲裁裁决不服的，可以向法院起诉，但不能申请撤销仲裁裁决。对用人单位的救济途径限制较严格，用人单位只能依据《劳动争议调解仲裁法》第 49 条规定向法院申请撤销仲裁裁决，用人单位不得就同一争议事项再向仲裁委员会申请仲裁或向法院起诉。若仲裁裁决被人民法院裁定撤销，当事人可以自收到裁定书之日起15日内就该劳动争议事项向人民法院提起诉讼。这里应当注意：当事人既包括用人单位，也包括劳动者；仲裁裁决被人民法院裁定撤销的，仲裁裁决自始无效，当事人可以就同一劳动争议事项向法院起诉。①

对于非终局裁决，《劳动争议调解仲裁法》并没有区分劳动者和用人单位规定不同的救济途径，对于非终局裁决案件，当事人包括劳动者和用人单位如不服均可以向法院起诉，不加以限制。

三、认定仲裁裁决类型的主体

由于仲裁裁决的类型一定意义上决定了后续程序的不同处理路径，因此如何判断仲裁裁决的类型、由谁来判断仲裁裁决类型、裁决书载明的类型与实际情况不一致如何处理，就成为司法实践中必然面对的问题。

（一）劳动争议仲裁机构是判断仲裁裁决类型的主体

如果仲裁裁决将应当为一裁终局的事项认定为非终局裁决的事项，用人单位向基层人民法院起诉的，人民法院是否应该受理？如果已经受理，应该如何处理？对此，审判实践中存在两种不同意见。一种意见认为，用人单位根据仲裁裁决的指引向法院起诉的，人民法院应当受理，并应当进行实体审理。理由是，如果法院不予受理，则用人单位丧失了依法救济的机会，用人单位既不能向基层人民法院起诉，又不能向中级人民法院申请撤销仲裁，如果仲裁裁决确有错误，则其权利难以得到有效的保障。另一种意见认为，人民法院应当驳回用人单位的起诉，但应增加规定用人单位可以自收到驳回起诉裁定之日起30日之内向中级人民法院提起撤销仲裁裁决之诉。理由是，人民法院应当根据事实来认定仲裁裁决是否属于一裁终局，有时是否一裁终局的选择权在劳动者手里，劳动者有时为了尽快解决问题而降低金额要求

① 信春鹰主编：《中华人民共和国劳动争议调解仲裁法》，法律出版社2008年版，第176～179页。

就是希望仲裁能出仲裁裁决，而仲裁应当出具终局裁决而不出具，如果法院还要受理用人单位的起诉实际上损害了劳动者的权利，所以对于应当终局而没有终局的事项应当驳回用人单位的起诉，但法律也应给予用人单位申请撤销仲裁裁决的权利。

同样，如果仲裁裁决将本属于非终局裁决的事项认定为终局裁决，用人单位不服向中级人民法院申请撤销仲裁裁决，实践中亦存在两种意见，一种意见是由中级人民法院予以受理，按照申请撤销仲裁裁决的程序处理意见；另一种意见是中级人民法院认为仲裁裁决不属于终局裁决，裁定不予受理，告知用人单位向基层人民法院起诉。基层人民法院如果也认为仲裁裁决为非终局裁决，则予以受理，如果基层人民法院认为仲裁裁决为终局裁决，则会不予受理。在两级法院认识不一致的情况下，用人单位可能会处于诉求无门的境地。

基于前述实践中遇到的问题，我们经过调研认为，为避免认识不一而产生的相互推诿，进一步理顺裁审关系，应当尊重仲裁裁决的认定，将仲裁裁决认定的裁决类型给予相应的诉权保护，当事人按照仲裁裁决的指引所享有的诉讼权利，人民法院应当充分予以保护。即使仲裁裁决将裁决类型认定错误，人民法院也应“将错就错”，按照仲裁裁决确定的类型予以处理。本解释最终采用了“仲裁裁决的类型以仲裁裁决书确定为准”的观点，即仲裁机构是判断仲裁裁决的类型的主体。作出这一规定主要考虑到以下几个方面：首先，从仲裁和审判的关系来看。仲裁和审判在解决实际矛盾中的作用是不同的，解决纠纷的模式也不同，权属性质也有区别，法院审判对于劳动仲裁机构基于仲裁权力而作出的仲裁裁决，应尊重其效力，因此，即使在其表述错误的情况下，也应该根据法律规定来保护其效力。其次，从快速解决争议、充分发挥裁审衔接作用的角度出发，充分尊重劳动仲裁机构关于仲裁裁决类型的判断也有利于纠纷的快速解决，防止因仲裁机构和法院对裁决类型认定的不一致而产生的不同层级法院之间对案件推诿的情况发生，也更符合一裁终局制度设立的目的。因此，我们认为仲裁裁决的类型以仲裁裁决书确定为准，只要仲裁裁决列明了仲裁类型，不论该仲裁裁决认定的是否正确，人民法院无须对裁决类型作出实体性评价，仅凭裁决书列明的类型即可进行程序性处理，即使仲裁机构认定裁决类型确有错误。

（二）人民法院也是判断仲裁裁决类型的主体

虽然《劳动争议调解仲裁法》规定了仲裁裁决的两种类型，但并未规定有权判断仲裁类型的主体。本条规定，仲裁裁决的类型以仲裁裁决书确定为准，显然确认了仲裁机构是有权判断仲裁类型的主体，但并不意味着判断仲裁裁决类型的有权主体仅限于仲裁机构。法院能否作为认定仲裁裁决类型的主体在司法实践中是存在争议的。有的观点认为，认定仲裁裁决是否终局裁决属于《劳动争议调解仲裁法》第47条的适用问题，劳动仲裁机构和法院作为审理劳动争议案件的法定机关，均有权审查仲裁裁决是否终局裁决，但最终应以法院的认定为准。例如，劳动仲裁机构认为仲裁裁决并非终局裁决，用人单位据此向法院起诉，但法院经审查认为仲裁裁决是终局裁决，即可驳回用人单位的起诉，并告知其另行提起撤裁之诉。有的观点认为，法律没有规定法院应对仲裁裁决是否终局裁决进行审查，为避免劳动仲裁机构与法院在该问题上发生冲突，应给予劳动仲裁机构必要的尊重，如双方当事人均未对劳动仲裁机构的认定提出质疑，则应以该认定为准。① 本解释最终确定了仲裁机构对仲裁裁决类型判断的最终确认权，即在裁决书有明确记载仲裁裁决类型的情况下，法院不再对仲裁裁决的类型进行审查。

但在裁决书没有列明裁决类型的情况下，法院如何处理在实践中产生了分歧。一种意见认为，既然仲裁裁决没有认定仲裁事项为终局裁决，则应当视为非终局裁决，用人单位有权向基层人民法院起诉，基层人民法院应当受理并作出实体处理。另一种意见认为，由于仲裁裁决没有确定仲裁裁判类型，致使用人单位的诉权行使不明，为了进

---

① 谭玲：《劳动争议案件一裁终局制度的现实困境与未来转型——以劳动争议调解仲裁法第四十七条为基点》，载王利明主编：《判解研究》（2011年第2期），人民法院出版社2011年版。

一步贯彻落实一裁终局制度，更为厘清用人单位应享有的诉讼权利，人民法院应当根据《劳动争议调解仲裁法》和相关司法解释的规定，对该仲裁裁决进行程序性审查，以便确定裁决类型，进而确定相应的管辖法院。最高人民法院经过调研，最终采取了第二种意见，对仲裁裁决书未载明该裁决为终局裁决或非终局裁决的情况下，赋予人民法院审查确定裁决类型的权利，并根据法院确定的裁决类型采用不同的程序处理模式。主要理由是：第一，《劳动争议调解仲裁法》作为一部全国人民代表大会常务委员会通过的法律，人民法院当然应当予以执行，有权根据法律的规定审查判断仲裁裁决的性质是否为终局裁决。第二，司法审查的介入更有利于实现立法的目的，可以及时有效地保护劳动者的合法权益。

这里需要注意的一个问题是，人民法院作为仲裁裁决类型的判断主体是受到一定条件限制的。即在裁决书明确列明裁决类型时，人民法院无须主动审查仲裁裁决的类型，无须对劳动仲裁机构关于裁决类型的判断进行重新审查认定，而直接以裁决书载明的类型为准进行下一步的程序选择和适用。而对于裁决书没有载明该裁决为终局裁决或非终局裁决的情况下，用人单位不服该仲裁裁决向基层人民法院提起诉讼的，人民法院应当对该仲裁裁决类型予以审查，并按照以下情形分别处理：（1）经审查认为该仲裁裁决为非终局裁决的，基层人民法院应予受理。（2）经审查认为该仲裁裁决为终局裁决的，基层人民法院不予受理，但应告知用人单位可以自收到不予受理裁定书之日起30日内向劳动人事争议仲裁委员会所在地的中级人民法院申请撤销该仲裁裁决；已经受理的，裁定驳回起诉。

四、人民法院审查后的处理

对于仲裁裁决未载明仲裁类型的，当事人不服均可向人民法院起诉，但对于劳动者而言，人民法院无须审查仲裁裁决的类型，无论是终局裁决还是非终局裁决，劳动者均可向人民法院起诉，诉权不受裁决类型影响。这也是本条仅规定用人单位而未规定劳动者的原因所在。

但对于用人单位则不同，因为仲裁裁决的类型对于用人单位的救济影响巨大，因此，用人单位不服仲裁裁决向基层人民法院起诉的，人民法院应当首先审查判断仲裁裁决的类型，以便正确指引用人单位寻求救济途径，确定管辖法院。

（一）仲裁裁决为非终局裁决的，由基层人民法院受理

人民法院经审查认为仲裁裁决类型为非终局裁决的，应当及时受理，由该基层人民法院管辖并作出实体处理。需要注意的是，非终局裁决对于劳动者和用人单位的救济途径是相同的，两者均可以向法院起诉。因此，在用人单位不服裁决向人民法院起诉的同时，劳动者也有可能不服仲裁裁决向该法院起诉。此时会涉及双方当事人对仲裁裁决不服，同时向人民法院起诉如何确定诉讼主体的问题。该种情形下，按照本解释第 4 条的规定，双方当事人互为原告和被告，对双方的诉讼请求，人民法院应当一并作出裁决；双方当事人分别向有管辖权的法院起诉的，后受理的人民法院应当将案件移送给先受理的人民法院。

（二）仲裁裁决为终局裁决的，裁定不予受理，已经受理的，驳回起诉，但应告知用人单位救济途径

如果基层人民法院经审查，认为用人单位不服提起诉讼的仲裁裁决为终局裁决，则用人单位应根据《劳动争议调解仲裁法》第 49 条规定，向劳动争议仲裁委员会所在地的中级人民法院申请撤销仲裁裁决，无权向基层人民法院起诉。基层人民法院实际也无受理该诉讼的权限。因此，应当裁定不予受理用人单位的起诉，已经受理的，应当裁定驳回起诉。

需要注意的是，法院审查认定该仲裁裁决为终局裁决的重要后果是，该裁决一经作出即发生法律效力，按照法律规定，用人单位不能再向基层人民法院提起诉讼，只能申请撤销仲裁裁决。但由于仲裁裁决书未载明裁决类型，历经用人单位向基层人民法院提起诉讼以及法院的审查，用人单位接到基层法院不予受理或驳回起诉的裁定时可能已经超过了 30 日法定申请撤销仲裁裁决的期限，如严格按照《劳动争议调解仲裁法》第 49 条规定，中级人民法院可能会以用人单位超过

30日申请期限为由也不予受理，用人单位则可能失去寻求救济的机会。考虑到用人单位的权利救济，基层人民法院在裁定不予受理的同时，应履行告知义务，明确告知用人单位可以自收到不予受理裁定书之日起30日内向劳动争议仲裁委员会所在地的中级人民法院申请撤销该仲裁裁决，以免丧失救济途径。当然，此时应当明确，在基层人民法院已经处理的前提下，中级人民法院在受理用人单位申请撤销仲裁裁决之诉时，不必再另行审查该仲裁裁决是否为终局裁决，直接受理即可，否则会因基层人民法院和中级人民法院对仲裁裁决是否为终局裁决认识不一致产生推诿问题。

【审判实践中应注意的问题】

一、仲裁裁决书未载明裁决类型，用人单位直接向中级人民法院申请撤销仲裁的，应如何处理

本条主要解决的是在仲裁裁决书未载明该裁决为终局裁决或非终局裁决的情况下，用人单位不服该仲裁裁决而直接向基层人民法院起诉应如何处理的问题。若用人单位直接持该未载明裁决类型的裁决书向中级人民法院申请撤销仲裁裁决如何处理？我们认为，中级人民法院应当参照本条规定以及本解释第21条的规定予以处理。

本解释第21条第1款规定："劳动者依据调解仲裁法第四十八条规定向基层人民法院提起诉讼，用人单位依据调解仲裁法第四十九条规定向劳动争议仲裁机构所在地的中级人民法院申请撤销仲裁裁决的，中级人民法院应当不予受理；已经受理的，应当裁定驳回申请。"该条是关于对同一终局裁决劳动者向基层人民法院提起诉讼，用人单位向中级人民法院申请撤销仲裁裁决的处理方式的规定。结合该条规定以及本条关于基层人民法院处理方式的规定，用人单位对未载明裁决类型的仲裁裁决直接向中级人民法院申请撤销仲裁裁决的情况下，中级人民法院应当首先对仲裁裁决的类型进行审查，并按照以下情形分

别处理：（1）经审查认为该仲裁裁决为非终局裁决的，中级人民法院应不予受理，已经受理的，裁定驳回申请，在裁定不予受理或驳回申请的同时，应告知用人单位可以自收到裁定书之日起15日内向用人单位所在地或者劳动合同履行地的基层人民法院起诉；（2）经审查认为该仲裁裁决为终局裁决的，中级人民法院应予受理，并按撤销终局裁决的相关法律规定依法作出裁决。

另外需要注意的是，上述处理模式适用于劳动者未起诉而仅有用人单位申请撤销仲裁裁决的情形，若劳动者向基层人民法院提起诉讼的同时，用人单位也向中级人民法院申请撤销仲裁裁决，由于劳动者的起诉不受仲裁裁决类型的影响，中级人民法院也无须对裁决的类型进行审查判断，直接按照本解释第21条规定处理即可。

二、裁决书未载明裁决类型，劳动者与用人单位均就该裁决书向基层人民法院提起诉讼，应如何处理

如前所述，终局裁决是针对用人单位发生终局效力的有限的一裁终局，对劳动者而言，在程序救济上终局裁决和非终局裁决并无区别，因此，劳动者向基层人民法院起诉无须顾及仲裁裁决类型，人民法院均应受理。实践中，劳动者与用人单位均不服裁决向同一人民法院提起诉讼，此时基层人民法院是否还需要审查仲裁裁决的类型？一种意见认为，既然仲裁裁决未载明仲裁裁决类型，劳动者一起诉，仲裁裁决即失去法律效力，基层人民法院可将该仲裁裁决视为非终局裁决，直接受理用人单位的起诉，将用人单位与劳动者的诉讼地位按照互为原、被告处理。这样可以节约司法资源，提高效率，也不会损害用人单位的诉权，基层人民法院无须审查仲裁裁决的类型。另一种意见认为，基层人民法院应当审查确认该仲裁裁决的类型，以便正确分清用人单位所享有的救济途径，不能因为劳动者起诉而放弃审查程序。我们认为，第二种意见比较符合立法目的，加之劳动者与用人单位起诉时间可能存在差别，如果劳动者先起诉，则第一种意见还说得过去，但如果用人单位先起诉，基层人民法院已经审查仲裁裁决类型，而劳

动者才起诉，则第一种意见就不尽合理。因此，即使劳动者起诉，基层人民法院也应当审查仲裁裁决的类型，如果仲裁裁决为终局裁决，则可能会出现适用本解释第21条第2款规定的情形，即劳动者的起诉被驳回或劳动者撤诉的情况下，用人单位可以自收到裁定书之日起30日内向劳动争议仲裁机构所在地的中级人民法院申请撤销仲裁裁决。

还需要注意的是，基层人民法院审查认为仲裁裁决为终局裁决的情况下，在列明当事人地位的写法上原告只能是劳动者，用人单位不具有原告身份，但考虑并非用人单位过错而是仲裁裁决未载明仲裁裁决类型导致用人单位程序救济方式选择有误，不能因此剥夺用人单位不服仲裁裁决的程序救济权利，虽然在诉讼地位上用人单位属于被告，但不能因此视为用人单位同意仲裁裁决而作出不利于用人单位的判决。

三、用人单位以劳动争议仲裁机构认定仲裁裁决类型错误为由申请撤销仲裁裁决，如何处理

本条确立了仲裁裁决类型以裁决书确定为准的基本原则，在裁决书列明仲裁裁决类型的情况下，不论劳动仲裁机构对裁决类型的认定是否正确，人民法院无须对仲裁裁决的类型再行审查判断，而直接以裁决书载明的仲裁裁决类型分别进行不同的程序处理。在劳动仲裁机构对仲裁裁决类型认定确有错误，尤其是将非终局裁决认定为终局裁决的情况下，若用人单位对裁决书认定的仲裁裁决类型不服并以此为由依照《劳动争议调解仲裁法》第49条第1款第1项向中级人民法院申请撤销仲裁裁决，应当如何处理？一种观点认为，中级人民法院应当对裁决类型进行审查，若属于非终局裁决的，应当以仲裁裁决适用法律、法规确有错误为由撤销该仲裁裁决，理由是一裁终局制度的设计本身就有违平等保护的原则，侵害了用人单位的诉权，在裁决书列明的仲裁裁决类型确有错误的情况下，若不撤销该仲裁裁决，用人单位的权利更无从保障。另一种观点认为，中级人民法院无须对仲裁裁决类型进行审查，用人单位的该项理由不符合《劳动争议调解仲裁法》第49条规定的撤销仲裁裁决的法定事由。理由是本解释已经明确

了仲裁裁决的类型以裁决书载明的为准，在裁决书明确列明仲裁裁决类型的情况下，人民法院无须再行审查，只有在裁决书没有列明仲裁裁决类型的情况下，人民法院才应当审查仲裁裁决的类型。此外，《劳动争议调解仲裁法》第49条第1款第1项规定的仲裁裁决适用法律、法规错误，应当指的是在处理案件过程中对案件实体法律适用有误的情况，而对裁决类型判断错误不属于该条款规定的范围。我们认为，“一裁终局”制度确立的目的和意义就在于提高劳动争议案件处理效率，简化劳动争议案件处理程序，强化劳动仲裁制度功能，快速解决纠纷以保障劳动者的合法权益得到尽快救济，并且仲裁与法院权属性质不同，两者之间没有权力隶属关系，法院审判对仲裁机构基于仲裁权力作出的裁决应当尊重其效力，即使仲裁裁决对仲裁类型的表述错误也应当以仲裁裁决确定为准，在仲裁裁决已明确类型的情况下，当事人对此有异议的，人民法院不再审查。即劳动争议仲裁机构将非终局裁决认定为终局裁决，用人单位以此为由申请撤销仲裁裁决，法院不予支持。

【案例解读】

一、案例一基本案情及裁判结果

张某与某房地产经纪公司于2015年10月1日签订了无固定期限劳动合同，双方劳动关系于2019年6月16日解除，张某以该房地产经纪公司未足额支付工资为由提起劳动仲裁，北京市大兴区劳动人事争议仲裁委员会裁决该房地产经纪公司向张某支付工资差额及未休年假工资，同时该裁决书明确载明：“本裁决对某房地产经纪公司为终局裁决。某房地产经纪公司有证据证明本裁决有《中华人民共和国劳动争议调解仲裁法》第四十九条第一款规定的情形之一的，可自本裁决书收到之日起三十日内向北京市第二中级人民法院申请撤销裁决。”该房地产经纪公司收到仲裁裁决后，向北京市大兴区人民法院提起诉讼，要求判令该公司无须支付张某工资差额及未休年假工资补偿。

北京市大兴区人民法院认为，裁决书中已载明该裁决对某房地产经纪公司为终局裁决。如某房地产经纪公司有证据证明该裁决有《劳动争议调解仲裁法》第49条第1款规定的情形之一的，可自该裁决收到之日起30日内向北京市第二中级人民法院申请撤销裁决。裁定：驳回某房地产经纪公司的起诉。

该公司不服一审裁定，向北京市第二中级人民法院提起上诉。北京市第二中级人民法院认为，仲裁裁决的类型以仲裁裁决书确定为准。本案仲裁裁决书明确载明裁决对某房地产经纪公司为终局裁决。此种情形下，某房地产经纪公司应依据《劳动争议调解仲裁法》第49条第1款之规定，自收到仲裁裁决书之日起30日内向劳动争议仲裁委员会所在地的中级人民法院申请撤销裁决。现该公司不服终局仲裁裁决向一审法院提起诉讼，缺乏法律依据，一审法院裁定驳回起诉，处理正确。最终裁定：驳回上诉，维持原裁定。

二、案例二基本案情及裁判结果

解某与某科技集团公司因工资报酬及违法终止劳动合同发生劳动争议并提起劳动仲裁。北京市海淀区劳动人事争议仲裁委员会裁决：某科技集团公司支付解某工资24 551.73元以及违法终止劳动关系赔偿金24 000元，并载明该裁决对某科技集团公司为终局裁决。某科技集团公司向北京市第一中级人民法院申请撤销仲裁裁决，申请理由为：(1) 仲裁裁决认定事实错误；(2) 仲裁裁决违反法定程序；(3) 解某提出有关工资和赔偿金的仲裁请求已经远远超出北京市最低工资标准12个月的金额，本案仲裁裁决应当为非终局裁决，因此仲裁裁决适用法律、法规错误。

北京市第一中级人民法院认为，某科技集团公司关于仲裁裁决违反法定程序的理由不能成立，法院不予采信。仲裁裁决的类型以仲裁裁决书确定为准，本案中，仲裁裁决书已经明确涉案仲裁裁决对某科技集团公司为终局裁决，某科技集团公司以涉案仲裁裁决为非终局裁决主张法律适用错误不能成立，法院不予采信。某科技集团公司主张的本案事实认定错误的理由，并不属于撤销仲裁裁决的法定事由，且无有效证据证明，对于本案法律适用并无影响。因此，裁定：驳回申请人某科技集团公司的申请。

三、案例三基本案情及裁判结果

夏某与某医院发生劳动争议，仲裁委员会裁决某医院退还夏某扣款7273.58元，并未载明裁决书类型，某医院不服仲裁裁决提起诉讼。

西安市未央区人民法院认为，《劳动争议调解仲裁法》第47条第1项规定，追索劳动报酬、工伤医疗费、经济补偿或者赔偿金，如果仲裁裁决涉及数项，每项确定的数额均不超过当地月最低工资标准12个月金额的，应当按照终局裁决处理。西安市未央区2015年最低工资标准为17 760元（1480元×12个月），本案裁决书裁决的劳动报酬未超过17 760元，故该裁决为终局裁决。经审查认为仲裁裁决为终局裁决，用人单位不服裁决向基层人民法院提起诉讼，已经受理的，裁定驳回起诉。故裁定驳回某医院的起诉。

某医院不服该一审判决提起上诉，陕西省西安市中级人民法院认为，本案的争议焦点是仲裁裁决是否属于终局裁决。仲裁裁决书未载明该裁决为终局裁决或非终局裁决，用人单位不服该仲裁裁决向基层人民法院提起诉讼的，法院应当审查该仲裁裁决的类型，并分别情形予以处理。经核算本案属于《劳动争议调解仲裁法》第47条第1项“追索劳动报酬、工伤医疗费、经济补偿或者赔偿金，不超过当地月最低工资标准十二个月金额的争议”之情形，故依法认定该仲裁裁决为终局裁决，一审法院裁定驳回起诉并无不当，裁定：驳回上诉，维持原裁定。

四、评析

《劳动争议调解仲裁法》创设了一裁终局制度，将仲裁裁决分为终局裁决和非终局裁决。根据《劳动争议调解仲裁法》《劳动人事争议仲裁办案规则》的规定，裁决书应当载明仲裁裁决的类型并告知当事人相应的救济权利。但实践中可能会遇到裁决书未载明裁决类型以及当事人对裁决书载明的裁决类型不服的情况，本解释第18条正是呼应了现实中出现的上述问题而进行了规定。

第一，明确了仲裁裁决的类型以仲裁裁决书确定为准的原则，即在仲裁裁决已明确类型的情形下，当事人对此有异议，人民法院不予审查。主要体现在两个方面：一种情形是用人单位以仲裁裁决载明的类型错误为由申请撤销仲裁裁决，我们认为并不属于《劳动争议调解仲裁法》第49条规定的可以撤销仲裁裁决的法定情形，若用人单位以此为由提出撤销仲裁裁决，中级人民法院应当驳回当事人的申请。另一种情形是仲裁裁决明确载明了裁决类型，但当事人对裁决类型不服，并未按照裁决书载明的裁决类型选择救济程序。如案例一用人单位对终局裁决直接向基层人民法院提起诉讼的情形，按照本条规定，对终局裁决用人单位向基层人民法院起诉的，基层人民法院应当不予受理，已经受理的，裁定驳回起诉。

第二，在裁决书未载明裁决类型的情况下，人民法院对裁决的类型有审查判断的权力，即人民法院应当根据《劳动争议调解仲裁法》第47条的具体规定进行审查并作出处理。对于经审查认为不符合《劳动争议调解仲裁法》第47条规定的，也即属于非终局裁决的，人民法院应当受理用人单位的起诉并进入实体审理。对于经审查认为符合《劳动争议调解仲裁法》第47条规定终局裁决的，人民法院应当根据该案件是否已经受理，相应作出不予受理的裁定或者裁定驳回起诉，但同时应当告知用人单位可以自收到裁定书之日起30日内向劳动人事争议仲裁委员会所在地的中级人民法院申请撤销该仲裁裁决。

第十九条

仲裁裁决书未载明该裁决为终局裁决或者非终局裁决，劳动者依据调解仲裁法第四十七条第一项规定，追索劳动报酬、工伤医疗费、经济补偿或者赔偿金，如果仲裁裁决涉及数项，每项确定的数额均不超过当地月最低工资标准十二个月金额的，应当按照终局裁决处理。

【条文主旨】

本条是关于《劳动争议调解仲裁法》第47条第1项规定的一裁终局裁决认定标准的规定。

【条文理解】

一、一裁终局制度的特点

《劳动争议调解仲裁法》规定的一裁终局制度是对劳动争议处理体制进行调整的重大突破，但值得注意的是，该法确立的一裁终局制度是有限的一裁终局，在实际运用中受到几个方面的限制，这主要体现在以下几个方面：

（一）适用范围方面受限制

不同于不区分案件类型、争议标的均可以适用的普通民商事一裁终局制度，根据《劳动争议调解仲裁法》第47条的规定，劳动争议的一裁终局仅适用于两类案件：一类是四种小额劳动争议，一类是部分劳动标准争议。其中，四种小额劳动争议主要包括：

1. 追索劳动报酬的案件

根据《关于〈劳动法〉若干条文的说明》（劳办发〔1994〕289号）的解释，劳动报酬是指劳动者从用人单位得到的全部工资收入。而追索劳动报酬案件具有案件频发、涉及人数众多、社会影响大等特点，因此能否及时高效地解决这类案件直接关系到社会的和谐稳定。

2. 追索工伤医疗费的案件

工伤医疗费是指职工因工负伤治疗，享受工伤医疗费。工伤医疗费是工伤保险待遇的一项，主要包括以下内容：（1）工伤职工治疗工伤或者职业病所需的挂号费、住院费、医疗费、药费、就医路费全额报销。（2）工伤职工需要住院治疗的，按照当地因公出差伙食补助标准的2/3发给住院伙食补助费；经批准转外地治疗的，所需交通、食宿费用按照本企业职工因公出差标准报销。

3. 追索经济补偿的案件

根据《劳动合同法》的规定，涉及经济补偿的有：（1）用人单位与劳动者可以在劳动合同中约定保守用人单位的商业秘密和与知识产权相关的保密事项。对负有保密义务的劳动者，用人单位可以在劳动合同或者保密协议中与劳动者约定竞业限制条款，并约定在解除或者终止劳动合同后，在竞业限制期限内按月给予劳动者经济补偿。（2）有下列情形之一的，用人单位应当向劳动者支付经济补偿：一是因用人单位过错，劳动者依照《劳动合同法》第38条规定解除劳动合同的；二是用人单位依照《劳动合同法》第36条规定向劳动者提出解除劳动合同并与劳动者协商一致解除劳动合同的；三是因劳动者患病、负伤、不能胜任工作等，用人单位依照《劳动合同法》第40条规定解除劳动合同的；四是因经济性裁员，用人单位依照《劳动合同法》第41条规定解除劳动合同的；五是除用人单位维持或者提高劳动合同约定条件续订劳动合同，劳动者不同意续订的情形外，依照《劳动合同法》第44条第1项规定终止固定期限劳动合同的；六是依照《劳动合同法》第44条第4项、第5项规定因企业破产、撤销、责令关闭等情形终止劳动合同的；七是法律、行政法规规定的其他情形。经济补偿按劳动者在本单位工作的年限，每满 1 年支付 1 个月工资的标准向劳动者支付。6 个月以上不满 1 年的，按 1 年计算；不满 6 个月的，向劳动者支付半个月工资的经济补偿。劳动者月工资高于用人单位所在直辖市、设区的市级人民政府公布的本地区上年度职工月平均工资 3 倍的，向其支付经济补偿的标准按职工月平均工资 3 倍的数额支付，向其支付经济补偿的年限最高不超过 12 年。

4. 追索赔偿金的案件

根据《劳动合同法》的规定，赔偿金包括：（1）用人单位违反《劳动合同法》规定解除或者终止劳动合同，劳动者要求继续履行劳动合同的，用人单位应当继续履行；劳动者不要求继续履行劳动合同或者劳动合同已经不能继续履行的，用人单位应当依照《劳动合同法》第 47 条规定的经济补偿标准的二倍向劳动者支付赔偿金。（2）用人单位违反《劳动合同法》规定与劳动者约定试用期的，由劳动行政部门责令改正；违法约定的试用期已经履行的，由用人单位以劳动者试用期满月工资为标准，按已经履行的超过法定试用期的期间向劳动者支付赔偿金。（3）用人单位有下列情形之一的，由劳动行政部门责令限期支付劳动报酬、加班费或者经济补偿；劳动报酬低于当地最低工资标准的，应当支付其差额部分；逾期不支付的，责令用人单位按应付金额 50% 以上 100% 以下的标准向劳动者加付赔偿金：一是未按照劳动合同的约定或者国家规定及时足额支付劳动者劳动报酬的；二是低于当地最低工资标准支付劳动者工资的；三是安排加班不支付加班费的；四是解除或者终止劳动合同，未依照该法规定向劳动者支付经济补偿的。

四种小额案件不仅要求争议标的符合前述四种类型，在金额上也同样存在限制，即金额不超过当地月最低工资标准 12 个月金额。关于金额的理解，将在下文中详细论述。

第二类关于劳动标准的案件。国家劳动标准是指国家对劳动领域内规律性出现的事物或行为进行规范，以定量或定性形式所作出的统一规定。我国对劳动标准建设一直相当重视，初步形成了以劳动法为核心的劳动标准体系，基本涵盖了劳动领域的主要方面。国家劳动标准包括工作时间、休息休假、社会保险等方面。国家劳动标准具有以下特点：（1）通过规范性文件加以规定；（2）标准明确，往往是用定量的方式加以规定；（3）适用范围广泛，涵盖了劳动领域的主要方面。

（二）适用主体方面受限制

不同于普通民商事仲裁对双方当事人均具有终局性效力，劳动争议一裁终局在适用主体方面主要侧重于保护劳动者的利益，仅适用于用人单位。根据《劳动争议调解仲裁法》第 48 条的规定，劳动者对该法 47 条规定的终局裁决不服的，可以自收到仲裁裁决书之日起 15 日内向人民法院提起诉讼。据此，劳动争议的终局裁决仅是针对用人单位而言的，对于劳动者而言，仲裁裁决并无当然的终局效力。这一规定是通过限制用人单位提起诉讼的权利体现倾斜保护劳动者的权利。

（三）仲裁裁决的效力在一定程度上受限制

《劳动争议调解仲裁法》在赋予劳动者对终局裁决提起诉讼的同时，也赋予用人单位向中级人民法院申请撤销的权利。一方面，终局裁决仅针对用人单位发生“终局”的效力，若劳动者提起诉讼，用人单位作为被告进入诉讼程序，该终局裁决即不发生“终局”的法律效果。另一方面，《劳动争议调解仲裁法》第 49 条同时规定，用人单位在六种法定情形下，可以向劳动争议仲裁委员会所在地的中级人民法院申请撤销仲裁裁决；如果仲裁裁决被人民法院裁定撤销，用人单位则可以就该劳动争议事项向基层人民法院提起诉讼。因此，从上述两个方面来看，一裁终局并非绝对意义上的“终局”，而是有限度的“终局”。

二、终局裁决的认定标准

《劳动争议调解仲裁法》第 47 条不仅规定了一裁终局制度，同时对终局裁决的标准也一并作出了规定。根据该条规定，“追索劳动报酬、工伤医疗费、经济补偿或者赔偿金，不超过当地月最低工资标准十二个月金额的争议”实行一裁终局，“因执行国家的劳动标准在工作时间、休息休假、社会保险等方面发生的争议”，同样属于一裁终局。对于执行国家劳动标准的案件在司法实务中认定相对容易，因劳动标准本身就是固化的、有明确规定的内容，因此在适用中存在的争议也较少。但如何理解《劳动争议调解仲裁法》第47条第1项规定的小额争议，在实践中产生了一些分歧，主要体现在两个方面：

（一）终局裁决的认定是以仲裁裁决确定的金额为准，还是以当事人申请的金额为准

举例来说，劳动者申请仲裁要求用人单位支付工资及经济补偿金，但劳动者提出仲裁申请的金额远远超过当地月最低工资标准12个月金额，但是仲裁委员会最终裁决认定用人单位应支付的金额未超过当地月最低工资标准12个月金额，这种情况下如何处理？是否能够适用一裁终局制度？

终局裁决的认定是以仲裁裁决确定的金额为准，还是以当事人申请的金额为准？在2010年《劳动争议司法解释（三）》实施前，司法实践中存在很大的争议，不同省份的司法实践有着不同的理解认识，甚至在同一地区劳动争议仲裁委员会和法院对此也持不同的意见。

一种意见认为，应该以劳动者申请追索劳动报酬提出请求的金额为准。理由主要在于，《劳动争议调解仲裁法》第47条第1项一裁终局的规定主要是规范裁判争议数额比较小的劳动争议，因此对于申请仲裁裁决的争议数额已经超过了当地月最低工资标准12个月金额，则说明该劳动争议已经不属于数额比较小的劳动争议，因此应该根据申请仲裁裁决的争议数额来确定本项规定的一裁终局的案件范围。如《广东省高级人民法院、广东省劳动争议仲裁委员会关于适用〈劳动争议调解仲裁法〉〈劳动合同法〉若干问题的指导意见》（粤高法发〔2008〕13号，2020年12月31日废止）第9条第1款规定：“《劳动争议调解仲裁法》第四十七条应作如下理解：（一）劳动者追索劳动报酬、工伤医疗费、经济补偿金或赔偿金，其仲裁请求涉及数项，分项计算数额不超过当地最低工资标准十二个月金额的，仲裁裁决为终

局裁决……”该规定确定的标准即为以当事人的申请数额作为认定终局裁决的标准，持该种观点的地区还包括浙江省、江苏省等。2017年《劳动人事争议仲裁办案规则》修订前，人力资源和社会保障部仲裁管理司亦持该观点，对终局裁决的理解是依申请。①

另一种意见则认为，应该以仲裁裁决确定的数额为准。主要理由在于，对于《劳动争议调解仲裁法》第47条第1项一裁终局的事项，主要目的在于通过迅捷的仲裁裁决来达到迅速保护劳动者利益的目的，与此同时，对于一裁终局的裁决在使劳动者能够迅速获得其申请裁决事项的快速执行之外，还能够赋予劳动者不服仲裁裁决的诉权，从而将法律保护的天平侧重于劳动者方面。对于用人单位来说，即使申请裁决的事项由其提起，而最终根据确定的裁决事项则限制其诉权，这恰恰符合《劳动争议调解仲裁法》的规范目的和精神。湖南省高级人民法院就采用了按照裁决金额确定终局裁决的观点。

2010年《劳动争议司法解释（三）》采纳了第二种意见，本解释仍然沿用2010年《劳动争议司法解释（三）》的观点，主要出于以下几方面的考虑：

首先，根据裁决数额来确定一裁终局更符合一裁终局制度的规范目的。一裁终局制度的立法目的在于迅捷地解决劳动争议，及时快速地保护劳动者的合法权利。从仲裁的审理实践来看，实务中仲裁裁决数额往往低于劳动者申请仲裁的申请金额，在劳动者申请金额较高的情况下，很难符合一裁终局的条件。如果依据申请数额来认定仲裁裁决是否属于终局裁决，很容易将大量劳动者请求数额较高但实际受保护金额符合小额条件的案件排除出一裁终局的范围，用人单位更容易提起诉讼，不符合一裁终局制度确定的目的，也无法使劳动者的权利得到及时保障。

其次，根据仲裁裁决确定的内容来认定是否构成一裁终局事项，能够使劳动者的请求更快地获得满足。《劳动争议调解仲裁法》第47

① 王振麒：《对劳动人事争议调解仲裁制度改革创新的初步建议》，载《中国劳动》2014年第5期。

条第1项规定的小额限定在“当地月最低工资标准十二个月金额”以内，体现了劳动者基本生存保障的要求，如果对于劳动者这种基本生存保障的要求不及时满足，则容易使劳动者的基本生存陷入困难，从而影响社会的稳定，影响国家政权的长治久安。第二种意见的贯彻实际上是限制了用人单位的诉权，但是并没有限制劳动者的诉权，而在劳动者不服仲裁裁决时，仍然赋予其向基层人民法院提起诉讼的权利，从而对于劳动者权利的保护并没有弱化。

最后，依据裁决结果认定金额有利于减少诉讼，使案件及时解决，分流诉讼案件，从而在当前人民法院面临重大审判压力情况下通过仲裁权的维护来协调仲裁和审判的和谐关系，减轻人民法院的审判工作压力，同时也有利于增强确立仲裁的权威性。

（二）当事人的申请包含数项请求，且仲裁裁决也涉及数项请求，终局裁决的认定是以每一单项请求均不超过当地月最低工资标准12个月为准，还是以仲裁裁决涉及的数项请求总和不超过当地月最低工资标准12个月为准

还是前面提到的例子，如劳动者申请仲裁要求用人单位支付工资及经济补偿金，仲裁裁决用人单位应当向劳动者支付工资、支付经济补偿金，该两个裁项拆分来看，关于工资的裁决总额未超过当地月最低工资标准12个月，关于经济补偿金的裁决总额亦未超过当地月最低工资标准12个月，但两项总和金额必然超过了上述标准，该案是否适用一裁终局制度？

对于这一问题，即如果当事人申请数项，而仲裁裁决也涉及数项请求，仲裁裁决中的每一项均不超过当地月最低工资标准12个月金额，但是仲裁裁决所涉及的数项请求的总和超过了当地月最低工资标准12个月金额，这种情况下是应该按照终局裁决处理还是非终局裁决处理，实践中也有不同做法，存有较大分歧。

一种意见认为，如果仲裁裁决涉及数项请求，每一项均不超过当地月最低工资标准12个月金额，不论数项之和是否超过，该仲裁裁决均为一裁终局仲裁裁决。最高人民法院在对此问题征询意见过程中，

法院系统和多数被征询单位均持此意见。如《广东省高级人民法院、广东省劳动争议仲裁委员会关于适用〈劳动争议调解仲裁法〉〈劳动合同法〉若干问题的指导意见》（已废止）、《湖南省高级人民法院关于审理劳动争议案件若干问题的指导意见》均明确指出，对《劳动争议调解仲裁法》第 47 条第 1 项应理解为分项计算数额不超过当地最低工资标准 12 个月金额的仲裁裁决为终局裁决。持该观点主要有以下几个方面的理由：第一，采取单项数额不超过当地月最低工资标准 12 个月金额能够更多地发挥一裁终局的制度功能，尽量把纠纷解决在仲裁阶段。如果采取数项之和不超过当地月最低工资标准 12 个月金额，则可能使一裁终局制度发挥空间受到限制，使实践中《劳动争议调解仲裁法》第 47 条第 1 项所针对的案件大幅减少，从而使一裁终局的制度在实务中作用大打折扣。第二，采取单项数额不超过当地月最低工资标准 12 个月金额能够更加有力地保护劳动者的利益。如果采取数项之和不超过当地月最低工资标准 12 个月金额，则使得大量的案件成为非一裁终局案件，这相当于变相赋予用人单位起诉权。用人单位起诉进入诉讼程序，势必因程序原因使劳动者获得利益保护的时间变长，不利于对于劳动者利益的及时保护，进而《劳动争议调解仲裁法》第 47 条第 1 项的规范目的也无法很好地实现。第三，从法律的文义解释来看，从《劳动争议调解仲裁法》该条款“或者”一词的表述，也可以看出其立法本意。“或者”含有选择之义，即劳动报酬、工伤医疗费、经济补偿、赔偿金四者之间是相互独立的，单独与其后的内容表达一个含义。如果该条款要表达分项之和的含义，就应当使用“以及”一词。

另一种意见认为，如果数项之和超过了当地月最低工资标准 12 个月金额，该仲裁裁决就不能认定为终局裁决，终局裁决应当按照数项裁决总和不超过当地月最低工资标准 12 个月认定。如《北京市高级人民法院、北京市劳动争议仲裁委员会关于劳动争议案件法律适用问题研讨会会议纪要》就规定，对于第一类案件一般应当以当事人申请仲裁时各项请求金额的总金额为标准确定是否属于适用一裁终局的劳动争议案件。持有该观点的主要理由有以下几个方面：第一，如果以单项确定一裁终局的标准，就扩大了一裁终局制度的适用范围，违反了《劳动争议调解仲裁法》第 47 条第 1 项规定主要在于解决小额劳动争议案件的立法本意，在适用上属于法律的扩张解释。第二，如果按照单项确定一裁终局的标准，必然造成仲裁实践和审判实践中限制了当事人的诉权，不利于当事人权利的保护。最高人民法院在 2010 年《劳动争议司法解释（三）》征询意见反馈中，全国总工会赞成此意见。

2010 年《劳动争议司法解释（三）》采纳了第一种意见，本解释亦延续了 2010 年《劳动争议司法解释（三）》的意见，主要有以下几个方面的考虑：

第一，《劳动争议调解仲裁法》第 47 条第 1 项规定的立法目的和精神主要在于，通过迅速快捷的案件处理方式来使小额劳动争议案件中劳动者的权益尽快获得保护，当然这种保护是以一定程度上使用人单位失去诉权为前提的。如果采纳数项裁决内容的数额之和超过当地月最低工资标准 12 个月金额的标准，那么必然大大增加现实生活中小额劳动争议案件的非终局裁决的数量，导致用人单位可以对大量案件提起诉讼，从而不符合本制度的立法本意。因此，在讨论此问题的过程中，绝大多数的人均认为采纳第一种意见并不是扩大解释，而是更符合立法本意的解释。

第二，更有利于对劳动者的保护。采纳第一种意见实际上在限制当事人的诉权方面仅仅限制的是用人单位的诉权，并没有限制劳动者的诉权。如果劳动者不服仲裁裁决，完全可以向基层人民法院提起诉讼，来保护自己的权利，从而更有利于保护劳动者的利益，使劳动者及时获得其所申请的小额争议的数额。

第三，对于用人单位来说，仅仅是限制了其诉权，并不是剥夺了其诉权。即在对于小额劳动争议的一裁终局上，如果用人单位不服该裁决，完全可以通过向中级人民法院提起撤销仲裁裁决来保护其利益，只不过这种制度上的安排要区别于用人单位直接向基层人民法院提起诉讼的救济途径。

第四，更符合中国的国情和社会主义审判的要求。从当前劳动争议纠纷处理机制的立法层面来看，一方面，《劳动合同法》与《劳动争议调解仲裁法》相继颁行后，不仅在实体法方面为劳动者依法维护自身利益提供了更为周全的保护，而且在程序方面进一步规范了劳动争议纠纷的解决途径，明晰了相应的操作规程，在立法上为劳动者以更简便、经济的方式解决劳资纠纷提供了依据。另一方面，继《诉讼费用交纳办法》规定对劳动争议纠纷案件收取 10 元诉讼费用之后，《劳动争议调解仲裁法》又规定对劳动争议仲裁不收费，从而大大降低了仲裁和诉讼的门槛。反映在司法层面，集中体现为劳动争议案件数量的激增。因此，在当前以及今后一个时期劳动争议案件呈现“诉讼爆炸”的态势下，充分发挥仲裁的作用，尽可能多地发挥一裁终局的制度功能，能够在一定程度上节省司法审判资源。

第五，采纳第一种意见能够减少诉讼环节以维护和谐的劳动关系，构建和谐的社会主义劳动新局面。

第六，与劳动争议仲裁机构适用的规则保持一致。2017 年颁布实施的《劳动人事争议仲裁办案规则》第 50 条第 1 款规定：“仲裁庭裁决案件时，申请人根据调解仲裁法第四十七条第（一）项规定，追索劳动报酬、工伤医疗费、经济补偿或者赔偿金，如果仲裁裁决涉及数项，对单项裁决数额不超过当地月最低工资标准十二个月金额的事项，应当适用终局裁决。”在仲裁办案规则该次修订之前，仲裁机构采用“依申请、依单项”的标准，从仲裁与审判协调统一的角度出发，2017 年修订仲裁办案规则采取了与 2010 年《劳动争议司法解释（三)》相同的处理判断原则，本解释则继续延续了之前规定的内容。

三、适用本条规定应注意的问题

为解决实践中在理解适用《劳动争议调解仲裁法》第 47 条第 1 项的规定，本解释明确了“依单项、依裁决”的标准来判断是否适用一裁终局制度。考虑到本解释第 18 条明确了“仲裁裁决的类型以仲裁裁决书确定为准”，本条适用的前提应当是裁决书未载明该裁决为终局或者非终局裁决的情形，因此在本次司法解释制定过程中，为更加符合法律逻辑要求，在保留2010年《劳动争议司法解释（三）》条文基本不变的情况下，在本条增加了“仲裁裁决书未载明该裁决为终局裁决或者非终局裁决”的内容，作为该条文的适用前提。我们依然坚持了2013年《劳动争议司法解释（四）》关于“仲裁裁决类型以仲裁裁决书确定为准”的观点，仅在仲裁裁决没有标明仲裁裁决类型的情况下，才对仲裁裁决属于终局裁决还是非终局裁决进行分析判断，而在认定是否属于终局裁决时，应当着重考虑以下因素：

首先，以“仲裁裁决”确定终局裁决。该条规定相对于当事人申请仲裁裁决请求的数额而言，是指仲裁裁决依法裁决的数额。判断是否属于一裁终局的仲裁裁决，并不是依据当事人申请的数额为准，而是依据仲裁裁决所确定的数额为准。

其次，以仲裁裁决的“单项裁决”确定终局裁决。仲裁裁决包含劳动报酬、工伤医疗费、经济补偿或赔偿金等多项裁决，虽然几个裁项之和已经能超过了当地月最低工资标准12个月的金额，只要该裁决几个裁项的单项金额均未超过当地月最低工资标准12个月的金额，则仍应当认定为终局裁决。

【审判实践中应注意的问题】

一、如何理解终局裁决适用案件类型的具体指向

《劳动争议调解仲裁法》第47条规定的案件类型包括追索劳动报酬、工伤医疗费、经济补偿或赔偿金的案件，如何理解该四类案件具体包括的范围和内容，实践中亦有争议。结合《劳动人事争议仲裁办案规则》以及相关规章文件，我们认为，劳动报酬包括工资、奖金、津贴补贴、加班费等；工伤医疗费包括挂号费、检查费、治疗费、化验费、住院费、医疗费、药费、手术费、住院伙食补助费、跨统筹地区就医的交通费以及其他与工伤职业病治疗有关的费用；经济补偿金

包括解除或终止劳动合同的经济补偿金、未提前30天书面通知解除劳动合同的1个月工资、竞业限制补偿金、未休年假工资等；赔偿金包括违法解除或违法终止劳动合同赔偿金，未签书面劳动合同2倍工资差额、违法约定试用期的赔偿金，逾期支付劳动报酬、加班费或经济补偿的加付赔偿金。综上，凡是涉及上述争议或标的的案件，若数额符合一裁终局的要求，均可以认定为终局裁决。

二、如何理解当地最低工资标准

最低工资标准，是国家依法规定的，当职工在法定工作时间或依法签订的劳动合同约定的工作时间内提供了正常劳动的前提下，用人单位在最低限度内应当支付的足以维持职工及其平均供养人口基本生活需要的劳动报酬，即工资的法定最低限额。① 根据《最低工资规定》，确定和调整最低工资标准，应参考当地就业者及其赡养人口的最低生活费用、城镇居民消费价格指数、职工个人缴纳的社会保险费和住房公积金、职工平均工资、经济发展水平、就业状况等因素。因各地经济发展水平的差异，各省、自治区、直辖市的最低工资标准均有所差异。并且伴随经济水平的发展，最低工资标准并非一成不变而是根据前述相关因素的变化适时进行调整的，根据《最低工资规定》，最低工资标准至少两年调整一次。可见，最低工资标准因地域不同、时间点不同而有很大的差异。因最低工资标准并非固定不变，本条规定按照当地最低工资标准12个月作为判断终局裁决的标准，在具体实践适用中自然也会产生不同的理解，不同观点自然也是围绕地域和时间点的确定标准展开。我们认为，关于“当地”这一地域范围的理解，鉴于终局裁决判断标准是以仲裁裁决为标准，应当按照仲裁机构所在地作为计算最低工资标准的地域条件，一方面与本解释规定的以仲裁裁决为判断标准保持地理上的一致性，另一方面也便于仲裁机构统一适用标准，防止按照不同标准认定终局裁决的情形出现。关于最

---

① 王兴全：《劳动法》，法律出版社2017年版，第343页。

低工资标准的时间节点认定，也存在一定分歧，是以相关报酬及赔偿应当支付时间为节点，还是以劳动合同解除或终止时为节点，再或者以仲裁裁决作出时为节点？我们认为，以仲裁裁决作出时的最低工资标准作为判断依据更为合理，主要理由是：一是以该时点作为判断标准与以“仲裁裁决”认定的数额为判断标准更趋于一致。二是劳动合同解除或终止的时间以及相关请求应当支付的时间具有“不确定性”，这种不确定性一方面表现在劳动者与用人单位对于解除、终止、工资支付等问题往往有很大分歧，最终的时间是通过仲裁进行认定的；另一方面表现在支付工资、支付补偿或赔偿金的时间往往存在不一致性，如工资的支付时间是提供劳动对应月，而经济补偿或赔偿的支付时间是发生解除或终止等法定事由。而采用仲裁裁决作出时这一时间作为认定标准，更为明确统一。三是最低工资标准随着时间的推移始终处于不断增长的状态，按照裁决作出时计算最低工资标准得出的金额高于其他时点，更有利于一裁终局制度立法目的的实现，也更有利于保护劳动者的合法权益。

【案例解读】

一、基本案情

李某某与某服装服饰公司发生劳动争议，李某某申请劳动仲裁要求某服装服饰公司向其支付工资差额及未休年假工资，北京市丰台区劳动人事争议仲裁委员会作出裁决：某服装服饰公司支付李某某2018年2月1日至2018年5月15日工资差额8909元、2016年6月1日至2017年12月31日未休带薪年休假工资3089.66元。该仲裁裁决未载明裁决类型。

某服装服饰公司不服该仲裁裁决提起诉讼，请求法院判令其公司无须支付李某某工资差额及未休年假工资，主张该公司已经足额发放工资并安排了李某某休年休假。

李某某答辩称，本案属于一裁终局案件，本案人民法院不应当予以受理。且丰台仲裁委员会作出裁决后法定期限内，某服装服饰公司并未就此仲裁裁决向北京市第二中级人民法院起诉撤销该裁决，该仲裁裁决已经生效。

二、裁判结果

北京市丰台区人民法院经审查认为：根据《劳动争议调解仲裁法》第47条和2010年《劳动争议司法解释（三）》第13条之规定，北京市丰台区劳动人事争议仲裁委员会作出的裁决应为一裁终局裁决。如果用人单位对仲裁裁决不服，并在符合法律规定的情形下，只能向中级人民法院申请撤销争议的仲裁裁决，而不能再以该裁决为依据向基层人民法院提起民事诉讼。故裁定：驳回某服装服饰公司的起诉。

三、评析

《劳动争议调解仲裁法》确立了一裁终局制度，对终局裁决的类型和范围亦进行了规定，在实践中在适用的过程中仍然发生了分歧，尤其是对于《劳动争议调解仲裁法》第47条规定的四类小额案件的理解和适用分歧更为明显。主要表现在对于当地月最低工资标准12个月金额的理解是"依单项"还是"依总额"，是"依当事人申请"还是"依裁决书确认"。最终，本解释确立了以裁决书数额确认为准以及裁决各项数额均不超过当地月最低工资标准12个月金额的标准和原则，同时确立了以裁决书载明的仲裁裁决类型为准的原则。

但是，在仲裁裁决书没有明确表明仲裁裁决类型的情况下，人民法院应当成为审查仲裁裁决类型的主体，在审查过程中所把握的原则为"依裁决"和"依单项"，即如果仲裁裁决涉及数项，每项确定的数额均不超过当地月最低工资标准12个月金额的，应当按照终局裁决处理。如本案中裁决涉及工资和未休年假工资两项裁决内容，每一项的数额均未超过当年度北京最低工资标准12个月的金额，法院最终认定该裁决为终局裁决，并按照终局裁决的处理程序，基层人民法院驳回了对用人单位的起诉。这里应当注意的是，应告知用人单位可以自收到不予受理裁定书之日起30日内向劳动争议仲裁机构所在地的中级人民法院申请撤销该仲裁裁决。

第二十条

劳动争议仲裁机构作出的同一仲裁裁决同时包含终局裁决事项和非终局裁决事项，当事人不服该仲裁裁决向人民法院提起诉讼的，应当按照非终局裁决处理。

【条文主旨】

本条是关于当事人不服劳动争议仲裁机构作出的同时包含终局裁决事项和非终局裁决事项的仲裁裁决提起诉讼时的处理规定。

【条文理解】

《劳动争议调解仲裁法》创设了一裁终局制度，对四类小额劳动争议纠纷以及因执行国家的劳动标准发生的劳动争议适用一裁终局制度。但如果一个仲裁裁决中既有终局裁决事项，又有非终局裁决事项，应该如何处理？人力资源和社会保障部2017 年的《劳动人事争议仲裁办案规则》第 50 条第 4 款规定：“仲裁庭裁决案件时，裁决内容同时涉及终局裁决和非终局裁决的，应当分别制作裁决书，并告知当事人相应的救济权利。”这对于仲裁裁决的文书写作来说确实能够提供一些指引和参考，但分别制作裁决书的具体方式并没有明确规定，实践中也存在未按照该规定处理的仲裁裁决，审判实务应当如何处理？

从《劳动人事争议仲裁办案规则》第 50 条规定的本意来看，是为了更为彻底地贯彻一裁终局制度，人民法院应当按照《劳动争议调解仲裁法》以及本解释关于终局裁决和非终局裁决的不同程序处理规定来处理，一旦实践中出现同时包含终局裁决事项和非终局裁决事项的仲裁裁决时，人民法院在适用法律的过程中将面临无法选择的困境。比如，对同一仲裁裁决，是否当事人仅能对于仲裁裁决中的部分事项起诉，而对于其他事项不能起诉，而法院也只能对于部分事项进行实体审查，对其他事项不能进行实体审查，这是否符合裁判文书的一体性原则，是否能够更加符合一裁终局的制度精神。实践中，对同一仲裁裁决包含终局裁决事项和非终局裁决事项时，法院的处理模式也不尽相同。如《广东省高级人民法院、广东省劳动争议仲裁委员会关于适用〈劳动争议调解仲裁法〉〈劳动合同法〉若干问题的指导意见》（粤高法发〔2008〕13 号，2020 年 12 月 31 日废止）第 9 条第 2 款规定："申请人的仲裁请求同时涉及仲裁终局裁决和非终局裁决事项的，劳动争议仲裁委员会应分别就仲裁终局裁决与非终局裁决事项作出裁决。"而《南京市中级人民法院、南京市劳动争议仲裁委员会关于劳动争议案件仲裁与审判若干问题的指导意见》第 9 条规定："在同一案件裁决结果中既有终局裁决事项，也有非终局裁决事项的，仲裁委员会可在同一份裁决文书中表述，但终局裁决事项与非终局裁决事项应分开表述，分别注明属性，并告知当事人与之相对应的诉权及行使该诉权的期限。"在 2010 年《劳动争议司法解释（三）》出台前，从多数人民法院的审判实践来看，对于裁判文书中既包含一裁终局事项又包含非一裁终局事项的，法院往往采取分别处理的方法，即对于用人单位向人民法院起诉处理的，人民法院予以受理，但是对于一裁终局事项则直接基于《劳动争议调解仲裁法》规定的一裁终局理由驳回当事人的起诉，并不进行实体审理，只是对于非一裁终局事项才进行实体审理。

考虑到案件处理在实体上和程序上的一致性，避免因人为拆分案件而导致的前后处理结果不一致的情形，本解释采取了"同一仲裁裁决同时包含终局裁决事项和非终局裁决事项，当事人不服该仲裁裁决向人民法院提起诉讼的，应当按照非终局裁决处理"的原则，即人民法院需要在实体上审理裁决书中的非终局裁决事项以及终局裁决事项，当然前提条件是用人单位对终局裁决事项亦提出诉讼请求表示了异议。

一、同时包含终局裁决事项和非终局裁决事项的理解

仲裁裁决同时包含终局裁决和非终局裁决可能包括两种情形：

一是仲裁裁决仅涉及《劳动争议调解仲裁法》第47条规定的数项内容，并且数项内容有非终局裁决事项，这种情况下要将整个仲裁裁决认定为非终局裁决，对于其中的终局裁决事项也随之上升到非终局裁决事项。如，劳动者追索劳动报酬和追索经济补偿金，裁决支持劳动者的主张，其中劳动报酬并未超过当地月最低工资标准12个月金额，但是追索经济补偿金超过当地月最低工资标准12个月金额，该种情况下整个仲裁裁决认定为非终局裁决。用人单位仅对未超过当地月最低工资标准12个月金额的劳动报酬部分不服并提起诉讼，人民法院也应当按照非终局裁决的处理方法和思路，对案件进行实体审理。

此处需要注意的是，《劳动争议调解仲裁法》第47条规定了两种一裁终局类型，该条第2项规定“因执行国家的劳动标准在工作时间、休息休假、社会保险等方面发生的争议”属于终局裁决。例如，国家规定每天8小时工作制，每天加班不能超过3小时，如果用人单位要求劳动者每天工作14小时，针对这种情形，劳动者申请仲裁的，裁决结果属于终局裁决，这很好理解。“因执行国家的劳动标准在工作时间、休息休假、社会保险等方面发生的争议”主要针对有确定的国家标准的劳动争议纠纷，对于这类纠纷并没有确定“当地月最低工资标准十二个月金额”的限制，因此，只要是本项规定的案件，就是一裁终局事项。但是，如果在此类一裁终局事项同非终局事项一同裁决，那么本类一裁终局事项亦递升为非终局裁决事项，从而人民法院对于用人单位针对这类纠纷的起诉，也应予以受理并进行审理。

二是仲裁裁决涉及《劳动争议调解仲裁法》第47条规定的一裁终局裁决事项和该条规定之外的非终局裁决事项，这种情况下也要将整个仲裁裁决认定为非终局裁决。例如，劳动者起诉用人单位支付劳动报酬、工伤医疗费、经济补偿金或者赔偿金，又要求用人单位支付基于职务发明专利的提成费用，这种情况下，无论前者是否构成终局

裁决的事项，而基于后者要求用人单位支付基于职务发明专利的提成费用就使该案件构成为非终局裁决案件，从而人民法院应将前者的争议亦按照非终局裁决的事项来进行处理。

二、明确按照非终局裁决的处理原则

虽然《劳动人事争议仲裁办案规则》（人力资源和社会保障部令第33号）规定，仲裁庭裁决案件时，裁决内容同时涉及终局裁决和非终局裁决的，应当分别制作裁决书，并告知当事人相应的救济权利。但不排除实践中有的仲裁机构仍然出具同时包含终局裁决事项和非终局裁决事项的裁决。本解释明确规定，在既包含终局裁决事项又包含非终局裁决事项的情况下，当事人不服该仲裁裁决向人民法院提起诉讼的，人民法院应当受理，在实体上，要按照非终局裁决事项的处理原则处理，即要对终局裁决事项一并进行实体审理。

本解释的规定延续了2010年《劳动争议司法解释（三）》第14条的观点，在2010年《劳动争议司法解释（三）》制定时，就有部门持不同的意见，建议将该条修改为："同一仲裁案件中，当事人申请仲裁事项同时包含终局裁决事项和非终局裁决事项的，应分别根据调解仲裁法第47条、第48条、第49条、第50条的规定处理。"具体理由认为：《劳动争议调解仲裁法》第47条的表述是"下列劳动争议"，是以"争议"事项为界限，不是以"案件"为界限，所以应理解为应是针对不同的争议分别作出裁决，进行不同的诉讼救济。

对此，我们认为，如果涉及非终局裁决事项，则可以一并提起诉讼，如果对于终局裁决事项不服的，人民法院应一并受理，并一并进行实体审理。具体理由主要有以下几个方面：

第一，这样处理并不会削减一裁终局的制度价值。如果争议事项为非终局裁决事项，则说明劳动者和用人单位之间的争议已经超越了一裁终局的制度内涵，这种情况下其争议是很难归属到一裁终局的制度目的之中的。

第二，如果劳动者基于同一法律关系提起数项不同的诉讼请求，那么这数项诉讼请求从法律争点的整理角度是不可分的，不能说劳动报酬和工伤医疗费具有分开进行审理的必要。因为往往基于同一法律关系，劳动报酬计算错误，那么工伤医疗费或者经济补偿金也可能计算错误，而如果放任这些同一法律关系的争点不予处理，显然违反了同一法律关系诉讼的整体性原则。

第三，从诉讼效率和诉讼成本角度来说，一裁终局事项自裁决书作出之日即生效。这里的理解应该是整个裁决书的生效，如果一旦当事人提起诉讼，哪怕针对非一裁终局事项，也意味着整个仲裁裁决书即失去效力，这种情况下当事人不能申请人民法院强制执行该仲裁裁决。比如在劳动者追索劳动报酬和请求支付业务提成费用案件中，用人单位反申请认为劳动者已经提前支取了业务提成费用，并请求劳动者返还业务提成费用，而仲裁裁决根据这两项不同的请求裁决追索劳动报酬事项没有超过当地12个月的最低工资标准，该项为一裁终局事项，但是同时也支持了劳动者关于请求支付业务提成费用的请求，而该项请求为非一裁终局事项。但是，一旦按照一裁终局即为“终局”的一裁终局，那么当事人基于一裁终局事项申请执行，人民法院亦加以执行。而后法院判决却支持了用人单位关于已经支付给劳动者业务提成并判决劳动者返还用人单位业务提成的反诉请求，而劳动者这种情况下却并不执行，从而可能造成法院执行一定的困难。这必然影响诉讼效率和增加诉讼成本。

第四，如果按照“相应的救济权利”来对待的话，那么也就意味着对于一裁终局事项的裁决内容用人单位不可以向基层人民法院提起诉讼，但是用人单位是否可以针对一裁终局事项向中级人民法院申请撤销仲裁，显然答案应该是肯定的。而与此同时，用人单位还有可能对于非终局裁决事项向基层人民法院提起诉讼。分别裁决并适用有区别的相应的救济权利，显然意味着用人单位不服该仲裁裁决要提起两个诉讼，一个是向基层人民法院提起诉讼，一个是向中级人民法院申请撤销仲裁，这样显然是不合理的。

三、本条规定与《劳动人事争议仲裁办案规则》协调适用

《劳动人事争议仲裁办案规则》第50条第4款规定："仲裁庭裁决案件时，裁决内容同时涉及终局裁决和非终局裁决的，应当分别制作裁决书，并告知当事人相应的救济权利。"在本解释条文的背景下，我们认为"裁决内容同时涉及终局裁决和非终局裁决的，应分别作出裁决"并无疑义，因为对于《劳动争议调解仲裁法》所规定的"争议"事项实质上涉及的是当事人的不同请求的裁判文书表述问题，这实质上也是仲裁裁决和法院判决的共性内容，即"裁如所请""判如所请"，裁判内容针对当事人的请求。

至于办案规则关于"并告知当事人相应的救济权利"，应理解为在所有裁决事项均为终局裁决事项时，告知当事人不服该裁决时，劳动者可以向基层人民法院提起诉讼，而用人单位不能向基层人民法院提起诉讼，但用人单位可以向中级人民法院申请撤销仲裁裁决。而在该仲裁裁决既包括一裁终局事项，又包括非一裁终局事项的情况下，根据本解释规定，则应告知当事人该裁决为非终局裁决，当事人可以向基层人民法院提起诉讼，并且对于一裁终局事项和非一裁终局事项当事人均可以提起诉讼，请求人民法院进行实体审理；并告知如果一旦提起诉讼，人民法院对于一裁终局事项亦需要进行实体审理。

【审判实践中应注意的问题】

一、仲裁裁决同时包含终局裁决事项和非终局裁决事项，而用人单位仅仅就终局裁决事项提起诉讼，如何处理

如果仲裁裁决书中既有终局裁决内容，又有非终局裁决内容，根据本条规定"应当按照非终局裁决处理"的处理原则，那么该裁决就应当认定为非终局裁决，不论当事人针对其中的非终局裁决事项还是对终局裁决事项提起诉讼，人民法院均应该受理，并应该进行实体审

理，不能以所谓的“仲裁裁决事项”系终局裁决事项而径行驳回用人单位的起诉。因为，在这种情况下，整个裁决的内容基于其一体性原则而整体上升为非终局裁决，那么这种情况下这个裁决的性质已经发生变化，不论仲裁裁决的具体裁项是否为终局裁决事项，均应受到非终局裁决处理规则的规制，人民法院对于仅仅针对终局裁决内容的部分提起诉讼而并未对非终局裁决部分提起诉讼的，也应该受理并进行实体审理。

在具体的审判实践中，需要广大法官转变审理案件的思路，只要这个仲裁裁决是非终局裁决，那么对于整个裁决要进行整体的处理，即只要当事人提出请求，就要进行审理，而不能以具体的裁决事项为终局裁决事项为由就不予以处理。

二、用人单位对于一裁终局的裁决未向中级人民法院申请撤销仲裁裁决，而是向基层人民法院提起诉讼，应该如何处理

对于一裁终局的仲裁裁决，根据《劳动争议调解仲裁法》第 49 条的规定，用人单位可以自收到仲裁裁决书之日起 30 日内向劳动争议仲裁委员会所在地的中级人民法院申请撤销裁决，但是如果用人单位没有向中级人民法院申请撤销仲裁裁决，而是向基层人民法院提起诉讼，并且人民法院也已经立案受理了，而在人民法院审理期间，发现用人单位起诉的请求属于一裁终局事项，用人单位不能向基层人民法院起诉。但是，这种情况下向中级人民法院申请撤销仲裁的期限也已经过了，如何处理？我们认为应当区分不同情况进行分析处理。

第一种情形，仲裁裁决未载明裁决类型的。按照本解释第 18 条的规定，仲裁裁决书未载明该裁决为终局裁决或者非终局裁决，用人单位不服该仲裁裁决向基层人民法院提起诉讼的，经审查认为该仲裁裁决为终局裁决的，基层人民法院不予受理，但应告知用人单位可以自收到不予受理裁定书之日起 30 日内向劳动争议仲裁机构所在地的中级人民法院申请撤销该仲裁裁决；已经受理的，裁定驳回起诉。根据该条规定，虽然客观上已经超过了申请撤销仲裁裁决的期限，但该超期

并非用人单位过错所致，在接到基层人民法院不予受理或驳回起诉的裁定后30日内，用人单位仍然可以向中级人民法院申请撤销仲裁裁决。

第二种情形，仲裁裁决同时包含终局裁决事项和非终局裁决事项的，依照本条规定，应当按照非终局裁决对待，基层人民法院不能认定用人单位对终局裁决事项不服就构成不服终局裁决，应当按照非终局裁决对待进行实体审理。

第三种情形，仲裁裁决明确载明裁决类型，并告知用人单位应当在收到仲裁裁决书之日起30日内向劳动争议仲裁委员会所在地的中级人民法院申请撤销裁决的，用人单位仍然没有在法定期限内向中级人民法院提起撤销仲裁裁决申请而是向基层人民法院提起诉讼，系用人单位自身原因作出了不符合法律规定的选择，基层人民法院应当裁定不予受理，已经受理的裁定驳回起诉，而用人单位因错过了提起撤销仲裁裁决的期限，亦无法向中级人民法院申请撤销仲裁裁决。

【案例解读】

一、基本案情

孙某某主张其于12月4日入职某职业学校，约定试用期工资3000元，岗位为销售人员，12月5日，某职业学校以其不适合工作岗位为由将其辞退。某职业学校则主张孙某某12月4日和5日仍处于面试培训期，未正式入职，通过两天面试培训，孙某某不适合工作岗位，遂通知孙某某不需要再参加培训，双方未建立劳动关系。孙某某申请劳动仲裁，北京市朝阳区劳动人事争议仲裁委员会裁决：确认双方于12月4日至12月5日期间存在劳动关系；某职业学校向孙某支付解除劳动关系赔偿金3000元。某职业学校不服提起诉讼，北京市朝阳区人民法院经审理认为双方存在劳动关系，但某职业学校以孙某某培训考核不合格不予录用，孙某某亦签字认可，故孙某某主张某职业学校违法解除劳动关系不能成立。判决：（1）双方存在劳动关系；（2）某职业学校无须支付孙某某解除劳动合同赔偿金。

孙某某不服该一审判决提起上诉，主要理由之一就是一审法院对解除劳动关系赔偿金的诉讼请求没有受理权限，其主张的解除劳动关系赔偿金属于终局裁决事项，一审法院没有管辖权。

二、裁判结果

北京市第三中级人民法院经审理认为，根据2010年《劳动争议司法解释（三）》第14条，劳动人事争议仲裁委员会作出的同一仲裁裁决同时包含终局裁决事项与非终局裁决事项，当事人不服该仲裁裁决向人民法院提起诉讼的，应当按照非终局裁决处理。故孙某某对原审法院对本案并无管辖权之主张，缺乏法律依据，法院不予采纳。最终二审法院判决：驳回上诉，维持原判。

三、评析

《劳动人事争议仲裁办案规则》第50条第4款规定："仲裁庭裁决案件时，裁决内容同时涉及终局裁决和非终局裁决的，应当分别制作裁决书，并告知当事人相应的救济权利。"但在司法实践中，并不排除劳动仲裁机构没有分别出具裁决的情况，而根据《劳动争议调解仲裁法》的规定，终局裁决和非终局裁决对用人单位产生的法律效力和救济途径有很大区别，在同一仲裁裁决中同时包含终局裁决内容及非终局裁决内容时，人民法院应当如何处理，本条作出了明确的规定，即将终局裁决的事项亦上升为非终局裁决，人民法院按照非终局裁决来进行程序上以及实体上的处理。

具体来说，同时包含终局裁决事项和非终局裁决事项的案件，若劳动者向基层人民法院提起诉讼，毫无疑问，基层人民法院应当进行实体处理；若用人单位向基层人民法院提起诉讼，根据本条规定，人民法院应当按照非终局裁决案件进行实体审理，这里值得注意的是，若用人单位同意仲裁裁决中非终局裁决事项的部分，仅对终局裁决事项有异议，亦应当按照非终局裁决对待处理。

第二十一条

劳动者依据调解仲裁法第四十八条规定向基层人民法院提起诉讼，用人单位依据调解仲裁法第四十九条规定向劳动争议仲裁机构所在地的中级人民法院申请撤销仲裁裁决的，中级人民法院应当不予受理；已经受理的，应当裁定驳回申请。

被人民法院驳回起诉或者劳动者撤诉的，用人单位可以自收到裁定书之日起三十日内，向劳动争议仲裁机构所在地的中级人民法院申请撤销仲裁裁决。

【条文主旨】

本条是关于劳动争议仲裁机构作出终局裁决后，劳动者提起诉讼，同时用人单位申请撤销仲裁裁决时的处理规定。

【条文理解】

一、本条规定的法律依据

《劳动争议调解仲裁法》第47条、第48条以及第49条是本条规定最重要的法律依据。按照《劳动争议调解仲裁法》的规定，劳动争议调解仲裁解决模式有两种：

（一）一调一裁两审制

《劳动争议调解仲裁法》第5条规定："发生劳动争议，当事人不愿协商、协商不成或者达成和解协议后不履行的，可以向调解组织申请调解；不愿调解、调解不成或者达成调解协议后不履行的，可以向劳动争议仲裁委员会申请仲裁；对仲裁裁决不服的，除本法另有规定的外，可以向人民法院提起诉讼。”

一调一裁两审制固然有更合理、更周密地保护当事人合法权益等优点，但是这种制度设计也有自身不可克服的局限性：劳动争议处理周期长，效率低，劳动者维权成本高。许多劳动者往往因拖不起时间、打不起官司，使得其合法权益难以得到及时和有效的维护。

（二）一裁终局制

《劳动争议调解仲裁法》第 5 条规定的“除本法另有规定的外”的情形指的就是《劳动争议调解仲裁法》第 47 条针对特定劳动争议规定的一裁终局制度。该条规定：“下列劳动争议，除本法另有规定的外，仲裁裁决为终局裁决，裁决书自作出之日起发生法律效力：（一）追索劳动报酬、工伤医疗费、经济补偿或者赔偿金，不超过当地月最低工资标准十二个月金额的争议；（二）因执行国家的劳动标准在工作时间、休息休假、社会保险等方面发生的争议。”

一裁终局制度具有一调一裁两审制所不具有的制度优势，二者可以相互弥补。从统计看，《劳动争议调解仲裁法》第 47 条涉及的劳动争议在整个劳动争议纠纷案件中的占比较高，较之其他类型劳动争议，这两类争议纠纷法律关系明确、突出效率的必要性也比较高，将这两类纠纷仲裁规定为一裁终局，一方面能让大量的劳动争议案件在仲裁阶段就得到解决，不必再拖延到诉讼阶段，另一方面也可以有效地缩短劳动争议案件的处理时间，提高劳动争议解决效率，更加及时地保护当事人特别是劳动者的合法权益。

《劳动争议调解仲裁法》确立的一裁终局制度与《仲裁法》确立的商事仲裁一裁终局制度的差别表现为两个方面：一是根据《劳动争议调解仲裁法》第 48 条规定，劳动者对该法第 47 条规定的仲裁裁决不服的，可以自收到仲裁裁决书之日起 15 日内向人民法院提起诉讼。二是该法第 49 条规定，用人单位有证据证明该法第 47 条规定的仲裁裁决有下列情形之一，可以自收到仲裁裁决书之日起 30 日内向劳动争议仲裁委员会所在地的中级人民法院申请撤销裁决：（1）适用法律、法规确有错误的；（2）劳动争议仲裁委员会无管辖权的；（3）违反法定程序的；（4）裁决所根据的证据是伪造的；（5）对方当事人隐瞒了足以影响公正裁决的证据的；（6）仲裁员在仲裁该案时有索贿受贿、徇私舞弊、枉法裁决行为的。人民法院组成合议庭审查核实裁决有前款规定情形之一的，应当裁定撤销。仲裁裁决被人民法院裁定撤销的，当事人可以自收到裁定书之日起15日内就该劳动争议事项向人民法院提起诉讼。

由此，就该法第47条所涉争议的终局仲裁裁决，《劳动争议调解仲裁法》对用人单位和劳动者规定了不同的救济途径：对用人单位而言，第49条规定其可以申请撤销仲裁裁决。对劳动者而言，考虑到在保障双方当事人救济权利的前提下，需要对劳动者提供更充分的保障，劳动者对第47条规定的仲裁裁决不服的，可以向法院提起诉讼。

二、本条规定涉及程序性法理的分析

（一）诉讼程序合并仲裁裁决撤销程序具有正当性

用人单位行使撤销权的前提是终局裁决法律效力仍在持续。劳动者向法院提起诉讼，则意味着终局仲裁裁决法律效力的暂时中止或者说处于待定状态，如果人民法院针对劳动者的诉讼请求作出了实体判决，则该终局裁决当然失去法律效力。在此情况下，仍然继续撤销仲裁裁决的程序就没有必要。如果由于被驳回起诉或撤诉的，该终局裁决的法律效力自然恢复，用人单位申请撤销的前提再次具备，据此，本条第2款规定，其可申请撤销该仲裁裁决。

（二）两种程序并存时，应当驳回用人单位撤销仲裁裁决的申请

本条规定的主要争议集中在，如果劳动者提起诉讼和用人单位申请撤销仲裁裁决并存，应当如何处理用人单位的申请撤销程序，即应当裁定终结诉讼，还是中止诉讼、驳回起诉，抑或驳回申请。

1. 终结诉讼

我们认为，裁定终结诉讼与《民事诉讼法》有关终结诉讼规定的制度目的并不相符。《民事诉讼法》第151条规定："有下列情形之一

的，终结诉讼：（一）原告死亡，没有继承人，或者继承人放弃诉讼权利的；（二）被告死亡，没有遗产，也没有应当承担义务的人的；（三）离婚案件一方当事人死亡的；（四）追索赡养费、扶养费、抚育费以及解除收养关系案件的一方当事人死亡的。”根据上述规定可知，终结诉讼后，该诉讼将不再有被重新激活或者再次启动的可能，亦即该诉讼将不可挽回地归于消灭。而本条第1款规定的情形一旦出现，用人单位并非不可能再次向有管辖权的中级人民法院申请撤销仲裁裁决。

2. 中止诉讼

本条规定所作之选择主要是在中止诉讼和驳回申请之间进行。选择中止诉讼的合理性在于，在本条第1款规定情况下，用人单位申请撤销仲裁裁决程序存在或者继续进行的前提已经不再充分，但此种障碍并非确定地产生消灭撤销申请程序的效果。如果满足本条第2款规定情形（实质上是障碍消除），①用人单位还有权向有管辖权的中级人民法院申请撤销仲裁裁决。而最终放弃选择中止诉讼的主要考虑则是，劳动者不服仲裁裁决提起诉讼后，即已表明劳动者已经放弃一裁终局的效率优势，转而寻求诉讼程序的公正保护和救济。而该诉讼将不可避免地陷入程序繁复、耗时较长的境地，而且就结果来说，也是存在多种可能的。在此情况下，将有可能使得大量撤裁案件因诉讼中止悬而不决。因此，从实务的角度考虑，中止用人单位申请撤销程序的必要性确实不大。更为重要的是，在劳动者提起诉讼以后，用人单位申请撤销仲裁裁决的前提已经缺失，该撤裁程序继续存在的合法性已经不具备，从而使得“中止”该诉讼的法律依据不存在。此外，如果采纳中止诉讼的立场，在劳动者提起的诉讼经由判决结案后，一方面是该终局裁决当然失去法律效力，另一方面却因用人单位申请撤销程序仍然存在，由此导致了法院还要再次终结该申请撤销程序的逻辑矛盾，并有可能影响劳动者合法权益及时保护目的的尽快实现。

---

① 《民事诉讼法》第150条第2款规定：“中止诉讼的原因消除后，恢复诉讼。”

3. 驳回起诉

用人单位申请撤销仲裁裁决程序与经由起诉而引发的正常诉讼程序性质不同，在符合本条第 1 款规定情形时，中级人民法院驳回其起诉显然不妥。尽管《劳动争议调解仲裁法》第 47 条所称的“终局裁决”与《仲裁法》规定的商事仲裁在性质上有不同之处，但就撤销仲裁裁决程序来看，两者之间的本质是相同的。《仲裁法》第 60 条规定，人民法院应当在受理撤销裁决申请之日起两个月内作出撤销裁决或者驳回申请的裁定。根据该规定，人民法院在撤裁程序中仅能作出两种裁定：一是撤销裁决；二是驳回申请。由此可见，在本条第 1 款中使用“驳回起诉”的表述是不正确的。

4. 驳回申请

采用裁定驳回用人单位撤销仲裁裁决申请的观点也并非没有任何问题。因为就仲裁裁决撤销程序来说，如果法院驳回当事人的申请（也包括撤销仲裁裁决），应当是最终的司法表态。而本条第 1 款所称的“裁定驳回申请”并不是确定的最终表态，一旦出现本条第 2 款规定情形，即劳动者撤诉或者被驳回起诉的，用人单位还可以自收到裁定书之日起 30 日内，向劳动争议仲裁机构所在地的中级人民法院申请撤销仲裁裁决。但是比较来说，采用驳回申请的做法，可以相对较好地避免上述几种观点带来的问题，也更符合法律规定精神。从另一个角度看，本条第 2 款所称的“用人单位的申请”还可以视作一个新的申请，理由在于：（1）此时用人单位的申请撤销是建立在第 1 款所涉的“程序障碍”已经消除的基础之上；（2）该申请撤销期间的起算点与第 1 款所称的申请撤销完全不同。

《劳动争议调解仲裁法》第 48 条、第 49 条分别规定了劳动者和用人单位的司法救济途径，但由于劳动者的起诉期限及用人单位申请撤销的期限不同，两种异议程序的管辖法院亦存在不同，因此，如果劳动者的起诉和用人单位的撤销申请都被人民法院受理，在实践中极有可能产生冲突。此种情形该如何处理，《劳动争议调解仲裁法》无法给出答案。本条两款规定正是建立在对《劳动争议调解仲裁法》《民事诉讼法》立法目的与精神的正确理解之上，以期维护立法赋予劳动者和用人单位的程序性和实体性权利。

三、用人单位根据本条第2款规定申请撤销仲裁裁决的前提是已经依据《劳动争议调解仲裁法》第49条第1款规定行使了权利

本条第2款的适用必须建立在第1款规定的前提之下，也就是说，如果用人单位自收到仲裁裁决书之日起30日内未向劳动争议仲裁机构所在地的中级人民法院申请撤销裁决，即使劳动者提起诉讼后撤诉或者被人民法院驳回起诉，用人单位也无权依据本条第2款规定行使申请撤销仲裁裁决。

四、本条第2款所称30日的起算点为用人单位收到裁定书之日

本条第2款确定30日的起算点为用人单位收到裁定书之日的主要理由在于：（1）劳动者何时撤诉，用人单位可能并不能及时准确获知；（2）在劳动者撤诉的情况下，如果人民法院准予其撤诉，无论是所制作的书面裁定书还是记入笔录的口头裁定都应送达或者告知用人单位，否则劳动者所提诉讼就尚未终结。因此，以劳动者撤诉之日作为本条第2款所称30日的起算点是不正确的。

【审判实践中应注意的问题】

一、代通知金是否属于一裁终局的范畴

《劳动争议调解仲裁法》第47条明确规定了“劳动报酬、工伤医疗费、经济补偿或者赔偿金”属于终局裁决的范畴。但实践中有很多纠纷是由于用人单位未提前30日以书面形式通知劳动者本人解除劳动合同而额外支付劳动者1个月的工资（以下简称代通知金）所引发的，这类争议应否纳入一裁终局范畴有不同观点。无论是《劳动法》，

抑或是《劳动合同法》，都对用人单位解除合同时须提前30日书面通知劳动者的情形作出了限制性规定。其中，《劳动法》第26条规定："有下列情形之一的，用人单位可以解除劳动合同，但是应当提前三十日以书面形式通知劳动者本人：（一）劳动者患病或者非因工负伤，医疗期满后，不能从事原工作也不能从事由用人单位另行安排的工作的；（二）劳动者不能胜任工作，经过培训或调整工作岗位，仍不能胜任工作的；（三）劳动合同订立时所依据的客观情况发生重大变化，致使原劳动合同无法履行，经当事人协商不能就变更劳动合同达成协议的。"而《劳动合同法》第40条更是针对上述三种情形，作出"用人单位提前三十日以书面形式通知劳动者本人或者额外支付劳动者一个月工资后，可以解除劳动合同"的规定。

代通知金一方面是因为用人单位在解除劳动合同时，未尽提前30日书面通知劳动者的义务而产生，一旦产生代通知金问题，实际劳动关系双方当事人之间的劳动合同已经解除，故其实质与经济补偿金或者赔偿金产生的前提相同。另一方面，也可从《劳动合同法》第40条的实质内容来看，代通知金是额外支付劳动者1个月的工资，这也符合《劳动争议调解仲裁法》终局裁决的范畴，即属于追索劳动报酬。

因此，我们认为，虽然目前《劳动争议调解仲裁法》第47条在终局裁决的劳动争议案件范畴中尚未明确囊括代通知金，但对于劳动者提出要求用人单位支付代通知金请求的，且诉求金额不超过当地月最低工资标准12个月金额的，宜按照终局裁决的范畴操作处理。

二、不论劳动者提起诉讼较用人单位申请撤销仲裁裁决的时间是在先还是在后，抑或同时，都应适用本条第1款规定

由于劳动者与用人单位依据《劳动争议调解仲裁法》行使救济权利期限的不同且该期间存在一定重叠，因此就可能存在劳动者向法院提起诉讼而用人单位向法院申请撤裁的"撞车"局面。实践中存在三种情况：一是用人单位申请撤裁在先，劳动者提起诉讼在后；二是劳动者提起诉讼在先，用人单位申请撤裁在后；三是二者同时申请。不论何种情况，处理原则基本一致。尽管本条第1款在表述上似乎存在先后顺序，但这并不表明只有劳动者提起诉讼在先的时候，才适用该规定。如果劳动者提起诉讼在先，中级人民法院即应不予受理用人单位的撤销申请，反之，若中级人民法院已经受理了撤销申请，则应驳回申请。

三、如果劳动者提起诉讼被人民法院裁定不予受理，则不适用本条第1款后段的规定

本条第1款首句表述为“劳动者依据调解仲裁法第四十八条规定向基层人民法院提起诉讼”，其本意为劳动者的起诉已经被人民法院受理。实践中，如果劳动者的起诉因超过法定的起诉期间等原因被不予受理，则受理用人单位撤销申请的中级人民法院不得依据本条第1款规定对其申请不予受理或者驳回申请（已经受理的）。

第二十二条

用人单位依据调解仲裁法第四十九条规定向中级人民法院申请撤销仲裁裁决，中级人民法院作出的驳回申请或者撤销仲裁裁决的裁定为终审裁定。

【条文主旨】

本条是关于中级人民法院作出的驳回申请或者撤销仲裁裁决的裁定为终审裁定的规定。

【条文理解】

一、本条规定的依据及含义

《劳动争议调解仲裁法》第49条规定："用人单位有证据证明本法第四十七条规定的仲裁裁决有下列情形之一，可以自收到仲裁裁决书之日起三十日内向劳动争议仲裁委员会所在地的中级人民法院申请撤销裁决：（一）适用法律、法规确有错误的；（二）劳动争议仲裁委员会无管辖权的；（三）违反法定程序的；（四）裁决所根据的证据是伪造的；（五）对方当事人隐瞒了足以影响公正裁决的证据的；（六）仲裁员在仲裁该案时有索贿受贿、徇私舞弊、枉法裁决行为的。人民法院经组成合议庭审查核实裁决有前款规定情形之一的，应当裁定撤销。仲裁裁决被人民法院裁定撤销的，当事人可以自收到裁定书之日起十五日内就该劳动争议事项向人民法院提起诉讼。"一裁终局的裁决发生法律效力后，用人单位不得就同一争议事项再向仲裁委员会申请仲裁或向法院起诉。但为了保护用人单位的救济权利，该条作出了用人单位可以向人民法院申请撤销仲裁裁决的规定。

（一）申请撤销裁决的特点

《劳动争议调解仲裁法》第49条规定的“申请撤销裁决”制度有以下特点：（1）撤销裁决的申请人是用人单位。劳动者的救济途径与用人单位不同，根据该法第48条规定，劳动者的救济途径是对该法第47条规定的仲裁裁决不服的，可以向法院提起诉讼，而非申请撤销裁决；反之，用人单位只能申请撤销裁决，而不能直接提起诉讼。（2）申请撤销的是已经发生法律效力的裁决。根据该法第47条规定，除该法另有规定外，仲裁裁决为终局裁决，裁决书自作出之日起发生法律效力。（3）申请撤销裁决，不影响用人单位对仲裁裁决的履行。法院作出撤销裁定之前，仲裁裁决仍然有效。

（二）申请撤销裁决的条件

申请撤销裁决的条件包括：（1）必须有证据证明一裁终局的仲裁裁决有法定应予撤销情形之一；（2）应当在法定期间内提出申请，即自收到裁决书之日起30日内；（3）应当向有管辖权的法院提出申请，即向劳动争议仲裁机构所在地的中级人民法院申请撤销裁决。

（三）撤销仲裁裁决的情形

1. 适用法律、法规确有错误的。主要是指：（1）适用法律、行政法规、地方性法规错误的。这里并不包括法律法规以外的其他规范性文件。（2）适用已失效或尚未生效的法律法规的。（3）援用法条错误的。（4）违反法律关于溯及力规定的。

2. 劳动争议仲裁委员会无管辖权的。《劳动争议调解仲裁法》第21条规定，劳动争议仲裁委员会负责管辖本区域内发生的劳动争议。劳动争议由劳动合同履行地和用人单位所在地的劳动争议仲裁委员会管辖。双方当事人分别向劳动合同履行地和用人单位所在地的劳动争议仲裁委员会申请仲裁的，由劳动合同履行地的劳动争议仲裁委员会管辖。

3. 违反法定程序的。主要是指：（1）仲裁组织的组成不合法的；（2）违反了有关回避规定的；（3）违反了有关期间规定的；（4）审理程序违法等。

4. 裁判所根据的证据是伪造的。伪造证据是指制造虚假的证据，对证据内容进行篡改，使其与真实不符，如制造虚假的书证、物证、鉴定意见等。

5. 对方当事人隐瞒了足以影响公正裁决的证据的。足以影响公正裁决的证据包括证明案件基本事实的证据、证明主体之间权利义务关系的证据等。

6. 仲裁员在仲裁该案时有索贿受贿、徇私舞弊、枉法裁决行为的。受贿是指仲裁员利用职务上的便利，收受他人财物并为他人谋取利益的行为；索贿是受贿人以公开或暗示的方法，主动向行贿人索取贿赂，有的甚至是公然以要挟的方式，迫使当事人行贿；徇私舞弊是指仲裁员利用职务上的便利，为他人谋利；枉法裁决是指依法承担仲裁职责的人员，在仲裁活动中故意违背事实和法律作出裁决。具体而言，包括以下三种情况：一是对有确实、充分证据证明的事实不予以认定；二是对证据不确实、不充分的事实予以认定；三是伪造、毁灭证据。根据《劳动争议调解仲裁法》第 34 条的规定，仲裁员有索贿受贿、徇私舞弊、枉法裁决行为的，应当依法承担法律责任。

（四）法院对撤销仲裁裁决申请的处理和法律后果

鉴于用人单位的申请存在成立与否两种情况，因此，撤裁案件的法律后果应分两种情况分析。

1. 如果用人单位的申请经法院审查，仲裁裁决确实存在上述 6 种情形之一，法院应当裁定撤销仲裁裁决，撤销后，仲裁裁决即失去法律效力，当事人可以自收到裁定书之日起 15 日内就该劳动争议事项向人民法院提起诉讼。这里需要注意：（1）撤裁案件适用的是裁定书而非其他法律文书形式；（2）虽然撤裁案件的启动主体是用人单位，但当仲裁裁决被撤销后，用人单位和劳动者均可向法院起诉，不再设有限制；（3）因劳动争议案件一审必须由基层法院审理，因此，当事人应当根据管辖情况向有管辖权的基层人民法院起诉，而不能直接向中级人民法院起诉。

2. 如果合议庭经审查认为仲裁裁决没有上述情形，即意味着用人单位的申请不成立，法院应当裁定驳回用人单位的撤裁申请。这里同样需要注意：（1）法院无需对仲裁裁决的正确与否在裁定书主文中作出评价，即不能直接作出维持仲裁裁决的裁定，而是应当针对申请人的申请是否成立作出评价。当事人的申请不成立，自然就说明仲裁裁决正确，实质上就是维持仲裁裁决。（2）对于仲裁裁决何时生效的问题，应当注意，不能认为当事人收到驳回撤裁申请的裁定书后仲裁裁决才生效，其实仲裁裁决在未被撤销前一直都处于生效状态，只不过在行使某些权利时（如申请执行时）受到限制。

二、正确理解本条规定的内容

根据《劳动争议调解仲裁法》第 49 条规定，如用人单位有证据证明该法第 47 条规定的仲裁裁决有适用法律、法规确有错误等 6 种情形之一的，可自收到仲裁裁决书之日起 30 日内向劳动争议仲裁委员会所在地的中级人民法院申请撤销该裁决。当中级人民法院作出裁定撤销仲裁裁决或驳回当事人申请后，该裁定是否为终审裁定，即当事人对该裁定是否还享有上诉权呢？实践中认识不一。一种意见是当事人应当享有上诉权，以充分保护当事人的救济权利；另一种意见是当事人不享有上诉权，该裁定为终审裁定。

司法解释最终采纳了第二种意见，即用人单位不享有上诉权。这一规定的主要目的是尽力维护一裁终局的制度与价值，以便发挥司法对仲裁有限的司法监督。对本条规定的理解应当主要从以下几个方面来把握：

（一）本条规定的本意

劳动争议案件设立一裁终局制度，就是要缩短处理周期，尽快实现劳动者的合法权益，因而严格限定了一裁终局案件的适用范围，将数额小、案情简单的劳动争议纳入一裁终局，同时对用人单位的救济权利也进行了限制，即只能向中级人民法院申请撤销仲裁裁决，且对申请撤销的法定理由亦进行了限定。如果允许当事人上诉，注定会延长处理周期，与设立一裁终局的立法初衷相悖。

一裁终局制度是从运作成熟的商事仲裁中借鉴而来，一度被视为《劳动争议调解仲裁法》立法过程中的最大亮点。在成熟的商事仲裁中，如果当事人对人民法院依法作出的撤销仲裁裁决或驳回当事人申请的裁定不服，当事人也没有上诉权。这主要是为了维护一裁终局这一制度的效力和价值。因此，在劳动争议一裁终局案件中，应当同样适用。

（二）当事人的救济途径

人民法院依法作出撤销仲裁裁决裁定后，根据《劳动争议调解仲裁法》第 49 条第 3 款的规定，当事人可以自收到裁定书之日起 15 日内就该劳动争议事项向人民法院提起诉讼。该条规定也是确定当事人针对驳回撤销申请裁定书不享有上诉权最重要最直接的法律依据。根据该条规定，仲裁裁决被撤销后，当事人针对该劳动争议享有的是起诉的权利而非上诉的权利。这表明，中级人民法院对撤销仲裁裁决申请的审查是终局的，否则《劳动争议调解仲裁法》第 49 条第 3 款就会针对上诉问题作出规定。如果许可当事人针对驳回撤销申请的裁定提起上诉，则势必出现这样的结果：中级人民法院撤销仲裁裁决的裁定是终审裁定，而其作出的驳回撤销申请的裁定却不是终审的。在人民法院依法裁定驳回当事人申请时，当事人（用人单位）还有两个救济途径：

第一，在劳动者申请执行仲裁裁决时，用人单位可在收到人民法院执行通知书后立即申请对仲裁裁决不予执行。根据本解释第 24 条规定，用人单位能提出证据证明劳动争议仲裁裁决书有下列情形之一：（1）裁决的事项不属于劳动争议仲裁范围，或者劳动争议仲裁机构无权仲裁的；（2）适用法律、法规确有错误的；（3）违反法定程序的；（4）裁决所根据的证据是伪造的；（5）对方当事人隐瞒了足以影响公正裁决的证据的；（6）仲裁员在仲裁该案时有索贿受贿、徇私舞弊、枉法裁决行为的；（7）人民法院认定执行该劳动争议仲裁裁决违背社会公共利益的，法院查实后可以根据《民事诉讼法》第 237 条之规定，裁定不予执行，人民法院在不予执行的裁定书中，应当告知当事人在收到裁定书之次日起 30 日内，可以就该劳动争议事项向人民法院起诉。也就是说，法院经审查作出不予执行的裁定后，劳动者和用人单位均可向有管辖权的法院起诉。在寻求该救济途径时，应特别注意，如果用人单位申请撤销仲裁裁决被驳回后，不能再以相同理由申请不予执行。

第二，用人单位有证据证明仲裁裁决确有错误，可向劳动争议仲裁机构提出重新裁决的申请，让劳动争议仲裁机构自己就错误裁决作出纠正，这相当于民事诉讼程序中的再审程序。仲裁一裁终局制度，是指仲裁决定一经作出即发生法律效力，当事人没有提请再次裁决的权利，但这并不排除原仲裁机构发现自己作出的裁决有错误进行重新裁决的情况。劳动争议仲裁机构发现自己作出的仲裁决定书有错误而进行重新仲裁，符合实事求是的原则，不违背一裁终局制度，不应视为违反法定程序。

以上表明，允许当事人（用人单位）对驳回撤销申请的裁定提起上诉的必要性也是不充分的。

（三）法律依据

从《民事诉讼法》第 154 条规定来看，当事人只对不予受理、对管辖权有异议的和驳回起诉的裁定享有上诉权。另外，按照《企业破产法》第 12 条的规定，当事人对不受理破产申请、驳回破产申请的裁定也有上诉权。除此之外，法律并没有规定当事人对其他裁定享有上诉权。在此情况下，赋予当事人对劳动争议撤销仲裁裁决案件的裁定享有上诉权，没有法律上的依据。

对于同一仲裁裁决，劳动者和用人单位均不服，分别向法院起诉和申请撤销仲裁裁决，当二者发生冲突时，仲裁裁决因劳动者向法院起诉而失去法律效力（或者说处于待定状态），而用人单位申请撤销仲裁裁决是以裁决生效为前提，因此，中级人民法院再继续审理撤销仲裁裁决案件已失去法律基础，且无任何实际意义。根据本解释第21条第1款的规定，如果中级人民法院已经受理的，将裁定驳回申请。如果当事人有上诉权的话，其显然可就该裁定提起上诉，明显与《民事诉讼法》规定相矛盾。

综上，立足《劳动争议调解仲裁法》规定一裁终局制度的目的和本意，以及《民事诉讼法》有关当事人可以提起上诉的民事裁定类型的有关规定，司法解释作出本条规定既符合《民事诉讼法》规定精神，也有利于更好实现一裁终局制度的目的与功能，维护当事人的合法权益。

【审判实践中应注意的问题】

一、劳动者不服仲裁裁决起诉案件中的上诉权

根据《劳动争议调解仲裁法》第48条规定，劳动者不服仲裁裁决的，可自收到仲裁裁决书之日起15日内向人民法院提起诉讼。这里的人民法院应当是指基层人民法院。当法院作出一审判决后，当事人是否有上诉权呢？答案是肯定的。对于劳动者而言，当其不服生效的仲裁裁决有权向法院提起诉讼时，即意味着其若不服一审判决当然地享有上诉权，此不言自明。毕竟二审诉讼程序是一审诉讼程序的延续，如果不允许劳动者上诉，则说明劳动者只拥有有限的诉权，而赋予劳动者不完整的诉权既不合法也无实际意义。

对于用人单位而言，此类案件比较特殊，其在一审诉讼中不能提出反诉，否则就相当于赋予了用人单位对终局裁决提起诉讼的权利，违背了《劳动争议调解仲裁法》第49条有关用人单位只能对终局裁决申请撤销的明确规定。但用人单位不服一审裁判，有权提起上诉。因为《劳动争议调解仲裁法》主要是规范劳动争议的调解和仲裁的程序法，劳动争议案件进入人民法院的诉讼程序后，人民法院要根据《民事诉讼法》及相关规定来审理，从《民事诉讼法》的角度来看，

并没有限制用人单位提起上诉权利的规定。《劳动争议调解仲裁法》限制的也只是用人单位对终局裁决不服提起诉讼的权利，并没有限制用人单位对劳动者提起诉讼后一审裁判不服提起上诉的权利。也就是说，在用人单位就一审判决的上诉问题上，不再区分一裁终局案件和普通劳动争议案件。

二、对于用人单位撤销仲裁裁决申请的审查方式、审限

《劳动争议调解仲裁法》第 49 条仅规定了用人单位申请撤裁的，人民法院应当组成合议庭予以审查，但并没有规定合议庭应当以什么方式按什么程序进行审查，是否需要通过公开开庭进行审查以及被申请人是否可以质证或有权向合议庭陈述意见等。我们认为，由于撤销案件相对简单，对审查方式不必苛刻。虽然法律规定由合议庭予以审查，但在实践中可以由承办法官以法庭调查的方式进行，而不必由合议庭通过公开开庭的方式进行，但合议庭必须进行合议，即在裁定书的落款中应当体现出合议庭成员，而非独任法官。在法庭调查时，应当允许被审查人参与调查，进行质证和发表意见，以最大限度维护自己的权益。需要注意的是，尽管此类案件不强调需要公开开庭进行审理，但也不能全部采用书面审理，应充分照顾案件各方当事人的知情权、抗辩权。

对于撤裁案件的审理期限，《劳动争议调解仲裁法》并没有作出明确规定，实践中也认识不一。有的地方适用一审的普通程序，即 6 个月，有的地方为 3 个月，有的地方为 2 个月。根据《民事诉讼法》规定，特别程序主要是人民法院审理的选民资格案件、宣告失踪或者宣告死亡案件、认定公民无民事行为能力或者限制民事行为能力案件、认定财产无主案件、确认调解协议案件和实现担保物权案件六种，不包括撤销案件。特别程序的审理期限是在立案之日起 30 日内或者公告期满后 30 日内审结。而根据《仲裁法》第 60 条之规定，人民法院应当在受理撤销裁决申请之日起 2 个月内作出撤销裁决或者驳回申请的裁定，即在商事仲裁案件中，当事人申请撤销仲裁裁决的审理期限为两

个月。因此，法院在审理劳动争议仲裁裁决撤销案件时应当参照商事仲裁撤销案件的审理期限，也为2个月。

三、劳动者申请执行仲裁裁决在先，用人单位不申请撤销仲裁裁决而是向法院直接申请不予执行，如何处理

劳动争议仲裁委员会依据《劳动争议调解仲裁法》第47条规定作出仲裁裁决后，劳动者没有起诉而是申请执行仲裁裁决，用人单位在法定期间内既可以申请撤裁，也可以放弃申请撤销权并直接向执行法院申请不予执行。此时，法院应当先审查用人单位不予执行的理由是否成立。因为，劳动者申请执行仲裁裁决，用人单位在收到人民法院执行通知书后有权立即申请对仲裁裁决不予执行，只有人民法院裁定驳回用人单位不予执行的申请后，才可能对用人单位强制执行。

四、先予执行后，被执行的一方当事人在仲裁中获得支持应如何处理

民事诉讼中的先予执行制度在申请人败诉的情况下所采取的措施是还原，即恢复到执行前的状态，司法实践中其专称为执行回转。还原不仅适用于申请人败诉的情况，也适用于判决给付申请人的数额少于先予执行的金额的情况，这时，应当根据生效的判决作出安排。首先，法院应当责令申请人返还因先予执行所得到的利益，申请人不予返还的，被申请人可以向法院申请强制执行。如果返还后仍不足以弥补被申请人因先予执行所遭受的损失，申请人应当赔偿这部分未弥补的损失，对于因此而引发的申请人与被申请人之间的争议，被申请人可以向法院另行提起诉讼。

上述民事诉讼先予执行的纠错机制在劳动争议仲裁先予执行中同样适用。先予执行裁决与仲裁裁决不一致的，以仲裁裁决为准，当事人应当按照发生法律效力的仲裁裁决履行。先予执行完毕后，应当恢复到先予执行前的状态，最终的执行结果应当符合仲裁裁决的内容。因返还和赔偿发生争议的，申请人和被申请人可以就这一争议另行提起诉讼。申请人在规定的期限内不履行发生法律效力的裁决书的，被申请人可以依照《民事诉讼法》的有关规定向人民法院申请强制执行。

五、如何理解和适用《劳动争议调解仲裁法》第49条第1款之规定

按照《劳动争议调解仲裁法》第49条的规定，用人单位对第47条范围内的仲裁裁决不服，以适用法律错误等为由，请求法院撤销仲裁裁决的，应由中级人民法院受理。但实践中，有的用人单位向基层人民法院起诉，不请求撤销仲裁裁决，而是请求法院：（1）确认原告（用人单位）与被告（劳动者）之间不存在劳动关系；（2）判决不向劳动者支付基本生活费和补偿金。在这种情况下，上述两项请求完全否决了劳动仲裁裁决的内容，但是用人单位却未以撤销仲裁裁决为由起诉。

对于这类案件，是应由基层人民法院受理，还是由中级人民法院管辖，实践中争议较大。一种意见认为，依照《劳动争议调解仲裁法》第47条的规定，对于不超过当地月最低工资标准12个月金额的争议，所作的仲裁裁决为终局裁决。由于用人单位没有请求撤销仲裁裁决，因此该裁决自作出之日发生法律效力，对于这类案件，不属于法院受理的范围，应当裁定驳回起诉。另一种意见认为，用人单位虽然没有直接在起诉状上要求撤销仲裁裁决，但是其诉请的内容实际上否决了仲裁裁决的全部内容，按《劳动争议调解仲裁法》第49条第1款的规定，应由仲裁委员会所在地的中级人民法院管辖。

我们认为，在上述情况下，比较好的处理方法是，法院应当向用人单位释明，要求其明确诉讼请求是撤销仲裁裁决还是诉请仲裁裁决所涉事项。如其变更诉讼请求为申请撤销仲裁裁决，则应当依法移送中级人民法院管辖；如其坚持原诉讼请求，则应当裁定驳回起诉。

六、中级人民法院驳回用人单位撤销仲裁裁决申请后，能否启动审判监督程序

对于法院驳回撤销申请和不撤销仲裁裁决的裁定，当事人无上诉权，检察院抗诉的，人民法院亦不予受理，但其司法精神实质是针对一裁终局的案件作出的，目的是维护一裁终局制度的效力和价值，对劳动争议撤裁案件同样适用。

如果法院撤销仲裁裁决或驳回申请的裁定确有错误，法院能否以院长发现错误为由主动提起再审进行纠正？答案应当同样是否定的。法院主动纠错的出发点是好的，但即使法院的裁定确有错误，当事人也只能被动接受或直接向人民法院起诉。《最高人民法院关于下级法院撤销仲裁裁决后又以院长监督程序提起再审应如何处理问题的复函》已明确规定，以院长发现确有错误为由对撤销仲裁裁决的裁定提起再审没有充分的法律依据，侵害了当事人的程序权利，违反了《仲裁法》的相关规定，应当予以制止和纠正。

七、撤销仲裁裁决案件中的举证责任

撤裁案件仍适用“谁主张，谁举证”的基本原则，且《劳动争议调解仲裁法》对用人单位的举证责任范围进行了非常明确而严格的限制，即用人单位可以申请撤销裁决的法定事由包括：“（一）适用法律、法规确有错误的；（二）劳动争议仲裁委员会无管辖权的；（三）违反法定程序的；（四）裁决所根据的证据是伪造的；（五）对方当事人隐瞒了足以影响公正裁决的证据的；（六）仲裁员在仲裁该案时有索贿受贿、徇私舞弊、枉法裁决行为的。”用人单位必须举证证明一裁终局裁决存在上述情形之一，否则其将承担举证不能的法律后果。

八、启动撤销仲裁裁决程序的特殊主体

值得一提的是，在劳务派遣纠纷案件中，如果适用一裁终局，用工单位不服仲裁裁决，可否享有启动撤裁案件的权利，即撤裁案件的

启动主体是否包括“用工单位”?《劳动争议调解仲裁法》没有作出明确规定。我们认为，《劳动争议调解仲裁法》第22条第2款规定：“劳务派遣单位或者用工单位与劳动者发生劳动争议的，劳务派遣单位和用工单位为共同当事人。”而根据《劳动合同法》第58条第1款的规定，在派遣用工形态下，“用人单位”仅指劳务派遣单位，实际使用派遣劳动力的机构被称为“用工单位”。从《劳动争议调解仲裁法》的立法本意和保护当事人的诉权角度看，在此类争议中，“用工单位”也应当视同“用人单位”，有权向法院申请撤销仲裁，而不是直接向法院起诉。

此外，根据《劳动人事争议仲裁办案规则》第6条规定，发生争议的用人单位被吊销营业执照、责令关闭、撤销以及用人单位解散、歇业，不能承担相关责任的，依法将其出资人、开办单位或主管部门作为共同当事人。因此，在该种情况下的出资人、开办单位或主管部门如果不服一裁终局裁决的，均可以作为特殊主体向法院申请撤销仲裁裁决，启动撤裁程序。①

① 参见孙付：《劳动争议撤裁案件的法律适用》，载最高人民法院民事审判第一庭编：《民事审判指导与参考》(2009年第2集)，法律出版社2009年版。

第二十三条

中级人民法院审理用人单位申请撤销终局裁决的案件，应当组成合议庭开庭审理。经过阅卷、调查和询问当事人，对没有新的事实、证据或者理由，合议庭认为不需要开庭审理的，可以不开庭审理。

中级人民法院可以组织双方当事人调解。达成调解协议的，可以制作调解书。一方当事人逾期不履行调解协议的，另一方可以申请人民法院强制执行。

【条文主旨】

本条是关于中级人民法院审理用人单位申请撤销终局裁决案件程序的规定。

【条文理解】

一、制定背景

《劳动争议调解仲裁法》第47条规定针对部分劳动争议案件实行一裁终局制度。与此同时，为兼顾效率与公平，平衡保护劳动者和用人单位利益，该法第48条、第49条分别赋予劳动者对终局裁决可以提起诉讼，以及用人单位可以向劳动争议仲裁委员会所在地的中级人民法院申请撤销终局仲裁裁决的权利。于是，伴随着劳动争议一裁终局制度的建立，用人单位申请撤销仲裁裁决纠纷成为劳动争议新类型案件，给劳动争议审判提出了新问题。

申请撤销仲裁裁决是指对于符合法律规定情形的仲裁裁决，经用人单位提出申请，人民法院依法组成合议庭审查核实，裁定撤销仲裁裁决的行为。①《劳动争议调解仲裁法》第49条规定："用人单位有证据证明本法第四十七条规定的仲裁裁决有下列情形之一，可以自收到仲裁裁决书之日起30日内向劳动争议仲裁委员会所在地的中级人民法院申请撤销裁决：（一）适用法律、法规确有错误的；（二）劳动争议仲裁委员会无管辖权的；（三）违反法定程序的；（四）裁决所根据的证据是伪造的；（五）对方当事人隐瞒了足以影响公正裁决的证据的；（六）仲裁员在仲裁该案时有索贿受贿、徇私舞弊、枉法裁决行为的。人民法院经组成合议庭审查核实裁决有前款规定情形之一的，应当裁定撤销。仲裁裁决被人民法院裁定撤销的，当事人可以自收到裁定书之日起十五日内就该劳动争议事项向人民法院提起诉讼。"根据上述规定，用人单位申请撤销仲裁裁决的，人民法院应当组成合议庭予以审查核实裁决是否存在终局仲裁裁决应当撤销的法定情形。该规定是法院审查用人单位申请撤销仲裁裁决案件的唯一规定，包括《民事诉讼法》在内的相关法律均未明确规定审理此类案件应具体适用何种程序，如合议庭应当按何种程序进行审查、是否需要开庭、被申请人是否有权知晓申请人的理由、对其提交的证据能否进行质证、是否有权向合议庭陈述意见和提出反驳对方的证据、是否规定举证期限等，司法实践中，各地法院的操作不尽相同，有实行书面审理、径行裁定的，有参照行政机关采听证程序审理的，也有采一审普通程序、开庭审理的。因此，2013年《劳动争议司法解释（四）》第3条对用人单位申请撤销仲裁裁决案件的审理程序作出明确规定。本条继受2013年《劳动争议司法解释（四）》第3条规定，未作出修改。

二、关于审理方式的问题

（一）组成合议庭

本规定明确了用人单位申请撤裁案件的审判组织为合议庭。合议

① 黄进、徐前权、宋连斌：《仲裁法学》，中国政法大学出版社1999年版，第151页。

庭是合议制审判的组织形式，也是我国审判活动普遍适用的基本形式。人民法院审理案件采用合议制有利于发挥集体智慧，集思广益，防止审判工作中出现主观片面断案、个人专断、徇私舞弊，对保证办案质量，防止和减少错案的发生有重要的意义。

本条规定劳动争议撤裁案件的审判组织为合议庭，不仅是因为合议庭是人民法院审理案件的基本审判组织，更重要的是合议庭在实现司法民主、抑制司法专横、防止司法腐败、促进司法公正等方面都发挥着不可替代的作用。组成合议庭审理案件，能够集思广益，集中合议庭集体的智慧。合议庭成员在审理案件的过程中，既要相互配合，又要坚持原则，依法办案，秉公执法。对于合议庭评议的每一个案件，都是一个集思广益、取长补短的过程。对于合议庭的每一份判决、裁定，应当视为合议庭集体智慧的结晶，合议庭成员的共同司法成果。

（二）开庭审理与不开庭审理

撤销仲裁裁决案件的审理方式，应以保证仲裁的效率性和公正性，以及司法审查的正当性和合法性为价值目标。撤销仲裁裁决是法院对仲裁行使司法监督权的表现形式之一，是一个纠纷处理机关对另一个纠纷处理机关所作判断的再判断，本身是件很严肃的事情，尤其是撤销仲裁裁决案中，更多的是涉及仲裁程序或仲裁员操守的问题，需要慎重对待。

最高人民法院经过调研发现，大多数法院认为，人民法院审理用人单位申请撤销仲裁裁决案件时，应当开庭审理，以全面审查仲裁裁决是否合法正确，从而维护当事人的合法权益。但对于一些案情简单、事实清楚且当事人未提出新证据的案件，也可以不开庭审理。但也有一些法院认为，《劳动争议调解仲裁法》规定法院经审查核实裁决有六种法定情形之一的，应当裁定撤销。根据上述规定，中级人民法院在审理此类案件时只进行形式审查即可，并不审查案件事实，因此，可以采用书面审查、调查、询问、听证等灵活的方式，合议庭认为不需要开庭审理的，可以径行作出裁定。

2012年8月31日，全国人民代表大会常务委员会通过《关于修改〈中华人民共和国民事诉讼法〉的决定》，对民事二审审理方式进行了修改。根据该法第169条第1款规定：第二审人民法院对上诉案件，应当组成合议庭，开庭审理。经过阅卷、调查和询问当事人，对没有提出新的事实、证据或者理由，合议庭认为不需要开庭审理的，可以不开庭审理。而修改前的《民事诉讼法》规定：第二审人民法院对上诉案件，经过阅卷、调查和询问当事人，在事实核对清楚后，认为不需要开庭审理的，即可以不开庭审理。修改后第二审人民法院对上诉案件，决定不开庭审理的，须以当事人没有提出新的事实、证据或者理由为前提，在此前提下，经过阅卷、调查和询问当事人，认为不需要开庭审理的，才可以不开庭审理。如果当事人上诉时提出了新的事实、证据或者理由，则第二审人民法院必须开庭审理，此修改是为了进一步保护当事人的诉讼权利和实体权利。①

考虑到大多数民事二审案件均是在中级人民法院这一审级审理，而用人单位申请撤销仲裁裁决的案件也是在中级人民法院审理，二者具有一定的相似性。最高人民法院经过研究论证，认为《民事诉讼法》关于二审审理方式的规定对于人民法院审理劳动争议撤销仲裁裁决案件有参考借鉴意义，因此，本解释比照《民事诉讼法》有关二审程序的规定进行了设计。根据本条第1款规定，中级人民法院审理用人单位申请撤销终局裁决的案件，应当组成合议庭开庭审理。经过阅卷、调查和询问当事人，对没有新的事实、证据或者理由，合议庭认为不需要开庭审理的，可以不开庭审理。由此可见，用人单位申请撤销终局裁决案件的审理方式是以开庭审理为原则，以不开庭审理为例外。上述规定也符合审判实际。由于用人单位申请撤销仲裁裁决案件属于特殊程序，《劳动争议调解仲裁法》规定了严格的限制条件，规定了六种符合撤销裁决的情形，其中第1项、第4项和第5项是关于适用法律错误以及隐瞒、伪造证据的法律后果规定，另外三项则均属于程序性错误的情形，对于属于程序性错误的案件，由于错误明显，

① 全国人大常委会法制工作委员会民法室编著：《〈中华人民共和国民事诉讼法〉释解与适用》，人民法院出版社2012年版，第284~285页。

不开庭审理也不会侵害当事人合法权益。由此，本条对于一些案件事实清楚且未提出新的证据的申请撤销终局裁决案件，从简化审判程序，提高纠纷解决效率的角度，作出了符合一定条件的申请撤销终局裁决的案件可以不开庭审理的规定。

三、关于调解的问题

（一）调解原则

劳动争议调解是指在劳动争议处理机构的主持下，依照法律、法规、政策和道德规范，在查明事实、明辨是非、分清责任的基础上，通过民主协商，劝说争议双方当事人互谅互让，达成协议，从而解决矛盾的一种方式。[①] 调解是劳动争议案件非常重要的结案方式，在许多劳动争议规范性文件中均对调解问题进行了规定。《劳动争议调解仲裁法》第42条规定："仲裁庭在作出裁决前，应当先行调解。调解达成协议的，仲裁庭应当制作调解书。调解书应当写明仲裁请求和当事人协议的结果。调解书由仲裁员签名，加盖劳动争议仲裁委员会印章，送达双方当事人。调解书经双方当事人签收后，发生法律效力。调解不成或者调解书送达前，一方当事人反悔的，仲裁庭应当及时作出裁决。"《人事争议处理规定》第22条规定："仲裁庭处理人事争议应注重调解。自受理案件到作出裁决前，都要积极促使当事人双方自愿达成调解协议。当事人经调解自愿达成书面协议的，仲裁庭应当根据调解协议的内容制作仲裁调解书。协议内容不得违反法律法规，不得侵犯社会公共利益和他人的合法权益。调解书由仲裁庭成员署名，加盖人事争议仲裁委员会印章。调解书送达后，即发生法律效力。当庭调解未达成协议或者仲裁调解书送达前当事人反悔的，仲裁庭应当及时进行仲裁裁决。"该法第72条规定："仲裁调解达成协议的，仲裁庭应当制作调解书。调解书应当写明仲裁请求和当事人协议的结果。调解书由仲裁员签名，加盖仲裁委员会印章，送达双方当事人。调解

---

① 姜颖、吴亚平主编：《劳动争议处理教程》，中国工人出版社2000年版。

书经双方当事人签收后，发生法律效力。调解不成或者调解书送达前，一方当事人反悔的，仲裁庭应当及时作出裁决。”该法第 49 条规定：“仲裁庭裁决案件时，其中一部分事实已经清楚，可以就该部分先行裁决。当事人对先行裁决不服的，可以依照调解仲裁法有关规定处理。”根据上述规定，不管是劳动争议仲裁都应坚持调解优先、注重调解，调解达成协议的，仲裁庭应当根据协议内容制作调解书，调解书自送达之日起具有法律效力。

根据《劳动争议调解仲裁法》第 49 条规定，人民法院审查核实申请撤销劳动争议仲裁裁决案件，对裁决具有法定情形之一的，其结案的方式仅为裁定撤销裁决，不成立的，裁定驳回申请。对于该类案件能否调解处理并没有明文规定，司法实践中对此亦存在不同的意见。

一种意见认为，有限处分主义是撤销仲裁裁决的基本原则之一，其要义之一即是当事人不能对其纠纷进行和解，而且《劳动争议调解仲裁法》第 49 条也并没有规定可以调解处理，故不能适用调解。

另一种意见认为，第 49 条的规定并没有否认调解，且调解是当事人的合意，故申请撤裁案件可以适用调解处理。

最高人民法院经研究认为，调解作为一项基本原则，应当贯穿劳动争议处理的全过程。为统一审判实践操作标准，注重强化调解功能的发挥，促进矛盾纠纷在平和气氛中解决，人民法院审理申请撤裁案件同样可以调解，本条第 2 款规定：中级人民法院可以组织双方当事人调解。达成调解协议的，可以制作调解书。一方当事人逾期不履行调解协议的，另一方可以申请人民法院强制执行。

（二）调解协议的效力

法院调解协议的效力，是指在审判人员的主持下，双方当事人平等协商达成的调解协议，经人民法院依法定程序认可后所产生的法律后果。

调解书和只记入笔录的调解协议生效后，可以产生以下法律后果：（1）结束诉讼程序。法院调解是人民法院的结案方式之一。调解协议生效，表明人民法院最终解决了双方当事人的纠纷，民事诉讼程序也因此而终结，人民法院不得对该案继续进行审理。（2）确认当事人之间的权利义务关系。调解协议生效后，当事人之间的权利义务关系在调解协议中得到确认，民事争议已得到解决，当事人不得对此法律关系再发生争议。（3）调解协议生效后，民事纠纷已依法解决，当事人不得以同一诉讼标的、同一事实和理由，向人民法院再次提起民事诉讼。但是，对于调解和好的离婚案件或者调解维持收养关系的案件，原告如果有新情况、新理由，在6个月届满后，还可以第二次起诉，请求法院审理解决。（4）有给付内容的调解协议书具有强制执行力。调解协议是双方当事人在人民法院主持下自愿达成的，一般情况下当事人都能自觉履行。如果具有给付内容的调解协议生效后，负有义务的一方当事人不履行义务时，对方当事人可以向人民法院申请强制执行。

（三）调解协议效力与仲裁协议效力的冲突与协调

对于达成调解协议的撤裁案件，涉及调解书的效力与仲裁裁决的效力协调问题。本条未予规定，实践中应注意把握以下几点：①

1. 调解协议与终局裁决的效力存在冲突

根据《劳动争议调解仲裁法》第47条的规定，终局裁决自作出之日即发生法律效力，用人单位申请撤销的，不影响裁决的效力。因此，申撤案件达成调解后，调解协议与终局裁决的效力问题就出现了冲突，对此应予协调。

对于上述情况，我们认为，当事人就终局裁决的事项达成的调解协议发生法律效力后，调解协议的内容已经覆盖了仲裁裁决相应的内容，因此，仲裁裁决对当事人就不再具有约束力，所以，也无须再对撤销裁决的申请进行审查核实而作出驳回申请或撤销裁决的裁定。如果对终局裁决所涉争议的部分事项达成协议的，则仍应对协议未及的裁决进行审查核实，并依法作出驳回申请或撤销裁决的裁定。为了明确调解协议与终局裁决的效力，人民法院在制作调解协议时可以将不

① 曾军、蒋桥生：《申请撤销劳动争议仲裁裁决案件能否调解处理》，载《人民司法》2010年第4期。

执行仲裁裁决之意思表示载入调解协议内容。或者，在制作调解书时载明因当事人达成调解协议，仲裁裁决对当事人不再具有约束力。部分达成协议的，只载明部分裁决不具有约束力。

2. 调解协议与未提起诉讼的非终局裁决的效力存在冲突

劳动争议非终局裁决，当事人未提起诉讼的，在法定起诉时限届满后生效。在劳动争议中，如果撤裁案件调解的范围涉及当事人未提起诉讼而已生效的非终局裁决事项的，其调解协议必与非终局裁决的效力存在一定的冲突，也应予以协调。

对上述第2种情况，也是根据调解协议所覆盖的范围来确定裁决的效力范围。调解协议全部覆盖的，裁决不再具有约束力，部分覆盖的，裁决的部分不具有约束力。

【审判实践中应注意的问题】

申请撤裁的用人单位的范围应如何理解

根据《劳动争议调解仲裁法》第49条规定，用人单位有证据证明本法第四十七条规定的仲裁裁决有下列情形之一，可以自收到仲裁裁决书之日起三十日内向劳动争议仲裁委员会所在地的中级人民法院申请撤销裁决，这明确限定了撤裁案件的申请人应为用人单位。由于司法实践中最后承担用工主体责任者并不都是用人单位，那么对于有权申请撤裁的“用人单位”应作扩大理解，不能仅局限于字面含义。

（一）劳务派遣用工单位

根据《劳动合同法》第58条第1款的规定，在派遣用工形态下，“用人单位”仅指劳务派遣单位，实际使用派遣劳动力的机构被称为“用工单位”。《劳动争议调解仲裁法》第49条第1款关于申请撤销仲裁裁决的主体，仅规定为“用人单位”，而未包括“用工单位”。关于用工单位能否作为申请撤裁的主体的问题，《劳动合同法》第62条规定了用工单位应当履行的法定义务，《劳动争议调解仲裁法》第22条第2款规定："劳务派遣单位或者用工单位与劳动者发生劳动争议的，劳务派遣单位和用工单位为共同当事人。"根据上述法律规定，在劳动争议案件仲裁过程中，用工单位亦有可能承担相应责任。从劳动争议调解仲裁法的立法本意和保护当事人的诉权角度看，在此类争议中，"用工单位"也应当视同"用人单位"，有权向法院申请撤销仲裁。

（二）发包组织

《劳动合同法》第94条规定："个人承包经营违反本法规定招用劳动者，给劳动者造成损害的，发包的组织与个人承包经营者承担连带赔偿责任。"比如，在建筑工程分包中，如作为实际施工人的自然人或组织不具备用工主体资格，在其与招用的劳动者发生劳动争议时，具备合法用工主体资格的发包单位应当承担用工主体责任，如与实际施工人承担连带责任，据此，该发包组织也应享有撤裁申请权。

（三）错列的被申请人

劳动者申请仲裁时错列被申请人，而劳动仲裁机构疏于核实被申请人身份，认定事实错误，裁决无利害关系者承担了用工主体责任。此时，被错裁承担责任者能否申请撤裁？审判实践中就曾遇到此种情况。我们认为，《劳动争议调解仲裁法》明确限定撤裁案件申请人为用人单位，被错裁者并非用人单位，也不属于法律上应承担责任者，且其申请的理由也不属于法定的法院撤裁事由，所以此种情况应由劳动仲裁部门予以纠正，以仲裁决定书的形式撤销原仲裁裁决，并另行组成仲裁庭重新裁决。

（四）出资人、开办单位或主管部门

根据《劳动人事争议仲裁办案规则》第6条规定，发生争议的用人单位未办理营业执照、被吊销营业执照、营业执照到期继续经营、被责令关闭、被撤销以及用人单位解散、歇业，不能承担相关责任的，依法将用人单位和其出资人、开办单位或主管部门作为共同当事人。因此，在该种情况下的出资人、开办单位或主管部门如果不服一裁终局裁决的，均可以作为特殊主体向法院申请撤销仲裁裁决，启动撤裁程序。

第二十四条

当事人申请人民法院执行劳动争议仲裁机构作出的发生法律效力的裁决书、调解书，被申请人提出证据证明劳动争议仲裁裁决书、调解书有下列情形之一，并经审查核实的，人民法院可以根据民事诉讼法第二百三十七条规定，裁定不予执行：

（一）裁决的事项不属于劳动争议仲裁范围，或者劳动争议仲裁机构无权仲裁的；

（二）适用法律、法规确有错误的；

（三）违反法定程序的；

（四）裁决所根据的证据是伪造的；

（五）对方当事人隐瞒了足以影响公正裁决的证据的；

（六）仲裁员在仲裁该案时有索贿受贿、徇私舞弊、枉法裁决行为的；

（七）人民法院认定执行该劳动争议仲裁裁决违背社会公共利益的。

人民法院在不予执行的裁定书中，应当告知当事人在收到裁定书之次日起三十日内，可以就该劳动争议事项向人民法院提起诉讼。

【条文主旨】

本条是关于人民法院对生效劳动争议仲裁裁决、调解书裁定不予执行情形的规定。

【条文理解】

一、背景依据

为贯彻《劳动法》和相关法律规定的精神，适应不断发展的司法实践需要，保障劳动关系当事人的权利及合法权益，最高人民法院公布了2001年《劳动争议司法解释》，针对当时的经济社会发展情况，主要从劳动争议案件的受理范围和程序、案件的管辖、诉讼主体、劳动合同无效或者解除的处理、劳动争议仲裁裁决的效力、审理劳动争议案件的依据等方面作出了解释。其中第21条，规定了关于人民法院对劳动争议仲裁裁决不予执行的情形，为人民法院妥善处理劳动争议案件提供了重要依据，发挥了积极作用。

此后的20年间，随着我国经济社会的持续稳定发展以及劳动用工制度和社会保障制度改革的不断深化，劳动关系不断发生新的变化，产生了许多新情况、新问题，且随着《劳动争议调解仲裁法》《民事诉讼法》等法律法规的相继实施或修订，原先的解释条文已不能完全适应。

为正确适用法律和统一相关案件的裁判尺度，最高人民法院又陆续公布了2006年《劳动争议司法解释（二）》、2010年《劳动争议司法解释（三）》、2013年《劳动争议司法解释（四）》等司法解释，但均未对2001年《劳动争议司法解释》第21条进行调整，在审判实践中产生了一系列的问题。比如，若申请人以违反法定程序为由申请不予执行，假如确实存在违反法定程序的情形，法官既可以该事由不在2001年《劳动争议司法解释》规定的事由范围内裁定驳回申请，也可以依据《民事诉讼法》不予执行规定裁定不予执行。同样的情形，因为依据适用的不同产生不同的结果，裁判尺度不统一，影响司法公信力。因此，随着劳动法律制度不断完善，根据立法变化及时制定新的司法解释势在必行。

在此形势下，本次制定新解释时对2001年《劳动争议司法解释》第21条进行了修改。其一，因《民事诉讼法》（2017年）第237条第2款、第3款对《民事诉讼法》（1991年）第217条第2款、第3款作了修改；而《劳动争议调解仲裁法》第49条就用人单位申请撤销终局裁决的情形作了明确规定，并且撤销仲裁裁决与不予执行仲裁裁决的法律效果相似；故新解释条文内容应与上述两个条文保持一致。其二，2001年《劳动争议司法解释》第21条第2款不能被《民事诉讼法》（2017年）第237条第4款内容吸收，第2款明确了人民法院作出不予执行裁定后，当事人就劳动争议事项可以直接向人民法院起诉，无须再经仲裁前置程序，在实践中仍然具有适用意义，故本解释第24条予以保留。

二、具体适用

（一）劳动争议仲裁案件不予执行制度不同于撤销制度，具有独立的价值

针对劳动争议仲裁案件，我国法律规定了不予执行和撤销两种司法监督的方式，即赋予了当事人两种救济途径。不予执行仲裁裁决、调解书，是指人民法院在执行的过程中，被执行人提出证据证明仲裁裁决、调解书具有法定不予执行的情形时，经过审查核实并裁定不予执行的行为；撤销仲裁裁决制度是指对于不符合法律规定的仲裁裁决，经当事人提起诉讼，有管辖权的法院在审查核实后发现确有法定事由的裁定撤销仲裁裁决的行为。理论界有学者认为，不予执行仲裁裁决和撤销仲裁裁决制度具有同质化、同一化的功能特点，叠加适用反而会影响仲裁的效率，甚至主张废除不予执行制度。但我们认为不予执行仲裁裁决制度具有独立的价值。

1. 两者内容不完全一样

我国《仲裁法》《劳动争议调解仲裁法》等，针对仲裁裁决规定了申请撤销的救济途径，但对于生效调解书则没有相对应的规定。然而，虽然调解书系基于当事人之间自愿达成，理应体现当事人的意思

自治，但并不能当然地认为在仲裁调解期间就不会存在违反当事人自愿原则或违反法定程序等侵害当事人权利的情形，因此在执行程序中针对仲裁调解书设立救济有其必要性。

2. 两者启动方式不完全一样

虽然不予执行仲裁裁决、调解书的审查和撤销仲裁裁决审查都可由当事人主动申请启动。但是对于损害公共利益的仲裁裁决，虽然《仲裁法》第 58 条第 3 款规定了人民法院认定该裁决违背社会公共利益的应当裁定撤销，但如果当事人不以此主张撤销裁决，人民法院无法自行启动审查程序。然而，依据《民事诉讼法》《最高人民法院关于人民法院办理仲裁裁决执行案件若干问题的规定》等相关规定，在劳动争议仲裁执行程序中，人民法院可依职权进行一定程度的审查，对违背公共利益的仲裁裁决不予执行，以更好地保护社会公共利益。

3. 两者的救济程序不同

依据《仲裁法》《劳动争议调解仲裁法》的规定，相应当事人在法定期限内，有证据证明仲裁裁决有规定情形之一的，可以向有管辖权的人民法院申请撤销裁决，属于诉讼程序。但并不排除当事人未及时发现仲裁裁决的不法情节、因收集证据等原因错过法定期限，因此在执行程序中设定一救济程序则十分必要。

4. 两者的管辖法院不同

根据《仲裁法》第 58 条规定，管辖撤销仲裁裁决申请的法院是仲裁委员会所在地的中级人民法院。《民事诉讼法》第 237 条规定了不予执行裁决的管辖法院系有管辖权的执行法院，即被申请执行人所在地基层人民法院亦有管辖权。不同地区在地方情况和法律适用上都会有所不同，而上述措施可以一定程度上可以避免地方保护情况的发生，为当事人提供更多救济选择，更好地维护当事人的合法权益。

5. 法律后果不同

不予执行仲裁裁决只是认定它不具有强制执行力，也就是对于这类仲裁裁决，不能通过国家机关强制执行，而撤销仲裁裁决则是从根本上否定仲裁裁决的法律效力，撤销后的仲裁裁决自始无效，已经执行的仲裁裁决可能出现执行回转的情况。

因此，虽然劳动争议仲裁案件不予执行制度与撤销制度在功能上存在一定重叠，但他们是在诉讼和执行两个程序上的不同的司法监督方式，有各自独立的价值，在发挥平衡仲裁效率和公正价值中都起到了重要的作用，应当予以保留。

（二）裁决的事项不属于劳动争议仲裁范围，或者劳动争议仲裁机构无权仲裁的

仲裁机构只能就仲裁协议范围内的争议事项作出裁决，裁决事项不属于劳动争议仲裁协议的范围，应指仲裁机关作出裁决所解决的争议不属于仲裁协议中当事人约定提交其仲裁的争议的范围。如果仲裁机构裁决的事项超出了仲裁协议的范围，则违反了当事人自愿原则，属于仲裁机构越权行为。仲裁机构无权仲裁，应指仲裁机构对法律规定不能提交仲裁的争议进行了仲裁，并作出仲裁裁决。仲裁机构对法律规定不能仲裁的争议进行仲裁是仲裁机构滥用职权的一种表现，而这种行为妨害了国家和社会公共利益。如果法院对其裁决直接予以执行，则等于是承认了仲裁机构的不法行为。因此裁决的事项不属于劳动争议仲裁范围或者劳动争议仲裁机构无权仲裁的，均应不予执行。在实践中，可参照《最高人民法院关于人民法院办理仲裁裁决执行案件若干问题的规定》第 13 条的规定，《仲裁法》第 3 条规定了不能仲裁的情形。

（三）适用法律、法规确有错误的

相较“适用法律确有错误的”的描述，此次修改后表达更加规范，文义更加清晰。仲裁裁决适用法律错误当然属于错误裁决，理应予以撤销，而在一直以来的审判实践中，对“适用法律确有错误的”亦作广义理解，即理解为包括法律、行政法规、地方性法规等，但此说法容易造成当事人误解。仲裁裁决的作出必须要有法律依据，如果法律依据存在问题，必然影响仲裁裁决的效力。对仲裁裁决适用法律是否存在错误进行审查，属于实体审查的范围。从各国的仲裁裁决执行制度发展过程来看，早期各国的法律设有法院对仲裁裁决的实体审

查权，但目前各国法律一般都规定法院无权审查仲裁裁决的实体问题。这是因为在国外实行民间仲裁，法律并不要求仲裁人严格适用法律，除依法进行仲裁外，仲裁人还可以根据仲裁协议，按公正原则进行仲裁，因此法律适用不够准确，甚至不适用法律一般都不能影响仲裁裁决的效力，而我国则要求仲裁机构必须严格按我国法律规定进行仲裁。

（四）违反法定程序的

根据《民事诉讼法》第237条规定，参照《仲裁法》《劳动争议调解仲裁法》的相关规定以及此前劳动争议审判实践，本条所指法定程序应包括仲裁的审理法定程序和仲裁庭的组成法定程序。根据《最高人民法院关于人民法院办理仲裁裁决执行案件若干问题的规定》第14条的规定，本项规定应包括违反《仲裁法》规定的仲裁程序、当事人选择的仲裁规则或者当事人对仲裁程序的特别约定，可能影响案件公正裁决的；未按照《仲裁法》或仲裁规则规定的方式送达法律文书导致当事人未能参与仲裁，或者仲裁员根据《仲裁法》或仲裁规则的规定应当回避而未回避，可能影响公正裁决的。需要注意，在一裁终局中，如果原仲裁机构发现自己作出的裁决有错误进行重新裁决，符合实事求是的原则，不违背一裁终局制度，不应视为违反法定程序。

（五）裁决所根据的证据是伪造的

在仲裁程序中，证据是仲裁庭查明案件真实情况、分清是非、确定双方当事人责任界限，并作出裁决的根据。若当事人提供的证据系伪造，则必然影响仲裁庭对案件事实作出正确认定，进而会影响仲裁裁决的公正。根据《最高人民法院关于人民法院办理仲裁裁决执行案件若干问题的规定》第15条的规定，本项所述“证据”应符合以下情形：（1）被仲裁裁决采信；（2）系认定案件基本事实的主要证据；（3）该证据经查明确属通过捏造、变造、提供虚假证明等非法方式形成或者获取，违反证据的客观性、关联性、合法性要求。根据上述规定，在审查仲裁裁决是否具有本项情形时应尤其注意当事人提供的伪造证据应当系认定案件事实的主要证据，如果只是无关紧要不足以对案件事实的认定造成实际影响的，可以不认定为本项规定的情形。因为当事人提供了该伪造证据，才致使案件的裁决结果对伪造证据的当事人有利；如果没有该伪造的证据，裁决结果则正相反。

（六）对方当事人隐瞒了足以影响公正裁决的证据的

根据《最高人民法院关于人民法院办理仲裁裁决执行案件若干问题的规定》第16条的规定，本项所述“证据”应符合下列情形：（1）该证据属于认定案件基本事实的主要证据；（2）该证据仅为对方当事人掌握，但未向仲裁庭提交；（3）仲裁过程中知悉存在该证据，且要求对方当事人出示或者请求仲裁庭责令其提交，但对方当事人无正当理由未予出示或者提交。一方当事人为了获取对自己有利的仲裁裁决，可能采取隐瞒对对方有利、对自己不利且不为他人掌握的证据，从而影响仲裁庭作出公正裁决。当事人隐瞒证据的行为，应当达到足以影响公正裁决的程度，如果只是隐瞒无关紧要的证据，不足以对案件事实的认定造成实际影响的，可以不认定为本项规定的情形。所谓足以影响公正裁决的证据，是指直接关系到仲裁裁决最后认定结论的重要或者关键证据，这些证据通常与仲裁案件所涉及的争议焦点或重要情节有着直接、密切的联系，直接影响着仲裁庭对案件事实的审查判断，这些证据包括证明案件基本事实的证据、证明主体之间权利义务关系的证据等。

这种情形与裁决所根据的证据是伪造的区别之处在于，前者是当事人能提供、应提供而故意不提供，但这些证据是真实存在的；后者则是当事人主动向仲裁庭提供，但提供的证据是系伪造。两者的相同之处在于，这两种情形都要求被申请执行人应提供证据加以证明，且两种情形的存在都要求导致裁决结果对被申请执行人不公。

要注意，当事人一方在仲裁过程中隐瞒己方掌握的证据，仲裁裁决作出后以己方所隐瞒的证据足以影响公正裁决为由申请不予执行仲裁裁决的，人民法院不予支持。

（七）仲裁员在仲裁该案时有索贿受贿、徇私舞弊、枉法裁决行为的

仲裁员是案件的裁决者，仲裁员的公正无私是仲裁裁决正确性的

重要保证，如果仲裁员在仲裁案件时收受一方贿赂，就会偏袒一方当事人，徇私舞弊，致使作出的仲裁裁决失去公正性，甚至是错误的，对于这样的裁决，人民法院应当裁定不予执行。

所谓索贿受贿，是指仲裁员在仲裁案件过程中非法索要当事人财物或者其他不正当利益的行为。徇私舞弊是指仲裁员为了牟取私利或为了报答一方当事人已经或承诺给予自己的某种利益，在仲裁案件时弄虚作假的行为。枉法裁决是指仲裁员在仲裁案件时玩忽职守，无原则地迁就一方当事人，颠倒是非，曲解法律甚至故意错误适用法律的行为。这些行为是仲裁过程中的严重违法行为，它必然影响案件的公正裁决，损害当事人一方的合法权益。当事人证明这种情形时，对于索贿受贿可以证明仲裁员向自己索要不正当财物或者其他不正当利益，也可以证明仲裁员与另一方当事人有这种行为。两种情形具备一种就可以认为当事人完成举证责任；对于徇私舞弊行为的证明同样适用双方。

（八）人民法院认定执行该劳动争议仲裁裁决违背社会公共利益的

在过去的实践中，存在机械适用2001年《劳动争议司法解释》第21条解释的情况，认为该条明确规定了只有被申请执行人提出证据证明劳动争议仲裁裁决书、调解书存在“违背社会公共利益的”情形，人民法院才可以裁定不予执行；人民法院只是对被执行人主张的事项进行审查，且审查范围只限于当事人申请的事项，而不是按诉讼程序进行全面审查；对于人民法院依职权审查，发现确有错误的，人民法院可依照《民事诉讼法》其他规定程序予以处理，而不是裁定不予执行。但是，维护社会公共利益一直都是人民法院的重要职责之一，根据《民事诉讼法》第237条、《最高人民法院关于人民法院办理仲裁裁决执行案件若干问题的规定》第11条第1款、第17条的规定，执行生效的劳动争议仲裁裁决书、调解书违背社会公共利益的，可以由当事人主张并举证证明，人民法院亦可以依职权进行审查、作出认定。

对于如何认定仲裁裁决违背公共利益，首先应当界定社会公共利益的范围。社会公共利益一般是指全社会、全体人民共同享有的利益，社会公共利益与个人利益及小团体利益相一致又有不同，如果某项活动会导致社会公共利益与个人利益以及小团体利益的冲突，法律保护社会公共利益，对有违背社会公共利益的仲裁裁决，人民法院应当不予执行，这就赋予了人民法院对仲裁裁决予以司法监督的裁量权。我国理论界认为，我国法上的社会公共利益即公序良俗。有学者结合相关国家和地区的判例，总结归纳了被判断为违反公序良俗行为的类型，具体包括十种类型：（1）危害国家公序行为的类型；（2）危害家庭关系行为的类型；（3）违反性道德行为类型；（4）射幸行为类型；（5）违反人权和人格尊重的行为类型；（6）限制经济自由的行为类型；（7）违反公正竞争行为类型；（8）违反消费者保护的行为类型；（9）违反劳动者保护的行为类型；（10）暴利行为类型。因此，人民法院认定执行仲裁裁决违背社会公共利益时，可以参考上述类型，作出妥当的认定。

（九）关于裁定不予执行后当事人的救济途径

一种观点认为，如果规定当事人可直接向人民法院起诉，有违仲裁前置的法律规定。因劳动争议仲裁裁决、调解书被人民法院裁定不予执行后，仲裁裁决、调解书自始无效，双方当事人之间的劳动争议仍然存在，人民法院的裁定并未能改变双方当事人争议的性质，如越过仲裁程序径行诉讼，违背法律规定的原则。对于依照该条规定情形而裁定不予执行的，在向当事人送达不予执行裁定书时，告知当事人就该争议事项重新向劳动争议仲裁机构申请仲裁，由仲裁机构另行组成仲裁庭重新进行裁决。另一种观点认为，对争议事项应采取或裁或审制，由当事人选择仲裁或者诉讼。在一方当事人选择仲裁，另一方当事人选择诉讼时，则应以递交申请（起诉状）的先后顺序确定由劳动争议仲裁委员会管辖还是人民法院管辖。

以上观点均有其合理之处。但我们认为，按照现行法律规定，劳动争议案件实行“一调一裁两审”与一裁终局混合制度，如果司法解释规定或裁或审两项择一就违反了法律规定，所以不能在司法解释中出现或裁或审的内容。但对于前置程序的理解，即无论劳动仲裁的裁决是实体处理还是非实体处理或处理错误被裁定不予执行，但已经经过了前置程序，当事人可以直接向人民法院起诉，因此，司法解释规定，裁定不予执行的，人民法院在不予执行的裁定书中，应当告知当事人在收到裁定书之次日起30日内，可以就该劳动争议事项向人民法院起诉。也就是说，法院经审查作出不予执行的裁定后，该劳动争议的当事人均可向有管辖权的法院起诉。人民法院依照本条第2款规定，受理案件后，不得以未经仲裁程序为由驳回当事人的起诉。

【审判实践中应注意的问题】

对已经生效的仲裁裁决在执行程序中进行审查是法律赋予人民法院的职权，是司法最终审查原则的具体体现。人民法院在收到仲裁裁决不予执行申请后，应在实体和程序上严格把关，认真研究，慎重处理，如果裁定不予执行，则仲裁裁决失去强制执行力，从而否定了该裁决的法律效力。下面就适用该条司法解释应注意的几个问题提出以下建议：

一、关于对申请不予执行的仲裁裁决书、调解书是否进行实体审查的问题

有一种观点认为，法院对仲裁裁决书、调解书的审查只限于程序审查是国际惯例，在国际化日趋紧密的现在，统一国内仲裁和国际商事仲裁的司法监督范围也将是必然。另一种观点则认为，目前我国法律赋予人民法院对仲裁裁决书、调解书进行一定程度的实体审查的权利。这种实体审查虽与国际惯例不符，但与国情相符。理由为：一是仲裁与诉讼虽是平等的纠纷解决机制，但仲裁的自由度更高，对其的监督很少，如果缺失了法院的监督，仲裁将成为失去制约的权力。二是存在一定程度的仲裁垄断现象，比如用工方以格式合同形式确定以仲裁方式解决纠纷，一般劳动者往往不清楚仲裁一裁终局的性质而签

订合同；或者，基于双方在劳动关系中地位的不平等，弱势方即使明知条款可能对自己产生一定不利后果，但仍不得不同意。这些仲裁条款实质上缺乏“自愿达成仲裁协议”的要件。人民法院对仲裁裁决不限于程序审查，而是有一定的实体审查权。但这种实体审查只限于对主要事实的审查，对仲裁裁决的法律适用的审查只限于是否完全适用错误。基于此，第二种观点更符合我国的实际情况。

二、关于当事人既申请撤销仲裁裁决，又在执行程序中申请不予执行的问题

首先应明确，劳动争议仲裁委员会作出仲裁裁决后，一方当事人没有起诉而是申请执行仲裁裁决，对方当事人在法定期间内既可以申请撤销仲裁裁决，也可以直接向执行法院申请不予执行。根据《最高人民法院关于人民法院办理仲裁裁决执行案件若干问题的规定》第20条、《最高人民法院关于适用〈中华人民共和国仲裁法〉若干问题的解释》第26条的规定，当事人向人民法院申请撤销仲裁裁决被驳回后，又在执行程序中以相同事由提出不予执行申请的，人民法院不予支持；当事人向人民法院申请不予执行被驳回后，又以相同事由申请撤销仲裁裁决的，人民法院不予支持；在不予执行仲裁裁决案件审查期间，当事人向有管辖权的人民法院提出撤销仲裁裁决申请并被受理的，人民法院应当裁定中止对不予执行申请的审查；仲裁裁决被撤销或者决定重新仲裁的，人民法院应当裁定终结执行，并终结对不予执行申请的审查；撤销仲裁裁决申请被驳回或者申请执行人撤回撤销仲裁裁决申请的，人民法院应当恢复对不予执行申请的审查；被执行人撤回撤销仲裁裁决申请的，人民法院应当裁定终结对不予执行申请的审查，但案外人申请不予执行仲裁裁决的除外。

三、对于符合本条规定的仲裁裁决是否应裁定全部不予执行

有观点认为，人民法院裁定不予执行仲裁裁决时，应就整个仲裁裁决裁定不予执行，而不能裁定部分不予执行。仲裁机构的裁决书、

调解书具有本条规定的 7 个条件其中任何一个情形均可导致整个裁决失去法律效力。但根据《民事诉讼法司法解释》第 477 条“仲裁机构裁决的事项，部分有民事诉讼法第二百三十七条第二款、第三款规定情形的，人民法院应当裁定对该部分不予执行。应当不予执行部分与其他部分不可分的，人民法院应当裁定不予执行仲裁裁决”的规定，在司法实务中，适用本条规定时应当注意正确判断仲裁事项是否具备可分性

所谓可分性，是指仲裁裁决部分不予执行不影响其他部分的效力，即去掉错误部分后还能构成一个独立的仲裁裁决且这一继续存在的裁决不会成为一个新的裁决，而这项行为也不得与当事人的意思相违背。一份仲裁裁决实质上由若干要素组成或在内容上可以分为若干部分，有效部分和无效部分可以相对独立地存在，一部分无效不影响另一部分的效力。需要强调的是，仲裁裁决部分不予执行处理原则存在例外情形，即不予执行部分与其他部分联系紧密不可分割时，人民法院应当裁定对全案不予执行。

首先，辨别裁项可分性时不能脱离当事人的意思表示，如果将存在应当不予执行情形的部分分割出去，尽管其他部分还能构成一个独立的仲裁裁决，却违背了当事人行为之初的意思，对当事人已无实际意义或事实上不可能或虽然可能但是会给当事人造成极为不公平后果的，则该仲裁裁决就不具有可分性，应当裁定该仲裁裁决全案不予执行。其次，存在应当不予执行情形的部分包含了该仲裁裁决的决定性因素，构成了整个仲裁裁决的基础，若去掉该部分则动摇了裁决的根基，因此在该部分存在应当不予执行的情形时，则应裁定该仲裁裁决全案不予执行。

四、关于“违反法定程序”在实践中的一些注意事项

劳动争议当事人有证据证明仲裁裁决确有错误，可向劳动人事争议仲裁委员会提出重新裁决的申请，让劳动人事争议仲裁委员会自己就错误裁决作出纠正，这相当于民事诉讼程序中的再审程序。《最高

人民法院关于劳动争议仲裁委员会的复议仲裁决定书可否作为执行依据问题的批复》中认为，仲裁一裁终局制度，是指仲裁决定一经作出即发生法律效力，当事人没有提请再次裁决的权利，但这并不排除原仲裁机构发现自己作出的裁决有错误进行重新裁决的情况。劳动争议仲裁委员会发现自己作出的仲裁决定书有错误而进行重新仲裁，符合实事求是的原则，不违背一裁终局制度，不应视为违反法定程序。

在劳动争议仲裁的不予执行中，并不是所有违反法定程序的行为都会导致不予执行，违反法定程序的行为必须达到足以影响公正裁决的严重程度，对裁决的公正性没有实质影响的程序瑕疵，不构成本条规定的情形。关于认定违反仲裁法定程序的情形，可参照《仲裁法》《劳动争议调解仲裁法》和《劳动人事争议仲裁办案规则》等的相关规定。

适用的仲裁程序或仲裁规则经特别提示，当事人知道或者应当知道法定仲裁程序或选择的仲裁规则未被遵守，但仍然参加或者继续参加仲裁程序且未提出异议，在仲裁裁决作出之后以违反法定程序为由申请不予执行仲裁裁决的，人民法院不予支持。而仲裁庭按照仲裁法或仲裁规则以及当事人约定的方式送达仲裁法律文书，当事人主张不符合《民事诉讼法》有关送达规定的，人民法院不予支持。

【案例解读】

一、基本案情

刘某于2016年9月入职A公司工作，双方未签订劳动合同。自2016年12月起，刘某入职B公司工作，双方亦未签订劳动合同。

2017年5月10日，刘某向北京市东城区劳动人事争议仲裁委员会（以下简称东城仲裁委）提起仲裁，请求A公司支付其2016年12月1日至2017年4月30日期间工资、未签订劳动合同二倍工资差额，并要求确认2016年9月5日至2017年5月10日期间与A公司存在劳动关系。A公司经东城仲裁委依法通知无正当理由未到庭参加仲裁。

2017年9月6日，东城仲裁委裁决：确认2016年9月5日至2017年5月10日期间刘某与A公司存在劳动关系；A公司支付刘某2016年12月1日至2017年4月30日期间工资及未签订劳动合同二倍工资差额119 586.26元。后该裁决书生效。

刘某亦与B公司发生劳动争议，2017年6月12日，刘某向天津市和平区劳动人事争议仲裁委员会（以下简称和平区仲裁委）申请仲裁，请求B公司向其支付2017年3月1日至2017年5月31日工资、未签劳动合同双倍工资差额，并要求确认2016年12月1日至2017年6月6日期间存在劳动关系。经和平区仲裁委主持调解，双方自愿达成如下调解协议：（1）双方劳动合同于2017年5月31日解除，B公司于2017年8月15日前一次性支付刘某工资、双倍工资、社会保险费等合计83 400元。（2）刘某放弃其他仲裁请求事项，双方在劳动关系存续期间别无其他争议，一次性了结。2017年9月1日，B公司将人民币83 400元汇至刘某的银行账户内，履行了生效法律文书确定的义务。

在执行东城仲裁委仲裁裁决的过程中，A公司提出执行异议申请，主张与刘某没有劳动关系，刘某在仲裁中隐瞒了其与B公司之间存在劳动关系的证据，请求法院对仲裁裁决书中止执行。

二、裁判结果

北京市东城区人民法院认为，《民事诉讼法》第237条第2款规定，“被申请人提出证据证明仲裁裁决有下列情形之一的，经人民法院组成合议庭审查核实，裁定不予执行：……（五）对方当事人向仲裁机构隐瞒了足以影响公正裁决的证据的”。和平区仲裁委出具的调解书已经确认了刘某与B公司之间存在劳动关系，刘某亦自述在2016年12月1日至2017年6月6日期间与B公司存在劳动关系。在东城仲裁委受理的刘某与A公司工资等争议一案中，刘某再次主张同一期间内与A公司存在劳动关系与事实不符。刘某认为其与B公司是属于劳务关系，与A公司之间存在劳动关系的辩解本院不予采纳。申请人A公司申请不予执行仲裁裁决的请求，于法有据，本院予以支持。故裁定不予执行北京市东城区劳动人事争议仲裁委员会作出的裁决书。

刘某向东城区人民法院提起诉讼，请求确认2016年9月5日至2016年11月30日期间与A公司之间存在劳动关系，A公司支付其2016年10月5日至2016年11月30日期间未签订劳动合同二倍工资差额。

东城区人民法院经审理认为，仲裁裁决被人民法院裁定不予执行的，当事人可以根据双方达成的书面仲裁协议重新申请仲裁，也可以向人民法院起诉。经东城区人民法院裁定不予执行仲裁裁决书，现刘某再次就该裁决书所涉及的劳动事项提起诉讼，不构成重复起诉。现A公司认可与刘某自2016年9月5日起存在劳动关系，且双方均认可劳动关系于2016年11月30日协商一致解除，法院不持异议。双方均认可刘某在职期间未签订劳动合同，故A公司应当向刘某支付未签劳动合同的二倍工资差额。判决：确认双方自2016年9月5日至2016年11月30日期间存在劳动关系，A公司向刘某支付二倍工资差额。

A公司不服关于二倍工资的判项提起上诉，主张刘某的诉求已经经过劳动仲裁处理，现再次起诉构成一事不再理。北京市第二中级人民法院经审理认为，《民事诉讼法》第237条第5款规定："仲裁裁决被人民法院裁定不予执行的，当事人可以根据双方达成的书面仲裁协议重新申请仲裁，也可以向人民法院起诉。"2001年《劳动争议司法解释》第21条第2款规定："人民法院在不予执行的裁定书中，应当告知当事人在收到裁定书之次日起三十日内，可以就该劳动争议事项向人民法院起诉。"东城仲裁委就刘某与A公司之间的劳动争议作出裁决，该裁决书被东城区人民法院裁定不予执行，刘某作为劳动争议仲裁案件的当事人就该裁决书所涉争议向一审法院起诉，符合上述法律和司法解释规定，不违反一事不再理原则，一审法院受理并作出裁判，并无不当。最终判决：驳回上诉，维持原判。

三、评析

对已经生效的仲裁裁决在执行程序中进行审查是法律赋予人民法院的职权，是司法最终审查原则的具体体现。《民事诉讼法》《仲裁法》《最高人民法院关于人民法院执行工作若干问题的规定（试行）》均对不予执行作出了相应的规定，结合《民事诉讼法》和本解释的规定，法律赋予了人民法院对仲裁裁决书、调解书进行一定程度的实体审查的权利，在被申请人提出不予执行的情况下，若被申请人有证明劳动争议仲裁裁决书存在以下7种情况并经法院审查核实的，法院应当裁定不予执行：(1) 裁决的事项不属于劳动争议仲裁范围，或者劳动争议仲裁机构无权仲裁的；(2) 适用法律、法规确有错误的；(3) 违反法定程序的；(4) 裁决所根据的证据是伪造的；(5) 对方当事人隐瞒了足以影响公正裁决的证据的；(6) 仲裁员在仲裁该案时有索贿受贿、徇私舞弊、枉法裁决行为的；(7) 人民法院认定执行该劳动争议仲裁裁决违背社会公共利益的。

这里需要注意的是，当仲裁裁决被裁定不予执行后当事人的权利救济的问题。从《民事诉讼法》第237条、《民事诉讼法司法解释》第478条的规定来看，赋予了当事人可以根据双方达成的书面仲裁协议重新申请仲裁，也可以向人民法院起诉的权利。考虑到劳动争议案件仲裁前置程序的特殊性，本解释特别规定，对于对仲裁裁决不予执行的，当事人可以直接向人民法院提起诉讼，由于该事项已经经过仲裁前置程序，无需再次进行劳动仲裁，且该起诉符合法律规定，不属于对同一事项的一事不再理。

第二十五条

劳动争议仲裁机构作出终局裁决，劳动者向人民法院申请执行，用人单位向劳动争议仲裁机构所在地的中级人民法院申请撤销的，人民法院应当裁定中止执行。

用人单位撤回撤销终局裁决申请或者其申请被驳回的，人民法院应当裁定恢复执行。仲裁裁决被撤销的，人民法院应当裁定终结执行。

用人单位向人民法院申请撤销仲裁裁决被驳回后，又在执行程序中以相同理由提出不予执行抗辩的，人民法院不予支持。

【条文主旨】

本条是关于劳动争议仲裁机构作出终局裁决后，劳动者申请执行，用人单位申请撤销时的处理规定。

【条文理解】

一、制定和修改背景

在我国，劳动争议处理的基本程序是“协调裁审”机制，涉及协商、调解、仲裁、审判四个环节，也就是说，发生劳动争议，首先是当事人协商，当事人不愿协商、协商不成的，可以向调解组织申请调解。当事人不愿调解、调解不成或者达成调解协议后不履行的，可以向劳动争议仲裁机构申请仲裁；对仲裁裁决不服的，可以向人民法院提起诉讼。其中，协商和调解是处理劳动争议纠纷的任意性程序，当事人可以选择适用，而劳动仲裁程序是劳动争议诉讼的前置程序，当事人欲通过诉讼方式解决劳动争议纠纷，必须先进行劳动争议仲裁。“协调裁审”机制从实际运行的效果上看，存在着劳动争议处理周期长、效率低、劳动者维权成本高等问题。在此背景之下，全国人大常委会于2007年12月29日通过了《劳动争议调解仲裁法》，引入“一裁终局”制度。根据该法第47条的规定，对于追索劳动报酬、工伤医疗费、经济补偿或者赔偿金，不超过当地月最低工资标准12个月金额的争议以及因执行国家的劳动标准在工作时间、休息休假、社会保险等方面发生的争议这两类劳动争议，原则上仲裁裁决为终局裁决，裁决书自作出之日起发生法律效力。同时，为平衡保护劳动者和用人单位的合法权益，《劳动争议调解仲裁法》第48条、第49条又规定了劳动者和用人单位不服一裁终局的仲裁裁决相应的救济途径，即劳动者可以自收到仲裁裁决书之日起15日内向人民法院提起诉讼，而用人单位可以自收到仲裁裁决书之日起30日内向劳动争议仲裁机构所在地的中级人民法院申请撤销裁决。这表明，对于一裁终局的劳动争议纠纷，仅有劳动者才能决定是否进入后续的诉讼程序，用人单位无权就此纠纷提起诉讼，但在符合法定情形时，用人单位可以向法院申请撤销仲裁裁决。在这种情况下，假如劳动者并未提起诉讼而是待仲裁裁决生效后直接向人民法院申请执行，而用人单位同时申请撤销，就面临着仲裁裁决执行程序和申请撤销仲裁裁决审理程序的冲突，为协调审执程序，2010年《劳动争议司法解释（三）》作出相应规范。

本次司法解释修改制定过程中，为统一规范表述，将“劳动人事争议仲裁委员会”统一修改为“劳动争议仲裁机构”，未作其他修改。

二、仲裁裁决的司法监督

仲裁裁决的司法监督，是由人民法院对仲裁协议的效力，仲裁程序的正当性、合法性以及仲裁裁决的执行和撤销进行的司法审查。法律赋予人民法院对仲裁裁决进行司法监督，但是考虑到仲裁是一种独立于司法审判的纠纷处理方式，因此，人民法院对仲裁的司法监督不能超过合理、必要的限度。一般情况下，除仲裁裁决违反社会公共利益外，人民法院对仲裁的司法监督权应当是建立在当事人申请的基础之上的，人民法院不能主动行使对仲裁裁决的司法监督权。人民法院对仲裁机构作出的裁决进行司法监督的范围仅限于仲裁程序事项是否违反法律、法规的规定以及仲裁员或当事人一方是否具有不正当行为，通常并不对仲裁裁决的实体内容行使司法监督。目前，人民法院对仲裁机构的司法监督主要表现在三个方面：一是认定仲裁协议的效力，二是撤销仲裁裁决，三是不予执行仲裁裁决。

值得探讨的是，撤销仲裁裁决与不予执行仲裁裁决作为仲裁裁决司法监督的主要方式，二者有何异同？1991 年的《民事诉讼法》确立了对仲裁裁决的不予执行制度。该法第 217 条第 1 款、第 2 款规定："对依法设立的仲裁机构的裁决，一方当事人不履行的，对方当事人可以向有管辖权的人民法院申请执行。受申请的人民法院应当执行。被申请人提出证据证明仲裁裁决有下列情形之一的，经人民法院组成合议庭审查核实，裁定不予执行：（一）当事人在合同中没有订有仲裁条款或者事后没有达成书面仲裁协议的；（二）裁决的事项不属于仲裁协议的范围或者仲裁机构无权仲裁的；（三）仲裁庭的组成或者仲裁的程序违反法定程序的；（四）认定事实的主要证据不足的；（五）适用法律确有错误的；（六）仲裁员在仲裁该案时有贪污受贿，徇私舞弊，枉法裁决行为的。"由此可见，1991 年《民事诉讼法》对于不予执行仲裁裁决的事项规定得比较全面，既包括实体方面的事项，又包括程序方面的事项。关于撤销仲裁裁决的问题，1994 年《仲裁法》第 58 条第 1 款规定："当事人提出证据证明裁决有下列情形之一的，可以向仲裁委员会所在地的中级人民法院申请撤销裁决：（一）没有仲裁协议的；（二）裁决的事项不属于仲裁协议的范围或者仲裁委员会无权仲裁的；（三）仲裁庭的组成或者仲裁的程序违反法定程序的；（四）裁决所根据的证据是伪造的；（五）对方当事人隐瞒了足以影响公正裁决的证据的；（六）仲裁员在仲裁该案时有索贿受贿，徇私舞弊，枉法裁决行为的。"从当时《民事诉讼法》和《仲裁法》的规定来看，申请不予执行的事由中第 4 项"认定事实的主要证据不足”、第5项“适用法律确有错误”与申请撤销事由第4项“裁决所根据的证据是伪造的”以及第5项“对方当事人隐瞒了足以影响公正裁决的证据”相比，前者涉及实体性审查。出现这种差异主要是因为，1991年制定《民事诉讼法》时，我国的仲裁事业刚刚起步，国内仲裁多为经济合同仲裁等行政性仲裁，尚未完全脱离行政仲裁体制，故有必要对仲裁裁决的程序和实体问题进行全面审查。而《仲裁法》制定时，世界范围内普遍进行了仲裁体制改革，对仲裁采取了更为宽松和支持的态度，以支持本国仲裁事业的发展。我国《仲裁法》建立的申请撤销仲裁裁决制度顺应了当时的国际形势，体现了鼓励和支持仲裁的理念。① 由于不予执行仲裁裁决与撤销仲裁裁决制度并存，而二者实际审查的范围不完全一致，导致实践中出现裁判冲突，滥用司法审查程序拖延仲裁裁决执行等问题。针对上述问题，有的意见认为应当整体取消不予执行仲裁裁决制度。撤销仲裁裁决与不予执行仲裁裁决二者功能定位并不完全相同，不能相互取代。二者的具体不同在本书有关第24条的释义中有详细展开，此处不再赘述。因此，2012年《民事诉讼法》修正时对于这两种制度都予以保留。同时，为协调两种制度审查标准不一致的矛盾，充分发挥仲裁制度的优势，2012年《民事诉讼法》修正时，还统一了不予执行仲裁裁决和撤销仲裁裁决的审查标准。

三、劳动争议仲裁裁决的司法监督

我国劳动争议仲裁兼有行政与司法的双重特征。其行政性主要体现在：劳动争议仲裁机构的仲裁规则是由国务院劳动行政部门制定，省、自治区、直辖市人民政府劳动行政部门对劳动争议仲裁工作进行指导。其司法性主要体现在，劳动争议仲裁的仲裁程序比照民事诉讼程序设计，同时，仲裁委员会的工作不受其他组织和个人的干预。劳动争议仲裁不同于商事仲裁，二者的主要区别是：第一，仲裁组织不

① 全国人大常委会法制工作委员会民法室编著：《中华人民共和国民事诉讼法释解与适用》，人民法院出版社2012年版，第380页。

同。劳动争议仲裁的组织是劳动争议仲裁机构，由劳动行政部门、同级工会和用人单位三方面的代表组成。而商事仲裁组织由有关部门的人员、法律、经济贸易专家及有关知名人士组成。第二，主体地位不同。申请劳动仲裁的双方当事人一方为用人单位，另一方为劳动者，双方虽法律地位平等，但在劳动关系中为管理与被管理的关系；而商事仲裁双方当事人具有完全平等的民事法律地位。第三，仲裁制度不同。一般情况下，发生劳动争议，调解不成的，经过劳动仲裁程序后，还可向法院起诉。而商事仲裁实行“或裁或审”制度，即或者当事人协议申请仲裁，或者向人民法院起诉。当事人申请仲裁的，不能再向人民法院起诉。

劳动争议仲裁是解决劳动争议纠纷的必经程序，当事人之间不需要订立仲裁协议即可启动劳动争议仲裁程序。因此，对于劳动争议仲裁裁决的司法监督，并不存在确认仲裁协议无效这一类型。此外，对于不予执行劳动争议仲裁裁决和申请撤销劳动争议仲裁裁决这两类情形，需要区分仲裁裁决是否为一裁终局的仲裁裁决。关于一裁终局仲裁裁决的司法监督，用人单位可以申请撤销，而劳动者与用人单位均可以申请不予执行。关于非一裁终局的仲裁裁决，由于劳动者和用人单位不服此类仲裁裁决均可以向人民法院提起诉讼，因此，《劳动争议仲裁调解法》并未规定当事人可以申请撤销此类仲裁裁决，但是劳动者和用人单位可以依据本解释第24条向执行法院申请不予执行劳动争议仲裁裁决。

需要注意的是，由于我国劳动争议仲裁具有一定的行政性，劳动争议仲裁的法律适用上，存在适用部门规章，甚至是其他效力更低的规范性法律文件作为仲裁裁决依据的问题，而上述规范性法律文件并非司法程序中审判案件的依据。在审理申请撤销劳动争议仲裁裁决的案件中，部门规章和其他效力更低的规范性法律文件不能作为法律依据。因此，依据《劳动争议仲裁调解法》第47条第1项的规定，适用法律、法规确有错误属于申请撤销一裁终局的劳动争议仲裁裁决的法定事由，而依据仲裁法的规定，申请撤销商事仲裁裁决的法定事由中，并没有适用法律、法规确有错误的情形。

四、关于审执程序的协调

（一）撤销仲裁裁决与执行程序的协调

劳动争议一裁终局仲裁裁决被撤销前，仲裁裁决依然有效。因此，无论是在人民法院受理用人单位申请撤销终局裁决之前还是之后，只要是该仲裁裁决未被撤销，劳动者向人民法院申请执行该仲裁裁决的，人民法院应予受理。由于一方当事人已经提出撤销仲裁裁决申请，人民法院也已经受理了该申请。对该撤销仲裁裁决的申请，人民法院受理后，可能会产生三种结果：一是裁定重新仲裁，二是撤销仲裁裁决，三是驳回申请。由于人民法院对该撤销仲裁裁决的申请尚在审理之中，执行法院如果此时开始执行，可能会产生很多问题。比如，如果人民法院最终裁定撤销仲裁裁决，执行将失去依据，后续进行执行回转给当事人权益造成影响，也会给人民法院工作带来不必要的负担。为此，对于劳动者申请执行仲裁裁决的处理，应当裁定中止执行。人民法院经审查，未发现劳动争议仲裁裁决具有法定可撤销情形的，应当驳回用人单位的撤销申请，撤销裁决的申请被人民法院驳回或者用人单位撤回撤销申请的，人民法院的执行程序便不存在障碍，应当恢复执行；人民法院经审查，认为存在《劳动争议调解仲裁法》第 49 条规定的法定 6 种情形从而撤销仲裁裁决的，此时，劳动者申请人民法院执行此裁决就失去了执行依据，人民法院应裁定终结执行。

（二）申请不予执行仲裁裁决与申请撤销仲裁裁决的协调

劳动者就一裁终局的劳动争议仲裁裁决申请执行时，用人单位可以在执行程序中提出申请不予执行。如果用人单位申请不予执行的同时，其又提起申请撤销仲裁裁决之诉，此时，执行程序因用人单位申请撤销仲裁裁决而中止，如果用人单位申请撤销仲裁裁决已被驳回，这种情况下，人民法院作出的驳回裁定是终局裁定，当事人不得上诉和申请再审。既然是终局裁定，就是发生法律效力的裁定，该裁定就具有既判力。这里所说的既判力，就是指用人单位申请撤销仲裁裁决的理由不成立，用人单位以同样的理由在执行程序中提出不予执行抗辩的，该理由同样不能成立。如果用人单位抗辩不予执行的理由与其申请撤销仲裁裁决的理由不同，那么撤销仲裁裁决的结果对其在执行程序中的主张不产生影响，执行法院仍然需要对用人单位在执行程序中的主张进行审查处理。

【审判实践中应注意的问题】

劳动仲裁机构作出终局裁决后，用人单位不服该仲裁裁决，依据《劳动争议调解仲裁法》第 49 条规定向中级人民法院申请撤裁，劳动者不服仲裁裁决依据《劳动争议调解仲裁法》第 48 条提起诉讼，依照本解释第 21 条的规定，中级人民法院应当不予受理申请撤销仲裁裁决案件，已经受理的应当驳回起诉。针对基层人民法院受理的劳动者提起的诉讼，用人单位的抗辩理由范围应如何认定？

一种意见认为，对终局裁决，用人单位只能以《劳动争议调解仲裁法》第 49 规定的法定情形为由申请撤销，不享有直接起诉的权利，故在劳动者起诉的劳动争议案件中，用人单位的抗辩理由也只能限于《劳动争议调解仲裁法》第 49 规定的 6 种情形。另一种意见认为，劳动者起诉后仲裁裁决效力待定，用人单位提出的抗辩理由不再限于《劳动争议调解仲裁法》第 49 条规定的情形。对此，我们认为，应诉答辩是当事人依法享有的诉讼权利，劳动者不服终局劳动争议仲裁裁决向人民法院提起诉讼，用人单位针对劳动者的诉讼请求和理由所进行的答辩系其行使诉讼权利的具体体现。因此，在此类案件中，不应认定为用人单位的抗辩理由也只能限于《劳动争议调解仲裁法》第 49 规定的 6 种情形。

【案例解读】

一、基本案情

因胡某与扬州某物业公司劳动争议一案，江苏省扬州市H区劳动人事争议仲裁委员会作出终局裁决。胡某于2019年3月12日依据该仲裁裁决书向江苏省扬州市H区人民法院申请强制执行，当日该法院依胡某的申请立案执行。在执行过程中，扬州某物业公司向江苏省扬州市中级人民法院申请撤销案涉仲裁裁决。

二、裁判结果

江苏省扬州市H区人民法院裁定中止案涉仲裁裁决书的执行程序。

三、评析

《劳动争议调解仲裁法》针对劳动争议处理周期长，劳动者维权成本高的问题，为部分小额和标准明确的劳动争议设计了一裁终局制度。一裁终局制度是劳动争议经仲裁庭裁决后即行终结的制度，如劳动者未在法定期限内未就终局裁决提起诉讼，仲裁裁决即发生法律效力，当事人应当依照规定的期限履行。2010年《劳动争议司法解释（三）》第18条对于劳动者申请执行终局裁决期间，用人单位申请撤销该终局裁决的情形下人民法院如何处理作出了规定。本解释第25条保留了这一规定。终局裁决属于一裁终局案件，与非终局裁决不同，用人单位申请撤销仲裁裁决，不影响原终局裁决的效力，执行程序不能终结。但一旦用人单位申请撤销仲裁裁决，该仲裁裁决即存在被撤销的可能，裁决的执行力必须被暂时中止，该情形属于《民事诉讼法》第256条第1款第5项“人民法院认为应当中止执行的其他情形”。

本案即属于本解释第25条第1款规定的情形。胡某就案涉终局裁决向基层人民法院申请执行，而用人单位即扬州某物业公司已向中级人民法院申请撤销案涉裁决，此时如继续执行，则申请撤销仲裁裁决案件就缺乏了审查基础，一旦案涉裁决被撤销，可能需要重新执行回转。受理执行的江苏省扬州市H区人民法院作出裁定中止执行的处理，有利于理顺申请撤销仲裁裁决和执行程序的关系。因此，人民法院受理终局裁决的执行申请时，也应当主动审查用人单位有无在法定期限内向劳动人事争议仲裁委员会所在地的中级人民法院申请撤销仲裁裁决，并及时作出中止执行的裁定，防止与撤销仲裁裁决案件的处理结果发生效力冲突。该中止执行裁定送达当事人后，具有以下法律效力：(1) 人民法院应当停止与裁定相关的强制执行活动，正在实施的执行行为应立即停止，尚未实施的执行行为暂不实施，但中止执行裁定之外的执行行为不受影响。(2) 已经依法实施完毕的执行行为仍然有效。(3) 为防止被执行人恶意转移财产逃避债务，人民法院仍然可以根据案件情况，对被执行人财产采取控制性执行措施。

需要说明的是，中止执行是在执行的过程中，因某种特殊的情况发生而使进行中的执行程序暂时予以停止，不是执行程序的结束。故本解释第25条第2款，对用人单位在申请撤销仲裁裁决案件撤回申请、被驳回申请以及终局裁决被撤销的情形，执行程序如何处理分别作出了规定。本案中，扬州市H区人民法院也应当在扬州市中级人民法院审结撤销仲裁裁决案件后，根据该案的结果进行相应处理。

根据《民事诉讼法》第256条第2款的规定，在中止执行的情况消失后，仍应当继续进行执行程序，裁定恢复执行。如扬州某物业公司撤回申请或被扬州市中级人民法院裁定驳回申请，则中止执行的情形已消失，扬州市H区人民法院应当及时裁定恢复执行。如扬州某物业公司在申请撤销仲裁裁决被驳回后，在执行程序中又以相同理由提出不予执行抗辩的，因中级人民法院作出撤销仲裁裁决的裁定具有既判力，根据本解释第25条第3款的规定，扬州市H区人民法院应当驳回其执行异议申请。

人民法院的执行工作必须有合法的执行根据。执行根据也称执行文书，是权利人据以申请执行的凭证，也是人民法院采取执行措施的凭证。如果由于某种特殊原因，作为执行根据的法律文书被撤销，继续执行将缺乏合法生效的法律依据，人民法院应当裁定终结执行。因此《民事诉讼法》第257条第2项也规定，据以执行的法律文书被撤销的，人民法院裁定终结执行。据此，如扬州市中级人民法院裁定撤销案涉终局裁决，因作为执行依据的终局裁决已不具有法律效力，扬州市H区人民法院应根据本解释第25条第2款及上述规定裁定终结执行。劳动者可以自收到撤销仲裁裁决的裁定之日起15日内就该劳动争议事项向人民法院提起诉讼，待人民法院作出生效法律文书后再重新申请执行。

第二十六条

用人单位与其他单位合并的，合并前发生的劳动争议，由合并后的单位为当事人；用人单位分立为若干单位的，其分立前发生的劳动争议，由分立后的实际用人单位为当事人。

用人单位分立为若干单位后，具体承受劳动权利义务的单位不明确的，分立后的单位均为当事人。

【条文主旨】

本条是关于劳动争议发生后，用人单位合并、分立时如何确定用人单位一方诉讼主体的规定。

【条文理解】

而根据《民事诉讼法》关于起诉条件的规定，人民法院受理民事案件的，必须具有适格的当事人，原告应是与本案有直接利害关系的公民、法人或其他组织，同时应当有明确的被告。虽然《劳动合同法》第34条已经明确规定，用人单位发生合并或者分立等情况，原劳动合同继续有效，劳动合同由承继其权利和义务的用人单位继续履行。但在实践中，仍然经常出现用人单位与劳动者发生劳动争议后，原用人单位又发生了分立或者合并，因分立、合并后的企业未就劳动关系如何承继作出明确安排，而直接以原用人单位已不存在为借口，对劳动者提起的诉讼拒不应诉，致使劳动者状告无门的情形。

据此，为维护劳动者合法权益，本条规定以《民法典》《公司法》关于法人合并、分立后权利义务承继的相关规定为依据，从诉讼程序的角度，对劳动争议发生后，用人单位又发生合并、分立情况下，用人单位一方诉讼主体的确定作出规定。

理解本条规定，应注意以下几个方面：

一、用人单位合并、分立对劳动关系的影响

（一）可能导致劳动关系中的用人单位主体不明确

我国《劳动法》和《劳动合同法》规定，在中华人民共和国境内的企业、个体经济组织、民办非企业单位等组织，在与劳动者形成劳动关系时，被统称为“用人单位”。① 由此可知，劳动关系是由劳动者与用人单位之间建立的权利义务关系。依据《民事诉讼法》第119条规定，无论是作为原告还是被告，对与劳动者形成劳动关系的用人单位一方诉讼主体作出明确，都是人民法院受理劳动争议案件的前提条件。但是，对于审判实务中广泛存在的，劳动争议发生之后，用人单位又发生了合并或者分立，应该如何确定劳动关系的相对方，以便于劳动者通过劳动仲裁或者诉讼解决争议，实践中仍然存有疑问。

这主要是因为，用人单位的合并或者分立，是用人单位在组织形式上的变更，虽不会导致原用人单位与劳动者之间的权利、义务消灭，但会对其权利、义务的承担造成影响。具体而言，用人单位合并，指用人单位并入其他用人单位或者其他用人单位并入该用人单位，或者用人单位与其他用人单位合在一起共同组成一个新的用人单位。用人单位分立，则是指用人单位将其一部分分出去成立一个新的用人单位，或者用人单位分割为两个以上的新用人单位。根据权利义务相一致的原则，在用人单位发生分立的情况下，分立后的新用人单位并非一定整体接收原用人单位的财产或者劳动关系，尤其是在用人单位分立时，已经与原用人单位发生劳动争议的，新用人单位更是不愿接收，以避免承担劳动争议引发的实体责任。由此，如果劳动者未能明确与分立后的新用人单位形成劳动关系的，将严重影响劳动者维权。

① 参见《劳动法》第2条以及《劳动合同法》第2条之规定。

（二）用人单位合并分立后权利义务的承继

劳动关系是劳动法的调整对象，但也受民法规范的调整。根据现代公司法理论，公司通过合并或分立的方式，可以有效开展公司的资产重组，调整公司的组织结构，降低投资风险和成本，提升公司盈利能力。[①] 因此，法人的合并与分立不可避免地会经常发生，但基于民法上的诚信、公序良俗等原则，法人无论是合并还是分立，都应当依法处理其合并或者分立前与他人发生的各种关系，才能维护正常的社会秩序，保证国家持续稳定的发展。为防止法人以合并或者分立为借口，逃避应负的义务，相关法律对合并或者分立后权利和义务的承担作出了规定。

《民法典》第 67 条明确规定："法人合并的，其权利和义务由合并后的法人享有和承担。法人分立的，其权利和义务由分立后的法人享有连带债权，承担连带债务，但是债权人和债务人另有约定的除外。"依据《公司法》第 174 条以及第 176 条之规定，公司合并时，合并各方的债权、债务，应当由合并后存续的公司或者新设的公司承继。除当事人依法另有约定的外，公司分立前的债务由分立后的公司承担连带责任。

首先，法人合并、分立的，权利、义务以变更后的法人享有和承担为原则。法人合并、分立时，在法人财产方面，原有的财产所有权、经营权、知识产权等都一并转移给合并、分立后的企业；在债权债务方面，虽然合并和分立也是一种权利、义务的概括转让，但因此而引起的债权债务关系转让均由法律直接规定，是法定的债权债务概括转移。具体而言，变更后的法人依法有权请求原法人的债务人履行义务，原法人的债权人亦有权请求变更后的企业法人偿还债务，分立后的各个法人对原法人的债务承担连带清偿责任。在民事损害赔偿责任方面，因变更后的法人承继了原法人移转的权利，也就当然有义务承担原法人的赔偿义务，故由合并、分立后的法人主体承担侵权损害赔偿责任。

---

① 参见朱庆育：《民法总论》，北京大学出版社 2013 年版，第 434 页。

其次，在法人分立情形下实行协议优先的原则。契约自由是民法中的基本原则，当然也是法人分立情形下债务承担的一般原则，即在法人分立过程中，只要法人与债权人之间的债务承担协议不存在无效事由，就对各方当事人产生法律约束力。基于意思自治原则，协议的效力还应当优先于法律的任意性规定，也就是说，上述债务承担协议能够排除适用各分立后法人承担连带责任的法律规定。事实上，法人分立后债务的承担，经各方约定，无论是由分立后的各个企业按照一定比例分担，还是由分立后的某一个企业或某几个企业按照一定比例分担，均属于分立企业作为市场经济中的市场主体自行决策的范畴，法律不应干涉。这是私法自治原则在企业分立中的具体体现。也正是基于此，在《民法典》出台之前，《合同法》第 90 条已就法人分立后的债务承担问题，明确规定了上述协议优先的原则。需要注意的是，由于法人分立必然会对法人财产进行改造，分立的后果必然会造成作为法人责任财产的法人资产的变化，所以，分立行为不仅仅涉及分立前的法人与存续法人或者新设法人的权利和义务，也必然影响到原法人债权人债权的实现。因此，债权人为了维护自身的合法权益，有权就分立后各法人之间的债务承担协议享有知情权和异议权。因此，协议优先原则适用的前提在于，各分立后法人的债务承担约定，必须经债权人同意才能产生对债权人的约束力。否则，债权人可以根据企业法人财产原则，依法追究有关责任主体的民事责任，有关责任主体不能以分立协议中关于债务承担的约定来对抗债权人的主张。

二、用人单位合并、分立后劳动争议主体的确定

（一）用人单位诉讼主体的确定

依据本条规定，首先，用人单位与其他单位发生合并的，由合并后的新用人单位作为劳动争议案件的一方当事人，而不论这一新用人单位是否与劳动者重新确立了劳动关系。其次，用人单位分立为若干单位的，原则上应由分立后的实际用人单位为劳动争议案件的一方当事人。最后，用人单位分立为若干单位后，对承受劳动权利义务的单

位不明确的，分立后的单位均为当事人的含义是这些单位在诉讼中为共同被告。

其中，所谓用人单位分立为若干单位后，对承受劳动权利义务的单位不明确主要有以下三种情况：一是劳动者处于待岗状态；二是劳动者在用人单位分立前被单位作出开除、除名、辞退、解除劳动合同等处置，而劳动者不服的；三是因劳动者与用人单位的劳动争议，分立后的用人单位均未与其重新确立劳动关系的。此外，原用人单位分立为若干单位后，劳动者与参与应诉的分立后的用人单位，就劳动关系的承继主体存有不同认识的，为便于查明案件事实，人民法院可以追加分立后的其他用人单位作为共同被告参加诉讼。

值得注意的是，如果劳动者因对原用人单位所作之开除、除名、辞退、解除劳动合同等决定不服发生争议的，分立后的用人单位作为共同被告参加诉讼后，应视人民法院对用人单位上述决定的审理结果而作出不同处理：人民法院经审理后认可原用人单位对劳动者所作之开除、除名、辞退、解除劳动合同等决定的，应当同时判决用人单位给付劳动者一定补偿，由分立后的用人单位共同承担连带责任。人民法院经审理认为用人单位对劳动者所作之开除、除名、辞退、解除劳动合同的决定确有错误的，可以依据劳动者的请求依法予以撤销。同时，在用人单位分立后，承受劳动权利义务关系的主体尚不明确的，由于劳动关系具有身份关系的属性，用人单位依法享有用工自主权，劳动者与分立后的任何单位间不能自行恢复建立劳动关系。

（二）裁审衔接中用人单位主体的确定问题

由于我国《劳动法》对劳动争议案件规定了仲裁前置的程序性要求，因此，具体到劳动者与用人单位发生劳动争议后，用人单位发生合并或者分立的案件，对主体的确认可能在劳动争议仲裁阶段就已经发生，具体包括以下几种情况：

第一，劳动争议仲裁委员会已经根据劳动者的申请，认定原用人单位分立或者合并后应当承担义务的主体，但用人单位一方不服，以自己为不适格主体为由，向人民法院起诉，请求撤销裁决。针对这种情况，人民法院在审理中，应当适用本条规定，首先审查原告的诉讼主体资格。经审查，原告确属不适格主体的，应当撤销仲裁裁决。告知劳动者一方变更适格的用人单位主体作为被申请人，重新申请劳动争议仲裁。

第二，劳动争议仲裁委员会以劳动者申请仲裁时提出的被申请人不适格为由作出不予受理的书面裁决、决定或者通知，申请人不服，向人民法院起诉的。人民法院经审查认为确属主体不适格的，应裁定不予受理或者驳回起诉。

第三，劳动争议仲裁委员会作出裁决以后，当事人提起诉讼之前，用人单位发生了合并或者分立。此种情况下，如果原用人单位发生了合并，但名称未发生变化，可以继续作为当事人参加诉讼；如果合并后的单位变更了名称，人民法院应当根据当事人提供的工商行政管理部门出具的有关经济实体变更登记的证明，及时变更当事人的名称；如果原用人单位发生了分立，而劳动者有明确的接收单位的，人民法院应通知新的用人单位为当事人继续进行诉讼活动；如果劳动者与分立后的几个用人单位均未明确确立劳动权利义务关系，则人民法院应通知分立后的几个单位共同作为用人单位一方的当事人参加诉讼。

【审判实践中应注意的问题】

一、本条规定以劳动争议发生于用人单位合并、分立以前作为适用的前提

依据《民法典》第 67 条之规定，法人合并的，其权利和义务由合并后的法人享有和承担；法人分立的，其权利和义务由分立后的法人享有连带债权，承担连带债务。但是，基于劳动关系的人身属性，劳动者与用人单位间的劳动争议发生在用人单位合并或者分立之后的，人民法院应以劳动者认为的，与其实际建立劳动关系、发生劳动争议的用人单位作为当事人，不宜再适用本条规定确定用人单位一方主体，

尤其是不能直接以劳动关系主体不明确，而将分立后的单位一并作为劳动争议案件的当事人。

二、用人单位在诉讼中发生合并、分立的应当裁定中止诉讼

原用人单位在诉讼过程中发生合并或者分立的，符合《民事诉讼法》第150条关于“作为一方当事人的法人或者其他组织终止，尚未确定权利义务承受人的”的情形，人民法院可以依据该条规定，裁定中止诉讼，并待中止诉讼的原因消除或者依法变更当事人之后，恢复诉讼。

第二十七条

用人单位招用尚未解除劳动合同的劳动者，原用人单位与劳动者发生的劳动争议，可以列新的用人单位为第三人。

原用人单位以新的用人单位侵权为由提起诉讼的，可以列劳动者为第三人。

原用人单位以新的用人单位和劳动者共同侵权为由提起诉讼的，新的用人单位和劳动者列为共同被告。

【条文主旨】

本条是关于因用人单位招用尚未解除劳动关系的劳动者引发的劳动争议案件或者侵权纠纷案件如何确定诉讼主体地位的规定。

【条文理解】

在我国市场经济高速发展的过程中，企业员工的“跳槽”成为人才流动的一种重要形式，既是员工实现个人职业目标的常见手段，也是企业合理化利用人力资源获得可持续发展的重要方式，对于进一步推动市场经济高速增长更是具有积极作用。我国法律虽不禁止同一劳动者与多个用人单位同时订立劳动合同，但基于劳动关系的特殊性，企业员工恶意“跳槽”或者“跳槽”不当，可能会给企业或者个人造成负面影响，极易产生相关纠纷，引发大量诉讼。

用人单位招用尚未与原用人单位解除劳动合同关系的劳动者的，既可能引发原用人单位与劳动者之间的劳动争议，也可能引发原用人单位与新用人单位或者劳动者之间的侵权责任纠纷。鉴于我国目前关于劳动争议处理“一调一裁两审”的制度，对于劳动争议案件与侵权责任纠纷等一般民事案件，应当适用不同的程序，实践中经常出现当事人因不能明确区分不同性质的两类案件，而就本不属于劳动争议范畴的侵权责任纠纷向劳动争议仲裁委员会申请仲裁；也不乏部分法院错误适用《劳动法》关于用人单位招用尚未解除劳动合同关系劳动者的相关规定，而将本属侵权责任纠纷的案件依照劳动争议的处理程序，要求当事人先行仲裁的情形。

更为重要的是，根据民事诉讼法关于民事案件案由的相关规定，劳动争议以当事人之间争议的劳动关系为基础，仅发生于用人单位和劳动者之间。在劳动争议与侵权责任纠纷中，新用人单位的诉讼地位可能并不一致，导致新用人单位承担责任的内容和方式存在区别，会对当事人的实体权利造成较大影响。

据此，本条规定在对劳动争议案件的范围作出准确界定的基础上，从诉讼程序的角度，对用人单位招录尚未与原单位解除劳动合同关系的劳动者而引发的不同性质的争议应如何确定诉讼主体的问题，作出了明确规定。

一、劳动争议案件中的主体地位

依据《劳动法》第 2 条规定，劳动法调整的劳动关系，是指用人单位和劳动者在劳动过程中形成的权利义务关系。用人单位招用尚未解除劳动合同的劳动者的情况下，原用人单位与劳动者之间发生的劳动争议，应当由劳动者与原用人单位分别作为诉讼原告或者被告。

但是，由于法律所调整的社会关系通常是复杂并且相互牵连的，人民法院对当事人争议的法律关系作出判定，往往会不可避免地涉及第三方的利益。为了彻底解决矛盾纠纷，也为了提高诉讼效率，《民事诉讼法》规定了第三人参加诉讼的制度。依据《民事诉讼法》第 56 条之规定，根据参加诉讼的根据不同，可将民事诉讼中的第三人分为有独立请求权的第三人和无独立请求权的第三人。其中，对他人之间的诉讼标的有独立的请求权，认为本诉的原告和被告，将其所有的全部或者部分民事权益，作为了争议的内容，无论哪一方胜诉，势必损害其合法权益，以起诉的方式加入原、被告已经开始的诉讼中，以维护自己的合法权益的原告，即为有独立请求权的第三人。而所谓无独立请求权的第三人，则是指对他人之间的诉讼标的没有独立的实体权利，但因案件的处理结果同他本人有法律上的利害关系，可能导致自己承担法律责任而加入诉讼中，并为一方的主张提供证据、进行辩论。劳动争议案件中，劳动者在尚未与原单位解除劳动合同，又与新用人单位形成劳动关系的情况下，一方面，新用人单位显然对原用人单位与劳动者之间的争议标的（劳动合同关系），不具有独立的实体权利，新用人单位不能作为有独立请求权的第三人，主动加入原用人单位与劳动者已经开始的劳动争议诉讼中。另一方面，基于劳动关系的人身属性，在上述情况中，人民法院应当尊重劳动者的选择权，在判令由劳动者承担相应的法律责任的前提下，不宜强制劳动者继续履行其与原用人单位的劳动合同。因此，严格来讲，在劳动者与原用人单位的劳动争议案件中，新用人单位并无实质上的利害关系，其只能作为无独立请求权的第三人加入诉讼，为当事人一方的诉讼请求提供证据、进行辩论，便于人民法院查明案件事实。

值得注意的是，首先，从裁审程序衔接的角度，在审理因用人单位招用尚未解除劳动合同的劳动者引起的劳动争议案件中，是否需要追加新用人单位作为第三人，不受劳动争议仲裁程序中是否已经将其列为第三人的影响，劳动争议仲裁机构追加新用人单位参与仲裁的，人民法院并非必须追加新用人单位作为劳动争议案件的第三人。从诉讼经济的角度，人民法院在审理这类案件过程中，发现已有劳动争议仲裁机构对劳动者在尚未与原用人单位解除劳动合同关系的情况下，即与新用人单位形成劳动关系的事实进行了查明，足以对劳动者与原用人单位之间争议的法律关系作出评判的，无论劳动者或者原用人单位是否提出异议，人民法院均可不予追加新用人单位作为第三人。

其次，基于上述分析，仍不免在实践中经常出现新用人单位以原用人单位与劳动者的劳动争议案件的处理结果同其有法律上的利害关系的，而主动申请参加诉讼。据此，我们认为，从程序上讲，依据《民事诉讼法》的相关规定，不能直接排除新用人单位的诉权，除劳动争议案件的当事人对此提出明确异议，且具有合理理由的，人民法院不应拒绝新的用人单位作为第三人参加诉讼。换句话说，新用人单位主动申请参加诉讼中，应当对“案件的处理结果同他有法律上的利害关系”作出扩张性解释，即便新用人单位并不会在劳动争议案件中被判决承担实体责任，人民法院对劳动争议案件的审理结果，对劳动者产生的直接作用，也会辐射性地对新用人单位产生作用。

二、侵权责任纠纷案件中的主体地位

依据本条规定，用人单位招用尚未与原用人单位解除劳动合同的劳动者，引发原用人单位与劳动者之间或者两用人单位之间的侵权责任的纠纷，则应当根据人民法院审理一般民事案件的规则来确定诉讼主体。

具体而言，应当区分以下两种不同情况：一是原用人单位仅以新用人单位为被告提起侵权之诉，请求人民法院判令新用人单位赔偿其损失的情况下，人民法院可以追加劳动者为无独立请求权的第三人，以便查明案件事实。二是原用人单位以新用人单位和劳动者共同侵权为由提起诉讼，请求二者同时承担赔偿责任的，从实体法的角度看，依据《民法典》第1168条之规定，二人以上共同侵权造成他人损害的，应当承担连带责任。劳动者与新用人单位形成劳动关系是造成原用人单位损失的直接原因，是同一侵权行为的不同方面，具有共同承担责任的基础，人民法院应当将新用人单位和劳动者列为共同被告。

值得注意的是，原用人单位以新的用人单位和劳动者共同侵权为由提起诉讼的，不适用我国目前“一调一裁两审”的劳动争议处理制度，人民法院对原用人单位以劳动者和新的用人单位为被告提起的侵权之诉，不得以争议未经劳动争议仲裁程序为由，拒绝受理。同时，对于原用人单位在以新用人单位和劳动者为被告提起侵权之诉之前，已经申请劳动争议仲裁或者已经劳动争议仲裁机构作出裁决的，人民法院受理侵权责任纠纷案件后，可对劳动争议仲裁机构查明的事实进行确认，除非当事人提交证据予以推翻，可以免除原用人单位就劳动者或者新用人单位实施侵权行为的事实承担举证责任。

【审判实践中应注意的问题】

关于新用人单位招用了尚未与原用人单位解除劳动合同关系的劳动者，由原用人单位提起侵权之诉，请求新用人单位承担损害赔偿责任的，是否会因新用人单位不存在过错而不获支持，实践中仍然存有争议。一种观点认为，依据《劳动法》第 99 条之规定，用人单位招用了尚未解除劳动合同的劳动者，并因此给原用人单位造成了经济损失的，即应承担赔偿责任，不应再以其主观上是否存在过错为要件；另一种观点认为，人民法院审理侵权责任纠纷案件，应当适用《民法典》侵权责任编的有关规定。据此，除非在适用无过错责任原则的情况下，行为人存在过错当是成立侵权责任的重要条件。

我们认为，一方面，从社会实践的现状看，我国尚未形成完善的人才市场，尚不具备成熟的档案制度，给用人单位招用劳动者附加过重的审查义务并不现实，不仅是用人单位难以掌握劳动者与原用人单位劳动合同的实际状况，劳动者也经常会因劳动合同履行中异常状况而产生已经解除劳动合同关系的误解。另一方面，从《劳动法》的立法目的看，《劳动法》第 99 条规定新用人单位承担赔偿责任，并非对用人单位或者劳动者的合同自由作出限制，而是为了规范劳动合同的订立程序，杜绝劳动合同关系中的不正当竞争，依法维护劳动者与用人单位的合法权益，保障经济社会健康发展。因此，新用人单位招用未解除劳动合同的劳动者不存在过错的，不应承担损害赔偿责任。

第二十八条

劳动者在用人单位与其他平等主体之间的承包经营期间，与发包方和承包方双方或者一方发生劳动争议，依法提起诉讼的，应当将承包方和发包方作为当事人。

【条文主旨】

本条是关于劳动者在用人单位与其他平等主体之间的承包经营期间，与发包方或承包方发生劳动争议后诉讼主体如何确定的规定。

【条文理解】

一段时期内，一些企业为了提高劳动生产率，解决设备老化、资金不足的问题，与其他平等主体签订承包经营合同，将本企业的一部或全部发包给他人经营。用人单位采取承包经营方式后，承包人在承包经营期内享有用工自主权。又因为承包方与发包方处于平等主体关系，劳动者受聘于不同的用人单位，因此，同一单位内部的劳动者可能与不同的用人单位具有劳动合同关系。实践中，劳动者与发包人、承包人之间的关系大致存在三种情况：（1）劳动者与作为发包方的原用人单位签有无固定期限的劳动合同，但在承包期内，与承包方签订劳动合同或者存在事实劳动合同关系，工作由承包方安排，工资也由承包方支付。（2）与原用人单位签有固定期限劳动合同的劳动者，在原单位被承包经营后，与承包方签订新的劳动合同后，与发包方的劳动合同关系解除。（3）承包方作为有用工自主权的用人单位，在其承包期内自主决定从原单位外部聘用的劳动者。实践中经常出现因用人单位被承包经营后，劳动者与发包方、承包方的劳动关系未理顺，承包方侵害劳动者利益，如长期拖欠劳动者的工资和福利后逃匿，发包方以单位已经被他人承包经营，劳动者权益受损与其无关为由置身事外的情况。本条的目的是通过规范此类案件的诉讼当事人，明确承包经营状态下发包方、承包方与劳动者之间的关系，以便于人民法院正确处理这类劳动争议案件，维护劳动者的合法权益。

劳动者如果在与作为发包方的原用人单位签订的劳动合同期限未满的情况下，与承包方发生劳动争议，则常常出现该以谁为被申请人申请劳动争议仲裁以及以谁为被告提起劳动争议诉讼的问题。在承包人欠薪逃匿的情况下，以谁为被申请人申请劳动争议仲裁、以谁为被告起诉则是本条需要解决的问题。一方面我们要以《民事诉讼法》为依据，解决劳动争议案件中的程序问题，另一方面又必须注意到劳动争议案件程序问题的特殊性。例如，在本条规定涉及的案件类型中，将作为用人单位的发包方或者承包方追加为共同被告参加诉讼，但从严格意义上讲，他们有时并不是必须共同进行诉讼的当事人。因为，有时我们追加其为当事人的主要目的仅限于查明案件事实，有时甚至从查明案件事实的意义上说，追加也并非必要，但我们的解释却并未采用“可以”这样的“立法”技术处理。追加第三人也存在类似的问题，即此类案件中的第三人，严格地说，也并非《民事诉讼法》第56条第2款意义上的无独立请求权的第三人。在有些案件中，对于被追加作为第三人的发包方，案件的处理结果可能和他没有法律上的利害关系。例如，只与承包方建立劳动关系的劳动者，只就承包方与其解除劳动关系而起诉，在承包方并未逃匿的情况下，案件的处理结果与发包方不可能产生法律上的利害关系，但我们为了便于人民法院查明案情并防止出现承包方在诉讼中逃匿致使劳动者的合法权益得不到保护的情况发生，规定将其列为第三人参加诉讼，同样没有留下可以不追加的余地。因此，本条规定以《民事诉讼法》的有关规定作为依据，但仍然是针对劳动争议案件的程序特点，作了部分变通。

本条规定的基本含义有三层：第一，适用本条规定的前提条件是劳动争议发生在原用人单位作为发包人，将其单位的一部分或者全部发包给另一与其具有平等主体资格的用人单位承包经营。这里需要注意的是，承包方是与原用人单位具有平等主体资格的另一用人单位，也就是说这种承包经营关系发生在两个平等的民事主体之间，从而就排除了企业内部承包经营的情况。之所以作出这样的规定，是因为所谓的内部承包经营，无论承包者是谁，都只享有有限的用工自主权，其特点是：劳动者仍然是与用人单位而不是与承包者签订劳动合同，承包者一般只可以在本单位内部决定劳动者的工作岗位。一旦发生劳动争议，仍然是劳动者和用人单位作为劳动争议的主体申请劳动争议仲裁和进行诉讼。这类劳动争议案件主体上不存在疑问，不属于本条规范的范畴。另外，是劳动争议发生在承包经营期间，而不是承包经营开始前或者结束后。如劳动争议发生时用人单位尚未开始承包经营，但诉讼时原用人单位已经处于承包经营期间，则不应适用本条司法解释，劳动者仍然应当以原用人单位为被告起诉。第二，劳动争议可能发生在劳动者与发包方之间、劳动者与承包方之间、劳动者与发包方和承包方双方之间。第三，由于确认当事人的诉讼地位一般发生在诉讼开始阶段，而并非根据审理的最终结果，因此，正确的理解是只要原告以与对方发生了劳动争议为由起诉，而被告又符合本条规定中设定的条件，就应将其列为当事人。对其中“当事人”的概念，应当作广义理解，既包括被告，也包括案件第三人。

审判实践中适用本条规定时可能遇到以下几种情况：

第一，与原用人单位签有无固定期限的劳动合同的劳动者在该单位被承包经营期间发生劳动争议。由于劳动者坚持认为其与原用人单位签有无固定期限的劳动合同，故当承包方拖欠其工资或者对其作出开除、除名、辞退、解除劳动合同等处理决定后，劳动者仍然以自己与作为发包方的原用人单位之间有无固定期限的劳动合同为由，以发包方为被告起诉。此时，人民法院应当将承包方追加为被告。追加承包方为被告，既有利于查明案件事实，又有利于明确最终给付劳动者工资的义务承担者和撤销对劳动者作出的错误处理决定后，劳动者与谁恢复劳动合同关系。值得一提的是，劳动者与用人单位签订了无固定期限的劳动合同，并不等于进了保险箱，如果违反劳动纪律和用人单位经法定程序制定的规章制度，用人单位仍然可以对其作出开除、除名、辞退等处理。在承包经营期间，承包方直接负责企业的经营、运作，劳动者应当按照承包者的指示进行工作，并就其工作向承包方负责。因此，对其工作是否达到要求，是否因违反劳动纪律和规章制度而应当受到开除、除名、辞退、解除劳动合同等处理，有权作出决定的是承包方而不是此时不直接参与经营管理的发包方。

第二，在承包经营期间劳动者与承包方发生劳动争议。在这种情况下，只要承包方未发生欠薪逃匿的情况，劳动者一般会以承包方为被告提起诉讼。之所以要追加发包方为当事人参加诉讼，目的是便于人民法院查明案情。如劳动争议发生时，作为发包人的原用人单位是否正处于承包经营期间，需要发包方的加入才便于查明。承包方没有逃匿，也可能存在无力支付劳动者工资的问题。在承包方无力支付劳动者工资或者欠薪逃匿的情况下，追加作为劳动受益人的发包方参加诉讼并承担向劳动者支付工资的义务是十分重要的。在承包方未发生逃匿的情况下，如果劳动者并不起诉发包方，经初步审查劳动者的诉讼请求也未指向发包方，则人民法院也应当将发包方列为第三人，通知其参加诉讼。

第三，在承包经营期间，劳动者与发包方和承包方发生劳动争议，以双方为共同被告诉至法院，人民法院应当将发包方和承包方双方列为共同被告。这体现了对原告诉权的充分尊重。至于审理的最终结果，是否裁决两被告承担连带责任，不应影响到对当事人诉讼地位的确认。

【审判实践中应注意的问题】

适用本条规定应当注意：第一，人民法院审理此类劳动争议案件，追加发包方（承包方）为当事人既可以根据当事人的申请，也可以依职权进行；既然所有的案件都不留余地地需要追加当事人，也可以说，即使当事人未提出申请，人民法院也应当依职权追加。第二，究竟是追加为当事人还是追加为第三人，可以根据当事人诉讼请求的指向以及是否存在判令被追加的当事人承担责任的情况确定。当然，某一单位被追加为第三人并不影响人民法院经过审理最终确认其承担义务。

与适用本条规定有关且值得研究的问题是：如果劳动争议仲裁裁决确认劳动争议发生在劳动者与发包方或者承包方中的一方之间，而裁决确认的用人单位（发包方或者承包方）对劳动争议仲裁机构的裁决不服，向人民法院起诉，请求追加承包方（发包方）参加诉讼并确认其才是真正与劳动者发生劳动争议的适格的用人单位。由于其起诉时只能以劳动者为被告，同时要求追加当事人，那么，人民法院对这类案件应当如何处理，实践中存在两种做法：一是追加发包方（承包方）作为被告参加诉讼，审理的结果，如果原告的主张成立，则撤销劳动争议仲裁裁决，告知劳动者应当更换适格的被申请人，重新向劳动争议仲裁机构申请仲裁；二是追加发包方（承包方）作为被告参加诉讼，直接判决其承担应承担的责任。考虑到我国目前虽然将劳动争议仲裁作为劳动争议诉讼的前置程序，但人民法院的审判具有终局效力，从及时解决纠纷，减少当事人之间的讼累角度出发，我们认为，人民法院应当直接对这一纠纷作出裁判。

第二十九条

劳动者与未办理营业执照、营业执照被吊销或者营业期限届满仍继续经营的用人单位发生争议的，应当将用人单位或者其出资人列为当事人。

【条文主旨】

本条是关于不具备合法经营资格的用人单位的诉讼主体确定的规定。

【条文理解】

为保护劳动者合法权益，构建和发展和谐稳定的劳动关系，本条明确劳动者与未办理营业执照、营业执照被吊销或营业期限届满仍继续经营的用人单位发生争议的，应将用人单位或其出资人列为当事人。

一、不具备合法经营资格的用人单位承担的法律责任

《劳动合同法》第93条规定，对不具备合法经营资格的用人单位的违法犯罪行为，依法追究法律责任。

（一）行政责任

对于不具备合法经营资格的用人单位的经营行为，首先应当追究行政法律责任。根据国务院《无照经营查处取缔办法》第4条规定，未依法取得营业执照、已经办理注销登记或者被吊销营业执照，以及营业执照有效期届满后未按照规定重新办理登记手续等，擅自从事经营活动的无照经营行为由工商行政管理部门依照本办法的规定予以查

处。第 14 条规定："对于无照经营行为，由工商行政管理部门依法予以取缔，没收违法所得；触犯刑律的，依照刑法关于非法经营罪、重大责任事故罪、重大劳动安全事故罪、危险物品肇事罪或者其他罪的规定，依法追究刑事责任……"依照法律、行政法规的相关规定，市场主体被吊销营业执照的原因主要包括如下几种情形：第一，发生违法犯罪情形。市场主体有严重违法或犯罪行为时，为维护正常的市场秩序，应依法吊销其营业执照。第二，市场主体的营业执照因其他原因未办理注销手续而被吊销，其中又包括以下几种情形：企业主管部门批准撤销后，3 个月内未办理注销登记；因企业合并、分立而被撤销却未办理注销手续；企业法人宣告破产后未办理注销手续。

（二）劳动报酬、经济补偿、赔偿金给付责任

不具备合法经营资格的用人单位因违反法律、法规的强制性规定，而与劳动者之间的劳动合同无效。劳动者已经付出劳动的，该单位或者出资人应当依照《劳动合同法》的规定向劳动者支付劳动报酬、经济补偿、赔偿金，即使不具备合法经营资格的用人单位被工商行政管理部门依法处理，特别是依法取缔后，被处理的单位或者其出资人仍应支付劳动者的劳动报酬、经济补偿。由于用人单位不具备合法经营资格，存在过错，还要承担赔偿责任。在审判实践中，对于作为非法用工的相对方的劳动者来说，其并不存在过错，且已履行实际劳动，应从立法精神出发，本着公平原则，给予劳动者更多权益保障。不能因为其与不具备合法经营资格的用人单位形成无效劳动合同关系而使用人单位免责，在目前情况下也不能不切实际地要求劳动者对用人单位的营业执照进行核实，尽到自己注意义务，以劳动者存在过错为由减轻用人单位的给付义务。

（三）民事侵权责任

不具备合法经营资格的用人单位给劳动者造成损害的，应当承担赔偿责任。《劳动合同法》第 88 条列举了 4 种给劳动者造成损害应当承担责任的情形：以暴力、威胁或者非法限制人身自由的手段强迫劳动的；违章指挥或者强令冒险作业危及劳动者人身安全的；侮辱、体

罚、殴打、非法搜查或者拘禁劳动者的；劳动条件恶劣、环境污染严重，给劳动者身心健康造成严重损害的。对于用人单位给劳动者造成其他人身、财产权益损害的，应当适用《民法典》侵权责任编的规定予以救济。

二、不具备合法经营资格用人单位的诉讼地位

不具备合法经营资格用人单位的诉讼地位，一直是司法实务中比较棘手的问题，特别是被吊销营业执照的企业是否具有诉讼资格，此前司法部门与行政部门意见并不一致。吊销营业执照是工商登记机关取消违法情节严重的市场主体经营资格的一种严厉的行政处罚措施，但是，在予以吊销营业执照行政处罚后，有关清算、债务清偿、工人工资支付等民事责任并未彻底解决，相反可能因为营业执照被吊销、经营资格丧失和诉讼资格认识的偏差，让营业执照被吊销企业得以逃避民事责任的承担。在一个比较规范、秩序井然的法治市场中，吊销营业执照这种退出市场主体的方式所占比例不应该比破产、注销等规范退出市场的比例更高，但在我们国家，由于强制注销法律规范的缺失、市场经济体趋利避害的本能及破产清算法律制度尚待完善推广，再加上个别工商行政管理部门不合理的规定把吊销营业执照作为消退市场主体的有效方式，我们国家吊销营业执照在退出市场主体方式的比例居高不下。与此相联系的，企业被吊销营业执照的法律后果在学术界和实务界争论也持续良久。

关于吊销营业执照法律效力的学说之争，主要有两种观点：一为企业终止说，即凡被吊销营业执照的企业，随着营业执照的吊销，其企业主体资格随即消灭，当企业为法人时，其法人人格随即终止，当企业为非法人时，其企业主体则不再为法律所承认。二为企业解散说，即吊销营业执照仅引发企业的解散，属于行政解散公司的方式之一，任何一个由此被宣告解散的企业，无论是法人还是非法人企业，其企业主体资格并不随即终止或者消灭，因为解散后的企业直至终止注销前，仍有一个待清算的过程。

与以上学说争论相对应的吊销企业营业执照效力的实务争论，主要集中在国家工商行政管理部门与司法部门。国家工商行政管理总局2002年作出《关于企业法人被吊销营业执照后法人资格问题的答复》（工商企字〔2002〕第106号，2004年6月30日废止）中指出："根据《公司登记管理条例》第三条和《企业法人登记管理条例》第三条和第二十五条的规定，企业法人营业执照是企业法人凭证，申请人经登记主管机关依法核准登记，领取企业法人营业执照，取得法人资格。因此，企业法人营业执照被登记主管机关吊销，企业法人资格随之消亡。吊销营业执照、注销登记是企业法人资格消亡的两种方式，两者的法律后果均导致企业法人资格消亡。注销登记以企业法人申请为前提，是企业法人的主动行为，经登记主管机关核准登记，法人资格消亡；吊销营业执照是登记主管机关依照法律法规的规定，对企业法人违反规定实施的一种行政处罚，对企业法人而言，吊销营业执照就意味着其法人资格被强行剥夺，法人资格也就随之消亡，并由登记主管机关在企业登记档案上予以载明，不需要被吊销执照的企业法人再申请办理注销登记。企业法人依法被撤销、解散、依法宣告破产，应成立清算组进行清算。其中，申请注销登记的，应在办理注销登记前进行清算；因违反规定被吊销营业执照的，有关主管部门或投资人负有清算责任，应依法组织清算。"此规定采纳了"法人资格丧失说"，对于司法实务中以被吊销营业执照的法人为被告的诉讼，有的法院则机械理解，以被告不适格为由简单地驳回债权人的起诉。这些问题如果得不到妥善解决，一方面会使企业债权人利益受到损害，另一方面会有纵容逃废企业债务的消极影响，不利于维护正常的经济秩序。2000年1月29日，最高人民法院下发的《关于企业法人营业执照被吊销后，其民事诉讼地位如何确定的复函》（法经〔2000〕24号函）与此理解并不一致，指出："吊销企业法人营业执照，是工商行政管理机关依据国家工商行政法规对违法的企业法人作出的一种行政处罚。企业法人被吊销营业执照后，应当依法进行清算，清算程序结束并办理工商注销登记后，该企业法人才归于消灭。因此，企业法人被吊销营业执照后至被注销登记前，该企业法人仍应视为存续，可以自己的名义进行诉讼活动。如果该企业法人组成人员下落不明，无法通知参加诉讼，债权人以被吊销营业执照企业的开办单位为被告起诉的，人民法院也应予以准许。该开办单位对被吊销营业执照的企业法人，如果不存在投资不足或者转移资产逃避债务情形的，仅应作为企业清算人参加诉讼，承担清算责任。”所以，在劳动者与营业执照被吊销仍继续经营的用人单位发生争议时，应当将用人单位列为当事人。

三、出资人的责任

《劳动合同法》第 93 条规定赋予了已经付出劳动的劳动者在用人单位不具备合法经营资格的情况下，既可以向用人单位追索劳动报酬、经济补偿、赔偿金，也可以出资人为被告提起诉讼。在《劳动合同法》实施前，劳动部门对于不具备合法经营资格的用人单位及其出资人的地位作出规定，原劳动部《对〈关于因破产、被工商部门吊销营业执照或自行解散的企业拖欠职工工资引发的劳动争议如何确认被诉人的请示〉的复函》（劳部发〔1997〕285 号）规定：“关于被吊销营业执照、解散或撤销的企业发生劳动争议，职工当事人申请仲裁，如何确认被诉人的问题。《中华人民共和国企业法人登记管理条例》第三十三条规定：‘企业法人被吊销《企业法人营业执照》，登记主管机关应当收缴其公章，并将注销登记情况告知其开户银行，其债权债务由主管部门或者清算组织负责清理’。最高人民法院《关于贯彻执行〈中华人民共和国民法通则〉若干问题的意见》第五十九条规定：‘企业法人解散或者被撤销的，应当由其主管机关组织清算小组进行清算’。最高人民法院《关于企业开办的企业被撤销或者歇业后民事责任承担问题的批复》（法复〔1994〕4 号）中规定，企业开办的企业被撤销、歇业或者依照《中华人民共和国企业法人登记管理条例》第二十二条规定视同歇业后，其债务承担问题应根据以下不同情况分别处理：企业开办的企业领取了《企业法人营业执照》并在实际上具备企业法人条件的，应当以其经营管理或者所有的财产独立承担民事责任；企业开办的企业虽然领取了《企业法人营业执照》，因其实际没有投入自有资金，或投入的自有资金达不到规定数额，以及不具备企业法人其他条件的，应当认定其不具备法人资格，其民事责任由开办该企业的企业法人承担。根据上述规定精神，企业在被吊销营业执照、解散、撤销或歇业后，应当由其主管部门、或开办单位、或依法成立的清算组织作为被诉人参加仲裁活动。”

所以，为了保护劳动者的合法权益，特别是在用人单位不具备合法经营资格或者被取缔的情况下，劳动者可以用人单位的出资人为当事人向仲裁部门或人民法院请求权利救济。

【审判实践中应注意的问题】

劳动者与不具备合法经营资格的用人单位产生的劳动争议，实践中还存在不具备合法经营资格的用人单位以挂靠等方式借用他人营业执照经营的情形，此时应当将用人单位和营业执照出借方列为当事人，由双方对劳动者承担连带责任。

【案例解读】

一、基本案情

2014年7月1日，郑某某租赁杭州市余杭区某民房400平方米，租期三年。租赁房屋后，郑某某购置设备，以“ELLE服饰”的名义从事服装生产加工经营活动。期间，黄某被郑某某招用在“ELLE服饰”加工场从事产品质检工作。2014年7月29日10时，黄某在“ELLE服饰”工作时突感身体不适倒地，当即被亲属送往余杭第一人民医院治疗，入院诊断：晕厥待查、急性冠脉综合征、心包炎、主动脉瓣关闭不全。2014年7月31日2时46分，黄某经抢救无效被医院宣布临床死亡。死亡原因：心脏性猝死。2014年8月4日，余杭乔司街道人民调解委员会组织黄某家属与郑某某调解，黄某家属提出要求郑文彬（“ELLE 服饰”业主）按照工伤标准给予一次性赔偿800 000元，郑文彬提出只同意出于人道主义给予补偿30 000元。因双方距离太大，未达成一致意见。2014 年 8 月 14 日，黄某家属胡某某、黄某 1 向杭州市余杭劳动人事争议仲裁委员会提出仲裁申请，要求郑某某承担工伤赔付责任。同日，杭州市余杭劳动人事争议仲裁委员会以该被申请人并不具备合法用工主体资格、不符合受理条件为由，作出不予受理案件通知书。胡某某、黄某 1 不服，诉至一审法院，诉讼请求同仲裁请求。

二、裁判结果

郑某某系“ELLE 服饰”的出资人，根据2010 年《劳动争议司法解释（三）》第 4 条之规定，劳动者与未办理营业执照、营业执照被吊销或者营业期限届满仍继续经营的用人单位发生争议的，应当将用人单位或者出资人列为当事人，故郑某某系本案适格的被告。黄某系在郑某某经营的“ELLE 服饰”工作时间和工作岗位，突发疾病，在 48 小时之内经抢救无效死亡，应视同工伤，故判令郑某某承担相应工伤责任。

三、评析

“ELLE 服饰”未经依法登记，未办理营业执照，招用员工从事服装生产加工经营活动，系非法用工单位。2010 年《劳动争议司法解释（三）》第 4 条对劳动者与未办理营业执照的用人单位发生争议的当事人主体明确为用人单位或出资人，故郑某某作为“ELLE 服饰”的出资人参加仲裁、诉讼，主体适格。本解释第 29 条亦对上述条款予以了保留。

第三十条

未办理营业执照、营业执照被吊销或者营业期限届满仍继续经营的用人单位，以挂靠等方式借用他人营业执照经营的，应当将用人单位和营业执照出借方列为当事人。

【条文主旨】

本条是关于不具备合法经营资格但以挂靠等形式借用他人营业执照的诉讼主体确定的规定。

【条文理解】

本条规定来源于2010年《劳动争议司法解释（三）》第5条，对该条内容本次司法解释清理过程中予以保留。该条规定2010年起草时的主要依据是《最高人民法院关于适用〈中华人民共和国民事诉讼法〉若干问题的意见》第43条，该意见第43条规定："个体工商户、个人合伙或私营企业挂靠集体企业并以集体企业的名义从事生产经营活动的，在诉讼中，该个体工商户、个人合伙或私营企业与其挂靠的集体企业为共同诉讼人。"《民事诉讼法司法解释》施行后，《最高人民法院关于适用〈中华人民共和国民事诉讼法〉若干问题的意见》废止，其第43条当然废止，但是2010年《劳动争议司法解释（三）》第5条并没有因此而废止，原因是《民事诉讼司法解释》第54条规定："以挂靠形式从事民事活动，当事人请求由挂靠人和被挂靠人依法承担民事责任的，该挂靠人和被挂靠人为共同诉讼人。"从该条规定来看，其基本精神与《最高人民法院关于适用〈中华人民共和国民事诉讼法〉若干问题的意见》第43条是完全一致的，而且在适用范围上有了较大扩展，原来的规定只适用于个体工商户、个人合伙或私营企业挂靠集体企业的情形，而《民事诉讼法司法解释》则不局限于此种情形，凡以挂靠形式从事民事活动的均适用司法解释规定。故《最高人民法院关于适用〈中华人民共和国民事诉讼法〉若干问题的意见》失效后，《民事诉讼法司法解释》第54条的规定成为2010年《劳动争议司法解释（三）》第5条规定的法律依据。

“挂靠”是我国经济发展过程中的独特现象，是20世纪80年代特殊历史背景下的产物，一般意义上的“挂靠”主要是指社会主义市场经济发展初期不同所有制性质企业的混淆，主要是指个体工商户、私营企业等具有私营经济性质的经济实体挂靠到集体或全民所有制企业或部门，以转换企业所有权性质，换取经济利益。这一现象随着市场经济发展的逐渐规范、不同所有制经济组织权利义务的均衡、产权的明晰逐渐消失。当前比较突出的挂靠现象主要体现在以下几个方面：车辆的所有权人即车主，经运输企业同意，以运输企业名义从事运输经营的行为；没有资质或资质低下的建筑施工单位或个人通过交纳管理费的形式借用有资质的企业名义承揽工程；不具备合法经营资格的经济组织挂靠其他企业等。挂靠法律关系包括挂靠方与被挂靠方之间的内部法律关系和双方对外的法律关系。现行法律对于“挂靠”大多采取否定性评价，比如《建筑法》第26条第2款规定：“禁止建筑施工企业超越本企业资质等级许可的业务范围或者以任何形式用其他建筑施工企业的名义承揽工程。禁止建筑施工企业以任何形式允许其他单位或者个人使用本企业的资质证书、营业执照，以本企业的名义承揽工程。”第66条规定了责任承担的主体：“建筑施工企业转让、出借资质证书或者以其他方式允许他人以本企业的名义承揽工程的……对因该项承揽工程不符合规定的质量标准造成的损失，建筑施工企业与使用本企业名义的单位或者个人承担连带赔偿责任。”

对于不具备合法经营资格的用人单位以挂靠等方式借用他人营业执照进行经营，在雇佣劳动者进行劳动过程中形成的纠纷或者侵害劳动者权益的情形，如何确定当事人的主体地位，实践和理论中意见不一。

有观点认为，企业没有营业执照、营业执照被吊销或营业执照期限届满仍继续经营的，因为经营资格已经丧失，主体地位即行消失，不具备诉讼法意义上的当事人地位，应以出借营业执照的被挂靠企业为当事人；另外，在经营过程和招录劳动者过程中，既然借用其他企业的营业执照，劳动者有理由相信是营业执照出借企业为用人单位，劳动者与用人单位之间的劳动纠纷，应该以出借营业执照的企业为当事人。

另有观点认为，不具备合法经营资格的用人单位，不能因为其不具备经营资格而免除承担法律责任，从对劳动者保护的角度出发，在不具备经营资格的用人单位在招用劳动者的过程中，因其不具备《劳动合同法》合法用人单位资格而签订的劳动合同无效，但劳动者在实现劳动过程中与其形成了有偿从属性的事实，所以，用人单位和其出资者应为当事人。作为营业执照的出借方，由于其出借行为导致了劳动者有理由相信招用他的用人单位具备合法经营资格，甚至认为出借营业执照一方即是用人单位。正是基于这些足以使其产生合理认识的表象，劳动者才付出了劳动。因此，当劳动者因追索劳动报酬、经济补偿或者赔偿金与实际用人单位发生争议时，也应当把出借营业执照一方列为当事人。

我们倾向于第二种观点。关于不具备合法经营资格的用人单位，主要包括未办理营业执照、营业执照被吊销或者经营期限届满仍继续经营的，其法律地位、应承担的法律责任、与劳动者之间有关劳动报酬、经济补偿、赔偿金支付等问题前文已述。对于实践中还存在比较普遍的情况，就是不具备合法经营资格的用人单位，以挂靠等形式借用他人营业执照进行经营，与劳动者发生劳动争议的，应当将被借用营业执照的一方列为当事人。

一、关于“挂靠”

“挂靠”分为多种情形，在20世纪80年代初期主要是主管部门和所有制主体的挂靠。“挂靠”一词更多是一种经营方式，而非准确的通用法律术语。最高人民法院2020年12月发布的《民事案件案由规定》第八部分，与公司、证券、保险、票据等有关的民事纠纷项下有挂靠经营合同纠纷。最早一份提及“挂靠”的公开的法律文件是1985年国家工商管理局《关于执行〈工商企业名称登记管理暂行规定〉若干问题的意见》，“冠‘分公司’名称的，必须有隶属的上级公司机构，方可准予登记。凡采取松散的挂靠形式的，其挂靠的分公司不得冠以总公司的名称。总公司所属分公司的下属企业不得冠总公司的名称”。这里提到的“挂靠”，背景是当时我国的公司发起制度。其后，出现较多的是个体工商户、个人合作或私营企业等生产经营者，挂靠于集体企业或国营企业经营，或挂靠在某部门名下。其产生原因，就挂靠者而言，或是为了享受国家有关优惠政策、规避法律、逃避税费，或是为了取得有关的生产和经营资格，获得办理有关证照的便利，或是为了提高在生产经营活动中的信誉，或是为了获取相关证明材料，或是因原主管部门及单位取消变更等。就被挂靠者而言，多受利益驱动为之。随着1998年全国全面开展城镇集体企业清产核资、清理甄别，逐渐理顺管理关系，明确产权归属，这类问题已不是很普遍。为此，有关此种情况的诉讼主体地位，《最高人民法院关于适用〈中华人民共和国民事诉讼法〉若干问题的意见》第43条规定：“个体工商户、个人合伙或私营企业挂靠集体企业并以集体企业的名义从事生产经营活动的，在诉讼中，该个体工商户、个人合伙或私营企业与其挂靠的集体企业为共同诉讼人。”所以，在挂靠方与雇佣人员发生劳动纠纷时，劳动者可以挂靠方和被挂靠单位为共同当事人。在此需要注意的问题是，《民事诉讼法司法解释》第59条规定，在诉讼中，个体工商户以营业执照上登记的经营者为当事人。有字号的，以营业执照上登记的字号为当事人，但应同时注明该字号经营者的基本信息。营业执照上登记的经营者与实际经营者不一致的，以登记的经营者和实际经营者为共同诉讼人。而2006年《劳动争议司法解释（二）》第9条规定，劳动者与起有字号的个体工商户产生的劳动争议诉讼，人民法院应当以营业执照上登记的字号为当事人，但应同时注明该字号业主的自然情况。从上述规定来看，《民事诉讼法司法解释》第59条规定已经覆盖了2006年《劳动争议司法解释（二）》第9条的规定，因此本次司法解释清理时2006年《劳动争议司法解释（二）》第9条没有保留，在适用本条规定时要特别注意。

当前仍比较突出的是商业行为的挂靠，一些企业（单位）、社会团体或个人在投资创办初期或发展过程中，出于一定目的挂靠在不同经济性质的企业名下。挂靠者与被挂靠者大多签有挂靠协议，挂靠者向被挂靠者交纳管理费，被挂靠者对挂靠者没有任何投资，对挂靠者的经营状况、债权债务等情况也不予过问，一般只负责为挂靠者办理营业执照、税务登记等各类证照。比较突出的行业是建筑业和机动车运营业。《建筑法》第26条已对挂靠行为作出了禁止性规定。各地法院在审理涉及挂靠纠纷时，对于挂靠人与被挂靠企业签订的《合作协议》《分包协议》或《内部承包协议》一般都认定为无效。2020年最高人民法院发布的《关于审理建设工程施工合同纠纷案件适用法律问题的解释（一）》第1条第2款也明确规定："承包人因转包、违法分包建设工程与他人签订的建设工程施工合同，应当依据民法典第一百五十三条第一款及第七百九十一条第二款、第三款的规定，认定无效。"上述规定主要是关于法律责任及合同效力的规定，在挂靠情况下，对于劳动责任的承担主体，法律规定并不明确。我们认为，在挂靠情况下，挂靠方不论是个体工商户、私营企业，还是企业，如果具有合法经营资格，在与劳动者发生劳动争议时，劳动者可以挂靠方和被挂靠方为共同当事人。其理由是：有关民事诉讼主体的规定明确了挂靠方和被挂靠方诉讼主体的地位；在责任承担方面，挂靠方与被挂靠方基本上是连带责任；作为以保护劳动者合法权益为精神的劳动法律，应该从为劳动者提供有效保护的原则出发，在劳动者与挂靠方或被挂靠方发生劳动纠纷时，列二者为当事人，以寻求最大限度的保护；在实务中，作为挂靠方或者被挂靠方，经营资格的出借本身是一种违反法律的行为应该得到制裁。

二、关于借用营业执照的方式挂靠

关于采取借用营业执照的方式挂靠，从挂靠方是否有营业执照角度看分两种：挂靠方有营业执照的挂靠和挂靠方不具备合法经营资格的挂靠。挂靠的形式有“公开挂靠”和“秘密挂靠”两种。“公开挂靠”是指挂靠者与被挂靠者有挂靠协议，挂靠者向被挂靠者交纳管理费，挂靠者对外以自己名义开展经营活动，这种情况下一般挂靠者具备营业执照。“秘密挂靠”是指挂靠者与被挂靠者签有秘密协议，挂靠者向被挂靠者交纳管理费，挂靠者以被挂靠者名义对外经营。在这里，我们主要分析不具备经营资格的经济组织以挂靠等方式借用他人营业执照的行为。

不具备合法经营资格的经济组织（无营业执照、营业执照被吊销、营业执照期限届满仍继续经营的），其已不具备经营资格，也不符合《劳动合同法》中有关用人单位的规定，与劳动者之间签订的劳动合同是无效合同。有的不具备合法经营资格的经济组织，受利益驱使，以挂靠等方式借用他人营业执照经营，招录雇佣人员，有以下几种情形：一是挂靠单位用被挂靠单位名义招用劳动者，且以被挂靠单位营业执照对外经营，在履行劳动过程中发生纠纷的，劳动者可以被挂靠单位为被告。另外由于挂靠单位是实际用人单位的，也可以挂靠方及其出资人为被告，请求其承担连带责任。二是用挂靠单位（即不具备合法经营资格的单位）名义招用劳动者（在当前劳资关系不平衡，地位不平等的情况下，不能苛求劳动者对用人单位是否具有经营资格有审核义务），其借用他人营业执照，主要作对外经营使用，在履行劳动过程中发生纠纷的，劳动者依然可以挂靠方和被挂靠方为当事人，要求其承担连带责任。但这种情况下，如果被挂靠方能够证明挂靠方与劳动者签订劳动合同时，不是借用其名义，被挂靠方承担的应是连带补充责任，则先以挂靠方及其出资人的财产清偿，不足清偿的，被挂靠方进行补充清偿。

与此相关的一个问题是，用人单位的分支机构能否作为用人单位与劳动者签订劳动合同？如何确定当事人？

实践中，为了方便经营管理，很多用人单位设立了分支机构，按照分支机构是否依法取得营业执照或者登记证书，分为两大类：一类是依法取得营业执照或者登记证书的分支机构，属于《民事诉讼法司法解释》第52条规定的其他组织范畴，是合法成立、有一定的组织机构和财产，但又不具备法人资格的组织；另一类是未依法取得营业执照或者登记证书的分支机构。

《劳动合同法实施条例》第4条规定："劳动合同法规定的用人单位设立的分支机构，依法取得营业执照或者登记证书的，可以作为用人单位与劳动者订立劳动合同；未依法取得营业执照或者登记证书的，受用人单位委托可以与劳动者订立劳动合同。"可见，取得营业执照或营业证书的用人单位分支机构可以与劳动者签订劳动合同，没有取得营业执照或登记证书的用人单位分支机构，受用人单位委托也可以与劳动者签订劳动合同。如果劳动者与用人单位发生劳动争议，如何确定当事人地位及责任承担？《民事诉讼法》第48条规定，公民、法人和其他组织可以作为民事诉讼的当事人。在《民事诉讼法司法解释》第52条又进一步规定，企业法人依法设立领取营业执照的分支机构，可以作为民事诉讼主体。因此企业法人领取营业执照的分支机构与劳动者签订劳动合同的，可以将企业法人的分支机构视为用人单位，该分支机构作为劳动争议当事人，但分支机构的财产在不足以履行义务的可能下，应当将企业法人追加为劳动争议当事人。如果劳动者在企业法人的分支机构工作，却与企业法人签订劳动合同或者没有签订劳动合同的，劳动者起诉企业法人分支机构的，应该将企业法人追加为劳动争议当事人。

三、借用营业执照责任的承担

（一）行政责任

在市场经济条件下，某些市场主体要进入市场从事经营活动必须取得相关资格或资质，从而实现市场的有序性和规范化。而国家通过行政许可等手段，对市场主体的资格进行审查，对于达到某种行业要求的市场主体，允许其进入市场，而对未达到某种行业标准的市场主体，不允许其进入市场，有效防止了不具备资质或生产经营条件的经济组织从事该项经济活动，有效地保护广大消费者的合法权益不受侵犯，防止了不正当竞争和其他有损交易秩序的行为发生。而挂靠经营正是对行政审查的规避和违反，挂靠者在不具备资质的情形下以被挂靠企业的名义从事市场活动，会严重扰乱市场秩序。因此，挂靠经营在行政法上属违法行为，行政机关应当对挂靠单位和被挂靠单位进行行政处罚。

（二）民事责任

正如前文所述，挂靠是挂靠者以被挂靠者名义对外从事民事法律行为。《民事诉讼法司法解释》第54条对个体工商户、个人合伙或私营企业挂靠集体企业的规定，与第65条对借用业务介绍信、合同专用章、盖章的空白合同书或者银行账户的，出借单位和借用人为共同诉讼人的规定一致。既然被挂靠者允许他人从挂靠经营中获得了利益，其承担必要的法律后果和风险也是理所当然的。

（三）刑事责任

在挂靠经营中，一部分是国家法律、行政法规规定的专营、专卖物品或其他限制买卖的物品。在这些领域中，如果挂靠单位没有取得相关资质而从事经营活动，情节严重的也可构成非法经营罪，依法承担刑事责任。根据《行政许可法》第80条规定，被许可人出租、出借、倒卖许可证构成犯罪的，依法应当承担刑事责任。第81条也规定，未经许可而从事相关活动构成犯罪的也应依法承担刑事责任。根据《刑法》第225条规定，违反国家规定，未经许可经营法律、行政法规规定的专营、专卖物品或者其他限制买卖的物品的，扰乱市场秩序，情节严重的或情节特别严重的，都构成非法经营罪，应依法承担刑事责任。

【审判实践中应注意的问题】

例如，申请人李某自2008年7月到乙大学青岛培训中心工作，青岛培训中心未取得营业执照或登记证书。该培训中心向李某发出《入职通知书》后，于2008年11月停止李某工作并安排他人取代其职位。李某申请仲裁，要求对方支付工资、经济补偿金及赔偿金。

本案在程序方面涉及的主要问题是青岛培训中心能否与李某签订劳动合同及其法律地位和是否具有诉讼主体资格？第一，青岛培训中心系乙大学的分支机构，不具有独立法人资格，也未取得营业执照，但根据《劳动合同法实施条例》第4条的规定，可与劳动者签订劳动合同。第二，分支机构可作为仲裁或诉讼的当事人。本案中，青岛培训中心虽不具有法人资格，也未领取营业执照，但以其自己的名义向李某发出《入职通知书》，支付工资，进行管理，是实际用人单位，李某可以培训中心和乙大学为共同当事人申请仲裁或提起诉讼。第三，可根据当事人的请求，由分支机构与其设立法人共同承担，《民事诉讼法》第48条规定："公民、法人和其他组织可以作为民事诉讼的当事人。法人由其法定代表人进行诉讼。其他组织由其主要负责人进行诉讼。"分支机构在诉讼中可以以自己经营、管理的财产承担责任，但其财产也是法人的财产，分支机构的财产不足以清偿的，由其法人补充清偿。

综上，不具备合法经营资格的用人单位借用他人营业执照经营的，应当将用人单位和营业执照出借方列为当事人。如果具备经营主体资格的用工单位，以挂靠等方式借用他人营业执照经营，以挂靠方名义招用劳动者，劳动者在招录过程中也并未对其经营资格进行审核，侵害劳动者合法权益的，应该将挂靠方和被挂靠方列为当事人，由挂靠人承担责任，被挂靠人承担补充清偿责任。如果挂靠方不具有用工资格，被挂靠方有用工资格，以被挂靠方名义招用劳动者，列挂靠人和被挂靠人为当事人。被挂靠人未提供证据证明其已提出反对并将挂靠事实告诉劳动者的，挂靠人与被挂靠人承担连带清偿责任。不论以挂靠或其他形式出借营业执照是否为有偿，均不影响其作为当事人的地位，这是因为有偿或者无偿只是发生在借用方与出借方之间的，劳动者的合法权益不应因出借营业执照系有偿或者无偿发生变化。

第三十一条

当事人不服劳动争议仲裁机构作出的仲裁裁决，依法提起诉讼，人民法院审查认为仲裁裁决遗漏了必须共同参加仲裁的当事人的，应当依法追加遗漏的人为诉讼当事人。

被追加的当事人应当承担责任的，人民法院应当一并处理。

【条文主旨】

本条是关于人民法院审查认为仲裁裁决遗漏必须共同参加仲裁的当事人时的处理规定。

【条文理解】

本条规定来源于2010年《劳动争议司法解释（三）》第6条，其主要依据是《民事诉讼法》第132条和《民事诉讼法司法解释》第73条规定。

《民事诉讼法》第132条规定："必须共同进行诉讼的当事人没有参加诉讼的，人民法院应当通知其参加诉讼。"《民事诉讼法司法解释》第73条规定："必须共同进行诉讼的当事人没有参加诉讼的，人民法院应当依照民事诉讼法第一百三十二条的规定，通知其参加；当事人也可以向人民法院申请追加。人民法院对当事人提出的申请，应当进行审查，申请理由不成立的，裁定驳回；申请理由成立的，书面通知被追加的当事人参加诉讼。"按照民事诉讼法理论，多数人之所以能够参加共同诉讼，必须有一定的实体要件，这种实体要件是当事人之间实体法上的牵连性，即作为共同原告的诉讼请求有实体法上的牵连，或者共同被告对原告人所请求的实体义务有共同的牵连性。《民事诉讼法》根据共同诉讼当事人之间在实体法上的牵连性不同，确立了两种不同的共同诉讼，即必要的共同诉讼和普通的共同诉讼。必要的共同诉讼，其特征：一是双方当事人为2人以上的多数；二是多数当事人之间的诉讼标的是共同的；三是共同诉讼人必须共同参加诉讼；四是法院必须合并审理多数当事人之间的诉讼。

我国现行法律规定了劳动争议“一调一裁两审”的处理程序，即发生劳动争议先调解、再仲裁、再经两次审判的程序。尽管在《劳动争议调解仲裁法》制定过程中，有建议修改为由当事人选择仲裁或者诉讼的程序，不再将仲裁作为必经的程序，但无可否认，调解和仲裁作为平和处理劳动争议的手段有其独特价值。调解、仲裁、诉讼，作为解决劳动争议的程序，其目的都是一致的，即及时公正解决劳动争议、保护劳动者的合法权益、促进劳动关系的和谐稳定。所以，在处理仲裁与诉讼衔接过程中的问题时，也应从这一目的出发。

仲裁和诉讼都是解决劳动争议纠纷的手段，但两者受理范围有所不同，并不是所有劳动争议仲裁机构受理的劳动争议案件人民法院都应作为劳动争议案件受理。劳动争议仲裁机构仲裁的事项不属于人民法院受理的案件范围，当事人不服，依法向人民法院起诉的，人民法院裁定不予受理或者驳回起诉；劳动争议仲裁机构以当事人申请仲裁的事项不属于劳动争议为由，作出不予受理的书面裁决、决定或者通知，当事人不服，依法向人民法院起诉的，人民法院经审查认为属于劳动争议案件的，应当受理。目前，对于劳动争议程序，法律只专门规定了仲裁和诉讼，也导致了裁审制度中，仲裁和审判依据不同而造成的不衔接问题。

在劳动争议经过仲裁后，当事人不服仲裁裁决，依法向人民法院提起的诉讼，作为劳动争议处理的一个重要环节和当事人最终的司法救济渠道，有很多类似普通民事诉讼的问题存在，如诉讼请求的增加和诉讼主体的追加。诉讼请求的增加问题，已在本解释第14条中予以规定。该条规定：“人民法院受理劳动争议案件后，当事人增加诉讼请求的，如该诉讼请求与讼争的劳动争议具有不可分性，应当合并审理；如属独立的劳动争议，应当告知当事人向劳动争议仲裁机构申请仲裁。”本条规定重在解决仲裁后遗漏诉讼主体如何解决的问题。在当事人不服劳动争议仲裁机构作出的仲裁裁决，提起诉讼过程中，如果人民法院认为仲裁裁决遗漏必须参加仲裁的当事人的，可依职权追加或应当事人申请追加，不必重新仲裁。本条从提高纠纷解决效率、减少诉讼成本、及时保护劳动者合法权益角度作出了规定。

仲裁作为典型的“准司法”程序，与诉讼相比具有程序灵活、成本低廉、迅速便捷的优点。仲裁裁决一经作出，仲裁机构无权自行撤销或者经当事人申请撤销。因而，对于已经作出的仲裁裁决，遗漏了必须共同参加诉讼的当事人的，仲裁机构不能自行追加或经当事人申请增加，当事人只能依照《劳动争议调解仲裁法》的规定，向人民法院提起诉讼。人民法院提起诉讼后，对于仲裁裁决遗漏了必须共同参加仲裁活动的当事人的，经当事人申请或者依职权追加后一并参加诉讼。

针对当事人申请增加诉讼主体或者在诉讼中依职权追加当事人的问题，有的法院认为，应当告知当事人变更当事人后重新提起仲裁，否则就违背了仲裁前置程序的规定。我们认为，人民法院有权追加必须共同参加诉讼的当事人。第一，人民法院在诉讼中直接追加必须共同参加诉讼的当事人，是人民法院审理劳动争议纠纷案件中行使司法审查权的重要表现。司法审查可以最大限度地保障仲裁裁决的公正性，体现程序公正价值。劳动争议仲裁尽管具有及时、简便、灵活等特点，使劳动争议能在较短的时间内解决，促进劳动关系和社会关系的稳定，但是仲裁机构无权采取强制措施、无权强制执行、无权自行纠错，其与诉讼程序相比，公正性和法律权威性仍然受到颇多的限制。因此，只有通过法院的司法审查，一方面能够弥补当事人对仲裁裁决公正性的期待这种心理要求，另一方面也可以在其权利得不到充分保护时给予及时的法律救济。第二，《民事诉讼法》并未规定法院对劳动争议仲裁机构所作出的仲裁裁决有发回重裁的权力，对于仲裁程序中遗漏当事人的，法院应在一审诉讼程序中直接追加必须共同参加诉讼的当事人。虽然所追加的当事人并未参与仲裁程序，但因双方的劳动纠纷已经过仲裁，所以法院在诉讼中追加仲裁所遗漏的当事人并不属于违反法定程序，即使该主体未经过仲裁程序，也可判决其承担民事责任。根据仲裁前置原则，劳动争议案件的诉争只要经过了仲裁程序，就已经解决了其前置程序要件，所以不必再重复仲裁。第三，劳动争议案件适用先裁后审的纠纷解决机制本身就可能造成案件审理周期长、不利于保护劳动者的利益，如果再进行仲裁，则会进一步延长处理周期，不利于劳动争议案件的处理。所以，对于被追加的当事人应当承担责任的，人民法院就应当直接作出调解或依法判决其承担责任，以最大限度、最宽广度、最深程度地促进劳动争议纠纷及时公正解决。

法院在诉讼中直接追加未经仲裁的主体，常见的大致有以下几种情形：

1. 承包发包关系。本解释第 28 条规定，劳动者在用人单位与其他平等主体之间的承包经营期间，与发包方和承包方双方或者一方发生劳动争议，依法提起诉讼的，应当将承包方和发包方作为当事人。明确承包经营状态下发包方、承包方与劳动者之间的关系，便于人民法院正确处理此类案件保护劳动者合法权益。如果劳动争议仲裁裁决确认劳动争议发生在劳动者与承包方或发包方中的一方之间，而裁决确认的用人单位（承包方或发包方）或劳动者对劳动争议仲裁机构的裁决不服，向人民法院起诉的，同时要求追加当事人的，或者人民法院审理过程中依职权追加的，可直接判决其承担相应的责任。

2. 在起字号的个体工商户作为用人单位的案件中，按照《最高人民法院关于贯彻执行〈中华人民共和国民法通则〉若干问题的意见（试行）》（已废止）第 41 条规定，应以营业执照登记的户主（业主）为诉讼当事人，在诉讼文书中注明系某字号的户主。而 2006 年《劳动争议司法解释（二）》第 9 条规定："劳动者与起有字号的个体工商户产生的劳动争议诉讼，人民法院应当以营业执照上登记的字号为当事人，但应同时注明该字号业主的自然情况。"如果登记的户主与实际投资人不同，则都应追加为当事人。登记的业主未经仲裁程序的，法院可直接追加其作为诉讼当事人。上述两个规定明显存在矛盾，2006年《劳动争议司法解释（二）》施行后，按照新司法解释优于旧司法解释的原则，应当适用新司法解释的规定。应当注意的是，本次司法解释清理过程中，2006年《劳动争议司法解释（二）》的上述规定并没有保留。这并不意味着上述规定是错的或者是法律适用原则发生了重大变化，其原因在于《民事诉讼法司法解释》第59条的规定已经吸收了上述司法解释的规定，且将适用范围扩展到整个民事诉讼领域，不局限于劳动争议诉讼。《民事诉讼法司法解释》第59条规定："在诉讼中，个体工商户以营业执照上登记的经营者为当事人。有字号的，以营业执照上登记的字号为当事人，但应同时注明该字号经营者的基本信息。营业执照上登记的经营者与实际经营者不一致的，以登记的经营者和实际经营者为共同诉讼人。"因此，在以个体工商户为被告的劳动争议案件中，要注意正确适用《民事诉讼法司法解释》的规定。

3. 在起字号的个人合伙作为用人单位的案件中，如果只有起字号的合伙企业经过了仲裁程序，则法院可直接追加合伙人为诉讼当事人。

4. 合同约定了补偿费由谁承担，在约定未违反法律强制性规定的情况下，应尊重其约定，如一方未经仲裁程序的，也应追加。

5. 在劳动者只申请了法人非依法设立的分支机构或者虽依法设立但未依法登记领取营业执照的分支机构作为仲裁主体的，应追加企业作为当事人。分支机构可以在法人授权范围和依法核准登记范围内以自己名义从事营业活动，具有相对独立的民事主体资格，但并不能独立承担民事责任。分支机构在诉讼中可以自己经营管理的财产承担责任，但其财产也是法人财产，分支机构财产不足的，由其法人补充清偿。

6. 《劳动合同法》第91条规定："用人单位招用与其他用人单位尚未解除或者终止劳动合同的劳动者，给其他用人单位造成损失的，应当承担连带赔偿责任。"用人单位有招用与其他用人单位尚未解除或者终止劳动合同的劳动者的行为，且给其他用人单位造成损失的，其行为与损失之间存在因果关系，其他用人单位既可以同时请求该用人单位和劳动者承担连带赔偿责任，也可以任意选择该用人单位或者劳动者承担赔偿责任。

7. 根据《劳动合同法》第 92 条规定，劳务派遣单位给被派遣劳动者造成损害的，劳务派遣单位与用工单位承担连带赔偿责任。根据此规定，劳务派遣单位的违法行为造成被派遣劳动者权益受到损害的，应承担赔偿责任的主体包括劳务派遣单位和用工单位。

8. 《劳动争议调解仲裁法》第 22 条第 2 款规定："劳务派遣单位或者用工单位与劳动者发生劳动争议的，劳务派遣单位和用工单位为共同当事人。"劳务派遣的最大特点是劳动力雇佣与劳动力使用相分立，被派遣劳动者不与被派遣的单位（真正的用工单位）签订劳动合同，发生劳动关系，而是与派遣机构（劳务派遣单位）签订劳动合同，存在劳动关系，形成"有关系没劳动，有劳动没关系"的特殊状态。为加强劳动者权益保护，防止用工单位借劳务派遣降低用工成本、规避责任风险，明确劳务派遣单位或者用工单位与劳动者发生劳动争议的，劳务派遣单位和用工单位为共同当事人。

9. 根据《劳动合同法》第 93 条规定，对不具备合法经营资格的用人单位，劳动者已经付出劳动的，该单位或者其出资人应当依照本法有关规定向劳动者支付劳动报酬、经济补偿、赔偿金；给劳动者造成损害的，应当承担赔偿责任。本条规定了承担民事责任的两种情形：一是不具备合法经营资格的用人单位在被工商行政管理部门依法处理，特别是被依法取缔后，劳动者的劳动报酬、经济补偿、赔偿金，由被处理的用人单位或其出资人承担支付义务，劳动者可以用人单位或出资人为被告提起诉讼；二是不具备合法经营资格的用人单位，给劳动者造成损害的，应当由被处理的用人单位或其出资人承担赔偿责任。

10. 《劳动合同法》第 94 条规定："个人承包经营违反本法规定招用劳动者，给劳动者造成损害的，发包的组织与个人承包经营者承担连带赔偿责任。"从法理来说，承包经营是一种经营管理模式，并没有改变企业法人的地位，所以，它并不影响用人单位与劳动者之间的劳动关系。在个人承包经营者招用劳动者违反规定给劳动者造成损害时，个人承包经营者承担法律责任，但是由于个人承包经营者承担法律责任能力较弱，因此发包组织应当承担连带赔偿责任，即便是发包方没有与劳动者签订合同，法律上将其视为与劳动者形成了事实上的连带关系，发包方必须对承包方行为负责。所以，个人承包经营违反法律规定招用劳动者时，对劳动者造成损害的，劳动者既可以要求个人承包经营者全额或者部分赔偿，也可以要求发包的组织即个人承包经营者所承包的单位全额或者部分赔偿。诉讼中，劳动者既可以单独起诉发包组织或者个人承包经营者，也可将发包组织或者个人承包经营者列为共同被告。

11. 用人单位分立后当事人的变更。在仲裁过程中，用人单位发生变更的，应以变更后的用人单位作为被申请人，用人单位的变更会对劳动者的权利义务产生一定影响，但无论怎样变更都不应该导致劳动权利义务的消灭。用人单位与其他用人单位合并的，合并前发生的劳动争议，由合并后的用人单位作为当事人；用人单位分立为若干用人单位的，其分立前发生的劳动争议，由分立后承受其劳动权利和义务的实际用人单位为当事人。用人单位分立为若干单位后，对承受劳动权利义务的单位不明确的，分立后的单位均为当事人。所以，在当事人不服仲裁裁决后，人民法院对于用人单位分立为若干单位且承受劳动权利义务的单位不明确的，可以依当事人申请或依职权追加有关单位为当事人。

当然，如果劳动者申请增加的主体属于诉讼主体不适格，不符合《民事诉讼法》第 119 条第 1 项“原告是与本案有直接利害关系的公民、法人和其他组织”的规定，这时不能直接追加未经仲裁的主体。

【审判实践中应注意的问题】

劳动争议案件的仲裁程序与诉讼程序存在着主体不同、程序不同、救济途径不同、法律依据不同等差异，但其及时公正解决劳动争议、保护当事人合法权益、促进劳动关系和谐稳定的目的是相同的。劳动争议案件仲裁前置程序是法院受理劳动争议案件的前提，但不能机械理解。人民法院在审查当事人不服劳动争议仲裁机构作出的仲裁裁决提起的诉讼过程中，如果认为仲裁裁决遗漏了必须共同参加仲裁的当事人的，可依职权或依当事人申请追加，对应当承担责任的被追加的当事人也应一并处理。

【案例解读】

一、基本案情

2003年2月10日，王某某进入科隆实业公司工作，王某某岗位为门卫保安，工资每月以现金形式发放，从2007年5月开始工资每月以打入工资卡形式发放。双方未签订书面劳动合同，科隆实业公司未为王某某缴纳社保。2014年2月25日，科隆实业公司的法定代表人赵某某告知王某某，公司从下个月起要请新的门卫，要求王某某工作到2014年2月底之后无须再继续上班，故王某某于2014年2月28日离职。科隆实业公司法定代表人为赵某某，住所地、经营范围与科隆五金公司相同，营业期限自2005年12月5日至2025年12月5日，现经营状态为存续。另，科隆五金公司法定代表人为张某某。营业期限自2002年3月27日至2012年3月26日，经营范围为加工五金工具等，现经营状态为吊销未注销。王某某曾以科隆五金公司、张某某、赵某某为被申请人向杭州市江干区劳动人事争议仲裁委员会申请劳动仲裁，请求裁决科隆五金公司补交社保、支付加班工资和经济补偿金等。2014年6月5日，杭州市江干区劳动人事争议仲裁委员会作出江劳仲不字（2014）第205号不予受理案件通知书。嗣后，王某某不服上述通知书，曾以张某某、赵某某为被告以劳动争议纠纷为由向该院起诉，后撤诉。此后，王某某又以科隆五金公司为被告以劳动争议纠纷为由向法院起诉，诉讼请求同前述仲裁请求，在审理过程中法院依职权追加科隆实业公司为共同被告。审理中，王某某变更诉讼请求，要求判令科隆实业公司补交社保、支付加班工资和经济补偿金等。

二、裁判结果

王某某曾以科隆五金公司、张某某、赵某某为被申请人提出仲裁申请，虽然科隆五金公司处于吊销状态，但尚未注销，故可以作为当事人参加诉讼。法院在审查当事人不服仲裁裁决提起的诉讼过程中，认为仲裁裁决遗漏了必须共同参加仲裁的科隆实业公司，故依职权追加科隆实业公司为被告进行审理。科隆实业公司对2012年以前王某某与其存在劳动关系的事实无异议，仅对2012年1月以后劳动关系存续至2014年2月有异议。科隆实业公司主张2012年1月以后其搬迁，公司股东全力兴办科隆五金公司，科隆实业公司未再经营，王某某考虑到公司前景主动离职，但与科隆实业公司在2012年1月17日仍为王某某发放了当月工资，科隆实业公司现经营状态为存续，而科隆五金公司自2012年3月始经营状态则为吊销未注销的事实不符，并结合科隆五金公司与科隆实业公司的住所地、经营范围均相同，系关联公司且管理混同，以及王某某胸卡、工资单、银行交易明细等证据，认定2003年2月10日至2014年2月28日王某某系与科隆实业公司存在劳动关系，并判令科隆实业公司承担相应用人单位的法定义务。

三、评析

根据本解释第29条的规定，劳动者与未办理营业执照、营业执照被吊销或者营业期限届满仍继续经营的用人单位发生争议的，应当将用人单位或者其出资人列为当事人。本案中，科隆五金公司营业执照处于吊销未注销状态，仍系合法民事主体，故王某某以其为被告起诉并无不当。

当事人不服仲裁裁决提起诉讼，如果法院认为仲裁裁决遗漏了必须共同参加仲裁的当事人的，可以依职权或依当事人申请追加，被追加的当事人应当承担责任的，也应一并处理。这是法院在审理劳动争议案件中行使司法审查权的表现，也有利于劳动争议纠纷案件及时公正处理。虽然对追加后的当事人提出新的诉讼请求涉及未经仲裁前置的问题，但根据本解释第14条有关诉的合并的规定，该新增加的诉讼请求如果与讼争的劳动争议具有不可分性，法院应当合并审理。因此，基于本案科隆五金公司、科隆实业公司住所地、经营范围相同，系关联公司且管理混同的情形，以及王某某胸卡、工资单、银行交易明细等有效证据，应认定王某某的用人单位系科隆实业公司，并应由科隆实业公司承担用人单位的法定义务。

第三十二条

用人单位与其招用的已经依法享受养老保险待遇或者领取退休金的人员发生用工争议而提起诉讼的，人民法院应当按劳务关系处理。

企业停薪留职人员、未达到法定退休年龄的内退人员、下岗待岗人员以及企业经营性停产放长假人员，因与新的用人单位发生用工争议而提起诉讼的，人民法院应当按劳动关系处理。

【条文主旨】

本条是关于具有特殊身份的人员与用人单位发生用工争议时的处理规定。

【条文理解】

一、制定背景

当前社会用工关系比较复杂。其中有两类具有特殊身份的劳动者，一类是达到法定退休年龄的人员再进入社会工作，另一类已与用人单位建立劳动关系的劳动者在工作时间之外再到其他用人单位工作，这两类人员与新用人单位之间建立的究竟是劳动关系还是其他法律性质的用工关系，需要予以明确。在本次司法解释清理过程中，各地法院代表对本条涉及的依法享受养老保险待遇或领取退休金的人员再从事劳动的，其与新用人单位之间按劳务关系处理，以及企业停薪留职人员、未达到法定退休年龄的内退人员、下岗待岗人员以及企业经营性停产放长假人员，其与新用人单位之间按劳动关系处理，取得较为统一的意见，实务中均予以认可，因此本次司法解释清理过程中基本保留了相关内容。

本条共有两款，系在 2010 年《劳动争议司法解释（三）》第 7 条、第 8 条的基础上修改合并而来，与原条文相比，仅进行了文字修改，条文内容主旨没有发生变化。第 1 款针对已经依法享受养老保险待遇或领取退休金的人员再从事劳动的，认定其与用人单位之间建立的用工关系法律性质属于劳务关系。第 2 款针对企业停薪留职人员、未达到法定退休年龄的内退人员、下岗待岗人员以及企业经营性停产放长假人员，再为其他用人单位提供劳动的，认定其与新用人单位的用工关系法律性质为劳动关系。

二、关于第 1 款的主要内容

（一）依法享受基本养老保险待遇或领取退休金人员的认定

正确适用第 1 款，首先应准确把握依法享受养老保险待遇或领取退休金人员的认定。目前我国基本养老保险制度分为两大类：一类是职工基本养老保险制度，参加对象是与用人单位形成劳动关系的职工，随用人单位强制参保；另一类是城乡居民基本养老保险制度，参加对象是年满 16 周岁的城乡居民，自愿参加。享受上述两类基本养老保险的人员均属于本款规定的享受养老保险待遇或领取退休金的人员。

1. 职工基本养老保险制度

职工基本养老保险是一种强制性社会保险制度，其目的在于通过强制用人单位和职工参加社会保险，在职工达到法定退休年龄或因其他原因退出劳动岗位后可以获得生活保障。缴纳社会保险，既是劳动者的一项权利，也是劳动者的一项基本义务。对于用人单位而言则是用人单位必须履行的义务。劳动者享受职工养老保险待遇或领取退休金必须同时满足两个条件：

第一，达到法定退休年龄。关于退休年龄，我国实行统一的法定退休年龄制度，目前关于退休年龄的规定主要有：《国务院关于工人退休、退职的暂行办法》《劳动和社会保障部关于制止和纠正违反国家规定办理企业职工提前退休有关问题的通知》《中共中央组织部、人力资源社会保障部关于机关事业单位县处级女干部和具有高级职称的女性专业技术人员退休年龄问题的通知》《国务院关于高级专家离休退休若干问题的暂行规定》，受篇幅限制，上述规定的内容不作一一介绍，综合上述几个规定，我国正常退休法定年龄分别为：男性不区分身份，统一年满 60 周岁退休；女性区分身份，其中女工人年满 50 周岁，女干部年满 55 周岁，正、副处级以上女干部、具有高级职称的女性专业技术人员年满 60 周岁退休（本人申请可在 55 周岁时退休）；除正常退休年龄外，从事井下、高空、高温、特别繁重体力劳动或其他有害身体健康工作的，退休年龄为男年满 55 周岁、女年满 45 周岁；高级专家经批准可推迟至 65 周岁或 70 周岁退休，杰出高级专家经国务院批准可暂缓退休。

第二，参加基本养老保险且累计缴纳养老保险费满 15 年。涉及我国职工养老保险制度的规定主要有：《社会保险法》《国务院关于建立统一的企业职工基本养老保险制度的决定》《国务院关于完善企业职工基本养老保险制度的决定》《国务院关于机关事业单位工作人员养老保险制度改革的决定》。综合上述几个规定的内容，我国职工基本养老保险制度已经实行机关事业单位职工与企业职工养老保险并轨，不论劳动者在职时所在用人单位性质如何，只要个人缴费年限累计满 15 年或者个人缴费和视同缴费累计满 15 年，在达到法定退休年龄时即可申领养老保险待遇或退休金。

2. 城乡居民基本养老保险制度

城乡居民基本养老保险与职工基本养老保险是互补关系，目的是实现基本养老保险制度全社会覆盖，让未能参加职工基本养老保险的人员亦能从其他渠道享有基本养老保险待遇。与职工基本养老保险不同的是，城乡居民基本养老保险是非强制性社会保险，由城乡居民自愿参加，可以自行选择不同的缴费档次。

根据《国务院关于建立统一的城乡居民基本养老保险制度的意见》的规定，城乡居民累计缴费年限满 15 年，不区分男女，统一在年满60周岁后可申领城乡居民基本养老保险待遇。

3. 办理退休手续及申请领取养老保险或退休金待遇手续

劳动者或城乡居民在满足缴费年限和年龄条件后，其还必须办理退休手续审批及养老待遇申领核定，才能成为享受养老保险待遇或领取退休金的人员。

（二）对依法享受养老保险待遇或领取退休金的人员再从事劳动的，其与用人单位的用工关系，应认定为劳务关系

劳务关系是平等主体之间通过劳务合同建立的民事权利义务关系，具体是指劳务提供者与用工者根据口头或书面约定，由劳务提供者提供劳动服务，用工者向劳务提供者支付劳务报酬的一种有偿服务法律关系。劳务关系与劳动关系属于两种完全不同的法律关系，二者在提供劳务主体、双方地位、薪酬待遇、合同法定形式、适用法律、争议处理程序等多方面存在较大区别，受篇幅限制，在此不作详细介绍。

退休人员再从事劳动的情况非常普遍，对于这些人员再从事劳动的问题，相关法律并没有明确其与用工单位之间建立的是何种法律关系。我们认为，根据《劳动合同法》第44条第1款第2项的规定，劳动者依法享受基本养老保险待遇是其与用人单位劳动关系终止的法定原因。如果劳动者与用人单位之间的劳动关系终止后，允许其再与另一用人单位建立一个新劳动关系，就会造成一个劳动关系终止的同时，成为另一个劳动关系建立的开始，存在逻辑悖论。达到法定退休年龄的人员，如其已享受职工基本养老保险待遇或城乡居民基本养老保险待遇，虽然法律不禁止其再就业，但其已不符合劳动法意义上劳动者主体资格身份，其不可能也不应该享受劳动法中所规定的全部权利，将享受基本养老保险待遇人员与用人单位的关系界定为劳务关系比界定为劳动关系更符合逻辑。因此，享受基本养老保险待遇人员再与其他用人单位建立用工关系的，不宜按劳动关系处理，应当按照劳务关系处理。因实务中争议不大，在此不赘述。

（三）用人单位与达到法定退休年龄但不能享受基本养老保险待遇人员建立的用工关系的性质认定

一般情况下，享受基本养老保险待遇的人员已经达到法定退休年龄，但是达到法定退休年龄的人员不一定享受养老保险待遇，对用人单位与达到法定退休年龄但未享受基本养老保险待遇人员建立的用工关系的定性，争议较大。

1. 主要分歧观点

《劳动合同法》第44条第1款第2项规定，劳动者开始依法享受基本养老保险待遇的劳动合同终止；而《劳动合同法实施条例》第21条规定，劳动者达到法定退休年龄的劳动合同终止，此处劳动合同终止只有年龄条件，没有享受基本养老保险待遇这个条件。因对上述两个条文相互关系理解不同，实务中对用人单位招用已达法定退休年龄但未依法享受基本养老保险待遇或领取退休金人员之间的法律关系，存在劳动关系及劳务关系两种观点。

（1）第一种观点认为一般按劳动关系处理，但允许当事人意思自治。主要理由有：第一，无论《劳动法》还是《劳动合同法》，在劳动者资格方面只有年龄下限规定，对年龄上限未作强制性规定，法不禁止皆可为，达到法定退休年龄的人员只要具备劳动能力，均可成为劳动关系中的劳动者。第二，《劳动合同法实施条例》相对于《劳动合同法》是下位法，《劳动合同法实施条例》将劳动合同终止条件解释为“劳动者达到法定退休年龄”，属于下位法对上位法的扩大性解释，与《劳动合同法》相冲突。下位法与上位法相冲突时，应优先适用《劳动合同法》的规定。第三，在同一用人单位同一岗位工作的不同劳动者，如仅因年龄不同而分别认定为劳动关系与劳务关系，对达到法定退休年龄的劳动者而言，其既不能享受养老待遇又不能受到劳动法律的保护，有违平等保护的基本原则。基于上述理由，对已达法定退休年龄但尚未享受基本养老保险待遇的人员，其与用人单位之间一般形成的是劳动关系。

该观点同时认为，已达法定退休年龄人员毕竟与普通劳动者存在区别，这些达到法定退休年龄的人员虽未享受基本养老保险待遇，但如果其与用人单位之间有建立劳务关系的共同意思表示，如签订了劳务合同，应尊重当事人意思自治，认定双方是劳务关系。实务中，山东、陕西等地法院持这种观点。

（2）第二种观点认为按劳务关系处理。主要理由有：第一，《劳动合同法》第 44 条第 1 款第 6 项规定法律、行政法规规定的其他情形可终止劳动关系，而《劳动合同法实施条例》第 21 条正是行政法规规定的其他情形，因此《劳动合同法》与《劳动合同法实施条例》并不冲突。第二，《劳动合同法》是 2008 年 1 月 1 日开始实施，而《劳动合同法实施条例》是 2008 年 9 月 18 日颁布实施，《劳动合同法实施条例》颁布实施时间在《劳动合同法》之后，因此《劳动合同法实施条例》第 21 条是对《劳动合同法》第 44 条关于劳动关系终止规定的补充，应优先适用《劳动合同法实施条例》。第三，实务中对认定劳动关系持否定意见的重要反对理由是工伤职工保护问题，但实际上认定劳动关系与劳动者能否获得工伤赔偿并没有关联性。《人力资源社会保障部关于执行〈工伤保险条例〉若干问题的意见（二）》（人社部发〔2016〕29 号）规定：达到或超过法定退休年龄，但未办理退休手续或者未依法享受城镇职工基本养老保险待遇，继续在原用人单位工作期间受到事故伤害或患职业病的，用人单位依法承担工伤保险责任。此外，部分地区工伤保险政策方面出现新变化，如浙江省①自 2018 年 7 月开始准许不超过 65 周岁男性、60 周岁女性的超龄就业人员参加工伤保险；广东省②、江苏省③亦出台政策自 2021 年起准许超

① 《浙江省人力资源和社会保障厅、浙江省财政厅、国家税务总局浙江省税务局关于试行职业技工等学校学生在实习期间和已超过法定退休年龄人员在继续就业期间参加工伤保险工作的指导意见》（浙人社发〔2018〕85 号）。

② 《广东省人力资源和社会保障厅、广东省财政厅、国家税务总局广东省税务局关于单位从业的超过法定退休年龄劳动者等特定人员参加工伤保险的办法（试行）》（粤人社规〔2020〕55 号）。

③ 《江苏省超过法定退休年龄人员和实习生参加工伤保险办法》（苏人社规〔2020〕6 号）。

过法定退休年龄人员参加工伤保险，但这些地方性文件均是从降低企业用工风险，扩大工伤保险覆盖面的角度允许达到法定退休年龄人员参加工伤保险，而不是从劳动关系角度作出规定。基于以上理由，应认定已达法定退休年龄但尚未享受基本养老保险待遇的人员与用人单位之间用工关系是劳务关系。实务中，广东、江苏、浙江、北京等地法院持这种观点。

2. 我们的处理意见

劳动者已经达到法定退休年龄而不能依法享受基本养老保险待遇的情况非常复杂，上述两种意见都一定道理，但都过于绝对化，直接采纳任何一种观点都有失偏颇。

正确处理此类问题，应理顺《劳动合同法实施条例》第 21 条与《劳动合同法》第 44 条第 2 项这两个规定的关系。《人力资源社会保障部对十三届全国人大二次会议第 6979 号建议的答复》（人社建字〔2019〕37 号）中对《劳动合同法实施条例》第 21 条立法必要性作了说明：《劳动合同法》实施后发现，在劳动者达到法定退休年龄后，以劳动者是否享受基本养老保险待遇作为唯一标准来判断劳动合同是否终止，在某些情形下对用人单位有失公平，因此根据《劳动合同法》第 44 条第 6 项关于有“法律、行政法规规定的其他情形”劳动合同终止的授权，《劳动合同法实施条例》第 21 条明确，劳动者达到法定退休年龄的，劳动合同终止。由此可见《劳动合同法实施条例》第 21 条是针对《劳动合同法》的立法不足而作出的补充规定，两个规定不仅没有冲突，而是补充与完善的关系。尤其值得注意的是，两个规定不是替代关系，《劳动合同法实施条例》第 21 条并没有替代《劳动合同法》第 44 条第 2 项的规定；也不存在优先适用的问题，实务中应根据每一个劳动者的情况不同，两个规定只能择一适用，具体应适用哪一个规定，则与劳动者不能享受基本养老保险待遇的原因有关：

（1）劳动者在用人单位工作期间达到法定退休年龄，非因用人单位原因不能享受基本养老保险待遇的。如劳动者在用人单位工作年限较短，用人单位一直正常为劳动者参加基本养老保险，对于这种情形，由于劳动者不能享受基本养老保险待遇不可归咎于用人单位，人民法院应适用《劳动合同法实施条例》第 21 条的规定，认定因劳动者达到法定退休年龄，不再符合劳动法律、法规规定的主体资格，不具备建立劳动关系的条件。双方用工关系自劳动者达到法定退休年龄时劳动关系自然终止，此后双方形成劳务关系。

（2）劳动者在用人单位工作期间达到法定退休年龄，且因用人单位原因不能享受基本养老保险待遇的。对于这种情形，由于劳动者不能享受基本养老保险待遇是用人单位原因所致，如允许用人单位依据《劳动合同法实施条例》第 21 条的规定随意终止劳动关系对劳动者明显不公平，人民法院可认定用人单位因自身原因让劳动者无法享受基本养老保险待遇，从而丧失了其在劳动者达到法定退休年龄时享有的劳动关系终止权，此时应适用《劳动合同法》第 44 条第 2 项规定作为劳动关系是否终止的判断标准。换言之，针对劳动者因用人单位原因不能享受基本养老保险待遇的情形，用人单位在劳动者达到法定退休年龄时不享有《劳动合同法实施条例》第 21 条规定的劳动关系终止权，劳动关系不能自然终止，双方之间仍是劳动关系而非劳务关系，直至劳动者符合享受基本养老保险待遇时止。

根据以上分析，我们认为，《劳动合同法实施条例》第 21 条虽然赋予了用人单位在劳动者达到法定退休年龄时对劳动关系的终止权，但人民法院在认定达到法定退休年龄的人员与用人单位用工关系时，不应仅对劳动者年龄标准作形式审查，而应当对该条规定作实质审查，具体需审查劳动者不能享受基本养老保险待遇的原因是否与用人单位有关。如非因用人单位原因不能享受基本养老保险待遇的，用人单位依据《劳动合同法实施条例》第 21 条享有的劳动关系终止权不受影响，人民法院可以认定双方劳动关系因劳动者达到法定退休年龄自然终止。如因用人单位原因不能享受基本养老保险待遇的，人民法院应认定用人单位因自身原因丧失了《劳动合同法实施条例》第 21 条赋予的劳动关系终止权，《劳动合同法实施条例》第 21 条不适用于该劳动者，在该劳动者达到法定退休年龄时，双方劳动关系既无法自然终止，亦禁止用人单位主动终止。

3. 需要注意的几个问题

（1）“用人单位原因”应作从宽理解。从保护劳动者的角度出发，对此处“用人单位原因”应作从宽理解，所谓“原因”不仅包括用人单位不依法为劳动者参加养老保险的情形，还包括因用人单位原因导致员工档案丢失、无法办理社会保险关系移转手续、不为劳动者办理退休及养老待遇申领手续等等。

（2）劳动者本人拒绝参加职工基本养老保险的一般仍应认定为用人单位原因。对劳动者本人拒绝参加职工基本养老保险的，我们认为，用人单位为劳动者参加养老保险是其法定义务，不为劳动者参加养老保险系违法行为，且用人单位因无须缴纳其应负担的社保费用而获利。实践中有些用人单位为减轻缴纳社保负担，引导劳动者同意不参加社保而给付津贴，因此很难辨别用人单位是否与劳动者通谋不参加社保，按照“不能从违法行为获利”的原则，一般情形下仍应认定属于用人单位原因不能享受基本养老保险待遇的情形。只有在用人单位提供充分证据证明不参加养老保险确实系劳动者本人提出，其已将不参加社保风险告知劳动者后仍被拒绝，且用人单位已经将其应负担的社保费用全部支付给劳动者，用人单位并未因此获利的情况下，人民法院可认定劳动者非因用人单位原因不能享受基本养老保险待遇。

（3）无须审查用人单位是否存在主观过错。上述分析只是强调劳动者不能享受基本养老保险待遇的“原因”是否与用人单位有关，并没有要求用人单位存在主观“过错”。主要有两点考虑：一是劳动者不能享受基本养老保险待遇确实存在由客观因素造成的可能，用人单位并无主观过错，如因天灾等不可抗力因素造成劳动者档案灭失等等；二是一般情况下，劳动者举证能力比较弱，有些情况下让劳动者证明用人单位存在“过错”非常困难，让劳动者承担过高的举证责任明显不公平。因此实务中，人民法院仅需审查劳动者不能享受基本养老保险待遇的原因是否与用人单位有关，无须审查用人单位对劳动者不能享受基本养老保险待遇是否存在过错。

（4）劳动者达法定退休年龄后双方又签订劳务合同的，应尊重当事人意思自治。实务中，若双方在劳动者达法定退休年龄后又签订劳务合同的，应尊重当事人意思自治认定双方是劳务关系。劳动者若主张解除劳动合同经济补偿金，应区分情形处理。若劳动者非因用人单位原因不能享受基本养老保险待遇的，双方劳动关系在劳动者达法定退休年龄时自然终止，不符合《劳动合同法》第46条支付经济补偿的规定，对经济补偿请求不予支持。若劳动者因用人单位原因不能享受基本养老保险待遇的，双方劳动关系在劳动者达法定退休年龄时不能自然终止，在没有证据证实系劳动者主动提出签订劳务合同的情形下，可认定系用人单位提出双方协商一致解除劳动关系，对经济补偿请求应予支持。

（5）用人单位在劳动者达法定退休年龄后建立用工关系的，一般认定为劳务关系，但应尊重当事人意思自治。实务中还有用人单位在劳动者达到法定退休年龄后才与劳动者建立用工关系，对此情形双方用工关系性质的认定，因劳动者不能依法享受基本养老保险待遇的原因与用人单位无任何关联，双方之间的用工关系原则上应认定为劳务关系，但如果双方签订了劳动合同，应尊重当事人意思自治，可以认定双方是劳动合同关系。另外，对劳动者曾经在该用人单位工作过且当时未参加社保，在达到法定退休年龄后又与用人单位建立用工关系的情形，我们认为此时双方形成的是新的用工关系，一般应认定是劳务关系，至于对双方第一次建立劳动关系期间用人单位未为劳动者参加社保问题，应引导劳动者从赔偿社保待遇损失角度向用人单位主张权利。

三、关于第2款的主要内容

20世纪90年代以来，我国改革开放向深水处推进，产业升级换代步伐不断加快，相当多企业出现人力资源过剩现象。企业根据政策对不同的劳动者采取停薪留职、提前退休、直接下岗待岗，甚至直接放长假等方式进行安置。被分流的人员另谋出路，到其他用人单位工作并获取劳动报酬，这就形成特殊时期的“双重劳动关系”。2010年《劳动争议司法解释（三）》第8条对此作了规范，承认了这种双重劳动关系的合法性。当前，在新冠肺炎疫情等影响下，一些用人单位停工停产等待经营环境改善，而停工停产导致劳动者收入降低，部分劳动者寻找打短工机会以提高收入；此外社会主义市场经济的蓬勃发展，也催生周期性、季节性等用工制度出现，因此本款规定在当下适用范围应有所扩大。

（一）双重劳动关系的合法性

双重劳动关系是指同一个劳动者同时与两个以上的用人单位建立或形成均符合劳动关系构成要件的用工关系，该劳动关系既可能是劳动合同关系，也可能是事实劳动关系。在社会生活中，非全日制劳动者同时兼职多份工作已普遍存在，也被社会大众接受，因此《劳动合同法》第69条已承认非全日制双重劳动关系的合法性。除了非全日制双重劳动关系外，社会生活中还存在一种劳动者同时与两个用人单位兼具全日制性质的用工关系，此种双重劳动关系主要是因为劳动者长期无法上岗工作或劳动者工作之余有大量空闲时间，劳动者另谋第二职业而形成。

除《劳动合同法》第69条对非全日制双重劳动关系有规定外，现行法律对双重劳动关系并没有从正面予以规定，《劳动合同法》第39条和第91条仅是从另一角度对双重劳动关系有所涉及。《劳动合同法》第39条第4项规定用人单位对劳动者因建立双重劳动关系而严重影响本单位工作任务完成时有解除权，该规定并非否定双重劳动关系，而是针对劳动者因双重劳动关系影响工作时赋予用人单位合法解除权。《劳动合同法》第91条规定，用人单位招用与其他用人单位尚未解除或者终止劳动合同的劳动者给其他用人单位造成损失的，应当承担连带赔偿责任。该规定同样不是对双重劳动关系的否定，而是对后一用人单位侵权责任的规定。因此现有法律并未明确禁止双重劳动关系的存在，只是赋予原用人单位在受到损害时相关救济权利。

（二）本款规定主要适用对象

根据双重劳动关系产生的原因不同，双重劳动关系可分为两种类型，一种是本款规定列明的由于停薪留职人员、提前退休的内退人员、下岗人员以及企业经营性停产放长假的人员，又与其他用人单位建立劳动关系所形成的双重劳动关系，均属于因国有企业改制等政策原因形成，可以称之为“政策性双重劳动关系”。另外一种则是不定时工作制的劳动者、全日制用工的劳动者利用工作时间之外的时间与其他用人单位建立劳动关系所形成的双重劳动关系，不属于因企业改制政策原因形成的，可以称之为“非政策性双重劳动关系”。

1. 政策性双重劳动关系

（1）停薪留职人员。停薪留职主要适用于国有企业的固定职工，停薪留职的时间一般不超过2年。停薪留职期间不升级，不享受各种津贴、补贴和劳保福利待遇。

（2）未达到法定年龄的内退人员。主要是指国有企业职工距退休年龄不到5年，经批准可以退出工作岗位休养。休养期间，由企业发给生活费，企业和休养职工应当按照有关规定缴纳基本养老保险费。休养期间视为工龄，达到法定退休年龄时办理退休手续。

（3）下岗待岗人员。下岗待岗人员实质上已经与原用人单位解除劳动合同关系，但下岗人员仍然保留原用人单位职工的身份，双方的权利义务并未完全消灭。用人单位及其托管机构尚需负责为下岗职工发放基本生活费和缴纳养老、医疗、失业等社会保险费用。

（4）企业经营性停产放长假人员。企业因经营困难导致停产停工，用人单位虽未与劳动者解除劳动合同，但给劳动者放长假、使其脱离劳动岗位。在此期间原劳动合同关系仍然存在，企业应当为劳动者发放生活费、缴纳社会保险费用。

上述四种情形的共同特征在于，劳动者要么与原用人单位的劳动合同关系解除，但还存在解除后的权利义务，要么与用人单位的劳动关系仍然存续，但劳动者并不在岗，双方之间的权利义务主要体现在社会保险费用缴纳和职工最低生活保障上。

2. 非政策性双重劳动关系

虽然本款规定主要针对上述政策性的双重劳动关系，但对其他劳动者基于市场因素主动形成的双重劳动关系，应当类推适用本款规定。

（1）因用人单位原因停工停产只领取生活费的劳动者。根据《工资支付暂行规定》（劳部发〔1994〕489号）第12条及各省级工资支付条例的相关规定，非因劳动者原因造成单位停工、停产在一个工资支付周期内的，用人单位应按劳动合同规定的标准支付劳动者工资；超过一个工资支付周期的支付生活费。由于生活费标准比较低，一些劳动者必然积极寻找机会工作以提高收入，由此形成双重劳动关系。

（2）季节性、周期性产业的劳动者。部分用人单位由于行业特点，企业经营有旺季淡季区分，如旅游业、规模以上农业等等，在淡季时只需少量员工留守，给其他员工放假只发基本工资，允许其他员工在此期间另循途径解决生计。再如民办学校教师，寒暑假期间工资较低，常常兼职获取劳动报酬等。

（3）不定时工作制劳动者。不定时工作制是针对用人单位生产特点、工作性质特殊需要而无法适用标准工作时间的一种工时制度，用人单位对劳动者可以采用集中工作、集中休息、轮休调休、弹性工作时间等适当方式安排工作和休息。不定时工作制的劳动者休息时间较为集中，一些劳动者利用休息时间另谋第二职业。

（三）双重劳动关系的法律适用

在承认双重劳动关系的前提下，新的用人单位对劳动者产生劳动法上用人单位的法定责任，亦享有用人单位的法定权利。

1. 劳动法律规定的各项基本权利义务

双重劳动关系情形下，用人单位与劳动者均系劳动法上适格主体，现有法律并未对双重劳动关系中各方权利义务作出特别规定，无论劳动者还是用人单位，均应按劳动法律法规享受相应权利、承担相应义务。

2. 参加社会保险的义务

双重劳动关系下，劳动者的前一个用人单位可能已为劳动者参加社会保险，但不能免除新用人单位参加社会保险的义务。新用人单位与劳动者自建立用工关系开始，应履行缴纳社会保险费用的义务。至于实践中新用人单位在劳动者已有一个社保关系下，在社保系统中无法再次为劳动者参加社会保险，仅属于技术上操作问题，与其法律义务无关。

3. 发生工伤事故时的赔偿

若新用人单位未为职工缴纳工伤保险费，劳动者在新用人单位工作期间发生工伤事故的，应当由新用人单位支付工伤待遇。

【审判实践中应注意的问题】

一、关于已经依法享受养老保险待遇或者领取退休金人员的认定问题

鉴于享受养老保险待遇是一个专业的行政审批程序，实务中人民法院如涉及对是否属于已依法享受养老保险待遇或者领取退休金人员进行认定，应以行政部门认定结果作为判断依据，不应根据劳动者的缴纳社保年限、年龄等因素自主作出判断。

二、关于依法享受养老保险待遇或者领取退休金人员认定的举证责任

对依法享受养老保险待遇人员认定的举证责任不可一概而论，应结合当事人的诉讼请求、事实主张，根据《民事诉讼法司法解释》第91条规定的原则确定举证证明责任的承担。如劳动者请求支付经济补偿金、未签订书面劳动合同另一倍工资，用人单位以双方是劳务关系抗辩，应由用人单位承担举证责任。如用人单位以劳动者违反《劳动合同法》第90条规定解除劳动合同而请求赔偿的，劳动者以其已依法享受养老保险待遇双方是劳务关系抗辩的，则应由劳动者承担举证责任。

三、不应根据本条第1款反推认定劳动关系

本条第1款仅对已经依法享受养老保险待遇或领取退休金再从事

劳动的人员与用人单位之间按劳务关系处理作了规定，未对达到法定退休年龄但尚未享受养老保险待遇人员与用人单位之间用工关系作出规定。实务中部分法院可能会认定达到法定退休年龄但尚未享受养老保险待遇人员与用人单位之间用工关系属于劳动关系，但在裁判说理中不应是根据第1款规定进行反推而得出的结论。

四、用工关系必须符合劳动关系特征才可根据本条第2款认定双方存在劳动关系

本条第2款涉及的劳动者与新用人单位用工关系是否属于劳动关系，还需结合第二个用工关系是否符合劳动关系特征进行判断。如劳动者明确与新用人单位约定是劳务关系、合作关系，或是其他不具备劳动关系特征的其他用工关系，则应按当事人约定或用工关系法律特征作出相应认定。

五、劳动者主张与关联企业存在双重劳动关系的处理

实务中，一些劳动者为关联企业同时提供劳动，劳动者在获取其中一个企业劳动报酬后，又主张与其他关联企业同时存在劳动关系，要求关联企业支付另一份劳动报酬。此种情形劳动者的主张实质是其在同一时间同时为两个以上用人单位提供劳动，并非本条第2款规定调整的对象。对于此类劳动者诉求，我们认为，应适当提高劳动者证明存在第二个劳动关系的证明标准，劳动者不能仅提供存在第二个劳动关系的初步证据，而必须提供充分证据证明其与关联企业同时存在劳动关系，且有获取劳动报酬的权利。

【案例解读】

一、基本案情

李某在2007年到L医院应聘时已退休并享受退休养老保险待遇。2008年1月1日，李某与L医院签订一份《兼职协议》，约定L医院聘用李某在后勤办从事后勤工作，每月980元以及L医院不承担李某任何劳保福利待遇及养老保险、医疗保险等任何社会保险费用等。2009年12月31日，L医院向李某出具解除（终止）劳动关系通知，明确解除与李某的劳动关系。李某不服向杭州市劳动争议仲裁委员会申请仲裁，该委以李某已过法定退休年龄，故其申诉请求不属于劳动争议仲裁受理范围不予受理，李某诉至法院，请求判令：（1）确认2008年1月1日签订的《兼职协议》无效；并要求L医院按其《福利管理制度》规定，给予李某自2007年12月至2009年12月共计25个月的福利待遇，支付因协议条款显失公平致使李某人格尊严伤害的侵权责任赔偿3万元。（2）撤销L医院于2009年12月30日作出的“口头辞退”决定；赔偿2010年1月1日至2010年12月2日无法履行合同的工资损失14 850元，支付自2007年12月至2009年12月的延时加班及夜班、节假日加班工资117 748.31元。

二、裁判结果

一审认为，李某主张的请求权基础是劳动关系，劳动者与用人单位形成的用工关系并不意味着就是劳动关系，也有可能是劳务关系或者其他用工关系。不同的用工关系受不同法律的保护，劳动关系受《劳动法》《劳动合同法》的保护，劳务关系则受《民法通则》的保护。2010年《劳动争议司法解释（三）》第7条规定：“用人单位与其招用的已经依法享受养老保险待遇或领取退休金的人员发生用工争议，向人民法院提起诉讼的，人民法院应当按劳务关系处理。”本案李某自2007年至L医院应聘时已退休并享受退休养老保险待遇，因此，李某不是劳动关系的适格主体，其与L医院所签订的《兼职协议》系劳务合同，双方之间的法律关系是劳务关系而非劳动合同关系，故李某诉请所依据的请求权基础不存在，其诉请法院均不予支持。判决驳回李某的诉讼请求。二审维持了一审判决。

三、评析

本案主要争议是用人单位与其招用的已经依法享受养老保险待遇或领取退休金的人员之间属于劳动关系还是劳务关系。劳务关系属于民事关系的一种，是指平等民事主体之间就一方向另一方提供劳务、另一方接受劳务并支付对价而相互形成的权利义务关系。劳动关系是指用人单位招用劳动者为其成员，劳动者在用人单位的管理下，提供由用人单位支付报酬的劳动而产生的权利义务关系。劳动关系与劳务关系最主要的区别在于劳动者与用人单位应当符合劳动法规定的主体资格。劳动争议双方当事人之间虽然在劳动合同关系中法律地位平等，但在实际生产和劳动中，存在着劳动法上的隶属关系。包括人身上、经济上和组织上的隶属性。“人身隶属性”是指劳动者向用人单位提供劳动时，其对用人单位在一定限度内具有人身依附性。“经济隶属性”表现在劳动者通过劳动换取生活资料，体现出劳动力与劳动报酬的交换关系。“组织隶属性”是指劳动关系建立以后解除之前，劳动者始终作为用人单位组织中的一员而存在，接受用人单位的指挥与管理。表现在具体形式上，劳动关系的建立意味着用人单位要对劳动者安排工作、支付报酬、进行管理。劳动争议双方当事人之间这种错综复杂的关系是劳动争议区别于其他争议的又一大特征。

对已达退休年龄，亦依法享有养老保险待遇或领取退休金的人员再从事劳动的问题，按照《劳动合同法》第44条第2项规定，享受基本养老保险待遇的，劳动合同就终止了，如果将退休人员再纳入劳动者的范畴，并与其他劳动者一样予以保护，存在逻辑悖论。劳动者享受基本养老保险待遇离休或退休，虽然法律不禁止其再就业，但其已不是劳动法意义上的劳动者，从主体身份而言也不是劳动法意义上所说的劳动者，其不可能也不应该享受劳动法中所规定的全部权利。司法解释因此将依法享有养老保险待遇或领取退休金的人员再就业，其与用人单位的用人关系认定为劳务关系。

第三十三条

外国人、无国籍人未依法取得就业证件即与中华人民共和国境内的用人单位签订劳动合同，当事人请求确认与用人单位存在劳动关系的，人民法院不予支持。

持有《外国专家证》并取得《外国人来华工作许可证》的外国人，与中华人民共和国境内的用人单位建立用工关系的，可以认定为劳动关系。

【条文主旨】

本条是关于涉外用工关系法律性质认定的规定。

【条文理解】

本条规定来源于2013年《劳动争议司法解释（四）》第14条，对原解释第14条进行了两处修改：一是删除了2013年《劳动争议司法解释（四）》第14条第1款中“以及香港特别行政区、澳门特别行政区和台湾地区居民未依法取得就业证件即与内地用人单位签订劳动合同”的相关规定。二是变更2013年《劳动争议司法解释（四）》第14条第2款中“《外国专家来华工作许可证》”为“《外国人来华工作许可证》”。对两处进行修改的理由：一是2018年国务院印发《关于取消一批行政许可等事项的决定》（国发〔2018〕28号），取消我国港澳台地区人员在内地（大陆）就业许可。2018年，人力资源和社会保障部颁布《人力资源社会保障部关于香港澳门台湾居民在内地（大陆）就业有关事项的通知》（人社部发〔2018〕53号），规定“2018

年7月28日起，港澳台人员在内地（大陆）就业不再需要办理《台港澳人员就业证》”。二是2015年12月31日，国务院审改办决定将“外国人入境就业许可”和“外国专家来华工作许可”整合为“外国人来华工作许可”。2017年4月1日起，全国统一实施外国人来华工作许可制度，发放《外国人工作许可通知》和《外国人工作许可证》（由人力资源社会保障部和国家外专局联合印制），来华工作外国人凭《外国人工作许可通知》和《外国人工作许可证》办理相关签证和居留手续。现行有效期内的外国专家来华工作许可和外国人入境就业许可及相关证件继续有效。

一、涉外用工关系

涉外用工关系是一个对有涉外因素用工关系的统称。具体来说，涉外因素主要体现在用工主体是外国企业，劳动者具有外国国籍或者无国籍，从事工作的地点在我国境外。在实践中大多表现为以下几种情况：（1）外国人或者无国籍人受雇于我国的用人单位，较为常见的是受雇于我国的外资企业、跨国企业等，其中又有受雇后被派往我国企业在境外的子公司或分支机构的情形；（2）外国人或者无国籍人受雇于外国企业后被派往在我国的子公司或分支机构；（3）中国人受雇于我国企业后被派往其在境外的子公司或分支机构或者派往境外为外方提供劳动服务；（4）中国人被境外的外国公司直接雇佣；（5）中国人在我国境内被外国企业的驻华机构聘用；（6）涉外雇佣合同，比如雇佣菲佣。

按照《劳动法》第2条第1款规定，在中华人民共和国境内的企业、个体经济组织和与之形成劳动关系的劳动者，适用本法。《劳动合同法》第2条第1款规定，中华人民共和国境内的企业、个体经济组织、民办非企业单位等组织与劳动者建立劳动关系，订立、履行、变更、解除或者终止劳动合同，适用本法。能够纳入我国劳动法律关系调整范围的劳动关系需要具备这样的条件：（1）作为用工单位一方，须是中国境内的企业或个体经济组织以及民办非企业单位。以上情形中的受雇于外国企业的情形，均不属于上述法律调整范围内的劳动关系。(2）作为被用工的一方须为劳动者。劳动权利作为一种宪法权利，只要是中国公民均应享有，法律仅对劳动者资格规定了一个年龄上的限制——不低于16周岁，其目的在于保护公民的人身安全，避免出现雇佣童工的现象。而作为外国人或者无国籍人，不属于在我国当然享有劳动权利的劳动者，而仅在符合相关法律规定的就业条件后，方可成为法律意义上的劳动者，与用人单位建立劳动关系，受到我国劳动法律规范的调整与保护。(3）劳动关系。这一点在具有涉外因素时，与国内法上其他法律关系与劳动关系的辨析并无二致，比如上述情形中的涉外雇佣合同与国内的雇佣合同一样，均不属于劳动合同，不适用《劳动法》的相关规定。从以上分析可以看出，中国人受雇于我国的用人单位，无论实际工作地点在哪里，均属于我国劳动法律规定的劳动关系，应当受到我国劳动法律规范的调整，不属于真正意义上的涉外用工关系；而外国人、无国籍人受雇于我国的用人单位、中国人在我国境内被外国企业的驻华机构聘用两种情形，是否受到我国劳动法律关系的调整，关键在于能否认定其具有劳动者和用人单位的主体资格；而中国人在境外与外国公司直接建立的用工关系，因用工单位不属于我国境内的企业，因而不能适用我国劳动法律规范；外国人、无国籍人受雇于外国企业的情形，则不仅面临劳动者劳动资格、用工单位用工资格的辨析问题，而且还需解决确认其与外国企业的子公司、分支机构等建立了劳动关系的问题。

二、涉外用工关系的适用法律冲突

在处理涉外因素用工关系纠纷时，准据法的选择目前法律没有明确的规定，理论上对此存在一定争议。

一种观点认为，我国法院或劳动争议仲裁委员会处理我国境内用人单位与劳动者之间的劳动合同纠纷时，包括涉外劳动合同纠纷只能适用我国的劳动法律规范，这是因为：(1)《劳动法》第2条明确规定了法律的适用范围，这里所指的劳动关系包括劳动者事实上已成为企业、个体经济组织成员，并为其提供有偿劳动的情形，这里所指的企业包括国有企业、集体所有的企业、外商投资企业、外商独资企业、私营企业。因此，在中国境内的企业、个体经济组织及与之形成劳动关系的劳动者应当遵守《劳动法》的各项规定，从事劳动和工作，其劳动合同的订立与签订、工作时间与休假、工资和社会保险与福利等等均应依照《劳动法》的规定办理。（2）根据《外国人在中国就业管理规定》（2017 年修订），外国人在中国就业应与在中国境内的用人单位依法订立劳动合同。用人单位与被聘用的外国人发生劳动争议，应按照《劳动法》处理。在这里，外国人是指依照我国《国籍法》规定不具有中国国籍的人员。外国人在中国就业是指在中国没有取得定居权的外国人在我国境内依法从事社会劳动并获取劳动报酬的行为，通常包括两种情形：一是在中国工作的外国人，其劳动合同是和中国境内的用人单位（驻地法人）直接签订的，无论其在中国就业的时间长短；二是若其劳动合同是和境外法人签订，劳动报酬来源于境外，在中国境内工作 3 个月以上的（不包括执行技术转让协议的外籍工程技术人员和专业人员），视为在中国就业。（3）从法理学角度讲，劳动法通常具有公法性质，在一国境内具有强制力，不能被当事人的选择排除适用。因此，在我国境内发生的劳动关系应当受制于我国《劳动法》。

另一种观点认为，依据《涉外民事关系法律适用法》第 43 条规定，劳动合同，适用劳动者工作地法律；难以确定劳动者工作地的，适用用人单位主营业地法律。劳务派遣，可以适用劳务派出地法律。人民法院按照最密切联系原则确定所应适用的法律，在通常情况下，劳务合同适用劳务实施地的法律。

从当前司法实践情况看，我国法院对涉外劳动合同的法律适用，基本上均是采取了适用中国法的做法。司法解释对于取得相应就业证件外国人、无国籍人依据我国法律认定为劳动者的这种司法态度，实际上也表达了在涉外因素用工关系上采取适用法院地法律作为准据法的意见倾向。

三、外国人、无国籍人依法应当取得就业证件

《劳动法》和《劳动合同法》均未对外国人、无国籍人能否以及如何成为适格的劳动者以及外国企业的驻华机构等能否成为适格的劳动用工主体进行明确规定。而相关问题主要见于劳动人事主管部门的部门规章中，主要包括《外国人在中国就业管理规定》，以上法律规范对外国人、无国籍人的就业资格和手续办理进行了规定，使此类人员获得中国合法劳动者资格，必须经过相应的就业资格审批手续，并持有相关证件，建立了我国关于无中国国籍人员在中国就业的行政许可制度。①

《外国人在中国就业管理规定》第 8 条第 1 款规定，在中国就业的外国人应持 Z 字签证入境（有互免签证协议的，按协议办理），入境后取得《外国人就业证》和外国人居留证件，方可在中国境内就业。也就是说，外国人在中国境内合法就业，须持有《外国人就业证》《外国人居留证》以及 Z 字签证。

按照我国目前的法律规定，办理上述就业许可证，申请人应当为用人单位。《外国人在中国就业管理规定》第 15 条规定，用人单位应在被聘用的外国人入境后 15 日内，持许可证书、与被聘用的外国人签订的劳动合同及其有效护照或能代替护照的证件到原发证机关为外国人办理就业证，并填写《外国人就业登记表》。

《外国人在中国就业管理规定》还规定了豁免办理就业许可证和就业证的情形，其中就包括我们在司法解释中规定的持有《外国专家

① 在《行政许可法》颁布施行后，行政许可应当仅由国家法律、行政法规设定，但考虑到我国的实际情况，国务院于2004 年6 月 29 日颁布了《国务院对确需保留的行政审批项目设定行政许可的决定》(已于2016 年修订)，对所属各部门的行政审批项目进行了全面清理。由法律、行政法规设定的行政许可项目，依法继续实施；对法律、行政法规以外的规范性文件设定，但确需保留且符合《行政许可法》第 12 条规定事项的行政审批项目，根据《行政许可法》第 14 条第 2 款的规定，决定予以保留并设定行政许可，这些项目中，就包括外国人入境就业许可等，授权省级及其授权的地（市）级人民政府劳动保障行政主管部门进行。

证》并取得《外国专家来华工作许可证》的情况。该管理规定第9条规定："凡符合下列条件之一的外国人可免办就业许可和就业证：（一）由我国政府直接出资聘请的外籍专业技术和管理人员，或由国家机关和事业单位出资聘请，具有本国或国际权威技术管理部门或行业协会确认的高级技术职称或特殊技能资格证书的外籍专业技术和管理人员，并持有外国专家局签发的《外国专家证》的外国人；（二）持有《外国人在中华人民共和国从事海上石油作业工作准证》从事海上石油作业、不需登陆、有特殊技能的外籍劳务人员；（三）经文化部批准持《临时营业演出许可证》进行营业性文艺演出的外国人。"其中第（二）（三）项情形一般不涉及劳动关系纠纷，因此，司法解释未进行规定。持有《外国专家证》的外国人，根据2004年9月30日国家外国专家局颁布的《外国专家来华工作许可办理规定》，还需办理《外国专家来华工作许可证》。已经持有上述两证的外国专家，不需要再办理相应的外国人就业许可手续，即可取得在中国境内合法劳动者资格。但2015年12月31日，国务院审改办决定将"外国人入境就业许可"和"外国专家来华工作许可"整合为"外国人来华工作许可"。2017年4月1日起，全国统一实施外国人来华工作许可制度，发放《外国人工作许可通知》和《外国人工作许可证》（由人力资源社会保障部和国家外专局联合印制），来华工作外国人凭《外国人工作许可通知》和《外国人工作许可证》办理相关签证和居留手续。现行有效期内的外国专家来华工作许可和外国人入境就业许可及相关证件继续有效。

【审判实践中应注意的问题】

一、未取得就业证件就业的法律关系认定

《外国人在中国就业管理规定》第5条规定，用人单位聘用外国人须为该外国人申请就业许可，经获准并取得《中华人民共和国外国

人就业许可证书》后方可聘用。

实践中，一些外籍人士未依法办理就业证和居留手续，有些外国人在一个单位办理了就业证，却在其他单位工作，有的持有旅游和留学签证的人在境内打工。这些未办理就业证的原因众多，有的是外国人、无国籍人本身不符合在中国内地就业的条件，或者不配合用人单位办理相关手续，有的是用人单位为逃避责任，故意不办理就业证。不少涉外用工纠纷的起因，往往是由于用人单位对企业责任及社会责任的淡漠。由于在违约经济赔偿上非法用工的成本较之合法用工要低得多，因此，有的用人单位以降低人力成本为目的聘用未办理就业证的外国人，或有意推诿协助外国人办理就业证的企业义务，致使用工双方形成的用工关系不受我国《劳动法》及《劳动合同法》的保护，借此规避出现劳动争议时企业应当承担的劳动法上的用人单位责任。更有甚者，个别用人单位本身并不具备用工主体资格，违法聘用持有就业证的外国人，导致劳动争议处理时合法就业的外国人无法享受劳动法上相关经济补偿规定的正当权利。

按照司法解释的规定，未取得相应就业证件的外国人、无国籍人不能与用人单位之间建立合法的劳动关系，因而其不能受到我国劳动法律规范的保护。但是对他们已经付出的劳动，是否能够基于民事法律确立的公平原则，获得相应的报酬，存在较大争议。有观点认为，这种情况下，即使不能认定劳动关系，不能享有我国劳动法律规范下社会保险、公积金和劳动者权益特别保护等权益，但至少应当按照劳务关系确认其应获得的劳务报酬。也有观点认为，既然就业的外国人、无国籍人未取得相应就业证件，其在我国境内的就业就是一种违法行为，其因违法行为所获报酬，不应得到法律上的认可，国家强制力不能用来保护这种违法所得。在目前法律和司法解释对此没有作出统一规定的情况下，我们认为，应当在个案中区分具体情况处理，由于用人单位在办理相关证件上负有重要的法律责任，对于那些劳动者本身确实无任何过错的情况，不应一律驳回其要求合理报酬的请求。[①] 实践中，应当引导外国人、无国籍人与用人单位签订协议，明确用人单位办理就业证等义务，在其拒不办理的情况下，通过承担相应的违约责任，避免损害就业人员的合法权益。同时应当按照相关法律法规的规定，加大对非法用工单位的惩处力度，让未依法办理就业证而雇佣外国人、无国籍人的用人单位，切实承担相应的行政责任。

二、聘用单位的资格问题

司法解释仅是从就业人员的就业资格角度对确认劳动关系进行了规定，需要注意的是，根据《外国人在中国就业管理规定》第 5 条规定，用人单位聘用外国人须为该外国人申请就业许可，经获准并取得《外国人就业许可证书》后方可聘用。也就是说，在聘用外国人就业时，单位也需要取得相应的许可证书，获得合法聘用的资格。

三、外国专家劳动关系认定

需要注意的是，对于来华工作的外国专家，按照相关规定，需要取得《外国专家证》并取得《外国人来华工作许可证》，方可与我国境内单位建立劳动关系。但是，由于我国高校人事制度改革正在进行，事业单位所涉各项制度进展情况不一，因此，对于外国专家与境内用人单位之间的法律关系，并不一定局限于劳动关系，司法解释在措辞上采取了“可以”认定为劳动关系，而不是“必然”认定为劳动关系，正是基于这一考虑，既赋予当事人建立劳动关系的权利，但对有特别法规政策规定或者当事人之间有特别约定的情形，又可以突破劳动关系认定的局限，根据具体情况作出认定。

---

① 对于这一问题，上海市高级人民法院曾经规定，考虑到如果受理国（境）外劳动者在本市单位就业而引发的劳动争议案件，等同于鼓励非法就业，因此作出了不予受理的规定。国（境）外自然人的非法就业当然不能受到《劳动法》的保护，但国（境）外自然人在我国非法就业发生的劳动权利义务争议，又确属于平等主体之间民事权利义务争议，因此，如符合《民事诉讼法》规定的起诉条件的，可作为一般民事案件，由人民法院直接受理。

四、外籍员工被境外企业派遣至中国境内工作的情况

除了司法解释规定的外国人、无国籍人与境内用人单位建立劳动关系的情形，外籍员工在境外受聘后，被派遣至境内的子公司工作时，其与子公司之间的雇佣认定问题在实践中也存在争议。一种观点认为，此类外籍员工不是设立在中国境内公司的雇员，而是该公司境外母公司的雇员，其与中国公司不存在劳动关系。另一种观点认为，此类员工虽然与境外公司建立了劳动关系，但其自身在中国公司所从事的工作与其他众多本土员工没有本质区别，不应该区别对待，而应认定他们与中国公司同样存在劳动关系。一般情况下，外籍员工与境外公司建立劳动关系在先，派至中国从事高管事务在后，假设承认其与中国公司存在劳动关系，则其与境外公司之间的法律关系的认定则会存在问题：若亦认定外籍员工与境外公司之间为劳动关系，则会发生一份劳动力受双重劳动关系保护的不合逻辑的现象；若不认定外籍员工与境外公司间的劳动关系，则又有悖于外籍员工与境外公司之间成立劳动关系的真实意思表示。因此，承认外籍员工与中国公司之间的劳动关系会使其与外国公司的关系认定存在逻辑上的两难。另外，《劳动合同法》的实施提高了对被解雇员工的保护水平，一些外籍员工一旦与境外公司发生劳动争议，会以主张自己是中国境内公司员工为由，在中国提起劳动争议之诉，以求更为优厚的保护待遇，这会给境内公司增加用工成本。鉴于以上两点考虑，在外籍员工获得了在中国就业行政许可的情况下，也不能仅仅因为外籍员工为中国境内公司工作就认定其与中国公司间存在劳动关系，而应以确认外籍员工与境外公司之间的劳动关系为妥。

也有观点提出，外籍员工被派遣至中国境内工作的情况，还有属于“独立合同人”或“自雇人士”的情况，即那些与企业之间签订合同约定在自己的工作场所利用自己的设备和雇员完成特定的工作，企业支付其报酬的工作者。按照有些国家的法律规定，这种情况下，雇主与独立合同人之间并不存在雇佣关系，企业无须向其提供工作福利，

仅须依其工作所花费的时间和工作内容来支付报酬，而健康保险和退休金计划等均须由独立合同人自行支付。一般来说，独立合同人的典型职业包括工程顾问、医生、会计、律师、股票经纪人、房地产经纪人等专业人士，以及导游、推销商、销售代表等。对于这些劳动者，不应适用旨在保障劳动者最低劳动条件的一些劳动法律法规，而是可以借鉴国外的一些成熟制度，针对劳动者的差异性实行例外制度，以解决这些外籍高级白领在中国境内寻求中国劳动法律保护，从而不当提升企业用人成本的问题。① 当然，这一制度目前在我国法律和司法解释中尚未进行规定，其能否纳入今后我国劳动关系领域法律规范范围，还需要实践的进一步探索。

五、外国人、无国籍人虽持有《外国人永久居留证》但未办理《外国人就业证》的情况

外国人、无国籍人，不属于在我国当然享有劳动权利的劳动者。在外国人、无国籍人劳动者是否符合法律、法规规定的主体资格问题上，依据《外国人在中国就业管理规定》第 8 条规定，在中国就业的外国人应持 Z 字签证（原职业签证）入境（有互免签证协议的，按协议办理），入境后取得《外国人就业证》和外国人居留证件，方可在中国境内就业。该规定第 2 条规定：“本规定所称外国人，指依照《中华人民共和国国籍法》规定不具有中国国籍的人员。本规定所称外国人在中国就业，指没有取得定居权的外国人在中国境内依法从事社会劳动并获取劳动报酬的行为。”

在司法实践中，一般以劳动者是否依法办理了《外国人就业证》等为标准来认定劳动关系，确认劳动合同的效力。在本条规定中，“外国人、无国籍人未依法取得就业证件”就包括未取得《外国人就业证》的情形。但是，若外国人、无国籍人已经取得了《外国人永久居留证》，是否还需要再办理职业签证（Z 字签证）、外国人居留证件

① 单海玲：《我国涉外劳动法律规范的弊端与矫正》，载《法学》2012 年第 4 期。

和《外国人就业证》才可以在中国境内就业呢?

依据《外国人在中国永久居留享有相关待遇的办法》规定，《外国人永久居留证》是获得在中国永久居留资格的外国人在中国境内居留的合法身份证件，可以单独使用。凡持有中国《外国人永久居留证》的外籍人员可享有待遇如：在中国就业，免办《外国人就业证》；可以《外国人永久居留证》作为有效身份证件办理参加社会保险各项手续。另依据《出境入境管理法》第48条规定，取得永久居留资格的外国人，凭永久居留证件在中国境内居留和工作，凭本人的护照和永久居留证件出境入境。因此，在外国人、无国籍人已经取得《外国人永久居留证》的情形下，外国人、无国籍人实际已经取得了合法的居留证件，进而不再需要办理职业签证（Z字签证）与《外国人就业证》，即可以在中国境内合法就业。用人单位仅以与其“建立用工关系的”外国人、无国籍人虽持有《外国人永久居留证》但未办理《外国人就业证》为由，主张与该外国人、无国籍人不存在劳动关系的，不应予以支持。但如需要进一步确认持有《外国人永久居留证》的外国人、无国籍人与用人单位是否存在劳动关系的，还应继续依据《劳动合同法》等法律、法规作出相应认定。

六、关于涉我国港澳台地区劳动关系认定问题

本条规定根据国务院行政法规变化对2013年《劳动争议司法解释(四)》第14条作了修订，涉我国港澳台地区劳动关系建立不再需要《台港澳人员就业证》。依照2013年《劳动争议司法解释（四)》第14条规定，我国港澳台地区居民未依法取得就业证件即与内地（大陆）用人单位签订劳动合同的，不认定为劳动关系。2018年7月28日，国务院印发《关于取消一批行政许可等事项的决定》（国发〔2018〕28号)，取消我国港澳台地区人员在内地（大陆）就业许可；之后，人社部印发《关于香港澳门台湾居民在内地（大陆）就业有关事项的通知》，规定2018年7月28日起，我国港澳台地区人员在内地（大陆）就业不再需要办理《台港澳人员就业证》。据此，本解释制定

中，对2013年《劳动争议司法解释（四）》第14条作出修改，删除前述涉及港澳台居民内地（大陆）用工相关内容，即通过司法解释予以明确，我国港澳台地区居民与内地（大陆）用人单位建立劳动关系，不再需要办理《台港澳人员就业证》。

关于国务院2018年《关于取消一批行政许可等事项的决定》的溯及力问题。本解释制定过程中，出现了“溯及论”和“分段论”两种意见。所谓“溯及论”，是指无论我国港澳台地区居民与用人单位签订劳动合同的时间在该决定出台前还是出台后，只要一方起诉时间在该决定出台后，均不适用2013年《劳动争议司法解释（四）》第14条关于我国港澳台地区居民就业须办理就业证的规定。这种意见有其合理性，但是从人社部门和人民法院实践出发，综合考虑劳动者和用人单位权益平衡保护、同一时段劳动者权益的平等保护、相关问题属于特殊阶段司法实践问题等因素，我们认为“分段论”更符合实践情况，更具操作性和稳妥性，也更符合司法解释时效规定的总体逻辑。劳动者未办理《台港澳人员就业证》的，以该决定施行日期（2018年7月28日）为时间节点分段，对于该决定施行以前建立的用工关系，不宜认定为劳动关系，可以认定为劳务关系，对于该决定施行以后（含当日）建立的用工关系，应当认定为劳动关系，受劳动法律保护。

【案例解读】

一、基本案情

案涉外国人系马来西亚籍。2018年5月8日，案涉外国人入职北京某软件科技公司，双方签订了期限自2018年5月8日至2021年6月30日的劳动合同，约定案涉外国人每月工资45 000元，年底另有十三薪。2018年6月28日，北京某软件科技公司为案涉外国人办理取得《外国人工作许可证》。

2019年1月9日，北京某软件科技公司工作人员向案涉外国人发送电子邮件，称“公司将关闭Q加整个业务线，公司与您签订的劳动合同将无法继续履行”，并提出三个方案以供选择，分别为协商解除劳动合同、协商变更劳动合同、解除劳动合同。2019 年 1 月 10 日，案涉外国人回复称“就个人发展而言，平面设计本人无法接受，所以不同意协商调岗”。案涉外国人在北京某软件科技公司工作至 2019 年 1 月 15 日。当日，北京某软件科技公司作出《解除劳动关系通知书》，以“劳动合同订立时所依据的客观情况发生重大变化，致使劳动合同无法继续履行，经公司与你协商，未能就变更劳动合同内容达成协议”为由，通知案涉外国人自 2019 年 1 月 16 日起解除劳动合同。北京某软件科技公司向案涉外国人支付解除劳动合同经济补偿金 25 401 元及解除劳动合同代通知金 45 000 元。

案涉外国人主张北京某软件科技公司属于违法解除劳动合同，向北京市劳动人事争议仲裁委员会申请劳动仲裁，要求北京某软件科技公司支付违法解除劳动合同赔偿金、加班费、未休年假工资等。北京市劳动人事争议仲裁委员会作出裁决，驳回案涉外国人的全部仲裁请求。案涉外国人不服该裁决，起诉至北京市海淀区人民法院。

二、裁判结果

2020 年 6 月 30 日，北京市海淀区人民法院作出判决：驳回案涉外国人的全部诉讼请求。

三、评析

本案涉及的争议焦点之一是外国人在未依法取得就业证件前，与用人单位订立劳动合同的，其效力如何认定？

我们首先来梳理一下关于外国人在我国就业的相关法律规定。其中《出境入境管理法》第 43 条规定：“外国人有下列行为之一的，属于非法就业：（一）未按照规定取得工作许可和工作类居留证件在中国境内工作的；（二）超出工作许可限定范围在中国境内工作的；（三）外国留学生违反勤工助学管理规定，超出规定的岗位范围或者时限在中国境内工作的。”《外国人在中国就业管理规定》第 2 条规定：“本规定所称外国人，指依照《中华人民共和国国籍法》规定不具有中国国籍的人员。本规定所称外国人在中国就业，指没有取得定居权的外国人在中国境内依法从事社会劳动并获取劳动报酬的行为。”第5条规定：“用人单位聘用外国人须为该外国人申请就业许可证，经获准并取得《中华人民共和国外国人就业许可证书》（以下简称许可证书）后方可聘用。”第8条第1款规定：“在中国就业的外国人应持Z字签证入境（有互免签证协议的，按协议办理），入境后取得《外国人就业证》（以下简称就业证）和外国人居留证件，方可在中国境内就业。”第9条、第10条规定了几种免办就业许可证的情形。根据以上规定，除了几类特殊人员外，未取得居留和就业许可证件的外国人，未经中国政府主管机关批准，一律不得在中国就业。此系法律的强制性规定。因此，本条第1款规定，外国人、无国籍人未依法取得就业证件即与中华人民共和国境内的用人单位签订劳动合同，当事人请求确认与用人单位存在劳动关系的，人民法院不予支持。

综合上述规定，未取得定居权的外国人未办理就业许可证在我国境内（内地）就业的与用人单位签订的劳动合同因违反法律的强制性规定而无效。根据《劳动合同法》第28条及第86条规定，劳动合同被确认无效，用人单位应当参照本单位相同或者相近岗位劳动者的劳动报酬确定外国人劳动报酬，给对方造成损害的，有过错的一方应当承担赔偿责任。

具体到本案，案涉外国人于2018年5月8日入职北京某软件科技公司时，尚未依法取得就业证件。但2018年6月28日，案涉外国人取得《外国人工作许可证》。因此，双方签订的劳动合同应分两段确认效力。其中2018年5月8日至2018年6月27日期间，案涉外国人属于未取得就业许可即就业的情形，该期间的劳动合同违反了我国法律的强制性规定，应属无效。2018年6月27日后，案涉外国人属于取得就业许可后就业的情形，该期间的劳动合同合法有效。据此，双方签订的劳动合同中，2018年5月8日至2018年6月27日期间为无效劳动合同，2018年6月28日至2021年6月30日期间为有效劳动合同。

第三十四条

劳动合同期满后，劳动者仍在原用人单位工作，原用人单位未表示异议的，视为双方同意以原条件继续履行劳动合同。一方提出终止劳动关系的，人民法院应予支持。

根据劳动合同法第十四条规定，用人单位应当与劳动者签订无固定期限劳动合同而未签订的，人民法院可以视为双方之间存在无固定期限劳动合同关系，并以原劳动合同确定双方的权利义务关系。

【条文主旨】

本条是关于劳动合同期满后未签订新的书面劳动合同情形下，双方之间形成的事实劳动关系权利义务如何确定的规定。

【条文理解】

一、制定背景

本条系在2001年《劳动争议司法解释》第16条的基础上修改制定而成，2001年《劳动争议司法解释》出台时劳动关系领域内签订劳动合同的比率非常低，事实劳动关系大量存在，劳动合同短期化现象非常严重，劳动者的合法权益无法得到充分保障。2008年《劳动合同法》实行强制订立书面劳动合同制度，否则用人单位应承担未签订书面劳动合同二倍工资的责任，劳动关系领域签订书面劳动合同的局面大为改观。目前，双方劳动合同期满后不续签书面劳动合同的情形已相对少见，但考虑到实践中仍有少量劳动合同期满后不续签书面劳动合同的情形，仍有厘清此种情形下双方权利义务之必要，因此本次司法解释清理过程中，整体保留该条款，仅将第2款的“《劳动法》第二十条之”修改为“劳动合同法第十四条”，但《劳动合同法》相对于《劳动法》，增加了应当签订无固定期限劳动合同的法定情形，以及增加了强制订立书面劳动合同、劳动合同期满用人单位不续订劳动合同需向劳动者支付经济补偿等新制度，新条文在制定背景、适用对象、法律后果等方面有非常大变化。

本条规定共分两款，第1款立足于解决劳动合同期满时双方尚不具备法定应当签订无固定期限劳动合同情形下，双方事实劳动关系中的权利义务，第2款着重于解决劳动合同期满时双方已具备应当签订无固定期限劳动合同的情形下，视为双方已存在无固定期限劳动合同关系。

二、本条第1款的主要内容

正确理解和适用本款，必须掌握五个核心问题：一是本款仅适用于劳动合同期满后双方尚不具备法定应签订无固定期限劳动合同的情形；二是对事实劳动关系中“原条件”具体范围的准确把握；三是“视为双方同意以原条件继续履行劳动合同”的，不能免除用人单位应当与劳动者签订书面劳动合同的法定责任；四是如何正确理解“一方提出终止劳动关系的，人民法院应予支持”的规定；五是当事人终止劳动关系后产生的相关法律后果。

（一）本款仅适用于劳动合同期满后双方尚不具备法定应当签订无固定期限劳动合同的情形

对照本条第2款内容，如果劳动合同期满后双方已具备《劳动合同法》第14条法定应当签订无固定期限劳动合同的条件，应首先适用本条第2款，视为双方之间存在无固定期限劳动合同关系。因此适用本款有一个前提条件，即仅限于劳动合同期满后双方尚不具备法定应当签订无固定期限劳动合同的情形。至于哪些情形具备应当签订无固定期限劳动合同的条件，将在介绍本条第2款相关内容时作详细分析。

（二）事实劳动关系中“原条件”具体范围的准确把握

实务中对“原条件”的范围包括劳动时间、工作地点、工作岗位、工资报酬、奖金、福利待遇等并没有较大争议，争议主要集中在“原条件”中是否包括原劳动合同期限。第一种观点认为，“视为双方同意以原条件继续履行劳动合同”中的“原条件”，是指事实劳动关系处理中应当按原劳动合同约定的全部条款无条件地执行，如果原劳动合同约定的期限是3年，期满后因事实劳动关系发生争议的，法院应当还按3年来确定双方劳动合同期限。第二种观点则与此不同，主张对于事实劳动关系的处理，不应当受原劳动合同期限条款的影响。因为事实劳动关系与劳动合同关系还是有区别的，当事人对新的劳动关系期限没有合意，不应一律要求当事人必须遵守原合同中所约定的期限。并且从实际履行效果分析，对劳动者和用人单位都有可能造成不利的影响。对劳动者而言，《劳动合同法》第90条规定，劳动者违反《劳动合同法》规定解除劳动合同给用人单位造成损失的应承担赔偿责任，因此如果将“原条件”包括原劳动合同约定的期限在内，反而限制了劳动者随时终止劳动关系的权利。对用人单位而言，《劳动合同法》虽然规定在合同期限内不得随意解除劳动合同，但在合同期满后，只要用人单位愿意支付经济补偿，其享有劳动合同的终止权，可以合法与劳动者终止劳动关系。如果“原条件”包括原劳动合同约定的期限，侵害了用人单位的用工自主权及劳动合同终止权，加重了用人单位负担。因此在双方对劳动合同期限缺少合意的情形下，通过司法强制力强行给劳动者和用人单位“套上”一个合同期限，对劳动者和用人单位都不是一个很好的选择，将选择权交给当事人自己行使更加合理。所以劳动合同期满后，劳动者仍在原用人单位工作，原用人单位未表示异议的，除了原劳动合同的履行期限可以灵活掌握外，其他的条件应当严格执行。

相较于上述两种观点，我们认为第二种观点更具科学性、合理性，双方利益更加平衡，本解释最终采纳了第二种观点。劳动者与用人单位均对事实劳动关系的存续与否有选择权和决定权，不受原劳动合同中关于劳动期限约定条款的限制，随时可以提出终止彼此之间的劳动关系。

（三）“视为双方同意以原条件继续履行劳动合同”的，不能免除用人单位应当与劳动者签订书面劳动合同的法定责任

因用人单位与劳动者已存在劳动合同关系，在一般情况下，为使劳动者对原劳动合同到期后是否续订有合理预期，以便提前准备再就业等，用人单位应当基于诚实信用原则在原合同到期前合理期间内通知劳动者，协商办理终止或者续订劳动合同事宜。如果用人单位按时履行相关附随义务，就不会出现“视为双方同意以原条件继续履行劳动合同”的情况。本款规定“视为双方同意以原条件继续履行劳动合同”，仅是解决合同期满后双方事实劳动关系权利义务如何确定的问题，并不能免除用人单位主动与劳动者签订书面劳动合同的法定责任，用人单位自劳动合同期满后未与劳动者续订书面劳动合同的，应当向劳动者支付未签订劳动合同2倍工资，并补订书面劳动合同；如果经用人单位书面通知，劳动者不与用人单位续订劳动合同的，用人单位应当书面通知劳动者终止劳动关系，依照有关规定支付经济补偿；如用人单位自劳动合同期满之日起满1年不与劳动者续订书面劳动合同，视为用人单位与劳动者已订立无固定期限劳动合同。

关于支付未签订劳动合同2倍工资起算时间，实务中有两种观点。第一种观点认为，仍应给予用人单位1个月的宽限期，要求用人单位在劳动合同期满后1个月内与劳动者续订书面劳动合同，超过1个月仍未订立书面劳动合同需支付未签订劳动合同2倍工资。第二种观点认为，用人单位对原劳动合同期满时和继续用工的法律后果均有预期，因此不需要给予1个月的宽限期，原劳动合同期满次日，即是用人单位应当订立劳动合同之日及承担未订立劳动合同的法律后果之日。

对此我们认为，首次签订劳动合同与续订劳动合同在预期上存在明显区别。首次签订劳动合同时，用人单位与劳动者毕竟不了解，相互之间需要一个适应、协商的过程，《劳动合同法实施条例》给予1个月的宽限期是符合客观实际需要的。而续订劳动合同情形下，相互

之间已经非常了解，用人单位对劳动合同期满后是否需要继续用工应有合理预期，用人单位基于诚实信用原则负有提前通知劳动者是否续订劳动合同的义务，故在用人单位与劳动者续订劳动合同的情形下，对劳动者的保护力度应强于首次签订劳动合同时。用人单位应在劳动合同期满前告知劳动者是否续订、以何条件续订劳动合同，若劳动者同意续订的，应在劳动合同期满前完成续订手续，无须再给予1个月的宽限期。因此我们同意上述第二种观点，认为原劳动合同期满之日，即是用人单位应当续订劳动合同之日和承担未续订法律后果之日，用人单位应从劳动合同期满之日起开始支付未续订书面劳动合同的2倍工资。

（四）如何正确理解本款“一方提出终止劳动关系的，人民法院应予支持”的规定

正确理解“一方提出终止劳动关系的，人民法院应予支持”这一规定，必须结合《劳动合同法》及本条两款内容综合理解。

1. 针对劳动合同期满后双方是否具备《劳动合同法》第14条应当签订无固定期限劳动合同的情形不同，本条两款在文字表述上存在明显差别。

第1款表述为“视为双方同意以原条件继续履行劳动合同”，而第2款则表述为“人民法院可以视为双方之间存在无固定期限劳动合同关系”。从表述差别可知，第1款情形双方仅仅是继续以“原条件”履行劳动合同，认定形成事实劳动关系，而不是新的劳动合同关系；而第2款则拟制双方存在新的无固定期限劳动合同关系，二者用语不同反映出司法解释制定者所要表达的意思存在明显区别。

2. 本款中使用“终止”而不是“解除”，这与《劳动合同法》第44条使用“劳动合同终止”一词一致，有着特殊含义。

无论是在《民法典》还是《劳动合同法》《劳动法》等相关法律中，对于“终止”和“解除”是作明确区分的，两个概念有所不同。

（1）《民法典》合同编第一分编第七章，章节名使用“合同的权利义务终止”，“解除”仅为“权利义务终止”的一种原因。再从

《民法典》第557条的规定来看，第1款使用“债权债务终止”一词，“终止”是债法上概念，适用于包括合同之债、侵权之债等所有类型的债，而第2款使用“合同解除”，仅适用于合同之债，由此可见“终止”是“解除”的上位概念。

（2）从《劳动合同法》第37条至第40条单方解除劳动合同的规定可知，均是一方出现某种情况导致劳动合同难以继续履行，另一方有保护自己利益摆脱劳动合同束缚的必要，可合法解除劳动合同。上述条文隐含了一个概念，即解除劳动合同不仅是终止权利义务的一种方式，还是一种权益救济手段，劳动合同解除是当事人行使救济权的后果。对照《劳动合同法》第44条“劳动合同终止”的情形，均是规定在一定法律事实、法定情形发生后自然终止用人单位与劳动者之间的劳动关系。因此可以看出，“终止”不包含权利救济的属性。

（3）根据《劳动合同法》第44条第1项的规定，劳动合同期满是用人单位终止劳动合同的一种法定情形，即劳动合同期满情形下用人单位享有劳动关系终止权。上文已论述劳动合同期满双方按“原条件”继续履行不包括原合同劳动期限，因此在用人单位未作意思表示之前，不应理解为用人单位自动放弃其因劳动合同期满而享有的劳动关系终止权，更不应强制剥夺用人单位劳动关系终止权。本款规定只是将用人单位依据《劳动合同法》第44条第1项的规定享有的劳动合同期满时劳动关系终止权向后作顺延处理，用人单位在劳动合同期满后终止劳动关系的，视为符合《劳动合同法》第44条第1项规定的终止情形。

（4）由于劳动合同期满后双方事实劳动关系存续期间没有新的期限约定，此时双方劳动关系类似于《民法典》第563条第2款规定的以持续履行的债务为内容的不定期合同关系，劳动关系期限可以理解为不定期状态。

综上，本款使用“终止”而不是“解除”一词，其想表达的具体含义是：前一个劳动合同期满后双方虽形成事实劳动关系，但没有期限约束，双方事实劳动关系处于不定期状态，在这个不定期状态下，当事人依据《劳动合同法》第44条第1项规定享有的劳动关系终止权延续至此，当事人结束这种不稳定的劳动关系视为符合《劳动合同法》第44条第1项规定的终止情形；期满“终止”仅是一种法定的劳动关系终止事由，不是赋予一方当事人权利救济的任意解除权，更不是权利救济产生的后果。

3. 当事人一方劳动关系终止权适用范围

本款规定虽然允许事实劳动关系一方当事人有终止劳动关系的权利，但其适用范围比较小，不适用于下列情形形成的事实劳动关系：第一，劳动者与用人单位从工作一开始就没有签订过任何书面劳动合同的情形；第二，劳动合同期满后双方具备法定应签订无固定期限劳动合同的情形是本条第2款调整对象，故不适用于劳动合同期满后双方已具备法定应当签订无固定期限劳动合同的情形。

基于以上几点分析，我们认为，“一方提出终止劳动关系的，人民法院应予支持”这一规定并非赋予事实劳动关系中用人单位任意解除权。劳动合同期满1年内，为平衡劳动者和用人单位的利益，用人单位不愿与劳动者续订书面劳动合同，提出终止劳动关系的，视为符合《劳动合同法》第44条第1项规定的终止情形，不以违法终止劳动关系论。同时该条规定适用范围非常狭窄，既不适用于从未签订书面劳动合同而形成的事实劳动关系，亦不适用于劳动合同期满后双方已具备法定应签订无固定期限劳动合同的情形；其适用范围仅限于用人单位与劳动者在前一个固定期限劳动合同到期后未续订劳动合同，且双方又不具备法定应当签订无固定期限劳动合同的情形下形成的事实劳动关系这一种情形。如仅依据字面意思将其理解为事实劳动关系中任何一方均可任意终止劳动关系是错误的。

（五）终止劳动关系后产生的相关法律后果

由于《劳动合同法》与《劳动法》相比，用人单位在劳动合同届满前有主动与劳动者签订书面劳动合同的义务，给付经济补偿的情形也有所增加，无论哪一方依据第1款终止事实劳动关系，均会产生相应的法律后果。需强调的是，此处讨论的法律后果仅指当事人根据本款规定终止劳动关系产生的法律后果，不包括当事人基于其他原因解除劳动合同的后果。

1. 用人单位主动终止劳动关系的法律后果

（1）依法支付经济补偿。《劳动合同法》第46条第5项、第44条第1项的规定，劳动合同期满后除用人单位维持或者提高劳动合同约定条件续订劳动合同，劳动者不同意续订的情形外，用人单位终止固定期限劳动合同的应支付经济补偿。用人单位依据本条第1款终止劳动关系的，视为符合《劳动合同法》第44条第1项规定的终止情形，用人单位应向劳动者支付经济补偿，补偿年限包括固定期限劳动合同的工作年限和存在事实劳动关系的工作年限。值得注意的是，用人单位在劳动合同期满时须向劳动者支付经济补偿是《劳动合同法》新增加的给付经济补偿情形，2008年1月1日《劳动合同法》实施以前是没有这方面规定的，因此如劳动者入职时间早于2008年，则应从2008年开始计算经济补偿月数。

（2）依法支付未签订书面劳动合同2倍工资。前述已分析“视为双方同意以原条件继续履行劳动合同”不能免除用人单位应当与劳动者签订书面劳动合同的法定责任，用人单位主动终止劳动关系的仍应支付未签订劳动合同2倍工资，在此不再赘述。

2. 劳动者主动终止劳动关系的法律后果

（1）劳动者无权请求用人单位支付经济补偿。劳动者主动终止双方劳动关系的，不符合《劳动合同法》第44条第1项、第46条第5项规定的应支付经济补偿的情形，故劳动者无权请求经济补偿。

（2）用人单位一般无权要求劳动者赔偿。虽然《劳动合同法》第90条规定劳动者违反《劳动合同法》规定解除劳动合同给用人单位造成损失的应承担赔偿责任，但由于上述已分析劳动合同期满后双方按“原条件”履行劳动合同不包括劳动合同期限，双方在劳动合同期满后均享有劳动关系终止权，因此劳动者不提前30日通知用人单位终止劳动关系，不属于违反《劳动合同法》第37条的情形，用人单位无权向劳动者请求赔偿。

针对一些具有特殊岗位的劳动者，如用人单位管理层核心员工、财务主管、核心技术人员等，这些员工突然离职可能会给用人单位正常生产经营秩序造成损害，从平衡劳动者与用人单位利益来说，应对这些特殊岗位的劳动者突然离职有所限制。如双方前一个固定期限劳动合同对离职准备期有约定的，可以把离职准备期约定视为“原条件”一个具体内容，用人单位可基于双方约定向劳动者请求赔偿损失。如双方前一个固定期限劳动合同对离职准备期没有约定，劳动者没有在合理期限内通知用人单位突然离职，用人单位可基于诚信原则向劳动者请求赔偿损失。

（3）用人单位仍负有依法支付未签订劳动合同2倍工资的义务。即使劳动者主动终止劳动关系，不能免除用人单位依法支付未签订劳动合同2倍工资的义务，劳动者请求用人单位支付未签订劳动合同2倍工资应予支持。

三、本条第2款的主要内容

本款是对无固定期限的劳动合同续签等问题所作的规定。规定从保护劳动者的利益出发，在用人单位应当与劳动者签订无固定期限的劳动合同而未签订时，人民法院首先应推定双方之间存在着无固定期限的劳动合同关系，权利、义务仍按原劳动合同约定的权利义务来确定。《劳动合同法》第14条把用人单位与劳动者签订无固定期限劳动合同分为“可以”“应当”“视为”三种情形，本条第2款针对的是“应当”这种情形，具体来讲即《劳动合同法》第14条第2款所列三项内容。正确理解和适用本款，必须掌握三个核心问题：一是应当订立无固定期限劳动合同的三种具体情形；二是用人单位对是否订立无固定期限劳动合同无选择权是拟制双方存在无固定期限劳动合同关系的法律基础；三是拟制双方之间存在着无固定期限劳动合同关系产生的法律后果。

（一）应当订立无固定期限劳动合同的三种情形

《劳动合同法》第14条第2款规定应当订立无固定期限劳动合同共有三种情形：（1）劳动者在该用人单位连续工作满10年的；（2）用

人单位初次实行劳动合同制度或者国有企业改制重新订立劳动合同时，劳动者在该用人单位连续工作满10年且距法定退休年龄不足10年的；（3）连续订立二次固定期限劳动合同，且劳动者没有《劳动合同法》第39条和第40条第1项、第2项规定的情形，续订劳动合同的。

1. 关于“劳动者已在该用人单位连续工作满十年的”的理解

从字面意思理解是指劳动者在同一用人单位连续不间断工作达到10年。《劳动法》也有类似规定，该法第20条规定“劳动者在同一用人单位连续工作满十年以上”应当订立无固定期限劳动合同。原劳动部《关于贯彻执行〈中华人民共和国劳动法〉若干问题的意见》第22条指出：《劳动法》第20条中的“在同一用人单位连续工作满十年以上”是指劳动者与同一用人单位签订的劳动合同的期限不间断达到10年。此后《劳动部办公厅对〈关于如何理解“同一用人单位连续工作时间”和“本单位工作年限”的请示〉的复函》（劳办发〔1996〕191号）又进一步指出：“同一用人单位连续工作时间”是指劳动者与同一用人单位保持劳动关系的时间。按照劳动法及有关配套规章的规定，劳动者患病或非因工负伤，依法享有医疗期，因此在计算“同一用人单位连续工作时间”时，不应扣除劳动者依法享有的医疗期时间。原劳动部上述两个文件虽然是对《劳动法》第20条的解答，因《劳动法》第20条的规定与《劳动合同法》第14条第2款第1项的规定核心内容相同，对《劳动合同法》第14条第2款第1项的理解可参考原劳动部上述两个文件精神。具体可理解为：不论双方劳动关系是书面劳动合同关系还是事实劳动关系，也不论劳动者中途是否存在长期休假、退出工作岗位等不在岗的情形，只要劳动者与同一用人单位连续保持劳动关系超过10年，即符合用人单位应当与劳动者签订无固定期限劳动合同的情形。

2. 关于“用人单位初次实行劳动合同制度或者国有企业改制重新订立劳动合同时，劳动者在该用人单位连续工作满十年且距法定退休年龄不足十年的”的理解

本项规定主要是针对首次实行新劳动合同制度或国有企业改制重

新订立劳动合同时，对已过就业“黄金年龄段”的劳动者适当照顾，以保护年龄较大的劳动者权益，维护社会稳定。适用本项时必须同时满足三个条件：一是签订书面劳动合同的时机要求，必须是“用人单位初次实行劳动合同制度或者国有企业改制重新订立劳动合同时”；二是工作年限要求，必须是“劳动者已在该用人单位连续工作满十年”；三是年龄要求，必须是劳动者“距法定退休年龄不足十年”。

3. 关于连续订立二次固定期限劳动合同，且劳动者没有《劳动合同法》第39条和第40条第1项、第2项规定的情形，续订劳动合同的理解

该项规定是实务中应当订立无固定期限劳动合同最常见的情形，也是分歧较大的一条规定。

（1）由于法律条文表述问题，实务中对该项规定理解存在较大分歧，主要有两种观点：

第一种观点：《劳动合同法》第14条第2款的第3项与第1项、第2项相比，多出“续订劳动合同的”这个前提条件，根据法条前后文意思应将第3项理解为：“第二次固定期限劳动合同期满后，只有在双方均同意再次续订劳动合同的前提下，除劳动者提出订立固定期限劳动合同外，应当签订无固定期限劳动合同的情形。”依据该观点，在第二次固定期限劳动合同期满后，用人单位有劳动关系终止权，对是否续订劳动合同有选择权，可以选择续订劳动合同，也可以主动终止劳动关系，只有在用人单位同意续订劳动合同的前提下，双方才应当订立无固定期限劳动合同。如果用人单位不愿意续订劳动合同的，则因为双方缺乏“续订劳动合同的”共同意思表示，即使劳动者提出要求，也不符合该条规定，劳动合同到期终止。上海地区法院持这种观点。

第二种观点：《劳动合同法》第14条第2款的规定应当作整体理解，第2款应当订立无固定期限劳动合同三种情形有一个共同的大前提：“有下列情形之一，劳动者提出或者同意续订劳动合同的，应当订立无固定期限劳动合同”，不应将第3项内容脱离该款前文的规定单

独作理解，在该款前文中有一个条件即“劳动者提出或者同意续订劳动合同的”，由此表明连续两次固定期限劳动合同期满后，只有劳动者一方对是否续订无固定期限劳动合同有选择权，用人单位没有选择权。依据该观点，第二次固定期限劳动合同期满后，用人单位无劳动关系终止权，对是否续订劳动合同无选择权，除劳动者提出订立固定期限劳动合同外，用人单位必须与劳动者签订无固定期限劳动合同。广东、浙江、北京等地法院持这种观点。

（2）因理解不同产生的法律后果区别。第二次固定期限劳动合同期满后，如果用人单位同意第三次签订劳动合同，上述两种观点均认为应当签订无固定期限劳动合同。但如果用人单位不同意续订劳动合同或者不作出续订劳动合同的意思表示时，两种理解所引起的法律责任差别明显。

首先，如果用人单位第二次固定期限劳动合同期满后不同意续订劳动合同，依据第一种观点，因用人单位享有劳动合同终止权，用人单位不属于违法解除劳动关系，不应承担违法解除劳动关系的经济赔偿责任，只需向劳动者支付经济补偿即可。而依据第二种观点，因用人单位不享有劳动合同终止权，只能被动地与劳动者签订无固定期限劳动合同，用人单位若不同意续订劳动合同则属于违法解除劳动关系，应承担违法解除劳动关系经济赔偿责任。

其次，如果用人单位第二次固定期限劳动合同期满后不作出续订劳动合同的意思表示，劳动者仍在原用人单位工作，原用人单位未表示异议的情况下，则产生是依据本条第 1 款认定双方存在事实劳动关系，还是依据本条第 2 款认定双方已存在无固定期限劳动合同关系的问题。依据第一种观点，因用人单位享有劳动合同终止权，可以不续订劳动合同，此时尚不属于应当订立无固定期限劳动合同的情形，只能依据本条第 1 款认定双方存在事实劳动关系。依据第二种观点，因用人单位不享有劳动合同终止权，必须续订劳动合同，此时已属于应当订立无固定期限劳动合同的情形，依据本条第 2 款应认定双方已存在无固定期限劳动合同关系。

按照上述分析，对《劳动合同法》第14条第2款第3项理解的不同，第二次固定期限劳动合同期满后，存在认定双方形成一般事实劳动关系还是视为双方存在无固定期限劳动合同关系的分歧，给当事人之间权利义务带来很大区别。因实务中争议较大，必须进一步调研论证，我们这里暂不给出倾向性意见。在立法机关未作出新的规定或最高人民法院作出新的司法解释之前，各地可以仍延续当地通常做法作出认定。

（二）用人单位对是否订立无固定期限劳动合同无选择权

《劳动合同法》第14条第2款规定："……有下列情形之一，劳动者提出或者同意续订、订立劳动合同的，除劳动者提出订立固定期限劳动合同外，应当订立无固定期限劳动合同……"，从该条文可以看出，一旦符合《劳动合同法》第14条第2款三种订立无固定期限劳动合同的情形时，只有在劳动者一方主动提出订立固定期限劳动合同情况下，双方才可以订立固定期限劳动合同。如果劳动者不提出订立固定期限劳动合同，用人单位不得拒绝与劳动者签订无固定期限劳动合同。正是因为用人单位对是否订立无固定期限劳动合同无选择权，在双方前一个固定期限劳动合同期满后，如劳动者仍在原用人单位工作，原用人单位未表示异议的，双方既没有签订固定期限劳动合同，又没有签订无固定期限劳动合同，在此情形下，从保障劳动关系的稳定性角度出发，将双方形成的事实劳动关系拟制为无固定期限劳动合同关系符合《劳动合同法》第14条的立法精神，同时作出这样的规定，既保护劳动者合法权益，亦不损害用人单位的合法权益。

（三）拟制双方之间存在无固定期限劳动合同关系产生的法律后果

本条第2款针对固定期限劳动合同期满后符合订立无固定期限劳动合同情形但未签订而形成的事实劳动关系，视为双方之间存在无固定期限劳动合同关系，"视为"作为法律拟制，与双方实际签订无固定期限劳动合同产生的法律效果应当相同。

1. 以原劳动合同确定双方的权利义务关系

视为双方之间存在无固定期限劳动合同关系，但毕竟双方没有签订新的劳动合同，有关权利义务仍按原劳动合同约定执行，包括劳动时间、工作地点、工作岗位、工资报酬、加班费计算基数、奖金、福利待遇等，但不包括原劳动合同期限的约定。

2. 用人单位无劳动合同任意终止权

在拟制双方已存在无固定期限劳动合同关系的情形下，用人单位应受无固定期限劳动合同约束，不再享有《劳动合同法》第44条第1项规定的劳动合同终止权，非法定事由其无权终止双方劳动关系，否则构成违法解除劳动关系，应承担违法终止劳动关系的责任。而劳动者一方根据《劳动合同法》第37条的规定，仍享有劳动合同任意终止权，但需提前30日书面通知。

3. “视为双方存在无固定期限劳动合同关系”的，不能免除用人单位应当与劳动者签订书面劳动合同的法定责任

根据《劳动合同法实施条例》第7条以及《人力资源社会保障部、最高人民法院关于联合发布第一批劳动人事争议典型案例的通知》（人社部函〔2020〕62号）第11号案例的精神，只要符合《劳动合同法》第14条第3款规定可视为双方已订立无固定期限劳动合同的情况下，用人单位即使未签订书面劳动合同，也无须再支付未签订劳动合同2倍工资，那根据本款规定视为存在无固定期限劳动合同关系后，用人单位是否还需要向劳动者支付未签订劳动合同2倍工资？对此，主要有两种观点：

第一种观点认为，应支付未签订劳动合同2倍工资。主要理由有：本款规定与《劳动合同法》第14条第3款规定在文字表述上存在区别，想表达的具体含义不同。《劳动合同法》第14条第3款表述为“视为用人单位与劳动者已订立无固定期限劳动合同”，而本款表述为“视为双方之间存在无固定期限劳动合同关系”。相较而言，《劳动合同法》第14条第3款重在表达双方已订立无固定期限劳动合同，可以理解为法律拟制双方已实际签订了劳动合同；而本款规定仅是表述双

方存在无固定期限劳动合同关系，与《劳动合同法》第14条第3款相比，本款使用“存在”而不是“订立”一词，并多了“关系”二字，因此本款仅是拟制双方存在无固定期限的事实劳动关系，本质上仍是未签订书面劳动合同，故应当支付未签订劳动合同2倍工资。

第二种观点认为，不应当再支付未签订劳动合同2倍工资。主要理由有：《劳动合同法》规定未签订书面劳动合同2倍工资是一种惩罚性赔偿，其立法目的主要是提高书面劳动合同的签订率、明晰劳动关系中双方当事人的权利义务以及促进双方签订无固定期限劳动合同，依据本条第2款视为存在无固定期限劳动合同关系后，上述三个主要立法目的已实现，劳动者合法权益已得到保护。“视为”属于法律上拟制，法律拟制是指立法者将甲事实看成是乙事实，使之发生相同的法律效果。因此双方即使未实际签订无固定期限劳动合同，“视为”应理解为双方实际签订无固定期限劳动合同，产生实际签订无固定期限劳动合同的相关法律效果。

我们认为，本款只是规定“视为双方存在无固定期限劳动合同关系”，文字表述与《劳动合同法》第14条第3款存在明显区别，本质上双方仍是没有订立书面无固定期限劳动合同的事实劳动关系。订立书面无固定期限劳动合同是《劳动合同法》规定的用人单位应履行的法定责任，在用人单位未履行该责任前提下，其应受到相应制裁，以督促用人单位尽快与劳动者签订书面劳动合同，因此我们同意上述第一种意见。至于未签订劳动合同2倍工资起算时间，与第1款规定理由相同，认为原劳动合同期满之日，即是用人单位应当续订劳动合同之日和承担未续订法律后果之日，用人单位应从劳动合同期满之日起开始支付未续订书面劳动合同的2倍工资。

【审判实践中应注意的问题】

一、本条规定条款的优先适用顺序

劳动合同期满后，劳动者仍在原用人单位工作，原用人单位未表示异议的，根据劳动合同期满时是否具备法定应当签订无固定期限劳动合同的情形不同，本条分别作了规定，有可能认定为双方成立事实劳动关系，也有可能视为双方存在无固定期限劳动合同关系。因此实务中，应首先对劳动合同期满时双方是否具备法定应当签订无固定期限劳动合同情形进行识别，优先适用本条第2款，只有不符合本条第2款的规定，无法视为双方存在无固定期限劳动合同关系的情形下，才可以适用本条第1款。

二、劳动合同期满后事实劳动关系存续时间满1年的劳动关系认定

劳动合同期满后，劳动者仍在原用人单位工作，原用人单位未表示异议的，符合本条第1款规定可认定存在事实劳动关系，但如果这种不签订书面劳动合同时间状态满1年，已达到《劳动合同法》第14条第3款规定的视为双方已订立无固定期限劳动合同的情形，则不属于本条第1款调整对象。

三、当事人终止符合第1款情形的事实劳动关系，应首先对当事人终止劳动关系的原因进行审查

当事人终止符合第1款情形下的事实劳动关系，其终止事由有可能是根据第1款规定终止劳动关系，也可能是根据《劳动合同法》其他规定解除劳动合同关系，因此应对当事人终止劳动关系的原因进行审查，并根据当事人终止或解除劳动关系的理由是否成立，做出相应处理。

四、前一个劳动合同约定了合同期满自动续延的处理

实务中，部分用人单位与劳动者在前一个劳动合同中作了合同期满自动续延的约定，对此我们认为本着对劳动者有利的原则，应根据劳动合同期满时双方是否具备法定应签订无固定期限劳动合同情形分别处理。如果具备法定应当签订无固定期限劳动合同情形的，应根据

本条第2款，视为双方存在无固定期限劳动合同关系；如果不具备法定应签订无固定期限劳动合同情形的，由于双方在前一个劳动合同中续延期限上有一个共同的意思表示，应视为双方重新订立了一个新的固定期限劳动合同，而不应根据本条第1款，认定双方只是存在事实劳动关系。

五、劳动合同期满而专项培训服务期未满情形的处理

实务中，有用人单位依据《劳动合同法》第22条的规定，为劳动者提供专项培训费用对劳动者进行专项技术培训，与劳动者约定服务期，若劳动合同期满而专项培训服务期未满，存在劳动者可否在劳动合同期满时终止劳动关系的问题。对此我们认为，首先，服务期本质还是劳动关系存续期间的约定，服务期与劳动合同期限约定不一致时，应认定结束日期在后的期限为劳动合同期限。其次，用人单位提供费用对劳动者进行专项技术培训，用人单位合同义务已履行完毕，服务期主要是用人单位一方的期限利益。劳动合同期满而专项培训服务期未满，劳动者不受劳动合同约束但需受专项培训协议服务期约束，劳动者若主动终止劳动关系属于违约行为，应向用人单位支付违约金。但若用人单位主动终止劳动关系，则应认定为用人单位放弃其享有的服务期权利，无权要求劳动者支付违约金。

六、订立三次以上固定期限劳动合同的处理

实务中，一些用人单位与劳动者签订三次以上固定期限劳动合同，劳动者起诉要求撤销最后一次固定期限劳动合同，并请求重新签订无固定期限劳动合同及支付未签订无固定期限劳动合同的2倍工资。对此应首先推定双方签订最后一次固定期限劳动合同时的意思表示真实，在劳动者没有证据证明其没有首先提出签订固定期限劳动合同的情形下，对劳动者的请求一般不予支持。如双方订立了三次以上固定期限劳动合同期满后，劳动者仍在原用人单位工作，原用人单位未表示异议的，因此时双方已符合订立无固定期限劳动合同的条件，故应适用

本条第2款规定，视为双方之间存在无固定期限劳动合同关系。

【案例解读】

一、基本案情

钟某某于2015年8月10日入职中山市某服饰公司，签订了一份期限自2015年8月10日至2016年7月9日的劳动合同。该劳动合同期满，双方未再续订书面劳动合同，但钟某某一直工作至2017年6月29日。中山市某服饰公司未发放钟某某2017年6月工资。钟某某2016年8月至2017年5月期间月平均工资为4884.51元。2017年7月3日，钟某某向劳动仲裁机构申请仲裁，劳动仲裁机构裁决中山市某服饰公司支付钟某某2017年6月工资4500.72元、2016年8月9日至2017年6月30日期间的未签订劳动合同2倍工资差额53 489.92元。中山市某服饰公司诉至一审法院，请求判决其无须支付未签订劳动合同2倍工资。

二、裁判结果

经广东省中山市中级人民法院二审裁判，驳回了中山市某服饰公司无须支付未签订劳动合同2倍工资的诉讼请求。

三、评析

本案是一起固定期限劳动合同期满后形成事实劳动关系的典型案件。社会生活中，一些劳动者与用人单位之间原先存在固定期限劳动合同，当劳动合同期满后，双方因种种原因未正式续签劳动合同，但劳动者仍然在原单位工作，用人单位未表示异议，形成后续的事实劳动关系。按劳动合同期满时双方是否具备应当签订无固定期限劳动合同情形的不同，当事人之间有可能形成事实劳动关系，也有可能被视为存在无固定期限劳动合同关系。

如果劳动合同期满后双方不具备《劳动合同法》第14条第2款规定的应当签订无固定期限劳动合同的情形，则双方建立的仅是一般事实劳动关系，视为双方同意以原条件继续履行劳动合同。此处的“原条件”应理解为：以前一个固定期限劳动合同中约定的劳动时间、工作地点、工作岗位、工资报酬、加班费计算基数、奖金、福利待遇等等确定双方权利义务，但不包括原劳动合同中关于期限的约定。虽然是“视为双方同意以原条件继续履行劳动合同”，但不能免除用人单位应当与劳动者签订书面劳动合同的法定责任，且原劳动合同期满之日即是用人单位应当续订劳动合同之日和承担未续订法律后果之日，用人单位应从劳动合同期满之日起开始支付未续订书面劳动合同的2倍工资。由于双方形成的事实劳动关系不存在期限约定，双方均不须受合同期限的约束，用人单位在劳动合同期满后终止劳动关系的，视为符合《劳动合同法》第44条第1项规定的终止情形。此种类型事实劳动关系虽然任何一方都可以随时终止，但主动提出解除劳动合同的一方，仍需承担相应的法律后果。如用人单位主动终止劳动关系，其需要依法向劳动者支付解除劳动合同经济补偿、依法支付未签订劳动合同2倍工资；如劳动者主动终止劳动关系，则劳动者无权请求用人单位支付解除劳动合同经济补偿，但可以请求用人单位依法支付未签订劳动合同2倍工资。

如果劳动合同期满后双方已具备《劳动合同法》第14条第2款规定的应当签订无固定期限劳动合同的情形，则应视为双方之间存在无固定期限劳动合同关系，且“存在”无固定期限劳动合同关系的起始时间是双方前一个劳动合同期满时。因“视为”属于法律上拟制，与双方已签订无固定期限劳动合同产生的法律后果相同。双方需以原劳动合同中相关约定确定无固定期限劳动合同的权利义务关系。用人单位因受无固定期限劳动合同的约束，其不享有任意终止双方劳动关系的权利，但因为已视为双方存在无固定期限劳动合同，用人单位可以不承担支付未签订书面劳动合同2倍工资的责任。

本案中，中山市某服饰公司与钟某某签订的劳动合同期限为2015年8月10日至2016年7月9日，劳动合同期满后钟某某一直继续在中山市某服饰公司工作，中山市某服饰公司未提出异议。因双方仅签订过一次固定期限的劳动合同，故劳动合同期满时不属于《劳动合同法》第14条第2款规定的应当签订无固定期限劳动合同的情形，视为双方同意以原条件继续履行劳动合同。2017年6月末，钟某某主动从中山市某服饰公司离职，其离职时无权请求用人单位支付解除劳动合同经济补偿金，但有权请求用人单位支付劳动合同期满一个月后未签订劳动合同的2倍工资，法院最终对钟某某未签订劳动合同2倍工资的请求予以支持。

第三十五条

劳动者与用人单位就解除或者终止劳动合同办理相关手续、支付工资报酬、加班费、经济补偿或者赔偿金等达成的协议，不违反法律、行政法规的强制性规定，且不存在欺诈、胁迫或者乘人之危情形的，应当认定有效。

前款协议存在重大误解或者显失公平情形，当事人请求撤销的，人民法院应予支持。

【条文主旨】

本条是关于劳动者和用人单位解除或终止劳动合同时达成协议的效力规定。

【条文理解】

劳动者请求确认其与用人单位就解除或终止劳动合同达成的协议无效或者可撤销，要求用人单位依照劳动法律规定履行支付超出协议约定款项义务的，系实务中常发、多发的劳动争议类型纠纷。对于此类争议处理，实务中存在以下观点分歧：

观点一：此类协议属于普通民事合同，根据契约自由原则，不应支持劳动者超出协议以外的请求。该观点认为劳资双方由于不再系为了缔结劳动合同而签订协议，双方在协商协议内容时主体地位平等，相关协议只要符合我国民事法律规定的民事法律行为有效构成要件[①]，应受法律保护，劳动者不得超出协议约定范围要求用人单位承担义务。

观点二：此类协议属于劳动合同，基于社会法属性，应当从严把握此类协议效力或从宽认定可撤销情形，应支持劳动者按照劳动法律规定请求超出协议的款项差额。该观点认为签订此类协议时，劳动者在社会经济地位、法律认知、运用能力以及谈判心理等方面，相对处于弱势地位，很难有讨价还价能力和余地，故应尽量运用无效制度否认其法律效力，或者适用可变更、可撤销制度对协议内容进行修正。

观点三：此类协议属于劳动合同后合同权利义务协议，兼具社会法和私法属性，应依照劳动法律和民事法律效力规则建立折衷、适度的效力规则，既突出劳动者劳动法基准权益保护，又依法认可双方就解除或终止劳动合同权利义务的意思安排，鼓励和促进劳资双方依法通过和解方式解决纠纷。

本条规定采纳观点三意见，依照《劳动合同法》《民法典》相关规定确立劳动合同解除或终止协议效力规则。

一、本条关于解除或终止劳动合同协议效力规定的内容

协议效力是指法律赋予当事人合意的约束力。根据条文表述，本条对于解除或终止劳动合同协议作出区分性规定。

1. 有效情形。本条规定“不违反法律、行政法规的强制性规定，且不存在欺诈、胁迫或者乘人之危情形”的协议有效，即必须同时满足“不违反法律、行政法规的强制性规定”以及“不存在欺诈、胁迫或者乘人之危情形”条件。从法理逻辑上看，前者体现强制性规定所蕴含的公共政策对私法主体独立意思的干预，后者则是审查是否存在当事人意思自由欠缺情形。

2. 无效情形。根据本条规定反向解释，“违反法律、行政法规的

---

① 《民法典》第143条规定：“具备下列条件的民事法律行为有效：（一）行为人具有相应的民事行为能力；（二）意思表示真实；（三）不违反法律、行政法规的强制性规定，不违背公序良俗。”

强制性规定”或者“存在欺诈、胁迫、乘人之危情形”的协议无效，该规定与《劳动合同法》第 26 条第 1 款[①]第 1、3 项规定相符。

3. 可撤销情形。根据本条规定，协议存在重大误解或者显失公平情形时当事人可申请撤销。

二、本条关于解除或终止劳动合同协议效力规定与民事协议效力规定差异

《民法典》实施后，包括《民法通则》《民法总则》等在内的九部法律同时废止。《民法典》第一编第六章第三节第 143 ~ 157 条对民事法律行为的效力作了规范，对比《民法典》相关规定与本条规定，二者存在以下差异：

1. 《民法典》规定欺诈、胁迫情形为可撤销情形，本条规定为无效情形。根据《民法典》第 148 ~ 151 条[②]规定，一方以欺诈手段，使对方在违背真实意思的情况下实施的民事法律行为；第三人实施欺诈行为，使一方在违背真实意思的情况下实施的民事法律行为；一方或者第三人以胁迫手段，使对方在违背真实意思的情况下实施的民事法律行为，均为可撤销情形。本条依据《劳动合同法》第 26 条规定将欺诈、胁迫规定为无效情形。《劳动合同法》规定欺诈、胁迫无效规

---

① 《劳动合同法》第 26 条第 1 款规定：“下列劳动合同无效或者部分无效：（一）以欺诈、胁迫的手段或者乘人之危，使对方在违背真实意思的情况下订立或者变更劳动合同的；（二）用人单位免除自己的法定责任、排除劳动者权利的；（三）违反法律、行政法规强制性规定的。”

② 《民法典》第 148 条规定：“一方以欺诈手段，使对方在违背真实意思的情况下实施的民事法律行为，受欺诈方有权请求人民法院或者仲裁机构予以撤销。”第 149 条规定：“第三人实施欺诈行为，使一方在违背真实意思的情况下实施的民事法律行为，对方知道或者应当知道该欺诈行为的，受欺诈方有权请求人民法院或者仲裁机构予以撤销。”第 150 条规定：“一方或者第三人以胁迫手段，使对方在违背真实意思的情况下实施的民事法律行为，受胁迫方有权请求人民法院或者仲裁机构予以撤销。”第 151 条规定：“一方利用对方处于危困状态、缺乏判断能力等情形，致使民事法律行为成立时显失公平的，受损害方有权请求人民法院或者仲裁机构予以撤销。”

则显然是承继了《民法通则》第58条第1款第3项[①]以及第59条第1款第1、2项[②]规定内容。就欺诈、胁迫手段签订的民事协议，1999年10月1日起施行的《合同法》第54条第2款[③]已修改确定为可变更或者可撤销合同，但是，2007年6月通过的《劳动合同法》并未采纳《合同法》修改意见，继续延续《民法通则》的相关规定。

2.《民法典》第151条[④]将显失公平确定为可撤销情形，《民法典》的立法模式与罗马法以来的大陆法系各国有关暴利行为所采取的做法较为一致。[⑤] 本条秉承分立传统，将“乘人之危”确定为无效情形，将“显失公平”确定为可撤销情形，亦体现对于协议效力实行较强干预。

---

① 根据《民法通则》第58条第1款第3规定，一方以欺诈、胁迫的手段或者乘人之危，使对方在违背真实意思的情况下所为的民事行为无效。

② 《民法通则》第59条第1款第1、2项规定：“下列民事行为，一方有权请求人民法院或者仲裁机关予以变更或者撤销：（一）行为人对行为内容有重大误解的；（二）显失公平的。”

③ 《合同法》第54条第2款规定：“一方以欺诈、胁迫的手段或者乘人之危，使对方在违背真实意思的情况下订立的合同，受损害方有权请求人民法院或者仲裁机构变更或者撤销。”

④ 《民法典》第151条规定：“一方利用对方处于危困状态、缺乏判断能力等情形，致使民事法律行为成立时显失公平的，受损害方有权请求人民法院或者仲裁机构予以撤销。”

⑤ 罗马法早期奉行严格的形式主义和自由主义，合同只要当事人履行规定仪式即具有法律效力，买卖价金听任市场竞争决定，并不存在暴利行为概念和规制问题。到了罗马帝国后期，在道德、哲学及神学的影响下，优帝法典创制了“短少逾半规则”，亦即于买卖价金少于标的物价值之半时，出卖人得解除契约，返还价金，而请求返还标的物。但他方面，买受人亦得补足全部标的物之价值，而维持买卖契约。不过“短少逾半规则”仅适用于土地买卖。《法国民法典》第1118条将罗马法“短少逾半规则”予以承继，将其称为合同损害规则。德国将所谓暴利行为视为违反公序良俗的一种具体情形。《德国民法典》第138条第1款规定，违反善良风俗者的法律行为无效；第2款规定，法律行为系乘他人穷困、无经验、缺乏判断能力或意志薄弱，使其为对自己或第三人的给付作财产上的利益的约定或担保，而此种财产上的利益比之于给付，显然为不相称者，该法律行为无效。《德国民法典》之后的各大陆法系国家或者地区的立法多将暴利行为作为违反公序良俗行为而无效或者可撤销的一种类型而加以规定，而将乘人之危列为导致暴利行为的法定原因之一。参见尹田：《乘人之危与显失公平行为的性质及其立法安排》，载《绍兴文理学院学报（哲学社会科学版）》2009年第2期。

三、关于影响效力情形的理解适用

虽然本条规定了有别于民事协议的效力规则，但对于影响效力情形的认定具有同质性和包容性。解除或终止劳动合同协议作为双方当事人作出的意思自治安排，其首先隶属于民事协议，应依照民事法律规定的构成要件对协议影响效力情形进行审查判定；其次，因协议根源于劳动合同，属于劳动合同的后合同权利义务，在协议影响效力情形认定时应同时受劳动法律规范约束。

（一）关于违反法律、行政法规强制性规定的理解

从本条条文表述来看，国家法律对劳动者和用人单位独立意思的干预与普通民事协议并无区别。我国民事立法和司法关于协议“违反法律、行政法规强制性规定”认定判断标准历经以下三个演进和完善阶段：

1. 合同三法并存以及《民法通则》阶段。在改革开放和市场经济发展初期，我国实行三部合同法并存模式且均确定违法合同无效原则。[①]《民法通则》第58条第1款第5项亦规定违反法律或者社会公共利益的民事行为无效。此阶段实行违法即无效的强管制原则。

2. 统一合同法阶段。《合同法》第52条第5项规定违反法律、行政法规强制性规定的合同无效，将无效情形限定于违反强制性规定。《最高人民法院关于适用〈中华人民共和国合同法〉若干问题的解释（一）》（已废止）和《最高人民法院关于适用〈中华人民共和国合同法〉若干问题的解释（二）》（已废止）严格了导致合同无效的“强制性规定”的法律位阶，明确将“地方性法规”“规章”排除在外以

---

① 1982年7月1日起施行的《经济合同法》（已失效）第7条第1款第1项规定违反法律和国家政策、计划的合同无效；1985年7月1日起施行的《涉外经济合同法》（已失效）第9条规定，违反中华人民共和国法律或者社会公共利益的合同无效。合同中的条款违反中华人民共和国法律或者社会公共利益的，经当事人协商同意予以取消或者改正后，不影响合同的效力。1987年11月1日起施行的《技术合同法》（已失效）第21条第1款第1项规定违反法律、法规或者损害国家利益、社会公共利益的技术合同无效。

及明确导致合同无效的仅限于“效力性强制性规定”①。

3.《民法总则》及《民法典》阶段。《民法总则》② 和《全国法院民商事审判工作会议纪要》③ 改变了此前的形式审查原则，引入了是否违反公序良俗作为判断是否导致无效的强制性规定的实质性审查标准。《民法典》延续《民法总则》规定的内容。从以上规则演变可以看出，法律、行政法规对合同效力的影响经历了从违反即无效的一概无效处理原则，到区分评价，并最终引入是否违反公序良俗实质性评价标准的演变。

根据实质性评判原则，法律、行政法规强制性规定对于包括合同在内的民事法律行为效力影响并非一成不变，其影响程度需要在对法律、行政法规进行规范解释的基础上，结合个案，更多关注裁判是否符合社会主义核心价值观、是否影响社会稳定发展基本秩序和主流价值观、裁判效果是否公平、裁判确定的利益是否失衡、裁判的社会公

① 《最高人民法院关于适用〈中华人民共和国合同法〉若干问题的解释（一）》（已废止）第4条规定：“合同法实施以后，人民法院确认合同无效，应当以全国人大及其常委会制定的法律和国务院制定的行政法规为依据，不得以地方性法规、行政规章为依据。”《最高人民法院关于适用〈中华人民共和国合同法〉若干问题的解释（二）》（已废止）第14条规定：“合同法第五十二条第（五）项规定的强制性规定，是指效力性强制性规定。”

② 《民法总则》第153条规定：“违反法律、行政法规的强制性规定的民事法律行为无效，但是该强制性规定不导致该民事法律行为无效的除外。违背公序良俗的民事法律行为无效。”

③ 《全国法院民商事审判工作会议纪要》第30条规定：“人民法院在审理合同纠纷案件时，要依据《民法总则》第153条第1款和合同法司法解释（二）第14条的规定慎重判断‘强制性规定’的性质，特别是要在考量强制性规定所保护的法益类型、违法行为的法律后果以及交易安全保护等因素的基础上认定其性质，并在裁判文书中充分说明理由。下列强制性规定，应当认定为‘效力性强制性规定’：强制性规定涉及金融安全、市场秩序、国家宏观政策等公序良俗的；交易标的禁止买卖的，如禁止人体器官、毒品、枪支等买卖；违反特许经营规定的，如场外配资合同；交易方式严重违法的，如违反招投标等竞争性缔约方式订立的合同；交易场所违法的，如在批准的交易场所之外进行期货交易。关于经营范围、交易时间、交易数量等行政管理性质的强制性规定，一般应当认定为‘管理性强制性规定’。”第31条规定：“违反规章一般情况下不影响合同效力，但该规章的内容涉及金融安全、市场秩序、国家宏观政策等公序良俗的，应当认定合同无效。人民法院在认定规章是否涉及公序良俗时，要在考察规范对象基础上，兼顾监管强度、交易安全保护以及社会影响等方面进行慎重考量，并在裁判文书中进行充分说理。”

众接受度、当事人行为是否符合诚实信用要求等。应当注意追求优先于私法上的自由更重要的价值是确定影响合同效力强制性规范的原则性前提。将规范确定为影响效力的强制性规范，其法律后果是对合同自由的限制，必须要有充足理由。① 对于劳动合同解除或终止协议是否违反“法律、行政法规强制性规定”亦应坚持上述实质审查原则。

（二）关于欺诈、胁迫或者乘人之危理解的适用

欺诈，是指以使人发生错误认识为目的的恶意行为。适用时应注意审查用人单位是否具有欺诈故意，即是否具有明知自己行为会使劳动者陷入错误认识，并且希望这种结果发生的心理状态；用人单位是否具有欺诈行为，即是否具有使劳动者陷于错误而虚构、变更或隐瞒事实的作为或不作为行为；劳动者是否因受欺诈而陷于错误以及是否因错误认识而作出不真实的意思表示。

胁迫，是指行为人通过威胁、恐吓等不法手段，以某种现实或将来的危害对他人思想上施加强制，使他人陷入恐惧并基于恐惧作出有违自由意志的意思表示。适用时应注意审查用人单位是否实施了违法的胁迫行为（包括人身胁迫、心理胁迫等类型）并足以让劳动者产生恐惧；用人单位主观上是否具有故意；劳动者是否因受胁迫而作出违背自己真实意愿的意思表示。如果劳动者受到胁迫但不为之所动，在协议中并未作出违背真实意愿的意思表示，则不构成胁迫。

乘人之危，是指一方当事人利用对方当事人的危难处境或紧迫需要，为牟取不正当利益，迫使对方作出非真实意愿的意思表示行为。适用时应当注意审查劳动者是否在签订协议之时陷于危难处境（指处于急欲避免或解除重大不利的状态，如身患重病、被人追债、生意应急等急需用钱的情形）；用人单位是否故意利用劳动者危难处境提出苛刻的条件以牟取不正当利益；劳动者是否迫于自己的危难处境接受了极为苛刻的条件而蒙受重大损失（通常表现为财产损失，有时也表

---

① 耿林：《强制规范与合同效力——以合同法第52条第5项为中心》，中国民主法制出版社2009年版，第85～86页。

现为其他利益损失，如人身损失或人格利益损失）。如果用人单位不知道对方处于危难或急迫状态，即便讨价还价中获利超常也不能认定为乘人之危，至多只能认定构成显失公平。

（三）关于重大误解与显失公平的理解适用

重大误解，是指误解人作出意思表示时，对涉及合同法律效果的重要事项存在着认识上的显著缺陷，其后果是使误解人受到较大损失，以至于根本达不到缔约目的。在适用时应当注意审查劳动者是否存在认识上的误解，如劳动法律意识缺乏或者因语言差异、地域差距等原因导致对协议内容存在误解。

显失公平，是指双方当事人的权利义务明显不对等，使一方遭受重大不利。在适用时应当注意审查双方权利义务是否明显不对等，而且这种不对等违反公平原则，超过了法律允许的限度，且不属于因欺诈、胁迫、乘人之危等无效原因所致。

【审判实践中应注意的问题】

一、最低工资规范对协议效力的影响

最低工资保障制度是我国一项劳动和社会保障制度，是为了保护劳动者基本生活，规定劳动者法定或约定工作时间正常提供劳动，用人单位应支付的最低劳动报酬，其组成不包含延长工作时间工资、特殊津贴以及法律、法规和国家规定的劳动者福利待遇等。《劳动法》第 48 条规定了最低工资保障制度。[①] 从规范所保护的法益来看，最低工资标准制度是为了维持劳动者个人及其家庭成员基本生活而规定劳

① 《劳动法》第 48 条规定：国家实行最低工资保障制度。最低工资的具体标准由省、自治区、直辖市人民政府规定，报国务院备案。用人单位支付劳动者的工资不得低于当地最低工资标准。

动者在正常劳动中应当领取的最低劳动报酬[①]，有利于防止用人单位利用优势地位强迫或者变相强迫劳动者订立难以维持劳动者基本生活的劳动合同，具有强烈的保护劳动者基本生存权利的目的。由此可见，最低工资强制性规范具有保护劳动者生存权、健康权的立法目的，其价值次序优先于合同自由。实务中，可以将当事人的意思解释为双方当事人是依照最低工资标准约定，即按照法定最低工资标准补足款项差额，这样既在最低工资标准规范容忍范畴内又更接近双方当事人订立协议时的真实意思表示，而且有利于促使当事人在合同解除或终止后通过协商解决纠纷，提高纠纷处理效率。

二、加班工资规范对协议效力的影响

加班费是指劳动者按照用人单位生产和工作需要，在规定工作时间之外继续生产劳动或者工作所获得的劳动报酬。《劳动法》第 44 条规定了加班费计算标准。[②]《劳动合同法》第 31 条规定了用人单位不得强迫或者变相强迫劳动者加班以及按照国家有关规定向劳动者支付加班费。[③] 对于加班费的计算基数，国家层级法律并无明确规定，一般由地方性规范予以规定。总体来说，允许用人单位和劳动者对加班费计算基数作出约定，约定的标准原则上应为员工每月的固定工资收入，在实行结构工资制的企业，应包括基本工资和岗位工资。对于奖金和津贴、补贴等福利，可以约定不纳入加班费计算基数。

标准工作时间以外延长劳动者工作时间以及休息日、法定休假日安排劳动者工作，占用了劳动者休息时间，高于正常工作时间支付工

① 全国人大常委会法制工作委员会编著：《中华人民共和国劳动合同法解读》，中国法制出版社 2007 年版，第 61～62 页。

② 根据《劳动法》第 44 条规定，劳动者加班的，应当按照以下法定的标准支付加班费：在标准工作日内安排劳动者延长工作时间的，支付不低于工资的 150% 的工资报酬；休息日安排劳动者工作又不能安排补休的，支付不低于工资的 200% 的工资报酬；法定休假日安排劳动者工作的，支付不低于 300% 的工资报酬。

③《劳动合同法》第 31 条规定："用人单位应当严格执行劳动定额标准，不得强迫或者变相强迫劳动者加班。用人单位安排加班的，应当按照国家有关规定向劳动者支付加班费。"

资报酬是《劳动法》对此采取的一种限制措施。对劳动者而言，加班费是对其付出过量劳动的对价和补偿；对用人单位而言，承担支付加班费义务有利于抑制其随意延长劳动者工作时间。从相关规范表述上看，加班费规定似乎属于强制性规定。但是，从相关制度设定来看，关于加班时长限定保护的是劳动者身体健康权益，在价值评价上优先于合同自由所体现的当事人意思自治，但关于加班费计算的规定体现的是对劳动者额外加班的对价和经济性补偿，而非劳动者身体健康权，在价值评价上不具有优先于合同自由价值。由于劳动者具有放弃加班费的处分权利，劳动合同解除或终止协议约定的加班费少于法定计算标准（包括最低工资标准）并不影响协议效力。

三、解除或终止劳动合同经济补偿规范对协议效力的影响

解除或终止劳动合同经济补偿是用人单位在非劳动者主观过错情况下解除劳动合同时，为保障劳动者在离职后一段时期内生活，依法需一次性支付给劳动者补偿，其实质是用人单位依法履行对劳动者给予必要的社会保障义务，并不是惩罚性的赔偿金。《劳动合同法》第46条①、第47条②规定了经济补偿支付的情形及计算标准。在法定的情形下，劳动合同解除或终止后，用人单位应当向劳动者支付经济补

① 《劳动合同法》第46条规定："有下列情形之一的，用人单位应当向劳动者支付经济补偿：（一）劳动者依照本法第三十八条规定解除劳动合同的；（二）用人单位依照本法第三十六条规定向劳动者提出解除劳动合同并与劳动者协商一致解除劳动合同的；（三）用人单位依照本法第四十条规定解除劳动合同的；（四）用人单位依照本法第四十一条第一款规定解除劳动合同的；（五）除用人单位维持或者提高劳动合同约定条件续订劳动合同，劳动者不同意续订的情形外，依照本法第四十四条第一项规定终止固定期限劳动合同的；（六）依照本法第四十四条第四项、第五项规定终止劳动合同的；（七）法律、行政法规规定的其他情形。"

② 《劳动合同法》第47条规定："经济补偿按劳动者在本单位工作的年限，每满一年支付一个月工资的标准向劳动者支付。六个月以上不满一年的，按一年计算；不满六个月的，向劳动者支付半个月工资的经济补偿。劳动者月工资高于用人单位所在直辖市、设区的市级人民政府公布的本地区上年度职工月平均工资三倍的，向其支付经济补偿的标准按职工月平均工资三倍的数额支付，向其支付经济补偿的年限最高不超过十二年。本条所称月工资是指劳动者在劳动合同解除或者终止前十二个月的平均工资。"

偿。从这些规定“应当”表述来看，似乎也属于一种强制性规定。但是，从经济补偿制度基本价值来看，其属于用人单位弥补劳动者劳动边际递减效益[①]损失，同时也是国家要求用人单位承担社会责任，以缓减失业者焦虑情绪和生活实际困难。经济补偿的主要功能在于补偿，在价值的优先次序上，与合同自由应当处于同一位阶，协议约定的经济补偿不会影响协议效力。

四、违法解除或终止劳动合同赔偿规范对协议效力的影响

违法解除或终止劳动合同赔偿金是指用人单位违反《劳动合同法》相关规定解除或者终止劳动合同时应当向劳动者支付的赔偿。与经济补偿不同，赔偿金具有惩罚性，是一种惩罚性赔偿。《劳动合同法》第 87 条[②]规定了赔偿金计算方式。从违法解除劳动合同赔偿金规范价值来看，其立法目的在于通过提高用人单位违法解除劳动合同的成本，在一定程度上遏制用人单位违法解除或者终止劳动合同的行为，同时也是对用人单位违反法律规定侵犯劳动者权益的一种惩罚性赔偿。法律规定的双倍补偿标准金额的赔偿金包括两种性质的款项，一是给予劳动者解除或终止劳动合同补偿劳动者损失的经济补偿（一倍补偿），二是苛以用人单位违法解除或终止劳动合同而需向劳动者承担惩罚性的赔偿（另一倍补偿），以达到补偿劳动者和惩罚违法行为的双重目的。虽然违法解除或终止劳动合同赔偿金具有区别于经济补偿的违约赔偿性质，但其规范价值与经济补偿一致。

五、工伤保险待遇规范对协议效力的影响

用人单位与劳动者在解除或终止劳动合同协议中合并处理工伤保险待遇损害赔偿十分常见。一些用人单位为了尽快一次性解决工伤赔

① 具体是指为了弥补劳动者因时间流逝而产生的机会成本，包括学习新技能能力减弱、劳动技能在该用人单位的固定化而带来的沉淀成本以及再次寻找新工作的成本。

② 《劳动合同法》87 条规定：“用人单位违反本法规定解除或者终止劳动合同的，应当依照本法第四十七条规定的经济补偿标准的二倍向劳动者支付赔偿金。”

偿纠纷，在发生工伤事故后，积极促成工伤“私了”，特别是在用人单位未依法为劳动者缴纳工伤保险的情形下，大多用人单位均十分积极寻求与劳动者协商解决工伤赔偿；大多数劳动者亦不愿历经漫长的仲裁和诉讼程序，希望一次性尽快拿到补偿。但是不少劳动者签订赔偿协议后，往往又会以协议赔偿数额过低为由，请求认定协议无效或者予以撤销。根据工伤保险规定，职工遭受工伤后可以依法获得工伤医疗费、停工留薪期工资、工伤护理费；工伤致残后，能够获得一次性伤残补助金、一次性工伤医疗补助金、一次性伤残就业补助金、伤残津贴（一至六级）；因工死亡，其近亲属可以获得丧葬补助金、供养亲属抚恤金和一次性工亡补助金，上述工伤赔偿如果用人单位依法为劳动者缴纳工伤保险，则大部分款项由工伤保险基金支付，一次性伤残就业补助金和停工留薪期工资待遇由用人单位承担；如果用人单位未依法为劳动者缴纳工伤保险，则全部由用人单位承担。这些工伤赔偿主要是为了保护工伤职工治疗工伤损害的救治权，以及职工的病情稳定和确定伤残等级后的一次性和长期性的经济补偿权，从款项性质上，属于对劳动者工伤事故损害的赔偿和补偿，在规范价值的优先次序上，与合同自由应当处于同一位阶。但是，由于工伤保险待遇赔偿蕴含着对劳动者健康权保护，在审查认定欺诈、胁迫、乘人之危，或者存在重大误解、显失公平情形，其认定标准应当有别于其他款项，应当适当从宽认定，特别是实务中最为常见的工伤保险待遇赔偿“显失公平”标准的把握。有些地方为了统一法律适用，对于常见的工伤保险待遇赔偿协议，参照《最高人民法院关于适用〈中华人民共和国合同法〉若干问题的解释（二）》（已废止）第19条第2款关于“转让价格达不到交易时交易地的指导价或者市场交易价百分之七十的，一般可以视为明显不合理的低价”的规定，确定低于法定赔偿标准的70%作为认定解除或终止劳动合同工伤赔偿协议是否显失公平的标准。上述司法实务对于工伤保险待遇赔偿实现单一的客观判断标准具有参考性。不过，除工伤保险待遇赔偿以外其他性质款项应当根据法律规定的主观要件和客观要件进行严格审查认定，以促进诚实信用协商化解纠纷。

六、关于解除或终止劳动合同协议遗漏款项的处理

司法实践中，劳动者请求用人单位支付解除或终止劳动合同协议未明确包括的款项亦十分常见。对于这类争议，如果确实存在协议未明确列举的款项，且双方在协议中未约定劳动者放弃权利主张条款或约定的劳动者放弃条款不当之时，应当依法审查并支持劳动者相关请求。如果在协议中明确约定双方今后不再向对方主张任何劳动法权利或追究任何劳动法责任的弃权条款，且不存在欺诈、胁迫、乘人之危，或者重大误解、显失公平情形的，不宜再行支持劳动者相关请求。但是，如果双方仅在协议约定“任何一方不得再就双方之间的争议提起任何仲裁或诉讼”，由于诉权属于公法上的程序权利，这种权利是不得被放弃的，故放弃诉权的约定属于无效约定，劳动者依法可以主张协议中未涉及的权利。

七、关于撤销权除斥期间的限制

需要注意的是，本条规定的重大误解、显失公平情形，当事人的撤销权应当受到除斥期间的限制。《民法典》第152条[①]规定撤销权行使除斥期间，劳动者行使撤销权应当受其规制，而且除斥期间应根据民事法律行为发生时间起算。

【案例解读】

一、基本案情

2016年7月5日，李某某入职中山市某物业公司，任职保安。双

① 《民法典》第152条规定：“有下列情形之一的，撤销权消灭：（一）当事人自知道或者应当知道撤销事由之日起一年内、重大误解的当事人自知道或者应当知道撤销事由之日起九十日内没有行使撤销权；（二）当事人受胁迫，自胁迫行为终止之日起一年内没有行使撤销权；（三）当事人知道撤销事由后明确表示或者以自己的行为表明放弃撤销权。当事人自民事法律行为发生之日起五年内没有行使撤销权的，撤销权消灭。”

方签订书面劳动合同，约定工资标准为2400元/月，2019年开始，李某某多次被不同的派驻单位退回。2019年9月30日，李某某（乙方）与中山市某物业公司（甲方）签订协议书，主要内容有：双方经平等自愿协商达成如下协议：(1) 甲乙双方确认劳动关系于2019年10月10日协商一致解除。(2) 经乙方提出，甲方支付乙方2529元，该款包括8月份工资差额、9月和10月份工资、解除劳动关系经济补偿金等。收到此款后乙方确认其在职期间工资、加班费、带薪年休假工资、补偿金及所有社保住房公积金补贴等劳动报酬及其他所有费用甲方已支付完毕。(3) 本协议签订后，甲、乙双方基于劳动关系产生的全部问题和纠纷均处理完毕，乙方今后不再以任何形式和理由向甲方主张有关劳动报酬及有关补偿、赔偿……2019年10月12日，中山市某物业公司按协议书约定向李某某付款完毕。双方确认李某某工资标准为2400元/月。2019年12月，李某某申请劳动仲裁，要求中山市某物业公司支付解除劳动合同赔偿金14 400元、2019年8月至10月10日期间工资差额2818.8元。劳动争议仲裁机构裁决驳回李某某全部仲裁请求。李某某不服诉至法院。

二、裁判结果

广东省中山市第一人民法院审理认为，没有证据证明协议系李某某受胁迫、欺诈形成或存在其他无效情形，双方解除劳动关系协议有效。李某某要求重新核算其应得待遇，应视为要求撤销该协议。本案系中山市某物业公司提出双方协商一致解除劳动合同，故中山市某物业公司应向李某某支付解除劳动合同经济补偿金8400元（2400元/月×3.5个月）。李某某2019年8月、9月未正常出勤并非旷工等个人原因所致，李某某应获正常工作时间工资，一审按当地最低工资标准核算其2个月工资为3440元。扣减中山市某物业公司已支付的252.2元，中山市某物业公司在李某某离职时共应支付解除劳动合同经济补偿金及工资合计11 587.8元，而双方协议约定仅2529元，差额明显过大，显失公平，协议书应予撤销，一审判令中山市某物业公司须向李某某支付差额9058.8元。广东省中山市中级人民法院维持了一审判决结果。

三、评析

日常生活中，一些劳动者与用人单位在解除或终止劳动合同时，就支付工资报酬、加班费、经济补偿或赔偿金等达成协议，用人单位会给予劳动者一定金额的补偿，劳动者在领取补偿后又会以金额太少而要求用人单位支付差额。劳动者的诉求实质是对处分协议的效力提出异议，必须审查劳动者达成协议时意思表示是否真实、是否违反法律强制性规定。《劳动合同法》第26条规定，如存在以欺诈、胁迫的手段或者乘人之危，使对方在违背真实意思的情况下订立的劳动合同或者用人单位免除自己的法定责任、排除劳动者权利的劳动合同或者违反法律、行政法规强制性规定的劳动合同无效。用人单位与劳动者达成的解除或终止劳动关系的协议本质上仍属于一种劳动合同，只是用第二个劳动合同解除第一个劳动合同，如解除劳动关系协议存在《劳动合同法》第26条规定的情形，应认定为无效协议。值得注意的是，《劳动合同法》第26条与《民法典》中无效民事法律行为的规定存在一定区别，《民法典》中欺诈、胁迫情形属于可撤销事由而不是无效事由。由于《劳动合同法》相对于《民法典》是特别法和普通法的关系，故应优先适用《劳动合同法》的规定，如经审查认定解除劳动关系协议存在欺诈、胁迫、违反法律、行政法规强制性规定的情形，应认定为无效协议。关于重大误解、显失公平的情形，《劳动合同法》未作规定，但《民法典》规定为可撤销事由，参照《民法典》的基本原理，如协议确实存在重大误解、显失公平的情形，当事人请求撤销该协议应予支持。

本案中，法院经审查认定李某某离职时，中山市某物业公司应向李某某支付解除劳动合同经济补偿金及工资合计11 587.8元，而双方协议约定的金额仅为2529元，差额明显过大。鉴于中山市某物业公司作为用人单位相对于普通员工处于优势地位，李某某文化程度低，确实缺乏劳动法律相关经验，因此推定李某某签订协议时意思表示不真实，双方之间签订的协议显失公平，应予撤销，中山市某物业公司应向李某某支付全部工资、经济补偿金差额。

第三十六条

当事人在劳动合同或者保密协议中约定了竞业限制，但未约定解除或者终止劳动合同后给予劳动者经济补偿，劳动者履行了竞业限制义务，要求用人单位按照劳动者在劳动合同解除或者终止前十二个月平均工资的30%按月支付经济补偿的，人民法院应予支持。

前款规定的月平均工资的30%低于劳动合同履行地最低工资标准的，按照劳动合同履行地最低工资标准支付。

【条文主旨】

本条是关于劳动合同未约定竞业限制的经济补偿，劳动者履行相关竞业限制义务后，经济补偿如何计算的规定。

【条文理解】

竞业限制，又称竞业禁止，是指用人单位在劳动合同或者保密协议中，与本单位的高级管理人员、高级技术人员和其他负有保密义务的劳动者约定，在劳动合同解除或者终止后的一定期限内，不得到与本单位生产或者经营同类产品、从事同类业务有竞争关系的其他用人单位任职，也不得自己开业生产或者经营同类产品、从事同类业务。竞业限制的目的是保护用人单位的商业秘密和与知识产权相关的保密事项，这些事项与企业生存发展休戚相关，对商业秘密的保护能够合理规制市场经济，最终保护社会公共利益。本条就劳动合同或者保密协议中仅约定竞业限制未约定经济补偿金的法律效果作出了明确规定。

一、竞业限制义务的主体范围

竞业限制分为法定竞业限制和约定竞业限制。法定竞业限制，义务人的竞业限制义务直接来自法律的禁止性规定，在我国法上的表现主要是公司的董事以及高级管理人员、合伙企业的合伙人、个人投资企业的管理人等情形。法律规定此类特殊主体负有竞业限制义务的理论基础在于诚实信用原则。基于诚实信用原则，由于公司董事、高级管理人员与公司之间、合伙人与合伙企业之间、管理人与个人独资企业之间存在的特殊关系，他们应当承担忠实义务。《公司法》对董事的竞业禁止，是建立在主体之间平等的委任关系基础之上，是董事忠实义务的具体体现，其目的是防止董事的贪婪和自私行为，以保护公司利益。

从我国现行法来看，法定竞业限制主要适用于任职期间具有特定地位的主体，那么，其他劳动者在职期间是否负有法定的竞业限制义务？对此问题，《劳动法》《劳动合同法》并无明确规定。

我们认为，一般劳动者也具有竞业限制义务。

1. 在解释论立场上，一般劳动者在职期间是否负有竞业限制义务需要以现行法为基础。根据《劳动合同法》第 3 条的规定，劳动关系存续期间，劳动者与用人单位都负有依据诚实信用原则所产生的义务，这一点，与其他合同关系并无不同。在劳动者一方，主要是对用人单位的忠实义务，包括保密义务以及竞业限制义务。如果当事人在劳动合同中明确约定了在职期间的保密义务和竞业限制义务，则该义务的根源在于当事人之间的合同；如果当事人未明确约定，则该义务的根源在于依据合同解释规则对劳动合同作出的解释结论。①

《劳动合同法》第 23 条第 2 款的规定也可对该结论提供佐证。第 23 条第 2 款规定的“对负有保密义务的劳动者，用人单位可以在劳动合同或者保密协议中与劳动者约定竞业限制条款……”，这里的保密

① 参见《民法典》第 464 条。

协议或竞业限制条款并未仅仅限于劳动关系结束后，因此，保密协议或竞业限制条款所约定的期限当然可以包括在职期间。换言之，只要当事人在劳动合同中未明确排除，该义务即附着于劳动合同而自始存在。在此意义上，该竞业限制义务的根源仍应为合同义务。

2. 劳动者在职期间的竞业限制义务并非强制性义务，规范该义务的规范也并非强制性规范。所谓强制性规范，是指不允许当事人排除适用的规范。而其他劳动者在职期间的竞业限制义务并非不允许当事人约定排除，劳动合同约定排除此类义务的，法律无干涉的必要。①

3. 一般劳动者所负担的竞业限制义务与董事、高级管理人员、合伙人、个人独资企业管理人所负担的竞业限制义务在范围和程度上存在不同。根据我国现行法的规定，董事等特殊主体所负担的竞业限制义务是指不得从事与本公司、企业相竞争的业务，其原因在于董事等特殊主体基于其与公司、企业之间的关系所负担的较高的忠实义务，不作如此规定难以避免其侵害公司、企业利益。其他主体在范围上应当仅限于知悉用人单位商业秘密的劳动者，其目的是防止这些劳动者利用这些商业秘密损害用人单位的竞争利益。此外，其他主体在职期间的竞业限制义务的范围要小于董事等特殊主体所负担的竞业限制义务。

4. 由于劳动者在职期间所负担的竞业限制义务以其知悉商业秘密为条件，因此，在同业竞业情形下，特别是另为同业之第三人服务或另受雇于第三人时，应限于劳动者在第三人处所处的岗位能够使其掌握的商业秘密有用武之地，如果不论义务人处于何岗位或任何职，均一概加以禁止，显然过宽；对于兼业之禁止而言，应以不损及劳动者对所在单位的劳动义务之履行能力为限，② 即《劳动合同法》第39条所规定的，劳动者同时与其他用人单位建立劳动关系，对完成本单位的工作任务造成严重影响，或者经用人单位提出，拒不改正的，用人单位有权解除劳动合同。

---

① 参见李永明：《竞业禁止的若干问题》，载《法学研究》2002年第5期。

② 桂菊平：《竞业禁止若干法律问题研究》，载《法商研究》2001年第1期。

二、未约定经济补偿金的离职竞业限制条款的效力

与在职劳动者的竞业限制义务往往不需要当事人的明确约定或者当事人只要未明确排除，劳动合同本身即可产生不同，离职劳动者的竞业限制义务必须有当事人的明确约定，离职劳动者承担竞业限制义务应以明示为前提，其产生依据应是合法有效的竞业限制协议。当然，这并不意味着，只要当事人无明确约定，劳动者离职后即不负保密义务。劳动合同终结后，劳动者保密义务仍旧持续，即便用人单位未与劳动者签订竞业禁止协议，劳动者也应当保守用人单位的商业秘密，否则，用人单位可因此追究劳动者的侵权责任。①

离职竞业限制条款需要当事人的明确约定，原因在于，竞业限制制度涉及诸多权利的冲突。一是竞业限制所保护的用人单位的商业利益与劳动者的劳动自由权的冲突。择业自由权是市场经济条件下劳动者生存权的主要表现形式，劳动者有权在法律允许的范围内自由选择其职业和就业场所。而竞业限制制度所限制的正是劳动者的劳动自由权，并进而削弱其谋生能力，减少其就业机会，影响其生存权。二是竞业限制与鼓励人才流动的社会利益的冲突。竞业限制客观上妨碍了人才的流动尤其是高级技术人才的流动，妨碍了人才市场的竞争，降低了人才市场的竞争水平，并影响公共利益。三是劳动者劳动自由权与公平竞争的市场秩序的冲突。劳动者在离职后重新就业是其劳动自由权的表现，但是这一权利的行使在实践中会造成新的用人单位利用劳动者所掌握的原用人单位的商业秘密从事不正当竞争的结果。劳动者的劳动自由权与公平竞争的价值追求之间存在冲突。②

基于上述原因，许多国家的立法及判例都采取通过当事人约定离职竞业限制条款的方式解决多个权利之间的冲突。同时，对竞业限制条款在法律上进行规制。《劳动合同法》也不例外：一是第23条规

---

① 参见信春鹰主编：《中华人民共和国劳动合同法释义》，法律出版社2007年版。

② 郑爱青：《从英法劳动法判例看劳动法上的忠实义务与竞业限制条款——对我国〈劳动合同法〉规范竞业限制行为的思考和建议》，载《法学家》2006年第2期。

定，当事人约定解除或者终止劳动合同后，在竞业限制期限内按约按月给予劳动者经济补偿。二是第24条对竞业限制的范围作出规定，即竞业限制的主体限于用人单位的高级管理人员、高级技术人员和其他负有保密义务的人员；竞业限制的范围、地域应当以能够与用人单位形成实际竞争关系的地域为限；竞业限制必须是保护合法权益所必需；竞业限制的期间不得超过2年。

上述规定为调整离职后竞业限制条款提供了法律基础，但是，实践中存在如下问题，即当事人约定的离职后竞业限制条款未约定经济补偿，其效力应当如何认定？

对此问题，我们认为，对于未约定经济补偿金的竞业限制条款，不宜认定为无效。主要理由在于：

1. 从我国合同效力制度的发展史来看，我国法上的合同效力制度总的发展趋势是意思自治原则越来越发挥出实际效能，公序良俗原则越来越定位合理，鼓励交易原则越来越落到实处，无效的范围逐渐缩小，效力形式越来越多样化、富有弹性，有效、无效、可撤销、效力待定、未生效并存的模式渐趋完善。① 由此，对合同效力包括劳动合同效力的认定应当与此趋势保持一致。

2. 在此趋势之下，要看到，合同无效是对当事人意思自治的否定，影响交易效率，应当慎重。相应地，在能够通过其他效力形式实现法律的目的时，应当选择其他效力形式。在无效制度之内，能够通过部分无效、相对无效等制度解决问题时，应避免对该合同作出全部无效、绝对无效的判断，为合同效力的可补正、为合同向多个方向发展提供空间。

3. 具体到未约定经济补偿金的竞业限制条款的效力问题，经济补偿金是对竞业限制条款限制劳动者的劳动自由权、生存权的一种补偿。劳动者的劳动自由权、生存权与用人单位对商业秘密的权益形成冲突，为了平衡两种权益，经济补偿金就成为必需。如果竞业限制条款未约

① 崔建远：《合同法总论（上卷）》（第二版），中国人民大学出版社2011年版，第271页。

定经济补偿金或明确约定不给予经济补偿金，显然劳动者的权益将难以得到保护，不符合《劳动合同法》的规范目的。因此，在约定竞业限制的前提下，经济补偿金就自动成为合同的条款，无须当事人约定，在此意义上，也可以说，在当事人约定竞业限制条款的前提下，经济补偿金的给付具有强制性。只有如此理解，《劳动合同法》第23条中“……并约定在解除或者终止劳动合同后，在竞业限制期限内按月给予劳动者经济补偿”的规定才具规范意义。

4. 尽管经济补偿金的给付具有“强制性”，但此种强制性与《劳动合同法》第26条所规定的“强制性规定”中的强制性有所不同。经济补偿金的强制性，是指在约定离职竞业限制的前提下，必须同时给付经济补偿金。反之，当事人可以通过不订立竞业限制条款的方式排除经济补偿金的约定，这与强制性规定不允许当事人约定排除显然不同。因此，《劳动合同法》第23条关于经济补偿金的规定不属于《劳动合同法》第26条所规定的法律、行政法规的强制性规定。①

5. 从合同解释的规则及理论来看，未约定经济补偿金的竞业限制条款也不属于无效条款。一方面，根据合同法理论，合同效力的判断在合同解释之后。换言之，法院在审理合同案件时，需要首先解释合同的内容，在合同条款约定不明时，应当通过解释使之明晰；当合同条款未约定时，则应当通过解释对其补充。《民法典》第466条、第511条、第603条等诸多规定都是合同解释的具体规则。另一方面，合同解释中的目的解释要求解释者要将法律体系所蕴含的基本价值作为合同解释的重要来源，要将合同放在所处的法律体系中解释。例如，合理的、合法的和有效的意思优先规则，有利于公共利益的解释优先规则，不利于起草人的解释优先规则，特定类型条款的解释规则，根据交易惯例、误解和“法定”条款进行解释的规则，技术性术语和专

① 也有观点认为，《劳动合同法》第23条第2款第1句属于强制性规定，但不应当简单据此认定未约定经济补偿的竞业禁止协议无效。参见朱军：《未约定经济补偿对离职竞业禁止协议效力的影响——基于离职竞业禁止案例的整理与研究》，载《华东政法大学学报》2012年第1期。

门术语的解释规则，等等，这些法院所适用的判断合同含义的解释规则，实际上服务于多重目标，而当事人意思的查明并不必然是最重要的。[①] 在此意义上，通过合同解释贯彻法律体系所蕴含的价值，是合同解释的目的之一。在具体的规则上，要求解释者遵守合法性假设、有效性假设等规则要求。[②]

依据上述合同解释的规则，对未约定经济补偿金的竞业限制条款的处理即存在其他路径。首先，未约定经济补偿金的竞业限制条款，宜认定为合同必备条款不具备，应当进行补充。其次，在对合同作出补充解释时，应当遵守《劳动合同法》的规范目的和立法趣旨，即前述的无论当事人是否约定经济补偿金，都应当解释为竞业限制条款包含有经济补偿金的内容。最后，在当事人约定经济补偿金的情况下，经济补偿金依照当事人的约定判断；在未约定时，则由法官综合多种因素作出裁量。

6. 由此，就不宜认定未约定经济补偿金的竞业限制条款对劳动者不发生效力。首先，如果对劳动者不发生效力，对用人单位可能发生效力也可能不发生效力。如果对用人单位发生效力，则会导致用人单位一方面要受到竞业限制条款中的经济补偿金义务的约束（未约定经济补偿金的通过合同补充予以确定），另一方面用人单位又无合同上的权利。这显然不是一个正常的法秩序。如果对用人单位不发生效力，实质上就意味着该竞业限制条款无效，[③] 则前述关于对无效说的反驳于此仍可适用。其次，对劳动者不发生效力意味着劳动者不受竞业限制条款的约束，有权利用其获得的商业秘密。但是，如此种观点也承认的那样，劳动者如果履行了竞业限制义务，仍然有权请求经济补偿金，该经济补偿金显然是一种合同上的权利义务。那么在逻辑上就会

① Eyal Zamir, The Inverted Hierarchy of Contract Interpretation and Supplementation, Colum. L. Rev., vol. 97 (October, 1997), p. 1710–1803.

② 关于合同解释的规则，参见姜强：《合同解释的定位与方法》，清华大学2006年博士学位论文。

③ 关于合同的拘束力（约束力）与合同的效力的概念辨析，参见崔建远：《合同法总论（上卷）》（第二版），中国人民大学出版社2011年版，第256～257页。

产生这样一个结论，即该竞业限制条款是否约束劳动者取决于劳动者是否履行了竞业限制义务，这显然也不符合合同法的规则及理论。因此，妥当的结论仍应是，通过对未约定经济补偿金的竞业限制条款的补充解释，该竞业限制条款从成立时即生效，并且拘束双方当事人。

综上所述，从合同解释的规则、合同的效力制度等角度考虑，本条对未约定经济补偿金的离职竞业限制条款未规定为无效条款，而是承认其效力。同时，针对司法实践中如何确定此类竞业限制条款下的经济补偿金存在裁判不统一的现象，参考其他国家的立法例和我国的审判实践，明确规定即按照劳动者在劳动合同解除或终止前12个月平均工资的30%确定。

三、未约定经济补偿金的竞业限制纠纷的具体处理

在认定未约定经济补偿金的离职竞业限制条款有效的前提下，[①] 对相关案件应如何处理，需要区分不同情况，分别讨论。

第一种情况是本条规定的典型情形，即未约定经济补偿金，用人单位也未实际支付，劳动者依约履行了竞业限制义务，请求用人单位支付经济补偿金的，人民法院应予支持。

第二种情况是，虽然未约定经济补偿金，但用人单位实际上按照本条所规定的平均工资的30%或以上标准按月支付经济补偿金，如果用人单位请求劳动者履行竞业限制义务，或者请求劳动者承担违反竞业限制义务的违约责任的，人民法院应予支持。

第三种情况是，未约定经济补偿金，用人单位也未实际支付，劳动者未解除竞业限制条款且违反了竞业限制义务，用人单位请求劳动者承担违约责任的，人民法院应当支持。尽管双方当事人未明确约定经济补偿金，但依据前文所述理由和本条规定，经济补偿金是合同内容的一部分，由于用人单位未实际支付，也存在违约行为，应承担违约责任，劳动者同时请求按照本条规定的标准给付劳动者经济补偿金

① 需要注意的是，这里讨论的前提是除未约定经济补偿金外，该竞业限制条款不存在其他无效的理由。

的，也应予以支持。另外，根据本解释第40条的规定，用人单位并可同时请求劳动者继续履行竞业限制义务。

对于此种情形，不宜支持劳动者以履行抗辩权（先履行抗辩权或同时履行抗辩权）为理由拒绝履行竞业限制义务或免除其违约责任的主张，① 理由在于：首先，虽然此种竞业限制条款有效的逻辑结论是当事人享有履行抗辩权，但是竞业限制义务自身特征不宜适用。竞业限制义务是一种不作为义务，劳动者以履行抗辩权为理由而拒绝履行竞业限制义务的后果即劳动者有权利用其掌握的前用人单位的商业秘密从事竞业活动，劳动者一旦利用该商业秘密，往往具有不可挽回性，在不少情形下，会造成用人单位商业秘密的完全公开化。所以，支持劳动者的履行抗辩权会导致竞业限制条款的目的难以实现。其次，不支持劳动者的履行抗辩权，并不会给劳动者造成不利影响。劳动者可以依据本解释第38条的规定，在用人单位3个月未支付经济补偿金的情况下，行使解除权解除竞业限制条款，从而实现其从竞业限制条款中解脱的目的，由于解除前的经济补偿金请求权并不受影响，所以3个月的期限对劳动者而言并非过重负担。

需要进一步讨论的问题是，如果劳动者未解除合同，且未遵守竞业限制义务，例如劳动者到与用人单位具有竞争关系的其他用人单位就职，用人单位还应否支付劳动者再就业之后的经济补偿金？

我们认为，就此期间内的经济补偿金，用人单位无须支付。原因仍然是竞业禁止义务的特征所决定的。因为一旦劳动者违反竞业禁止义务，这种违约行为即难以通过其他形式补正（例如继续履行），违反该义务期间的经济补偿金给付显然不能获得相应的对价，这与积极的作为义务的履行存在不同。因此，用人单位就此期间的支付经济补偿金给付义务也应消灭。

第四种情况是，未约定经济补偿金，用人单位也未实际支付，劳动者请求用人单位支付经济补偿金，用人单位明确表示拒绝。此时劳

---

① 《民法典》第525条、第526条。通说认为，履行抗辩权的行使具有免除权利人违约责任的效果。参见崔建远主编：《合同法》，法律出版社2007年版，第131页。

动者有权解除合同。在实践中，此种解除合同的意思表示的形式宜从宽解释，明确的意思表示固然发生解除合同的效果，以其行为表示解除合同的，也应承认其解除合同的效力。

第五种情况是，未约定经济补偿金，用人单位也未实际支付且达到3个月期限，劳动者解除竞业限制条款的，应当类推适用本解释第38条的规定，确认劳动者解除竞业限制条款的效力。但竞业限制条款解除前，劳动者仍应承担违反竞业限制义务的违约责任，用人单位仍应承担继续给付经济补偿金的违约责任，合同解除不免除已经产生的违约责任。

四、经济补偿金的计算标准：劳动合同解除或终止前12个月平均工资的30%且不低于合同履行地最低工资标准

经济补偿金是为了补偿劳动者由于承担竞业限制义务而使其择业自由权以及生存权所受到的部分影响。之所以是“部分影响”，是因为竞业限制义务应当保持在合理的范围之内，超出合理范围将会构成对劳动者择业自由权、生存权的不当限制。因此，各国司法实践对竞业限制协议的法律规制都强调对其合理性的审查。《劳动合同法》第24条所规定的竞业限制的主体范围、客体范围、地域范围、期限等内容，即是对竞业限制协议合理性审查的标准。

既然竞业限制义务并非完全限制劳动者的择业自由权，因此，在当事人未明确约定经济补偿金时，以何种标准确定经济补偿金，就需要考虑经济补偿金与竞业限制之间的比例关系。亦即经济补偿金仅补偿劳动者因履行竞业限制义务所受到可得劳动收入的减少，而非其全部劳动收入。参照国内外的立法及实践，本条将经济补偿金的标准确定为劳动合同解除或终止前12个月平均工资的30%且不低于合同履行地最低工资标准。

对于该标准，需要明确的问题是，平均工资的计算标准如何确定？

关于劳动者在劳动合同解除或终止前12个月平均工资的计算标准，我们认为，应指劳动者前12个月所有收入的平均值，包括基本工

资、生活补贴、津贴、奖金、加班费等各项收入。之所以如此认定，原因在于：(1) 上述各项收入都是劳动者付出劳动所获得的对价，用于劳动力的维持及其再生产，虽然有具体项目的划分，但性质上并无二致。(2) 虽然短期来看，奖金、加班费等项收入与该劳动期内劳动者的工作表现和工作时间有较为紧密的关系，但是，由于是以劳动者12个月的平均工资收入为标准，因此，将奖金、加班费在内的收入作为劳动者工资收入的一部分更能反映劳动者的平均工资水平。(3) 将劳动者所有的收入都作为平均工资的计算依据，也有利于避免用人单位利用其优势地位，将劳动者的收入作出不合理区分，从而规避或减轻其应承担的经济补偿义务。(4) 将劳动者所有的收入都作为平均工资的计算依据，也有利于实现竞业禁止制度中经济补偿合理性原则的要求。

除此之外，鉴于我国各地、各行业之间的工资水平差异较大，本条还特别规定，如果按照上述标准计算劳动者前12个月的月平均工资的30%低于合同履行地的最低工资标准的，应以最低工资标准作为计算经济补偿金的依据。理解该标准，应注意以下几点：

1. 最低工资标准制度具有强制性，劳动合同约定的工资不得低于最低工资标准。原因在于，最低工资标准制度的立法目的是保障劳动者在劳动过程中至少领取最低的劳动报酬，维持劳动者个人及其家庭成员的基本生活。[①] 最低工资制度具有强烈的保护劳动者的基本生存权利的目的。从劳动者与用人单位的地位看，最低工资制度也是为了防止经济生活中的强者——用人单位利用其优势地位强迫或者变相强迫劳动者订立难以维持劳动者基本生活的劳动合同。从客观效果上看，最低工资制度也有利于建立公平的竞争环境，防止不正当竞争，促进相关产业以技术、管理和效率为发展动力，而非以低价劳动力为竞争优势。

2. 如果劳动合同约定的工资标准低于最低工资，根据现行法律制

① 全国人大常委会法制工作委员会行政法室编著：《中华人民共和国劳动合同法解读》，中国法制出版社2007年版，第61～62页。

度，应当认定劳动合同约定的低于最低工资标准的条款无效。从合同的履行状态来看，无论是已经履行了的劳动合同还是未履行、部分履行的劳动合同，都应当认定该合同的工资条款无效。其原因在于，在合同已经履行的情况下，如果认定合同有效，则无疑导致最低工资制度的立法目的难以实现。从后果考量，此种情形下承认合同有效，则劳动者依据《劳动合同法》第28条请求用人单位支付差额工资的请求权受到阻碍，也会与《劳动法》第91条、《劳动合同法》第85条的规定产生评价冲突。

具体到竞业限制条款的经济补偿金问题上，我们认为，最低工资也应当是一个强制性的最低标准，即在当事人未约定经济补偿金的情形下，依据本条确定的经济补偿金不得低于最低工资标准；在当事人约定经济补偿金的情形下，如果约定的经济补偿金低于最低工资标准，则低于最低工资标准的部分无效，也应依据本条规定确定经济补偿金为最低工资。原因在于，未约定经济补偿金或约定的经济补偿金低于最低工资标准的竞业限制协议的签订本身就说明，劳动者在签订该协议时处于较为弱势的地位，要么是签订劳动合同之时劳动者处于弱势地位，要么是合同解除之时劳动者为了尽快解除劳动合同签订此种协议。为了防止用人单位通过解除合同前以各种手段故意降低劳动者解除合同前的工资收入，并进而减少其经济补偿金的义务，有必要将当事人未约定经济补偿金的标准确立在最低工资标准之上。另外，竞业限制的主体是用人单位的高级管理人员、高级技术人员和其他负有保密义务的人员，这些人员往往是因为在用人单位工作多年具有较高地位并掌握用人单位的商业秘密和核心技术，工作的专业性较高，专业技能也由此特定化，由于该工作经历所形成的沉淀成本也较高。这些劳动者在短期内也很难获得其他技能在其他行业获得就业机会。因此，一旦约定竞业限制义务，对其再就业机会的限制会比较严重，对其收入的影响也比较大。基于这些原因，将竞业限制的经济补偿金限制在最低工资标准以上，也具有合理性。

还要看到，根据我国劳动和社会保障部《最低工资规定》的规定，我国最低工资标准的测算方法是以贫困户的人均生活费用支出水平为基数或以最低食物支出标准为基数计算的。这个标准，即使在近年来我国各地提高最低工资标准的背景下，仍然只能维持劳动者基本的生存条件。因此，将经济补偿金的标准确定为最低工资标准以上，并不会给用人单位造成过重负担。

3. 通过将未约定经济补偿金情形下的标准确定为最低工资标准以上，也有利于促使用人单位与劳动者进行平等协商，准确合理确定竞业限制义务的范围和经济补偿金的数额，减少未约定经济补偿金的竞业限制条款现象的发生。

综上所述，最低工资标准是竞业限制经济补偿金的强制性标准，经济补偿金低于该标准的部分无效，应适用最低工资标准确定经济补偿金的数额。

【审判实践中应注意的问题】

竞业限制期限约定超过2年的效力应如何认定

对于超过2年的竞业限制条款的效力问题，我们认为，应当认定该条款部分无效，即超出2年的期限部分无效。主要理由在于：（1）竞业限制义务对劳动者的择业自由权和生存权会产生影响，而劳动者的择业自由权和生存权在法益体系中至少不比合同自由位阶低。（2）在劳动合同关系中，劳动者与用人单位缔约谈判的能力并不均衡。（3）如果不认定超出2年期限部分的竞业限制条款无效，就难以通过其他手段达到《劳动合同法》所追求的将竞业限制期限制在合理范围内的立法目的。

当然，如果双方当事人已经履行完毕超过2年期限的竞业限制义务，劳动者请求用人单位按约定支付经济补偿金的，自然应予支持，此时已无必要以该约定违反强制性规定为由认定其无效，而应通过其他手段制裁此种违反强制性规范的行为。

【案例解读】

一、基本案情

陈某某与广东某人才服务公司2012年1月11日签订《员工保密协议》，载明："为维护甲方（广东某人才服务公司）和派往单位（中山市某电信公司）的合法权益，保守派往单位的商业秘密，增加派往单位的竞争能力，维护派往单位的信誉，达成商业秘密保护协议如下：……四、乙方（陈某某）不得有下列行为：……6.……乙方离开派往单位时，……承担不外泄露商业秘密的义务，保证二年内不从事与派往单位商业秘密有关的工作，不到与派往单位行业性质相同的单位工作，……"，《员工保密协议》未约定解除或终止劳动合同后须给予陈某某经济补偿。陈某某被派往中山市某电信公司从事宽带业务安装工作。陈某某2019年2月从广东某人才服务公司离职，前往其他公司从事电工工作。陈某某2020年2月申请劳动仲裁，请求广东某人才服务公司支付竞业限制期间经济补偿金。广东某人才服务公司抗辩称陈某某仅是一名普通员工，不掌握公司核心技术、不知悉客户信息等商业秘密，不属于法律规定的竞业限制人员范畴。《员工保密协议》未约定经济补偿，竞业限制条款无效。劳动争议仲裁机构终局裁决：广东某人才服务公司应向陈某某支付2019年2月3日至2020年2月2日期间竞业限制经济补偿金20 640元。广东某人才服务公司不服仲裁决，向广东省中山市中级人民法院申请撤销。

二、裁判结果

广东省中山市中级人民法院经审查裁定驳回广东某人才服务公司的撤销终局裁决的申请。

三、评析

本案是一起关于竞业限制协议的典型案例。竞业限制是指用人单位与劳动者在劳动合同或其他协议中约定，在劳动合同解除或终止后一定期限内，不得到与本单位生产或者经营同类产品、从事同类业务有竞争关系的其他用人单位任职，也不得自己开业生产或者经营同类产品、从事同类业务。竞业限制分为法定竞业限制和约定竞业限制。法定竞业限制由法律直接规定，如《公司法》规定公司董事、高级管理人员有法定竞业限制义务等。约定竞业限制由用人单位自行判断哪些信息属于商业秘密、哪些员工属于竞业限制范围内人员，并与之进行竞业限制约定。竞业限制在保护用人单位的商业秘密及知识产权的同时，对劳动者的自由就业权有所限制，因此在制度设计上必须平衡用人单位与劳动者之间的权益，劳动者在竞业限制期间，用人单位应给付一定金额的经济补偿。实务中，一些用人单位与劳动者签订了包含竞业限制条款的劳动合同或竞业限制协议，但未约定经济补偿金，仍应认定双方竞业限制约定有效。用人单位只要与劳动者有竞业限制约定，就可以推定劳动者工作中掌握了该用人单位商业秘密或者其他有价值的知识产权信息，劳动者负有竞业限制义务。如用人单位认为劳动者工作中没有掌握该用人单位商业秘密或者其他有价值的知识产权信息，没有竞业限制的必要，其应当主动与劳动者解除竞业限制的约定，而不能拒绝支付竞业限制经济补偿金。劳动者离职后只要履行了竞业限制义务，用人单位就有给付竞业限制经济补偿金的义务。至于劳动者是否真正掌握了用人单位商业秘密或者其他有价值的知识产权信息，裁判机构无须进行审查。

本案中，陈某某仅是一名普通员工，虽不属于法定应履行竞业限制义务的人员，但广东某人才服务公司与其签订了《员工保密协议》并约定了竞业限制条款，属于约定应履行竞业限制义务的人员。在双方存在竞业限制约定的情形下，广东某人才服务公司如认为陈某某工作中不掌握公司商业秘密，无竞业限制义务，其应当在陈某某离职时与陈某某解除竞业限制约定，而不应当由劳动者自行判断是否需遵守竞业限制。用人单位应否给付竞业限制经济补偿金，仅需审查陈某某离职后是否履行了竞业限制义务，无须审查陈某某是否掌握用人单位的商业秘密或者其他有价值的知识产权信息。陈某某离职后未从事原职务类似的工作，已按约定履行竞业限制义务，广东某人才服务公司须支付竞业限制经济补偿金。

第三十七条

当事人在劳动合同或者保密协议中约定了竞业限制和经济补偿，当事人解除劳动合同时，除另有约定外，用人单位要求劳动者履行竞业限制义务，或者劳动者履行了竞业限制义务后要求用人单位支付经济补偿的，人民法院应予支持。

【条文主旨】

本条是关于当事人约定了竞业限制和经济补偿解除劳动合同后，除另有约定外，当事人应当如何履行的规定。

【条文理解】

在实践中，竞业限制协议有多种形式，有的是劳动合同中即含有竞业限制条款，有的是在劳动合同签订的同时，用人单位与劳动者又签订一份保密协议，约定了竞业限制和经济补偿。无论何种形式，在实践中都会遇到如下问题，即劳动者或用人单位解除劳动合同时，该解除的效力是否及于竞业限制协议？对于上述问题，理论和实践中都有不同的看法，为了统一裁判尺度，本条特别对此问题作出规定。

一、竞业限制协议的形式与其独立性①

由于竞业限制协议对劳动者择业自由权和劳动权进行一定程度的限制，涉及劳动者的基本权利，因此，不少大陆法系国家都明确规定

① 由于本条规定主要解决离职竞业限制协议的问题，所以本条理解与适用如无特别说明，仅指离职竞业限制协议。

竞业限制协议应当采用书面形式，[①] 从而降低因权利义务约定不明引起劳资纠纷的可能性，避免或减少雇主权利滥用或对劳动权的损害。

《劳动合同法》第23条第2款规定，“对负有保密义务的劳动者，用人单位可以在劳动合同或者保密协议中与劳动者约定竞业限制条款……”，该表述实际上表明，竞业限制协议应以书面形式订立。结合《劳动合同法》第10条关于用人单位应订立书面劳动合同的规定、第82条关于用人单位在一定期间内未与劳动者订立书面合同应向劳动者每月支付2倍工资的规定，可以说，我国《劳动合同法》对竞业限制协议的形式要求为书面合同。但是，不能据此认为，书面形式是竞业限制协议的有效要件，[②] 在当事人未采用书面形式，但有其他证据足以证明竞业限制协议的达成时，也应予以认可。

竞业限制协议在形式上还可能表现为劳动合同条款的一部分或劳动合同的附件而非独立的协议。多数观点认为，竞业限制协议是体现在劳动合同中还是另行订立协议，对其效力并不产生影响。[③] 也有观点认为，在订立劳动合同之时即约定竞业限制，属于用人单位过早防御，有权利滥用之嫌，该约定应不发生效力。[④] 从我国《劳动合同法》的规定来看，对于后一种观点并未采纳，原因在于，无论是在订立劳

---

① 《德国商法典》第74条规定，雇主与受雇人间雇佣关系终止后，于其产业活动中对受雇人的限制（竞业禁止）合意，必须以书面为之，且雇主应将其所签署合意条款的文件交付予受雇人。《意大利民法典》第2125条针对约定竞业禁止的有效要件作了明确规定，即在约定未采用书面形式，未为提供劳务者的利益确定相应的对价，亦未确定禁止提供劳务者从事的业务范围、期限和地点的情况下，限制提供劳务者在劳动契约终止后从事与企业进行竞争的业务的约定无效。《瑞士债法典》第340条也规定，有合法资格的雇员可以与雇主订立书面契约，约定在雇佣关系终止以后不得从事与雇主竞争的行为，尤其不得从事为本人谋利益与雇主竞争的营业，或者参与该种营业，或者从该种营业中取得利益。竞业禁止仅适用于雇佣关系中雇员能够知悉的客户网络、雇主的制造或者商业上的秘密，该种知识的运用将会给雇主造成重大损害的情形。

② 关于形式要求与合同效力的关系，参见崔建远：《合同法总论（上卷）》（第二版），中国人民大学出版社2011年版，第300页。

③ 郑尚元：《员工竞业禁止研究》，载《现代法学》2007年第4期。

④ 游世贤：《劳工离职后竞业限制之研究》，我国台湾地区中正大学出版社2002年版，第23页。转引自徐阳：《劳动权保障视域下的竞业禁止法律制度研究》，吉林大学2010年博士学位论文。

动合同之时还是在劳动合同终止或解除之时订立竞业限制协议，其效力都取决于该限制协议内容的合理性和合法性，都需要根据法律进行审查。即，将竞业限制协议作为合同内容一部分在订立劳动合同之时签订的，其内容并不必然不合理从而无效；在劳动合同解除或终止之时订立竞业限制协议的，其内容也并不必然合理合法从而有效。另外，由于竞业限制的目的主要在于保护用人单位的商业秘密，将竞业限制协议作为劳动合同的一部分，有利于劳动者明确其保密义务，减少纠纷发生的可能性。

无论采取何种形式，都需要对竞业限制协议与劳动合同的关系进行讨论。一种观点认为，劳动合同与竞业限制协议是主合同与从合同的关系，根据主从合同关系理论，主合同终止，从合同便失去其存在的意义，也应当归于消灭。

从竞业限制协议的产生原因来看，劳动合同与竞业限制协议处于制约与被制约的关系，竞业限制协议的订立须以劳动合同的存在为前提，无劳动合同，竞业限制协议的存在即无意义，竞业限制协议要依赖于主合同。在此意义上，劳动合同与竞业限制协议处于主从关系。但是，要看到，即使是主从合同关系，劳动合同的消灭也并不必然导致竞业限制协议的消灭。原因在于，首先，两者的目的不同。劳动合同的目的在于确定劳动合同关系存续期间双方当事人的权利和义务，而竞业限制协议的目的主要在于规范劳动合同消灭后劳动者不得利用原用人单位的商业秘密、不得从事相竞争的行业以及用人单位的经济补偿义务。其次，两者发挥功能的时间不同，劳动合同主要在劳动关系存续期间发挥作用，而竞业限制义务主要在劳动关系消灭之后发挥功能。可见，尽管竞业限制协议的订立与劳动合同存在着依赖关系，但竞业限制协议具有相当程度的独立性。最后，即使典型的主从合同关系，在消灭上的效力也并非总是一体对待。例如，担保合同与主合同的关系中，主合同解除后，除当事人另有约定外，担保人对债务人应当承担的民事责任仍应当承担担保责任。[①] 其主要原因在于担保合同所负担的功能。因此，如果不加区分一概认为劳动合同消灭必然导致竞业限制协议消灭，在诸多情形下会导致竞业限制条款难以发挥其应有的功能。

综上，无论用人单位和劳动者将竞业限制协议作为劳动合同的一部分或附件，还是在劳动合同之外另行订立竞业限制协议，竞业限制协议都具有一定的独立性。

二、劳动合同解除与竞业限制协议效力的关系

由于竞业限制协议的目的在于规制劳动合同关系消灭后劳动者与用人单位之间有关商业秘密和竞业限制的权利义务，因此，解除劳动合同并不能产生竞业限制协议也一并解除的效果，这是本条规定的核心内容。以下结合我国劳动法上的劳动合同解除制度分别讨论。

从《劳动法》和《劳动合同法》的规定来看，我国的劳动合同解除制度可以区分为以下几种情形：

（一）协议解除

协议解除是指劳动者和用人单位就解除合同达成一致的解除。按照提出解除的当事人不同可以分为：用人单位提出解除劳动合同和劳动者提出解除劳动合同。协议解除的特点是：（1）劳动者和用人单位通过平等自愿协商的过程达成一致的，任何一方都不能强迫对方解除；（2）劳动者和用人单位都可以提出解除劳动合同的意思；（3）协商解除劳动合同可以不受劳动合同中约定的解除条件的限制，但是必须是在法律规定的范围之内。

劳动者和用人单位协议解除劳动合同的法律效果，根据发出解除要约的主体不同而不同。如果是用人单位提出解除劳动合同的，则应当向劳动者支付经济补偿金；如果是劳动者提出的，则用人单位不承担支付经济补偿金的义务。

---

① 参见《民法典》第566条第3款。

在协议解除的情形下，竞业限制协议的效力取决于双方当事人是否有明确约定，如果双方当事人明确约定解除劳动合同的同时也解除竞业限制协议，自无问题；如果双方当事人未明确约定，鉴于竞业限制协议规范的事项、时间以及其目的，应将当事人解除的意思表示解释为不包括竞业限制协议，应当认定不发生解除的效果。劳动者仍然应当承担竞业限制义务，用人单位也应当承担给付经济补偿金的义务。

（二）劳动者的单方解除

劳动者的单方解除又分为以下两种：

1. 劳动者预告解除劳动合同

根据《劳动合同法》第 37 条的规定，劳动者预告解除是指劳动者提前 30 日以书面形式通知用人单位解除合同，或者劳动者在试用期内提前 3 日通知用人单位解除劳动合同。劳动者预告解除劳动合同无须认定实质条件，只需满足提前 30 日书面通知的条件即可。[①] 劳动者预告解除劳动合同的情形下，竞业限制协议也不应因劳动合同的解除而解除，其理至明。

2. 劳动者即时解除劳动合同

劳动者即时解除劳动合同，是指在法定条件下，劳动者无须事先告知即可随时解除的情形。因为这种即时解除劳动合同，会给用人单位造成一定的影响，因此，法律严格规定了它的适用条件。主要包括下列情形：（1）用人单位未及时足额支付劳动报酬的。（2）用人单位的规章制度违反法律法规的规定，损害劳动者权益的。（3）用人单位未按照劳动合同约定提供劳动保护和劳动条件的。（4）用人单位以欺诈、胁迫的手段或者乘人之危，使劳动者在违背其真实意思的情况下订立或者变更劳动合同的。（5）用人单位以暴力、威胁或者限制人身

① 《劳动部办公厅关于劳动者解除劳动合同有关问题的复函》（劳办发〔1995〕324 号）规定："劳动者提前三十日以书面形式通知用人单位，既是解除劳动合同的程序，也是解除劳动合同的条件。劳动者提前三十日以书面形式通知用人单位，解除劳动合同，无需征得用人单位的同意。超过三十日，劳动者向用人单位提出办理解除劳动合同的手续，用人单位应予以办理。"

自由手段强迫劳动者劳动的，或者用人单位违章指挥、强令冒险作业危及劳动者人身安全的，劳动者可以立即解除劳动合同，无须事先告知用人单位。

对于劳动者行使上述解除权解除劳动合同的效力是否及于竞业限制协议，存在不同观点。一种观点认为，上述情形下是因为用人单位的原因导致劳动者被迫辞职，劳动合同关系的终止可归于用人单位，因此，在劳动者解除劳动合同后，竞业禁止协议对劳动者也失去效力。① 也有观点认为，在劳动者解除合同是可归责于用人单位的情形下，再确认竞业禁止协议的效力，很可能危及劳动者的择业权和生存权，有违公序良俗。②

本条规定未采纳上述观点，原因在于：（1）如前所述，竞业限制协议与劳动合同的功能和目的不同，前者具有一定的独立性。（2）法律赋予劳动者即时解除权的目的在于在上述情形下，劳动者的人身财产权利受到侵害，赋予劳动者的特别解除权是保护劳动者人身财产权益的一种即时手段。劳动者在解除劳动合同后，对用人单位享有的工资报酬请求权等权利并不受影响，同时，还有权要求用人单位给付经济补偿金，用人单位还要承担行政责任甚至刑事责任等。如此，一方面，用人单位的违法行为能够得到制裁；另一方面，劳动者的合法权益能够得到保障。因此，不能将劳动者所负担的由竞业限制协议所产生的竞业限制义务与用人单位在用工过程中的其他过错视为具有对应关系。两者应适用不同的制度分别调整。所以，此种情形下劳动者解除劳动合同也并不当然产生解除竞业限制协议的效力，除非当事人另行达成协议。

（三）用人单位的单方解除

用人单位的单方解除主要包括因劳动者存在过失的单方解除和劳动者不存在过失的单方解除以及经济性裁员，前两者可以称之为过失

---

① 李永明：《竞业禁止的若干问题》，载《法学研究》2002 年第 5 期。

② 徐敬云：《离职后竞业禁止协议效力的分析》，载《中国劳动》2002 年第 12 期。

性解除和非过失性解除。

1. 过失性解除

过失性解除主要指劳动者有下列情形之一的，用人单位可以解除劳动合同：（1）在试用期间被证明不符合录用条件的；（2）严重违反用人单位的规章制度的；（3）严重失职，营私舞弊，给用人单位造成重大损害的；（4）劳动者同时与其他用人单位建立劳动关系，对完成本单位的工作任务造成严重影响，或者经用人单位提出，拒不改正的；（5）以欺诈、胁迫手段或者乘人之危，使用人单位在违背真实意思的情况下订立或者变更劳动合同，致使劳动合同无效的；（6）被依法追究刑事责任的。在过失性解除的情形下，用人单位无须支付经济补偿金。

2. 非过失性解除

非过失性解除是指由于与劳动合同履行有关的一些特殊情况的发生，双方的劳动合同目的已经无法实现，虽然劳动者并没有过失，但是用人单位仍可以解除劳动合同的情形。主要包括：（1）劳动者患病或者非因工负伤，在规定的医疗期满后不能从事原工作，也不能从事由用人单位另行安排的工作的；（2）劳动者不能胜任工作，经过培训或者调整工作岗位，仍不能胜任工作的；（3）劳动合同订立时所依据的客观情况发生重大变化，致使劳动合同无法履行，经用人单位与劳动者协商，未能就变更劳动合同内容达成协议的。此种情形下的解除，用人单位需要提前30日以书面形式通知劳动者本人或者额外支付劳动者1个月工资后立即解除。此种情形下的解除，用人单位并须承担支付经济补偿金的义务。

在用人单位有过错导致劳动者解除劳动合同的情形下，竞业禁止协议并不解除，举重以明轻，在劳动者有过错或用人单位无过错的情形下，用人单位解除劳动合同当然更不当然产生解除竞业限制协议的效力，除非用人单位自愿解除竞业限制协议。

3. 经济性裁员

经济性裁员是指用人单位因为生产经营状况发生变化或其他客观

经济情况发生重大变化等经济原因而与劳动者解除劳动合同。经济性裁员主要包括以下情形：（1）依照《企业破产法》规定进行重整的；（2）生产经营发生严重困难的；（3）企业转产、重大技术革新或者经营方式调整，经变更劳动合同后，仍需裁减人员的；（4）其他因劳动合同订立时所依据的客观经济情况发生重大变化，致使劳动合同无法履行的。在此情形下解除劳动合同的，用人单位应当支付经济补偿金。

对于用人单位因经济性裁员解除劳动合同与竞业限制协议的效力问题，存在不同观点。有观点认为，因经济性裁员不能归责于劳动者，而劳动者也不具有离职的意愿及准备，一旦解除可能危及劳动者生计，此时竞业限制协议应认为失效比较合理。①

本条规定未采纳上述观点，而是认定此种情形下竞业限制协议仍然有效，除非用人单位明确表示解除该协议。② 原因在于，经济性裁员多发生于经营形式变化对企业造成重大影响的情况，如果此时也不承认竞业禁止协议效力，企业裁员必将造成商业秘密泄露，对于企业无异于雪上加霜。此时，在企业仍支付竞业禁止经济补偿金的情况下，应认定竞业禁止协议依然有效，雇员应当履行禁止竞业义务。而且在经济性裁员中，当企业经营状况好转时，会择优录用已裁雇员，有利于其在熟悉的环境和岗位上发挥作用。③

三、用人单位违法解除劳动合同与竞业限制协议效力的关系

除前述用人单位合法解除劳动合同关系的情形外，实践中更多的问题是，用人单位违法解除劳动合同时，竞业限制条款是否仍然有效？

对此问题，我国学者有不同意见，赞成用人单位违法解除劳动合同导致竞业限制条款无效的观点认为，应当以诚信的合同原则和保护

---

① 徐敬云：《离职后竞业禁止协议效力的分析》，载《中国劳动》2002年第12期。

② 参见本解释第39条规定："在竞业限制期限内，用人单位请求解除竞业限制协议的，人民法院应予支持。在解除竞业限制协议时，劳动者请求用人单位额外支付劳动者三个月的竞业限制经济补偿的，人民法院应予支持。"

③ 徐阳：《劳动权保障视域下的竞业禁止法律制度研究》，吉林大学2010年博士学位论文。

弱者利益的劳动法原则为取舍依据，优先保护劳动者的就业权利。主要理由是：（1）劳动者的另行择业是非预见性的、非自愿的和被动的，与合同到期终止或劳动者主动选择辞职不同。如果用人单位滥用解除权恶意解除劳动合同的，再限制劳动者在同行业就业，对于劳动者而言无疑是进一步的伤害，这与劳动合同法以保护劳动者为主旨的立法目的相冲突。（2）在劳动合同关系的订立和履行中，诚信原则应当得到遵守，这是涉及以人为主体的双务合同所必须贯彻落实的，企业没有履行合同的约定而提前解雇了劳动者，也就无权要求劳动者履行约定义务，这也体现了公平原则。（3）在劳动关系中，劳动者相对企业而言总是处于弱势地位，解雇与竞争限制直接关系到劳动者的最基本权益——劳动权、生存权，在这一问题上如果加重企业方的责任，有利于限制企业滥用解雇权，减少劳动纠纷，促进劳动关系稳定。（4）劳动者不再负有竞业限制的责任并不意味着必然导致用人单位商业秘密的泄露，劳动者不受竞业限制的约束，并不是免除了劳动者的保密义务，如果劳动者因泄露商业秘密造成用人单位损失的，仍然要承担相应的法律责任，这点在《劳动合同法》第 90 条已有明确规定。在劳动合同法立法过程中，多数学者同意规定，企业违反法律或劳动合同规定而解除劳动合同时，竞业限制条款无效。有些地方立法对此已有体现，如《深圳经济特区企业技术秘密保护条例》第 27 条规定，企业违反法律或者劳动合同单方解除劳动合同的，该员工可以解除竞业限制协议。

本条规定未采纳上述观点，主要理由除前述竞业限制协议的独立性之外，还有：（1）认为用人单位违法解除劳动合同将导致竞业限制协议无效或失效的观点，未能区分劳动法关于用人单位违法解除劳动合同的制度与劳动合同无效制度功能，未能看到各个制度发挥作用的不同空间。（2）此种观点未能平衡劳动者因用人单位违法解除合同所获得的救济与用人单位商业秘密权益保护之间的关系。竞业限制条款具有独立性，其与解除合同属并列关系，并非逻辑递进关系，当用人单位违反不同的义务条款时，劳动者完全可提出不同的救济诉求。劳动者违反竞业限制条款时，须承担赔付违约金的责任；而用人单位违法解除时，则应承担支付赔偿金或继续履行的责任。因此，即使承认竞业限制条款的有效性，劳动者的利益仍会得到充分保护。（3）竞业限制协议不受用人单位违法解除影响，有利于建立公平的市场竞争秩序。如果采纳无效或失效说，则用人单位违法解除合同后，劳动者可以任意向第三方披露商业秘密，使竞争对手轻易获得有利信息，将导致市场公平竞争秩序的紊乱。（4）从立法历史来看，立法上倾向于竞业限制条款有效，《劳动合同法（征求意见稿）》曾规定，用人单位“依法”解除劳动合同的，竞业限制条款有效，而在《劳动合同法》审议表决时，却将此条款删掉，未对“解除或终止劳动合同”的合法性加以限制，这说明立法上倾向于将竞业限制条款的有效性与解除或终止劳动合同的合法性分离，以正确区分二者关系。①

四、劳动合同终止与竞业限制协议效力的关系

在大陆法系合同法理论上，终止与解除是两个不同的概念。德国法将我国合同法上的继续性合同关系的解除，称为“终止”。② 终止权是一项形成权，其功能在于使继续性合同关系向将来消灭。③ 由此可见，终止着重强调合同关系向未来消灭的效果。而我国合同法则是在合同权利义务消灭的意义上使用终止，而把德国法上的终止称为解除，从而终止成为解除的上位概念。

我国劳动法上的劳动合同的终止，是指在双方当事人约定的条件成就或者劳动合同期满以及法律规定的情形出现时，劳动合同双方当

---

① 张心全：《〈劳动合同法〉竞业限制条款法外解读》，载《中国劳动》2007年第11期。

② ［德］迪特尔·梅迪库思：《德国债法总论》，杜景林、卢谌译，法律出版社2004年版，第408页。

③ 王泽鉴：《债法原理》（第一册），中国政法大学出版社2001年版，第134页。林诚二教授就认为，原则上，继续性契约仅有终止，不生解除问题，但有两种情形（法律规定——如租赁、承揽、继续性给付尚未履行），例外得解除者外，其余情形，仅有终止而无解除。详见林诚二：《民法债编总论——体系化解说》，中国人民大学出版社2003年版，第453页。

事人的权利义务消灭的情形，其内涵远远小于合同法上所使用的终止概念，不包括劳动合同的解除。根据《劳动法》《劳动合同法》以及《劳动合同法实施条例》的规定，劳动合同终止的情形主要包括：（1）劳动合同期满或当事人约定的劳动合同终止的条件成就的；（2）劳动者开始依法享受基本养老保险待遇的；（3）劳动者死亡，或者被人民法院宣告死亡或者宣告失踪的；（4）用人单位被依法宣告破产的；（5）用人单位被吊销营业执照、责令关闭、撤销或者用人单位决定提前解散的；（6）以完成一定工作任务为期限的劳动合同因任务完成的；（7）法律、行政法规规定的其他情形。

从上述劳动合同终止的事由来看，我国劳动合同的终止主要是指劳动合同约定的终止条件成就或者因法定的原因导致劳动合同关系消灭的情形。根据前述竞业禁止协议具有独立性及其原因的论述，结合本条规定，对于劳动合同的终止与竞业限制协议的效力关系问题进行讨论。

1. 因劳动合同期满或当事人约定的劳动合同终止的条件成就或因以完成一定工作任务为期限的劳动合同因任务完成导致劳动合同终止的，由于竞业限制协议的目的就在于劳动合同关系消灭后用人单位的商业秘密受到保护，因此，劳动合同的终止不导致竞业限制协议的终止，劳动者仍应承担竞业限制义务，用人单位也应按月支付相应的经济补偿。

2. 因劳动者开始依法享受基本养老保险待遇导致劳动合同终止的，是因为劳动者已达退休年龄。此种情形下，竞业限制协议仍不因劳动合同终止而消灭，原因在于，已退休的劳动者仍有可能从事与原用人单位有竞争关系的其他用人单位就业或者自己开业生产或经营同类产品、从事同类业务，仍有可能侵害原用人单位的商业秘密，因此，竞业限制协议仍有发挥作用的空间和必要。

3. 劳动者死亡，或者被人民法院宣告死亡或者宣告失踪导致劳动合同终止。在劳动者死亡的情形下，不仅劳动合同终止，竞业禁止协议因一方主体消灭也终止。在劳动者被宣告死亡或宣告失踪的情形下，劳动合同终止，但竞业禁止协议则不一定。在被宣告失踪人或被宣告失踪人仍然生存的情形下，仍负有竞业限制义务，虽然用人单位客观上不能向其支付经济补偿金，但是因劳动者的原因所致。如果劳动者在被宣告死亡或失踪期间违反竞业禁止协议的，仍应承担违约责任。

4. 用人单位被吊销营业执照、责令关闭、撤销或者用人单位决定提前解散导致劳动合同终止。一种观点认为，企业破产倒闭或解散，虽然竞业禁止协议约定的期限尚未届满，但由于企业主体已不存在，对商业秘密等权益的保护也无从谈起，所以，此时作为从合同的竞业禁止协议与作为主合同的劳动合同一样失去其效力。① 我们认为，此种观点值得商榷。原因在于，在吊销营业执照、责令关闭、撤销或解散等情形下，用人单位作为主体并未消灭，主体消灭的标志为注销登记。② 因此，用人单位的商业秘密仍有保护的必要，竞业限制协议并不因此而失去效力。在用人单位终止后，竞业限制协议所欲保护的主体不复存在，与劳动者死亡的效果相同，自然消灭。③

【审判实践中应注意的问题】

劳动合同解除后，竞业限制协议不因一方违约而无效。

本条后半段规定："……除另有约定外，用人单位要求劳动者履行竞业限制义务，或者劳动者履行了竞业限制义务后要求用人单位支付经济补偿的，人民法院应予支持"，对此，实践中，可能有观点认为，该表述说明，劳动合同解除后，如果用人单位或劳动者违反了竞

---

① 徐阳：《劳动权保障视域下的竞业禁止法律制度研究》，吉林大学2010年博士学位论文。

② 参见《公司法》第十章、《合伙企业法》第四章、《个人独资企业法》第四章等。

③ 《宁波市企业技术秘密保护条例》（2010年修正）第18条规定："有下列情形之一的，竞业限制协议自行终止：（一）企业技术秘密已经公开的；（二）负有竞业限制义务的员工死亡的；（三）企业终止的；（四）企业违反竞业限制协议，不支付或者无正当理由拖欠补偿费的。"第19条第2款规定："企业终止后，相关当事人可以另行约定企业技术秘密保密协议和竞业限制协议。"

业限制协议，则竞业限制协议对就对另一方当事人不发生效力或者无效。

上述观点不符合本解释的规范目的。（1）如前所述，本条的规范目的在于，竞业限制协议并不当然随着劳动合同的解除而解除（进而言之，也不当然随着劳动合同的终止而终止），除非当事人另有约定，竞业限制协议对劳动合同解除后的当事人仍然具有效力。（2）如果认为用人单位违反了竞业限制协议就导致协议无效，显然混淆了竞业限制协议的效力与履行问题。合同的效力不应当取决于一方当事人是否履行。是否有效，应当根据合同的效力要件判断，而是否履行，只发生违约责任的问题。（3）上述观点也不符合体系解释原则，本解释第38条、第40条规定已经明确，在用人单位违反竞业限制协议不支付经济补偿金的情形下，赋予劳动者解除权；在劳动者违反竞业限制协议的情形下，应承担支付违约金并继续履行的违约责任。由此可见，本条规定如作前述理解，显然违反体系解释原则。（4）本条之所以强调“劳动者履行了竞业限制义务后要求用人单位支付经济补偿的”，主要原因在于劳动者所负担的竞业限制义务的性质为不作为义务，劳动者未履行竞业限制义务的表现形式即为利用用人单位的商业秘密、在与前用人单位具有竞争关系的其他用人单位从业。如果劳动者违反竞业限制义务，则违反期间内的经济补偿金，用人单位无须支付。原因仍然是竞业禁止义务的特征所决定的。因为一旦劳动者违反竞业禁止义务，这种违约行为即难以通过其他形式补正（例如继续履行），违反该义务期间的经济补偿金给付显然不能获得相应的对价，这与积极的作为义务的履行存在不同。因此，用人单位就此期间的支付经济补偿金给付义务也应消灭。基于上述原因，本条强调“劳动者履行了竞业限制义务后”这一条件。

【案例解读】

一、基本案情

黄某玲于2016年9月20日入职深圳市某装饰设计工程有限公司，工作岗位为方案设计师。双方于2017年11月10日签订了《激励股权协议书》，其中第11条约定“若乙方（黄某玲）离开公司，乙方（黄某玲）2年内不得从事与甲方（深圳市某装饰设计工程有限公司）有同类竞争的业务”；第15条约定“本协议有效期为3年，期间自签订协议之日起至2020年11月10日。到期后协议终止”；第21条约定“任何一方违约应向守约方支付不少于人民币贰万元的违约金”。协议未约定竞业限制经济补偿的数额。双方于2018年11月21日解除劳动关系。双方均确认深圳市某装饰设计工程有限公司从未支付黄某玲竞业限制的经济补偿。黄某玲请求深圳市某装饰设计工程有限公司一次性支付2018年11月22日至2020年11月21日期间竞业限制的经济补偿。深圳市某装饰设计工程有限公司主张双方签订的竞业限制条款并未约定竞业限制经济补偿的数额，亦未约定黄某玲违反竞业限制的违约处罚方式，该竞业限制条款无效；而且其已于2019年1月25日通过短信告知黄某玲解除此前约定的竞业限制协议，故其无须支付竞业限制经济补偿金。

二、裁判结果

该案经法院审理认为，双方签订的竞业限制协议条款为双方当事人的真实意思表示，内容未违反法律、行政法规强制性规定，且是否约定竞业限制经济补偿并不影响协议效力，双方应遵照履行。因双方均确认深圳市某装饰设计工程有限公司在黄某玲离职后从未支付竞业限制经济补偿金，黄某玲履行竞业限制义务后请求深圳市某装饰设计工程有限公司一次性支付其已履行期间的竞业限制经济补偿金有事实依据和法律依据，但根据深圳市某装饰设计工程有限公司提交的短信证据可以证明深圳市某装饰设计工程有限公司已于2019年1月25日告知黄某玲解除竞业限制协议。故深圳市某装饰设计工程有限公司应向黄某玲支付2018年11月22日至2019年1月25日期间的竞业限制补偿金，同时根据2013年《劳动争议司法解释（四）》第9条第2款的规定，黄某玲在深圳市某装饰设计工程有限公司通知解除竞业限制后可以请求额外支付3个月的竞业限制经济补偿金。黄某玲请求支付其余期间的竞业限制经济补偿金缺乏依据。

三、评析

竞业限制是劳动合同法一项重要制度，具体是指用人单位与高级管理人员、高级技术人员和其他负有保密义务的人员约定在终止或解除劳动合同后的，一定期限内不得入职与本单位生产或者经营同类产品、从事同类业务的有竞争关系的其他用人单位，或者自己开业生产或者经营同类产品、从事同类业务。竞业限制制度设立目的是兼顾保护企业知识产权，促进企业创新发展和维护市场公平竞争秩序，以及劳动者就业权，司法在适用相关法律时亦应坚持兼顾和平衡保护企业知识产权与劳动者择业自由权的原则。

本案是关于竞业限制劳动争议的常见案例。由于立法对于竞业限制的主体系作开放性规定，实践中很多企业对竞业限制存在误解，不论员工职位高低，是否接触商业秘密，均选择签订竞业限制协议，但并未约定经济补偿。解除或终止劳动合同亦不明示解除竞业限制约定，也不依法支付竞业限制经济补偿金。直到劳动者离职后主张支付经济补偿时才明白随意签订竞业限制的法律后果。本案的主要争议焦点为劳动者与用人单位约定了竞业限制协议但未约定经济补偿，劳动者离职后按约定履行了竞业限制义务后能否请求用人单位一次性支付已履行竞业限制义务期间的经济补偿金。

对于这一问题，业界存在争议：观点一为无效说，认为竞业限制经济补偿的数额和支付方式是协议必备条款，也是劳动者履行竞业限制义务的前提基础，由于协议欠缺必备条款故该协议不发生法律效力；根据《劳动合同法》第26条第1款第2项的规定，用人单位免除自己法定责任，排除劳动者权利的劳动合同无效。对于未约定竞业限制经济补偿的协议应当参照该条规定认定为无效，劳动者无须承担竞业限制约定义务。观点二为自行解除或终止说，认为竞业限制协议未约定经济补偿条款并不影响协议效力，但由于用人单位在解除或终止劳动合同之时未履行法定义务，构成根本违约，故竞业限制协议自行解除或终止。观点三为有效说，即认为无论竞业限制协议有无约定经济补偿条款并不影响协议效力，用人单位和劳动者在解除或终止劳动合同之时未明确解除竞业限制协议，劳动者履行相关协议义务之后，用人单位应当向劳动者支付竞业限制经济补偿金；劳动者未经明确通知解除竞业限制协议，亦不得违反竞业限制约定，否则应按照约定承担违约责任。

对此问题，我们认为，其一，对于竞业限制协议未约定经济补偿是否影响协议效力问题，应当结合合同法和劳动合同法关于合同效力规定予以确认。从我国民事合同效力制度发展来看，更多强调当事人意思自治以及鼓励交易原则，无效范围因部分无效、可撤销、效力待定等制度完善而日趋缩小，如果不违反法律、行政法规强制性规定以及公序良俗原则，尽量通过其他效力形式弥补合同瑕疵。《劳动合同法》第26条确定的劳动合同无效或部分无效规定亦具有同样的立法旨意。虽然劳动法律规定竞业限制经济补偿给付具有“强制性”，但其可以通过判令用人单位履行给付义务弥补协议未约定经济补偿的瑕疵；即便用人单位和劳动者在竞业限制协议中明确约定用人单位无须支付竞业限制经济补偿，亦可以通过认定部分条款无效形式予以解决。因此，竞业限制协议未约定经济补偿不影响协议效力。其二，从合同规则来看，双方签订竞业限制协议，未经明示或者依法推定的默示方式予以解除，不得自行解除或终止。根据《民法典》第140条规定，行为人可以明示或者默示作出意思表示。沉默只有在有法律规定、当事人约定或者符合当事人之间的交易习惯时，才可以视为意思表示。由于用人单位与劳动者在解除或终止劳动合同时未就此前签订的竞业限制协议明示解除或者依法可以认定双方已经默示解除，不宜认定该协议已经解除，用人单位和劳动者应当按照约定履行。其三，认可劳动者在履行竞业限制义务之后经济补偿的求偿权有利于竞业限制制度功能发挥。一方面可以保护企业商业秘密和知识产权不受侵犯，有利于维护企业竞争优势地位，另一方面劳动者自由择业权受到限制后能得到经济上的补偿，有利于劳动者合法权益保护。因此我们同意观点三即本案例生效裁判的意见。

第三十八条

当事人在劳动合同或者保密协议中约定了竞业限制和经济补偿，劳动合同解除或者终止后，因用人单位的原因导致三个月未支付经济补偿，劳动者请求解除竞业限制约定的，人民法院应予支持。

【条文主旨】

本条是关于劳动者可以请求解除竞业限制约定的规定。

【条文理解】

一、本条规定的历史沿革及制定背景

本条规定承自2013年《劳动争议司法解释（四）》第8条，对文字和内容均未作修改。

一般而言，当事人在劳动合同或者保密协议中约定了竞业限制和经济补偿之后，一旦劳动合同解除或者终止，劳动者与用人单位就自动进入了劳动合同或者保密协议中所约定的竞业限制期间，开始履行双方约定的竞业限制相关条款。竞业限制条款主要包括竞业限制的范围、地域、期限、经济补偿等事项。根据《劳动合同法》第23条和第24条可知，立法原则上对上述事项的约定不加干涉，但在个别事项上有强制性规定。例如，双方当事人可以在竞业限制的范围、地域、期限、经济补偿等事项上作出自由约定。但在竞业限制的对象、对特

定行业的竞业限制最高期限则有法律的明确限定。①

之所以立法原则上尊重双方当事人在竞业限制事项上的意思自治。主要是因为市场公平竞争的需要。现代市场经济是法治经济、诚信经济，需要市场主体在市场竞争中进行公平、公开和透明竞争。如果劳动者离职后泄露原用人单位商业秘密，势必会给原用人单位带来经济损失和名誉损害，严重损害市场的公平竞争。此时，虽然可以通过《反不正当竞争法》加以调整，但这种事后救济方式难免会出现举证困难、损害难以完全弥补的结果，不利于保护用人单位合法权益。因此，应允许用人单位与劳动者就竞业限制相关事项进行事先约定而规避或减少可能出现的损失。在尊重当事人意思自治的同时，立法又强制规定部分事项不得任意约定。这主要是为缓和竞业限制条款与劳动者自由行使劳动权之间的矛盾，防止用人单位利用其优势地位过分限制甚至剥夺劳动者的择业自由。但不管如何，竞业限制条款毕竟限制了劳动者的就业自由，客观上造成劳动者收入的减少，严重的甚至危及劳动者的生存权。

为平衡双方利益，《劳动合同法》第23条规定了用人单位对劳动者的经济补偿。但在司法实践中，还会出现部分用人单位与劳动者虽然约定了与竞业限制相关的经济补偿，却在具体给付时出现延期甚至拒绝向劳动者给付经济补偿的情况。显然，劳动者因遵守竞业限制约定导致自身收入减少，却得不到相应经济补偿的结果，对劳动者是一种不公平。为了减少损失，不少劳动者都会选择不再遵守竞业限制约

① 《劳动合同法》第23条规定："用人单位与劳动者可以在劳动合同中约定保守用人单位的商业秘密和与知识产权相关的保密事项。对负有保密义务的劳动者，用人单位可以在劳动合同或者保密协议中与劳动者约定竞业限制条款，并约定在解除或者终止劳动合同后，在竞业限制期限内按月给予劳动者经济补偿。劳动者违反竞业限制约定的，应当按照约定向用人单位支付违约金。"第24条规定："竞业限制的人员限于用人单位的高级管理人员、高级技术人员和其他负有保密义务的人员。竞业限制的范围、地域、期限由用人单位与劳动者约定，竞业限制的约定不得违反法律、法规的规定。在解除或者终止劳动合同后，前款规定的人员到与本单位生产或者经营同类产品、从事同类业务的有竞争关系的其他用人单位，或者自己开业生产或者经营同类产品、从事同类业务的竞业限制期限，不得超过二年。"

定，转而到从事与原用人单位生产或者经营同类产品、从事同类业务的有竞争关系的其他用人单位就业，或者自己开业生产并经营同类产品、从事同类业务。此时，用人单位则往往以劳动者违反竞业限制相关约定为由诉至人民法院要求劳动者承担违约责任。对如何处理此类纠纷，司法实践中主要有两种不同的处理方法：（1）以用人单位和劳动者双方违约为由，让其各自承担相应责任的同时判令竞业限制条款继续履行。（2）从保护劳动者弱势一方合法权益出发，以用人单位违约在先为由，判令双方当事人之间的竞业限制约定相关条款解除，劳动者不用承担违约责任。至于用人单位是否还须支付经济补偿则又细化为应支付和不用支付两种处理方式。上述两种处理方法虽各有其据，但却结果迥异。因此，不少地方法院都建议在司法解释中对用人单位不按约定支付经济补偿时，劳动者是否可以免除竞业限制条款约束以及具体在什么情况下可以免除该条款约束作出明确规定。本条规定正是为了统一司法裁量权，回应上述司法实践需求而制定。

二、起草过程概述

在2013年《劳动争议司法解释（四）》第8条规定起草过程中，关于用人单位不按约定支付经济补偿，劳动者是否有权不再遵守竞业限制约定以维护自身合法权益的问题，各方观点不一。第一种观点认为，在用人单位拖延支付经济补偿情况下，劳动者一般不得单方解除竞业限制约定条款。其主要理由是从金额上来看，劳动者个人未获得的经济补偿金额与用人单位可能因劳动者不遵守竞业限制约定而遭受的损失金额相比，是一个很小的数额，故有必要保护相对较大的利益。至于被拖欠的经济补偿，劳动者则可通过要求用人单位限期支付并加算相应利息的方式解决。第二种观点则认为，只要用人单位有拖欠竞业限制相关经济补偿的行为，劳动者就可以随时单方解除竞业限制条款对其的约束。其主要理由是，劳动关系中用人单位一般处于优势地位，其与劳动者签订的有关协议虽表面形式平等，但实质却不利于处于弱势地位的劳动者一方。故从倾斜保护劳动者合法权益的劳动立法理念出发，应赋予劳动者在用人单位有违约行为时就有解除竞业限制约定的权利。第三种观点折中了上述两种观点，认为只有在用人单位迟延履行给付经济补偿的义务，经劳动者催告后在合理期限内仍未履行时，劳动者才可单方解除竞业限制约定。其主要理由有二：（1）应赋予劳动者单方解除权以彰显劳动立法对作为弱势一方的劳动者的保护；（2）不能因对劳动者合法权益的倾斜保护而过分削弱合同严守原则。只有在用人单位拖欠经济补偿的违约行为达到一定程度，劳动者才可以解除竞业限制约定条款。

分析上述三种观点，前两种都比较绝对，过于考虑了一方当事人的利益。而第三种观点则兼顾了双方当事人的利益诉求，相对符合司法实践的需求。但该观点也存在一定缺陷，主要表现为：（1）没有区分用人单位迟延履行给付经济补偿义务的不同原因。实践中，已经出现劳动者为了规避竞业限制，故意注销自己银行账号或者卡号，使用人单位无法向劳动者支付经济补偿的情形。此时，如果支持劳动者请求解除竞业限制约定，对用人单位显属不公。（2）没有确定合理期限的具体时间，不方便实务操作。合理期限的具体时间虽属法院自由裁量权范畴，但由于各地裁量标准不一，容易出现同案不同判的情况。（3）劳动者请求解除竞业限制的对象不确定。劳动者被拖欠经济补偿后，究竟是向用人单位还是法院请求解除竞业限制约定并不明确。有鉴于此，我们在第三种观点的基础上，对未给付经济补偿的原因、用人单位拖延支付经济补偿的具体时间、劳动者请求解除的对象等作了进一步细化的规定，最终确定了2013年《劳动争议司法解释（四）》第8条规定的内容。在本次司法解释修订过程中，考虑到审判实践中对此规定适用条件变化不大，故予以保留。

三、本条规定的适用条件

从本条规定文义表述来看，本条规定的适用要具备三个条件：（1）用人单位与劳动者已约定竞业限制和经济补偿；（2）劳动合同已经解除或终止；（3）因用人单位的原因导致3个月未支付经济补偿。

我们认为，对于本条规定内容的理解，需要重点把握以下几个方面：

（一）如何理解“劳动合同解除或者终止后”

1. 竞业限制相关经济补偿是对劳动者劳动合同解除或终止后的收入减少的补偿

约定竞业限制主要是为了确保劳动者离职后不在特定的行业范围、地域、期限从业，以免泄露用人单位的商业秘密或与知识产权相关的保密事项。竞业限制是对劳动者就业自由的限制，自然会造成劳动者的收入减少。立法为平衡双方利益，规定作为受益一方的用人单位应按月给劳动者经济补偿。由于劳动者一般只有在离职后才会因遵守竞业限制约定而导致收入的减少，需要用人单位进行补偿，故对劳动者的经济补偿一般应从劳动者离开原用人单位时开始计算。

2. 用人单位不能以劳动者非法解除劳动合同为由，拒绝支付经济补偿

劳动合同解除或终止后，劳动者就要离开原用人单位另行择业。此时，用人单位应立即按月开始支付相应经济补偿，以填补劳动者因竞业限制造成的收入损失。有一种观点认为，在用人单位是否支付相应经济补偿的问题上要区分解除方或终止方是否存在违法行为，如果用人单位违法解除或终止劳动合同，则劳动者根据竞业限制约定主张经济补偿当无疑义。但如果劳动者解除劳动合同的行为不符合《劳动合同法》第36条、第37条、第38条之规定，[①] 即构成违法解除劳动合同，对劳动者违法解除合同的情形，用人单位无须支付相应经济补

① 《劳动合同法》第36条规定：“用人单位与劳动者协商一致，可以解除劳动合同。”第37条规定：“劳动者提前三十日以书面形式通知用人单位，可以解除劳动合同。劳动者在试用期内提前三日通知用人单位，可以解除劳动合同。”第38条规定：“用人单位有下列情形之一的，劳动者可以解除劳动合同：（一）未按照劳动合同约定提供劳动保护或者劳动条件的；（二）未及时足额支付劳动报酬的；（三）未依法为劳动者缴纳社会保险费的；（四）用人单位的规章制度违反法律、法规的规定，损害劳动者权益的；（五）因本法第二十六条第一款规定的情形致使劳动合同无效的；（六）法律、行政法规规定劳动者可以解除劳动合同的其他情形。用人单位以暴力、威胁或者非法限制人身自由的手段强迫劳动者劳动的，或者用人单位违章指挥、强令冒险作业危及劳动者人身安全的，劳动者可以立即解除劳动合同，不需事先告知用人单位。”

偿。否则，有激励劳动者违法行为之嫌，对无过错的用人单位也不公平。对此，我们认为，不管是解除或终止劳动合同的行为是否合法，只要双方确认了劳动合同已经解除或终止，用人单位均有义务根据约定按月给予劳动者经济补偿。其理由在于：

（1）劳动合同解除或终止是否合法不影响竞业限制约定的合法有效。根据《劳动合同法》第23条第2款规定，用人单位可以在劳动合同或者保密协议中与劳动者约定竞业限制条款，并约定在解除或者终止劳动合同后，在竞业限制期限内按月给予劳动者经济补偿。劳动者违反竞业限制约定的，应当按照约定向用人单位支付违约金。由上述表述可知，竞业限制条款的生效以劳动合同解除或终止为前提，是附迟延生效条件的合同条款。在法律或合同没有限定竞业限制条款其他生效条件的情况下，附有竞业限制条款的劳动合同只要解除或终止都直接导致竞业限制条款生效，而不论合同解除或终止的原因以及双方当事人是否存在过错。

（2）竞业限制约定源自劳动合同，但又有相对独立性。劳动者违法解除劳动合同，违反的是劳动合同，应接受《劳动合同法》的调整。对此，《劳动合同法》第90条已明确规定劳动者违法解除劳动合同给用人单位造成的损害应向用人单位赔偿。至于竞业限制中的经济补偿针对的是劳动合同解除或终止后劳动者收入的减少。这里的减少是一种客观事实，不因劳动者合法或违法解除劳动合同而受影响。因此，在劳动者违法解除劳动合同时，用人单位可以依据《劳动合同法》第90条向劳动者主张赔偿，而不能以拒绝向劳动者支付经济补偿作为救济或抵销。

3. 特定情形下，劳动合同解除或终止前，劳动者可以主张竞业限制相关经济补偿

司法实践中，还有一种经常出现的情形：一方当事人不确认劳动合同已经解除或终止并要求继续履行劳动合同。此时，如果主张劳动合同解除或终止的一方缺乏证据证明其主张，则劳动合同自然要继续履行。此时一个引申出来的问题就是，劳动合同存续期间，劳动者能

否以遵守竞业限制约定为由，向用人单位主张相应经济补偿?

我们认为，上述问题可分两种情况讨论：（1）竞业限制约定中已经明确经济补偿从劳动合同解除或终止时开始起算。对此情形，从尊重当事人意思自治出发，在劳动合同没有依法解除或终止之前，劳动者不能主张相应经济补偿。(2）竞业限制约定的竞业限制期本身就包括劳动合同存续期间并同时规定了相应经济补偿。关于劳动者在职期间的竞业限制问题，《劳动法》及《劳动合同法》并无在职期间竞业限制的强制性规定，因此，就在职期间竞业限制而言，似乎可以解读为立法将该事项规定为双方可以约定的内容。然而，在法学理论上，劳动者在职期间的竞业限制义务被认为是基于诚实信用原则而产生的忠实义务的一部分，一般情况下不会影响其就业和生存权，明确规定劳动者在职期间的竞业限制义务并无不妥。而且，在《劳动合同法》并不排斥劳动者建立双重劳动关系的前提下，允许用人单位与劳动者之间作出竞业限制约定，也可以最大程度上预防用人单位保密事项的泄露。这里需要注意的是，由于本条规定针对的是劳动合同解除或终止后，劳动者请求给付经济补偿的情形，故对在职期间劳动者请求用人单位给付经济补偿的情形不能直接适用本条规定进行规范。劳动者可以根据竞业限制约定，要求用人单位支付经济补偿。

（二）如何理解“因用人单位的原因导致3个月未支付经济补偿”

除了上文所述的劳动合同已经解除或终止的条件外，劳动者还需证明因用人单位的原因导致3个月未支付经济补偿的条件已经具备，其关于解除竞业限制约定的请求才能得到人民法院的支持。关于对本条规定中“因用人单位的原因导致三个月未支付经济补偿”的理解，可以从以下几个方面把握：

1. 未按约定支付经济补偿是因用人单位的原因

劳动者遵守了竞业限制约定，用人单位即应按约定向劳动者支付经济补偿，这既是当事人之间的约定，也是《劳动合同法》的要求。但司法实践中，仍然存在不少劳动者客观上未收到经济补偿的情形。究其原因，主要有二：（1）因用人单位自身原因没有按约定向劳动者支付经济补偿；（2）用人单位自身原因以外的其他原因导致用人单位未能按约定向劳动者支付经济补偿。

一般而言，因用人单位自身原因没有按约定向劳动者支付经济补偿中的“因用人单位自身原因”既包括用人单位主观不愿，也包括用人单位客观不能。（1）所谓用人单位主观不愿，强调的是用人单位基于自身利益最大化考量，直接拒绝或采取各种借口和理由，恶意拖欠劳动者的经济补偿。实践中，用人单位主观不愿往往需要通过其客观行为表现来认定。（2）所谓用人单位客观不能，主要指用人单位因经营不善、资不抵债等原因，客观上已无能力支付劳动者的经济补偿。劳动者获得经济补偿是为弥补其因竞业限制而遭受的收入损失，而用人单位支付经济补偿也是因为其通过对劳动者进行竞业限制避免了可能的损失。两者之间就经济补偿形成债的关系。不管作为债务人的用人单位自身是否有清偿能力，作为债权人的劳动者都有权要求其足额清偿。换言之，用人单位即便以自身没有支付能力作为抗辩事由，拒绝支付经济补偿，也不影响构成本条中“因用人单位自身原因”。

除了上述一般意义上的“因用人单位自身原因”之外，实践中有时还需适当扩大“因用人单位自身原因”的外延，将第三人原因导致用人单位未按约定支付经济补偿的情形纳入本条规定中“因用人单位自身原因”的规范范畴。所谓“第三人原因”，主要存在于用人单位非直接向劳动者按月支付经济补偿的情形。这里的第三人指受用人单位之托，向劳动者按月支付经济补偿的自然人、法人或其他组织。用人单位因第三人原因没有按约定向劳动者支付经济补偿的情形在实务中比较少见，主要是作为第三人的银行等金融机构未及时办理结算手续，导致用人单位支付的经济补偿未能划入劳动者指定的银行账户。又如用人单位因其委托的自然人原因没有按约定向劳动者支付经济补偿等。以上未向劳动者支付经济补偿的情形虽因第三人所致，与用人单位无关，但我们仍认为属于本条规定的“因用人单位自身原因”辐射范围之内。其理由主要有二：（1）虽然没有支付经济补偿是因第三人原因所致，但从结果而言这已经造成了劳动者收入的损失，甚至可能危及其生存权。因此，将第三人原因纳入“因用人单位自身原因”的范畴，有利于保护弱势一方劳动者合法权益。（2）竞业限制约定虽然往往出现在劳动关系缔结、存续、解除过程中，但其本身具有较强的民商事合同性质，在处理此类纠纷时，除《劳动法》《劳动合同法》有明确规定的情形，应当可以适用或参照适用《民法典》合同编相关规定。根据《民法典》第593条“当事人一方因第三人的原因造成违约的，应当依法向对方承担违约责任。当事人一方和第三人之间的纠纷，依照法律规定或者按照约定处理”的规定，即便因劳动者解除竞业限制约定造成其损失，用人单位也可依据其与第三人之间的法律关系向第三人追偿。

司法实践中，除了上述常见的因用人单位自身原因未向劳动者支付经济补偿的情形之外，还存在一些非因用人单位自身原因的其他原因导致用人单位未能按约定向劳动者支付经济补偿的情形。这些“非因用人单位自身原因的其他原因”主要包括劳动者的原因和非人为原因等。

所谓劳动者的原因，现实中主要表现为以下情形：（1）有的劳动者未按约定时间到用人单位领取经济补偿，且无法联系上本人；（2）有的劳动者未按约定时间到用人单位领取经济补偿，经催告后，仍未到用人单位领取经济补偿；（3）有的劳动者为了规避竞业限制，故意注销自己的银行账号或者银行卡号，导致用人单位无法向其存款账户或银行卡里汇款，从而客观上造成用人单位没有按约定支付经济补偿的结果。以上三种情形，用人单位对未能按约定支付经济补偿并无过错，劳动者无权适用本条主张解除竞业限制约定。

至于非人为原因，则主要强调的是不可抗力或意外事件导致用人单位未按约定支付经济补偿。根据民法基本理论可知，不可抗力或意外事件都可作为用人单位免责事由。因此，在此情形下，劳动者同样不能主张适用本条规定要求解除竞业限制约定。

综上，在用人单位3个月没有支付经济补偿时，除了因劳动者原因或不可抗力等原因之外，劳动者都可主张解除竞业限制约定。

需要补充说明的是，关于“因用人单位自身原因”的证明责任分配问题。从本条规定条文表述来看，劳动者要请求解除竞业限制约定，应证明因用人单位原因导致3个月未支付经济补偿这一事实存在。此时，就涉及由谁来证明3个月未支付经济补偿是因用人单位原因所致的问题。由本条规定可知，“非因用人单位原因”是用人单位主张劳动者不能解除竞业限制约定的抗辩事由，故应由用人单位就“非因用人单位原因”承担证明责任。其主要理由在于，首先，劳动者根据本条规定提出主张时，应就“因用人单位的原因导致三个月未支付经济补偿”提出事实主张，并就此承担举证责任，考虑该事实属于消极事实，用人单位主张已经实际支付的抗辩的，应当就支付事实予以举证证明。其次，经济补偿的支付义务人为用人单位，因此，在劳动者到期没有收到相应经济补偿金的情况下，应首先推定系“因用人单位的原因导致”，如果用人单位提出系劳动者原因导致或不可抗力等原因导致的抗辩，应就相应主张提供证据证明。再次，从当事人的举证能力上看，劳动关系中用人单位与劳动者之间事实上地位不平等、信息也不对称，故劳动者通常也很难举证证明未支付经济补偿是因用人单位原因所致，而用人单位在支付经济补偿相关证据取得和保存方面，相比劳动者具有证据优势。因此，劳动者主张适用本条解除竞业限制约定，只需证明已有竞业限制约定及劳动合同已终止或解除并提出3个月没有收到经济补偿的主张即可，后续举证责任的流转，应视用人单位提出的抗辩，并结合双方在证据取得和保留上的距离与能力等具体确定。

2. 用人单位未支付经济补偿应达到3个月

在竞业限制约定中，劳动者的竞业限制义务与用人单位的经济补偿义务形成对待给付关系。如果用人单位未按约定支付经济补偿，即已构成违反其在竞业限制约定中承诺的主要义务，属于违约行为，应承担违约责任。但司法实务中，用人单位未按约定支付经济补偿的具体情形比较复杂：有的表现为用人单位虽按月支付经济补偿，但支付经济补偿的数额少于竞业限制约定；有的表现为用人单位连续几个月都没有支付经济补偿；有的则表现为用人单位没有严格按月支付经济补偿，而是采用时断时续“间歇性”方式支付经济补偿；有的则表现为用人单位以在职期间工资构成中已包括经济补偿为由，不再向劳动者支付离职后经济补偿；等等。

以上情形，究竟哪些可以作为支持劳动者解除竞业限制约定的理由在实务中素有争议。一种观点认为，从保护劳动者生存权和就业权角度出发，只要用人单位有违约行为，就可支持劳动者解除竞业限制约定的请求；另一种观点认为，在保护劳动者合法权益的同时，也应尊重用人单位的商业利益，在两者之间作适当平衡。故不能因用人单位轻微违约行为而支持劳动者解除竞业限制约定的主张。我们原则上赞成第二种观点，并在起草本条规定过程中，将第二种观点作了进一步周延规定，以3个月作为区分用人单位违约行为是否足以严重到让劳动者有权解除竞业限制约定的临界点。关于对“三个月未支付经济补偿”的理解可从以下几个方面把握：

（1）3个月应从劳动合同解除或终止之日起开始起算。司法实践中，部分竞业限制条款并未约定用人单位支付经济补偿的时间从劳动合同解除或终止之日起算，而是约定了其他时间。例如，约定用人单位支付经济补偿的开始时间为劳动合同期满不再续约之日起，又如在职期间在每月工资之外额外支付经济补偿等。对竞业限制条款中有关经济补偿给付时间的其他约定，应如何处理，各地做法不一。有的法院从尊重当事人意思自治出发，依据竞业限制条款的约定确定用人单位给付经济补偿的时间起点；有的法院则依据《劳动合同法》第23条，认为经济补偿从解除或终止劳动合同开始计算为强制性规定，竞业限制条款中有关起算时间的不同约定均违反了该强制性规定而无效。

我们认为，《劳动合同法》第23条第2款规定的是用人单位可以约定在解除或者终止劳动合同后，在竞业限制期限内按月给予劳动者经济补偿。这里用的“可以”一词事实上已经否决了该条款为强制性规定的结论。那么这是不是意味着用人单位可以与劳动者任意约定支付经济补偿的起算时间呢？答案是否定的。经济补偿是劳动者遵守竞业限制约定的应有回报，只要劳动者遵守了竞业限制约定，用人单位就应及时支付经济补偿以弥补劳动者的收入损失，避免造成劳动者生活水平的显著下降。如果支持经济补偿从劳动合同到期之日开始起算，则势必造成劳动合同提前解除或终止之日至劳动合同约定到期日期这一时间段内，劳动者遵守竞业限制约定却得不到相应补偿的不公后果。因此，应正视劳动关系的实质不平等性，从平衡双方当事人权利义务出发，按照《劳动合同法》第 26 条①中“用人单位免除自己的法定责任、排除劳动者权利”之规定，应当认定竞业限制条款中关于经济补偿其他起算时间的约定无效。进而，将本条所规定的 3 个月确定为从劳动合同解除或终止之日起开始起算。

（2）“三个月未支付经济补偿”中的 3 个月指的是累计 3 个月。前文已述，竞业限制约定与劳动合同相比，其属性更倾向于一般意义上的民商事合同。因此，关于竞业限制约定的解除也可考虑参照《民法典》关于合同解除的规定处理。具体到本条规定范畴，用人单位不根据约定按月向劳动者支付经济补偿的行为，应被视为迟延履行债务的行为。根据《民法典》第 563 条可知，当事人一方迟延履行债务作为合同解除的法定事由主要有二：一是当事人一方迟延履行主要债务，经催告后在合理期限内仍未履行时；二是当事人一方迟延履行债务致使不能实现合同目的。

这里的“主要债务”主要指双务合同中处于对立关系的给付义务。具体到竞业限制约定中，用人单位的主要债务就是给付经济补偿。因此，用人单位迟延支付经济补偿的情况发生后，经劳动者催告，在合理期限内仍未履行时，劳动者可以解除竞业限制约定。这里的问题是如何确定用人单位迟延支付经济补偿达到多长时间才为合理期限。尽管合理期限的确定必须结合合同履行情况、当事人自身情况等多种

---

① 《劳动合同法》第 26 条规定：“下列劳动合同无效或者部分无效：（一）以欺诈、胁迫的手段或者乘人之危，使对方在违背真实意思的情况下订立或者变更劳动合同的；（二）用人单位免除自己的法定责任、排除劳动者权利的；（三）违反法律、行政法规强制性规定的。对劳动合同的无效或者部分无效有争议的，由劳动争议仲裁机构或者人民法院确认。”

因素综合考虑，本质上属于法官自由裁量权的范畴，但是从统一司法裁量权角度，仍有必要对用人单位不向劳动者支付经济补偿时的合理期限作出具体界定。

关于迟延履行违约中合理期限内仍未履行的“合理期限”如何确定具体时间段问题，最早在2003年颁布的《最高人民法院关于审理商品房买卖合同纠纷案件适用法律若干问题的解释》第15条第1款中作出了具体规定。① 该条明确规定，“《合同法》第九十四条”中的“合理期限”为3个月。这里仅规定的是，在合同没有约定的情况下，合理期限为3个月。但是，当事人对此有约定的，按照约定处理。虽然上述司法解释规定对合理期限的解释仅针对商品房买卖合同，但其合理性和可操作性得到了实务界的广泛认可。在处理其他类型的合同纠纷时，越来越多法院开始类推适用该条规定，将其他类型的合同迟延履行解除中的合理期限具体界定为3个月。

由于竞业限制涉及用人单位的商业秘密和其他保密事项，如果将合理期限规定得过短，对于用人单位则过于苛刻，进而不利于对商业秘密或者与知识产权有关事项的保密；如果将合理期限规定得过长，则不利于对劳动者生存权的保护。为平衡用人单位和劳动者的利益，我们在起草本条规定过程中，对合理期限参照上述已有司法解释的规定，作了适当延长并最终将3个月的合理期限标准予以保留。可见，本条规定的实质是将用人单位已迟延履行支付经济补偿的债务，在合理期限内仍未履行，从而最终导致劳动者解除竞业限制约定，转化为了“因用人单位的原因导致三个月未支付经济补偿，劳动者请求解除竞业限制约定的，人民法院应予支持”。也即用3个月替换了合理期限。这样规定，既考虑到了与以往司法解释传统一脉相承，又能增强人民法院和当事人对该合理期限的接受度。

---

① 该解释第15条第1款（该解释2020年修改后，条文序号调整为第11条第1款）规定：“根据《合同法》第九十四条的规定，出卖人迟延交付房屋或者买受人迟延支付购房款，经催告后在三个月的合理期限内仍未履行，当事人一方请求解除合同的，应予支持，但当事人另有约定的除外。”

既然本条规定的3个月是对《民法典》第563条中当事人一方迟延履行主要债务后，在合理期限内仍未履行的替代，那么其所强调的就是用人单位应向劳动者按月支付的任何一笔经济补偿，在约定的该笔经济补偿支付日期届至后，用人单位没有按期支付，迟延时间达到3个月以上。关于对本条3个月的理解，是指在竞业限制期限内累计有3个月以上的经济补偿处于未支付状态。

其理由在于：(1) 应尊重用人单位的商业利益，不宜轻易认定合同的解除。根据《民法典》的合同严守基本原则，强调合同法律约束力，当事人不得擅自解除合同。虽然用人单位多次拖延支付经济补偿，但如果每次迟延支付的时间都较短，那么应认定为用人单位仅有轻微违约行为。另外，即便用人单位拖欠劳动者1个月的经济补偿长达3个月以上，但单就这一个月的经济补偿而言数额较小，用人单位长期不支付一般也不会影响劳动者在竞业限制期限内的正常生活水平，故也应认定为轻微违约行为。上述两种轻微违约行为，都不能作为支持劳动者解除竞业限制的依据，以避免因合同解除，劳动者竞业行为对用人单位可能造成的损害。(2) 如出现严重违约行为，用人单位的商业利益应次位于劳动者的生存权。用人单位基于商业秘密或其他保密事项可能得到的商业利益固然需要保护，但经济补偿涉及劳动者的生存权，这是更基础性的权利。在劳动者无法按期取得经济补偿时，应两者相权取其重，优先保护劳动者请求解除竞业限制约定的权利。综上，劳动者请求解除竞业限制约定的前提必须是在竞业限制期限内，用人单位因其自身原因导致累计至少有3个月以上的经济补偿处于未支付状态。

另外，关于本条规定的经济补偿问题还需要简要说明以下两点：一是在具体计算用人单位延迟支付某一月经济补偿是否连续达到3个月时，还需要区分以下情形处理：(1) 用人单位与劳动者之间对给付劳动者的金额具体支付哪笔拖欠经济补偿有约定时，按约定处理；(2) 在没有约定的情形下，用人单位给付的经济补偿数额不足以清偿其对劳动者所负的数笔不同月份经济补偿债务时，应按照数笔不同月份经济补偿到期的先后顺序抵充。此时，3 个月的起算应从剩余未清偿月份中最早月份开始。二是只要用人单位给劳动者的任何一月经济补偿未足额给付就应认定为本条规定所规范的“未支付经济补偿”。有观点认为，从平衡双方当事人利益出发，应当规定用人单位单期或累计少付经济补偿数额达到约定经济补偿总额一定比例才能支持劳动者要求解除竞业限制约定的请求。我们认为，用人单位只要有少付经济补偿的行为就构成违约，就属于本条规定所指的“未支付经济补偿”范畴。其理由有二：一是劳动者因竞业限制可能在一定时间内无法就业获得收入，相应地，用人单位的经济补偿可能成为劳动者维持生活的唯一收入来源。如果用人单位少付经济补偿将可能危及劳动者的生存权益。二是本条规定已经给了用人单位长达 3 个月时间补足少付的经济补偿，用人单位如非恶意拖欠，完全可以在此期间补足该差额以避免劳动者解除竞业限制。如果用人单位在此期间届满之日仍未支付该差额，可推断其为严重违约，此时支持劳动者有关解除竞业限制的约定，不会造成双方利益的失衡。

（三）如何理解“劳动者请求解除竞业限制约定”

1. 用人单位迟延支付经济补偿时，劳动者可在催告用人单位 3 个月后通知用人单位解除合同

前面已述，《民法典》第 563 条第 1 款第 3 项已将当事人一方迟延履行主要债务，经催告后在合理期限内仍未履行作为法定解除事由。细究该项表述可知，要引用该项规定作为解除合同的依据，合理期限一般从催告之后开始起算。所谓催告，是指在债务人没有履行债务的场合，债权人请求其在一个合理的期限内继续履行。其中的合理期限，就是宽限期，也叫延展期。在该宽限期届满前，债务人保质保量地履行了债务的，债权人不得行使解除权，只能就债务人之前的迟延履行主张违约金，赔偿损失的违约责任。在该宽限期届满时，债务人仍未履行债务，包括根本没有履行、虽然履行了但质量或数量不符合约定，

债权人有权行使解除权，将合同解除。[①] 结合《民法典》第563条和第564条可知，劳动者在催告用人单位后，经过3个月，即可以通知用人单位解除竞业限制约定。该约定自通知到达用人单位时解除。用人单位有异议的，只可以请求人民法院或者仲裁机构确认解除合同的效力。也即劳动者可以通过诉讼外的催告和通知流程，单方解除与用人单位的竞业限制约定，而用人单位为避免竞业限制约定的解除只能向人民法院或仲裁机构提起确认之诉。

2. 用人单位迟延给付经济补偿达到3个月时，即便劳动者没有经过催告、通知的环节也可单方解除与用人单位的竞业限制约定

从司法实践来看，由用人单位提起请求法院确认劳动者单方解除竞业限制约定为无效之诉的情形较为少见。更多的情形是，虽然用人单位长期拖欠经济补偿，但劳动者因缺乏法律知识，没有走完催告、合理期限经过和发出解除约定通知的流程，而是直接向法院起诉要求法院判令解除其与用人单位之间的竞业限制约定和用人单位给付已拖欠的经济补偿。此时，是否应支持劳动者解除竞业限制的主张，则素有争议。一种观点认为，催告和通知是劳动者的法定义务，故没有经过上述催告和通知环节，劳动者无从确定3个月合理期限的起算时间，自然也就不能适用本条主张解除竞业限制约定。另一种观点则认为，竞业限制约定并非完全意义上的民商事合同，没有必要完全照搬《民法典》的相关程序规定。从保护处于弱势和法律知识不足的劳动者合法权益出发，只要用人单位拖欠经济补偿客观上达到3个月，劳动者就可以直接起诉请求解除竞业限制约定，而不必拘泥于催告和通知程序。

我们认为，第二种观点更为合理。(1) 双方当事人在劳动关系中实质不平等的现实决定了应对劳动者利益更多保护；(2) 劳动者法律知识的不足使其很少会通过催告、通知方式解除竞业限制约定，即便有催告、通知行为也可能因没有保全证据而面临举证困难；(3)《民

① 崔建远：《合同解除探微》，载《江淮论坛》2011年第6期。

法典》第563条第1款第4项对迟延履行债务致使不能实现合同目的并未要求先行催告。该项“不能实现合同目的”主要针对的是定期行为。由上，用人单位向劳动者支付经济补偿行为的性质也可解释为相对的定期行为。即经济补偿作为避免劳动者就业受限所造成的生活水平下降，如迟延支付达到3个月即可认定用人单位的行为已致使劳动者不能实现签订竞业限制约定的目的。

另外，在认为劳动者可以按照《民法典》第563条第1款第4项规定，无须向用人单位进行催告即可解除合同的情况下，根据《民法典》第565条第2款的规定，劳动者直接以提起诉讼或者申请仲裁的方式主张解除合同的，合同自起诉状副本或者仲裁申请书副本送达对方时解除。需要补充说明的是，本条规范虽然是劳动者向法院起诉要求解除竞业限制约定，但这并不意味着劳动者不可以在具备本条解除条件的情形下，直接通知用人单位解除劳动合同。

【审判实践中应注意的问题】

司法实践中，劳动者在起诉用人单位要求竞业限制相关经济补偿时大多会主张适用本条规定请求解除竞业限制约定。在诉讼过程中，以下几个问题值得注意：

一、双方当事人对劳动者解除竞业限制约定的条件作出与本条规定不同的约定时，应如何处理

现实生活中，用人单位、劳动者各自利益诉求普遍存在差异性。这种差异性反映在竞业限制约定时，主要表现就是对劳动者单方解除竞业限制的条件作了与本条规定不同的约定。主要表现为：（1）约定用人单位3个月未支付经济补偿时，仅承担其他违约责任，但劳动者仍需履行竞业限制约定；（2）约定只有当用人单位超过3个月的一个期限未支付经济补偿时，劳动者才可以解除竞业限制约定；（3）约定当用人单位低于3个月的一个期限未支付经济补偿时，劳动者就可以解除竞业限制约定；等等。

以上几种情况中，前两种情形虽然是双方当事人意思一致的结果，但其约定内容与本条规定的规范主旨不符。经济补偿是对劳动者因竞业限制收入减少的填补，目的是让劳动者的生存权益不受影响。而用人单位3个月不向劳动者支付经济补偿显然严重影响劳动者的生存权益，构成根本违约，劳动者有权单方解除竞业限制约定。既然将3个月不向劳动者支付经济补偿作为法定解除条件，则一旦具备该条件，劳动者依法就有权解除竞业限制约定，而不受双方与之不同约定的影响。上述前两种情形相比本条规定，都更倾向于保护用人单位利益。这显然与本条规定精神相悖。故该约定不能作为法院裁判的依据。至于第三种情形则相比本条3个月的规定更有利于保护劳动者合法权益，故应认为第三种情形可以作为法院作出是否支持劳动者解除竞业限制约定请求的考量依据。

二、劳动者依据本条规定解除竞业限制约定后，是否还可以请求用人单位支付拖欠的经济补偿

从本条规定语义表述来看，其并未对劳动者在请求解除竞业限制的同时，是否可以要求用人单位支付已拖欠的经济补偿作出规定。对此，一种观点认为，劳动者单方解除竞业限制约定对用人单位而言已经是一种不利益，如果再让用人单位支付拖欠的经济补偿则让用人单位为一个违约行为承担了两个违约责任，对用人单位不公平。我们认为，劳动者在解除竞业限制约定的同时可以请求用人单位支付拖欠的经济补偿。其理由在于，对劳动者而言，在解除竞业限制约定之前，已经通过不作为的方式部分履行了竞业限制义务。该义务的履行客观上造成了劳动者收入减少，而且一旦履行就无法恢复原状，故只能由用人单位以向劳动者支付经济补偿方式作出补偿。因此，一旦竞业限

制约定被劳动者单方解除，劳动者基于《民法典》第566条[①]之规定，可以要求用人单位采取补救措施，即将拖欠的经济补偿支付给劳动者。

三、竞业限制约定中没有约定经济补偿，劳动者已经履行了竞业限制约定达到3个月以上但用人单位没有支付经济补偿，劳动者能否请求解除竞业限制约定

一般而言，合同解除的前提是合同本身应为有效。具体到解除竞业限制约定中，劳动者请求解除竞业限制约定的前提是确认竞业限制约定合法有效。关于没有约定经济补偿的竞业限制约定本身的效力问题，理论界和实务界素有争论。一种观点认为，基于权利义务的对等性，用人单位有义务支付一定经济补偿作为劳动者因竞业限制遭受损失的补偿。而且《劳动合同法》第26条也规定了用人单位免除自己法定责任、排除劳动者权利的，劳动合同无效。显然，不给付经济补偿的约定，免除了用人单位的法定责任，排除了劳动者的权利，故应当参照该约定认定其无效，以保护劳动者的就业权和生存权。进而，当劳动者起诉要求适用本条规定解除竞业限制协议时，人民法院如发现该竞业限制协议没有对劳动者的经济补偿作出约定可能被认定为无效时，应依据《最高人民法院关于民事诉讼证据的若干规定》第53条[②]之规定，向当事人进行释明，告知当事人可以基于协议无效而变更诉讼请求。我们认为，上述观点有失偏颇。竞业限制约定体现的是双方当事人的一致意思，本质上仍属于合同范畴。故从合同解释的规则、合同的效力制度等角度考虑，本条对未约定经济补偿金的离职竞

① 《民法典》第566条第1款规定："合同解除后，尚未履行的，终止履行；已经履行的，根据履行情况和合同性质，当事人可以请求恢复原状或者采取其他补救措施，并有权请求赔偿损失。"

② 该条第1款规定："诉讼过程中，当事人主张的法律关系性质或者民事行为效力与人民法院根据案件事实作出的认定不一致的，人民法院应当将法律关系性质或者民事行为效力作为焦点问题进行审理。但法律关系性质对裁判理由及结果没有影响，或者有关问题已经当事人充分辩论的除外。"

业限制条款未规定为无效条款，而是承认其效力。①

最后，值得注意的是，司法实践中，部分劳动者可能在主张支付经济补偿的同时，要求用人单位继续履行竞业限制约定。对此，应结合本解释第 39 条之规定加以处理。根据本解释第 39 条规定可知，在竞业限制期限内，用人单位对竞业限制协议有任意解除权。有鉴于此，在具体处理该类诉讼请求时，应注意在庭审中就是否同意继续履行竞业限制约定询问用人单位意见。如果用人单位明确表示不愿继续履行竞业限制协议，即应认定其通过法院向劳动者发出了解除通知，竞业限制约定也随之解除。

【案例解读】

一、基本案情

姜某于 2015 年 4 月 1 日入职某公司，担任教学部门讲师，工作内容包括教师资格证培训等内容。2015 年 7 月 24 日，某公司与姜某签订《竞业禁止协议书》，其上载明“姜某在职期间及离职后两年之内不得以任何形式从事与其公司业务类型相同或相似存在竞争关系的业务……公司按月向其支付竞业限制补偿”。姜某于 2018 年 6 月 12 日以个人原因离职，离职后 2 个月某公司未向姜某支付竞业限制补偿，故姜某于 8 月 8 日向某公司送达解除通知书，并以公司未支付竞业限制补偿为由提起诉讼要求解除竞业限制协议。同年 8 月 10 日，公司向姜某支付了 6 ~ 8 月的竞业限制补偿。

二、裁判结果

法院经审理后认为某公司虽 2 个月未向姜某支付竞业限制补偿，但已及时补足，故未达到劳动者可以行使解除权的条件，最终判决驳回姜某的诉讼请求。

① 关于未约定经济补偿的竞业限制约定有效的具体理由阐释，请参见本解释第 36 条的理解与适用。

三、评析

本案例主要涉及用人单位未按照竞业限制约定向劳动者支付经济补偿金时劳动者是否具有解除竞业限制协议的权利。司法实践中，经常出现用人单位与劳动者未在竞业限制协议中约定经济补偿条款，或者虽有约定但拒绝向劳动者支付经济补偿，或者支付经济补偿不符合约定内容。劳动者由于遵守竞业限制约定，导致其无法利用此前任职所获得的便利从事熟悉或擅长的工作，继而导致收入减少，但却因用人单位违约行为得不到补偿而引发的劳动争议，大多劳动者选择用人单位支付竞业限制经济补偿金，也有部分劳动者选择不再遵守竞业限制约束。

实务中，对于劳动者在用人单位违约不支付经济补偿金的情况下，是否具有解除竞业限制协议的权利存在争议：

观点一为肯定说，认为在竞业限制协议中，劳动者履行竞业限制义务与用人单位向劳动者支付经济补偿金义务形成合同法上的对待给付关系。如果用人单位未按约定或者未依法向劳动者支付经济补偿金，违反了竞业限制主要义务行为，应承担违约责任。因此，从保护劳动者生存权和就业权角度出发，用人单位如果存在违约行为，应当支持劳动者解除竞业限制约定的请求，但对劳动者行使解除权的程序和条件应当规制，如只有用人单位拖欠经济补偿金达到一定程度，劳动者才可以请求解除竞业限制协议。

观点二为否定说，认为劳动者在竞业限制协议中不具有发起权、决定权，故亦不具有解除权；而且，从责任程度比较来看，用人单位拖欠劳动者竞业限制经济补偿的金额远小于劳动者违反竞业限制可能导致用人单位的损失，故从责罚相当角度考量，不应当赋予劳动者解除竞业限制协议的权利，劳动者只有请求用人单位支付经济补偿金的权利。

经比较上述观点，我们认为观点一的意见更能兼顾劳动者和用人单位双方利益。首先，应当赋予劳动者在用人单位存在违约行为且违约达到一定程度后的单方解除权。由于用人单位向劳动者支付经济补偿金义务与劳动者履行竞业限制义务属于合同法上的对待给付关系，如果用人单位未按约定或者未依法向劳动者支付竞业限制经济补偿金，属于对竞业限制协议主要义务的违反，已经构成了根本性违约，从公平对等考虑，劳动者理应具有解除竞业限制协议的权利。其次，由于实践中用人单位未依法或未依约支付竞业限制经济补偿的原因十分复杂，有些并非用人单位主观过错所致，如劳资双方约定在职期间定期支付的保密费或者股权激励收益作为离职后的竞业限制经济补偿金，劳动者认为用人单位支付经济补偿金方式不符合法律规定应视为未支付；又如，有些用人单位因为经营困难导致无力支付经济补偿；等等。因此，为了保护用人单位商业利益，应当对用人单位违约行为导致解除的程度标准作出规定，只有用人单位达到规定的违约程度，劳动者才可以请求解除竞业限制。本条规定以 3 个月作为区分用人单位违约行为是否足以严重到让劳动者有权解除竞业限制约定的分界点，比较公平合理。本案例中，劳动者在离职 2 个月后即申请劳动仲裁请求解除竞业限制约定，用人单位及时补发了所拖欠的竞业限制经济补偿金，劳动者请求解除竞业限制约定不符合本解释规定的 3 个月合理期限条件，故应不予支持。

第三十九条

在竞业限制期限内，用人单位请求解除竞业限制协议的，人民法院应予支持。

在解除竞业限制协议时，劳动者请求用人单位额外支付劳动者三个月的竞业限制经济补偿的，人民法院应予支持。

【条文主旨】

本条是关于用人单位对竞业限制解除的规定。

【条文理解】

一、本条规定的历史沿革及制定背景

本条规定共分两款，主要承自2013年《劳动争议司法解释(四)》第9条，文字上将原解释规定第1款的“用人单位请求解除竞业限制协议时”，修改为“用人单位请求解除竞业限制协议的”。

竞业限制协议是指用人单位与劳动者约定在解除或者终止劳动合同后一定期限内，劳动者不得到与本单位生产或者经营同类产品、从事同类业务的有竞争关系的其他用人单位任职，或者自己开业生产或者经营同类产品的书面协议。关于竞业限制的法律规定，最早见于原劳动部《关于企业职工流动若干问题的通知》（劳部发〔1996〕355号），该通知第2条规定，用人单位可规定掌握商业秘密的职工在终止或解除劳动合同后的一定期限内（不超过3年），不得到生产同类产品或经营同类业务且有竞争关系的其他用人单位任职，也不得自己生

产与原单位有竞争关系的同类产品或经营同类业务，但用人单位应当给予该职工一定数额的经济补偿。《劳动合同法》第23条、第24条规定了用人单位可以在劳动合同或者保密协议中与劳动者约定竞业限制条款以及竞业限制条款的内容、效力。但上述法律法规均未对竞业限制条款的解除作出明确规定。

司法实践中，关于用人单位能否单方解除竞业限制协议，仍存在一定争议。有观点认为，竞业限制协议的解除，也应当遵循合同解除的一般原则，即双方协商一致解除。在竞业限制协议生效的情况下，劳动者有权获得协议约定的按月给付的经济补偿，用人单位单方解除协议，将对劳动者已经形成的合理预期收益产生影响，因此，不应允许用人单位任意单方解除。另一种观点则认为，竞业限制的单方解除，是用人单位根据客观情况的变化作出的放弃限制劳动者就业自由的行为，对劳动者不会造成实质损害，因此应当允许，只是从公平合理的角度出发，应当考虑规定一定的通知期限，以给予劳动者解除竞业限制后重新安排就业的机会。

2013年《劳动争议司法解释（四）》出台以前，一些地方已经对竞业限制协议的单方解除问题进行了一些规定和探索。比如，《北京市高级人民法院、北京市劳动争议仲裁委员会关于劳动争议案件适用法律问题研讨会会议纪要》第37条规定，用人单位与劳动者在劳动合同或保密协议中约定了竞业限制条款，用人单位如在此后认为劳动者不必履行竞业限制约定的，应当明确告知劳动者。在用人单位告知前劳动者已按约履行了义务，因此要求用人单位支付履行期间经济补偿的，应予以支持。《上海市劳动和社会保障局关于实施〈上海市劳动合同条例〉若干问题的通知（二）》规定，竞业限制协议生效前或者履行期间，用人单位放弃对劳动者竞业限制的要求，应当提前1个月通知劳动者。用人单位放弃对剩余期限竞业限制要求的，应当按劳动争议处理机构确认的标准支付已经履行部分的经济补偿金。《山东省关于适用〈劳动争议调解仲裁法〉和〈劳动合同法〉若干问题的意见的通知》规定，用人单位与劳动者约定竞业限制，用人单位未按照约定支付经济补偿的，劳动者可以要求用人单位履行竞业限制协议，支付经济补偿。自工作交接完成后满1个月，用人单位尚未给予劳动者经济补偿的，劳动者可以不受竞业限制协议的约束。《广东省高级人民法院、广东省劳动争议仲裁委员会关于适用〈劳动争议调解仲裁法〉〈劳动合同法〉若干问题的指导意见》（已失效）第26条规定，用人单位与劳动者约定竞业限制的，应当在竞业限制期限内依法给予劳动者经济补偿，用人单位未按约定支付经济补偿的，劳动者可要求用人单位履行竞业限制协议。至工作交接完成时，用人单位尚未承诺给予劳动者经济补偿的，竞业限制条款对劳动者不具有约束力。这些规定虽然对解决辖区内相关纠纷起到了指引作用，但也造成全国范围内司法尺度上的不统一，因此，司法解释对此问题进行明确，就显得非常必要了。

在2013年《劳动争议司法解释（四）》的制定过程中，最初是从合同解除应经双方当事人协议一致的角度，对竞业限制协议的解除条件进行了规定，因此，该条规定在向社会征求意见时的表述为：在竞业限制期限内，用人单位或劳动者请求解除竞业限制条款，应当协商一致。协商不成的，该竞业限制条款对双方仍然具有约束力。用人单位因其商业秘密或与知识产权相关的保密事项确已公开，要求解除与劳动者之间竞业限制条款约定的内容的，应当提前60日书面通知劳动者。对此，社会各界提出了一些修改意见，主要可以归纳为三点：（1）建议将第2款修改为：因用人单位的商业秘密或与知识产权相关的保密事项确已公开，用人单位提前60日书面通知劳动者，可以解除与劳动者之间竞业限制条款约定的内容。主要理由是：如果竞业限制条款有效，除非法律规定或另有约定，劳动者或用人单位无权单方解除竞业限制条款。用人单位提前60日书面通知劳动者，并未明确规定可以达到通知解除竞业限制条款约定的内容的法律效果。（2）建议将两款规定合并成一款：在竞业限制期限内，劳动者请求解除竞业限制条款的，除用人单位同意或者法律另有规定外，人民法院不予支持。用人单位经提前书面通知劳动者解除竞业限制条款并支付不少于60日经济补偿的，人民法院应予支持。主要理由是应当明确规定适用的时间段，对于尚未开始履行的竞业限制条款，不应规定提前通知期。从表述的角度看，也应从人民法院司法裁判的角度予以规定。（3）建议将第2款修改为：用人单位提前60日书面通知劳动者要求解除竞业限制条款的，人民法院应予支持。主要理由是，《劳动合同法》对竞业限制的规定，其目的在于保护用人单位的商业秘密，如果用人单位认为没有必要再对劳动者进行竞业限制时，应当允许用人单位解除竞业限制协议。在此情况下，坚持竞业限制协议的履行，不利于保护劳动者的就业权，也可能造成社会资源的不必要浪费。最终，我们在综合研究各方意见的基础上，从竞业限制本身是对劳动者就业选择权的限制，用人单位要求解除应予支持的角度出发，对2013年《劳动争议司法解释（四）》征求意见稿的条文进行了修改。

二、用人单位单方解除竞业限制协议的规定依据

（一）从《劳动合同法》的规定看，用人单位应当享有单方解除竞业限制协议的权利

在双方当事人没有明确约定协议解除的条件时，应当依据《劳动合同法》的规定判断协议解除的条件，而在《劳动合同法》没有对此作出规定的情况下，则应当结合《劳动合同法》的立法精神，对合同解除条件予以解释。竞业限制是法律为保护用人单位的商业秘密而赋予其的一项权利，其立法侧重点在于保护用人单位相关保密信息所蕴含的竞争利益，通过限制劳动者择业自由以降低利用用人单位保密信息进行竞争的可能性。在利益的平衡机制上，法律选择通过对劳动者因择业自由遭受限制进行经济补偿的方式，从而实现劳动者与用人单位之间的利益平衡。因此，应该将竞业限制协议理解为法律赋予用人单位的一种保护自身商业秘密等重要信息的权利。换言之，从竞业限制协议的签订来看，只有用人单位有权决定是否和劳动者签订该协议，而劳动者并没有对等的权利，可以主动发起与用人单位签订该协议，劳动者仅享有对其遵守竞业限制义务而遭受经济损失请求补偿的权利。

因此，从竞业限制协议的解除看，除协议约定和法律规定的解除条件外，也应当允许用人单位主动放弃对劳动者竞业限制的要求，即享有相应的发起解除竞业限制协议的权利。

（二）从竞业限制协议的目的看，应当允许用人单位单方解除竞业限制协议

1. 竞业限制的合法性基础，是存在用人单位的可保护利益

自由竞争和贸易自由是市场经济的基本原则，竞业限制本身是对自由竞争的一种限制，因此，竞业限制的实施必须以正当利益的存在为前提，必须以保护合法权益所必须。正因如此，商业秘密的现实存在或者说用人单位具有可保护利益是订立竞业限制协议的重要前提条件。当用人单位的商业秘密或者与知识产权相关的保密事项已经公开，竞业限制继续存在的基础也随之丧失，其法律效力当然随之终止，此时竞业限制协议应当予以解除。

2. 竞业限制主要应视为用人单位的权利，因此，应允许权利人主动放弃

在当前科学技术飞速发展的情况下，高新技术领域的技术更新换代迅速，市场信息瞬息万变，在法律规定的最长竞业限制期限内，用人单位认为原来与劳动者设定的竞业限制义务已无继续履行之必要的情况自然也不在少数。在此情况下，用人单位作为法律保护的权利人，认为无必要继续享有该权利，应当允许其对自身权利进行处分。

3. 竞业限制保护的权利事项是否还具有继续保护之需要，用人单位具有信息优势

竞业限制存在的前提即商业秘密和知识产权的保密及公开事项、公开情况，均是由用人单位掌控或知悉的，劳动者相对处于被动的地位，信息不对称现象比较典型。因此，由用人单位在认为没有必要继续对劳动者进行竞业限制时主动单方解除竞业限制协议，也是符合客观实际的。

（三）从《劳动合同法》的法律特征上看，应当允许用人单位单方解除竞业限制协议

关于竞业限制协议的性质，有观点认为，由于竞业限制协议的签订是以劳动合同为基础和条件的，因而属于一种附随合同，而其在劳动合同终止或解除后才发生对劳动者就业限制的法律效力，因而又是一种附生效条件的法律行为，由于劳动者在劳动合同本身已经解除或终止之后，才负有竞业限制协议规定的义务，因此，这种义务又可以看作是劳动合同的后合同义务。我们认为，无论竞业限制协议是作为劳动合同的一部分还是单独签署，其法律性质都是一种合同。按照一般民事合同的法律规定和理论看，合同的签订与解除，均需遵从双方当事人意思自治的原则，即合同解除应当经双方协商一致，或者合同符合双方在订立合同时即已约定的解除条件或法定解除条件时，方可解除。但是，劳动合同的特殊性决定了，它不同于普通民事合同。

关于劳动合同的性质，在学界存在一定争论，但是一般均认同劳动合同本身具有多重性和复杂性。从形式上看，劳动合同的缔结过程是当事人意思自治实现的结果，劳动者基于自身的意志同意与用人单位建立劳动关系。但从实质上看，由于相对于用人单位，劳动者往往居于弱势地位，因此，私法上的平等协商和意思自治，难以在劳动法律关系上得到真正实现。为了协调劳动合同双方当事人利益以及整个社会利益，实现实质意义上的平等、公平，就需要国家强制力的介入，通过对劳动合同从缔结到履行再到解除等各环节的调整，进行必要的矫正，从而缓和劳动法律关系实质上的不平等。因此，虽然从人民法院受理案件的分工看，劳动争议案件属于民事案件的受理范围，但劳动合同关系的法律调整，却是公法因素与私法因素的整合，在劳动合同关系中，应当注意当事人意思自治与国家强制的协调。

在研究竞业限制协议单方解除问题时，不应拘泥于民事合同解除的法律规定和法理依据，还应考虑劳动合同的特殊性、劳动关系社会规制的需要和经济社会发展的需求。我们可以从《劳动合同法》关于劳动合同解除的规定中看出，法律对于劳动合同双方当事人并未设定

平等的合同解除权。根据该法第 37 条的规定，劳动者享有合同任意解除权，而仅需履行提前 30 日以书面形式通知用人单位的义务。而用人单位仅可以通过协商一致、行使法定解除权来提前解除劳动合同，并不享有合同的任意解除权。这种形式上不平等权利的设置，主要是出于保护劳动者合法权益，避免其因经济社会弱势地位的原因，在实质上难以实现与用人单位平等的订立和解除劳动合同的权利而作出的。同样，在竞业限制协议的规定上，由于其是以为保护单位的商业秘密和知识产权，促进经济的繁荣发展，而对劳动者择业自由权利的限制，对劳动者的生存权构成一定威胁，因此，即使是由于用人单位竞业限制意愿消除之外的其他原因或者事由的出现，导致用人单位要求解除竞业限制的，也应获得支持。因为，从整个社会秩序的角度看，及时解除竞业限制，对于促使劳动者恢复正常的生活和工作秩序，使其工作走上常态化是有利的，虽然用人单位解除竞业限制协议必然带来相应经济补偿金支付义务的免除问题，但从长远来看，这对于具体劳动者而言并无不利，从宏观来看，更有利于正常劳动关系和劳动秩序建立和维护。

二、用人单位单方解除权的行使

（一）行使方式

本条关于用人单位单方解除竞业限制协议的权利，是从司法裁判的角度进行规定的，但是这并不意味着用人单位单方解除竞业限制协议的权利必须通过人民法院确认方可行使。实践中，用人单位可以以通知的方式，告知劳动者解除或终止竞业限制协议，该通知送达劳动者时即发生法律效力。这里需要注意两个问题：

1. 当劳动者对用人单位通知解除竞业限制协议有异议时，是否可以通过劳动争议仲裁和诉讼的方式提出

我们认为，从诉讼程序的角度上看，应当保证劳动者对争议的救济渠道，但是从异议内容的角度看，用人单位的单方解除权，是一种法定解除权，法律和司法解释没有规定其行使的条件，因此应当认为，

用人单位可以随时行使该解除权，即使劳动者对此存在异议，也不影响竞业限制协议的解除。

2. 用人单位行使解除权的方式必须是以劳动者知道或者应当知道的方式

如果用人单位通过提起劳动争议仲裁或诉讼的方式主张解除竞业限制协议，当然属于合法的解除方式。除此之外，用人单位应当以书面通知等足以使劳动者明确知悉竞业限制协议已经解除的方式，方可实现竞业限制协议的解除。在实践中，经常有劳动者在向用人单位请求支付竞业限制补偿金时，用人单位提出并未要求或者已经解除对劳动者的竞业限制补偿的抗辩，或者是通过在劳动合同或竞业限制协议中约定某些模糊的策略或条件，以此拒绝向劳动者支付竞业限制补偿金。在此情况下，应当注意查明竞业限制协议是否已经实际解除，而判断是否已经解除的关键，就在于用人单位是否已经明确通知了劳动者，或者说劳动者是否已经明知不必再受竞业限制协议确定的择业限制。在劳动者已经履行了竞业限制协议义务，而用人单位又不能举证证明已经以劳动者明确知悉的方式告知其解除竞业限制协议或协议不生效时，用人单位仅以未支付竞业限制经济补偿因而该协议未生效为抗辩，不应获得支持。

（二）行使时间

根据本条规定，用人单位可以在竞业限制期限内单方解除竞业限制协议，那么，在竞业限制期限到来之前，用人单位是否也可以行使该解除权呢？我们认为，同样是可以的。如前所述，竞业限制协议从本质上看仍是一种合同，按照《民法典》第 502 条的规定，一般情况下，合同的生效时间就是合同的成立时间，但是当事人亦可以约定合同生效的条件和期限。实践中，竞业限制协议一般都属于附生效期限或生效条件的合同，或者约定以劳动合同的终止或解除作为竞业限制协议生效的条件，或者约定以劳动者的离职时间作为竞业限制协议的生效时间。在竞业限制协议生效前，也就是竞业限制期限尚未到来时，用人单位已经决定不再要求该劳动者履行竞业限制协议的，当然可以解除该协议，并且，由于劳动者并未实际受到竞业限制协议的约束和择业选择权的限制，用人单位无须向劳动者支付竞业限制补偿金，当然也就谈不上因单方解除竞业限制协议而支付额外经济补偿的问题了。

（三）法律效果

竞业限制协议因用人单位单方解除后，劳动者自协议解除之日起，不再负担协议约定的就业上的限制义务，而用人单位也可以免除依约定或依法律规定按月支付劳动者相应竞业限制经济补偿的义务，但是用人单位应当同时向劳动者支付提前解除竞业限制协议的额外经济补偿。需要注意的是，在用人单位仅以通知方式告知劳动者解除竞业限制协议而未主动支付额外经济补偿时，应当认为，竞业限制协议已经自通知到达劳动者之日起解除，用人单位仅负担向劳动者支付额外经济补偿之义务。

还需要明确的是，用人单位如果是在劳动合同到期终止或者解除前，即通知劳动者解除竞业限制协议的，竞业限制的解除仅限于劳动者离职之后，还是也及于其在职期间呢？我国关于在职期间竞业禁止的规定，主要规定在《公司法》《合伙企业法》《个人独资企业法》等法律中，以《公司法》规定的董事、经理等高级管理人员的竞业禁止为典型。①

在《劳动法》和《劳动合同法》中，并无对劳动者在职期间竞业禁止的明确规定。从法律解释的角度看，有观点认为，劳动者在职期间的竞业禁止问题，应当属于当事人可以自由约定的内容，② 但在学

① 《公司法》第69条规定："国有独资公司的董事长、副董事长、董事、高级管理人员，未经国有资产监督管理机构同意，不得在其他有限责任公司、股份有限公司或者其他经济组织兼职。"第147条第1款规定："董事、监事、高级管理人员应当遵守法律、行政法规和公司章程，对公司负有忠实义务和勤勉义务。"《个人独资企业法》第20条第6项规定："投资人委托或者聘用的管理个人独资企业事务的人员不得有下列行为：……（六）未经投资人同意，从事与本企业相竞争的业务……"

② 张疆华等：《商法与社会法语境下的竞业禁止——以〈公司法〉与〈劳动合同法〉的规定为视角的比较研究》，载最高人民法院民事审判第一庭编：《民事审判指导与参考》（2011年第3辑），人民法院出版社2011年版，第97页。

理上，劳动者在职期间的竞业限制义务，被认为是基于诚信原则而产生的忠实义务的题中应有之意。根据《劳动合同法》第39条第4项的规定，劳动者同时与其他用人单位建立劳动关系，对完成本单位的工作任务造成严重影响，或者经用人单位提出，拒不改正的，用人单位可以解除劳动合同。从这一规定上看，法律将劳动者在职期间是否需要承担竞业限制的义务的决定权，赋予了用人单位。因此，上述问题的答案，取决于用人单位解除竞业限制的意思表示是否及于劳动者在职期间。对于用人单位并未明确表示放弃对劳动者在职期间竞业限制要求的，不应当然地认为劳动者在职期间亦无须受到竞业限制，当然，如果双方劳动合同或其他证据可以证明，劳动者在职期间本来就不受到竞业限制的情况除外。

三、解除竞业限制协议的额外经济补偿

用人单位能否单方解除竞业限制协议，与是否需要给予劳动者相应的经济补偿，是一个问题的两个方面。如同普通民事合同的解除一样，一方当事人解除合同后，对于解除合同造成的经济损失，仍需进行清算。在竞业限制协议的单方解除问题上，司法解释规定了用人单位的额外经济补偿责任。

竞业限制协议签订后，劳动者基于对协议的遵从与信赖，限制自身的就业自由，在用人单位单方宣告解除竞业限制协议时，劳动者基于之前的信赖，将蒙受一定的损失。主要是在实际生活中，竞业限制协议虽然解除了，但并不意味着劳动者可以立即摆脱协议的束缚，找到新的更好的岗位，从而实现经济收入上的提升和改善。在竞业限制协议的约束下，劳动者可能选择了待业在家，因此需要在协议解除后重新寻找工作岗位；劳动者也可能已经选择在其他领域就业，与新的用人单位签订了劳动合同，不能立即解除转而寻找更好的工作岗位。在竞业限制协议解除前，劳动者可以凭借协议获得一定经济补偿，从而平衡其就业自由受限的经济损失。而协议一旦解除，就意味着用人单位不再负有向劳动者支付竞业限制经济补偿的义务，而劳动者又不

能立即摆脱竞业限制协议带来的就业不利，这必将使劳动者因竞业限制协议的解除遭受一个额外的经济损失。从某种意义上来看，这种损失类似于合同法意义上的信赖利益损失，① 因此，具有被补偿的合理性和法理性依据。

关于劳动者应获得的竞业限制经济补偿的数额和标准，在2013年《劳动争议司法解释（四）》制定过程中，曾经经历了从1个月的竞业限制补偿金到3个月的竞业限制补偿金的变化，最终将补偿标准确定为后者。主要考虑是，竞业限制一经解除，劳动者一般不会立即找到新的工作岗位，劳动者如果已经在其他地区或其他行业就业，按照《劳动合同法》第37条的规定，需要提前30日以书面形式通知用人单位，方可解除劳动合同，再加上重新寻找工作机会、订立劳动合同的时间成本，1个月的竞业限制补偿金可能难以弥补劳动者因竞业限制协议提前解除而遭受的损失，而劳动收入有着维持基本生活的特性，因此，确定3个月的补偿标准，在充分考虑劳动者损失弥补、生活保障的同时，也不会给用人单位带来过重的经济负担，符合公平原则，是比较适合的，也与本解释第38条规定的因用人单位的原因导致3个月未支付经济补偿，劳动者有权请求解除竞业限制协议的规定构成前后呼应。

【审判实践中应注意的问题】

在知识经济背景下，人才竞争日趋激烈，伴随这一现象而出现的人才流动成为劳资双方关系和谐的焦点。因此，用人单位也越来越关注自身商业秘密、知识产权等信息财富的保护，竞业限制协议成为劳动关系中不可或缺的组成部分。

---

① 信赖利益一般是指当合同不成立、无效、被撤销或者不被追认时，相对人因信赖合同有效所蒙受的不利益。信赖利益赔偿的结果，即如同合同未曾发生一样，在德国法上，信赖利益的赔偿以合同的履行利益为最高赔偿限额。参见崔建远主编：《合同法》（第四版），法律出版社2007年版，第311~312页。

关于用人单位竞业限制协议单方解除权的问题，即用人单位在竞业限制协议履行期限内，能否随意单方解除竞业限制协议。对这一问题，理论界和实务界存在三种观点。第一种观点为肯定说，认为竞业限制制度的根本目的在于保护用人单位的商业秘密、知识产权等权益，是用人单位的一项权利。既为权利，即可放弃。故用人单位可随时单方解除竞业限制协议而不受任何限制，且用人单位提出解除竞业限制协议后即无须再支付劳动者经济补偿。第二种观点为否定说，认为竞业限制是对于劳动者的自由择业权的限制，允许用人单位随意解除竞业限制，将对劳动者的工作生活产生严重影响，也容易引发不诚信的行为，且由于竞业限制期限一般较短，故用人单位在竞业限制协议履行期限内不得单方解除。第三种观点为折中说，认为在用人单位希望保护的商业秘密或技术秘密已无保密必要的情况下，用人单位可行使单方解除权，但应受一定的限制。

我们认为，设置竞业限制制度的初衷是保护用人单位的商业秘密、知识产权等信息财富不受侵犯，维护企业在竞争中的优势地位。对于用人单位而言，竞业限制其性质为授权性规范，故用人单位有权放弃要求劳动者禁止竞业的权利，并免除其因享有该权利而应当履行的支付补偿金的义务。同时，随着科技的进步，许多产业技术更新十分迅速，如用人单位希望借助竞业限制制度而保护的商业秘密、知识产权等已进入公有领域，则用人单位便失去了“应保利益”，在此情况下，仍强制用人单位履行竞业限制协议，支付竞业限制经济补偿有违经济原则，也不利于促进科学技术的改革和创新。因此，应当肯定用人单位在竞业限制协议履行期内有权提出单方解除。但是，竞业限制制度是通过对劳动者自由择业权的限制来实现对用人单位商业秘密、知识产权等信息财富的保护。因此，如果对用人单位竞业限制协议单方解除权不加任何限制，可能会导致用人单位滥用其权利，侵害劳动者权益的情况出现。对于竞业限制制度的设置，既要保障劳动者的生存权利，以追求分配正义；也要保护用人单位的商业秘密，以实现效率最大化。只有平衡好了这对关系，才能兼顾分配正义和效率，真正发挥竞业限制制度的作用。基于上述原因，我们同意第三种意见，认为在竞业限制履行期内，用人单位可以单方提出解除竞业限制协议，但必须受到以下条件的限制：（1）用人单位必须有证据证明履行竞业限制协议对其已无现实需要，如商业秘密、技术秘密已经公开等，此时，竞业限制协议已丧失了继续履行的前提和价值；（2）用人单位行使单方解除权必须明示提前通知劳动者，保障劳动者重新寻找工作的合理期限；（3）在合理期限内，用人单位仍须支付经济补偿；（4）双方可以通过约定的方式排除用人单位单方解除权的行使。

一、劳动者请求支付额外经济补偿标准的确定

按照本解释的规定，劳动者在用人单位单方解除竞业限制协议的情况下，有权请求其支付额外经济补偿，这一经济补偿的标准为3个月的竞业限制经济补偿。这一计算基数，应当与根据协议约定或者依法确定的劳动者应当在竞业限制期限内按月获得的经济补偿一致。[①]实践中可能会遇到的问题是，如果劳动者与用人单位在协议中约定了在竞业限制协议提前解除时，用人单位应支付的经济补偿金的标准，高于或低于3个月的补偿标准时，应当如何确定额外经济补偿的支付标准？我们认为，按照合同的一般原理，应当允许当事人对自己的权利进行协商与处分，只要这种约定是当事人真实意思的表示。本解释第35条，关于劳动者与用人单位就工资报酬、经济补偿等进行约定处分的行为，也是采取了认可其法律效力的态度，只是从防止用人单位凭借优势地位，恶意损害劳动者合法权益的角度，强调了协议的合法性要求，当然这也没有超出《民法典》对一般民事合同效力的规定。在竞业限制协议的解除以及额外补偿金支付的问题上，我们应当秉持同样的司法态度，对双方当事人的真实意思表示应当予以认可，仅在符合合同无效或可撤销情形时，对该协议的效力作出相应认定。

---

① 按照本解释第36条的规定，这一标准不应低于劳动者在劳动合同解除或者终止前12个月平均工资的30%，而且不应低于劳动合同履行地的最低工资标准。

二、额外经济补偿的支付方式

根据《劳动合同法》第23条第2款的规定，在竞业限制期限内的经济补偿应当是按月支付给劳动者的。而在用人单位单方解除竞业限制协议的情况下，因提前解除协议而支付给劳动者3个月额外的竞业限制经济补偿，则应按照一次性支付的方式支付，而不再适用法律规定的按月支付方式。这是因为，法律规定竞业限制经济补偿的按月支付，主要是基于竞业限制协议对劳动者就业自由的限制，将直接影响其基本生存权利，因此，要求用人单位给予相应的经济补偿，目的在于解决劳动者的基本生活保障，按月支付的方式，最有利于实现这一立法目的。同时，这一支付方式也给提前解除竞业限制协议留下了可操作空间，在用人单位认为无须继续限制劳动者就业自由而提前解除竞业限制协议时，可以同时豁免继续支付经济补偿，不会涉及追回已支付的经济补偿的问题。而在竞业限制协议因用人单位的原因提前解除的情况下，给予劳动者的额外经济补偿如果仍然要求按月支付，在用人单位主动履行的情况下当无不便，但在用人单位未主动履行，劳动者向其请求支付时，则会带来不便，因此，人民法院对劳动者提出的该项诉求，应当支持用人单位一次性支付的方式。

【案例解读】

一、基本案情

江某泉于2016年11月12日入职深圳市康某科技有限公司任工程师。双方于2017年3月31日签订《保密及竞业限制协议》，其中第10条约定“未经甲方事先书面同意，乙方不得在离职后一年内，在与甲方存在商业竞争关系或其他利害关系的用人单位内任职，或者自己生产、经营与甲方有竞争关系的同类产品或业务”。江某泉于2018年10月13日自愿离职，于2018年10月31日申请仲裁，主张深圳市康某科技有限公司仅于2018年11月23日支付2018年10月份的竞业限制补偿1200元，低于深圳市同期最低工资标准，存在未按月足额支付行为，故请求深圳市康某科技有限公司一次性支付尚未支付的，即2018年10月13日至2019年10月13日期间的竞业限制经济补偿金。深圳市康某科技有限公司抗辩主张其已于2018年12月7日通过邮政快递向江某泉送达解除竞业限制通知书，江某泉虽于2018年12月12日拒收，但快递单上已经写明了文件内容为《解除竞业限制通知书》，因此双方竞业限制协议于2018年12月12日解除。

二、裁判结果

法院审理认为，江某泉于2018年10月13日离职，于2018年10月31日申请仲裁，江某泉离职未满1个月就提起仲裁请求深圳市康某科技有限公司一次性支付所有未付的竞业限制补偿金，不符合《深圳经济特区企业技术秘密保护条例》第25条①规定，不应予以支持，但江某泉有权请求深圳市康某科技有限公司支付其履行竞业限制义务期间的经济补偿金差额。根据深圳市康某科技有限公司提交的《解除竞业限制通知书》及快递单，证明其已于2018年12月12日将解除竞业限制意思表示向江某泉送达，深圳市康某科技有限公司解除通知已经发生法律效力。根据2013年《劳动争议司法解释（四）》第9条第2款的规定，江某泉可以请求支付额外3个月的竞业限制经济补偿金。

三、评析

本案例主要涉及用人单位是否具有竞业限制单方解除权以及额外经济补偿问题。对此问题理论和实务界争议较大。观点一为否定说，其理由系按照普通民事合同的法理和规定来看，合同的签订和解除，均需遵从双方当事人意思自治原则，非依法律规定或者符合双方在订立合同时约定的解除条件或者经双方协商一致不得解除，竞业限制协议作为民事协议一种，应遵循合同法法理和规定。另从劳动合同法规

---

① 《深圳经济特区企业技术秘密保护条例》第25条规定："竞业限制补偿费应当在员工离开企业后按月支付。用人单位未按月支付的，劳动者自用人单位违反约定之日起三十日内，可以要求用人单位一次性支付尚未支付的经济补偿，并继续履行协议；劳动者未在三十日内要求一次性支付的，可以通知用人单位解除竞业限制协议。"

定来看，劳动者对于劳动合同在满足提前30日告知程序要求的基础上具有单方解除权，但用人单位仅有法定的单方解除权，因此，用人单位非经协商不得单方解除竞业限制协议。观点二为肯定说，认为竞业限制制度的根本目的是保护用人单位的知识产权权益，是用人单位的一项权利，用人单位可以放弃要求劳动者遵守竞业限制的权利。而且由于用人单位单方解除竞业限制协议之后，劳动者具有完全的择业自主权，对于劳动者来说并无实际损失，因此，用人单位单方解除权不受任何限制。观点三为折中说，认为用人单位对于竞业限制协议可以行使单方解除权，但应当予以合理的程序限制并应适当承担经济补偿责任。其理由系竞业限制协议签订之后，劳动者基于对协议的遵守和信赖，或者已经限制了自身的就业自由，在协议被通知解除后需要一定时间重新寻找理想的工作，或者已经按照竞业限制协议选择了非熟悉、非擅长领域的工作，因此，用人单位应当在行使单方解除权后对劳动者予以一定的解约经济补偿。

对于上述分歧，我们同意观点三的折中意见。主要考量如下：一是从竞业限制制度设立目的来看，竞业限制立法侧重点是通过限制劳动者解除或终止劳动合同一定期限内的择业自由权的方式，降低劳动者利用企业保密信息进行竞争的可能性，保护企业知识产权或重要技术和管理信息所蕴含的竞争利益，而经济补偿是对劳动者因择业自由权受限的一种补偿。因此，应该将竞业限制理解为法律赋予用人单位保护自身知识产权等重要技术和管理信息的权利，用人单位具有主动发起与劳动者签订竞业限制协议的权利，亦应具有主动放弃要求劳动者履行竞业限制的权利；而劳动者仅有在履行竞业限制义务之后请求用人单位支付经济补偿或者在用人单位不依法支付经济补偿时请求解除竞业限制的权利，而无要求用人单位签订竞业限制协议或者请求继续履行竞业限制协议的权利。二是从用人单位对于竞业限制保护权利事项是否需要保护具有权威判断力和选择权利。竞业限制的合法性基础是存在用人单位可保护利益。商业秘密和信息的现实存在是竞业限制存在的前提条件，如果企业意若保护的信息已经公开，竞业限制继续存在的基础也随之丧失，用人单位应当具有依据实际情况决定是否需要继续设定竞业限制的选择权和主动权。三是用人单位单方解除竞业限制，劳动者除受短期影响外，长期权益并未受损。用人单位单方解除竞业限制之后，劳动者不再负担协议约定的就业上的限制义务，劳动者择业自由权得到恢复，劳动者长期性的权益并未受到损害，故否定用人单位单方解除竞业限制权利无正当基础。四是用人单位在竞业限制履行期间单方解除竞业限制协议，应对解除前造成劳动者的损失承担额外补偿责任。在竞业限制协议履行期间，劳动者基于对协议的遵守，或者已经按照竞业限制协议选择了非熟悉、非擅长领域的工作，或者在协议被通知解除后需要一定时间重新寻找理想的工作，因此，用人单位应当在行使单方解除权后对劳动者予以一定的解约经济补偿。考虑劳动者对其损失很难举证证明，可通过制定额外经济补偿制度，即如司法解释规定用人单位需要额外支付3个月经济补偿金的方式确定用人单位单方解除竞业限制应承担的补偿责任。

本案例采纳了观点三的意见，既保护了用人单位单方解除竞业限制的权利，又通过判令用人单位向劳动者额外支付3个月的经济补偿金以补偿劳动者相应损失。

第四十条

劳动者违反竞业限制约定，向用人单位支付违约金后，用人单位要求劳动者按照约定继续履行竞业限制义务的，人民法院应予支持。

【条文主旨】

本条是关于劳动者违反竞业限制约定并支付违约金后，用人单位有权要求劳动者继续履行竞业限制义务的规定。

【条文理解】

一、本条规定的制定背景

本条规定来源于2013年《劳动争议司法解释（四）》第10条，内容未作调整。2013年《劳动争议司法解释（四）》与竞业限制有关的条款为第6条至第10条，除个别文字调整外，实际上是被本解释第36条至第40条完整地承继下来，故在理解竞业限制规定时，可以遵循原适用。

现实生活中，与竞业限制有关的劳动争议大多围绕劳动者履行竞业限制约定义务和用人单位支付经济补偿之间的关系展开，主要表现为用人单位拒绝或拖延向劳动者支付经济补偿的情形。现实中劳动者基于各种主客观原因违反竞业限制约定的情形也呈上升趋势。用人单位因此诉至人民法院要求劳动者承担违约金、继续履行等相应责任时，具体如何处理，各地法院做法不一。有的法院认为，《劳动合同法》第23条规定的违约金是补偿性违约金，既然用人单位已得到补偿，故不应再支持用人单位要求劳动者继续履行竞业限制约定义务的请求。另外一些法院则认为，应将《劳动合同法》第23条规定的违约金认定为惩罚性违约金。既然是惩罚性违约金，那么其就只针对劳动者已经实施的违反竞业限制约定的行为，不能因此替代劳动者竞业限制约定义务的继续履行。由上，分别依据两种观点进行处理的结果截然不同。因此，2013年《劳动争议司法解释（四）》第10条对劳动者违反竞业限制约定义务支付违约金后，是否还需要继续履行竞业限制约定义务的问题作出规定。

关于劳动者违反竞业限制约定时，应如何对用人单位承担责任的问题，在该条司法解释的起草过程中经历了多次调整。在司法解释送审稿起草时，具体表述为第12条："劳动者违反竞业限制约定，向用人单位支付违约金后，用人单位要求劳动者继续履行竞业限制义务的，人民法院应予支持"。该条文一是未作出用人单位可请求劳动者承担损害赔偿责任的表述；二是未对违约金调整以及新用人单位连带责任的问题作出规定；三是基于对用人单位商业利益的保护，规定用人单位可要求劳动者继续履行竞业限制义务。该送审稿经最高人民法院审判委员会审议后，在其基础上增加了"按照约定"四个字以尊重当事人意思自治，并确定了该条的最终表述内容。

二、本条规定的具体适用

本解释用了多达5个条文对有关竞业限制问题作了规定，其中第36条至第39条基本都是站在劳动者本位基础上围绕劳动者履行竞业限制义务与经济补偿之间的互动关系进行规定。本条则规定的是当劳动者违反竞业限制约定时，对用人单位的相关主张如何处理的问题。具体而言，本条规定在具体适用时，可从以下两个方面加以把握：

（一）如何理解"劳动者违反竞业限制约定，向用人单位支付违约金"

根据《劳动合同法》第23条第2款之规定，负有保密义务的劳动者违反竞业限制约定的，应当按照约定向用人单位支付违约金。本条规定在前半部分对劳动者违反竞业限制约定应按约定向用人单位支付违约金的立法要求进行了重申。在具体理解时，可考虑从以下几个角度加以展开：

1. 如何理解竞业限制约定中的违约金

正确理解竞业限制约定中的违约金，首先要把握违约金的基本范畴。关于违约金的法律定义，我国现行立法并无明确规定。依据《民法典》第585条①的规定，可以将违约金定义为，是由当事人约定或法律规定的，在一方当事人不履行或不完全履行合同义务时向另一方当事人支付的一定数额的金钱或其他给付。从该定义可知，违约金的法律特征为：（1）违约金的客体是金钱或其他给付。这里的其他给付包括物、行为等。（2）违约金须于违约时支付。（3）违约金合同为诺成合同。违约金作为传统上的违约责任承担方式之一，具有担保债务履行、避免举证困难、预先锁定责任大小等功能。违约金可分为惩罚性违约金和赔偿性违约金。惩罚性违约金是当事人之间对违约行为约定的一种私法上的制裁。当发生违约行为时，债务人支付违约金后，合同并不因此解除，其他因债的关系所应承担的责任，也不因此受到影响。也即债权人仍可请求债务人继续履行债务或承担其他损害赔偿责任。而赔偿性违约金则是当事人双方事先对损害赔偿总额的锁定。这种违约金如果相当于履行的替代，则债务人支付违约金后，债权人便不能再请求债务履行或不履行损害赔偿。

由上可知，违约金具有担保债权实现的功能。就此而言，其与劳动法所保护的劳动自由权存在冲突。所谓劳动自由权，简言之，即劳动者有自由选择其职业、工作地点和服务对象的权利。立法保障劳动者的劳动自由权意义重大：一方面，现代劳动法的基本发展方向是扩大劳动者的相对自由，追求劳资双方的实质平等；另一方面，保障劳

---

① 《民法典》第585条规定："当事人可以约定一方违约时应当根据违约情况向对方支付一定数额的违约金，也可以约定因违约产生的损失赔偿额的计算方法。约定的违约金低于造成的损失的，人民法院或者仲裁机构可以根据当事人的请求予以增加；约定的违约金过分高于造成的损失的，人民法院或者仲裁机构可以根据当事人的请求予以适当减少。当事人就迟延履行约定违约金的，违约方支付违约金后，还应当履行债务。"

动者的劳动自由权也符合市场经济的本质要求。市场经济的实质就是一切资源都应通过自由流动而得到优化配置。具体到劳动力市场中，确保劳动者的自由流动是实现劳动资源优化配置的关键所在。

但显而易见的是，违约金的担保债权履行功能会使劳动者基于对承担巨额违约金的恐惧而被迫向用人单位提供劳务，从而危及劳动者劳动自由权的实现。司法实践中，违约金对劳动者劳动自由权的损害主要表现为，用人单位通过在劳动合同中约定巨额违约金以防止其员工，特别是核心和关键岗位的员工随意跳槽。这种做法虽然可能达到规避用人风险的目的，但是极大地限制了劳动力的自由流动，不利于劳动力资源在全社会范围内优化配置，也使劳动者丧失了通过流动获得更好发展机会的可能。为了保障劳动者自由择业的权利，我国劳动立法专门就劳动自由权的行使问题作了一系列规定。《劳动法》第 3 条明确规定了劳动者有选择职业的权利，至于劳动自由权的落实则是通过《劳动法》第 31 条赋予劳动者的劳动合同单方解除权得以实现。《劳动合同法》也继受了《劳动法》第 31 条的精神，规定了劳动者的法定解除情形，并通过第 9 条“禁止担保”和第 25 条“普遍禁止约定由劳动者承担违约金”，保障了劳动者自由流动。

虽然我国劳动立法原则上对劳动合同中关于劳动者承担违约金责任的约定持否定态度，但仍规定了两种例外情形。即《劳动合同法》第 22 条和第 23 条的规定。其中第 23 条规定内容就包括本条所指的竞业限制约定违约金情形。之所以例外允许用人单位在竞业限制中与劳动者约定违约金，主要是为平衡劳动关系中用人单位和劳动者之间的利益。这主要表现为：

一是劳动者履行竞业限制义务关系到用人单位重大商业利益，故有必要以违约金形式担保劳动者对该义务的履行。现实中，如果劳动者与用人单位约定的竞业限制义务没有违约金责任作为担保，劳动者将可能因没有具体经济制裁威慑，而过失甚至故意违反约定的竞业限制义务。进而将可能会给用人单位造成无法挽回的损失。因此，为防患于未然，有必要通过事先在竞业限制中以约定违约金的方式督促劳动者谨慎履行竞业限制义务。

二是劳动者不履行保密义务给用人单位造成的具体损失数额很难举证证明，故有必要以违约金的形式规避举证困难。劳动者不履行保密义务，既可能构成违约也可能构成侵权。用人单位可以劳动者为被告，根据《民法典》第186条①的规定，在违约之诉和侵权之诉中择一行使。在侵权之诉场合，用人单位要举证证明劳动者不履行保密义务的不作为行为符合侵权行为要件已属不易，而要证明具体损失数额则更是举证困难。选择违约之诉，用人单位同样面临难以举证证明劳动者违约行为造成的损失大小。此时，如允许用人单位以违约金的形式事先确定损失赔偿数额，则可较好地回避上述举证困难的尴尬。

三是允许约定违约金可将劳动者违反竞业限制义务可能赔偿的损失控制在可预见范围之内，为劳动者在违约和守约之间作出对己的最佳选择提供依据，这显然有利于保护劳动者的合法权益。

司法实践中，当劳动者违反竞业限制约定时，用人单位除了主张违约金之外，还可能主张适用《劳动合同法》第90条②的规定，以劳动者违反劳动合同中约定的保密义务或者竞业限制给用人单位造成损失为由，要求其承担赔偿责任。此时，究竟是支持用人单位违约金的诉讼请求还是支持其有关赔偿损失的主张，抑或两者都支持，在司法实践中也存在分歧。第一种观点认为，根据"一事不二罚"基本原则，劳动者只有一项违约行为，故只能在违约金和赔偿损失之间择一行使；第二种观点认为，如果双方当事人在竞业限制中约定的违约金是惩罚性违约金，则不妨碍两者可同时主张；第三种观点则认为，既然双方当事人已经约定了违约金，这应视为对《劳动合同法》第90条规定中损失的预先锁定，故从尊重当事人的意思自治角度出发，应支持用人单位有关违约金的诉讼请求。

---

① 《民法典》第186条规定："因当事人一方的违约行为，损害对方人身权益、财产权益的，受损害方有权选择请求其承担违约责任或者侵权责任。"

② 《劳动合同法》第90条规定："劳动者违反本法规定解除劳动合同，或者违反劳动合同中约定的保密义务或者竞业限制，给用人单位造成损失的，应当承担赔偿责任。"

为了防止在本条适用中仍出现上述分歧，在把握违约金基本范畴及其在竞业限制中的积极意义之外，关于本条的理解还需要厘清劳动者承担违约金责任与劳动者承担损害赔偿责任之间的关系。在劳动法领域，违约金责任和损害赔偿责任既有联系也有区别。两者之间的联系为责任产生前提基本一致，都是源自劳动者的违约行为。两者区别在于：（1）违约金责任与损害赔偿责任产生基础不同。违约金产生于约定，如果没有约定，则用人单位不能要求劳动者承担违约金。而损害赔偿责任则不取决于约定，也不可能事先约定。只能在有损害事实发生后，才可能产生损害赔偿的问题。（2）违约金与损害赔偿责任的举证责任不同。违约金产生于双方当事人的事先约定，不以实际损失为前提，用人单位无须举证证明实际损失大小；而损害赔偿责任则是来自法律的明确规定，应以可证明的实际损失大小来确定赔偿额度，故用人单位必须就损失大小进行举证。（3）违约金与损害赔偿责任的起因不同。违约金责任的起因既包括劳动者违反竞业限制约定，也包括违反服务期约定；而损害赔偿责任则是起因于劳动者违法解除劳动合同或违反约定的保密义务或竞业限制义务。

由上述两者之间的比较可知，在劳动者违法解除劳动合同时，用人单位一般只能主张适用《劳动合同法》第90条要求劳动者承担损害赔偿责任。这里所谓的劳动者违法解除劳动合同，是指劳动者未履行离职告知义务或没有按法律规定提前一定时间告知用人单位的情形；而当劳动者违反竞业限制约定时，则可能会出现违约金责任和损害赔偿责任的重合。具体到对两者关系的把握，应分情况进行处理：（1）当用人单位与劳动者约定了竞业限制但未约定违约金时，用人单位不能适用本条向劳动者主张违约金，而可以主张适用《劳动合同法》第90条要求劳动者承担损害赔偿责任。（2）当用人单位与劳动者约定了竞业限制且约定了违约金时，劳动者如只是违反了竞业限制义务而无证据证明给用人单位造成了其他损害，则一般适用违约金。这是因为立法设定违约金就是对违反竞业限制义务的一种制裁，在劳动者没有对用人单位商业秘密造成实际损害的情况下，违约金已经起到补偿用人单位、制裁劳动者的作用。[①]（3）在劳动者违反竞业限制约定义务导致用人单位损失远大于违约金的情况下，用人单位可适用本条主张违约金并同时以约定的违约金低于造成的损失为由，引用《民法典》第585条的规定，请求人民法院或者仲裁机构对违约金予以增加。此时，已无直接引用《劳动合同法》第90条主张劳动者承担全部赔偿责任的必要。

2. 承担支付违约金义务的主体是负有保密义务并与用人单位签订竞业限制约定的劳动者

司法实践中，正确处理涉及劳动者违反竞业限制约定的纠纷首先需要解决的问题就是责任主体是否适格的问题。也就是说，人民法院审理此类纠纷时，首先应从责任主体角度进行审查，判断案涉竞业限制条款的签订主体是否适格，即作为被告的劳动者是否适格。一般而言，确认作为被告的劳动者适格应具备两个要件：一是负有保密义务；二是已与用人单位签订竞业限制约定。实践中，部分用人单位习惯于与所有劳动者都约定保密义务。对此，不能以尊重当事人意思自治为由，一概确认该约定都为有效，而应区分情况对待。关于是否所有劳动者都负有保密义务或者说哪些劳动者应负有保密义务的问题，前面条文的理解与适用部分已有详细论述，在此不再赘述。这里需要强调的一点是如果认定劳动者没有保密义务，那么即便其与用人单位约定了竞业限制及违约金，该约定也因主体不适格而可能归于无效，自然也就不存在用人单位依据本条向劳动者主张违约金或要求劳动者继续履行竞业限制义务的可能。

3. 如何认定劳动者违反竞业限制约定

一般而言，用人单位与劳动者约定的竞业限制，主要是限定劳动者竞业禁止行为、竞业禁止的地域范围和竞业禁止的期限。现对上述三个概念简要说明如下：

一是关于劳动者竞业禁止行为。《劳动合同法》第24条第2款明

① 宋春蓉：《劳动者承担违约金和损害赔偿金相关问题探讨》，载《中国人力资源开发》2009年第8期。

确规定：竞业限制约定中可以禁止的劳动者行为是到与本单位生产或者经营同类产品、从事同类业务的有竞争关系的其他用人单位，或者自己开业生产或者经营同类产品、从事同类业务的行为。除此之外，《劳动合同法》没有规定其他竞业限制行为。但从切实保护用人单位合法权益出发，为防止劳动者打擦边球，可考虑对该条中“同类”二字扩大解释为“同类、相似、相关等”，以尽可能周延竞业限制的保护范围。由此，如果劳动者实施了上述行为，可能构成违反竞业限制义务，要承担违约责任。

二是关于竞业禁止的地域范围。竞业限制地域范围依据用人单位经营事业之影响力确定，一般情况下，非全国范围之事业发展，不宜约定全国范围内之竞业禁止协议。对于掌握特有商业秘密，有特别技能员工约定的竞业禁止地域范围可以宽泛一点，而对于一般技能劳动者，则不一定约定范围过宽之地域限制，本身其就业能力很有限，如果约定地域较广之竞业禁止对其不尽合理。①

三是关于劳动者竞业禁止的期限。约定竞业限制意味着劳动者人力资源的闲置和劳动者收入的减少。因此，该限制在实现确保用人单位利益目的的同时，应有一定期限的约束。为此，《劳动合同法》第24条第2款规定了竞业限制期限最高为2年，具体计算日期从劳动合同解除或终止之日起。但从该条表述看，并不排斥双方约定在职期间的竞业限制。由于在职期间，劳动者的人力资源没有闲置且收入并未因竞业限制有所减少，故对在职期间的竞业限制并无限定最高期限的必要。因此，结合《劳动合同法》第24条第2款的规定，竞业限制的最高年限应该为在职期间直至劳动合同解除或终止之日起的2年为宜。

由上，如果劳动者在以上行为、地域、期限三个节点上有违反竞业限制约定的情形，均可认定为本条所指“劳动者违反竞业限制约定”。另外，本条所指劳动者违反竞业限制约定强调的是劳动者有违反竞业限制约定的行为，而不是要求该行为必须造成用人单位损害的

---

① 郑尚元：《劳动合同法的制度与理念》，中国政法大学出版社2008年版，第161页。

后果。因此，从举证角度而言，用人单位适用本条时只需举证证明劳动者有违反竞业限制约定的行为即可，至于是否造成用人单位的具体损害则不影响本条的适用。

4. 劳动者违反竞业限制约定支付违约金后，用人单位是否还需支付经济补偿

在违反竞业限制约定引发的纠纷中，经常会出现一旦用人单位向劳动者主张违约金责任，劳动者则会以用人单位拖欠经济补偿作为拒绝向用人单位支付违约金的抗辩事由之一。对此，应如何处理，实务中有不同观点：一种观点认为，既然劳动者已经违反竞业限制约定，则其违约在先，用人单位已无须向其支付经济补偿。故劳动者不能以用人单位拖欠经济补偿为由抗辩用人单位支付违约金的主张。另一种观点则认为，如果用人单位拖欠经济补偿在先，劳动者可以行使同时履行抗辩权，不再遵守竞业限制约定。相应地，其违反竞业限制的行为也就具有正当性和合法性，用人单位无权请求劳动者支付违约金。

我们认为，应区分用人单位拖欠支付经济补偿的行为发生在劳动者违反竞业限制约定之前还是之后两种情况讨论：第一种情况，用人单位拖欠支付经济补偿的行为发生在劳动者违反竞业限制约定之前。该经济补偿的拖欠并非基于用人单位对劳动者违反竞业限制约定的抗辩，而是对劳动者在违反竞业限制约定之前的守约行为支付的对价。因此，劳动者即便事后有违反竞业限制约定的行为，也不妨碍其向用人单位主张经济补偿。第二种情况，当用人单位拖欠支付经济补偿的行为发生在劳动者违反竞业限制约定之后时，用人单位可以劳动者违反竞业限制约定为由，主张不向劳动者支付经济补偿。其理由在于，竞业限制中的经济补偿是对劳动者因竞业限制造成收入降低的补偿，是对劳动者生存权的保障。如果劳动者违反竞业限制约定的结果是收入没有降低，生存权没有受到影响，则再行给付经济补偿就失去了其本来的意义。

另外，在同一诉讼中，如果用人单位起诉劳动者要求支付违约金，而劳动者如想通过主张经济补偿达到不支付违约金的效果，一般应通

过在同一诉讼中提起反诉的方式实现，而不能仅仅提出以未付经济补偿为由抗辩用人单位的违约金主张。

（二）如何理解“用人单位要求劳动者按照约定继续履行竞业限制义务”

司法实践中，经常出现的一种情形是，当劳动者有违反竞业限制约定的行为时，用人单位除了要求该劳动者承担违约金责任之外，还会要求劳动者继续履行竞业限制义务。为此，本条规定了“用人单位要求劳动者按照约定继续履行竞业限制义务的，人民法院应予支持”。对本语段的理解，可从以下几个方面把握：

1. 司法实践中，关于劳动者是否应继续履行竞业限制义务的不同观点

关于劳动者是否承担违约金责任问题，《劳动合同法》第 23 条第 2 款已经明确规定劳动者违反竞业限制约定的，应当按照约定向用人单位支付违约金。至于在劳动者依法向用人单位支付违约金后，是否还支持用人单位要求劳动者继续履行竞业限制义务的主张，《劳动合同法》则未有明确表态。这直接导致了司法实务中的理解分歧。

一种观点认为，竞业限制约定与商事合同虽有区别，但亦有共性，故对违反竞业限制约定的情形可参照适用商事合同的规定。在商事合同案件中，违约金的约定具有补偿性，当一方存在违约情形时，通常是由违约方承担违约金赔偿责任后，守约方因违约行为所受损失已得到补偿。进而违约方的合同义务即告解除。只有在极少数情况下，违约方才向守约方承担违约赔偿、继续履行的双重责任。具体到竞业限制约定中，一旦劳动者违反竞业限制约定，用人单位的商业秘密等保密事项即已泄露，一般无法挽回。至于用人单位因此而致的利益受损也已通过违约金的方式得到填补。故竞业限制约定已无存在意义。相应地，劳动者客观上也没必要继续履行该竞业限制义务。

另一种观点则认为，违约金除了赔偿属性之外还有惩罚属性。惩罚性针对的是违约方的特定违约行为，并不因此替代了合同义务的履行。也即违约方仍要继续履行合同约定义务。具体到竞业限制约定中，

当劳动者与用人单位约定的违约金是惩罚性违约金时，劳动者在因违反竞业限制约定而支付违约金后，仍应继续履行竞业限制义务。否则有损用人单位的市场竞争地位，甚至会导致变相鼓励不正当竞争的结果。

2. 本条关于劳动者是否继续履行竞业限制义务的基本立场及其法理依据

我们认为，在竞业限制中，劳动者继续履行竞业限制义务与承担违约金责任并不矛盾，可以同时适用。理由如下：

一是惩罚性违约金与继续履行可以并用。关于违约金与继续履行能否并存的问题，理论界更多的是结合违约金的分类加以讨论。前文已述，理论上一般将违约金区分为赔偿性违约金和惩罚性违约金。违约一方支付违约金的行为并不影响合同本身的约束力。换言之，债权人除了得到违约金之外，还可依据该合同请求债务人继续履行（也即可向人民法院请求强制债务人履行）。

二是特定情形下，赔偿性违约金也可与继续履行并存。当违约金针对的是不完全履行时，违约金只是对不完全履行行为本身可能给债权人造成损害应支付赔偿额的事先预定，并不意味着这是债权人因合同最终不履行可能造成的最大损失。因此，债务人不能以违约金的支付作为继续履行的替代，从而免除继续履行的责任。

三是竞业限制约定中的违约金既可以是惩罚性赔偿金也可以是赔偿性违约金。现实生活中，由于所在行业竞争情况、自身经营状况、产品竞争优势以及劳动者所在岗位接触保密事项等级、数量情况的不同，用人单位与不同劳动者约定的违约金数额可能会有所不同。但总体而言，用人单位与劳动者约定违约金的主要目的有二：一是当劳动者违反竞业限制约定造成自身利益受损时，通过要求劳动者支付违约金的方式补偿损失；二是通过规定数额较大的违约金（不考虑是否会有损失及其大小）给劳动者造成心理压力，督促劳动者积极履行竞业限制义务。其中，第一个目的体现了违约金的补偿性，符合赔偿性违约金特征；第二个目的则更多体现了违约金的惩罚性，具有惩罚性违约金的特色。从司法实践中的情况来看，上述两个目的中，究竟用人单位约定违约金时基于何种目的，依个案而有不同。

实务中，用人单位与劳动者在对竞业限制中的违约金进行约定时，通常会参照已约定的竞业限制经济补偿数额、劳动者的劳动报酬数额及其自身经济状况等因素来确定其具体数额。虽然通过这种方式约定的违约金数额对于劳动者而言可能很高，但是其客观上很难与用人单位商业秘密等保密事项的市场价值相提并论。因此，从绝对数额上，很难得出该违约金是当事人双方特别是用人单位一方预先估计的损害赔偿总额的结论。也即从两者数额的差距可以探求当事人的真意大多数情况下并不是关注违约金的赔偿性而应是其惩罚性。即惩罚劳动者特定违反竞业限制约定的行为，而不考虑用人单位是否存在损害后果。在此情形下，该违约金性质更多体现为惩罚性，故劳动者在支付违约金之后，仍有继续承担履行竞业限制约定义务的必要性。除非劳动者有证据证明用人单位通过竞业限制约定所保护的利益已因劳动者的本次违反竞业限制约定行为荡然无存，不继续履行该竞业限制约定，对用人单位不会产生新的损害。

四是从法理角度看，只要竞业限制协议尚未到期，用人单位订约时所期待的可保护利益即可能存在，应通过劳动者继续履行竞业限制约定加以保护。《劳动合同法》设置竞业限制的目的就是平衡保护用人单位的商业秘密和尊重劳动者就业权、生存权之间的利益冲突，如果允许劳动者支付了违约金就可以不再履行竞业限制义务，等于变相承认劳动者可以随意单方违约以及不正当竞争的合法性（现实不少案例中，劳动者的违约金都是由与原用人单位有竞争关系的新单位代为支付，以便后者取得竞争中的优势）。这不仅违背了竞业限制制度设定的初衷，而且变相鼓励、放纵了劳动者对竞争企业实施违约与侵权行为，有违合同严守原则以及《劳动合同法》的诚实信用原则。

综上，我们经过反复研究，形成了一个基本立场：在竞业限制背景下，劳动者的违约金责任与继续履行竞业限制义务两者间可并存不悖。

3. 应准确把握本条中“按照约定”表述的精神实质

前文已述，竞业限制约定的违约金原则上为惩罚性违约金，用人单位可在请求劳动者支付违约金的同时，要求劳动者继续履行竞业限制义务。如果用人单位经过权衡后与劳动者约定，允许劳动者在支付违约金后不再继续履行竞业限制义务，则这里约定的违约金即是单纯赔偿性质且不违反法律强制性规定，应属有效。如果用人单位在竞业限制约定中对劳动者违反竞业限制约定支付违约金后的继续履行，规定了特定范围（包括地域和行业范围）、特定期限乃至特定履行方式，则劳动者也应按照约定承担继续履行的义务。

应当注意的是，在具体适用本条规定时，不能拘泥于本条中“按照约定”四个字就简单得出竞业限制约定中没有明确约定劳动者在支付违约金后，有继续履行竞业限制约定义务时，劳动者就不用承担继续履行竞业限制约定义务的结论。

【审判实践中应注意的问题】

一、用人单位要求新用人单位与劳动者一起承担连带责任的处理

司法实践中，多数因违反竞业限制约定引发的纠纷都与劳动者在竞业限制期间到同行业或类似行业的新用人单位就业有关。此时，作为原告的用人单位往往以新用人单位与案件有利害关系为由，将其列为共同被告，要求其与劳动者一起承担连带责任。对此，应如何处理，实务中素有争议。我们认为，劳动者解除或终止劳动合同后，违反竞业限制约定到与原用人单位有竞争关系的新用人单位工作时，新用人单位是否要与劳动者一起对原用人单位承担连带赔偿责任问题，需要区分情况对待：（1）如果用人单位以劳动者违反竞业限制约定为由，主张适用本条要求新用人单位与劳动者一起就违约金承担连带责任时，其显然主张的是违约之诉。此时，由于新用人单位并非竞业限制约定

的订约方，不受该约定的约束，自然也就不存在承担违约责任的可能。故应判决驳回原用人单位对新用人单位承担违约责任的主张。（2）如果用人单位以新用人单位与劳动者构成共同侵权为由，主张新用人单位与劳动者就损失赔偿承担连带责任，则应具体考察其请求权基础。显然，首先，应排除本条的适用，因为本条规范的是违约之诉而非侵权之诉。其次，应排除《劳动合同法》第91条的适用。理由是两者规范对象不同。《劳动合同法》第91条针对的是与其他用人单位尚未解除或者终止劳动合同的劳动者，而本条所指的劳动者是已经解除或终止劳动合同的劳动者。事实上，就新用人单位与劳动者对原用人单位的共同侵权行为，现实中主要表现为劳动者在新用人单位利诱、教唆下违反竞业限制约定，泄露相关商业秘密给新用人单位或者新用人单位出于取得竞争优势的需要，在明知劳动者还在竞业限制期限内的情况下，仍将其招用至该单位。对此，实务中更多的是适用《民法典》中关于侵权责任的规定和《反不正当竞争法》来处理。限于篇幅和主题，在此不再赘述。

二、如何防止劳动者在诉讼过程中造成用人单位损失扩大化

司法实践中，当用人单位以劳动者违反竞业限制约定为由提起诉讼后，劳动者可能会基于报复或牟利的目的，继续实施违反竞业限制约定的行为。鉴于诉讼周期较长的固有属性，如任由劳动者继续实施违约行为，将可能导致用人单位即便最终胜诉但诉讼目的落空的结果。为此，可运用保全制度保证用人单位的诉讼目的能够得以实现。所谓保全制度，是为确保当事人民事诉讼目的能够实现而设立的一种暂时性救济制度。学理上根据保全对象的不同将保全分为财产保全和行为保全。财产保全针对的是双方当事人争议的财产，而所谓行为保全，则是指为了保证将来裁判能得以顺利执行，避免给胜诉一方造成损失或损失扩大，在诉讼前或诉讼进行过程中，责令另一方当事人作出一定行为或禁止其作出一定行为的强制性措施。

【案例解读】

一、基本案情

上诉人（原审被告、互诉原告）潘某于2016年8月22日入职上诉人（原审原告、互诉被告）腾某科技（深圳）有限公司，任SNG人力资源中心HRBP。双方签订的劳动合同第8条第4项约定了竞业限制义务，约定不论潘某因何种原因从腾某科技（深圳）有限公司离职，在竞业限制期限内，潘某不得与同腾某科技（深圳）有限公司及关联公司有竞争关系的公司或其他组织建立劳动关系、劳务关系、劳务派遣关系；也不得以任何形式向有竞争关系的公司或其他组织提供任何形式的服务，包括但不限于担任顾问、提供专业技术服务等。2018年7月27日，双方订立了《竞业限制协议》，同样约定了竞业限制义务。如潘某违反竞业限制约定的，应立即与同腾某科技（深圳）有限公司及关联公司存在竞争关系的公司或其他组织脱离关系，继续履行本约定，潘某还应退还同腾某科技（深圳）有限公司已经支付的竞业限制补偿费并支付违约金，违约金的标准为按照潘某离职前12个月税前月平均工资标准计算的24个月工资的总额。潘某于2019年1月4日因个人原因离职，双方于2019年1月2日签订了《竞业限制通知书》，竞业限制期为2019年1月5日至2020年1月4日，再次明确了竞业限制的范围、期限及竞业限制补偿支付、违约责任等问题。潘某离职后，腾某科技（深圳）有限公司按约定支付了潘某2019年1月、2019年2月竞业限制补偿费各25 130.52元。2019年2月14日、2019年3月15日潘某告知其新入职情况为“工作单位：华金资产管理深圳有限公司，工作内容：HRD”。腾某科技（深圳）有限公司经调查，潘某在上班时间经常出入与腾某科技（深圳）有限公司有竞争关系的某条科技有限公司的注册地址，且拥有该办公楼进出的门禁权限，与其报备的工作单位的工作地址不符。2019年3月14日，腾某科技（深圳）有限公司查询得知潘某曾入住北京某酒店，开具的发票抬头为某条科技有限公司。腾某科技（深圳）有限公司认为潘某已违反了竞业限制义务，故申请仲裁请求潘某继续履行竞业限制义务并退还公司支付的竞业限制经济补偿金以及承担违约责任。

二、裁判结果

法院经审查认为，双方签订的《竞业限制通知书》对竞业限制的范围、期限及竞业限制补偿支付、违约责任等问题进行了约定。腾某科技（深圳）有限公司在潘某离职后按约定支付了竞业限制经济补偿金。潘某个人所得税纳税记录显示在其离职后仍以“正常工资薪金”类进行纳税申报，与其主张其离职后一直处于失业状态的情况不符。潘某并未入职其报备入职的工作单位，且未能就上班时间频繁出现在竞争公司办公地址、以竞争公司名义开具发票等情况进行合理解释，应承担举证不能的法律后果，故法院认定潘某违反了竞业限制协议约定，潘某应当按照约定的期限继续履行竞业限制义务，并退还腾某科技（深圳）有限公司已支付的竞业限制经济补偿金及承担违约金支付义务。

三、评析

本案例的主要争议焦点是劳动者承担违反竞业限制违约责任之后，用人单位是否具有继续要求劳动者履行竞业限制义务的权利。本案例是关于竞业限制纠纷的常见类型。一般情况下，当劳动者违反竞业限制约定义务之后，用人单位除了请求劳动者承担支付违约金责任，还会要求劳动者继续履行竞业限制义务，特别是针对那些实际掌握了企业具有市场竞争价值商业秘密和主要信息的劳动者。

实务中对于用人单位请求劳动者承担违约责任之后要求劳动者继续履行竞业限制义务存在以下观点分歧：观点一是肯定说，该观点认为违约责任系针对违约方违约行为的惩罚，但并不能代替违约方合同义务的履行。具体到竞业限制协议来说，劳动者违反了竞业限制义务，利用其此前任职时掌握的信息及便利从事了损害用人单位利益的行为，劳动者应当就此行为对用人单位的损失承担赔偿责任。但是劳动者承担赔偿责任之后，仍存在侵害用人单位商业秘密或者重要信息的便利和可能条件，如果认可劳动者无须继续履行竞业限制义务，则等于放任劳动者继续侵害用人单位知识产权或重要信息的行为，这是竞业限制法律制度无法容忍的行为。因此，用人单位在追究劳动者违约责任之后，仍具有在约定的竞业限制期限内请求劳动者继续履行竞业限制义务的权利。观点二是否定说，该观点认为劳动者已就其违约行为承担了违约责任，无须再承担继续履行竞业限制的双重责任，而且由于用人单位的商业秘密等保密事项已经被泄露，要求劳动者继续履行竞业限制义务已无必要，用人单位的相关损失也已经通过违约金的方式得到填补。

对于上述分歧意见，我们同意观点一即肯定说。主要理由如下：一是从合同法原理来看，针对不完全履行行为时，赔偿性违约金可与合同剩余部分的履行行为义务并存。就竞业限制协议来看，属于一定期间内的继续性合同，劳动者在其中一段期间违反竞业限制义务并就该段期间违约行为承担违约责任，但劳动者按照协议约定仍具有协议剩余期间继续履行竞业限制的义务。二是从竞业限制制度设立目的来看，竞业限制是通过限制劳动者解除或终止劳动合同一定期限内的择业自由权的方式，降低劳动者利用企业保密信息进行竞争的可能性，保护企业知识产权或重要技术和管理信息所蕴含的竞争利益。如果在劳动者承担违约责任之后，任由劳动者违反竞业限制义务，将不利于保护企业的商业秘密和与知识产权相关的保密事项，竞业限制功能价值会被破坏和架空。三是用人单位具有劳动者是否需要继续履行竞业限制的判断能力和选择权利。劳动者在一定期间内违反竞业限制义务，并不必然导致用人单位可保护信息事项失去保护价值，用人单位可以根据可保护信息事项是否值得其继续付出经济补偿予以保护的需要，决定是否要求劳动者继续履行竞业限制。如果用人单位经过权衡之后，选择要求劳动者继续履行竞业限制义务，人民法院应予以支持。

本案例裁判意见与观点一一致，符合竞业限制立法目的，也有利于劳动力市场诚信制度的建立和贯彻。

第四十一条

劳动合同被确认为无效，劳动者已付出劳动的，用人单位应当按照劳动合同法第二十八条、第四十六条、第四十七条的规定向劳动者支付劳动报酬和经济补偿。

由于用人单位原因订立无效劳动合同，给劳动者造成损害的，用人单位应当赔偿劳动者因合同无效所造成的经济损失。

【条文主旨】

本条是关于劳动合同被确认为无效后的处理规定。

【条文理解】

根据《劳动合同法》第26条第1款规定，下列劳动合同无效或者部分无效：（1）以欺诈、胁迫的手段或者乘人之危，使对方在违背真实意思的情况下订立或者变更劳动合同的；（2）用人单位免除自己的法定责任、排除劳动者权利的；（3）违反法律、行政法规强制性规定的。劳动合同被认定无效后，就面临应如何处理及如何保护劳动者合法权益的问题。对此本条分两款进行了规定：第1款是劳动者付出劳动后，劳动者可以依法获得劳动报酬和经济补偿的规定；第2款是当劳动合同无效系因用人单位原因造成且给劳动者造成损害的，用人单位应赔偿劳动者经济损失的规定。

一、制定背景

本条规定来源于2001年《劳动争议司法解释》第14条。该条制定时，关于劳动合同无效的法律后果，主要规定于当时适用的《劳动法》（1994 年）第 18 条和第 97 条。该法第 18 条规定了劳动合同无效的情形、无效的劳动合同从订立的时候起就没有法律约束力、部分无效不影响其余部分的效力以及劳动合同无效的确认程序；第 97 条规定了由于用人单位的原因订立的无效合同，对劳动者造成损害的，应当承担赔偿责任。但是这两条对于劳动合同被认定无效后，劳动者已经实际付出的劳动如何计取报酬、用人单位承担赔偿责任的标准等一系列的问题都没有具体规定，给审判实务中相关案件的审理增加了难度。同时，由于各地区对已有的原则性规定的理解和掌握尺度不同、不同法官价值判断存在差异等因素，造成了相类似纠纷处理结果不相同的局面。有鉴于此，制定出更为详细的、可操作性强的规定，是非常必要的，2001 年《劳动争议司法解释》第 14 条规定正是在此背景之下应运而生。

2001 年《劳动争议司法解释》第 14 条分两款对劳动合同无效的法律后果作出了规定：第 1 款规定，劳动合同被确认为无效后，用人单位对劳动者付出的劳动，一般可参照本单位同期、同工种、同岗位的工资标准支付劳动报酬。第 2 款规定，由于用人单位的原因订立的无效合同，给劳动者造成损害的，应当比照违反和解除劳动合同经济补偿金的支付标准，赔偿劳动者因合同无效所造成的经济损失。

2001 年《劳动争议司法解释》之后，《劳动合同法》对劳动合同无效问题作出了一些新的规定。一方面，《劳动合同法》第 26 条规定了劳动合同无效的情形和无效的确认程序；第 27 条明确了劳动合同部分无效，不影响其他部分的效力；第 28 条规定了劳动合同无效后劳动报酬的支付。另一方面，该法第 38 条和第 39 条分别规定了用人单位或者劳动者存在第 26 条第 1 款规定的情形致使劳动合同无效的，劳动者或者用人单位可以解除劳动合同；第 46 条规定了劳动者依照第 38 条规定解除劳动合同的，用人单位应当向劳动者支付经济补偿；第 86 条规定了劳动合同被确认无效，给对方造成损害的，有过错的一方应当承担赔偿责任。也就是说，依照《劳动合同法》的规定，在劳动合同被确认无效后，会涉及劳动报酬的支付、劳动合同的解除、经济补偿的支付、损害赔偿等问题，2001 年《劳动争议司法解释》第 14 条规定需要根据《劳动合同法》的规定作出修改和完善，本次司法解释清理，对第 14 条规定进行修改和完善后，形成了本条规定。

二、条文的主要含义

（一）劳动合同被认定无效，劳动者已付出劳动的，用人单位应当向劳动者支付劳动报酬

第一，该条中所称的劳动合同无效，包括劳动合同整体无效和劳动合同部分无效两种情形。《劳动合同法》第 27 条规定：劳动合同部分无效，不影响其他部分效力的，其他部分仍然有效。部分无效是否影响其他部分效力包含以下两种情形：（1）如果确认合同的某些条款无效，而该部分内容与合同的其他内容是相对独立的，具有可分性，则合同的无效部分不影响其他部分的效力。比如一项劳动合同中有关保守商业秘密的条款无效，一般并不影响其他条款的效力，其他条款仍然有效。（2）如果部分无效的条款与其他条款具有不可分性，或者当事人约定某合同条款为合同成立生效的必要条款，那么该合同的部分无效将会导致整个合同的无效。如关于工作内容、工作报酬的条款，一般会影响整个合同的效力，如果这些条款被确认无效，其他条款也就失去存在的意义，就会导致整个劳动合同失效。实践中，确认劳动合同无效的部分是否影响其他部分的效力，要具体情况具体分析。如劳动合同中关于劳动保护条件的条款违反法律规定并被确认无效后，是否影响合同其他部分的效力，要具体分析。若该劳动合同的工作内容为危险作业，则劳动保护条款就十分重要，应当确认该劳动合同全部无效；反之，如果工作内容为一般内勤工作，则劳动保护条款的失效并不影响劳动合同其他部分的效力，其他部分仍然有效。

第二，劳动合同被确认无效，如果劳动者已经付出了劳动，则用人单位应当向劳动者支付劳动报酬。这是法律依据等价有偿的原则作出的规定，因为劳动力的提供，是无法恢复原状的，只能通过由用人

单位向劳动者支付劳动报酬来作出补偿。需要注意的是，不管劳动者一方对于劳动合同被确认无效是否存在过错，对劳动者付出的劳动，均应由用人单位支付劳动报酬。

第三，用人单位支付的劳动报酬的数额，依据《劳动合同法》第28条规定，应当参照用人单位相同或者相近岗位劳动者的劳动报酬确定。应当注意的是，并非所有此类纠纷都一律按照相同或者相近岗位的劳动报酬确定，可分为以下几种情形：（1）如果劳动合同中关于劳动报酬的条款有效的，应当按照双方合同约定的标准和数额支付劳动报酬。如果劳动合同部分条款无效且不影响劳动者与用人单位之间就劳动报酬问题所作约定之条款的效力的，支付劳动报酬时，应当按劳动合同所约定的报酬标准计算。（2）劳动合同被整体认定为无效，或者劳动合同中没有约定劳动报酬标准的，应当参照用人单位相同或者相近岗位劳动者的劳动报酬来确定劳动报酬。比如，某用人单位以欺诈、胁迫手段与劳动者签订劳动合同，约定的劳动报酬明显低于正常工资标准的，当此劳动合同被认定无效后，该约定劳动报酬的条款亦为无效，为保护劳动者的利益，应当参照用人单位相同或者相近岗位劳动者的劳动报酬确定应向该劳动者支付的劳动报酬。

（二）用人单位以欺诈、胁迫的手段或者乘人之危，使劳动者在违背真实意思的情况下订立或者变更劳动合同，致使劳动合同无效的，劳动者可以解除劳动合同，用人单位应当向劳动者支付经济补偿

根据《劳动合同法》第46条规定，在上述情形下，劳动者可以解除劳动合同，并可以请求用人单位支付经济补偿。所谓经济补偿，是指在劳动合同解除或终止后，用人单位依法一次性支付给劳动者的经济上的补助。在劳动合同的订立、履行、变更、解除和终止过程中，劳动者相对于用人单位而言，往往处于弱势地位。劳动关系的解除，通常会对作为合同当事人的劳动者产生一些不利影响。为了平衡二者的权益，法律规定了经济补偿金制度。经济补偿金对于保证劳动者解除劳动合同后的基本生活，遏制用人单位违法或随意解除劳动合同的行为起着重要的作用。我国的经济补偿制度有以下特点：一是由用人

单位单方向劳动者支付；二是经济补偿金是以法定的形式规范其支付标准和支付条件。用人单位向劳动者支付经济补偿金的条件可分为两种类型：第一类是作为违约责任的经济补偿金，也就是因用人单位违反劳动合同而支付的经济补偿金，此项经济补偿金可以看作是对用人单位违约的惩罚，是法律责任的组成部分。第二类是作为合法解除劳动合同的经济补偿金。这种经济补偿金的支付不是因为用人单位的过错，不具有惩罚的性质，只是法律规定的用人单位对劳动者在特定情况下承担的经济补偿义务，体现了经济补偿金的平衡功能。在用人单位以欺诈、胁迫的手段或者乘人之危，使劳动者在违背真实意思的情况下订立或者变更劳动合同，致使劳动合同无效的情形下，用人单位应当支付的经济补偿金属于第一类经济补偿金，既是对劳动者的一种救济，更是对用人单位违法行为的一种惩罚。

关于经济补偿金的支付标准和支付数额，《劳动合同法》第 47 条有明确规定，不再赘述。

在理解本条规定时，应看到，劳动合同的无效和其他民事合同的无效存在不同。对于普通民事合同而言，被认定无效后，是自始无效、确定无效，只有对有效的合同才存在解除问题。而劳动合同被认定无效后，《劳动合同法》另外规定了单方解除这种救济途径。这是因为在目前劳动力市场供大于求的环境下，有时相比较于解除劳动关系，劳动者可能想选择继续保持劳动关系，这种情形下，赋予劳动者选择权，既可以解除劳动合同、获得经济补偿，也可继续保持劳动关系。这也是符合我国国情的一种立法选择。

应注意的是，依据《劳动合同法》第 46 条规定，在劳动合同被认定无效后，用人单位应向劳动者支付经济补偿包括用人单位因欺诈、胁迫、乘人之危导致劳动合同无效，且劳动者单方解除劳动合同的情形。如果用人单位不存在上述情形，或者劳动者没有提出解除劳动合同的，则不适用经济补偿规定。比如用人单位在劳动合同中约定“死伤概不负责”“协商一致不缴纳社保”等条款，这些条款属于用人单位“免除自己的法定责任、排除劳动者权利”，依据《劳动合同法》

第26条规定，应当认定无效。条款被认定无效后，用人单位不是承担支付经济补偿金的责任，而是应当依照法律规定承担相应法律责任，比如为劳动者缴纳法定的社会保险费用，保障劳动者享受工伤保险待遇等。

如果是劳动者的原因导致劳动合同无效的，劳动者无权请求经济补偿。比如实践中发生的劳动者学历造假、工作经历造假，若用人单位在录用时并不知造假情形，并且造假的学历、工作经历是用人单位订立劳动合同的重要考量因素的，用人单位因此解除劳动合同的，劳动者不能获得经济补偿。

（三）由于用人单位原因订立无效劳动合同，给劳动者造成损害的，用人单位应当对劳动者因劳动合同无效而受到的经济损失给予赔偿

本条第2款规定，直接源于法律规定并有所细化。具体而言，《劳动法》第97条规定："由于用人单位的原因订立的无效合同，对劳动者造成损害的，应当承担赔偿责任。"本条规定细化为赔偿经济损失。计算经济损失时以何种标准为依据，法律没有规定。在2001年《劳动争议司法解释》施行期间，原劳动部1994年12月3日发布的《违反和解除劳动合同的经济补偿办法》以及1995年5月10日发布的《关于违反〈劳动法〉有关劳动合同规定的赔偿办法》尚在实施，实务中一般参照这两个办法所规定的标准来赔偿劳动者因合同无效所造成的经济损失。比如，关于用人单位向劳动者赔偿损失应当如何执行的问题，《关于违反〈劳动法〉有关劳动合同规定的赔偿办法》第3条分别从对劳动者工资收入损失除补足应得工资外，赔偿费用为应得工资收入的25%；造成劳动者工伤、医疗待遇损失的，除为劳动者提供工伤、医疗待遇外，赔偿费用为医疗费用的25%；造成女职工和未成年工身体健康损害的，除提供医疗待遇外赔偿费用为医疗费用的25%等五个方面作出了规定。根据《违反和解除劳动合同的经济补偿办法》的有关规定，经济补偿金的发放是由用人单位一次性发给劳动者；如果用人单位应当给予劳动者经济补偿而未给的，除需全额支付外，还

须按该经济补偿金数额的50%支付额外经济补偿金；经济补偿金的工资计算标准是企业正常生产情况下劳动者解除合同前12个月的平均工资等。2001年《劳动争议司法解释》第14条第2款据此规定“根据《劳动法》第九十七条之规定，由于用人单位的原因订立的无效合同，给劳动者造成损害的，应当比照违反和解除劳动合同经济补偿金的支付标准，赔偿劳动者因合同无效所造成的经济损失”。

《劳动合同法》颁布后，对经济补偿金的支付情形、支付标准均作了规定，对用人单位违法解除劳动合同的法律责任亦作了规定，《违反和解除劳动合同的经济补偿办法》不再适用。故本次司法解释清理，对2001年《劳动争议司法解释》第14条第2款内容进行了修改，删除了比照的标准，直接规定“用人单位应当赔偿劳动者因合同无效所造成的经济损失”。

在理解本款规定时，应注意：第一，用人单位赔偿经济损失的前提是“由于用人单位原因订立无效劳动合同”且“给劳动者造成损害”，如果劳动合同无效非因用人单位原因造成，或者虽然被认定无效但劳动者没有因此遭受损害的，不需赔偿经济损失。第二，劳动者因合同无效所造成的经济损失，可能表现为多种形式，比如约定劳动报酬因低于最低工资标准被认定无效后，实际所得报酬与相同、相近岗位劳动者报酬之间的差额，或者因合同无效需要重新找工作付出的费用和机会成本等。原则上，劳动者在诉讼中需要就遭受的损失承担举证责任，但是考虑劳动者的弱势地位，在认定举证责任时不可过于苛刻。第三，本条只是规定了劳动合同被认定无效后，用人单位对劳动者应承担的法律责任。依据《劳动合同法》第86条规定，若是因劳动者的过错导致劳动合同被认定无效，给用人单位造成损害的，劳动者也应当承担赔偿责任。

【审判实践中应注意的问题】

关于本条规定的经济补偿和经济损失赔偿如何协调适用。本条第

1 款规定了经济补偿，第 2 款规定了经济损失赔偿，实践中，劳动者能否同时主张？我们认为，一方面，在劳动合同无效的情形下，经济补偿只适用于特定情形，即用人单位以欺诈、胁迫、乘人之危手段，使劳动者在违背真实意思的情况下订立或者变更劳动合同，致使劳动合同无效并且劳动者主张解除劳动合同的情形，其他无效情形下，不适用经济补偿的规定。所以，其他无效情形仅适用经济损失赔偿。另一方面，用人单位以欺诈、胁迫、乘人之危手段，使劳动者在违背真实意思的情况下订立或者变更劳动合同，致使劳动合同无效并且劳动者主张解除劳动合同的，除了经济补偿外，如果劳动者同时主张经济损失赔偿的，虽然理论上可以，但是鉴于经济补偿具有救济功能，已经包含了对劳动者重新就业的补偿，所以在认定经济损失赔偿数额时，就劳动者因需重新就业遭受的损失这一部分，应当不再认定。其他损失可以据实认定，但应当注意对双方利益的保护，避免失衡。

第四十二条

劳动者主张加班费的，应当就加班事实的存在承担举证责任。但劳动者有证据证明用人单位掌握加班事实存在的证据，用人单位不提供的，由用人单位承担不利后果。

【条文主旨】

本条是关于加班事实的证明责任如何分配的规定。

【条文理解】

一、制定背景

审判实践中，因支付加班费引发的诉讼一直居高不下，劳动者主张加班费的案件既是审理焦点也是审理难点，主要原因有二：一是加班事实不易查明，导致劳动者的主张难以得到支持；① 二是加班费计算起来琐碎繁杂，容易出现偏差。此处主要讨论加班事实查明以及举证责任分配的问题。关于加班事实的举证责任问题，我国法律、行政

① 北京致诚农民工法律援助与研究中心曾进行过一次调查显示，在调查的130宗案件中，因举证不能而导致加班费请求被全部驳回的就有34件，占到总数的26.2%。其中有8个案件是劳动者提供了考勤记录证明存在加班事实，但因为没有单位签章又得不到单位承认，仲裁委员会或法院对考勤记录不予认可因而败诉；14个案件是由用人单位提供考勤表，来证明劳动者不存在加班事实，而劳动者虽对考勤表有异议，却拿不出充足的加班证据加以反驳；还有12个案件是劳动者与用人单位都没有提供充分证据证明是否存在加班事实，而仲裁委员会或法院按照“谁主张，谁举证”的原则，驳回劳动者的请求。参见《劳动者讨要加班费遇三大“拦路虎”》，载《法制日报》2010年4月28日。

法规、部门规章均未作出明确规定，司法实践中也存在争议，因此有必要对此问题作出规定。

第一种观点认为，从现实来看，让劳动者就加班事实承担举证责任存在诸多困难。一方面，在不少用人单位，工作时间之外的延时加班、休息日加班或者法定节假日加班往往采用口头通知的形式，并无书面证据，此种情形下，劳动者是否加班往往仅体现在工资表或工资单中。另一方面，更多的用人单位采用打卡、签加班审批条、工作记录等其他形式来记录劳动者的加班事实，但这些证据往往保存在用人单位，劳动者无从获得。我国《民事诉讼法》关于举证责任分配的原则是“谁主张，谁举证”，但《劳动争议调解仲裁法》第6条规定：发生劳动争议，当事人对自己提出的主张，有责任提供证据。与争议事项有关的证据属于用人单位掌握管理的，用人单位应当提供；用人单位不提供的，应当承担不利后果。由此可见，劳动争议案件中，举证责任的分配原则上是“谁主张，谁举证”，但是，在加班事实的举证责任分配上，考虑到前述事实因素，即用人单位一般掌握管理劳动者是否加班、具体加班时间以及加班时间长短等证据，因此，应当由用人单位承担加班事实的举证责任。

第二种观点认为，第一种观点虽然考虑到了加班的具体情况，但是失之于宽。将加班事实的举证责任分配给用人单位原则上符合举证责任的分配规则，但是也要看到，不少劳动者主张的加班费时间跨度比较长，要求用人单位一概提出相应的证据，对用人单位过于不利，因此，应将用人单位的举证责任限制在法律、行政法规或者部门规章要求的范围之内。根据原劳动部《工资支付暂行规定》第6条的规定，用人单位必须书面记录支付劳动者工资的数额、时间、领取者的姓名以及签字，并保存2年以上备查。用人单位在支付工资时应向劳动者提供一份其个人的工资清单。由于上述证据对于认定劳动者是否加班以及加班时间的长短具有重要意义，因此，加班事实举证责任的分配应当以2年为限，即2年内的加班事实由用人单位就劳动者未加班的事实承担举证责任，不能举证的，视为劳动者加班事实存在；从申请仲裁之日起算，两年前的加班事实，由劳动者就加班事实承担举证责任。

第三种观点认为，举证责任的分配首先应当遵守举证责任的分配规则，同时通过运用证明妨碍规则减轻劳动者证明负担。根据《民事诉讼法》规定，举证责任是按照“谁主张，谁举证”的原则进行分配的，只有在法律或司法解释明确规定的情形下，才能采用举证责任倒置的技术。“谁主张，谁举证”的原则，具体来说，就是《民事诉讼法司法解释》所采纳的法律要件分类说的标准，即“当事人对自己提出的诉讼请求所依据的事实或者反驳对方诉讼请求所依据的事实，应当提供证据加以证明，但法律另有规定的除外”。具体而言，凡是主张权利存在的当事人，对权利产生的要件事实承担举证责任；否定权利存在的当事人，对妨碍该权利的法律要件事实承担举证责任；主张权利消灭的当事人，应对权利已经消灭的法律要件事实承担举证责任；主张权利受到限制的当事人，应对权利受到限制的法律要件事实承担举证责任。根据该规则，劳动争议案件中，劳动者主张加班费的，应当对该加班费请求权产生的要件事实即加班事实承担举证责任，此其一。其二，本解释第44条、《劳动争议调解仲裁法》第6条规定也说明，关于加班事实的举证责任也并未采纳举证责任倒置的技术。其三，原劳动部《工资支付暂行规定》第6条不能作为加班事实举证责任倒置的依据。首先，该规定是对用人单位关于工资支付凭证最低保存期限的规定，而实际上，各地已有突破2年期限限制的做法。其次，工资支付凭证并非证明加班事实的唯一证据，在审判实践中，尚有其他相关证据能够证明加班事实的存在。因此，以此规定为理由且以2年为时间点区分举证责任的分配，一方面违反了举证责任的分配规则，另一方面也不利于劳动者的保护，在现实中往往导致法院仅简单支持2年之内的加班费的判决结果，在实体上也不公平。此外，如果劳动者有证据证明用人单位掌握加班事实存在的证据，用人单位无正当理由拒不提供的，用人单位构成证明妨碍，应承担不利后果。

本条规定承继了2010年《劳动争议司法解释（三）》第9条之规

定，主要采纳了第三种观点，即在劳动者主张加班费时，仍然以“谁主张，谁举证”作为基本的举证责任分配规则，但用人单位构成证明妨碍时，则减轻劳动者的举证负担。之所以采纳第三种观点，是因为该观点所理解的举证责任分配规则更符合法律规定，同时也结合劳动争议案件的特点，适度平衡劳动者和用人单位之间就加班事实的举证负担。

二、加班事实的举证责任由劳动者承担

按照我国《民事诉讼法》和《民事诉讼法司法解释》确定的法律要件分类说的举证责任的分配规则，主张权利存在的当事人对作为该权利发生原因的事实承担证明责任，而主张权利不存在（对权利存在争议）的当事人对作为权利消灭原因的事实承担证明责任。劳动者主张加班费的诉讼请求，其法律属性为主张劳动报酬请求权。因此，劳动者应当对劳动报酬请求权发生原因的事实即加班的事实承担举证责任。

由于劳动者承担加班事实的举证责任（客观证明责任），该证明责任的分配也会影响劳动者的举证活动。例如，在劳动者提出加班费的诉讼请求后，如果劳动者未提出证明加班事实存在的证据或者提出的证据难以使法官产生确信，则主观证明责任于此发挥作用，即使用人单位未提出任何相反证据，劳动者也将承担诉讼请求得不到支持的不利后果。如果劳动者提出的证据使法官产生内心确信，而用人单位未提出相反证据或者提出的证据难以动摇法官的内心确信，则用人单位承担不利后果。反之，如用人单位提出的证据能够动摇法官的内心确信，则劳动者仍应承担诉讼请求难以得到支持的不利后果。换言之，加班事实要么存在、要么不存在，法官都应作出相应判决，这些都是主观证明责任发挥作用的场合。但是，如果法官在进行证明评价之后仍然难以产生内心确信，则该事实处于真伪不明的状态，此时客观证明责任发挥作用，由承担证明责任的劳动者承担不利后果。

三、证明妨碍与劳动者举证负担的减轻

本条规定的核心在于通过证明妨碍规则的运用达到减轻劳动者证明负担的目的。

劳动争议案件中，劳动者主张加班费往往会面临缺乏证明手段的困难，例如，加班的工作记录、审批单、反映加班事实存在的工资单等往往由用人单位保存，由此即形成所谓的“证据偏在”现象。由于加班事实的证明责任由劳动者承担，从极端的角度上看，用人单位没有必要对该事实进行任何的证明活动，只要在劳动者提出的本证即将奏效时，提出反证即可。这种结果显然对劳动者不够公平。这是本条规定的事实基础。

从我国的司法实践看，《最高人民法院关于民事经济审判方式改革问题的若干规定》（法释〔1998〕14 号，2019 年 7 月 8 日起废止）第 30 条已对此作出了规定，即有证据证明持有证据的一方当事人无正当理由拒不提供，如果对方当事人主张该证据的内容不利于证据持有人，可以推定该主张成立。《最高人民法院关于民事诉讼证据的若干规定》第 95 条对此予以承继，仅对文字表述作出了修改。另外，《劳动争议调解仲裁法》第 6 条规定：发生劳动争议，当事人对自己提出的主张，有责任提供证据。与争议事项有关的证据属于用人单位掌握管理的，用人单位应当提供；用人单位不提供的，应当承担不利后果。同时，《工资支付暂行规定》第 6 条也规定：用人单位必须书面记录支付劳动者工资的数额、时间、领取者的姓名以及签字，并保存 2 年以上备查。而劳动者工资数额的确定需要以工作时间为判断标准，在解释上，也可以得出劳动者有义务保存证明劳动者工作时间证据的义务。这是本条规定的法理基础。

从以上的分析可知，本条的构成要件为：（1）劳动者主张加班事实的存在。（2）劳动者已经有证据证明用人单位掌握加班事实存在的证据。该证据可以表现为双方劳动合同中约定的加班所需履行的审批手续，而该手续最终由用人单位保管；也可以表现为劳动者之前领取

工资的工资单，该工资单显示的内容能够证明用人单位有记录加班时间的内部系统；有时也会表现为在同一用人单位的其他劳动者提出的能够证明该用人单位掌握加班事实的证据。但是，无论何种证据，本要件的满足是以法官对劳动者提出的证据进行证明评价之后形成确信（用人单位掌握加班事实存在的证据）为条件的。（3）用人单位不提供加班事实存在的证据。与《最高人民法院关于民事诉讼证据的若干规定》等司法解释不同的是，本条并未规定用人单位“无正当理由拒不提供”的要件。这一方面是与《劳动争议调解仲裁法》第6条的规定保持一致，另外一方面，并不能得出结论认为，在任何情况下用人单位只要不提供此类证据，即面临不利后果。例如，在用人单位发生火灾导致所存资料全部毁损的情况下，再适用本条规定显然不妥。此时，应当根据其他证据来认定加班事实是否存在。因此，解释上的妥当结论应当是，用人单位不提供此类证据的例外情况应当尽量限制。

【审判实践中应注意的问题】

一、用人单位应当提供的证据不限于2年之内

审判实践中，一种观点认为，既然《工资支付暂行规定》规定了用人单位保存工资支付凭证的义务至少为2年，则用人单位仅有义务提供2年工资支付凭证的证据，因此，如果有证据证明用人单位掌握加班事实存在的证据的，人民法院也只能判决2年的加班费。

我们认为，在本条规定之下，上述观点难以成立。首先，从《工资支付暂行规定》的规定来看，工资支付凭证的最低保存年限为2年，但是，在解释上，并不限于2年。实际上，实践中有的地方已经作出了该时间长于2年的规定。其次，从实体权利来看，加班费请求权并不因用人单位不提供相应的证据而消灭。换言之，即使两年以前的工资支付凭证用人单位未提供，也不能作出劳动者就两年之前的加班费请求权就不存在的结论。再次，从本条规定的内容来看，只要劳动者

提出证据证明用人单位掌握了两年之前加班事实存在的证据，用人单位不提供该证据，仍应承担加班事实被推定存在的不利后果，劳动者的加班费请求权仍应获得支持。由此可见，本条规定实际上是对审判实践中对加班费仅支持2年在证明上的否定。

二、关于加班费的计算方式

虽然本条是对加班事实的证明责任的规定，但是，应当看到，一旦法官形成加班事实存在的心证，则接下来就需要解决加班费的计算方式问题。

《劳动法》第三章尤其是第44条，《劳动合同法》第31条、[①] 第62条、[②] 第85条[③]等条文确立了我国劳动法律中的劳动时间制度以及加班制度。依据上述规定，现行法律关于劳动时间制度以及加班制度为：

第一，全日制用工的劳动时间分为制度工作时间和加班时间。制度工作时间包括年工作日、季工作日、月工作日，每日的制度工作时间为8小时。其中年工作日的计算方式为：365天－104天（休息日）－11天（法定节假日）＝250天，季工作日的计算方式为：250天÷4季＝62.5天/季，月工作日的计算方式为：250天÷12月＝20.83天/月。工作小时数的计算方式为：以月、季、年的工作日乘以每日的8小时。关于日工资、小时工资的折算，按照《劳动法》第51

① 《劳动合同法》第31条规定：用人单位应当严格执行劳动定额标准，不得强迫或者变相强迫劳动者加班。用人单位安排加班的，应当按照国家有关规定向劳动者支付加班费。

② 《劳动合同法》第62条规定：用工单位应当履行下列义务：……（三）支付加班费、绩效奖金，提供与工作岗位相关的福利待遇……

③ 《劳动合同法》第85条规定："用人单位有下列情形之一的，由劳动行政部门责令限期支付劳动报酬、加班费或者经济补偿；劳动报酬低于当地最低工资标准的，应当支付其差额部分；逾期不支付的，责令用人单位按应付金额百分之五十以上百分之一百以下的标准向劳动者加付赔偿金：（一）未按照劳动合同的约定或者国家规定及时足额支付劳动者劳动报酬的；（二）低于当地最低工资标准支付劳动者工资的；（三）安排加班不支付加班费的；（四）解除或者终止劳动合同，未依照本法规定向劳动者支付经济补偿的。"

条的规定，法定节假日用人单位应当依法支付工资，即折算日工资、小时工资时不剔除国家规定的11天法定节假日。据此，日工资、小时工资的折算为：日工资＝月工资收入÷月计薪天数，小时工资＝月工资收入÷（月计薪天数×8小时）。月计薪天数＝（365天－104天）÷12月＝21.75天。[①] 加班时间则是指在制度工作时间之外的延长工作时间。其中包括制度工作日内的延长工作时间和制度工作日外的休息日、节假日工作时间。

第二，关于非全日制用工的劳动时间。根据《劳动合同法》的规定，所谓非全日制用工，是指以小时计酬为主，劳动者在同一用人单位一般平均每日工作时间不超过4小时，每周工作时间累计不超过24小时的用工形式。[②] 作为一种灵活的就业形式，非全日制用工与全日制用工的主要区别在于：（1）劳动合同订立的形式不同。全日制用工应当订立书面合同，而非全日制用工则可以采用口头协议的形式。（2）是否存在试用期不同。全日制用工可以约定试用期，且法律对试用期的长短、次数以及工资标准作出了明确的规定，而非全日制用工双方当事人不得约定试用期。（3）合同的解除条件不同。全日制用工的劳动合同解除，要符合法定的条件。全日制用工的劳动合同解除存在如下几种情形：①双方当事人协商一致解除。②劳动者可以提前30日以书面形式通知用人单位解除劳动合同，如果在试用期间，劳动者

① 参见《劳动和社会保障部关于职工全年月平均工作时间和工资折算问题的通知》（劳社部发〔2008〕3号）。

② 关于非全日制用工的定义，国际上存在两种方式。第一种方式是以全日制用工的工作时间为标准，低于该工作时间的即为非全日制用工。例如，国际劳工组织在《非全日制工作公约》中的定义为，非全日制工人是指正常工时少于可比全日制工人的受雇人员。这里的可比全日制工人是指与非全日制工人相比具有相同类型的就业关系、从事相同或相似类型的工作或职业、在相同的部门就业或在该部门无可比全日制工人的情况下，在相同的企业就业，或在该企业无可比全日制工人的情况下在相同的行业就业的全日制工人。《德国非全日制用工和固定期限用工法》第2条也是根据工作时间是否短于同企业中从事相同或类似工作的全日制用工来进行判断。另外一种方式则是以非全日制用工的工作时间的最高上限为标准。例如，挪威的标准为每周工作时间不满37小时。日本、瑞典、澳大利亚等国规定的每星期工作时间不满35小时。法国规定每星期工作时间比法定工作时间少1/5。我国《劳动合同法》采纳了后一种形式。

只需提前 3 天通知用人单位即可。③在用人单位存在未及时足额支付劳动报酬等法定情形的，劳动者可以解除合同。④用人单位的合同解除权在法律上有较为严格的限制，主要表现在《劳动合同法》第 39 ~ 43 条等规定。而非全日制用工情形下，非全日制用工双方当事人任何一方都可以随时通知对方终止用工，法律上没有限制。（4）解除的法律后果不同。全日制用工的劳动合同的解除或终止，在大多数情形下，用人单位都要支付经济补偿金。而非全日制用工情形下，终止用工的，用人单位无须向劳动者支付经济补偿金。

综上所述，可以看出，在现行法的框架之下，非全日制用工作为一种较为灵活的用工机制，其灵活性体现在合同的订立、工作时间、工资支付以及合同终止等很多方面。那么，在非全日制用工之下，是否存在加班的问题？

我们认为，在非全日制用工条件下，是否存在加班问题，应当视具体情况而论。由于非全日制用工的工资计算方法分为两种：一种是按小时计算，这是绝大多数非全日制用工的计酬方式；另外一种则是按天或月计算。在双方当事人约定休息日、法定节假日工作是否支付加班费的情况下，考虑到非全日制用工的特殊性，原则上应当认定该约定有效，依照当事人的约定处理。在未约定的情形下，是否构成加班，则需要考虑。我们认为，从我国《劳动法》关于延长工作时间的规定来看，一方面为了保护劳动者身心健康，对加班的时间予以了限制；另外一方面，对于延长工作时间的，应当按照相应的标准支付工资报酬，从而使用人单位和劳动者的权益得到平衡。以此立法目的衡量，在非全日制用工场合，劳动者在超出制度工作时间之外的时间应当计算加班费，即如果劳动者的当天工作时间超过 8 小时，则 8 小时之外的工作时间应当计算加班费。对于休息日和法定节假日工作的情形，则亦应当计算相应的加班费。

关于加班费的计算方式问题，实践中有以下几种情形：

第一种情形是，有的法院为了诉讼快捷，避免由于证明困难等问题采取无论当事人有无约定，都按当地最低工资标准计算加班费。此种方式的不合理性非常明显，不仅违反了法律关于加班费计算标准的规定，而且在很多场合违反了当事人的约定。

第二种情形是，如果劳动合同中明确约定了基本工资和加班费的计算基数，且加班费的计算基数不低于基本工资的，有的法院按照约定的加班费计算基数计算加班费，有的法院以基本工资为基数计算加班费。此方式在部分情况下呈现出不合理性，除了基本工资之外，劳动者的工资报酬还可能以津贴等其他形式体现。在以基本工资为基数计算加班费时，实际上未将劳动者的工资报酬完全涵盖进来，导致加班费数额不足法定标准，甚至可能出现加班费标准比制度工作时间内的工资标准低的情况。

第三种情形是，劳动合同中约定了劳动者的基本工资，但是没有约定加班费的计算基数，且用人单位实际支付加班费的计算基数低于基本工资的。我们认为，从《劳动法》的规定来看，加班费的计算标准之所以高于平时的工资，主要原因是对劳动者丧失休息时间的一种补偿，具有保护劳动者的立法目的，因而属于强行性规范。在劳动合同没有约定加班费计算基数或者实际支付加班费的计算基数低于基本工资的，应当认定用人单位违反了法定义务，加班费差额应予补足。

第四种情形是，劳动合同中没有约定基本工资和加班费。在诉讼中，根据双方当事人提供的证据能够判断劳动者的工作时间和工资报酬。在此情形下，应当如何计算加班费？我们认为，应当将实际发放的工资报酬作为制度工作时间和加班时间的所有工资，计算出每小时的工资标准，以此作为计算加班费的基数。应当看到，此种计算方式是以工资单所反映的工资为劳动者的全部工资报酬为前提的，亦即法官已对实际发放的工资是包括制度工作时间和加班时间的事实产生了确信。但是，如果劳动者有证据证明实际发放的工资并不包括加班费，则不应当按照该方式计算加班费。另外，如果以此方式计算出的每小时工资低于最低工资标准的，则应当按照最低工资标准或者在该企业从事相同或者类似工作的其他劳动者的工资标准计算加班费。

第五种情形是，用人单位在劳动合同中约定了基本工资，也约定了加班费的计算基数以基本工资为标准，但是在加班费之外还支付了生活补贴、津贴、奖金。那么，在加班费计算基数之外的补贴、津贴、奖金应否纳入加班费计算基数中来？我们认为，要根据补贴、津贴或奖金的性质分别判断。一般情况下，补贴、津贴是对劳动者制度工作时间内的劳动的其他补偿，并不随用人单位的效益或者其他因素的变化而改变，因此应当计入加班费的计算基准之内。而奖金的形式有很多，如果奖金是根据劳动者的工作业绩发放的，则应当根据劳动者主张加班费的期间的工作业绩来判断是否计入工资的范围从而作为加班费的计算基准。

第六种情形则是劳动合同只约定了基本工资，没有约定加班费计算基数。那么，基本工资之外的补贴、津贴应否计入加班费计算基准？我们认为，为了防止用人单位以此形式减少其加班费的支付，侵害劳动者的权益，在劳动合同无明确约定的情况下，这些形式的工资报酬都应计入加班费计算依据。

【案例解读】

一、基本案情

某环保公司为某科技公司的全资子公司。郝某某于2000年12月底入职某科技公司，双方于2010年12月29日签订无固定期限劳动合同。2013年11月1日，某环保公司与郝某某签订无固定期限劳动合同，约定郝某某的岗位为售后服务。双方另行签订劳动合同补充协议，约定因某科技公司组织结构变更，原就职于某科技公司的工龄累计到某环保公司。郝某某主张其在职期间存在休息日及法定节假日加班情况，但某环保公司未向其支付加班工资。2016年12月2日，郝某某向北京市丰台区劳动争议仲裁委员会申请仲裁，要求某环保公司支付2013年11月1日至2016年11月30日休息日及法定节假日加班工资20 000元。就其主张，郝某某提交《员工手册》打印件、每日动向费用明细表打印件等证据。其中《员工手册》考勤管理规范部分记载非销售人员每日上班必须使用“分享逍客”系统进行“考勤签到”，如出差、驻外及外勤办公的人员应当进行“外勤签到”；每日动向费用明细表打印件显示郝某某存在休息日、法定节假日出差情形。某环保公司对《员工手册》真实性予以认可，对每日动向费用明细表不予认可，但称无法提交考勤记录。2017年7月7日，北京市丰台区劳动争议仲裁委员会作出裁决，驳回郝某某的申请请求。郝某某不服起诉至北京市丰台区人民法院。

二、裁判结果

北京市丰台区人民法院于2018年6月作出判决：某环保公司于判决生效后7日内支付郝某某2013年11月1日至2016年11月24日休息日及法定节假日加班工资5000元。判决后，某环保公司提起上诉。2018年10月，北京市第二中级人民法院作出终审判决：驳回上诉，维持原判。

三、评析

本案争议焦点在于劳动者主张加班费的，举证责任如何分配。2010年《劳动争议司法解释（三）》之前，审判实践中主要有三种观点：一是由用人单位就劳动者所主张的加班事实承担举证责任；二是由用人单位就劳动者所主张的两年内的加班事实承担举证责任，两年外的举证责任由劳动者承担；三是按照“谁主张，谁举证”的原则，由劳动者就其所主张的加班事实承担举证责任。2010年《劳动争议司法解释（三）》后，其中第9条对此问题予以明确。本解释在对关于审理劳动争议适用法律若干问题的四部解释进行梳理时，将该条以第42条的形式予以保留。

具体到本案，郝某某主张某环保公司向其支付加班费，应当就加班事实的存在承担举证责任，现郝某某不能就其主张的加班事实提供证据予以证明，本应就此承担举证不能的不利后果。但是，郝某某提供的经某环保公司认可的员工手册等证据足以证明某环保公司掌握考勤记录等关于加班事实可能存在的证据，某环保公司却拒不提交，实际上构成证明妨碍，即不负有证明责任的某环保公司通过不作为阻碍负有证明责任的郝某某对其事实主张的证明。此种情况下，对待证事实负有举证责任的郝某某主张该考勤记录的内容不利于某环保公司的，人民法院可以认定该主张成立，确定由某环保公司承担不利后果。据此，一、二审法院均根据本案实际情况对郝某某所主张的部分加班费予以支持。

第四十三条

用人单位与劳动者协商一致变更劳动合同，虽未采用书面形式，但已经实际履行了口头变更的劳动合同超过一个月，变更后的劳动合同内容不违反法律、行政法规且不违背公序良俗，当事人以未采用书面形式为由主张劳动合同变更无效的，人民法院不予支持。

【条文主旨】

本条是关于如何认定未采用书面形式变更劳动合同的效力的规定。

【条文理解】

本条规定是对 2013 年《劳动争议司法解释（四）》第 11 条进行重大修改完善而形成，对于本条的理解，要着重把握以下几个问题。

一、劳动合同是要式合同

要式合同，是指必须依据法律规定的或者当事人要求的形式而成立的合同。对于一些重要的交易，法律常常要求当事人必须采取特定的形式订立合同。要式合同，除法律要求之外，亦可由当事人要求。①《劳动合同法》第 16 条第 1 款规定："劳动合同由用人单位与劳动者协商一致，并经用人单位与劳动者在劳动合同文本上签字或者盖章生效。"根据该规定，劳动合同是要式合同，必须以劳动合同文本的形式订立。但是相比合同法上的要式合同，劳动合同又具有其特殊性。

① 韩世远：《合同法总论》（第四版），法律出版社 2018 年版，第 84 页。

通常的理论认为，要式合同所要求的形式是合同的成立要件。《民法典》第490条第2款也规定，“法律、行政法规规定或者当事人约定合同应当采用书面形式订立，当事人未采用书面形式但是一方已经履行主要义务，对方接受时，该合同成立”。也就是说，对于要式合同来说，书面形式是合同的成立要件，如果未采用书面形式订立，则合同未成立；但是，当一方已经履行主要义务，对方接受时，该合同成立。而对于劳动合同来说，书面形式却是其生效要件，按照《劳动合同法》第16条第1款规定，只要用人单位或者劳动者有一方未在劳动合同上签字或者盖章，劳动合同就未生效，只有当用人单位与劳动者都在劳动合同文本上签字或者盖章时，劳动合同方才生效。

二、劳动合同的变更

劳动合同的变更可以分为广义的变更和狭义的变更。广义的变更既包括劳动合同内容的变更，也包括劳动合同主体的变更。主要包括：(1)《劳动合同法》第33条规定的用人单位名称、法定代表人、主要负责人或者投资人等事项的变更，上述变更不影响劳动合同的履行。(2)《劳动合同法》第34条规定的因用人单位发生合并或者分立等情况发生的变更，此种情形下，原劳动合同继续有效，劳动合同由承继其权利和义务的用人单位继续履行。(3) 用人单位发生更替，劳动者与原用人单位的劳动合同由与原用人单位有承继关系的新用人单位继续履行。狭义的变更仅指用人单位与劳动者依法修改或者补充劳动合同内容的民事法律行为，它不是订立新的劳动合同。原劳动合同未变更的部分仍然有效，变更后的内容取代了原合同的相关内容，新达成的变更协议条款与原合同中其他条款具有同等的法律效力，对双方当事人都有约束力。本条规定所称的变更，即是指狭义的变更。

之所以设立劳动合同的变更制度，是因为在当事人订立合同时，不可能对涉及合同的所有问题都作出明确的规定。劳动合同订立后，在履行过程中，由于社会生活、市场条件以及劳动者或者用人单位自身发生的变化，导致订立劳动合同所依据的主客观情况发生变化，使得劳动合同难以全面履行，或者使合同的履行可能造成当事人之间权利义务的不平衡，这就需要用人单位和劳动者双方对劳动合同的部分内容进行适当的调整。否则，在劳动合同与实际情况相脱节的情况下，若继续履行，有可能会对当事人的正当利益造成损害。因此，《劳动合同法》允许当事人在一定的条件下可以变更劳动合同。双方当事人可以依据有关法律法规的规定，经协商一致，就劳动合同的部分条款进行修改、补充或者增删，通过双方权利义务关系重新进行调整和规定，使劳动合同适应变化发展了的新情况，从而保证劳动合同的继续履行。①

三、如何理解劳动合同变更的要式性

与劳动合同是要式合同一样，变更劳动合同也需要采用书面形式。《劳动合同法》第 35 条第 1 款规定："用人单位与劳动者协商一致，可以变更劳动合同约定的内容。变更劳动合同，应当采用书面形式。"从体系解释的角度来看，对于书面形式是否是劳动合同变更的生效要件，似乎应与劳动合同订立的生效要件作一体理解，即书面形式的变更才能产生变更劳动合同的效力，口头变更或者其他形式的变更不发生变更劳动合同的效力。但是该条文并未像《劳动合同法》第 16 条第 1 款那样，明确规定变更的合同需经用人单位与劳动者在劳动合同文本上签字或者盖章方始生效。那么，书面形式是不是变更合同的生效要件，口头或者其他形式的变更能否发生变更合同的效力？对此存有不同观点。一种观点认为，《劳动合同法》第 35 条的规定是强制性规定，违反该强制性规定，未使用书面形式的，变更行为无效。另一种观点则认为，《劳动合同法》第 35 条属于管理性规定而非效力性规定，变更劳动合同但未采用书面形式的，并不因此而无效。本解释认为，第二种观点更有利于保护劳动者合法权益，更符合立法目的。我们认为，《劳动合同法》之所以规定变更劳动合同应当采用书面形式，

① 参见最高人民法院民事审判第一庭编著：《最高人民法院劳动争议司法解释（四）理解与适用》，人民法院出版社 2013 年版，第 212 页。

第一方面，因为《劳动合同法》规定建立劳动关系应当订立书面劳动合同，从而在履行过程中的变更合同，自然也需要以书面形式加以固定。第二方面，采用书面形式有利于明确双方的权利义务关系，遇有纠纷时方便举证。第三方面，书面形式的劳动合同有利于控制合同内容，方便劳动行政部门对劳动合同进行审查和监督，以规范用人单位的行为，避免其滥用权利。第四方面，很多变更对劳动者是有利的，比如升职、涨薪等。因此，如果对于非书面形式的变更一味认定为无效，对劳动者往往不利，这与将劳动合同的变更规定为要式的目的背道而驰。基于上述分析，本解释特作出本条规定，放宽对变更劳动合同的形式要求，对现实中发生的口头变更予以肯定，但是同时对口头变更设定了一定的限制条件。

四、劳动合同变更的形式

合同是内容与形式的统一体，形式与内容，实为合同的一体两面。[①] 根据《民法典》第 469 条的规定，合同可以采用书面形式、口头形式或者其他形式。

本条规定从字面上看，仅对口头变更予以肯定，未对以其他形式变更的劳动合同的效力予以规定。但是既然本解释认为书面形式并非变更劳动合同的生效要件，则以其他形式变更的劳动合同，只要满足本条规定设定的限制条件，自然也应与口头变更产生同等效果，即发生变更劳动合同的效果。

五、口头变更生效的前提条件

（一）用人单位与劳动者就变更合同协商一致

《劳动合同法》规定了以下几种类型的合同变更：一种是第 35 条规定的意思自治变更，只要用人单位与劳动者协商一致，就可以变更劳动合同，不问变更的原因为何。一种是第 40 条第 3 项规定的情势变

① 韩世远：《合同法总论》（第四版），法律出版社 2018 年版，第 107 页。

更，当订立劳动合同时所依据的客观情况发生重大变化，致使劳动合同无法履行的，用人单位可以与劳动者协商一致变更劳动合同。这两种变更，都以双方协商一致为条件。此外，《劳动合同法》还规定了两种情形可以变更劳动合同：一种是劳动者患病或者非因工负伤，在规定的医疗期满后不能从事原工作的，依据《劳动合同法》第 40 条第 1 项规定，用人单位应当另行安排工作。另一种是劳动者不能胜任工作的，依据《劳动合同法》第 40 条第 2 项规定，用人单位可以调整其工作岗位。显然，这两个规定是为了保护医疗期满以及不胜任工作的劳动者的权益而设立的，并非赋予用人单位单方变更劳动合同的权利。用人单位在此种情形下，并不能直接解除劳动合同，而是要先为劳动者调整岗位，给劳动者一次继续履行劳动合同的机会。换句话说，除了这两种特殊情形外，《劳动合同法》并未赋予用人单位或劳动者单方变更劳动合同的权利。因此，本条规定，变更劳动合同以用人单位与劳动者协商一致为条件。

本条规定是对 2013 年《劳动争议司法解释（四）》第 11 条进行重大修改完善而形成，其中一个重大修改就是明确了协商一致的前提条件。2013 年《劳动争议司法解释（四）》第 11 条规定："变更劳动合同未采用书面形式，但已经实际履行了口头变更的劳动合同超过一个月，且变更后的劳动合同内容不违反法律、行政法规、国家政策以及公序良俗，当事人以未采用书面形式为由主张劳动合同变更无效的，人民法院不予支持。"该条解释虽未明确变更需以协商一致为前提，但基于前述《劳动合同法》的相关规定，协商一致是该条解释的应有之义。然而在本次司法解释清理的调研过程中，有很多法院的同志反映，在实践中，2013 年《劳动争议司法解释（四）》第 11 条存在被误读的情况。

一种误解是认为，只要存在实际履行变更的劳动合同超过一个月的外观，即可以推定变更有效，而不问变更是否经过双方协商一致。这样理解就把该条解释误解为是赋予一方单方变更劳动合同权利的条文了，这与该条解释的原意大相径庭，因为该条解释的原意是放宽变更合同的形式要求，在一定条件下承认非书面变更劳动合同的效力。另一种误解是认为，既然该条解释未强调协商一致，那么只要存在实际履行变更的劳动合同超过一个月的外观，就可以推定双方已经就变更劳动合同达成协商一致，从而免除主张劳动合同已变更一方当事人就变更劳动合同已经达成协商一致的举证责任。实践中误解该条解释的典型案例就是，用人单位单方降薪，并按照降薪后的标准发放了超过一个月的工资，劳动者于是请求用人单位补足工资差额，这时用人单位抗辩称劳动者对降薪未提异议，工资标准已经通过实际履行的方式进行了变更。对于这种观点，不乏有仲裁机构和人民法院支持的。该观点忽视的重要问题之一，就是该条解释的适用前提是双方就变更劳动合同已经协商一致。

综合调研的反馈情况，为避免不必要的误读，消除歧义，使语义更加明确，还原条文的原意，本条规定对2013年《劳动争议司法解释(四)》第11条进行了修改，明确用人单位与劳动者变更劳动合同需以协商一致为前提。

（二）已经实际履行了口头变更的劳动合同超过一个月

所谓就变更的劳动合同的实际履行，是指用人单位与劳动者基于变更劳动合同的合意，就变更后的劳动合同约定的债务作出给付行为。由于劳动合同是继续性合同，所以这种给付还表现为持续性的给付。显然，这种持续性的给付应当能够体现出用人单位与劳动者就劳动合同变更所达成的合意。

在实践中，对于什么样的行为构成实际履行，也存在误读。本文仍以前述用人单位单方降薪的案例为例进行阐释。如果用人单位单方降薪，并按照降薪后的标准实际发放工资超过一个月，在此期间劳动者未提任何异议，能否就此认定劳动者通过实际履行认可了降薪一事？

因为用人单位未举证证明就降薪与劳动者协商一致，我们也不能直接推定劳动者已经同意降薪，所以就需要考察劳动者持续超过一个月未提异议的状态能否视为其通过实际履行的方式同意了降薪，即劳动者持续超过一个月未提异议的状态能否视为其作出了同意降薪的意思表示。

我们认为是不可以的。《民法典》第140条明确规定："行为人可以明示或者默示作出意思表示，沉默只有在有法律规定、当事人约定或者符合当事人之间的交易习惯时，才可以视为意思表示。"也就是说，意思表示原则上应以明示或者默示作出，沉默原则上不能视为意思表示。法律之所以作这样的规定，一是基于意思自治原则的内在要求。如果沉默可以视为意思表示，则相对人很容易在不经意甚至不知晓的情况下就被动与他人成立了法律行为并受其约束，这显然违背民法上意思自治的基本原则，也就是《民法典》第5条确立的自愿原则。二是出于保护相对人利益的考虑。如果沉默可以动辄视为意思表示，那么要约人就可以向相对人发出苛以负担和义务的要约，相对人很可能会不知不觉就背负某种负担或义务，换言之，其利益会随时遭受难以预料的损害；即使相对人知晓了该不利要约，因为沉默被视为作出了意思表示，所以其也要付出时间、人力和经济成本去作出明确拒绝的意思表示，这显然对相对人是不经济和不公平的。因此，《民法典》明确规定，意思表示原则上应以明示或者默示作出。

所谓明示的意思表示，是通过语言或文字直接表现表意人的效果意思。① 通俗地说，就是通过书面或者口头通知的方式作出的意思表示。所谓默示的意思表示，是由行为推断的意思表示，例如对于要约点头进行承诺。② 按照通说，默示的意思表示属于须经受领的意思表示，作出"承诺的行为"只是默示的承诺的成立，如欲发生承诺的效力，还须关于该"承诺的行为"的通知到达要约人。③ 当然，其也有例外。比如《民法典》先是在第480条规定："承诺应当以通知的方式作出；但是，根据交易习惯或者要约表明可以通过行为作出承诺的除外。"又在第484条规定："承诺不需要通知的，根据交易习惯或者要约的要求作出承诺的行为时生效。"也就是说，交易习惯或者要约

① 陈甦主编：《民法总则评注》，法律出版社2017年版，第1003页。

② 陈甦主编：《民法总则评注》，法律出版社2017年版，第1003页。

③ 韩世远：《合同法总论》（第四版），法律出版社2018年版，第154页。

明确表明可以通过行为作出承诺的，当受要约人作出承诺的行为时承诺即生效，无须通知要约人。又由于《民法典》第483条规定承诺生效时合同成立，合同由此即告成立。

通过分析我们发现，劳动者持续超过一个月未提异议的状态既不属于以书面或者口头通知的方式作出的明示，也不属于以自己的行为作出的默示，而是一种沉默。所谓沉默，即既不表示同意，也不表示反对，故又称“不作为的默示”。普遍接受的准则是，单纯的沉默并不构成对于要约的承诺，即使要约人在其要约中表明沉默将被作为承诺，亦是如此。① 根据《民法典》第140条规定，在没有法律规定、当事人约定或者当事人之间的交易习惯时，沉默不能视为意思表示。因此，如果用人单位与劳动者之间既没有事先约定也没有交易习惯，劳动者持续超过一个月未提异议的状态不能视为意思表示，自然也就不能视为其同意了降薪。实际上，劳动者未提异议的可能性有多种。比如，现在发放工资基本是通过银行转账，在劳动者未设置到账提醒的情形下，其迟迟未发现工资发放金额的减少是有可能的。又比如，劳动者虽不同意降薪，但害怕提出质疑会导致丢掉工作。而劳动者继续提供劳动既可能是因为其遵守诚实信用原则，继续履行劳动合同项下的主给付义务，也可能是因为其害怕不继续提供劳动会被用人单位以旷工为由解除劳动合同。并且继续提供劳动的行为与降薪前无异，自然不能视为以行为对降薪作出的默示的承诺。

按照本解释，双方的实际履行行为须达到一定的履行期间才能被认为双方之间的劳动合同已经实际变更，否则还只是仅仅停留在口头上的变更，不能引起劳动合同实际变更的法律效果。那么，用人单位与劳动者实际履行口头变更合同多长时间才能视为双方已经实际变更了劳动合同，从而作为判断无书面劳动合同变更的标准呢？实践中对此存在不同认识。我们认为，实际履行期限至少超过一个月才能认定双方已经实际变更履行了劳动合同。规定一个月期间的主要理由如下：

---

① 韩世远：《合同法总论》（第四版），法律出版社2018年版，第147页。

其一，《劳动法》第 50 条规定："工资应当以货币形式按月支付给劳动者本人。不得克扣或者无故拖欠劳动者的工资。"《工资支付暂行规定》第 7 条规定：工资必须在用人单位与劳动者约定的日期支付，如遇节假日或休息日，则应提前在最近的工作日支付。工资至少每月支付一次，实行周、日、小时工资制的可按周、日、小时支付工资。"按月支付"应理解为每月至少发放一次工资，实行月薪制的单位，工资必须每月发放，超过企业与职工约定或劳动合同规定的每月支付工资的时间发放工资即为不按月支付。可见，我国主要实行月薪制工资支付周期，用人单位应按月支付工资报酬。而劳动合同全面履行原则要求用人单位按照规定足额支付劳动报酬，因此，只有实际履行超过一个月，用人单位才有义务支付劳动报酬，从而得以判断用人单位是否也在积极履行口头变更合同，因此，确定一个月的履行期具有合理性。其二，确定一个月期限足以判断双方是否实际履行了变更后的劳动合同，如果把这一期间规定过长，则不利于及时稳定业已形成的劳动关系、法律关系和其他社会关系，不利于及时确定用人单位和劳动者各自的权利义务，不利于构建和谐稳定的劳动关系。①

（三）变更后的劳动合同内容不违反法律、行政法规且不违背公序良俗

本次针对 2013 年《劳动争议司法解释（四）》第 11 条的另一个重要修改，就是将原条文中"变更后的劳动合同内容不违反法律、行政法规、国家政策以及公序良俗"，修改为"变更后的劳动合同内容不违反法律、行政法规且不违背公序良俗"。

作此修改的理由主要有三点：一是"国家政策"已经不属于民事活动应当遵守的法律渊源。在《民法通则》时代，"国家政策"是法定的法律渊源。《民法通则》第 6 条规定："民事活动必须遵守法律，法律没有规定的，应当遵守国家政策。"到了《民法总则》时代，将

① 参见最高人民法院民事审判第一庭编著：《最高人民法院劳动争议司法解释（四）理解与适用》，人民法院出版社 2013 年版，第 220 页。

“国家政策”从法律渊源中删除，其第10条规定：“处理民事纠纷，应当依照法律；法律没有规定的，可以适用习惯，但是不得违背公序良俗。”《民法典》承继了该规定。这是我国法源体系的一大变化，本次清理劳动争议司法解释，亦应顺应这一变化。二是从《民法通则》实施以来，“国家政策”并非评判民事法律行为效力的标准。《民法典》规定民事法律行为的内容不得违反法律、行政法规的强制性规定，不得违背公序良俗，也并无“国家政策”施展的空间。所谓“不得违反法律、行政法规的强制性规定”，是民事法律行为的合法性要件；而“不得违背公序良俗”，则是民事法律行为的妥当性要件。其中的“不得违背公序良俗”，较好地填补了因社会发展等原因导致的法律、行政法规强制性规定不够用而形成的缺漏。公序良俗条款极具弹性，作为概括条款需要经案件而具体化。有学者归纳了十种违背公序良俗的行为类型，可供借鉴：危害国家公序型，例如订立以从事犯罪为内容的契约；危害家庭公序型，例如断绝亲子关系的契约；违反性道德型，例如以继续姘居关系为条件的财产转移行为；射幸行为型，例如赌博行为；违反人权和人格尊重型，例如过分限制人身自由的劳动契约；限制经济自由型，例如利用互相借款扩大资金实力以分割市场、封锁市场的协议；违反公平竞争型，例如招标中的围标行为；违反消费者保护型，例如不当劝诱消费者行为；违反劳动者保护型，例如“工伤概不负责”约款；暴利行为型。[①] 三是本解释的帽段明确《民法典》是制定本解释的法律依据，故本解释的相关规定应与《民法典》保持一致。

【审判实践中应注意的问题】

劳动合同中约定用人单位享有对劳动者工作岗位的调整权，该约定是否有效？

工作岗位是用人单位与劳动者形成劳动关系的重要基础，是劳动

---

① 参见梁慧星：《民法总论》（第四版），法律出版社2011年版，第200～202页。

合同的必备条款。在劳动合同中预先约定用人单位享有单方面调整劳动者工作岗位的权利，这种约定是否有效？一种观点认为，该约定有违平等自愿、协商一致的劳动合同法基本原则，也是典型的排除劳动者权利，故该约定无效。另一种观点认为，该约定是企业自主经营权的行使，应属有效。

我们认为，对于这种约定的效力，不能简单地一概而论。一方面，《劳动合同法》第 3 条规定订立劳动合同，应当遵循合法、公平、平等自愿、协商一致、诚实信用的原则，《劳动合同法》第 35 条规定：用人单位与劳动者协商一致，可以变更劳动合同约定的内容。可见，变更劳动合同应当遵守平等自愿、协商一致的原则。就变更劳动合同，劳动者享有平等自愿和协商的权利。另一方面，由于市场变化的不可预测性和企业经营管理的复杂性，用人单位经常需要对员工进行必要的岗位调整，因此，必要的岗位调整既是企业经营管理所不可或缺的手段，也是企业经营自主权的体现。我们认为，考虑到调整岗位的复杂性，对于约定的效力，应当结合用人单位具体的调岗行为，从合法性、合理性角度进行个案考量。

第一，诸如“用人单位根据工作需要可以调整劳动者工作岗位”之类的约定，过于原则，不够具体明确，对可能出现调整岗位的情形和条件也没有进行充分说明，变相排除了劳动者就变更劳动合同享有的协商一致的权利，因此，这类约定不能产生其字面上的法律约束力。

第二，《劳动合同法》第 40 条第 1、2 项赋予了用人单位劳动请求权，在劳动者不能胜任或者因医疗期满不能从事原工作的情况下，用人单位具有法定的调整劳动者工作岗位的权利。在此框架下订立的预先约定条款当属有效。

第三，对于双方约定的变更岗位条款，应当是具体的、可操作的，当约定的情形出现时，可以将工作岗位变更为哪一种岗位，已经在合同中充分进行了明示。

第四，用人单位的劳动请求权应在合理范围内行使，不能随心所欲地支配劳动者。调整后的工作岗位应与原岗位有一定的关联，避免劳动者工作能力与岗位职务明显不符，超出一般人可以接受的范围。

【案例解读】

一、基本案情

2012年1月1日至2014年3月31日期间，某酒店与员工周某签署过三份岗位聘任书，约定聘任周某为厨师长，月工资待遇10 500元。2014年4月起某酒店调整周某工作岗位，并下调月工资标准。2014年4月至2014年6月某酒店向周某分别发放工资5945.78元、4753元、4554.73元。2014年6月5日，周某以某酒店未足额支付工资等为由向某酒店送达单方解除劳动合同通知书，并申请劳动仲裁。

某酒店主张聘任周某为厨师长，岗位聘任书中就厨师长应负职责作出明确规定，因周某在担任厨师长一职期间未能履行岗位聘任书所规定的职责，公司多次与其进行谈话，指出问题，要求限期整改，但收效甚微，故公司系在2014年3月31日的岗位聘任书到期后，经公司餐饮部会议考核后，决定不再聘任周某担任厨师长一职，调整其聘任岗位为厨师B级，月工资标准相应调整。公司还主张将调岗调资事宜通知了周某本人，周某本人拒绝与公司签署新的岗位聘任书。周某则否认其不能胜任厨师长一职，也否认公司曾书面通知其变更劳动合同、降低工资标准，并主张公司系无故调整其工作岗位，降低其工资标准，已违反法律规定。

二、裁判结果

北京市某中级人民法院认为，某酒店以周某不胜任厨师长一职为由对其进行调岗降薪处理，但从某酒店提供的证据来看，会议记录、宾客对菜品的意见及厨房问题汇总系某酒店单方制作整理，无周某签字确认，故对某酒店所持依法依规对周某进行了调岗调薪的上诉理由不予采纳。2013年《劳动争议司法解释（四）》第11条规定系对《劳动合同法》第35条的补充和完善，必须建立在劳资双方合意的前提下。本案中，某酒店主张，周某从2014年4月1日开始已在新的厨师岗位上实际工作了两个月以上，应认定双方已实际变更劳动合同，但从某酒店提供的证据来看，证人证言在周某是否到新的厨师岗位履职以及具体履职时间等方面存在诸多矛盾之处，不足以证明周某已接受某酒店的调岗降薪处理，相反，从某酒店的陈述及岗聘确认书、签订聘书的通知等证据可见，周某一直拒绝与某酒店签订新的岗聘确认书，本案难以认定周某与某酒店就调岗调薪达成了合意，故本案并不符合适用2013年《劳动争议司法解释（四）》第11条的条件。某酒店于2014年4月起降低周某工资缺乏依据，周某以某酒店未足额支付工资为由提出解除劳动关系于法有据。

三、评析

劳动合同的变更是指劳动合同依法订立后，在合同尚未履行或者尚未履行完毕之前，经用人单位和劳动者双方当事人协商同意，对劳动合同内容做部分修改、补充或者删减的法律行为。《劳动合同法》第35条第1款规定："用人单位与劳动者协商一致，可以变更劳动合同约定的内容。变更劳动合同，应当采用书面形式。"根据该规定，一方面，劳动合同的变更必须坚持协商一致的原则，即劳动合同的变更必须经用人单位和劳动者双方当事人的同意，通过双方协商一致才能进行；另一方面，变更劳动合同应当采用书面形式，达成变更劳动合同的书面协议，变更后的劳动合同文本由用人单位和劳动者各执一份。

如何理解和适用2013年《劳动争议司法解释（四）》第11条，实践中存在一定分歧。有意见认为，上述司法解释对法律规定作了一定的突破，根据该司法解释，一方面，变更劳动合同可以采用口头形式；另一方面，认定劳动合同是否变更以"实际履行"为判断标准，只要实际履行了口头变更的劳动合同超过一个月，就可以认定劳动合同发生了变更。

我们认为，2013年《劳动争议司法解释（四）》第11条系对《劳动合同法》第35条的补充和完善，对该司法解释的理解和适用也应当在法律规定的基本精神框架内进行。

（一）劳动合同变更可以采用口头形式

《劳动合同法》第35条规定：变更劳动合同，应当采用书面形式。“应当”应被理解为管理性的强制性规范而非效力性的强制性规范。违反这一规定，用人单位应当受到行政管理上的处罚或者制裁，但并不必然导致变更合同无效。从现实情况看，变更劳动合同的合意客观存在，并且会通过当事人的实际履行表现出来，只要变更后的劳动合同内容不违法且经过一定期间劳动者未提异议的，就应当对这种变更行为的效力作出肯定性评价。

（二）口头变更劳动合同仍需坚持协商一致的原则

变更劳动合同的协商有时无法被具体感知，有观点即认为，根据司法解释的规定，劳动合同变更以“实际履行”为判断标准，只要实际履行了口头变更的劳动合同超过一个月，就可以认定劳动合同发生了变更。在本案中，某酒店主张已按新的工资标准向周某发放了两个月工资，因此可以认定周某接受调岗调薪。我们认为，在双方协商一致口头变更劳动合同的情况下，可以推论出“实际履行”的事实；但仅根据“实际履行”的表象，却并不能倒推出双方已口头变更劳动合同的结论。例如，用人单位故意克扣劳动者工资，每月均克扣10%，一年后，劳动者申请仲裁，要求用人单位支付克扣的工资。按照“实际履行”的观点，此时双方已变更工资标准，劳动者的主张将得不到支持，但这种结论显然是错误的。根据《劳动争议调解仲裁法》关于劳动报酬争议仲裁的特别时效规定，劳动关系存续期间因拖欠劳动报酬发生争议的，劳动者申请仲裁不受1年仲裁时效期间的限制，理由即是考虑到有些劳动者为了维持劳动关系，在劳动关系存续期间对用人单位拖欠劳动报酬的行为不敢主张权利。可见，仅以“实际履行”标准来判断劳动合同是否变更是不妥当的。要正确理解2013年《劳动争议司法解释（四）》第11条，应当明确该司法解释系对《劳动合同法》第35条的补充和完善，主要是考虑到劳动合同变更采取口头形式符合我国企业生产经营管理的现状，同时对于那些签订了劳动合同但通过口头变更后履行了较长时间的劳动合同，应当确认其效力，防止使变更后的法律关系处于悬而未决的状态，当然，这些必须建立在劳资双方合意的前提下，口头变更劳动合同仍需坚持协商一致的原则。例如，用人单位提出变更工作地点，劳动者实际到新的工作地点上班，如果实际履行超过一个月，可以认定双方已变更劳动合同，此时，虽然双方并未采用书面形式变更劳动合同，但双方变更劳动合同的合意已通过劳动者的实际履行表现出来，人民法院对此应予以确认。①

① 参见吴在存主编：《劳动争议案件裁判规则与法律适用》，法律出版社2020年版，第202~207页。

第四十四条

因用人单位作出的开除、除名、辞退、解除劳动合同、减少劳动报酬、计算劳动者工作年限等决定而发生的劳动争议，用人单位负举证责任。

【条文主旨】

本条是关于劳动争议举证责任倒置的规定。

【条文理解】

“谁主张，谁举证”是民事诉讼举证责任分配基本原则，劳动争议仲裁和诉讼亦不例外。不过，由于劳动关系双方主体地位不平等，劳资双方存在管理与被管理关系，劳动者举证能力受限，而用人单位能够利用管理优势在劳动合同履行期间掌握材料证据，占据取证优势地位，需要根据劳动立法目的、双方举证能力以及纠纷性质对部分劳动争议实行特殊举证规则。如对因用人单位单方作出解除或终止劳动合同、减少劳动报酬、计算劳动者工作年限等决定而引发的劳动争议，由于相关决定系由用人单位基于对劳动者用工管理作出，相关事实依据由用人单位掌握，因此，基于诉讼程序公正和效益以及纠纷解决实体正义考量，应当对此类纠纷实行举证责任倒置规则。本条规定回应相关理论和实践需求。

一、劳动争议特殊举证规则

（一）劳动争议区别于普通民事争议的特点

劳动争议与一般的民事纠纷或民事争议相比，具有以下几方面特点：

一是争议当事人特定性。一方为劳动者，另一方为用人单位。如果争议不是发生在劳动关系双方当事人之间，即使争议内容涉及劳动问题，也不构成劳动争议。

二是争议内容特定性。争议内容涉及劳动权利和劳动义务，主要包括就业、工资、工时、劳动保护、劳动保险、劳动福利、职业培训、民主管理、奖励惩罚等。

三是法律关系特定性。劳动争议内在的法律关系是劳动关系。劳动关系区别于其他民事法律关系最主要的特征是主体之间既有法律上的平等性，又具有客观上的隶属性。劳动者向用人单位提供劳动或服务，用人单位向劳动者支付劳动报酬，双方在平等自愿的基础上建立劳动关系，但劳动者在劳动过程中应当遵守用人单位的规章制度，服从用人单位的管理，双方形成领导与被领导、管理与被管理的隶属关系。而且，劳动关系具有社会性和契约性双重属性。劳动关系是依据劳动法律规范规定和劳动合同约定形成的，既体现了国家意志，又体现了双方当事人的共同意志。我国《劳动合同法》对用人单位和劳动者的权利、义务作了明确的规定，体现了国家对劳动关系的强制干预性质，同时当事人双方对劳动关系的具体事项可以在平等自愿的基础上自由约定，体现了契约自由的本质属性。

四是劳动争议影响社会性。由于劳动争议涉及民生，而且往往带有群发性现象，当劳动争议特别是集体劳动争议发生时，若不及时妥善解决，容易引发影响社会稳定的事件。

（二）劳动争议举证规则特殊性需求

劳动关系以及劳动争议特殊性决定了劳动争议需要建立不同于普通民事纠纷的举证规则。劳动关系双方主体处于管理与被管理的隶属状态，劳动者作为被管理者相对来讲处于弱势地位，用人单位作为管理者能够在劳动关系履行过程中掌握大量证据材料，占据取证优势地位。劳动关系双方主体地位处于不平等的状态，如果坚持用平等主体之间民事争议“谁主张，谁举证”的方法，势必导致劳动者在控告用人单位时举证困难，不利于劳动者权益的保护。为了实现程序和实体公正，法律在分配劳动争议举证责任时应当适当倾向于劳动者，将举证责任更多地分配给用人单位。当然，如果选择将举证责任全部交给用人单位，势必也会使得用人单位的利益受到损害，进一步破坏劳资关系的和谐，公平公正、科学合理分配举证制度，对于劳动争议诉讼的解决至关重要。

（三）现行法律对于劳动争议举证责任分配的特殊性规定

由于劳动关系双方主体地位不平等，在适用前述普通民事诉讼证据规则基础上，相关劳动立法规定了劳动争议特殊的举证规则：根据《劳动争议调解仲裁法》第6条规定，发生劳动争议，当事人对自己提出的主张，有责任提供证据。与争议事项有关的证据属于用人单位掌握管理的，用人单位应当提供；用人单位不提供的，应当承担不利后果。该法第39条第2款规定：劳动者无法提供由用人单位掌握管理的与仲裁请求有关的证据，仲裁庭可以要求用人单位在指定期限内提供。用人单位在指定期限内不提供的，应当承担不利后果。《劳动争议调解仲裁法》作为处理劳动争议纠纷的基本程序法，确定了与争议事项有关的证据如果属于用人单位掌握管理的，应由用人单位承担举证责任的规则。由于用人单位作出的开除、除名、辞退、解除劳动合同、减少劳动报酬、计算劳动者工作年限等决定的相关依据由用人单位掌握和保管，故应当将相关举证责任分配给用人单位。上述立法规定是本条规定的依据。

二、劳动争议举证责任倒置规则具体适用的情形

（一）开除

开除是指用人单位对具有严重违反劳动纪律和企业规章制度，造

成重大经济损失和其他违法乱纪行为而又屡教不改的职工，依法强制解除劳动关系的一种严厉处分。随着国企职工全员劳动合同制改革和《劳动合同法》施行以及《企业职工奖惩条例》等规定废止，开除作为计划经济时期企业处分手段已经逐渐被劳动合同解除所替代。根据历史相关规定，开除适用于职工违法犯罪被判刑的、违法被送劳动教养并注销城市户口的、在留用察看期间表现仍不好的、严重违反劳动纪律或有关规章制度的等情形。开除作为企业对职工作出的最严厉的处分，其适用必须具有事实依据且需经过职工代表大会讨论并应保障被处分职工的申诉权利。

（二）除名

除名与开除一样属于计划经济时期企业对旷工职工的一种处理形式，不属于行政处分。按照已经废止的《企业职工奖惩条例》（国发〔1982〕59号）第18条规定，“职工无正当理由经常旷工，经批评教育无效，连续旷工时间超过十五天，或者一年以内累计旷工时间超过三十天的，企业有权予以除名”。

（三）辞退

辞退也属于计划经济时期企业对职工的一种处理方式。依据《国营企业辞退违纪职工暂行规定》① 相关规定，辞退分两种情况：一是违纪辞退，二是正常辞退。违纪辞退是指对严重违反劳动纪律或犯有严重错误，但不够开除、除名条件，经教育或行政处分仍然无效的职工，决定解除其工作从而终止劳动关系的制度。正常辞退是指用人单位根据生产经营状况和富余职工的情况，按照有关规定与职工结束劳动关系的一种行为。

（四）解除劳动合同

解除劳动合同是指劳动合同签订以后，在合同履行期间由于某种因素导致双方提前终止合同效力的法律行为。《劳动法》第25～27

① 1986年7月12日国务院发布，已于2001年10月6日废止。

条、《劳动合同法》第39～41条对用人单位单方解除劳动合同的情形作出了规定，此处不再赘述。

（五）减少劳动报酬、计算劳动者工作年限

劳动报酬是劳动者付出体力或脑力劳动所得的对价，体现的是劳动者创造的社会价值。用人单位在生产过程中支付给劳动者的全部报酬包括三部分：一是货币工资，用人单位以货币形式直接支付给劳动者的各种工资、奖金、津贴、补贴等；二是实物报酬，即用人单位以免费或低于成本价提供给劳动者的各种物品和服务等；三是社会保险，指用人单位为劳动者直接向政府和保险部门支付的失业、养老、人身、医疗、家庭财产等保险金。劳动报酬是劳动者提供劳动的回报，是劳动者主要的合同权利，用人单位对劳动者作出减少劳动报酬的决定，应当对其合理性承担举证责任。

劳动者工作年限根据劳动法律规定能对劳动者的经济补偿、劳动合同期限、解雇保护、医疗期和年休假等权益产生重大影响，它可以决定一些假期享受天数及经济补偿数额等。其中，工作年限对经济补偿的影响体现在经济补偿系按照劳动者在本单位工作年限，以每满一年支付一个月工资的标准向劳动者支付；工作年限对劳动合同期限的影响体现在，根据《劳动合同法》第14条规定，劳动者在用人单位连续工作满10年的，或者用人单位初次实行劳动合同制度或国有企业改制重新订立劳动合同时，劳动者在该用人单位连续工作满10年且距法定退休年龄不足10年的，只要劳动者提出或者同意续订、订立劳动合同的，除劳动者提出订立固定期限劳动合同外，应当订立无固定期限劳动合同；工作年限对解雇保护的影响主要体现在当劳动者工作年限达到法定的期限，将对其进行解雇保护；① 工作年限对医疗期的影响体现在医疗期限长短取决于劳动者累计工作年限和本单位连续工作

---

① 考虑到老职工对于企业的贡献较大，再就业能力较低，《劳动合同法》加强了对老职工的保护，对符合上述工作年限及年龄的老职工，不能以其医疗期满不能从事工作、不能胜任工作、客观情况发生重大变化作为理由解雇，也不能对其进行经济性裁员。同时，劳动合同到期时也不能终止，需续延至法定退休年龄。

年限；[①] 工作年限对年休假的影响体现在年休假享受资格和享受天数都和劳动者的工作年限有关。[②] 因此，用人单位对劳动者工作年限作出认定时应对其认定无误承担相应举证责任。

【审判实践中应注意的问题】

一、《劳动合同法》施行后用人单位能否依据《劳动法》规定行使单方解除权

针对用人单位单方解除劳动合同条件，《劳动法》与《劳动合同法》规定有所区别，《劳动合同法》将《劳动法》第25条第2项规定中的“违反劳动纪律”情形予以删除。目前司法实践对于用人单位能否以劳动者违反劳动纪律为由单方解除劳动合同存在分歧。

反对观点认为，《劳动合同法》第4条将劳动纪律包括在规章制度中，但是用人单位需在形式上履行民主制定和公示程序，用人单位以劳动者严重违反劳动纪律为由解除劳动合同需将劳动纪律以合法有效的规章制度形式为执行前提；此外，根据新法优于旧法的原则，应当适用《劳动合同法》行使过失解除权，在未将劳动纪律以合法有效的规章制度形式予以规范的情况下，用人单位不得依据《劳动法》以劳动者严重违反劳动纪律为由行使过失解除权。

支持观点认为，从位阶上来看，《劳动法》是综合所有劳动权利义务最基本的法律，而《劳动合同法》主要是为了规范劳动合同的签订、履行、解除和终止，相比较而言，《劳动法》是一般法，《劳动合

---

① 根据《企业职工患病或非因工负伤医疗期规定》第3条规定，企业职工因患病或非因工负伤，需要停止工作医疗时，根据本人实际参加工作年限和在本单位工作年限，给予3个月到24个月的医疗期……

② 依照《职工带薪年休假条例》第2条规定，员工只要符合连续工作1年以上的，就可享受带薪年休假。累计工作年限包括职工在同一时间或者不同用人单位工作期间。注意，员工在同一或者不同用人单位工作期间，以及依照法律、行政法规或者国务院规定视同工作期间，应当计为累计工作时间。

同法》是特殊法，《劳动法》的层级和地位更高；从效力来看，《劳动合同法》施行后《劳动法》仍然有效，两部法律可以同时适用；从适用效果来看，劳动纪律可以是用人单位纳入规章制度的成文性规定，也可能是行业内部或者公认的守则或者规范，简单、机械地否定未以规章制度形式固定的劳动纪律的用工管理作用和价值是不可取的，认可劳动纪律的用工管理价值有利于司法机关审理案件时结合行业规范、职业道德等规范作出契合公序良俗和社会主义核心价值观的是非判断。

对比上述观点，赋予用人单位依据《劳动法》规定的严重违反劳动纪律解除劳动合同的权利更加契合当前我国劳动用工的实际需求。

二、因用人单位终止劳动合同引发争议的举证责任分配

劳动合同终止，是指劳动合同效力被消灭，亦即劳动关系因某种法律事实的出现而终结。劳动合同解除是指在劳动合同履行过程中，由于某些原因导致当事人双方提前解除劳动权利和义务关系。劳动合同解除和终止作为劳动关系消灭的两种情形，虽然两者在成就条件、程序、法律后果、维权手段等诸多方面均存在差异，但从法律效果来看，其结果都是导致劳动关系归于消灭，而且均系因用人单位行使用工管理权引发，加之本条规定对举证责任倒置适用情形采取的开放性表述方式，因此，根据本条规定的制定缘由和目的，因用人单位终止劳动合同引发的争议，举证责任应当由用人单位对终止劳动合同合法性承担举证责任。

关于劳动合同终止，《劳动法》和《劳动合同法》规定存在差异。根据《劳动法》第 23 条规定，劳动合同期满或者当事人约定的劳动合同终止条件出现，劳动合同即行终止，即劳动合同终止条件分为法定条件和约定条件，亦即用人单位可以和劳动者在劳动合同中约定劳动合同的终止条件。只要约定的终止条件不违背法律、行政法规强制性规定，用人单位可以依据约定终止双方劳动合同。但是，根据《劳

动合同法》第44条[①]规定，劳动合同的终止条件只有法定条件，取消了约定条件。《劳动合同法》由此调整是为了防止用人单位滥用劳动合同终止的约定条款，随意终止劳动合同。就《劳动法》和《劳动合同法》关于劳动合同约定终止的冲突性规定，学界和实务界普遍认为应当适用《劳动合同法》规定，用人单位不得通过与劳动者约定《劳动合同法》法定终止条件以外的合同终止条件，不得随意终止劳动合同。因此，因用人单位终止劳动合同引发争议时，用人单位应对其终止决定符合法定条件承担举证责任，而不能以其终止决定符合双方约定为由主张合法终止。

三、对于用人单位作出开除、除名、辞退决定引发的争议如何适用法律问题

开除、除名、辞退等属于在计划经济时期，我国国企对职工实行过失性及非过失性解除劳动合同的特定处理方式。随着国企全员劳动合同制改革推行[②]以及《企业职工奖惩条例》和《国营企业辞退违纪职工暂行规定》及其配套规定废止，开除、除名、辞退等概念已经几乎不被企业作为解除劳动合同的一种手段，而是直接适用《劳动合同法》实行过失性解除劳动合同。目前开除、除名、辞退等概念多为企业实行过失性解除劳动合同时的不规范称谓，或者对此前招用的老职工实行过失性解除劳动合同时使用。本条规定继续对开除、除名、辞退举证责任倒置情形予以列举，主要是考虑部分国有企业有可能继续

---

① 根据《劳动合同法》第44条规定，劳动合同终止的法定情形包括以下几种：(1) 劳动合同期满。劳动合同期满是最主要的终止形式，适用于固定期限劳动合同和以完成一定工作任务为期限的劳动合同。(2) 劳动者开始依法享受基本养老保险待遇。(3) 劳动者死亡、被人民法院宣告死亡或者宣告失踪。(4) 用人单位被依法宣告破产。(5) 用人单位被吊销营业执照、责令关闭、撤销或者决定提前解散。(6) 法律、行政法规规定的其他情形。

② 1986年7月12日国务院发布《国营企业实行劳动合同制暂行规定》《国营企业招用工人暂行规定》《国营企业辞退违纪职工暂行规定》和《国营企业职工待业保险暂行规定》，从10月1日起施行，这是中华人民共和国成立以来劳动制度的一次重大改革，这标志着实行达30年的“铁饭碗”的劳资关系的改变。

参照已废止的《企业职工奖惩条例》和《国营企业辞退违纪职工暂行规定》及其配套规定对老职工实行过失性或非过失性解除劳动合同。在审理因用人单位作出开除、除名、辞退决定引发的劳动争议时，虽然《企业职工奖惩条例》和《国营企业辞退违纪职工暂行规定》已经废止，由于对比相关规定，从条件和程序要求来看，《企业职工奖惩条例》和《国营企业辞退违纪职工暂行规定》较《劳动法》《劳动合同法》解除规定更为严格，因此，对于此类争议，如果属于用人单位解除劳动合同时的不规范用词，应适用《劳动法》《劳动合同法》相关规定；如果属于国企老职工，[①] 除适用《劳动法》《劳动合同法》相关规定外，可参照《企业职工奖惩条例》和《国营企业辞退违纪职工暂行规定》规定的条件和程序进行审查认定。

四、劳动者应当先行对用人单位对其作出开除、除名、辞退、解除劳动合同、减少劳动报酬、计算劳动者工作年限等决定的事实承担举证责任

汉斯·普维庭提出证明责任可分割理论，该学说指出若是法律不能够对要件进行完全证明，需要由请求权人对案件相应的顺序进行逐一的证明，以避免证明责任一边倒现象的发生。[②] 本条规定的适用前提应当是劳动者先行提交证据证明用人单位对其作出开除、除名、辞退、解除劳动合同、减少劳动报酬、计算劳动者工作年限等决定，只有存在这一事实前提时才应当将用人单位作出决定是否合法合理的举证责任倒置分配给用人单位。

五、用人单位承担倒置举证责任的具体内容和范围

本条规定的举证责任倒置是指由用人单位对劳动者具备被“开

① 指《企业职工奖惩条例》《国营企业辞退违纪职工暂行规定》废止前签订无固定期限劳动合同，《劳动合同法》实施后未再签订劳动合同的职工。

② 董军：《如何运用举证责任处理确认劳动关系争议》，载《中国劳动》2010 年第 7 期。

除、除名、辞退、解除劳动合同、减少劳动报酬、计算劳动者工作年限等”条件以及用人单位作出决定符合法定程序承担举证责任。如用人单位以劳动者严重违反规章制度为由作出解除双方劳动合同通知或决定，根据《劳动合同法》相关规定，用人单位需对其存在合法有效可以作为用工管理依据的规章制度（劳动纪律）、劳动者存在严重违反该规章制度的事实以及用人单位解除劳动合同符合法定解除程序三方面事实承担举证责任，缺一不可。

【案例解读】

一、基本案情

马某某于2007年6月15日入职某人力资源服务公司，双方订立两次固定期限劳动合同，2011年7月15日双方订立无固定期限劳动合同，合同期间马某某被派遣至某汽车金融公司工作。2013年4月3日，某汽车金融公司与马某某签订自2013年5月1日起的无固定期限劳动合同，并确认马某某的工作年限自2007年6月15日累计计算。2019年2月18日，某汽车金融公司向马某某发出《解除劳动合同通知书》，载明解除劳动合同的理由为：存在未按时归还公司车辆、不当使用公司车辆等重大的不当行为，严重违反公司《员工手册》及公司的相关规章制度。后马某某向北京市劳动人事争议仲裁委员会申请仲裁，要求某汽车金融公司支付违法解除劳动合同赔偿金86万余元。北京市劳动人事争议仲裁委员会裁决某汽车金融公司支付马某某违法解除劳动合同赔偿金49万余元。裁决后，某汽车金融公司不服起诉至北京市朝阳区人民法院。审理期间，某汽车金融公司主张除《解除劳动合同通知书》载明的理由外，马某某还存在“违反信息安全保护义务，将公司内部邮件抄送第三方，同时还将电子邮箱密码告知其丈夫，并由其丈夫登录邮箱”的违纪行为。就其主张，某汽车金融公司提交与马某某之间往来电子邮件、车辆违章记录、车辆交接单、车辆估价单等证据予以证实。马某某主张其并不存在违纪行为，某汽车金融公司未告知配备车辆的使用目的只能用于上下班以及车辆有使用时间、使用里程、违章记录等限制；虽然某汽车金融公司多次通过电子邮件要求归还车辆，但因为其在病假期间且病重未能及时查阅邮件，在知悉相关要求后，及时与公司进行沟通，并将车辆归还公司。

二、裁判结果

北京市朝阳区人民法院经审理后作出判决：某汽车金融公司于判决生效后7日内支付马某某违法解除劳动合同赔偿金49万余元。判决后，某汽车金融公司就此提起上诉。2020年12月，北京市第三中级人民法院作出终审判决：驳回上诉，维持原判。

三、评析

本案争议焦点在于因用人单位作出的解除劳动合同决定而发生的劳动争议，举证责任如何分配？最高人民法院在出台2001年《劳动争议司法解释》之前，审判实践中主要有两种观点：一是按照“谁主张，谁举证”的原则，由劳动者承担举证责任；二是采取举证责任合理分配原则，由用人单位承担举证责任为宜。2001年《劳动争议司法解释》出台后，其中第13条对此问题予以明确。本解释在对关于审理劳动争议适用法律若干问题的四部解释进行梳理时，将该条以第44条的形式予以保留。

具体到本案，某汽车金融公司以马某某存在“未按时归还及不当使用公司车辆，违反信息安全保护义务”等严重违反《员工手册》等规章制度的行为为由，单方作出了解除劳动合同的决定。马某某申请劳动仲裁要求某汽车金融公司支付违法解除劳动合同赔偿金。北京市朝阳区劳动人事争议仲裁委员会认为，某汽车金融公司提供的证据不足以证实其关于马某某存在严重违反规章制度的行为之主张，裁决某汽车金融公司向马某某支付违法解除劳动合同赔偿金。某汽车金融公司提起诉讼，北京市朝阳区人民法院审理后，应当适用2001年《劳动争议司法解释》第13条之规定依法作出处理。

该条规定被本解释第44条继受，内容是，因用人单位作出的开除、除名、辞退、解除劳动合同、减少劳动报酬、计算劳动者工作年限等决定而发生的劳动争议，用人单位负举证责任。根据上述规定，本案系由某汽车金融公司作出的解除劳动合同决定而发生的劳动争议，故某汽车金融公司应承担举证责任。某汽车金融公司未就员工租用公司车辆有使用时间、里程及违章记录、仅用于工作公务用途等有限制性要求提交证据，故不能认定马某某构成不当使用公司车辆。某汽车金融公司在马某某休病假期间通过电子邮件方式而非电话、微信等更直接的方式催促其归还车辆，且恰逢双方因调岗降薪产生争议，故某汽车金融公司提交的证据不足以证明马某某存在拒不还车的主观故意。某汽车金融公司主张马某某违反信息安全保护义务，但未举证明确相关义务内容，且该解除理由与其发出的《解除劳动合同通知书》内容不符。据此，某汽车金融公司提供的证据不足以证实其解除劳动合同的事实依据，应就此承担举证不能的不利后果，一、二审法院据此认定某汽车金融公司解除劳动合同构成违法，并判决某汽车金融公司向马某某支付违法解除劳动合同赔偿金。

第四十五条

用人单位有下列情形之一，迫使劳动者提出解除劳动合同的，用人单位应当支付劳动者的劳动报酬和经济补偿，并可支付赔偿金：

（一）以暴力、威胁或者非法限制人身自由的手段强迫劳动的；

（二）未按照劳动合同约定支付劳动报酬或者提供劳动条件的；

（三）克扣或者无故拖欠劳动者工资的；

（四）拒不支付劳动者延长工作时间工资报酬的；

（五）低于当地最低工资标准支付劳动者工资的。

【条文主旨】

本条是关于劳动者被迫提出解除劳动合同时，劳动者合法权益如何救济的规定。

【条文理解】

本条规定来源于2001年《劳动争议司法解释》第15条规定，明确了5种法定情形之下，劳动者被迫提出解除劳动合同的，用人单位应当支付劳动者劳动报酬和经济补偿，并可支付赔偿金。

一、制定背景

《劳动法》第28条规定："用人单位依据本法第二十四条、第二十六条、第二十七条的规定解除劳动合同的，应当依照国家有关规定给予经济补偿。"但对劳动者依据《劳动法》第32条所规定的劳动者无条件解除劳动合同两种情形，即用人单位以暴力、威胁或者非法限制人身自由的手段强迫劳动的和用人单位未按照劳动合同约定支付劳动报酬或者提供劳动条件的，没有规定用人单位向劳动者支付经济补偿金。现实生活中，我国劳动力市场的现状是劳动力供给大于需求与劳动力在局部短缺现象并存。部分地区用人单位存在对劳动者“挑精捡肥”的空间，享有随意辞退劳动者的大权，这种情况下，劳动者明显处于弱势的一方。同时，又有部分用人单位为逃避因解除劳动合同而应支付的经济补偿，往往采取一些非法手段侵犯劳动者的合法权益，迫使劳动者先行提出解除劳动合同。基于此种情况，为了有效保障劳动者的合法权益，依据《劳动法》第 32 条、第 91 条的有关规定，2001 年《劳动争议司法解释》第 15 条明确规定劳动者被迫提出解除劳动合同的，用人单位应当支付劳动者劳动报酬和经济补偿，并可支付赔偿金。

2007 年通过的《劳动合同法》对《劳动法》的规定作了完善。首先，该法第 38 条规定了用人单位有第 1 款所列 6 种情形之一的，劳动者可以解除劳动合同，不必受“提前三十日”及“以书面形式”的约束，有第 2 款规定情形的，劳动者可以立即解除劳动合同，不需事先告知用人单位。其次，该法第 46 条规定，劳动者依照第 38 条规定解除劳动合同的，用人单位应当向劳动者支付经济补偿。其中，第 38 条第 1 款所列情形包括未按照劳动合同约定提供劳动保护或者劳动条件的、未及时足额支付劳动报酬的、未依法为劳动者缴纳社会保险费的、用人单位的规章制度违反法律法规规定损害劳动者合法权益的、用人单位因欺诈胁迫致使劳动合同无效的、法律行政法规规定其他情形；第 2 款情形是指用人单位以暴力、威胁或者非法限制人身自由的手段强迫劳动者劳动的，或者用人单位违章指挥、强令冒险作业危及劳动者人身安全的情形。与 2001 年《劳动争议司法解释》第 15 条规定相比，既有相同的情形，比如以暴力、威胁或者非法限制人身自由的手段强迫劳动的，未按照劳动合同约定支付劳动报酬或者提供劳动条件的，也有各自不同的情形，比如 2001 年《劳动争议司法解释》第 15 条规定还涉及了低于最低工资标准支付工资、拒不支付劳动者延长工作时间工资报酬的情形，而《劳动合同法》第38条还涉及了用人单位规章制度损害劳动者合法权益、因用人单位原因导致劳动合同无效等情形。最后，《劳动合同法》第85条规定，用人单位没有依照劳动合同的约定或者没有依照法律规定向劳动者支付劳动报酬的，或者安排劳动者加班但不支付加班费的，或者在解除、终止劳动合同后没有依照本法规定向劳动者支付经济补偿的，由劳动行政部门责令用人单位限期向劳动者支付，用人单位没有在限定的期限内向劳动者支付劳动报酬、工资差额、加班费或者经济补偿的，劳动行政部门应当责令用人单位加付赔偿金。这也是对劳动者合法权益的保护。

综合上述规定看，《劳动合同法》对劳动者单方解除劳动合同情形下，劳动者应得的报酬、经济补偿、加付赔偿金均有涉及，2001年《劳动争议司法解释》第15条规定虽是在《劳动合同法》通过之前出台，但是该条依据的《劳动法》第32条、第91条仍然存续，并且相关内容与《劳动合同法》的规定并不直接冲突，故为了实现对劳动者合法权益的充分保护，本次司法解释清理，对2001年《劳动争议司法解释》第15条规定的内容进行了保留，形成了本条规定。

二、条文含义

（一）劳动者单方解除劳动合同问题

本条规定的制定与劳动者单方解除劳动合同权利的行使密切相关。劳动者单方解除劳动合同，通常称为辞职，是指劳动者以自己的意思表示解除劳动合同。按照行使单方解除权是否需要预告，可以分为单方预告解除和单方即时解除。前者是指经过预先通知对方当事人后才可单方解除合同；后者是指在通知对方当事人的当时就可单方解除合同。

《劳动法》及《劳动合同法》明确规定了劳动者有单方解除劳动合同的权利。《劳动合同法》第37条规定劳动者提前30日以书面形式通知用人单位，可以解除劳动合同。劳动者在试用期内提前3日通知用人单位，可以解除劳动合同。这属于劳动者的预告解除，即需要提前告知用人单位辞职事宜，以给用人单位办理工作交接等事宜的时间。同时，《劳动合同法》第38条规定在用人单位具有法定的几种违约和严重侵犯劳动者合法权益的情况下，劳动者可以随时通知用人单位解除劳动合同，具有第38条第2款情形的，劳动者甚至可以不需通知用人单位而立即解除劳动合同。这属于劳动者的即时解除。

（二）对“被迫解除”的理解

本条规定的被迫解除劳动合同，是指解除劳动合同本来不是劳动者的自主意愿，是因为用人单位存在一些违约或者违法情形，导致劳动者为了维护自己的合法权益，而不得不解除，所以本条规定的“被迫解除”是指劳动者的即时解除，而非预告解除。如果是劳动者自己想换工作，主动提出的辞职，则不适用本条规定。

劳动者被迫解除劳动合同是由于用人单位的违约行为或者违法行为导致，故劳动者解除劳动合同的行为是合法行为，劳动者不承担任何责任。相反，用人单位应当承担支付劳动报酬、经济补偿金和赔偿金的相应责任。

（三）对几种具体情形的理解

1. 用人单位以暴力、威胁或者非法限制劳动者人身自由的手段强迫劳动

暴力，是指用人单位采取侵害劳动者人身权利的打骂、捆绑等强制手段。威胁，是指用人单位以口头、书面或者其他方法使劳动者在精神上处于不能抵抗的状态。非法限制人身自由，是指用人单位采用拘留、禁闭或其他强制方法非法剥夺或限制他人按照自己的意志支配自己身体活动的自由的行为。用人单位以上述行为强迫劳动者从事劳动的，严重侵犯了劳动者的人身权利，属于严重违法行为。故从保护劳动者角度考虑，《劳动合同法》第38条第2款规定在这种情况下，劳动者可立即解除劳动合同而不需事先告知用人单位。

2. 未按照劳动合同约定支付劳动报酬或者提供劳动条件

劳动报酬是劳动者付出劳动应得的经济收入，也是劳动者得以维持生活的主要来源，不支付劳动报酬或不按合同约定支付劳动报酬，

用人单位构成严重违约。劳动条件，是指劳动者在保证生命健康安全的情况下，从事生产劳动必不可少的条件。用人单位未按照劳动合同约定提供劳动条件，主要是指劳动环境差、没有必要的劳动保护措施，甚至有危及职工生命健康等因素的存在等，侵犯了劳动者正当合法的劳动权益。根据《劳动合同法》第38条第1款规定，在上述情形下，劳动者有权随时通知用人单位解除劳动合同。

3. 克扣或者无故拖欠劳动者工资

《劳动法》第50条规定，工资应当以货币形式按月支付给劳动者本人。不得克扣或者无故拖欠劳动者的工资。所谓克扣，是指以违法的理由和手段，利用职权对劳动者的工资实施强行扣除或部分扣除，侵犯的是劳动者足额获得工资报酬的权利。所谓无故拖欠，是指无正当合法的理由，逾期不发给劳动者应获得的工资收入，侵犯的是劳动者及时获得劳动报酬的权利。

4. 拒不支付劳动者延长工作时间工资报酬

拒不支付劳动者延长工作时间工资报酬，是指不支付加班费的情形。依据《劳动法》第44条规定，安排劳动者延长工作时间的，支付不低于工资的150%的工资报酬；休息日安排劳动者工作又不能安排补休的，支付不低于工资的200%的工资报酬；法定休假日安排劳动者工作的，支付不低于工资的300%的工资报酬。用人单位安排加班不支付加班费的，劳动行政部门可责令用人单位支付，限期不支付的，用人单位应按应付金额50%～100%的标准向劳动者加付赔偿金。

5. 低于当地最低工资标准支付劳动者工资

最低工资制度，是劳动者在法定时间内提供了正常劳动的前提下，用人单位在最低限额内应当支付的足以维持劳动者及其平均供养人口基本生活需要的工资制度。①《劳动法》第48条第1款规定："国家实行最低工资保障制度。最低工资的具体标准由省、自治区、直辖市人民政府规定，报国务院备案。"劳动合同约定的劳动报酬若低于当地

① 王全兴主编：《劳动法学》，高等教育出版社2004年版，第330页。

最低工资标准的，属于违反法律、行政法规的规定，该约定无效。这种情形包括以下几种类型：第一，全日制用工的劳动者试用期内的工资低于用人单位所在地或者注册登记地的最低工资标准的，违反了《劳动合同法》第20条和《劳动合同法实施条例》第15条的效力性强制性规定，应认定为无效；第二，全日制用工试用期满后约定的工资标准低于最低工资标准的，违反了《劳动法》第48条第2款的效力性强制性规定，该约定为无效；第三，全日制用工的劳动者与用人单位签订的解除或终止劳动合同后的权利义务协议中，关于支付工资报酬（主要是未付工资）的约定低于最低工资标准的，也系违反《劳动合同法》和《劳动法》的效力性强制性规定，该约定为无效；第四，非全日制用工小时计酬标准低于用人单位所在地人民政府规定的最低小时工资标准的，违反《劳动合同法》第72条第1款的强制性规定，应当认定为无效。

（四）对支付劳动报酬、经济补偿和赔偿金的理解

只要劳动者付出了劳动，就应当获得劳动报酬。这是法律依据等价有偿原则作出的规定，因为劳动力的提供，是无法恢复原状的，只能通过由用人单位向劳动者支付劳动报酬来作出补偿。故在本条规定的几种情形下，无论劳动合同是否有效，劳动者只要付出了劳动，均有权获得劳动报酬。

关于经济补偿，是针对劳动合同解除而言。在本条规定的几种情形下，劳动者被迫解除劳动合同的，有权获得经济补偿，经济补偿的条件根据《劳动合同法》第46条规定确定。

关于赔偿金，本条规定用的是“可以”，意味着并非所有情形下，都符合支付赔偿金的条件，要看法律规定。比如《劳动合同法》第85条规定的加付赔偿金。

【审判实践中应注意的问题】

在约定劳动报酬低于当地最低工资标准情形下，用人单位应按照

何种标准向劳动者支付劳动报酬？

若劳动合同中约定的劳动报酬低于当地最低工资标准，如前文所述，因违反法律法规强制性规定，约定应为无效。认定无效后，应按照何种标准认定劳动报酬？

依据《劳动合同法》第 28 条规定，劳动合同被确认无效，劳动者已付出劳动的，劳动报酬的数额，参照本单位相同或者相近岗位劳动者的劳动报酬确定。根据第 85 条规定，劳动报酬低于当地最低工资标准的，应当支付其差额部分。这两条规定如何协调？

我们认为，这两条规定都是为了保护劳动者的合法权益，但规定的角度不同。第 28 条规定是从民事角度，即基于劳动者和用人单位之间的民事关系作出的规定。第 85 条是从劳动行政部门行政管理的角度所作的规定。但在劳动争议案件中，为了充分保护劳动者的合法权益，应当按照有利于劳动者的原则统筹理解。首先，劳动报酬应当不低于当地最低工资标准；其次，如果本单位相同或者相近岗位劳动者的劳动报酬高于当地最低工资标准的，可以参照本单位相同或者相近岗位劳动者的劳动报酬确定应支付的劳动报酬。

【案例解读】

一、基本案情

2006 年 2 月，池某入职南京某公司，并签订了劳动合同，合同中约定工作地点为“南京某公司住所地或经营所在地，包括公司业务可能涉及的地点和范围”。2014 年 11 月 3 日，南京某公司发布通知称，该公司于 2014 年 11 月底前搬迁至位于江苏省镇江市新厂区。同年 11 月 18 日至 22 日，南京某公司搬迁，工人放假，11 月 23 日起在新厂区开工。池某因南京某搬迁后离住处太远不方便，未再上班。同年 11 月 25 日，南京某公司向池某发出限期返岗通知书，要求池某于 2014 年 11 月 27 日前返回公司报到，否则，公司将按相关规定暂停发放最后一个月工资及当月应缴社保全额。后池某未按通知报到，并经仲裁后向江苏省南京市J区人民法院提起诉讼，请求南京分公司支付其经济补偿42 107.4元（4678.6元/月×9个月）。

南京市J区人民法院认为，南京某公司应向池某支付经济补偿，但经济补偿应从2008年1月1日《劳动合同法》施行时开始计算，故经济补偿数额为32 750.2元（4678.6元/月×7个月）。后池某、南京某公司均不服一审判决上诉至江苏省南京市中级人民法院。

二、裁判结果

江苏省南京市中级人民法院判决，变更一审判决为支付解除劳动合同经济补偿42 107.4元（4678.6元/月×9个月）。

三、评析

本案的争议焦点为南京市某公司是否应支付池某经济补偿以及经济补偿的计算年限如何认定。

关于南京某公司是否应支付池某经济补偿。《劳动合同法》第38条第1款第1项及第46条的规定，用人单位未按照劳动合同约定提供劳动保护或者劳动条件的，劳动者可以解除劳动合同，用人单位应当向劳动者支付经济补偿。劳动保护和劳动条件是指在劳动合同中约定的用人单位对劳动者所从事的劳动必须提供的生产、工作条件和劳动安全卫生保护措施，即用人单位保障劳动者完成劳动任务和劳动过程中安全健康保护的基本要求。包括劳动场所和设备、劳动安全卫生设施、劳动防护用品等。①《劳动合同法》第17条规定劳动保护和劳动条件是劳动合同的必备条款，即提供劳动保护和劳动条件是用人单位应尽的义务。本案中，池某与南京某公司签订的劳动合同中虽约定工作地点为“南京某公司住所地或经营所在地，包括公司业务可能涉及的地点和范围”，但双方劳动合同的实际履行地点一直在江苏省南京市J区。现南京某公司搬迁至江苏省镇江市，已造成劳动合同履行地的实际变更。上述变更因两地距离及行政区划等原因，已导致劳动合同不能便利履行，其提供的班车等方式亦不能抵销上述不便利因素，

① 全国人大常委会法制工作委员会编：《中华人民共和国劳动合同法释义》，法律出版社2007年版，第132页。

并保持池某原有的劳动合同中约定的劳动报酬及劳动条件。故池某与南京某公司解除劳动合同符合上述规定的情形，南京某公司应当支付其相应的经济补偿。

关于池某的经济补偿计算年限如何认定。《劳动合同法》第97条第3款规定："本法施行之日存续的劳动合同在本法施行后解除或者终止，依照本法第四十六条规定应当支付经济补偿的，经济补偿年限自本法施行之日起计算；本法施行前按照当时有关规定，用人单位应当向劳动者支付经济补偿的，按照当时有关规定执行。"1995年施行的《劳动法》虽未对劳动者依据该法第32条的规定解除劳动合同，是否支付经济补偿金作出规定，但2001年《劳动争议司法解释》第15条作出了补充规定，保障了被迫解除劳动合同的劳动者的合法权益。本解释第45条保留了这一规定。本案中，池某以南京某公司未按照劳动合同约定提供劳动条件为由解除劳动合同，其解除劳动合同虽在《劳动合同法》实施之后，但按照当时的有关规定，该情形下用人单位仍需支付劳动者经济补偿。故池某在2008年1月1日之前的工作年限也应当计算在内，二审法院对一审判决认定的经济补偿支付年限进行了纠正。

第四十六条

劳动者非因本人原因从原用人单位被安排到新用人单位工作，原用人单位未支付经济补偿，劳动者依据劳动合同法第三十八条规定与新用人单位解除劳动合同，或者新用人单位向劳动者提出解除、终止劳动合同，在计算支付经济补偿或赔偿金的工作年限时，劳动者请求把在原用人单位的工作年限合并计算为新用人单位工作年限的，人民法院应予支持。

用人单位符合下列情形之一的，应当认定属于“劳动者非因本人原因从原用人单位被安排到新用人单位工作”：

（一）劳动者仍在原工作场所、工作岗位工作，劳动合同主体由原用人单位变更为新用人单位；

（二）用人单位以组织委派或任命形式对劳动者进行工作调动；

（三）因用人单位合并、分立等原因导致劳动者工作调动；

（四）用人单位及其关联企业与劳动者轮流订立劳动合同；

（五）其他合理情形。

【条文主旨】

本条是关于劳动者非因本人原因从原用人单位被安排到新用人单位工作的工作年限和新用人单位在依法解除、终止劳动合同时经济补偿或赔偿金的计算方法的规定。

【条文理解】

一、关于职工工作年限的制度沿革

中华人民共和国成立以来，为了正确处理职工的工龄问题，国家先后颁发了许多文件，以适用工资制度和劳保福利制度的需要。其中有四个基本文件非常重要，即：1953 年《劳动保险条例实施细则修正草案》第十章“关于工龄的规定”、1955 年国秘字第 245 号命令颁发的《国务院关于处理国家机关工作人员退休退职时计算工作年限的暂行规定》、1956 年《国务院关于国家机关工作人员退休和工作年限计算等几个问题的补充通知》和 1957 年国务院人事局发出的《受处分人员的关于工作年限计算问题的复函》。上述四个文件，明确了工龄的基本概念，确立了工龄计算的基本原则和基本计算方法，是解释工龄计算问题的主要依据。

所谓工龄，是指职工自与用人单位建立劳动关系起，以工资收入为主要来源或全部来源的工作时间。1995 年《劳动法》实施后，企业职工全部实行劳动合同制，工龄的提法在逐步减少，而被“投保年限”和“同一用人单位连续工作时间”或者“本单位工作年限”所替代。

实践中，用人单位根据市场经营需要和自身经营状况进行企业改革和产业结构调整往往会导致用人单位主体的变动，而用人主体的变动必然对劳动合同运行产生影响，进而可能影响到劳动者的合法权益。为了保护劳动者的合法权益，避免因用人单位主体变动而产生的不利影响，《劳动合同法》第 33 条规定：“用人单位变更名称、法定代表人、主要负责人或者投资人等事项，不影响劳动合同的履行。”第 34 条规定：“用人单位发生合并或者分立等情况，原劳动合同继续有效，劳动合同由承继其权利和义务的用人单位继续履行。”上述规定明确了用人单位存在上述变动情形时应承担责任的主体。但是并没有规定工作年限问题，即劳动者在原用人单位的工作年限能否计入新工作单位工作年限。

为有效防止用人单位利用变换用工主体规避支付经济补偿、签订无固定期限劳动合同的法定义务，切实保护劳动者合法权益，国务院颁布的《劳动合同法实施条例》第10条规定："劳动者非因本人原因从原用人单位被安排到新用人单位工作的，劳动者在原用人单位的工作年限合并计算为新用人单位的工作年限。原用人单位已经向劳动者支付经济补偿的，新用人单位在依法解除、终止劳动合同计算支付经济补偿的工作年限时，不再计算劳动者在原用人单位的工作年限。"上述规定主要是规范原用人单位已向劳动者支付经济补偿的情况下，劳动者在原用人单位的工作年限将不再计入新用人单位，弥补了《劳动合同法》的不足。但对于原用人单位未向劳动者支付经济补偿的，劳动者或用人单位解除劳动合同时，在计算经济补偿或者违法解除劳动合同的赔偿金时，应否计算原用人单位的工作年限，《劳动合同法实施条例》并没有明确规定。实践中，如何认定"劳动者非因本人原因从原用人单位被安排到新用人单位工作"也存在较大争议。

为进一步明确劳动者工作年限的计算问题，同时细化"劳动者非因本人原因从原用人单位被安排到新用人单位工作"的具体情形，最高人民法院通过总结审判实践经验，在2013年《劳动争议司法解释(四)》第5条中，对于劳动者非因本人原因从原用人单位被安排到新用人单位工作的工作年限和新用人单位在解除、终止劳动合同时经济补偿或赔偿金的计算方法进行了明确规定。考虑到上述规定在实践中的运用已较为成熟，本解释继续沿用了2013年《劳动争议司法解释(四)》第5条的规定。

根据本条规定，如果劳动者非因本人原因被安排到新的用人单位工作，原用人单位未支付经济补偿的，无论是劳动者依法提出解除劳动合同，还是新用人单位合法、违法提出与劳动者解除劳动合同，只要新的用人单位依法应当支付劳动者经济补偿或赔偿金，在计算支付经济补偿或赔偿金的工作年限时，都应当把劳动者在原用人单位的工作年限合并计算为新用人单位工作年限，以确定经济补偿或赔偿金的具体数额。

二、关于工作年限与连续工作年限、本单位工作年限的理解

本条中的工作年限实际上是指劳动者的连续工作年限。劳动者的工作年限和劳动者的连续工作年限的法律意义并不完全相同，需要作出适当的区分。工作年限的意义在于工龄的计算，与劳动者的患病和非因工负伤的医疗期享受时间的长短有关，与劳动者的退休养老待遇相关，也与劳动合同解除或者终止时的经济补偿相关，劳动者更换工作单位时，其工作年限一般连续计算。连续工作年限则对于劳动合同订立时，合同类型的选择有价值，[①] 还会与劳动合同解除或者终止时的经济补偿金的计算有直接关联。劳动者在劳动合同的履行期间，由于患病、非因工负伤、孕产假期而暂时停止工作的，不停止计算劳动者的连续工龄。

本单位工作年限，又称“同一用人单位连续工作时间”，是指劳动者与同一用人单位不间断地保持劳动关系的时间。《劳动部办公厅对〈关于如何理解“同一用人单位连续工作时间”和“本单位工作年限”的请示〉的复函》（劳办发〔1996〕191号）认为，“同一用人单位连续工作时间”是指劳动者与同一用人单位保持劳动关系的时间。在计算医疗期、经济补偿时，“本单位工作年限”与“同一用人单位连续工作时间”为同一概念。因此，“本单位工作的年限”强调的是在本单位的连续工作年限，指不间断地与同一用人单位连续保持劳动关系的时间，劳动者在中途与用人单位解除劳动合同，将导致其工作

---

① 这里的劳动合同类型主要是指无固定期限劳动合同。《劳动合同法》第14条第2款规定：“用人单位与劳动者协商一致，可以订立无固定期限劳动合同。有下列情形之一，劳动者提出或者同意续订、订立劳动合同的，除劳动者提出订立固定期限劳动合同外，应当订立无固定期限劳动合同：（一）劳动者在该用人单位连续工作满十年的；（二）用人单位初次实行劳动合同制度或者国有企业改制重新订立劳动合同时，劳动者在该用人单位连续工作满十年且距法定退休年龄不足十年的；（三）连续订立二次固定期限劳动合同，且劳动者没有本法第三十九条和第四十条第一项、第二项规定的情形，续订劳动合同的。”

时间不再连续。

劳动者在用人单位工作的年限，应从劳动者向该用人单位提供劳动之日起计算。至于双方是否签订劳动合同，不影响工作年限的计算。如果劳动者连续为同一用人单位提供劳动，但先后签订了多份劳动合同的，工作年限应从劳动者提供劳动之日起连续计算。如果劳动者为同一用人单位提供劳动多年，但间隔了一段时间，也先后签订了几份劳动合同，工作年限原则上应从劳动者提供劳动之日起连续计算，已经支付经济补偿的除外。总之，本单位工作的年限，不能理解为连续几个合同的最后一个合同期限，原则上应连续计算。

三、原工作年限应否为计算新用人单位工作年限的判断标准

按照本条规定，新用人单位在计算经济补偿或者赔偿金时，应否计算劳动者在原用人单位的工作年限有两个要件：

（一）劳动者是非因本人原因被安排到新用人单位工作的

如果劳动者是出于自身利益考虑，主动地从原用人单位辞职，重新入职新用人单位，这是劳动者辞职权的体现，而劳动者因为自身原因辞职依法并不享有获得经济补偿的权利，也就无所谓工作年限的连续计算。

（二）原用人单位没有向劳动者支付经济补偿

如果原用人单位向劳动者办理了解除或者终止劳动合同手续，并支付了经济补偿或赔偿，说明双方实际已经解除或者终止了劳动关系，劳动者与新用人单位之间的本单位工作年限应当重新计算。当新用人单位在解除或者终止劳动合同计算经济补偿年限时，只计算劳动者在新用人单位实际工作年限即可。为了保证劳动者在与用人单位解除或者终止劳动合同时，能够享受到《劳动合同法》规定的劳动者在提供劳动期间的经济补偿，只要非劳动者本人原因更换用人单位主体，则劳动者应享有其全部工作年限的经济补偿。

四、劳动者非因本人原因从原单位被安排到新用人单位工作的具体情形

（一）劳动者仍在原工作场所、工作岗位工作，劳动合同主体由原用人单位变更为新用人单位

工作岗位是指用人单位安排劳动者在什么岗位从事什么工作，是劳动者在劳动合同中确定的应当履行的劳动义务的主要内容。工作场所是指劳动者在用人单位从事劳动合同约定工作的地点。两者都是《劳动合同法》规定的劳动合同必备条款。工作内容一旦确定，用人单位不能单方随意变更工作内容，如需变更，应当协商一致，且原则上应采用书面形式。如果劳动者一直在原工作场所、工作岗位上工作，无论劳动合同主体如何变化，均不影响劳动者工作年限连续计算。

（二）用人单位以组织委派或任命形式对劳动者进行工作调动

用人单位组织以委派或任命形式调动劳动者工作，体现的是用人单位的意志，就用人单位内部来讲，属于行政命令，劳动者服从于安排，到新单位工作，显然是非劳动者本人原因，在计算工作年限时，应当将委派的用人单位的工作年限计算在内。

（三）因用人单位合并、分立等原因导致劳动者工作调动

用人单位分立，是指单位按照法定程序分为两个或两个以上的主体；单位合并，是指两个或两个以上的单位按照法定程序合并为一个主体。用人单位发生分立或者合并，就涉及分立或合并前的用人单位与劳动者签订的劳动合同如何处理的问题。根据《劳动合同法》第34条的规定，劳动者在原用人单位工作年限应当计算在承继其权利义务的用人单位。

（四）用人单位及其关联企业与劳动者轮流订立劳动合同

关于关联企业的认定，国务院制定的《税收征收管理法实施细则》第51条给出了界定标准，即具有下列关系之一的公司、企业和组织：（1）在资金、经营、购销等方面存在着直接或间接拥有或控制关

系；(2) 直接或间接地同为第三者所控制或拥有；(3) 在利益上具有关联的其他关系。实践中，人民法院对关联企业的认定一般从业务关联、人事关联、财产关联等方面具体把握。从表象上来看，各企业之间在法律上相互独立，但彼此之间经营业务持续关联，股东和高级管理人员存在交叉，财产或业务存在混同；有些企业出于业务安排或者为了规避法律风险，可能将员工在关联企业之间流动使用，导致员工并不固定和一家企业订立劳动关系。由此如何计算员工的工作年限也显得尤为重要。在处理此类案件时，应当从企业的股东、实际控制人及劳动者工资发放、日常用工管理、社会保险缴纳等方面去考虑企业间是否具有关联关系，如一旦确定企业间具有关联关系，便可依据本条规定将劳动者在原用人单位的工作年限合并计算为新用人单位的工作年限，以保护劳动者的合法权益。

（五）其他合理情形

此处“其他合理情形”为兜底条款。兜底条款是法律文本中常见的法律表述，主要是为了防止法律的不周延性，以及社会情势的变迁性。法律一经制定出来，因为其固定性而具有了相对的滞后性，况且法律制定者受主观认识能力等方面的局限，也无法准确预知法律所要规范的所有可能与情形，所以就有必要通过这些兜底性条款，来尽量减少人类主观认识能力不足所带来的法律缺陷，以及为了保持法律的相对稳定性，使执法者可以依据法律的精神和原则，适应社会情势的客观需要，将一些新情况等通过这个兜底性条款来予以适用解决，而无须修改法律。

五、关于非因本人原因的举证责任

实务中，本单位连续工作时间的事实认定较为复杂，劳动者证明用人单位更换是非本人原因非常重要，这涉及举证责任问题。对此，实践中存在不同观点：有观点认为，依据《劳动争议调解仲裁法》第6条规定，对于劳动者工作年限的计算均由用人单位承担举证责任。也有观点认为，“非因劳动者本人原因”是一个消极事实，并且存在无穷尽的可能，用人单位根本无法完成举证。我们认为，对于“非因劳动者本人原因”证明责任的认定可以从变动的原因着手，区分不同的情况。（1）劳动者和用人单位对连续工作年限协商一致予以认定的。若该认定是双方真实意思表示，认定的连续工作年限则是合法有效的。双方一般不会产生争议。（2）劳动者单方认定连续工作年限。根据本解释第44条“因用人单位作出的开除、除名、辞退、解除劳动合同、减少劳动报酬、计算劳动者工作年限等决定而发生的劳动争议，用人单位负举证责任”的规定，劳动者提出具体的连续工作年限后，只需证明与用人单位存在劳动关系，由用人单位举证证明劳动者的实际工作年限，包括新旧单位之间的关系、组织调动的有关证据和支付经济补偿金的证明等。（3）用人单位单方认定连续工作年限。用人单位不得随意对劳动者的连续工作年限作出单方认定，应从与劳动者建立劳动关系之日起计算连续工作年限，并需提供证据证明。对属于用人单位掌握管理的证据，或者虽应由劳动者提供但实际上由用人单位掌握管理的证据，应根据《劳动争议调解仲裁法》第6条、第39条第2款规定的特殊举证规则，实行“举证责任倒置”，把举证责任分配给用人单位；或者作有利于劳动者一方的分配，以减轻劳动者的举证义务。当然，仲裁机构或法院亦应积极发挥能动作用，可以根据公平原则和诚信原则，综合当事人举证能力等因素确定举证责任的承担；对于当事人因客观原因不能自行收集的证据，必要时可以根据当事人申请或依职权，调取相关证据。

【审判实践中应注意的问题】

一、应注意工作年限的起算点

《劳动合同法》第46条、第87条规定的经济补偿和赔偿金与劳动者在本单位工作的年限密切相关。劳动关系建立的时间应当是计算工作年限的时间，此无争议，实践中对于用人单位与劳动者之间何时建立劳动关系存在不同意见，此间接关系到工作年限的起算点问题。一种意见是劳动关系的建立以订立劳动合同为主要标志；另一种意见是以用工之日建立劳动关系。我们同意第二种意见。《劳动合同法》第7条规定："用人单位自用工之日起即与劳动者建立劳动关系。用人单位应当建立职工名册备查。"因此，判断双方是否存在或建立劳动关系，应当以是否用工为标准，而不是仅以是否签订劳动合同为标准。实践中，具体又分为三种情况：

1. 劳动合同签订在前，实际工作在后，即签订合同后过了一段时间才工作。《劳动合同法》第10条第3款对此规定，用人单位与劳动者在用工前订立劳动合同的，劳动关系自用工之日起建立。也就是说，用人单位与劳动者虽然签订了劳动合同，却不认为已经建立了劳动关系，其劳动合同期限、劳动报酬、试用期、经济补偿金等，均从用工之日起计算。

2. 劳动合同签订在后，实际工作在前，即先工作后补签劳动合同。此时，也应当以实际工作之日或用工之日作为劳动关系的起算点。依照《劳动合同法》第10条第2款规定，已建立劳动关系，未同时订立书面劳动合同的，应当自用工之日起1个月内订立书面劳动合同。同时规定，对于用人单位自用工之日起超过1个月但不满1年未与劳动者订立书面劳动合同的，应当向劳动者支付未签订书面劳动合同的二倍工资；超过1年仍未订立书面劳动合同的，视为双方已订立无固定期限劳动合同。对于在此期间的劳动报酬支付问题，依据《劳动合同法》第11条之规定，按照集体合同规定的标准执行；没有集体合同或者集体合同未规定的，实行同工同酬。

3. 签订劳动合同与实际工作同时进行，此时是较为理想的状态，也是实践中最普遍存在的情形。在正常情况下，劳动者与用人单位自建立劳动关系时起就应当订立书面的劳动合同。

综上，确定劳动关系起算点的核心标准是"用工之日"。对于用人单位依据《劳动合同法》第46条之规定需向劳动者支付经济补偿的，应按照《劳动合同法》第47条规定，根据劳动者在本单位工作的年限予以计算。同时根据《劳动合同法》第 87 条、《劳动合同法实施条例》第 25 条之规定，赔偿金的计算年限自用工之日起计算，其计算标准为按照经济补偿标准的 2 倍计算。

二、劳动者工作年限跨越 2008 年 1 月 1 日前后，经济补偿如何计算

《劳动合同法》第 97 条第 3 款规定："本法施行之日存续的劳动合同在本法施行后解除或者终止，依照本法第四十六条规定应当支付经济补偿的，经济补偿年限自本法施行之日起计算；本法施行前按照当时有关规定，用人单位应当向劳动者支付经济补偿的，按照当时有关规定执行。"由此，对于劳动关系跨越 2008 年 1 月 1 日的劳动者，往往涉及解除劳动合同经济补偿如何计算的问题，实践中存在两种观点：

第一种观点认为，用人单位在 2008 年 1 月 1 日之后与劳动者解除劳动合同，仅按照《劳动合同法》第 47 条规定支付经济补偿即可，并且经济补偿的年限从 2008 年 1 月 1 日起算。

第二种观点认为，从《劳动合同法》第 97 条第 3 款规定的本意来看，对于 2008 年 1 月 1 日之前已经存续，并且在 2008 年 1 月 1 日以后解除或终止的劳动合同，应该以 2008 年 1 月 1 日为界分段计算其经济补偿的年限。

我们倾向于第二种观点，其理由在于：第一，从文义解释的角度看，该款后半句已经明示"本法施行前按照当时有关规定，用人单位应当向劳动者支付经济补偿的，按照当时有关规定执行"。而之前的《劳动法》第 28 条规定："用人单位依据本法第二十四条、第二十六条、第二十七条的规定解除劳动合同的，应当依照国家有关规定给予经济补偿。"原劳动部《关于贯彻执行〈中华人民共和国劳动法〉若干问题的意见》（劳部发〔1995〕309 号）第 36 条规定："用人单位依据劳动法第二十四条、第二十六条、第二十七条的规定解除劳动合同，应当按照劳动法和劳动部《违反和解除劳动合同的经济补偿办

法》(劳部发〔1994〕481号)支付劳动者经济补偿金。”因此,当时的“有关规定”主要是《违反和解除劳动合同的经济补偿办法》。第二,实体法的适用原则之一是不溯及既往,《劳动合同法》属于实体法,它只能对其生效之后即2008年1月1日之后存续的或新成立的劳动合同关系进行调整,而对于2008年1月1日之前的劳动合同关系,应该由当时的实体法进行调整。虽然《违反和解除劳动合同的经济补偿办法》已于2017年11月24日被宣布废止,[①] 但作为当时调整劳动合同关系中经济补偿的实体法之一,由其调整2008年1月1日之前的经济补偿关系并无不妥。第三,从性质上看,经济补偿是劳动法上一项极有特色的制度,它体现的是劳动法律对劳动者倾斜保护的原则和目的,分阶段计算经济补偿年限更符合经济补偿的制度性质和功能构成。

从各地司法实践来看,对于劳动者工作年限跨越2008年1月1日前后的,大多数法院在判决用人单位支付经济补偿时亦采用分段计算的观点。但由于《劳动合同法》规定的支付经济补偿的情形和计算标准与《劳动法》及《违反和解除劳动合同的经济补偿办法》等规定有所区别,使得分段计算解除劳动合同的经济补偿问题也存在较大争议。实践中关于经济补偿“分段计算”的争议主要集中在“计算基数”分段和“计算年限”分段两方面。

(一)经济补偿的基数是否分段计算

《劳动合同法》第47条首次规定对经济补偿基数进行封顶,即如果劳动者在劳动合同解除或者终止前12个月的平均工资高于用人单位所在直辖市、设区的市级人民政府公布的本地区上年度职工月平均工资3倍的,向其支付经济补偿的基数按上年度职工月平均工资3倍的数额确定,向其支付经济补偿的年限最高不超过12年,也就是通常说的“3倍+12个月”双重封顶。而此前《劳动法》及《违反和解除劳

① 参见《人力资源社会保障部关于第五批宣布失效和废止文件的通知》(人社部发〔2017〕87号)。

动合同的经济补偿办法》中并无关于经济补偿基数“3 倍”的限制规定。因此，经济补偿的工资基数存在两种情况：

1. 劳动者解除或终止劳动合同前 12 个月的月平均工资不高于上年度本市职工月平均工资 3 倍，则经济补偿的计算基数就是该劳动者解除劳动合同前 12 个月的月平均工资数额，此时不存在分段计算问题。

2. 若劳动者解除或终止劳动合同前 12 个月的月平均工资高于上年度本市职工月平均工资 3 倍，就涉及经济补偿的基数是否需分段计算的问题。司法实务中有两种观点：

一种观点认为，此时不再以《劳动合同法》施行之日为界分段计算，按用人单位所在地上年度职工月平均工资的 3 倍计算。例如：《广东省高级人民法院、广东省劳动人事争议仲裁委员会关于审理劳动人事争议案件若干问题的座谈会纪要》第 31 条规定：“用人单位支付劳动者解除或终止劳动合同经济补偿或赔偿金时，经济补偿或赔偿金的基数为劳动者在劳动合同解除或者终止前十二个月的平均工资，不再以《劳动合同法》施行之日为界分段计算。劳动者月工资高于用人单位所在地上年度职工月平均工资三倍的，经济补偿或赔偿金的基数按用人单位所在地上年度职工月平均工资的三倍计算。”北京地区法院亦持该观点。①

另一种观点认为，此时经济补偿的基数应当分段计算，即《劳动合同法》施行之前的年限按该劳动者解除劳动合同前 12 个月的月平均工资数额确定经济补偿金的计算基数，《劳动合同法》施行之后的年限按照 3 倍封顶数额确定经济补偿金的计算基数。例如《上海市高级人民法院关于适用〈劳动合同法〉若干问题的意见》（沪高法〔2009〕

① 《北京市高级人民法院、北京市劳动争议仲裁委员会关于劳动争议案件法律适用问题研讨会会议纪要》（2009 年 8 月 17 日）第 25 条规定：“《劳动合同法》施行之日存续的劳动合同，在《劳动合同法》施行后解除或者终止，依照《劳动合同法》第四十六的规定应当支付经济补偿的，2007 年 12 月 31 日前的经济补偿依照《劳动法》及其配套规定计算，2008 年 1 月 1 日后的经济补偿依照《劳动合同法》的规定计算。经济补偿金的基数为劳动者在劳动合同解除或者终止前十二个月的平均工资，不再分段计算……”

73号）第21条第3项规定："符合《劳动合同法》规定三倍封顶的情形，实施封顶计算经济补偿年限自《劳动合同法》施行之日起计算，《劳动合同法》施行之前的工作年限仍按以前规定的标准计算经济补偿金。"

（二）经济补偿的年限是否分段计算

关于经济补偿金年限计算的问题既包括用人单位应当支付经济补偿的情形认定，也包括经济补偿年限封顶的问题。《劳动合同法》第46条规定了用人单位应当支付经济补偿的具体情形，第47条规定了经济补偿的年限封顶问题。《劳动法》及《违反和解除劳动合同的经济补偿办法》规定的用人单位应当支付经济补偿的情形与《劳动合同法》并不完全一致；同时，虽然《违反和解除劳动合同的经济补偿办法》也有关于经济补偿封顶年限的规定，但条件不同，主要针对的是特定解除劳动合同类型实施12个月工资的年限封顶，即"协商一致解除劳动合同""不能胜任工作，经过培训或调整工作岗位仍不能胜任，由用人单位解除劳动合同"等情形。而《劳动合同法》则只有在"补偿基数"超过封顶线的情况下才对"年限"进行12个月工资的封顶。由此，对于劳动关系建立于《劳动合同法》实施以前，但在《劳动合同法》实施后解除或终止的，经济补偿年限是否分段计算、如何分段计算就有以下几种典型情况：

1. 用人单位按照《劳动合同法》第46条规定应当支付经济补偿，但按《劳动合同法》实施以前的有关规定（主要是《劳动法》及《违反和解除劳动合同的经济补偿办法》），用人单位无须支付经济补偿的，劳动者工作年限自《劳动合同法》实施之日即2008年1月1日起计算。

2. 按《劳动合同法》实施前后的有关规定，用人单位均需支付经济补偿，且不属于以前规定中"经济补偿金总额不超过劳动者十二个月的工资收入"情形的，也不属于《劳动合同法》规定的"12年"封顶情形的，劳动者的工作年限自用工之日起计算。但因《劳动合同法》实施前后规定的经济补偿具体计算标准不同，在计算时应当分别考量。①

3. 按《劳动合同法》实施前后的有关规定，用人单位均需支付经济补偿，但属于以前规定中“经济补偿金总额不超过劳动者十二个月的工资收入”情形的，对于《劳动合同法》施行之前的工作年限仍按以前规定的标准计算，其工作年限最多不超过12年；对于《劳动合同法》实施后的经济补偿，按照《劳动合同法》规定的标准计算，如符合《劳动合同法》规定的封顶情形的，实施封顶计算经济补偿的年限自《劳动合同法》施行之日起计算。

三、其他需注意事项

1. 无论是《劳动合同法实施条例》第10条还是本条规定，均是针对非因劳动者原因导致用人单位主体变化的情况进行的规定，若因劳动者自己的原因导致用人单位变化的情况并不适用本条规定。这主要是因为，如果是劳动者主动辞职或者非因用人单位原因提出解除劳动合同（除《劳动合同法》第38条规定外），用人单位不需要支付经济补偿，故再考虑原用人单位工作年限已无实际意义。但实践中，由于用人单位与劳动者相比往往处于强势地位，有时用人单位的意志可能被强加给劳动者，使得个案中对于是否系因劳动者本人原因从原用人单位被安排至新用人单位工作的事实难以查明，这就需要仲裁机构和法院根据个案中双方的举证情况及事实查明情况综合判断。

2. 本条既包含了劳动者依法解除劳动合同的情形，又包含了用人单位解除或者终止劳动合同的情形，此外，对于劳动合同终止经济补偿的问题，原劳动部《关于贯彻执行〈中华人民共和国劳动法〉若干问题的意见》（劳部发〔1995〕309号）第38条规定，劳动合同期满或者当事人约定的劳动合同终止条件出现，劳动合同即行终止，用人单位可以不支付劳动者经济补偿金。国家另有规定的，可以从其规定。

---

① 《违反和解除劳动合同的经济补偿办法》所规定的经济补偿的一般标准为，工作时间每满一年，发给相当于一个月工资的经济补偿金，工作时间不满一年的按一年的标准发放经济补偿金。该一般标准与《劳动合同法》第47条规定并不一致。

而《劳动合同法》第46条第5项规定对此问题作出了新的规定。根据《劳动合同法》规定的经济补偿金分段计算的原则，对于2008年1月1日后，因劳动合同终止需要支付经济补偿的，经济补偿金的计算年限，应自2008年1月1日开始计算。

【案例解读】

一、基本案情

李某曾与某科技公司签订有期限自2014年5月4日起的无固定期限劳动合同。李某正常出勤至2019年11月20日。2019年11月20日，李某向某科技公司送达《解除劳动关系通知》，以某科技公司存在拖欠工资、恶意调岗等行为为由解除了双方劳动关系。后双方发生劳动争议。

李某主张，其于2008年10月28日入职与某科技公司存在关联关系的某创业公司，后某创业公司安排其到科技公司工作，某创业公司未支付任何经济补偿或赔偿金，故应自2008年10月28日起计算其工作年限。李某提交以下证据：(1)《工作年限证明》，内容为：兹有公司员工李某，自2008年10月28日开始在某科技公司工作至今，担任综合管理部经理一职，从事专业工作满9.5年，工作期间遵纪守法，无违反职业道德的行为。落款时间2018年6月30日并加盖某科技公司公章。(2)工商登记查询信息。显示2013年12月3日，某创业公司的法定代表人为陈某，某科技公司现任法定代表人为陈某。

某科技公司对于《工作年限证明》中公章的真实性不予确认，但不申请公章鉴定，主张李某有机会单独使用公章，认可陈某曾担任某创业公司的法定代表人，但主张二公司不存在任何关联关系，主张某创业公司已经处于吊销状态。某科技公司主张李某系因个人原因提出解除劳动合同，无须支付解除劳动合同经济补偿金；即使支付，工作年限也应当自其公司成立之日起计算。

二、裁判结果

法院认为，某科技公司确有拖欠工资的情形，依据《劳动合同法》第46条规定，应当支付李某解除劳动合同经济补偿金。关于工作年限问题，某科技公司出具的加盖公章的工作年限载明李某自2008年10月28日开始工作，同时，某创业公司现处于吊销状态，其法定代表人与某科技公司的法定代表人系同一人，其公司未能作出合理解释，法院认定李某系非因其本人原因由用人单位安排至新公司工作。因某科技公司未能就某创业公司曾向李某支付经济补偿金的事实进行举证，法院认定本案中李某的工作年限应当自2008年10月28日起计算。故判决某科技公司应向李某支付自2008年10月28日起至2019年11月20日双方劳动关系终止期间的解除劳动合同经济补偿金。

三、评析

本案争议焦点在于，李某在某创业公司的工作年限能否合并计算到科技公司的工作年限里。劳动者从原用人单位到新用人单位工作，这一过程存在两个法律行为，其一是劳动者与原用人单位劳动关系的解除，其二是劳动者与新用人单位劳动关系的建立。就劳动关系解除补偿理论而言，如果原用人单位与劳动者解除劳动合同时符合支付经济补偿条件，原用人单位应当依法支付劳动者经济补偿。从法人独立人格说理论角度，原用人单位与新用人单位是独立的法人主体，其应当独立承担各自的权利义务，新用人单位没有责任承接劳动者在原用人单位的工作年限，也没有义务代原用人单位支付经济补偿。但《劳动法》调整的关系不同于平等主体之间的普通民事或商事法律关系，用人单位与劳动者之间存在管理与被管理的关系，实质上两者地位并不平等。而现实中，很多用人单位出于企业的转型升级、合并分立或其他经营需要的考虑，将劳动者安排到其他企业工作，也有的用人单位为了规避劳动法上用人单位的法定责任，利用关联企业的便利条件轮流与劳动者签订劳动合同。由此就引申出法人独立人格否认制度在劳动法领域的适用。法律法规在适当的时候有必要突破法人独立人格制度，从而实现对劳动者合法权益的保护。

根据《劳动合同法实施条例》相关规定，非劳动者本人原因而由用人单位安排到新用人单位工作，除非原用人单位已经向劳动者支付经济补偿金的，否则，工作年限应当合并计算。本案中，李某最初在某创业公司工作，某创业公司与科技公司法定代表人系同一人，科技公司虽否认二公司之间存在关联关系，但未能就此作出合理说明，最终法院认定本案构成“非因劳动者本人原因由用人单位安排到新用人单位工作”的情形，且创业公司当时未向其支付经济补偿金，因此，科技公司计算其经济补偿金的工作年限应从2008年10月28日起计算。

第四十七条

建立了工会组织的用人单位解除劳动合同符合劳动合同法第三十九条、第四十条规定，但未按照劳动合同法第四十三条规定事先通知工会，劳动者以用人单位违法解除劳动合同为由请求用人单位支付赔偿金的，人民法院应予支持，但起诉前用人单位已经补正有关程序的除外。

【条文主旨】

本条是关于用人单位合法解除劳动合同，但未按规定事先通知工会，劳动者以用人单位违法解除劳动合同为由提起诉讼的处理规定。

【条文理解】

一、背景依据

工会是职工自愿结合的群众组织，其宗旨是维护职工的合法权益。根据《工会法》《劳动法》和《劳动合同法》相关规定，各级工会依法维护劳动者的合法权益，对用人单位遵守劳动法律、法规的情况进行监督；对执行工作时间和休息休假制度进行监督；对执行女职工和未成年工特殊保护进行监督；对企业辞退处分职工进行监督；对用人单位执行劳动保护的规定进行监督；对用人单位执行工资制度和福利待遇方面的规定进行监督。因此，为保护劳动者的合法权益，避免用人单位违法辞退劳动者，《劳动合同法》第43条特别规定，用人单位单方解除劳动合同的，应当事先将与劳动者解除劳动合同的理由书面通知本单位工会，工会有权提出意见和建议；对于用人单位违反国家法律、行政法规规定或者劳动合同约定解除与劳动者的劳动合同的行为，工会有权要求用人单位纠正。用人单位应当充分研究工会的意见，并将最终的意见和处理结果书面通知工会。《劳动合同法》的这一规定，充分体现了工会成立的宗旨，体现了法律对工会的尊重，有利于维护企业工会的权威，也有利于劳动者合法权益的保护，也使部分企业的违法解雇行为得到及时有效的纠正和制止。

司法实践中，会出现用人单位单方解除劳动合同时，没有事先将理由通知工会或者征求工会的意见的情况，在这种情况下，用人单位的单方解除行为是否具有法律效力？劳动者能否以用人单位解除劳动合同违法为由要求撤销解除决定，继续履行劳动合同，或者要求用人单位支付违法解除劳动合同赔偿金。

实践中，对该问题存在两种意见：一种意见认为，法律明确规定用人单位解除劳动合同应当征求工会意见，用人单位未征求工会意见就违反了该条规定，可认为是违法解除劳动合同，应向劳动者支付赔偿金；如果劳动者要求继续履行劳动合同的，应继续履行。另一种意见认为，对用人单位解除合同行为应当具体分析。用人单位依照《劳动合同法》第39条、第40条的规定解除劳动合同，属于合法解除劳动合同，在合法解除劳动合同时未事先将理由通知工会或者征求工会意见，属于程序性瑕疵而不属于违法性解除，不构成《劳动合同法》第87条规定的违法解除劳动合同，不需要支付赔偿金，但应告知用人单位补正程序。如果用人单位解除劳动合同本身不符合法律规定，且未征求工会意见，则构成违法解除劳动合同，应向劳动者支付赔偿金。当然，如果用人单位解除劳动合同本身不符合法律规定，即使征求了工会意见，但未采纳工会意见，只是履行了一个程序，仍构成违法解除劳动合同。

第一种意见的主要理由：从世界各国的立法和司法实践来看，在劳动关系中，劳动者多被认为是弱者，在这种实际情况下，为加强对用人单位解除劳动合同的控制和干预，也为了保障社会公平和正义，大多数国家均规定了企业与员工解除劳动合同时必须就合同解除问题与工会进行充分协调；同时，工会作为劳动者的群众性组织，依法维护劳动者的合法权益也是其最基本的使命之一。没有程序的正义就没有实体的正义。《工会法》第21条第2款规定：企业单方面解除职工劳动合同时，应当事先将理由通知工会，工会认为企业违反法律、法规和有关合同，要求重新研究处理时，企业应当研究工会的意见，并将处理结果书面通知工会。根据上述规定，通知工会是解除劳动合同的必经程序。如果企业没有根据《工会法》的要求履行通知工会的程序，则会导致工会对企业可能存在的违法、违规解除劳动合同失去了监督的机会，劳动者的合法权益可能会遭受损害。因此，用人单位与员工解除劳动合同时，如果没有履行书面通知工会的义务，就违反了法律的强制性规定，应判定该解除行为无效。

第二种意见的主要理由：（1）如果用人单位在合法解除劳动合同的前提下，还要事先将理由通知工会或者征求工会意见，这势必加重用人单位的管理成本。因用人单位合法解除劳动合同但未通知工会引发争议的，可以要求用人单位在劳动争议处理程序中予以补正，而不是要求其承担赔偿责任。（2）《劳动合同法》第87条规定的“违法解除”指的是违反《劳动合同法》中的实体性规定而非程序性规定。（3）用人单位支付赔偿金是一种惩罚性赔偿。惩罚性赔偿的适用一般应当具备两个前提：一是行为人有故意或者重大过失，即具有主观恶性；二是造成实际损害。未提前通知工会，用人单位是否具有主观恶性很难判断。至于实际损害，法律只是要求事先通知工会，但无论工会是否同意，用人单位最终均可以单方行使解除权。所以劳动者不可能从事先通知工会这一行为中获得实际利益，也就谈不上未事先通知对其有实际损害。因此，在此情况下适用惩罚性赔偿缺乏法理依据。（4）基于现实考量，若将通知工会作为解除劳动合同的条件，有可能在实践中造成不合理的现象：成立了工会的用人单位因未严格履行法定程序需要承担赔偿责任，未建立工会的单位反而不受这一条规定的约束，由此可能变相鼓励用人单位不组建工会，反而不利于《工会法》的推广适用。

本条规定来源于2013年《劳动争议司法解释（四）》第12条规定，对内容予以保留，未作改动。在该第12条规定起草过程中，经过讨论，采纳了第一种意见，同时为了平衡用人单位与劳动者之间的利益，采取折中方式，规定建立了工会组织的用人单位解除劳动合同符合《劳动合同法》第39条、第40条规定，但未按照《劳动合同法》第43条规定事先通知工会，劳动者以用人单位违法解除劳动合同为由请求用人单位支付赔偿金的，人民法院应予支持，但起诉前用人单位已经补正有关程序的除外。即允许用人单位对该程序性问题予以补正，用人单位可以在劳动者起诉前就解除劳动合同情况征求工会意见，即可以“事后通知”工会。用人单位补正上述程序后，其程序性瑕疵得以修复，劳动者不能再以用人单位违法解除劳动合同为由要求用人单位支付赔偿金。这既维护了法律的严肃性，又考虑到了用人单位的过错情况，在一定程度上彰显了司法的人性化。

二、对条文内容的理解

（一）用人单位单方合法解除劳动合同的把握标准

在理解和适用本条时应注意，本条规定仅限于用人单位依据《劳动合同法》第39条、第40条解除劳动合同的情形，不包括用人单位单方解除劳动合同的其他情形。

劳动合同的解除，是指劳动合同订立后，尚未全部履行以前，由于某种原因导致劳动合同当事人一方或双方提前消灭劳动关系的法律行为。劳动合同解除主要包括单方解除和合意解除两种。劳动合同单方解除以当事人享有单方解除权为前提条件，是享有单方解除权的当事人阻却劳动合同存续的一种意志行为。与本条解除有关的，是用人单位单方解除劳动合同，具体包括两类：一是用人单位预告解除劳动合同；二是用人单位即时解除劳动合同。

用人单位预告解除劳动合同，也称非过失性解除劳动合同，是指劳动合同的解除不是因为劳动者的过错，而是由于一些特殊情况的发生，使双方的劳动合同无法履行，用人单位单方解除劳动合同。但是用人单位须提前30日以书面形式通知劳动者，或者支付劳动者一个月工资后，可以解除劳动合同。法律对非过错性解除设定许可条件，是为了给用人单位划出一个可以行使非过错性解除权的范围，超出这一范围的任何解除，都会被视为违法，并要承担相应的法律后果。《劳动合同法》第40条规定了用人单位预告解除劳动合同的情形。

用人单位即时解除劳动合同，也称过失性解除劳动合同，是指在劳动者存在一定过错的情况下，用人单位无须向劳动者预告就可以单方解除劳动合同，劳动者不享有经济补偿金。《劳动合同法》第39条将用人单位即时解除劳动合同的条件规定为6种法定情形，①只要劳动者的行为符合了该6种法定情形之一的，用人单位即可行使过错性解除的权利。用人单位即时解除劳动合同是一种严厉的解雇行为，因此，法律上对此限定较严。

（二）对于“事先通知工会”的理解

由于解除劳动合同意味着劳动关系的结束，将直接影响劳动者的基本生活。因此，在用人单位单方解除劳动合同时，要求其慎重行使解除权，法律规定工会参与到这个程序中。

《劳动法》第30条规定：“用人单位解除劳动合同，工会认为不适当的，有权提出意见。如果用人单位违反法律、法规或者劳动合同，工会有权要求重新处理；劳动者申请仲裁或者提起诉讼的，工会应当依法给予支持和帮助。”《劳动法》这一规定并无事先通知工会的强制性要求。最早关于事先通知工会的法律规定见于《工会法》。2001年修正后的《工会法》第21条第2款规定：“企业单方面解除职工劳动合同时，应当事先将理由通知工会，工会认为企业违反法律、法规和

① 《劳动合同法》第39条规定：“劳动者有下列情形之一的，用人单位可以解除劳动合同：（一）在试用期间被证明不符合录用条件的；（二）严重违反用人单位的规章制度的；（三）严重失职，营私舞弊，给用人单位造成重大损害的；（四）劳动者同时与其他用人单位建立劳动关系，对完成本单位的工作任务造成严重影响，或者经用人单位提出，拒不改正的；（五）因本法第二十六条第一款第一项规定的情形致使劳动合同无效的；（六）被依法追究刑事责任的。”

有关合同，要求重新研究处理时，企业应当研究工会的意见，并将处理结果书面通知工会。”《劳动合同法》参照《工会法》的规定，于第43条规定：“用人单位单方解除劳动合同的，应当事先将与劳动者解除劳动合同的理由书面通知本单位工会……”

根据《工会法》及《劳动合同法》的相关规定，一方面，用人单位单方解除劳动合同的，要将解除的理由书面通知本单位工会；另一方面，工会认为用人单位的解除违反法律、行政法规规定或者劳动合同约定的，有权以书面形式正式提出不同意见，要求用人单位纠正。用人单位应当研究工会的意见，并将处理结果书面通知工会。这是工会的一项法定权利，任何组织和个人都不得剥夺和侵害。工会提出不同意见，有利于用人单位发现和纠正违法或者违反约定的单方解除劳动合同的行为，防止劳动争议的出现，因此对用人单位而言，理应认真研究，慎重处理，并将处理结果以书面形式正式通知工会。

（三）赔偿金的适用条件

解除或终止劳动合同的赔偿金，是对用人单位违反法律规定解除或者终止劳动合同给劳动者造成经济损失的惩罚性的补偿措施，是指《劳动合同法》第48条和第87条规定的赔偿金。赔偿金的适用需要以下条件：

1. 用人单位解除或者终止劳动合同违反法律规定

这里的违反法律规定主要是指用人单位违反《劳动合同法》第36条、第39条、第40条、第41条、第42条、第43条、第44条规定的情形，既包括违反实体条件，也包括违反程序条件。比如用人单位虽然有权解除劳动合同，但是没有按照法律规定提前30日以书面形式通知劳动者本人的，也属于“违反本法规定解除劳动合同”的情况。本条规定所适用情形仅指用人单位解除劳动合同违反《劳动合同法》第43条规定的情形。

2. 劳动者选择适用赔偿金

《劳动合同法》第48条规定，用人单位违反本法规定解除或者终止劳动合同，劳动者要求继续履行劳动合同的，用人单位应当继续履行；劳动者不要求继续履行劳动合同或者劳动合同已经不能继续履行的，用人单位应当依照第 87 条规定支付赔偿金。根据该条规定，用人单位违法解除或者终止劳动合同的，劳动者有选择权：如果劳动者要求继续履行劳动合同的，用人单位应当继续履行劳动合同；如果劳动者出于各种主客观原因考虑，不要求继续履行劳动合同，或者由于用人单位的违法解除及终止行为，使得原劳动合同已经不能继续履行的，用人单位应当向劳动者支付赔偿金。

3. 赔偿金的支付标准是经济补偿标准的二倍

《劳动合同法》第 87 条规定："用人单位违反本法规定解除或者终止劳动合同的，应当依照本法第四十七条规定的经济补偿标准的二倍向劳动者支付赔偿金。"

（四）对于补正程序的理解

本条是参照合同效力补正理论规定的，主要考虑若用人单位符合《劳动合同法》有关解除或者终止劳动合同的实体条件，只是没有事先通知工会，为程序上的瑕疵。应赋予用人单位补正程序瑕疵的权利。

根据合同法理论，合同效力补正，是指当事人所签订的合同因违反了法律的强制性规定，导致合同不能满足有效条件，当事人可以通过事后补正或实际履行使合同满足有效条件，促使合同有效。合同效力补正已为我国司法实践所确认并起到了良好效果，比如《最高人民法院关于审理商品房买卖合同纠纷案件适用法律若干问题的解释》第 2 条规定、《最高人民法院关于审理城镇房屋租赁合同纠纷案件具体应用法律若干问题的解释》第 2 条规定等。

根据《劳动合同法》第 43 条及第 40 条规定，此处的补正程序应注意以下问题：

1. 补正内容

用人单位应将解除或者终止劳动合同的理由通知工会，征求工会意见，如果工会提出意见，用人单位还须研究工会意见，并将结果书面通知工会。履行完上述程序，即可视为补正。对于用人单位依据《劳动合同法》第 40 条规定解除或者终止劳动合同的，应注意，补正程序仍为通知工会，而不是选择额外支付劳动者一个月的工资作为代通知金。因为用人单位依据该条解除劳动合同须提前30日通知或者额外支付劳动者一个月的工资作为代通知金，这是合法解除的条件，只有用人单位符合上述规定解除劳动合同的，仅仅未履行通知工会义务的，才存在补正程序的问题。否则，即使通知了工会，仍然属于违法解除。

2. 补正期限

本条规定程序补正的时间为起诉前。该处起诉是指向人民法院起诉，还是包括向仲裁机构申请仲裁？我们认为，我国劳动争议案件实行仲裁前置程序，为了给用人单位以充足的补正程序、弥补错误的时间，只要用人单位在向人民法院起诉前补正的，都应认可。故用人单位在仲裁前或者仲裁过程中、仲裁后向人民法院起诉前补正有关程序，均应允许。

【审判实践中应注意的问题】

若用人单位没有建立工会组织，用人单位解除劳动合同应否通知、如何通知？本条规定明确了“建立工会组织”的用人单位依法解除劳动合同应当事先通知工会，但未规定没有建立工会组织的用人单位解除劳动合同是否也需要事先通知，这对于尚未建立工会的用人单位而言，是一个不得不面对的问题。我们认为，《劳动合同法》的立法意旨是避免用人单位随意解除劳动合同。用人单位没有组建工会，可能有很多特殊的原因，但用人单位单方解除劳动合同，应该依法告知并听取工会或职工代表的意见，这不仅是解除劳动合同时应当履行的法定程序，亦是对职工劳动权利、生存权利的保障。所以，即使用人单位尚未建立基层工会，也应当通过告知并听取职工代表的意见的方式或者向当地总工会征求意见的变通方式来履行告知义务这一法定程序。司法实践已有将没有工会的用人单位也应当将解除劳动合同的理由事先通知同级相关工会组织的判例。否则，如果用人单位未成立工会就免除通知义务，会助长用人单位抵制工会成立之风，不利于维护劳动者的合法权益。

【案例解读】

一、基本案情

2016年7月，张某入职某金融公司，担任电商渠道部总监，月工资2万元。2018年6月，金融公司以张某旷工严重，违反公司规章制度为由解除劳动合同。根据金融公司提交的指纹考勤记录，5月份张某仅2天有完整考勤，10天上午或下午只有一次考勤，其余均无考勤及请假记录。金融公司提交了有张某签字的员工培训表，证明张某对公司的规章制度是知晓的。根据公司规章制度的规定，员工连续旷工3天以上，或者一个月累计旷工7天以上，金融公司有权解除劳动合同。张某认为金融公司属于违法解除劳动合同，向某劳动人事争议仲裁委员会申请仲裁，要求金融公司支付违法解除劳动合同的赔偿金8万元。仲裁裁决后，金融公司不服，向法院提起诉讼。法院诉讼期间，金融公司认可其公司建立工会，其解除与张某的劳动合同并未通知工会，但认为张某严重违纪的事实是客观存在的，已具备解除劳动合同的客观条件，未通知工会仅仅是解除程序上存在瑕疵，不属于《劳动合同法》所规定的违法解除情形，故不同意支付违法解除劳动合同赔偿金。

二、裁判结果

法院生效判决认为，《劳动合同法》第43条规定，用人单位单方解除劳动合同，应当事先将理由通知工会。用人单位违反法律、行政法规规定或者劳动合同约定的，工会有权要求用人单位纠正。用人单位应当研究工会的意见，并将处理结果书面通知工会。2013年《劳动争议司法解释（四）》第12条规定："建立了工会组织的用人单位解除劳动合同符合劳动合同法第三十九条、第四十条规定，但未按照劳动合同法第四十三条规定事先通知工会，劳动者以用人单位违法解除劳动合同为由请求用人单位支付赔偿金的，人民法院应予支持，但起诉前用人单位已经补正有关程序的除外。”本案中，金融公司建立有工会组织，其以张某严重违纪为由解除劳动合同，但未事先将解除的理由通知工会或者征求工会意见，亦未在张某起诉前予以补正，故构成程序违法，系违法解除，应当支付张某违法解除劳动合同赔偿金。

三、评析

本案争议的焦点在于，建立了工会组织的用人单位解除劳动合同符合《劳动合同法》第39条、第40条规定，但未按照《劳动合同法》第43条规定事先通知工会，劳动者以用人单位违法解除劳动合同为由请求用人单位支付赔偿金的，法院是否应予支持?

工会是职工自愿结合的群众组织，其宗旨就是要维护职工的合法权益。《工会法》第21条、《劳动法》第30条、《劳动合同法》第43条均规定，用人单位单方解除劳动合同，应当事先将理由通知工会。用人单位违反法律、行政法规规定或者劳动合同约定的，工会有权要求用人单位纠正。用人单位应当研究工会的意见，并将处理结果书面通知工会。司法实践中，经常出现用人单位单方解除劳动合同时，没有事先将理由通知工会或者征求工会的意见的情况，我们认为，《劳动合同法》关于用人单位单方解除劳动合同的相关规定，旨在避免用人单位随意解除劳动合同，特别从程序上加大了对劳动者权益的保护。故用人单位解除劳动合同“事先通知工会”是法定程序，也是用人单位的法定义务，亦是对劳动者劳动权利、生存权利的保障。如果用人单位未按照《劳动合同法》第43条规定事先通知工会，即便其解除劳动合同的行为符合《劳动合同法》第39条、第40条规定，亦因程序违法，构成违法解除劳动合同，劳动者有权要求用人单位支付违法解除劳动合同的赔偿金或者要求继续履行双方劳动合同。但考虑到“未事先通知工会”属于程序性违法，为了平衡用人单位与劳动者间的利益，应允许用人单位对该程序性问题予以补正，即用人单位在劳动者起诉前就解除劳动合同情况征求工会意见的，应当认为其履行了程序要件。

第四十八条

劳动合同法施行后，因用人单位经营期限届满不再继续经营导致劳动合同不能继续履行，劳动者请求用人单位支付经济补偿的，人民法院应予支持。

【条文主旨】

本条是关于因用人单位经营期限届满不再继续经营导致劳动合同不能继续履行，劳动者有权请求用人单位支付经济补偿的规定。

【条文理解】

一、背景依据

在我国当前的劳动争议案件审判实践中，涉及用人单位对劳动者进行经济补偿的案件占有较大比例，且该类案件往往由于法律规定的一些空白，而成为审判实践中的难点和热点问题。特别是《劳动合同法》施行后，我国劳动者的权利意识得到极大提高，用工制度也很大程度上得以规范，劳动关系认定实践发生重大变化。

《劳动合同法》第 44 条规定了劳动合同终止的六种情形，并在第 46 条中规定，因“用人单位被依法宣告破产”“用人单位被吊销营业执照、责令关闭、撤销或者用人单位决定提前解散”终止劳动合同的，用人单位应当向劳动者支付经济补偿。但是，对于因用人单位经营期限届满不再继续经营，导致劳动合同终止或者不能继续履行劳动合同的，用人单位是否应当向劳动者支付经济补偿，《劳动合同法》

则未作规定。实践中，用人单位经营期限届满不再继续经营往往导致用人单位不得不进行清算，或者不再具有用工资格，从而使劳动者同用人单位之前所签订的劳动合同不能得到继续履行，由此引发劳动者请求用人单位支付相应经济补偿金的纠纷广泛存在。人民法院在审理这类纠纷时，对于用人单位应否向劳动者支付相应经济补偿，及如果支付则如何计算相应经济补偿问题，并无统一处理意见，从而导致裁判尺度和判决结果不统一。对此问题，在起草2013年《劳动争议司法解释（四）》的过程中，主要有以下几种不同的处理意见：

第一种意见认为，因用人单位经营期限届满不再继续经营导致劳动合同不能得到继续履行，其客观的结果就是劳动者同用人单位所签订的劳动合同在劳动者和用人单位不能协商解除的情况下，不得不终止。而对于劳动者和用人单位协商解除的情况下，则根据当事人之间的协议处理即可。而对于劳动合同终止的经济补偿，鉴于现行法律已经有了明确规定，除了法律规定应给予经济补偿的情形之外，用人单位不需要支付经济补偿。并且，在法律已经明确对于经济补偿予以规定的情况下，司法解释不宜突破现行法律的明确规定，给企业赋予更多的义务，增加其负担。因此，在此情况下，劳动者要求用人单位支付经济补偿的，人民法院不应支持该诉讼请求。

第二种意见认为，因用人单位经营期限届满不再继续经营导致劳动合同不能得到继续履行，劳动者请求用人单位支付相应经济补偿的，人民法院应予支持。这种处理意见的主要理由有以下几点：（1）经济补偿是企业承担社会责任的主要方式之一，在我国失业保险制度建立健全过程中，经济补偿可以有效缓解失业者的焦虑情绪和生活实际困难，维护社会稳定，形成社会互助的良好氛围。（2）经济补偿是国家调节劳动关系的一种经济手段，引导用人单位长期使用劳动者，谨慎行使解除权利和终止权利，从而达到稳定劳动关系的目的。（3）“用人单位经营期限届满不再继续经营”与“用人单位决定提前解散”从本质上都属于劳动合同未到期而由于用人单位的原因导致劳动合同终止或者不能继续履行的情形。在“用人单位决定提前解散”的情况下，用人单位需要依法支付经济补偿，那么，按照法律解释和类推原则，当出现了“用人单位经营期限届满不再继续经营”的情况下，用人单位也应当支付经济补偿。（4）按照《公司法》以及《公司登记管理条例》的规定，营业期限由公司章程规定，并且发生公司章程规定的其他解散事由时，公司都将进行清算并办理注销登记。由此可见，对营业期限以及公司章程规定的其他解散事由最了解、最清楚的是用人单位而非劳动者。因用人单位疏忽大意导致签订的劳动合同期限超过了营业期限，责任在用人单位。在此情形下，用人单位向劳动者支付一定的经济补偿也符合公平原则。

第三种意见认为，因用人单位经营期限届满不再继续经营导致劳动合同不能得到继续履行，劳动者请求用人单位支付相应经济补偿的，人民法院应予支持，但应该对用人单位所支付的经济补偿加以限制，具体应以《劳动合同法》实施之后作为开始计算点。主要理由在于：（1）支持给予经济补偿的理由基本同第二种意见一致。（2）在企业经营期限短于劳动合同履行期限的情况下，往往系由于用人单位的疏忽所造成，用人单位的过错程度较低，从过错与承担责任相适应的角度，不应赋予其较重的社会责任。（3）在我国现实的劳动争议纠纷审判实践中，审理劳动争议既要注重保护劳动者的合法权益，同时也要注重保护用人单位的生存和持续发展，对于企业来说，应该通过一定的制度设计做到“放水养鱼”，而非“竭泽而渔”，而通过将用人单位的经济补偿限定在《劳动合同法》实施之后，既能照顾到劳动者权益的保障，也能照顾到企业的生存和发展。（4）由用人单位支付相应的经济补偿，符合过错同责任相适应的原则。对于企业的经营期限，按照《公司法》以及《公司登记管理条例》的规定，往往由公司章程规定，对营业期限，用人单位应最为了解；而对于劳动者来说，其对于用人单位的经营期限则往往并不知悉，也难以知悉。因此，在因用人单位疏忽大意导致签订的劳动合同期限超过了营业期限的情况下，过错在用人单位，而非在劳动者。在此情形下，由用人单位向劳动者支付一定的经济补偿也符合过错与责任相适应原则。

最终，2013 年《劳动争议司法解释（四）》第 13 条采纳了第三种意见，规定："劳动合同法施行后，因用人单位经营期限届满不再继续经营导致劳动合同不能继续履行，劳动者请求用人单位支付经济补偿的，人民法院应予支持。"鉴于实践中适用时无过多争议，本次沿用了 2013 年《劳动争议司法解释（四）》第 13 条内容，仅对条文序号作调整，条文内容无变化。

二、本条规定适用的构成要件

本条规定的用人单位支付经济补偿，需要具备一定的构成要件。具体来说，应当符合以下几个方面：

1. 劳动合同不能继续履行。不能履行的后果是劳动者不得不终止劳动合同。如果劳动合同能够继续履行，或者劳动者基于特定理由解除劳动合同，均非本条规定的劳动合同不能继续履行的情形，也就没有本条适用的余地。

2. 用人单位经营期限届满，且用人单位不再继续经营。如果用人单位虽然经营期限届满，但是通过变更登记等形式继续经营的，则并不影响用人单位的存续，也不影响其用工资格。因此，用人单位经营期限届满往往并不立即导致其失去主体资格。只有当用人单位经营期限届满，不再继续经营，导致企业失去主体资格的情况下，才导致其同劳动者签订的劳动合同不能获得履行，在此情况下用人单位需要承担一定的经济补偿责任。

3. 用人单位由于经营期限届满不再继续经营与劳动合同不能继续履行之间存在因果关系。即由于用人单位经营期限届满不再继续经营导致劳动合同不能继续履行。如果由于用人单位基于法定理由同劳动者解除劳动合同，或者劳动者依法提出解除合同，则不能适用本条规定，而应适用《劳动合同法》的相关条文规定。

三、劳动合同终止后经济补偿及计算标准的规定

（一）劳动合同终止的界定

劳动合同终止是指“劳动合同的法律效力依法被消灭，亦即劳动合同所确立的劳动关系由于一定法律事实的出现而终结，劳动者与用人单位之间原有的权利和义务不复存在”的情况。在法学理论上，所谓劳动合同终止是指劳动合同的法律效力依法被消灭，即劳动关系由于一定法律事实的出现而终结，劳动者与用人单位之间原有的权利义务不再存在。但是，劳动合同终止，原有的权利义务不再存在，并不是说劳动合同终止之前发生的权利义务关系消灭，而是说合同终止之后，双方不再执行原劳动合同中约定的事项，如用人单位在合同终止前拖欠劳动者工资的，劳动合同终止后劳动者仍可依法请求法律救济。

《劳动合同法》第44条、第45条对劳动合同的终止作了相应规定。需要注意的是，我国理论界对于劳动合同解除同劳动合同终止的关系问题分歧较大，并形成了并列关系说和种属关系说两种观点。前者认为劳动合同解除与终止均是消灭劳动关系的行为，但两者有着明显的区别；[①] 后者认为劳动合同的解除被劳动合同终止所涵盖。劳动合同解除被认为是“解除”的终止，它就是终止的一种：即劳动合同双方当事人经协商解除或在法律规定的情形出现后，一方当事人依法行使解除权的情况。[②] 而从《劳动合同法》的规定来看，其立法模式更接近于采纳了并列关系说。[③]

（二）我国立法中关于劳动合同终止后经济补偿的规定

对于劳动合同终止后，用人单位应否支付经济补偿，在我国理论

---

① 两者的区别表现在：（1）劳动合同的终止条件是约定的，解除条件是法定的；（2）劳动合同的终止是劳动合同关系的正常结束，劳动合同解除是劳动合同关系的提前结束；（3）法律规定的解除条件只是一种可能性，法律规定的终止期限则具有现实性。

② 许明月：《劳动法学》，重庆大学出版社2003年版，第116页。

③ 孙瑞玺编著：《劳动合同法原理精要与实务指南》，人民法院出版社2008年版，第198页。

界有着不同的声音。有学者认为，劳动合同终止后支付经济补偿符合我国现阶段劳动立法关于力图纠正劳动合同短期化弊病的目的；也有学者认为，劳动合同终止后支付经济补偿不符合我国劳动合同实践中以签订固定期限合同为主、无固定期限合同为辅的国情，并将加重用人单位的负担，故劳动合同终止后不应支付经济补偿。

在立法上，我国关于劳动合同终止是否支付经济补偿的规定，也存在一个逐渐完善的过程。对于用人单位在劳动合同终止后是否需要支付经济补偿的问题，《劳动法》没有明确的规定。1995 年的原劳动部《关于贯彻执行〈中华人民共和国劳动法〉若干问题的意见》（劳部发〔1995〕309 号）第 38 条规定，用人单位在劳动合同终止时无须支付经济补偿，但国家有规定的除外。到 2001 年，国务院则废止了几个规定劳动合同终止应当支付生活补助费的规定。这表明，国家立法对这一问题总体上已经有所考虑。而在当时各个地方立法中，对此问题也表现出相当大程度的活跃态势，并纷纷出台了众多地方规定。有的地方立法规定劳动合同终止需要支付经济补偿的，如《上海市劳动合同条例》第 42 条规定，用人单位破产、解散或者被撤销的情况下劳动合同终止，用人单位应当给予劳动者经济补偿；也有地方立法规定劳动合同终止不支付经济补偿的，如广东省在 2000 年之后的立法中，不再规定劳动合同终止用人单位也要支付经济补偿。

《劳动合同法》第 46 条第 5、6 项则明确了劳动合同终止后用人单位支付经济补偿的具体情形：劳动合同期满除用人单位维持或者提高劳动合同约定条件续订劳动合同，劳动者不同意续订的情形外，依照《劳动合同法》第 44 条第 1 项规定终止固定期限劳动合同的，依照《劳动合同法》第 44 条第 4 项（用人单位被依法宣告破产的）、第 5 项规定（用人单位被吊销营业执照、责令关闭、撤销或者用人单位决定提前解散）而终止劳动合同的，劳动者均可以向用人单位要求支付经济补偿。该规定填补了劳动合同终止后是否支付经济补偿的法律漏洞，完善了我国的劳动立法。

《劳动合同法》对经济补偿支付标准仅在第 47 条作了相关规定，

主要体现在以下三个方面：

1. 经济补偿支付年限的确定。劳动者在用人单位工作每满1年的，用人单位须向劳动者支付1个月工资的经济补偿，如工作了3年，则支付3个月工资；对6个月以上不满1年的，默认为1年；而不满6个月的则按半年计算，经济补偿也相应地成了半个月工资。

2. 对于高收入劳动者的限定。在我国，劳动者月工资高于用人单位所在直辖市、设区的市级人民政府公布的本地区上年度职工月平均工资3倍的，即为高收入劳动者。因为其工资通常较高，用人单位的经济补偿负担较重，所以经济补偿的标准不是根据其本人工资来确定，而是根据本地区上年度职工月平均工资的3倍来确定，同时还作了最高支付年限不得超过12年的限定。

3. 对“月工资”进行了界定。即劳动者在劳动合同解除或者终止前12个月的平均工资。可见我国采用的是将工龄与月工资挂钩，1年工龄1个月工资的补偿，不满6个月工龄则半个月工资补偿，单位时间上采取的是对劳动者最为有利的规定。只有在劳动者月工资高于用人单位所在直辖市、设区的市上年度职工月平均工资3倍这一种情形，才有补偿12月的上限规定，其他情形补偿年限无上限限制。

四、由于企业经营期限届满导致劳动合同不能履行的法律后果

本条规定的情形下，由于企业经营期限届满导致劳动者与企业之间所签订的劳动合同不能履行的，其法律后果往往会引起劳动者不得不终止劳动合同，而在此情形下是否需要对劳动者进行补偿，在审判实务界存在一定争论，对此，上文已经加以说明。甚至有意见认为，应严格依据法律规定确定用人单位是否支付劳动者经济补偿，而鉴于现行法律并无规定，故在此情形下，应采取否定的意见。

在2013年《劳动争议司法解释（四）》第13条起草过程中，曾提出的建议条文为：“劳动合同法施行后，因用人单位经营期限届满不再继续经营导致劳动合同终止，劳动者请求用人单位支付经济补偿

的，人民法院应予支持。”对此，有建议认为，应将“终止”修改为“不能履行”。理由主要为：在实践中可能出现劳动合同期限超过用人单位经营期限的情形，经营期限届满后劳动合同并非必然终止，而是客观不能履行。此种情形，还应区别出来以下三种情形：（1）劳动者同用人单位协商解除，并且劳动者主动提出不支付补偿金的情形；（2）劳动合同即使由劳动者主动提出解除，但由于是用人单位的过错导致劳动合同客观上不能履行，不得不解除，在劳动者不放弃经济补偿的情况下，则用人单位应当支付经济补偿；（3）劳动者和用人单位均未提出解除劳动合同，但是由于企业经营期限届满，劳动合同不得不终止履行，此种情况下，用人单位应该支付经济补偿。对于该意见，我们认为是合理的，在起草2013年《劳动争议司法解释（四）》第13条的时候予以采纳，本解释中予以承继。即在用人单位经营期限届满的情况下，其客观上导致的后果是劳动者同用人单位所签订的尚未到期的劳动合同客观上不能继续履行。但是，劳动者和用人单位针对客观上不能继续履行合同，也可能通过协商解除合同，并且在协商过程中对于经济补偿问题进行约定，在此情况下，则当事人之间的约定，人民法院应尊重其法律效力。至于当事人已经协议解除劳动合同，并且在协议中已经约定了相应补偿时，当事人又反悔，向人民法院起诉的，只要当事人之间的解除协议并不存在欺诈、胁迫、重大误解或者显失公平的情况，人民法院则应该以当事人所签订的协议作为依据。当然，如果当事人之间仅仅约定了解除合同，而对于解除合同之后的经济补偿并未加以约定，如果劳动者向人民法院起诉要求用人单位支付经济补偿的，人民法院也应根据本条的规定，支持劳动者的诉讼请求。

当事人不得不终止劳动合同的处理。在很多的情况下，也存在用人单位同劳动者对于解除合同并未达成协议，而鉴于用人单位的经营期限已经届满，客观上造成劳动者同原用人单位之间的劳动合同不得不终止，在此情况下，劳动者则不得不重新谋取工作职位，其一定程度上将受到利益的损失。对此，劳动者向人民法院起诉请求由用人单位支付经济补偿的，人民法院则应根据本条的规定，支持劳动者的诉讼请求。

五、人民法院支持劳动者经济补偿诉讼请求的起算点

对于本条规定的“劳动合同法施行后，因用人单位经营期限届满不再继续经营导致劳动合同不能继续履行，劳动者请求用人单位支付经济补偿的，人民法院应予支持”的经济补偿的计算起算点，在起草本条的时候，曾存在不同的意见。有建议认为，应将本条规定的经济补偿的起算点修改为“因用人单位经营期限届满不再继续经营导致劳动合同不能履行，劳动者请求用人单位支付经济补偿的，人民法院应予支持。经济补偿年限自用工之日起计算”，而非采纳本条所规定的“劳动合同法施行后”，理由主要为：（1）因用人单位经营期限届满不再继续经营导致劳动合同不能继续履行，劳动者本身是没有过错的，如计算经济补偿时仅计算《劳动合同法》实施后的工作年限，对劳动者不公平，故不应当区分“劳动合同法施行前”和“劳动合同法实施后”，而应当对其工作年限连续计算。（2）对于类似问题的经济补偿，相关法规有规定自用工之日起计算的，故这种规定可以作为起草本条计算起点的参考依据。比如，《劳动合同法实施条例》第25条规定：“用人单位违反劳动合同法的规定解除或者终止劳动合同，依照劳动合同法第八十七条的规定支付了赔偿金的，不再支付经济补偿。赔偿金的计算年限自用工之日起计算。”（3）如果本条不明确经济补偿的计算年限，实践中将会留下随意解释的空间，届时可能会出现截然不同的判决结果，从而本条所规定的目的之一，即实现裁判标准和裁判尺度的统一就不能达到。而从最高人民法院出台司法解释的角度，应明确“在计算劳动者经济补偿时，劳动者的工作年限自用工之日起计算”，以实现人民法院判决相关案件的统一裁判标准和裁判尺度。

对于上述意见，我们并没有采纳，而是采取了目前本条文所规定的处理方式，即通过本条规定，将劳动者请求经济补偿限制在《劳动合同法》实施之后，而对于《劳动合同法》实施之前劳动者工作年限

的相应经济补偿，人民法院不应再支持。主要理由在于：

1. 从过错的程度来看，不应赋予用人单位过重的补偿义务。本条规定主要考虑到劳动者对于被动终止劳动合同并无过错，而用人单位对于签订超过其经营期限的劳动合同具有一定的过错。但是，在我国多数劳动者同用人单位签订劳动合同的实践中，用人单位故意签署超过其经营期限的劳动合同的情形并不多见。之所以造成这种情况，往往可能是由于用人单位的人事部门对于企业的经营期限并不知晓，从而造成其过失签署了超过企业经营期限的劳动合同，对此，实际上企业的过错程度较轻，甚至这种情况下企业的过错更接近于一种违反注意义务的客观过错。而在用人单位过错程度较轻的情况下，赋予其过重的补偿义务，并不利于企业的发展，也有违公平。

2. 这种处理方式也符合经济补偿的性质和要求。在企业经营期限届满的情况下，如果用人单位在已经知悉的情况下，往往会提前告知劳动者上述状况，在此情况下，一定程度上也给予了劳动者再次寻求就业机会的时间。基于此，将相应的经济补偿限定自《劳动合同法》实施后，更符合经济补偿对劳动者提供一定社会保障的性质和要求。

3. 这种处理也符合劳动合同履行的实际状况。如果将在本条规定的经济补偿计算至用人单位用工之日开始，则往往会造成同劳动者实际工作情况的脱节。比如，如果劳动者在用人单位工作了 8 年整，计算自用人单位用工之日开始，则用人单位需要支付 8 个月的经济补偿；而如果劳动合同在企业经营期限届满之后只有 1 个月的履行期间，则按照劳动合同的约定，劳动者可以获得 1 个月的工资及相应的社会保险，显然劳动者基于企业经营期限届满获得经济补偿的利益远远大于其通过正常提供劳务所能获得的利益，如此处理显然使用人单位如果知道此种后果，作为理性经济人的用人单位会签订同企业经营期限一致的劳动合同，而非签订劳动合同履行期限长于企业经营期限的劳动合同。鉴于此，将本条的经济补偿限定在《劳动合同法》实施之后，更符合我国劳动合同履行的实践，也更符合公平原则。

4. 这种处理也符合我国劳动争议案件的审理实践。近年来，我国劳动争议案件呈现上升的态势，给人民法院的案件审理带来较大的压力。有鉴于此，《劳动争议调解仲裁法》在延续了过去“一调一裁两审”的劳动争议纠纷解决机制的同时，还在该法中特别规定了“一裁终局”的劳动争议纠纷解决新机制。“一裁终局”制度是劳动争议经仲裁裁决后即行终结的制度，其制度精神主要在于，通过迅速快捷的案件处理方式来使小额劳动争议案件中劳动者的权益获得尽快的保护，而这种保护是以一定程度上使用人单位失去诉权为前提的。根据《劳动争议调解仲裁法》第 47 条的规定，“一裁终局”仅限于两类案件：一类是追索劳动报酬、工伤医疗费、经济补偿或者赔偿金，不超过当地月最低工资标准 12 个月金额的争议；另一类是因执行国家的劳动标准在工作时间、休息休假、社会保险等方面发生的争议。因此，对于本条规定的经济补偿案件限制在《劳动合同法》实施之后，这类争议标的额较小的案件则完全可以通过“一裁终局”的机制由劳动争议仲裁委员会的仲裁解决。

基于上述原因，对于本条的适用，在计算劳动者经济补偿时，应自《劳动合同法》实施之后才开始计算，而不能自用人单位用工之日开始计算。至于具体的计算标准，则应根据《劳动合同法》第 47 条的规定加以处理。

【审判实践中应注意的问题】

一、关于适用本条时诉讼主体的确定

前面已经提及，适用本条的构成要件需要企业经营期限届满后，企业不再继续经营，并且这种企业不再继续经营与不能继续履行劳动合同存在因果关系。而在企业由于经营期限届满不再继续经营的情况下，企业往往需要办理注销登记。

在企业注销登记之前，则仍然可以以原企业的名义参加仲裁或者诉讼。对此，《最高人民法院关于适用〈中华人民共和国公司法〉若

干问题的规定（二）》第10条规定："公司依法清算结束并办理注销登记前，有关公司的民事诉讼，应当以公司的名义进行。公司成立清算组的，由清算组负责人代表公司参加诉讼；尚未成立清算组的，由原法定代表人代表公司参加诉讼。"尽管该规定仅仅适用于公司，但是该规定的原则也可以适用于个人独资企业或者合伙企业。

在企业被注销登记后，企业的法人资格终止，诉讼主体资格也随之不存在，则原有的用人单位就不能再成为民事诉讼的当事人。为此，一般将会根据不同情况来确定诉讼主体：（1）企业被注销登记，并且企业成立清算组的，劳动者可以以清算组作为申请劳动争议仲裁的被申请人以及不服仲裁裁决的诉讼被告。对此，《公司法》第184条规定："清算组在清算期间行使下列职权：（一）清理公司财产，分别编制资产负债表和财产清单；（二）通知、公告债权人；（三）处理与清算有关的公司未了结的业务；（四）清缴所欠税款以及清算过程中产生的税款；（五）清理债权、债务；（六）处理公司清偿债务后的剩余财产；（七）代表公司参与民事诉讼活动。"（2）企业未经清算即被注销登记的，劳动者可以以企业的出资人或者负有清算责任的清算主体作为仲裁申请人或者提起诉讼时的被告，请求其代为承担相应的支付责任。对于这里所说的"清算主体"应依注销登记企业的不同性质分别确定：国有企业的清算主体为企业的上级主管部门；集体企业的清算主体为企业的开办单位、部门，或投资人；联营企业的清算主体为各投资主体；子公司以母公司为清算主体；有限责任公司的清算主体为全体股东；股份有限公司以公司章程规定负有清算责任的股东或股东大会选定的股东为清算主体，股东大会不能选定清算组的，派员担任董事会成员的股东为清算主体；外商投资企业应依据《公司法》等有关规定进行清算，未成立清算组的，清算主体为各方股东。中外合资、合作企业外方已不存在的，中方股东应通过申请特别清算程序对企业进行特别清算，成立特别清算委员会。未成立特别清算委员会的，中方股东为清算主体。

二、关于本条规定的适用与“一裁终局”的衔接问题

《劳动争议调解仲裁法》第 47 条第 1 项规定：“追索劳动报酬、工伤医疗费、经济补偿或者赔偿金，不超过当地月最低工资标准十二个月金额的争议”实行“一裁终局”，但是，对于“不超过当地月最低工资标准十二个月金额”的理解，在实践中产生以下两个难题：(1)“一裁终局”的认定是以仲裁裁决确定的金额为准，还是以当事人申请金额为准？(2) 如果当事人申请数项，而仲裁裁决也涉及数项请求，仲裁裁决中的每一项均“不超过当地月最低工资标准十二个月金额”，但是仲裁裁决所涉及的数项请求的总和“超过了当地月最低工资标准十二个月金额”，这种情况应该按照终局裁决处理还是非终局裁决处理？针对上述问题，本解释第 19 条规定：“仲裁裁决书未载明该裁决为终局裁决或者非终局裁决，劳动者依据调解仲裁法第四十七条第一项规定，追索劳动报酬、工伤医疗费、经济补偿或者赔偿金，如果仲裁裁决涉及数项，每项确定的数额均不超过当地月最低工资标准十二个月金额的，应当按照终局裁决处理。”因此，对于第一个问题，本解释采纳了仲裁裁决确定的标准；对于第二个问题，采纳了第一种意见，按照终局裁决处理。

【案例解读】

一、基本案情

胡某东于 1996 年 9 月入职武某公司任电工领班。2013 年 11 月，武某公司向胡某东发出终止劳动合同通知书，告知因经营期限届满解散，故双方劳动合同将于 2013 年 12 月 31 日终止。2014 年 10 月，胡某东提起诉讼，请求判决武某公司支付解除劳动合同经济补偿等。在一审诉讼期间，武某公司清算组正式成立。

二、裁判结果

一审法院经审理后认为，武某公司经营期限届满后，其股东武某

集团公司向湖北省武汉市中级人民法院申请对武某公司强制清算并已立案，胡某东与武某公司签订的劳动合同因上述客观情况发生重大变化已无法履行。在双方未能就变更劳动合同内容达成协议的情况下，武某公司提前1个月通知胡某东终止（解除）劳动合同符合《劳动合同法》第40条第3项的规定，双方劳动关系于2013年12月31日解除。根据《劳动合同法》第46条第3项的规定，武某公司应按胡某东的工作年限（17.5年）向胡忠东支付解除劳动合同经济补偿。二审法院经审理认为因用人单位经营期限届满不再继续经营导致劳动合同不能继续履行，应视为劳动合同随着用人单位经营期限到期而终止。经济补偿计算年限从《劳动合同法》实施之日起起算。

三、评析

本案的争议焦点系用人单位经营期限届满不再继续经营导致劳动合同不能继续履行的情况下，双方劳动合同系依法终止还是解除？用人单位应否向劳动者支付经济补偿以及如何计算经济补偿金额？司法实务中，对此类纠纷存在以下意见分歧：

第一种意见认为，用人单位因经营期限届满不再继续经营导致劳动合同不能继续履行，劳动合同因客观情况发生重大变化致使无法履行，故应当适用《劳动合同法》第40条第3项以及第46条第3项的规定，认定用人单位应当向劳动者支付解除劳动合同经济补偿。由于劳动合同因客观情况发生重大变化致使无法履行而解除属于《劳动法》第26条第3项规定的用人单位可以行使无过失解除劳动合同的情形以及根据《劳动合同法》施行之前生效的《违反和解除劳动合同的经济补偿办法》（已于2017年11月24日失效）第8条规定，用人单位须按照劳动者在本单位的工作年限发放经济补偿金。因此，如果劳动者入职时间早于《劳动合同法》施行时间，则按照劳动者实际工作年限计算经济补偿。

第二种意见认为，用人单位因经营期限届满不再继续经营导致劳动合同不能继续履行，劳动合同依法终止，而且，不属于《劳动合同法》第44条规定第4项、第5项规定终止情形，应属于该条第6项规定的“法律、行政法规规定的其他劳动合同终止的情形”①，不符合《劳动合同法》第46条规定的用人单位应向劳动者支付经济补偿的条件，故用人单位无须支付终止劳动合同经济补偿。

第三种意见认为，用人单位因经营期限届满不再继续经营导致劳动合同不能继续履行，应当视为劳动合同随着用人单位经营期限到期而终止，而且应当参照《劳动合同法》第46条第5项关于“除用人单位维持或者提高劳动合同约定条件续订劳动合同，劳动者不同意续订的情形外，依照本法第四十四条第一项规定终止固定期限劳动合同的”规定，判令用人单位向劳动者支付终止劳动合同经济补偿。经济补偿计算年限从《劳动合同法》施行之日起算。

我们同意第三种意见，主要理由如下：其一，对于能否支付经济补偿问题，经济补偿是用人单位在劳动合同解除或终止后，一次性向劳动者支付的经济上的补助。在性质上可以认定为对劳动者预期损失的补偿。劳动者与用人单位建立劳动关系，为用人单位提供劳动同时，有权获得相应劳动报酬及福利。如果在劳动合同约定的期限届满前，劳动关系解除或终止，会使劳动者失去工作及预期利益。主观并无过错的劳动者应当得到一定补偿，使劳动者在重新寻求就业的合理时间内有一定经济过渡和保障，起到接续生计的作用。而且，用人单位在经营期限届满不再继续经营虽无过错，但由于用人单位在经营权届满之时具有选择继续经营和不再经营的权利，当其作出影响劳动者利益的选择时向劳动者支付一定经济补偿也符合情理。因此，从解除或终止劳动合同经济补偿制度设立目的以及经济补偿支付条件来看，用人单位在经营期限届满不再继续经营导致劳动合同不能继续履行时应该向劳动者支付经济补偿。其二，对于此种情形属于劳动合同终止还是解除问题，根据《劳动合同法》第44条规定：“有下列情形之一的，劳动合同终止：（一）劳动合同期满的；（二）劳动者开始依法享受基

① 《劳动合同法》第44条规定：“有下列情形之一的，劳动合同终止：……（四）用人单位被依法宣告破产的；（五）用人单位被吊销营业执照、责令关闭、撤销或者用人单位决定提前解散的；（六）法律、行政法规规定的其他情形。”

本养老保险待遇的；（三）劳动者死亡，或者被人民法院宣告死亡或者宣告失踪的；（四）用人单位被依法宣告破产的；（五）用人单位被吊销营业执照、责令关闭、撤销或者用人单位决定提前解散的；（六）法律、行政法规规定的其他情形。”经分析上述劳动合同终止情形，除了到期之外，均是由于劳动关系双方主体之中有一方（劳动者一方或用人单位一方）发生变动，客观上无法再履行劳动合同义务与行使劳动合同权利，企业经营期限届满不再经营，亦属于用人单位一方主体发生变动。因此，在经营期限届满不再继续经营导致主体资格要被消灭时，应当认定劳动合同终止并适用劳动合同终止法律规定。因此，我们认为第三种意见更加符合《劳动合同法》规定。

第四十九条

在诉讼过程中，劳动者向人民法院申请采取财产保全措施，人民法院经审查认为申请人经济确有困难，或者有证据证明用人单位存在欠薪逃匿可能的，应当减轻或者免除劳动者提供担保的义务，及时采取保全措施。

人民法院作出的财产保全裁定中，应当告知当事人在劳动争议仲裁机构的裁决书或者在人民法院的裁判文书生效后三个月内申请强制执行。逾期不申请的，人民法院应当裁定解除保全措施。

【条文主旨】

本条是关于劳动者向人民法院申请采取财产保全措施时，人民法院减免劳动者提供担保义务以及告知申请执行期限的规定。

【条文理解】

一、制定背景

诉讼财产保全是民事诉讼过程中，人民法院经常采取的一种诉讼强制性措施。《民事诉讼法》颁行以来，诉讼财产保全在民事诉讼实践中得到较为充分的运用，并对民事诉讼的顺利进行以及当事人合法权益的保障起到了重要而积极的作用。但在实践中仍然存在这样的误解，就是片面理解《民事诉讼法》有关责令申请人提供担保，申请人不提供担保的，人民法院应当驳回其申请的规定，简单地认为是否采取保全措施取决于申请人是否提供相应担保。只要申请人未能提供担保，就驳回申请人的申请。这种理解之下的实务操作虽然表面上体现了法院的“中立地位”，但却往往对申请人合法权益的保护失之周延。从审判实践看，上述立场的弊端在有些案件中尤为明显，其中之一就是本解释调整的劳动争议案件。

在劳动争议案件中，寻求司法救济的劳动者一般处于弱势，他们希望通过诉讼实现的并不是经营利益，而基本上是一种对其基本生存具有重要保障意义的利益。这种利益的实现在很多时候需要诉讼财产保全制度的介入，但由于种种原因，申请人履行提供担保的义务却很困难。如果不区分具体情况和原因，仅因其未能提供担保而驳回其诉讼财产保全申请，就有可能使生效判决难以执行甚至是根本无法执行。这一方面对保护劳动者合法权益不利，另一方面也在有损人民法院生效裁判执行力的同时损害了人民法院的司法权威。所以，为矫正前述不正确的理解和做法，更为了进一步依法维护当事人的合法权利，本条规定第1款承继了2006年《劳动争议司法解释（二）》第14条，规定：在诉讼过程中，劳动者向人民法院申请采取财产保全措施，人民法院经审查认为申请人经济确有困难，或者有证据证明用人单位存在欠薪逃匿可能的，应当减轻或者免除劳动者提供担保的义务，及时采取保全措施。

生效判决的执行是落实权利人合法权利的重要一环，根据《民事诉讼法》第236条、第237条的规定，生效法律文书能否进入强制执行程序，主要取决于申请人是否向人民法院申请强制执行。① 及时申请强制执行一方面是申请人保护自己合法权利的手段和途径，另一方面也是尽快恒定当事人权利义务关系的需要，否则，如果被申请人的财产被依法采取诉讼财产保全措施，申请人又迟迟不提出强制执行申请的话，被申请人将无法围绕保全财产实施民事活动，从而影响到民

① 《民事诉讼法》第236条规定：“发生法律效力的民事判决、裁定，当事人必须履行。一方拒绝履行的，对方当事人可以向人民法院申请执行，也可以由审判员移送执行员执行。调解书和其他应当由人民法院执行的法律文书，当事人必须履行。一方拒绝履行的，对方当事人可以向人民法院申请执行。”

事关系的稳定。

根据《民事诉讼法》第100条的规定，诉讼财产保全的制度目的是防止生效判决出现不能执行或者难以执行的结果。但在劳动争议案件审判实务中，经常会遇到当事人申请人民法院采取诉讼财产保全措施后，因劳动地点变化等原因，在相应法律文书生效后长时间不向人民法院申请强制执行。这在造成生效法律文书无法执行后果的同时，也严重影响到财产被诉讼保全的当事人的权利。实践中，有的人民法院在一定期限届满后自行解除财产保全措施，有的人民法院则长时间不予解除。因此，在2006年《劳动争议司法解释（二）》制定过程中，有很多意见希望司法解释能够就此作出一个规定。在充分考虑以上问题的前提下，2006年《劳动争议司法解释（二）》第15条作出规定：人民法院作出的财产保全裁定中，应当告知当事人在劳动仲裁机构的裁决书或者在人民法院的裁判文书生效后三个月内申请强制执行。逾期不申请的，人民法院应当裁定解除保全措施。本条规定第2款承继了上述规定，一方面保护申请人的合法权利，一方面兼顾被诉讼保全的当事人权利。

根据《最高人民法院关于对经济确有困难的当事人提供司法救助的规定》第2条规定，司法救助是指人民法院对于当事人为维护自己的合法权益，向人民法院提起民事、行政诉讼，但经济确有困难的，实行诉讼费用的缓交、减交、免交。根据该规定第1条，司法救助的目的是使经济确有困难的当事人能够依法行使诉讼权利，维护其合法权益。在该规定第3条中，即将“追索社会保险金、劳动报酬和经济补偿金”列为“可以向人民法院申请司法救助”的情形之一。尽管本条规定所指的情形并不属于该规定所指的司法救助范畴，但两者在以下两个方面存在一致性：（1）保障对象或者说受惠主体上的一致性；（2）制度目的上的一致性，即“保障经济确有困难的当事人能够依法行使诉讼权利，维护其合法权益”。因此，本条规定与司法救助制度的精神实质是一脉相承的。

综上，本条规定不仅符合《民事诉讼法》的立法宗旨，亦合于司法为民的理念，是落实最高人民法院《关于落实23项司法为民具体措施的指导意见》的具体体现。同时，考虑到劳动者申请财产保全与申请强制执行的关联，本条规定将2006年《劳动争议司法解释（二）》第14条、第15条合并为一个条文。

二、申请强制执行期限的告知

（一）确定诉讼财产保全措施时间效力具有适法性和妥当性

1. 适法性

《民事诉讼法》对采取财产保全措施后，当事人为诉讼行为的期限有明确规定。但是在该法有关诉前财产保全的规定当中，即《民事诉讼法》第101条规定的"申请人在人民法院采取保全措施后三十日内不依法提起诉讼或者申请仲裁的，人民法院应当解除保全"。从另一个角度理解，这就是《民事诉讼法》唯一一条有关财产保全措施时间效力的规定。对诉讼财产保全措施应不应该也有一个时间效力的问题，《民事诉讼法》没有相应规定。①

诉讼财产保全制度的终极目的是保护当事人的合法权益，但作为一个双刃剑，诉讼财产保全措施对财产被保全的人而言是一项重大负担，因为根据《民事诉讼法》第十章的规定，对保全财产的不当处置属于妨害民事诉讼的行为。所以在保护申请人合法权益的同时，不可忽视对方当事人的利益保护。强制执行程序的启动，主要取决于申请人是否向人民法院申请强制执行。如果被申请人的财产被依法采取诉讼财产保全措施，申请人又迟迟不提出强制执行申请的话，被申请人无法围绕保全财产实施民事活动。民事活动的依法及时开展是鼓励交易的逻辑必然，而这无疑是以当事人权利义务关系的明确和恒定为前提。因此，在人民法院已经采取诉讼财产保全措施的情况下，要求当事人在其权利被生效法律文书确认之后及时向人民法院申请强制执行，

① 从广义角度理解，《民事诉讼法》第104条以及相关司法解释有关解除诉讼财产保全措施的规定，也可以看作是有关诉讼财产保全措施时间效力的规范，但就申请人主动为积极诉讼行为与诉讼财产保全时间效力之间关系的角度，《民事诉讼法》并无相关规定。

符合《民事诉讼法》第8条确立的诉讼权利义务平等原则，也有助于“保护当事人合法权益”立法目的的达成。

基于对现有规定进行有效补充的考虑，本解释作出本条规定。

2. 妥当性

根据本条规定，当事人应当在劳动仲裁机构的裁决书或者人民法院裁判文书生效后3个月内申请强制执行，逾期不申请的，人民法院就会裁定解除保全措施。3个月时间段的确定具有妥当性，理由是：

（1）劳动仲裁机构的裁决书或者人民法院裁判文书生效后，当事人权利义务关系即已确定。以此为3个月的起算点，无疑是妥当的。

（2）尽管劳动争议案件具有矛盾尖锐、难于处理的特点，但也应当看到，此类案件中当事人争议的法律关系相对明确，尤其是涉及强制执行的以给付为请求内容的劳动争议案件，裁决机关一般会判决用人单位在法律文书生效之后很短的时间内向劳动者履行义务。所以相应法律文书生效后，3个月的时间对于权利人申请强制执行而言，应当是足够的。

（二）3个月的起算点

根据本条规定，当事人应当在劳动仲裁机构的裁决书或者人民法院裁判文书生效后3个月内申请强制执行。这就涉及3个月期间的起算点问题。劳动争议案件的执行依据包括两个：一是劳动仲裁机构的裁决书生效后；二是人民法院裁判文书生效后。现仅就前者的制定依据作出说明。

因本解释所称的财产保全指的是诉讼财产保全，因此对本条所指的劳动仲裁机构的裁决书的理解，亦应置于劳动争议案件诉讼过程之中。在劳动争议进入诉讼过程中，是有可能以劳动仲裁机构的裁决书生效为3个月期间的起算点的。根据《最高人民法院关于人民法院对经劳动争议仲裁裁决的纠纷准予撤诉或驳回起诉后劳动争议仲裁裁决从何时起生效的解释》的规定，主要有两种情形：一是当事人不服劳动争议仲裁裁决向人民法院起诉后又申请撤诉，经人民法院审查准予撤诉的，原仲裁裁决自人民法院裁定送达当事人之日起发生法律效力；

二是当事人因超过起诉期间而被人民法院裁定驳回起诉的，原仲裁裁决自起诉期间届满之次日起恢复法律效力。

（三）规定人民法院负有告知义务是落实诉讼风险提示的题中应有之义

如前所述，本条规定的另一个重点是强调了人民法院应当在作出的财产保全裁定文书中，明确告知当事人申请执行的期限。诉讼财产保全措施的解除关涉当事人权益保护的重大事项，于其而言当然属于诉讼风险范畴之内。2003 年 12 月 26 日，最高人民法院公布了《人民法院民事诉讼风险提示书》，其目的在于“方便人民群众诉讼，帮助当事人避免常见的诉讼风险，减少不必要的损失”。尽管该提示书规定的 17 种情形并不包括本条所指的事项，但人民法院向当事人提示诉讼风险的情形和范围并不是、也不应该是一个封闭的体系。本条规定人民法院应当在作出的财产保全裁定文书中，明确告知当事人申请执行的期限，即属于向当事人提示诉讼风险。这种诉讼风险提示对人民法院而言是一种义务，人民法院必须做到。

【审判实践中应注意的问题】

一、人民法院减轻或免除劳动者提供担保的义务的条件

根据本条规定，人民法院减轻或免除劳动者提供担保的义务的条件有两个：一是申请人经济确有困难；二是有证据证明用人单位存在欠薪逃匿可能。在表述两个条件的适用关系时，本条使用的连结词是“或者”。所以在确定人民法院减轻或者免除劳动者提供担保的义务的条件时，不能认为必须两个条件全部具备，只要具备其中之一，即可减轻或者免除劳动者提供担保的义务。

二、是否必须减轻或者免除劳动者提供担保的义务

根据本条规定，在诉讼过程中，劳动者向人民法院申请采取财产

保全措施，人民法院经审查认为申请人经济确有困难，或者有证据证明用人单位存在欠薪逃匿可能的，应当减轻或者免除劳动者提供担保的义务，及时采取保全措施。条文规定中使用的是“应当”，而不是“可以”，因此只要符合本条规定的条件，受申请的人民法院必须减轻或者免除劳动者提供担保的义务，及时采取保全措施。

在用人单位有转移、处分、毁损财产的行为，但没有证据证明用人单位存在欠薪逃匿可能的情况下，应当注意，只要申请人确有经济困难，人民法院亦应当减轻或者免除劳动者提供担保的义务，及时采取保全措施。

三、不影响人民法院依职权作出诉讼财产保全措施

根据《民事诉讼法》第100条第1款规定，当事人没有提出申请的，人民法院在必要时也可以裁定采取财产保全措施。本条规定虽未重复《民事诉讼法》第100条的上述规定内容，但在当事人未提出诉讼财产保全申请的情况下，如果确有必要（比如出现前一问题的情况下），人民法院根据《民事诉讼法》第100条的规定，当然可以依职权采取诉讼财产保全措施。

四、采取财产保全措施时应当注意的问题

诉讼财产保全制度的根本目的在于“保护当事人的合法权益”，但这里的“当事人”并不是仅指劳动者一方，也包括对方当事人，即用人单位。避免诉讼财产保全措施的不当采取主要应当从三个角度把握：一是必须符合《民事诉讼法》和本条规定的条件；二是严格依照法律以及相关司法解释的规定确定财产保全措施的方式和范围；三是符合解除保全措施条件的，必须依法解除。

（一）财产保全措施的方式及范围

根据《民事诉讼法》第103条规定，财产保全采取查封、扣押、冻结或者法律规定的其他方法。据此，不得在法律规定的财产保全方法之外，采取诉讼财产保全措施。

根据《民事诉讼法》第 102 条规定，财产保全限于请求的范围，或者与本案有关的财物。其中“限于请求的范围”是指，被申请保全财产的价值，应当与当事人诉讼请求的金额大体相当；“与本案有关的财物”既包括当事人争议的标的物，也包括与本案争议标的物有关的其他财产。根据《民事诉讼法司法解释》第 157 条、第 158 条、第 159 条的规定，人民法院对抵押物、质押物、留置物可以采取财产保全措施（但抵押权人、质权人、留置权人有优先受偿权）。人民法院对债务人到期应得的收益，可以采取财产保全措施，限制其支取，通知有关单位协助执行。债务人的财产不能满足保全请求，但对他人有到期债权的，人民法院可以依债权人的申请裁定他人不得对本案债务人清偿。该第三人要求偿付的，由人民法院提存财物或价款。

（二）财产保全措施的解除

财产保全措施的解除事由主要有四个：一是根据《民事诉讼法》第 104 条的规定，被申请人提供担保的，人民法院应当解除财产保全；二是申请人在诉讼财产保全期间内，经人民法院同意撤回了财产保全申请；三是被申请人已经履行了生效判决确定的义务；四是当事人在劳动仲裁机构的裁决书或者在人民法院的裁判文书生效后 3 个月期满后，仍然不申请强制执行的。

五、关于诉前财产保全的问题

关于劳动争议仲裁过程中，当事人是否可以向用人单位所在地人民法院提出财产保全的申请的问题，在本解释的制定过程中存有争议。支持的观点主要有两个理由：一是实践中确实存在用人单位在劳动争议仲裁过程中就实施转移、处分财产甚至欠薪逃匿的现象，如果劳动者不能申请诉前财产保全的话，极有可能造成当事人实体权利最终落空的结果；二是根据《仲裁法》第 28 条的规定，一方当事人因另一方当事人的行为或者其他原因，可能使裁决不能执行或者难以执行的，可以申请财产保全。当事人申请财产保全的，仲裁委员会应当将当事人的申请依照民事诉讼法的有关规定提交人民法院。以上规定对保护商事仲裁当事人合法权益具有重要意义，可资借鉴。

持反对观点所依据的主要理由为：

1.《仲裁法》第 28 条的规定是针对商事仲裁所作，其立法设置的基础是商事仲裁实行“一裁终局”。而该法第 77 条规定，劳动争议和农业集体经济组织内部的农业承包合同纠纷的仲裁，另行规定。在劳动争议仲裁过程中，当事人能否向人民法院申请诉前财产保全，属于诉讼和仲裁制度范畴，根据《立法法》第 8 条的规定，该事项只能制定法律。目前，法律并没有相关规定。

2.《民事诉讼法》第 101 条（诉前财产保全）第 3 款规定：“申请人在人民法院采取保全措施后三十日内不起诉或者申请仲裁的，人民法院应当解除保全。”如果规定劳动者在劳动争议仲裁过程中可以向人民法院申请诉前财产保全，则在申请人向人民法院采取保全措施后 30 日内，劳动争议仲裁程序很有可能并未终结。这样就谈不到向人民法院起诉的问题。即使再规定一条“人民法院作出财产保全的裁定后，当事人在劳动仲裁机构的裁决书或者在人民法院的裁判文书生效后三个月内没有申请强制执行的，人民法院应当裁定解除保全措施”，也与《民事诉讼法》第 101 条的规定相冲突。而根据《民事诉讼法》第 101 条的规定，如果当事人在向人民法院申请采取保全措施后 30 日内不起诉或者申请仲裁的，人民法院应当解除财产保全。由此，规定当事人可以在劳动争议过程中申请诉前财产保全的目的很难实现。

基于上述考虑，本解释最终删除了有关诉前财产保全的规定内容。关于如何解决因劳动争议仲裁中缺失相应制度设计导致的问题，人力资源社会保障部、最高人民法院于 2017 年 11 月 8 日发布了《关于加强劳动人事争议仲裁与诉讼衔接机制建设的意见》，其中第三部分即规范裁审程序衔接中的第（二）部分，提出了规范保全程序衔接的措施，具体内容为：“仲裁委员会对在仲裁阶段可能因用人单位转移、藏匿财产等行为致使裁决难以执行的，应告知劳动者通过仲裁机构向人民法院申请保全。劳动者申请保全的，仲裁委员会应及时向人民法院转交申请书及仲裁案件受理通知书等相关材料。人民法院裁定采取保全措施或者裁定驳回申请的，应将裁定书送达申请人，并通知仲裁委员会。”

六、如何掌握“当事人确有经济困难”

根据《最高人民法院关于对经济确有困难的当事人提供司法救助的规定》第4条规定，当事人请求人民法院提供司法救助，应在起诉或上诉时提交书面申请和足以证明其确有经济困难的证明材料。在认定当事人确有经济困难的时候，要根据案件的基本情况以及当事人的基本情况，结合当事人提交的相关证明材料作出认定，但应当充分考虑劳动争议案件中劳动者的普遍弱势地位、争议法律关系的基本走向以及劳动者提交证明的现实可能性，作出从宽和适当的判断。

七、关于“三个月内申请强制执行”期间如何理解

根据《民事诉讼法》第239条规定，申请执行的期间为2年。这个申请执行的期间是指当事人向人民法院寻求司法强制执行生效法律文书的期间。当事人逾期不申请的，其丧失的是寻求司法强制力保护的权利。而本条规定的3个月内申请强制执行的期间，是指诉讼财产保全措施采取后，维持该措施时间效力的期间。当事人逾期不申请的法律后果是诉讼财产保全措施的解除，但当事人并不丧失向人民法院寻求司法强制执行生效法律文书的权利。

八、人民法院依职权作出的诉讼财产保全措施如何执行

如前所述，诉讼财产保全措施通常应当根据当事人的申请，但人民法院认为确有必要的，也可以依职权采取。换言之，诉讼财产保全一般因当事人申请而启动，但并不排除人民法院认为确有必要而依职权采取保全措施。虽然本解释并未就此问题作出明确规定，但两者法律问题相同，本着相同问题相同处理的原则，即使诉讼财产保全措施是人民法院依职权作出，人民法院在财产保全裁定书中，也要将“当事人应当在劳动仲裁机构的裁决书或者人民法院裁判文书生效后三个

月内申请强制执行。逾期不申请的，人民法院则会裁定解除保全措施”的诉讼风险，告知当事人。

【案例解读】

一、基本案情

郭某系北京某通信设备公司员工。郭某某、张某某系郭某之父母；商某某系郭某之夫；商某2系郭某之女。2015年10月25日，郭某组织团队前往安徽省黄山市屯溪区活动，在返回途中因发生交通事故去世。北京某通信设备公司向北京市顺义区人力资源和社会保障局申请工伤认定。2015年12月3日，北京市顺义区人力资源和社会保障局于作出《认定工伤决定书》，认定郭某所受到的事故伤害属于工伤。经北京市顺义区社会保险事业管理中心核准，郭某因工死亡的工伤保险待遇包括：一次性工亡补助金、丧葬补助金、供养亲属抚恤金等。2016年1月起，北京市顺义区社会保险事业管理中心陆续将郭某因工死亡的工伤保险待遇（包括一次性工亡补助金、丧葬补助金、供养亲属抚恤金等）均汇入了北京某通信设备公司账户。

就郭某的工亡待遇支付问题发生争议后，郭某某、张某某、商某某、商某2申请劳动仲裁，北京市顺义区劳动人事争议仲裁委员会于2016年6月2日作出裁决，裁决北京某通信设备公司向郭某某、张某某、商某某、商某2支付一次性工亡补助金、丧葬费、供养亲属抚恤金等。裁决后，双方均不服起诉至北京市顺义区人民法院。审理期间，北京市顺义区人民法院限令北京某通信设备公司提交相关财务会计凭证，但北京某通信设备公司未予提交。

北京市顺义区人民法院审理期间，郭某某、张某某、商某某、商某2提出财产保全申请，申请冻结北京某通信设备公司在中国建设银行北京市现代支行开立的账号为×××的银行账户中的银行存款64万余元。

二、裁判结果

北京市顺义区人民法院经审理后于2016年6月6日作出裁定：冻结北京某通信设备公司在中国建设银行北京市现代支行开立的账号为×××的银行账户中的银行存款646 412.47元；冻结期限为1年。

三、评析

本案争议焦点在于劳动者因工死亡后，其继承人起诉要求用人单位给付劳动者因公死亡的工伤保险待遇时，同时向人民法院申请采取财产保全措施，人民法院是否应予准许？是否必须要求其继承人提供担保？

根据我国《民事诉讼法》相关规定，人民法院对于可能因当事人一方的行为或者其他原因，使判决难以执行或者造成当事人其他损害的案件，根据对方当事人的申请，可以裁定对其财产进行保全、责令其作出一定行为或者禁止其作出一定行为；当事人没有提出申请的，人民法院在必要时也可以裁定采取保全措施。人民法院采取保全措施，可以责令申请人提供担保，申请人不提供担保的，裁定驳回申请。人民法院接受申请后，对情况紧急的，必须在48小时内作出裁定；裁定采取保全措施的，应当立即开始执行。那么劳动者确实存在生活困难，或者用人单位存在欠薪逃匿可能的，是否需要劳动者提供担保之后才能采取保全措施？《民事诉讼法》未作进一步规定。

2006年《劳动争议司法解释（二）》第14条对此问题予以明确。本解释在对关于审理劳动争议适用法律若干问题的四部解释进行梳理时，将本条及2006年《劳动争议司法解释（二）》第14条以第49条的形式予以保留。

具体到本案，郭某某、张某某、商某某、商某2申请劳动仲裁要求北京某通信设备公司支付郭某因工死亡的工伤保险待遇。北京市顺义区劳动人事争议仲裁委员会裁决北京某通信设备公司向郭某某、张某某、商某某、商某2支付一次性工亡补助金、丧葬费、供养亲属抚恤金等。双方均不服提起诉讼。郭某某、张某某、商某某、商某2确实存在生活困难，且北京某通信设备公司拒不向法院提交相关财务会计凭证，郭某某、张某某、商某某、商某2遂向北京市顺义区人民法院申请财产保全。北京市顺义区人民法院应当适用本条规定依法作出处理。虽然郭某某、张某某、商某某、商某2不是本案的劳动者郭某，但作为郭某的继承人要求支付因工死亡的工伤保险待遇，理应适用本条规定，北京市顺义区人民法院应当减轻或者免除郭某某、张某某、商某某、商某2提供担保的义务，及时采取保全措施。

第五十条

用人单位根据劳动合同法第四条规定，通过民主程序制定的规章制度，不违反国家法律、行政法规及政策规定，并已向劳动者公示的，可以作为确定双方权利义务的依据。

用人单位制定的内部规章制度与集体合同或者劳动合同约定的内容不一致，劳动者请求优先适用合同约定的，人民法院应予支持。

【条文主旨】

本条是关于符合国家法律、法规的用人单位内部规章制度可以作为确定双方权利义务依据的规定。

【条文理解】

一、制定背景

人民法院在审判实践中，对劳动争议案件的审理，首先应适用《劳动法》和《劳动合同法》等有关法律、法规，也可参照国家有关劳动政策、行政规章等规范性文件。不过，由于具体情况千差万别，加之现有关于劳动争议方面的法规不够全面、具体，使得有些情况下人民法院面临着处理纠纷时找不到合理依据的现象，不利于妥善处理纠纷。此种情况下，用人单位规章制度能否成为审理案件的依据这一问题就非常值得研究。另外，在具体劳动争议案件审判过程中，应该以用人单位的内部规章制度还是劳动合同为依据，是劳动争议案件审判实践中经常会遇到的问题。不同观点导致的结果就是裁判依据的差别，而裁判依据的不同对系争劳动争议法律关系当事人权利义务的确定具有决定性意义。本条规定将集体合同或者劳动合同的约定内容置于优先于用人单位内部规章制度的地位，明确了如果两者之间出现不一致的情况，劳动者请求优先适用合同约定的，人民法院应予支持。

《劳动合同法》第4条规定："用人单位应当依法建立和完善劳动规章制度，保障劳动者享有劳动权利、履行劳动义务。"据此，用人单位有权根据法律、法规的规定，结合本单位的实际情况制定一些规章制度，如操作程序、劳动纪律、奖惩规定等，以保障本单位生产经营活动的正常进行。实践中，由于各单位规章制度制定者的水平以及各单位的情况不同，有些用人单位制定的规章制度比较混乱、复杂，有的同国家法律、法规相抵触，有的制定程序不规范，有的没有明确告知劳动者。如果采取"一刀切"式的做法，规定所有用人单位的规章制度都可以作为确定双方权利义务的依据，成为人民法院审理劳动争议案件的依据，显然不合适。那么，在这种情况下，达到什么标准的规章制度可以作为确定双方权利义务的依据呢？本解释修订时继续沿用原来司法解释的表述，"可以"而非"必须"。而将"人民法院审理劳动争议案件"修改为"确定双方权利义务"，主要是考虑到人民法院在审理劳动争议案件过程中，是否将用人单位内部的规章制度作为审理相关案件的依据，应视法律、法规以及司法解释的规定进行综合判断。据此，用人单位制定的规章制度，如不违反国家法律、法规及有关政策规定，具体内容符合《劳动法》和《劳动合同法》及有关法律、法规，经过职工代表大会或其他民主程序通过并已明确告知劳动者的，可以作为确定双方权利义务的依据。因此，最终修改为"用人单位根据劳动合同法第四条规定，通过民主程序制定的规章制度，不违反国家法律、行政法规及政策规定，并已向劳动者公示的，可以作为确定双方权利义务的依据"。

二、修改过程中的有关情况及意见与争鸣

对用人单位制定的规章制度能否适用并作为确定双方权利义务的

依据问题，司法解释修改过程中曾有过不同意见。一种意见认为，用人单位制定的规章制度不规范、不统一，不能作为确定双方权利义务的依据。另一种意见认为，对用人单位制定的规章制度应当视具体情况区别对待，可以有选择地适用。对于违反法律、法规规定或没有明确告知劳动者的，不予适用；对不违反国家法律、法规及有关政策规定并已告知劳动者的，可以作为确定双方权利义务的依据。

在审判实践中，一些劳动争议案件是因为用人单位适用其内部规章制度引发，而劳动法律法规不是很完善，一些问题没有涉及，这时如果完全撇开用人单位的规章制度，仅仅以法律法规为依据对案件进行审理，一是无法查证事实，二是对纠纷不好认定和处理。因此，我们认为，法院审理劳动争议案件时，可以有条件地采信用人单位的内部规章制度，具体而言，如果用人单位的内部规章制度符合法律法规的规定，通过民主程序制定，并且已告知劳动者的，可以适用。故此次司法解释修改过程中仍采用了原来的规定，只是在文字上做了调整，将2001年《劳动争议司法解释》第19条中的“《劳动法》”修改为“劳动合同法”，将“人民法院审理劳动争议案件”修改为“确定双方权利义务”，并作为第1款；因2006年《劳动争议司法解释（二）》第16条涉及事项与2001年《劳动争议司法解释》第19条相同，将二者合并，作为第2款。

三、正确理解本条规定的内容

处理劳动争议案件除了适用《劳动法》和《劳动合同法》等有关法律、法规外，也可参照行政规章、国家有关劳动政策等规范性文件。人民法院审理劳动争议案件，为正确理解、适用本条规定，需要注意和了解以下几个方面的内容：

（一）用人单位制定的规章制度

用人单位制定的规章制度，是指企业等用人单位依照法律和民主程序制定的、在本单位范围内实行的组织生产经营和进行劳动管理的规则。所说的用人单位规章制度，专指用人单位依法制定的保障劳动者享有劳动权利和履行劳动义务的规章制度，在劳动法学中通常称为内部劳动规则。

制定劳动规章制度既是用人单位的权利又是用人单位的义务。无论从用人单位的运作、发展来看，还是从履行企业法定义务的角度看，建立和完善企业规章制度都有必要性。而对于劳动者来说，遵守劳动纪律是劳动者应尽的义务。对于企业职工来说，遵守劳动纪律就是要遵守企业内部劳动规则，因为它具体规定了劳动纪律要求，是保证企业全体人员协调一致地进行劳动的行为准则。因此，遵守企业内部劳动规则就是遵守劳动纪律的具体表现。

为了维持正常的生产秩序和工作秩序，企业依法建立和完善劳动规章制度至关重要。只有建立了健全的规章制度体系，并使其成为劳动者必须遵守的行为规则，对于加强劳动纪律，正确地组织劳动，充分、合理地利用工作时间，爱护公共财产，节约原材料，保证安全生产和文明生产，提高劳动生产率，生产优质产品等都有重要的作用。可以说，建立和完善规章制度的目的，既是促进劳动者履行劳动义务，更是保障劳动者的相关权利。

（二）劳动规章制度的法律地位及效力

原劳动部在《关于贯彻执行〈中华人民共和国劳动法〉若干问题的意见》第98条规定："适用法律、法规、规章及其他规范性文件遵循下列原则：（1）法律的效力高于行政法规与地方性法规；行政法规与地方性法规效力高于部门规章和地方政府规章；部门规章和地方政府规章效力高于其他规范性文件。（2）在适用同一效力层次的文件时，新法律优于旧法律；新法规优于旧法规；新规章优于旧规章；新规范性文件优于旧规范性文件。"而用人单位制定的规章制度在法律地位上显然不能够同法律、法规、规章及其他规范性文件相提并论，在效力上自然也就低于法律、法规、规章及其他规范性文件。《劳动法》第89条规定："用人单位制定的劳动规章制度违反法律、法规规定的，由劳动行政部门给予警告，责令改正；对劳动者造成损害的，应当承担赔偿责任。"因此，需要注意的是，虽然司法解释赋予了劳动规章制度以一定的法律效力，但是，这种效力的发挥，必须以该规章制度从形式到内容的合法性为前提，是建立在不违反比其效力等级更高的法律规范基础之上的。

虽然和从前相比，用人单位内部规章制度的地位和作用均有所提高，但是，有些情形之下，还不能完全以其为依据解决纠纷。本条第2款明确规定："用人单位制定的内部规章制度与集体合同或者劳动合同约定的内容不一致，劳动者请求优先适用合同约定的，人民法院应予支持。"这一条规定更充分表明了规章制度应有的位置。除国家的法律、法规和政策外，集体合同或者劳动合同的效力也要高于用人单位制定的内部规章制度。这是因为，集体合同是工会代表全体劳动者与单位行政管理机关依法签订的，而劳动合同是用人单位和劳动者确立劳动关系，明确双方权利和义务的协议，是用人单位和劳动者合法建立劳动关系的依据。可以认为，集体合同和劳动合同分别体现了劳动者的群体意愿和个体意愿，是劳动者真实意志的表达。单位行政管理机关在其劳动管理中应当履行集体合同或者劳动合同所约定的义务，而制定和实施内部规章制度是单位行政管理机关进行劳动管理的一种方式，所以内部规章制度的内容应当符合集体合同或者劳动合同的规定，即内部规章制度所规定的劳动者利益不得低于集体合同或者劳动合同所规定的标准。当用人单位内部规章制度与集体合同、劳动合同的内容出现冲突时，应以最大限度体现劳动者利益为出发点，劳动者要求优先适用合同约定的，人民法院应予支持。只有用人单位制定的劳动规章制度的内容和程序合法，并且与已经签订的集体合同、劳动合同相比而言，如果它更加能够体现劳动者的权益时，在劳动争议案件中，才能考虑适用之。

（三）用人单位的规章制度得以作为人民法院审理劳动争议案件依据所应具备的必要条件

用人单位制定的规章制度必须合法才能发生效力。我们认为，用人单位制定的规章制度必须完全具备法定要件才能认定其合法性。根据本条规定，用人单位制定的内部规章制度得以作为审理劳动争议的依据，必须具备如下条件：

1. 制定主体合法

制定主体必须具备制定内部劳动规则的法律资格，即只能由用人单位行政管理机关制定。这样，才能保障所制定的内部劳动规则在本单位范围内具有统一性和权威性。我国现行立法中没有就用人单位的规章制度的制定主体资格作出明确规定。但是，我们认为，内部规章制度只能由单位行政系统制定，而单位行政系统是一个由多层次、多部门管理机构所组成的劳动管理系统，并非其中任何一个管理机构都有权制定内部规章制度。有权制定内部规章制度的，应当是单位行政系统中处于最高级层次、对用人单位的各个组成部分和全体职工有权实行全面和统一管理的机构。这样才能保证所制定的内部劳动规则在本单位范围内具有统一性和权威性。至于单位行政系统中的其他管理机构，虽然可参与内部劳动规则的制定，但无权以用人单位名义制定内部劳动规则。

2. 规章制度的内容必须依法制定

依法制定是指用人单位的规章制度的具体内容必须符合《劳动法》和《劳动合同法》及相关法律、法规，不能与法律、法规相抵触。原劳动部1994年发布的《关于〈劳动法〉若干条文的说明》第4条规定："本条中的'依法'应当作广义理解，指所有的法律、法规和规章。包括：宪法、法律、行政法规、地方法规，民族自治地方，还要依据该地方的自治条例和单行条例，以及关于劳动方面的行政规章。"原劳动部1994年颁布的《违反〈中华人民共和国劳动法〉行政处罚办法》（劳部发〔1994〕532号，2010年11月12日起废止）规定："用人单位制定的企业规章制度违反法律、法规规定的，应给以警告，并责令期限改正；逾期不改的，应给以通报批评。"

我国目前尚无专门关于用人单位劳动规章制度的法律。《劳动合同法》第4条只对此作了原则性的规定："用人单位应当依法建立和完善劳动规章制度，保障劳动者享有劳动权利、履行劳动义务。"原劳动部《关于对新开办用人单位实行劳动规章制度备案制度的通知》

（劳部发〔1997〕338 号，2016 年 5 月 31 日起废止）中第 2 条规定：劳动规章制度的内容主要包括劳动合同管理、工资管理、社会保险福利待遇、工时休假、职工奖惩，以及其他劳动管理规定。1997 年原劳动部发布的《关于加强劳动合同管理完善劳动合同制度的通知》要求，企业应该“加快建立和完善与劳动合同制度相配套的规章制度。用人单位要依照国家法律、法规，建立健全支撑劳动合同制度运行的企业内部配套规章制度，包括工资分配、工时、休息休假、劳动保护、保险福利制度以及职工奖惩办法等，并把劳动合同履行情况与职工的劳动报酬、福利待遇联系起来，促进工资能多能少、岗位能上能下、人员能进能出的新型劳动用人机制的形成”。

我们认为，在审判实践中认定用人单位内部规章制度的内容应不只局限于上述规定中所列举的事项，只要是为了保障劳动者能更好地行使劳动权利和履行劳动义务的内容，在考虑到各个用人单位及劳动者的现实状况和差异性的情况下可以赋予用人单位一定的自主权，允许其在法定内容外制定一系列与差异性紧密相关的非法定内容，当然，这些非法定内容不得与法律法规相冲突。

3. 规章制度的制定程序必须符合民主程序

规章制度必须经过职工代表大会或其他民主程序通过，未设职工代表大会制度的用人单位，由股东大会、董事会等权力机构或者依相应的民主程序通过制定。这里的“民主程序”应当理解为“职工民主”，即职代会等职工参与企业管理的民主形式，所强调的是职工参与内部劳动规则的制定。本条规定将用人单位的规章制度的制定程序的民主性列为规章制度具有法律约束力的首要要件，可见对此问题的重视。之所以如此，是因为目前我国《劳动法》和《劳动合同法》相关法律法规并没有就企业规章制度的制定程序作出具体规定。《劳动法》第 8 条规定：“劳动者依照法律规定，通过职工大会、职工代表大会或者其他形式，参与民主管理或者就保护劳动者合法权益与用人单位进行平等协商。”依照《劳动法》的立法宗旨和精神，我们认为，应该将劳动者通过其代表参与企业等用人单位规章制度的制定理解为劳动者参与民主管理的方式之一。另外，《劳动法》关于集体合同内容的规定，如劳动报酬、工作时间、休息休假、劳动安全卫生、保险福利等，多数为企业规章制度的内容，因此，企业职工一方在同企业进行集体合同谈判过程中，基本上行使了民主参与规章制度制定过程的权利。

但是，《劳动法》第 8 条和第 33 条规定的宗旨毕竟具有宽泛性和间接性，劳动者民主参与企业规章制度制定的权利并没有直接体现出来。再者，考虑到集体合同制度并非强制性规范，职工代表大会等职工集体参与企业管理的机制尚不十分健全，事实上，劳动者应该享有的与用人单位民主协商，参与规章制度建立过程的权限并没有得到有效的保障，主要缺乏劳动行政部门事后监察等手段确保其正确性和合法性。对我国用人单位规章制度的内容进行监督和监察的主要是劳动行政部门。劳动行政部门主要是通过劳动监察的方式监督并纠正企业制定的规章制度内容的。目前，对企业规章制度的检查已经成为企业用工年检的主要内容。然而，劳动用工年检毕竟是后置的，且年检结果的准确性和处罚措施的有效性都十分有限，因此，对于民主程序的规定是现实而必要的。

4. 用人单位制定的规章制度必须经过公示

规章制度必须明确告知劳动者，用人单位未尽告知义务的，不能作为处理劳动争议案件的依据。用人单位规章制度的适用对象是本单位的全体职工和本单位行政的各个部分，所以它必须为单位的所有成员所知悉。“公示”就是企业规章制度制定后，尽到告知职工的义务。关于企业规章制度向劳动者公示的方法、形式、时限等许多具体问题，在我国劳动法律法规中均没有明确的规定。因此，在劳动争议案件中，规章制度是否已经向劳动者公示往往成为纷争的焦点之一。本条规定明确了企业规章制度向劳动者公示，是该项规章制度可以作为人民法院审理劳动争议案件依据的必备要件之一。“明确告知劳动者”可以有各种方式，如在劳动合同中约定，或者在职工守则、劳动手册中告知，或者通过一些告示牌来告知，形式不限，只要明确告知劳动者即可。如企业的规章制度虽符合国家法律法规，也通过民主程序，但用人单位没有尽到告知职工的义务，这样的规章制度没有效力。

（四）集体合同

集体合同是伴随着现代企业制度的形成和工人运动的发展，尤其是工会的兴起而产生和发展起来的，它是劳动与资本之间长期斗争、较量的产物。集体合同制度已经成为绝大多数国家用以调整劳动关系的一项普遍的劳动法律制度。集体合同在不同的国家和地区有不同的称谓。德国称之为集体协议，是指工会和企业联合会经过谈判，就当时的协议工资和薪金、工作时间、假期及其他劳动条件所达成的协议。我国台湾地区称之为团体协约，是指雇主或有法人资格的雇主团体，与有法人资格的工人团体，以规定劳动关系为目的所缔结的书面契约。

《劳动法》对集体合同问题则作了相对全面但比较原则的制度性规定，明确了什么是集体合同、集体合同的内容、集体合同协商签订的基本程序、集体合同的生效、集体合同的法律效力，并对集体合同在协商阶段和履行阶段发生争议的两种处理程序作了原则性的规定。按照《劳动法》和2004年1月20日原劳动和社会保障部颁布的《集体合同规定》，集体合同指的是，用人单位与本单位职工根据法律、法规、规章的规定，就劳动报酬、工作时间、休息休假、劳动安全卫生、职业培训、保险福利等事项，通过集体协商签订的书面协议。正是由于集体合同的订约主体、订约程序、二元阶段特征以及由此产生的争议处理方式的不同，使得我国的集体合同制度更多地被作为企业的一种管理制度以及一种劳动关系自我协调的客观制度而规定。但应当承认，集体合同毕竟是劳资双方平等协商的结果。换言之，集体合同是劳动关系双方在法律地位平等的前提下进行的对等协商的法律制度。从《劳动法》有关集体合同与劳动合同的内容以及“因履行集体（劳动）合同发生争议”的纠纷解决方式的规定看，两者在性质上是相同的。从这个角度看，在本质上把集体合同作为一类民事合同是有依据的，也是一种逻辑必然。

（五）优先适用集体合同或者劳动合同约定内容对切实保护劳动者合法权益具有积极意义

1. 集体合同和劳动合同在订立程序上更有利于劳动者权益保护

用人单位内部的规章制度对其有效管理劳动者、保障劳动生产的顺利进行具有重要意义，但无论是用人单位管理层还是职工大会、职代会制定的规章制度，其制定程序都较强地体现了管理和隶属的特征，对每一个劳动者而言，疏于保护甚至是剥夺劳动者合法权益的情况，在所难免。

集体合同和劳动合同不同。根据《劳动法》第 33 条和第 34 条规定，企业职工一方与企业可以就劳动报酬、工作时间、休息休假、劳动安全卫生、保险福利等事项，签订集体合同。集体合同草案应当提交职工代表大会或者全体职工讨论通过。集体合同由工会代表职工与企业签订；没有建立工会的企业，由职工推举的代表与企业签订。集体合同签订后应当报送劳动行政部门；劳动行政部门自收到集体合同文本之日起 15 日内未提出异议的，集体合同即行生效。根据《劳动法》第 16 条和第 17 条规定，劳动合同是劳动者与用人单位确立劳动关系、明确双方权利和义务的协议。建立劳动关系应当订立劳动合同。订立和变更劳动合同，应当遵循平等自愿、协商一致的原则，不得违反法律、行政法规的规定。由以上规定可知，集体合同和劳动合同的订立程序突出体现了平等自愿、协商一致的原则，而这对保护劳动者而言无疑提供了更为充分的程序保证。

2. 劳动关系本质特征的需要

尽管劳动关系具有区别于普通民事关系的特点，但在我国法律体制下，劳动关系仍然在总体上被纳入民事关系范畴。既然是一种民事关系，当事人权利义务的确定当然应该首先考虑适用针对该劳动关系订立的合同文件。无论是集体合同还是劳动合同，都属于劳动关系双方当事人就双方权利义务内容所作的特别约定。这一本质特征是用人单位内部的规章制度所不具备的。

只要集体合同或者劳动合同依法有效，在用人单位内部的规章制度的内容与其不一致时，劳动者请求优先适用合同约定的，人民法院应予支持。正如有观点指出，明确集体合同和劳动合同的优先适用地位，可以防止用人单位、特别是管理者不正当行使劳动用工管理权，借少数人的民主侵害多数职工依法享有的民主权利，从而促进劳动力市场管理秩序的规范。

（六）优先适用集体合同或者劳动合同约定的启动

根据本条规定，用人单位制定的内部规章制度与集体合同或者劳动合同约定的内容不一致，劳动者请求优先适用合同约定的，人民法院应予支持。如果劳动者没有提出相应的请求，该如何处理呢？劳动者在劳动关系当中的权利属于其民事权利范畴当无异议，由此似乎可以得出这样的结论，即若劳动者没有提出优先适用集体合同或者劳动合同的请求，人民法院不得主动适用。本条规定所称的“不一致”，指的是用人单位内部的规章制度规定的内容较之集体合同或者劳动合同的内容对劳动者而言为不利的情况，而这种不利往往对于劳动者而言，事关其切身利益保护的重大问题。但《劳动法》等相关法律规范的立法目的，就是保护劳动者的合法权益，调整劳动关系，建立和维护适应社会主义市场经济的劳动制度，促进经济发展和社会进步。只有保护劳动者合法权益的目的实现了，才有利于构建和谐的劳动关系并促进经济社会的发展和进步。换言之，保护劳动者合法权益是劳动法律最为重要的目的和宗旨，正是在这个意义上，《劳动法》又被称为劳动者权益保护法。由此可见，如果不考虑劳动者法律素养的缺乏或者其普遍处于弱势地位等实际情况，绝对和片面地理解本条规定，与劳动法律规范的保护目的不符。我们认为，人民法院在审理相关劳动争议案件过程中，如果出现了前述情况，应当告知劳动者享有此项权利，为劳动者充分行使权利提供帮助。

（七）劳动合同中有关劳动条件和劳动报酬等方面的内容低于集体合同，如何处理

根据《劳动法》第35条规定，职工个人与企业订立的劳动合同

中劳动条件和劳动报酬等标准不得低于集体合同的规定。该规定属于法律中的强制性规定，如果出现，劳动合同中的相关条款归于无效。此时并不存在“优先适用劳动合同”的问题，同样也不以劳动者“提出请求”为前提。

第五十一条

当事人在调解仲裁法第十条规定的调解组织主持下达成的具有劳动权利义务内容的调解协议，具有劳动合同的约束力，可以作为人民法院裁判的根据。

当事人在调解仲裁法第十条规定的调解组织主持下仅就劳动报酬争议达成调解协议，用人单位不履行调解协议确定的给付义务，劳动者直接提起诉讼的，人民法院可以按照普通民事纠纷受理。

【条文主旨】

本条是关于具有劳动权利义务内容的调解协议效力问题以及用人单位不履行调解协议确定的劳动报酬给付义务争议是否可以按照普通民事纠纷受理的规定。

【条文理解】

一、制定背景

2006年《劳动争议司法解释（二）》制定过程中，部分法院和工会系统提出，随着劳动争议的逐年增加，发挥劳动争议调解委员会在解决劳动争议过程中的重要作用，加强调解工作，提高调解效率，对于及时化解劳动关系领域的矛盾，减轻人民法院的诉讼压力，越来越重要。而此过程中涉及的核心问题就是，如何看待当事人在劳动争议调解委员会主持下达成的具有劳动权利义务内容的调解协议的性质和效力。很多意见认为，劳动争议经劳动争议调解委员会或者区域性、行业性劳动争议调解组织主持调解，由双方当事人达成的调解协议，具有劳动合同的效力，应当作为人民法院裁判的根据。这个建议也得到多数部门的支持。此外，实践中针对当事人在劳动争议调解委员会主持下仅就劳动报酬争议达成调解协议，而用人单位不履行调解协议确定的给付义务产生的纠纷，劳动者直接向人民法院起诉的，人民法院能否按照普通民事纠纷受理的问题，亦有不同观点，相应的做法也不尽相同。这种局面一方面害及司法统一，同时也不利于充分保护当事人的合法权益。因此，2006 年《劳动争议司法解释（二）》对相关问题的处理作出了统一、明确的规定。该司法解释实施后，取得了良好的社会反响，实务中也对培育孵化劳动争议调解委员会，降低劳动者维权的司法成本，及时保护劳动者的合法权益起到了积极作用。人力资源和社会保障部统计，仅 2019 年全国各级劳动人事争议基层调解组织和仲裁机构共处理劳动人事争议案件 211.9 万件，调解成功率为 68.0%。[①]

由于社会的发展，经济结构的变化，调解组织的多样化，劳动争议的调解制度也存在一些问题。（1）原有的企业劳动争议调解委员会的作用在削弱。《劳动法》确定的调解劳动争议的调解组织是企业设立的劳动争议调解委员会，但建立劳动争议调解委员会的主要是国有企业和集体企业，非公有制企业劳动争议调解委员会组建率比较低，随着国有企业的改制，我国企业劳动争议调解委员会功能在弱化，组织机构逐渐减少，调解的有效性比较低。（2）新兴的劳动争议调解组织缺少法律依据。2007 年 12 月颁布的《劳动争议调解仲裁法》吸收了各地对劳动争议调解中探索的经验，拓展了劳动争议调解组织的范围，根据该法第 10 条规定，发生劳动争议，当事人可以到企业劳动争议调解委员会；依法设立的基层人民调解组织；在乡镇、街道设立的具有劳动争议调解职能的组织申请调解。这就进一步拓展了劳动争议调解组织的范围，不仅仅是《劳动法》第 79 条规定的发生劳动争议，

① 中华人民共和国人力资源和社会保障部：《2019 年度人力资源和社会保障事业发展统计公报》，载 http：//www.mohrss.gov.cngkmlghtj/tjndtj202009/t20200911_385449.html。

当事人可以向本单位劳动争议调解委员会申请调解。

二、制定依据

（一）本条第 1 款规定的法律依据、法理基础和积极意义

1. 法律依据

根据《劳动争议调解仲裁法》第 10 条第 1 款和第 14 条规定，劳动争议发生后，当事人可以到企业劳动争议调解委员会；依法设立的基层人民调解组织；在乡镇、街道设立的具有劳动争议调解职能的组织申请调解。调解协议书由双方当事人签名或者盖章，经调解员签名并加盖调解组织印章后生效，对双方当事人具有约束力，当事人应当履行。《劳动争议调解仲裁法》的以上规定，就是确认当事人在相关调解组织主持下达成的具有劳动权利义务内容的调解协议具有劳动合同的性质和约束力的法律依据。申言之，劳动争议是指中国境内的用人单位与劳动者发生的劳动合同纠纷、社会保险纠纷、福利待遇纠纷等因劳动权利和劳动义务所发生的争议。《劳动争议调解仲裁法》第 10 条第 1 款规定了可以接受申请的相关调解组织，第 2 款规定的是企业劳动争议调解委员会的组成等问题。从体例解释的角度看，《劳动争议调解仲裁法》第 14 条规定了当事人应当履行向相关调解组织申请调解后达成的调解协议。第 15 条规定了达成调解协议后，一方当事人在协议约定期限内不履行调解协议的，另一方当事人可以依法申请仲裁。前述规定弥补了《劳动法》中当事人于劳动争议调解委员会主持下达成具有劳动权利义务内容的调解协议的情况下，因当事人不履行调解协议产生纠纷的争议解决方式没有明确规定的漏洞。因此，将当事人在《劳动争议调解仲裁法》第 10 条规定的调解组织主持下达成的具有劳动权利义务内容的调解协议定性为劳动合同并赋予劳动合同的约束力，符合《劳动争议调解仲裁法》的规定。

2. 法理基础

根据《民法典》第 464 条规定，合同是民事主体之间设立、变更、终止民事法律关系的协议。该协议的订立主体应当是作为平等主

体的自然人、法人、其他组织。本条所称调解协议虽然是在《劳动争议调解仲裁法》第10条规定的调解组织主持下达成，但该调解协议的当事人仍为劳动争议的当事人，即劳动者和用人单位，所以从主体上看，该调解协议的订立主体符合合同订立主体的要求。如何将合同进行类型化，要看当事人意欲通过协议“设立、变更、终止的民事权利义务关系”属于何种性质，如果是买卖法律关系性质，则为买卖合同，如果是租赁法律关系性质，则为租赁合同。若该协议是围绕双方“劳动权利义务关系”展开，即理应具有劳动合同的性质。这种认定，符合法理逻辑。

3. 积极意义

（1）为劳动争议案件的处理提供了依据。明确经《劳动争议调解仲裁法》第10条规定的调解组织主持达成的具有劳动权利义务内容的调解协议，具有劳动合同的性质和约束力，对处理劳动争议（无论是仲裁还是诉讼）有着重要意义。既然该调解协议具有劳动合同的性质和约束力，那么在仲裁或者诉讼过程中，就应当把它看作确定当事人劳动权利义务关系极为关键的证据。这无疑为劳动争议案件的处理提供了依据。

（2）有助于充分发挥相关调解组织在解决劳动争议过程中的重要作用。如前所述，劳动争议案件一般具有矛盾尖锐、难以处理的特点，而纠纷的妥善解决、当事人矛盾的有效化解是处理劳动争议案件的重要目标，也是坚持把非诉讼纠纷解决机制挺在前面的重要体现。当前，在推进国家治理体系和治理能力现代化的进程中，要将矛盾消解于未然，将风险化解于无形，调解机制的合理构建无疑是一个全局性、系统性的重大课题，构建多元化的纠纷解决机制就是有效途径之一。健全劳动争议调解组织，是充分发挥劳动争议调解作用的重要方面，《劳动争议调解仲裁法》在立足于原有的劳动争议调解组织的基础上，根据实践的需要，对新兴的劳动调解组织形式加以肯定，充分发挥各类调解组织的力量，整合资源，形成合力，打造劳动争议调解服务网络，努力将劳动争议解决在调解阶段。所以，充分发挥各类调解组织的作用对有效解决劳动争议意义重大。明确经《劳动争议调解仲裁法》第10条规定的调解组织主持达成的具有劳动权利义务内容的调解协议，具有劳动合同的约束力，对解决以上问题具有积极意义。

(3) 有利于缓解人民法院的人案矛盾。随着劳动争议的逐年增加，加强调解工作，提高调解效率，对于及时化解劳动关系领域的矛盾，减轻人民法院的诉讼压力，显得越来越重要。落实“要坚持把非诉讼纠纷解决机制挺在前面，从源头上减少诉讼增量”的重要途径之一就是明确经《劳动争议调解仲裁法》第10条规定的调解组织主持达成的具有劳动权利义务内容的调解协议，具有劳动合同的约束力。

(二) 本条第2款规定的法律依据和积极意义

我们认为，本条第2款的规定符合法律规定和我国的审判实际，将劳动争议案件程序和普通民事案件程序进行了正确的区分。能及时、有效地保护劳动者的合法权益，减少了劳动者的诉累，并能充分发挥各类调解组织的作用。当事人在经《劳动争议调解仲裁法》第10条规定的调解组织主持下仅就劳动报酬争议达成调解协议，用人单位不履行调解协议确定的给付义务，劳动者直接提起诉讼的，劳动者和用人单位之间存在的只是用人单位是否履行调解协议的纠纷。如果该争议并不涉及劳动关系其他纠纷，那么在此情形下若仍要求劳动者就该纠纷先申请仲裁，不仅不利于劳动者尽快实现权利，也会实质上削弱劳动者向调解组织申请调解的积极性和各类调解组织的调解积极性，并助长用人单位的不诚信行为。

1. 法律依据

本条第2款规定与本解释第15条规定涉及的问题在法律上是一类问题。根据第15条规定，劳动者以用人单位的工资欠条为证据直接提起诉讼，诉讼请求不涉及劳动关系其他争议的，视为拖欠劳动报酬争议，人民法院按照普通民事纠纷受理。因此两条规定的法律依据是相同的。

从《民事诉讼法》《劳动法》《劳动合同法》以及《劳动争议调解仲裁法》的相关规定来看，之所以将仲裁作为劳动争议解决方式的前置程序，主要是考虑到当事人双方争议法律关系的特殊性。虽然有观点对我国“一调一裁两审”的劳动争议处理机制提出一些质疑，但基于历史和逻辑而形成的准司法结构具有其积极意义。其一，劳动争议仲裁对案件的过滤与分流。劳动争议仲裁与诉讼并存的制度目的并不是仲裁之后再进入诉讼，更不是一种上诉关系，而是立法者希望借助制度安排，在仲裁阶段尽可能地终结大部分的纠纷。对此，《关于〈中华人民共和国劳动争议调解仲裁法（草案）〉的说明》明确指出，“经过对近几年发生的劳动争议仲裁案件进行分析，按照草案上述规定，多数劳动争议可以通过仲裁解决”。而从该法本身的规定来看，一裁终局的制度设计、着重调解的原则等都是这一思路的体现。其二，司法对仲裁的保障。作为准司法机构，现行法没有为仲裁机构配置执行权等权限，因此在保全、执行等问题上，仲裁机构需要依托司法机关的权威，通过司法机构完成相关程序。《劳动争议调解仲裁法》第44条规定了移送人民法院执行仲裁先予执行裁定的规则；第51条规定了当事人申请法院执行仲裁裁决的规则。在一些地方的实践中还存在仲裁机构委托法院查证、财产保全等情形。这些即是司法对仲裁的保障功能。其三，司法对劳动争议仲裁的间接监督。由于司法机关和劳动争议仲裁机构均为独立机构，不存在上诉、领导等关系，仲裁机构也不是行政机关，因此在严格意义上仲裁与诉讼之间并不是所谓的监督关系。对于一般的仲裁裁决，根据《劳动争议调解仲裁法》第50条规定，当事人不服仲裁裁决的，“自收到仲裁裁决书之日起十五日内向人民法院提起诉讼”，从实践来看，当事人不服仲裁裁决进入法院后，司法机关并不是审查仲裁裁决的合法性，而是对案件重新进行全面审理，这也正是二者相互独立的体现。但诉讼后置的格局，导致不合法的或不符合法院观点的仲裁裁决经司法程序会得到纠正，从而使得法院实际上或间接地对仲裁进行了监督。过滤、保障、间接监督三个方面是《劳动争议调解仲裁法》实施后劳动争议仲裁与诉讼关系更深层次的内涵。[1] 在肯定其积极意义的同时，我们也应看到其本身

① 沈建峰、姜颖：《劳动争议仲裁的存在基础、定性与裁审关系》，载《法学》2019年第4期。

不容否认的周期过长、成本过高的问题。适用“一调一裁两审”的劳动争议处理机制的前提是，当事人争议的应当是劳动争议法律关系，如果当事人争议的仅仅是是否履行调解协议确定的劳动报酬的给付义务，不涉及其他劳动争议法律关系，则没有必要也不应该采取仲裁前置的纠纷解决方式。当事人在调解组织会主持下仅就劳动报酬争议达成调解协议，若仅因用人单位不履行调解协议确定的给付义务引发争议，劳动者有权直接向人民法院提起诉讼，人民法院可以按照普通民事纠纷受理。

2. 积极意义

本条第 2 款规定的积极意义体现在方便劳动者进行诉讼。劳动者起诉到法院的，是否不区分争议内容，一律按照“一调一裁两审”的劳动争议处理机制解决，直接影响到劳动者的权利救济的效率和司法的社会效果。基于前述，为了便于劳动者尽快获得权利救济，对于不涉及其他劳动关系争议的，因用人单位不履行调解协议确定的给付义务产生的纠纷，劳动者直接向人民法院提起诉讼的，人民法院可以直接受理，以减轻劳动者权利保护的程序成本。同时，经过司法实践该规定对于解决当前某些用人单位拖欠劳动者特别是农民工工资的问题，是一个快速、有效的举措。

【审判实践中应注意的问题】

一、除本条第 2 款规定情形，当事人因符合本条规定的具有劳动合同约束力的调解协议产生的纠纷，还应按照《劳动法》第 79 条，《劳动争议调解仲裁法》第 15 条、第 48 条规定寻求救济

仲裁前置是法律针对劳动争议的纠纷处理方式作出的特别规定，尽管当事人在《劳动争议调解仲裁法》第 10 条规定的调解组织主持下达成的具有劳动权利义务内容的调解协议具有劳动合同的约束力，

但因此产生的纠纷仍属于劳动争议，而不是普通的民事纠纷。《劳动争议调解仲裁法》第 15 条也明确规定了，达成调解协议后，一方当事人在协议约定期限内不履行调解协议的，另一方当事人可以依法申请仲裁。当事人在行使诉权之前，还是要首先经过劳动争议仲裁，而不能直接向人民法院提起民事诉讼。

二、对具有劳动合同约束力的调解协议的内容亦应进行综合判断

本条第 1 款的表述是“可以作为人民法院裁判的根据”，至于该调解协议能否成为确定当事人权利义务关系的依据，还有待于进一步的分析和判断，需要依法综合认定。符合本条规定的调解协议虽然不同于典型的劳动合同，但在性质和约束力上与劳动合同是相同的。《劳动合同法》中对劳动合同的订立有详尽的规定。比如第 20 条规定了劳动者在试用期的工资不得低于本单位相同岗位最低档工资或劳动合同约定工资的 80%，并不得低于用人单位所在地的最低工资标准。依据该规定，如果调解协议有关劳动报酬等标准的内容低于最低工资标准等，该条款则为无效。

第五十二条

当事人在人民调解委员会主持下仅就给付义务达成的调解协议，双方认为有必要的，可以共同向人民调解委员会所在地的基层人民法院申请司法确认。

【条文主旨】

本条是关于特定调解协议可以申请司法确认的规定。

【条文理解】

一、制定背景

《劳动法》第80条第1款规定："在用人单位内，可以设立劳动争议调解委员会。劳动争议调解委员会由职工代表、用人单位代表和工会代表组成。劳动争议调解委员会主任由工会代表担任。"但在实践中，这种劳动争议调解组织设置存在明显弊端，致使调解没能发挥应有的作用。[①] 首先，在法律地位上，劳动争议调解委员会始终比用人单位要低。从某种意义上说，劳动争议调解委员会就是企业用人单位的"直属机构"。其次，从劳动争议调解委员会的人员构成来看，不管是用人单位代表、职工代表均是用人单位的职工，与用人单位存在着管理与被管理、隶属与被隶属的纵向关系。最后，从经济上来看，劳动争议调解委员会并不独立，而是依附于用人单位。为了尽可能把

① 刘源：《劳动争议调解制度的完善》，载《贵州大学学报（社会科学版）》2011年第4期。

劳动争议解决在基层，《劳动争议调解仲裁法》再次强调解决劳动争议着重调解原则，在保留“企业劳动争议调解委员会”的基础上，进一步拓宽了调解渠道，在第10条第1款规定：“发生劳动争议，当事人可以到下列调解组织申请调解：（一）企业劳动争议调解委员会；（二）依法设立的基层人民调解组织；（三）在乡镇、街道设立的具有劳动争议调解职能的组织。”以此让企业劳动争议调解委员会、基层人民调解组织等来参与调解，分担部分劳动争议案件，把矛盾、纠纷化解在基层，有利于减轻仲裁机构和法院的工作压力，并且通过调解可以快速解决纠纷，尽早地促进劳动关系的和谐稳定。

调解的生命在于调解协议的效力。对于在上述调解组织主持下达成的调解协议的效力，司法实践中存在不同观点：第一种观点认为，调解协议相当于民事合同，这是对调解协议法律效力最低程度的理解。① 第二种观点认为，调解协议可以拥有直接付诸强制执行的效力。这种观点又走向了另一个极端。② 第三种观点是介于前两种观点之间，认为调解协议的效力既高于民事合同，但又没有达到可以直接强制执行的效力。③ 从我国相关立法及司法解释的相关规定看，我国对调解协议效力的认识有个不断提升的过程。《最高人民法院关于审理涉及人民调解协议的民事案件的若干规定》（法释〔2002〕29号，2019年7月8日起废止）将调解协议规定为“具有民事合同性质”。《最高人民法院关于建立健全诉讼与非诉讼相衔接的矛盾纠纷解决机制的若干意见》扩大了赋予合同效力的调解协议的范围，允许当事人申请确认和执行调解协议。《人民调解法》明确规定调解协议具有法律约束力，并赋予合同效力的同时，规定可以司法确认，以获得强制执行力。《民事诉讼法》进一步吸收和巩固司法改革成果，增加了确认调解效力案件的内容，从诉讼法层面上为纠纷解决机制的发展提供了充分的

---

① 邱永清、廖焕国：《调解协议的性质及法律效力》，载《求索》2007年第4期。

② 袁北春、刘同战：《人民调解制度的革新》，载《法学论坛》2009年第5期。

③ 江伟、廖永安：《简论人民调解协议的性质及效力》，载《法学杂志》2003年第2期。

法律依据。《最高人民法院关于人民法院民事调解工作若干问题的规定》第一次明确了对调解协议进行司法确认的程序，之后，我国通过立法和相关司法解释，建立和完善了司法确认制度。

劳动争议纠纷在处理程序上不同于一般的民事案件，劳动者和用人单位在人民调解委员会或者其他劳动争议调解组织主持下仅就给付义务达成的调解协议，是否同样可以适用司法确认。有观点认为，对于在人民调解委员会主持下达成的劳动争议调解协议不适用司法确认程序，劳动争议调解协议达成后，一方当事人在协议约定期限内不履行调解协议的，另一方当事人可以依法申请仲裁。对于因支付拖欠劳动报酬、工伤医疗费、经济补偿或者赔偿金事项达成调解协议，用人单位在协议约定期限内不履行的，劳动者可以持调解协议依法向人民法院申请支付令。据此，该观点认为，劳动争议调解协议达成以后，不可以再申请司法确认。① 最高人民法院经调研认为，上述观点有待商榷。《劳动争议调解仲裁法》规定了劳动者与用人单位达成调解协议后，即具有法律约束力，但不具有强制执行力。而《人民调解法》《民事诉讼法》及相关司法解释虽然都规定了司法确认制度，但并没有将劳动争议调解协议排除在外。为鼓励人民调解组织参与劳动争议纠纷的处理，简化劳动争议纠纷处理程序，2013 年《劳动争议司法解释（四）》参照相关法律和司法解释规定，对于在人民调解组织主持下达成的调解协议，赋予申请司法确认的权利。这种做法既有利于促进诉讼与非诉讼相衔接，也与《劳动争议调解仲裁法》的立法宗旨相符。本解释承继了该条规定，内容和表述均未做调整。

二、正确理解人民调解委员会

《人民调解法》第 7 条界定人民调解委员会是依法设立的调解民间纠纷的群众性组织。依法设立的含义是设立的主体、组织形式、产生方式、工作制度、工作范围符合法律规定。按照《人民调解法》的

---

① 最高人民法院民事诉讼法修改研究小组编著：《〈中华人民共和国民事诉讼法〉修改条文理解与适用》，人民法院出版社 2012 年版，第 384 页。

规定，人民调解委员会设立有三种形式：村民委员会、居民委员会设立人民调解委员会；企业事业单位根据需要设立人民调解委员会；乡镇、街道以及社会团体或者其他组织根据需要参照《人民调解法》设立人民调解委员会。由于劳动争议纠纷具有特殊性，其调解组织在立法上有明确规定。根据前面论述，劳动争议纠纷的调解组织包括企业劳动争议调解委员会、依法设立的基层人民调解组织、在乡镇、街道设立的具有劳动争议调解职能的组织三种。这里的“依法设立的基层人民调解组织”并未具体指明是哪些基层人民调解组织。2009 年 10 月 30 日人力资源和社会保障部联合司法部、中华全国总工会和中国企业联合会/中国企业家协会共同出台了《关于加强劳动人事争议调解工作的意见》，将依法设立的基层人民调解组织表述为人民调解委员会，规定：“人民调解委员会要依法将劳动争议纳入调解范围，发挥人民调解组织遍布城乡、网络健全、贴近群众的优势，积极开展劳动争议调解工作”。据此可知，人民调解委员会应是《劳动争议调解仲裁法》中规定的依法设立的基层人民调解组织主要形式，它依法对劳动争议进行调解。

本条规定的人民调解委员会应当作扩大化解释，不仅包括依法设立的基层人民调解组织，还包括但不限于其他劳动争议调解组织，如企业劳动争议调解委员会，在乡镇、街道设立的具有劳动争议调解职能的组织。《最高人民法院关于建立健全诉讼与非诉讼相衔接的矛盾纠纷解决机制的若干意见》第 11 条规定的是“经《中华人民共和国劳动争议调解仲裁法》规定的调解组织调解达成的劳动争议调解协议”，已将劳动争议调解协议的调解主体扩大为“调解组织”，显然包括了人民调解委员会。根据《民事诉讼法》规定，申请司法确认调解协议，由双方当事人共同向调解组织所在地的基层人民法院提出。这里的“调解组织”可以理解为包括人民调解委员会在内的各种具有调解职能的组织。也就是说，立法并没有把调解组织限定在人民调解委员会，对于其他调解组织调解达成的调解协议均可申请司法确认，以鼓励更多的民间社会组织在条件成熟时参与劳动争议纠纷解决。毕竟，社会纠纷的解决应当广泛地发挥社会各类调解组织的作用，允许更多的合法成立的调解组织参与纠纷解决，为人民群众提供更多、更便利、更合适的纠纷解决途径。

三、准确理解调解协议

（一）调解协议的范围

除了公证程序及法律、法规规定外，司法确认是使调解协议具有强制执行力的前置程序。对于人民调解协议的司法确认范围，《人民调解法》并没有作出明确规定，《最高人民法院关于建立健全诉讼与非诉讼相衔接的矛盾纠纷解决机制的若干意见》第24条规定了七种不予确认的情形。我们认为，人民调解协议司法确认不应扩大化，范围不宜太广，即应限制在公民、法人及其他社会组织之间涉及民事权利与义务关系且法院有管辖权的民商事案件，主要涉及合同类、侵权类，不包括身份关系的确认及特别程序的案件类型。

本条规定的调解协议，应当限定在具有给付内容的调解范围，而非所有的劳动争议调解协议均可申请司法确认。具有给付内容的调解协议包括但不限于《劳动争议调解仲裁法》第16条规定的用人单位给付拖欠的"劳动报酬、工伤医疗费、经济补偿或者赔偿金"。只有司法确认具有给付内容的调解协议才能赋予其强制执行力，才具有实际意义，因此，调解协议必须具有给付内容，这与《最高人民法院关于人民调解协议司法确认程序的若干规定》排除调解协议涉及身份关系的司法确认的精神一脉相承，因为身份关系是否存在以及是否需要解除，不仅对当事人本人，而且对整个社会的和谐稳定都具有重要影响，当事人应当慎重处理上述关系。如果确实需要对上述关系是否存在进行认定，确实需要解除上述关系，应当通过诉讼或者其他法定方式解决。

（二）调解协议的效力

赋予调解协议以强制执行力是司法确认制度的主要目的，实践中应当对人民调解协议的效力进行准确理解与把握。《人民调解法》将人民调解协议的效力表述为：“经人民调解委员会调解达成的调解协议，具有法律约束力，当事人应当按照约定履行。”《劳动争议调解仲裁法》表述为：“调解协议书由双方当事人签名或者盖章，经调解员签名并加盖调解组织印章后生效，对双方当事人具有约束力，当事人应当履行。”《最高人民法院关于建立健全诉讼与非诉讼相衔接的矛盾纠纷解决机制的若干意见》在参考上述规定的基础上直接表述为：“经《中华人民共和国劳动争议调解仲裁法》规定的调解组织调解达成的劳动争议调解协议，由双方当事人签名或者盖章，经调解员签名并加盖调解组织印章后生效，对双方当事人具有合同约束力，当事人应当履行。双方当事人可以不经仲裁程序，根据本意见关于司法确认的规定直接向人民法院申请确认调解协议效力。人民法院不予确认的，当事人可以向劳动争议仲裁委员会申请仲裁。”实务中，司法行政机关和部分学者力图将调解协议的法律约束力解释为高于合同效力，以进一步提高人民调解的法律地位。主要原因在于：相比较一般民事合同，调解协议因加盖了调解组织印章或调解员签名，从而具有了“调解组织主持认证”的公共性质。不管调解协议比一般民事合同的效力高低，调解协议不具有直接强制执行力是公认的事实。实际上，人民调解协议本质上仍属于“私法上的和解”，依靠诚信和自律履行，不能直接作为强制执行的依据。只有通过司法确认程序，调解协议才可转化为“诉讼上的和解”，产生相当于生效裁判的强制执行效力。换言之，未经法院确认的人民调解协议属于“私法上的和解”，具有相当于合同效力的法律约束力，不能限制当事人另行起诉；而经过司法确认的调解协议，则相当于“诉讼上的和解”，产生生效裁判的效力，可以向人民法院申请强制执行。调解协议体现的是私法自治与合意性，而司法确认则体现了司法审查和公权力的监督、制约和保障作用。

从强制力和执行的角度而言，调解协议与合同并无本质区别，过分强调调解协议与合同效力的不同没有任何实质意义，反而容易给调解员、社会公众和当事人带来误导，甚至强化其职权色彩，影响调解的合意价值。调解的本质是当事人的合意，而不是公权力行为和调解组织的决定，其效果应是有利于自觉履行。因此，调解协议的法律约束力重在维护私法自治，强调当事人诚信和自动履行，应尽量减少调解协议进入强制执行的比例；而调解组织对调解协议履行的监督，属于其责任或义务，对当事人亦不具有强制性。事实上，除少数情况外，大多数自愿达成的调解协议都可以自动履行，只有在无法即时履行等特殊情况下，才需要对调解协议进行司法确认。立法对人民调解协议采用了由双方当事人申请确认、而非法定确认的选择性制度设计，旨在鼓励当事人自觉履行，强调合意和自愿对于调解的核心价值和意义，也有利于减少对司法资源的浪费。①

四、司法确认

（一）司法确认的程序

参照《最高人民法院关于人民调解协议司法确认程序的若干规定》，本条涉及的司法确认程序具体包括以下内容：

1. 司法确认案件的管辖

为方便当事人就近、及时申请司法确认，本条明确司法确认案件由主持调解的人民调解委员会所在地基层人民法院，包括它的派出法庭管辖。法院审查司法确认案件时，遇到问题便于向调解组织了解。本条规定司法确认案件必须由基层人民法院管辖，有利于将纠纷化解在基层。此规定与《人民调解法》和《民事诉讼法》的规定相一致。

2. 司法确认案件的申请及受理

（1）申请程序。申请程序主要包括申请主体、申请期限、申请形式、递交材料等内容。根据《民事诉讼法》第194条及最高人民法院司法解释相关规定，当事人应当共同向有管辖权的基层人民法院提出确认申请，一方当事人提出申请，另一方表示同意的，视为共同提出申请。调解协议达成后，双方当事人认为有必要的，应当在调解协议生效之日起30日内向调解组织所在地基层人民法院申请司法确认。当

① 范愉：《〈中华人民共和国人民调解法〉评析》，载《法学家》2011年第2期。

事人提出确认申请，可以采用书面形式或者口头形式。当事人口头提出申请的，人民法院应当记入笔录，并由当事人签字或者盖章。当事人提出申请时，应当向人民法院提交下列材料：司法确认申请书、调解协议、身份证明或营业执照、与调解协议相关的财产权利证明等证明材料、双方当事人的送达地址、联系方式、双方当事人签署的承诺书等。

（2）受理程序。基层人民法院收到当事人司法确认申请后，应当对确认申请进行审查，是否有人民法院不予受理的情形。对于劳动争议调解协议司法确认而言，主要包括：①不属于人民法院受理民事案件的范围或者不属于接受申请的人民法院管辖的；②确认劳动关系等涉及身份关系的。对于符合上述情形的申请，人民法院应当在3日内作出不予受理决定，并及时向当事人送达不予受理通知书。对不属于人民法院受理民事案件范围的，应当告知当事人按照相应的程序解决纠纷；对不属于本院管辖的，人民法院应告知当事人向有管辖权的人民法院提出申请。对于经审查认为符合条件决定受理的，人民法院应当编立“调确字”案号，确定案由为“申请确认调解协议效力”，并及时向当事人送达受理通知书。双方当事人同时到法院申请司法确认的，人民法院可以当即受理。一方当事人到法院申请司法确认的，人民法院应当通知该当事人征得另一方当事人同意后再申请确认。

3. 审查

（1）审查形式。关于司法确认案件的审查方式，究竟是形式审查，还是实体审查，实践中一直存在争议。从我国目前司法实践和司法解释来看，法院对调解协议的审查采取的是形式审查和有限的实体审查相结合的方式，也就是书面审查和庭审结合的审查原则。人民法院受理司法确认申请后，应当指定一名审判人员对调解协议进行审查。一般情况下，审判人员如果认为调解协议符合确认条件，可以在审查当事人申请、调解协议、有关证明材料基础上直接作出确认或者不予确认的决定。如果审判人员认为通过书面审查尚不能作出决定的，可以通知双方当事人同时到场，当面询问当事人。当事人应当向人民法院如实陈述申请确认的调解协议的有关情况，保证提交的证明材料真实、合法。为避免人民法院确认不应当确认的调解协议，人民法院在审查中，认为当事人的陈述或者提供的证明材料不充分、不完备或者有疑义的，可以要求当事人补充陈述或者补充证明材料。当事人无正当理由未按时补充或者拒不接受询问的，人民法院不能直接作出不予确认的决定。当事人这种不配合的状态，表明当事人不具有申请司法确认的真实意愿，人民法院可以按撤回司法确认申请处理。

（2）主体审查。对司法确认案件的主体审查，主要是对人民调解协议的双方申请人主体资格的审查和人民调解组织和主持调解人员的资格审查。对申请人主体资格审查，主要是按照《民法典》等相关法律法规的规定，审查其权利能力和行为能力是否与其所签调解协议相适应即可。

（3）审查内容。人民法院在司法确认程序中对调解协议的内容主要审查其是否符合自愿、合法原则，即“自愿性”和“合法性”审查。具体包括：①审查调解协议是否违反自愿原则。违背自愿原则的情形主要包括当事人在违背真实意思的情况下签订调解协议、调解协议显失公正、调解组织或者调解员强迫调解或者与案件有利害关系的情况等。②审查调解协议是否违法。违法的情形主要包括：违反法律或者行政法规强制性规定，侵害国家利益、社会公共利益，侵害案外人合法权益，涉及是否追究当事人刑事责任，调解组织或者调解员有其他严重违反职业道德准则的行为等。③审查调解协议是否内容明确。确认调解协议的目的之一是使调解协议获得现实的强制执行力，强制执行的前提是执行的内容明确具体，如果不清楚需要执行的内容，确认调解协议也就没有多大意义了。④审查调解协议是否损害社会公序良俗。在审查确认调解协议的时候，如果仅仅考虑调解协议是否违法是不够的，还要看调解协议对法律纠纷之外的问题的处理是否损害了社会公序良俗。

除上述内容重点审查外，还应当审查：①当事人是否具有民事行为能力。代理人参加调解的，代理人是否有代理权。②调解协议是否以合法形式掩盖非法目的。③调解协议内容是否属于当事人处分权范围。④调解组织、调解员是否与案件有利害关系，是否可能影响其保持中立、公平调解，或者调解员是否有其他违反职业道德准则的行为。①

（二）司法确认的法律后果

人民法院受理司法确认案件的申请后，经审查会产生两种不同的法律后果：一是产生强制执行力。法院经审查后认为申请确认的调解协议符合法律规定，裁定调解协议有效。如果一方当事人拒绝履行或者未全部履行，对方当事人可以向人民法院申请执行。需要明确的是，据以强制执行的依据是法院作出的确认裁定书，而不是调解协议，调解协议本身不能直接作为执行依据。二是调解协议经审查后不符合法律规定的，裁定驳回当事人的申请。当事人之间的纠纷又回到未达成协议的初始状态。此时当事人有两种选择：（1）当事人可以通过调解组织重新对纠纷进行调解，在当事人自愿的基础上变更原调解协议或者就有关争议达成新的调解协议，然后再重新申请法院确认变更后的或者新达成的调解协议。（2）当事人可以提起诉讼。虽然在我国劳动争议案件实行仲裁前置程序，当事人就调解协议的履行或内容发生争议，应当先申请仲裁。但由于此处的调解协议是具有给付内容的调解协议，依据本解释第 51 条规定，当事人可以依据调解协议直接向人民法院提起诉讼。需要注意的是，经审查对不符合确认条件的，人民法院应当作出不予确认决定，而不宜直接确认无效。理由如下：（1）当事人申请确认调解协议效力，并未申请确认其无效。法院直接确认无效，不符合司法被动性的要求。（2）未经当事人申请，法院就确认其无效，导致当事人不能就相关事项充分表达意见，其诉讼权利难以得到有效保障。（3）由人民法院直接确认无效，意味着法院需要进行更多的实体审查，将在司法确认程序中投入更多的司法资源，这与司法

① 最高人民法院民事诉讼修改研究小组编著：《〈中华人民共和国民事诉讼法〉修改条文理解与适用》，人民法院出版社 2012 年版，第 401 页。

确认程序便捷的特点不符，不利于发挥司法确认程序的优势。如果在确认程序中发现了部分不宜确认的情况，法官应当征询双方当事人意见。双方当事人同意部分确认的，可以仅就适宜确认的部分进行确认。当事人不同意部分确认的，应当作出不予确认的决定。[①]

（三）司法确认的法律文书形式

关于司法确认案件的法律文书形式，实践中主要有四种不同做法：一是决定书，二是确认书，三是调解书，四是裁定书。《民事诉讼法》最终采纳了“裁定书”的意见，理由是：（1）裁定书作为执行依据，在各地法院的认同度较高，便于申请人实现实体权利要求；（2）在民事诉讼法框架下，裁定书与决定书、调解书等其他文书相比，是较为适宜的，既体现司法确认案件的实质审查特点，也不同于法院诉讼调解后制作的调解书。因此，对于司法确认案件应当采用裁定书的形式予以处理。

【审判实践中应注意的问题】

一、确认裁定能否上诉或申请复议

多数观点认为，确认裁定书和驳回申请裁定书不能上诉和申请复议，一方面因为司法确认程序便捷性的要求；另一方面是因为，当事人自愿共同申请确认，没有必要在法院予以确认后设置上诉和复议程序设计；对于裁定驳回申请的，当事人可以再次通过调解、诉讼等途径解决纠纷，其诉讼权利行使没有受到限制。我们认为，该观点符合客观实际，也与立法设立司法确认制度的精神相符合。据此，当事人在收到确认裁定书和驳回申请裁定书后，不得上诉，也不得申请复议。

① 卫彦明、蒋惠岭、向国慧：《〈关于人民调解协议司法确认程序的若干规定〉理解与适用》，载《人民司法·应用》2011年第9期。

二、司法确认裁定错误的救济问题

当双方当事人达成的调解协议侵害了案外第三人的合法权益时，第三人如何获得救济以保护自身权益？根据我国《民事诉讼法》及司法解释关于案外人救济的相关规定，针对法院确认裁定错误的救济问题，案外人可通过下列救济途径寻求救济：（1）对双方达成的调解协议，起诉至法院，提出确认无效之诉。（2）向法院申请撤销对调解协议的司法确认。（3）申请再审。

三、劳动争议调解协议的司法确认与其他救济途径关系问题

劳动者和用人单位达成调解协议，一方反悔或者不履行的，另一方当事人有以下救济途径：（1）根据本解释第 51 条规定，直接提起诉讼。（2）根据《劳动争议调解仲裁法》第 15 条规定，依法申请仲裁。（3）根据《劳动争议调解仲裁法》第 16 条规定，向人民法院申请支付令。（4）支付令被人民法院裁定终结督促程序后，劳动者可以直接起诉。从上述救济途径的规定看，均是表述为“可以”，也就是说，上述四种救济途径为并列关系，可以由当事人根据案件及自身情况任意选择适用。而本条规定的司法确认程序，是劳动者和用人单位达成调解协议后，为尽快解决纠纷而共同申请司法确认，以赋予强制执行力，双方是认可调解协议的，其是解决纠纷的一种便捷途径，而非一方不履行调解协议而采取的救济途径。劳动者在采取上述四种方式之一后，不能再申请司法确认，除非另一方当事人同意，且该方当事人自愿撤回仲裁或者诉讼。但当事人在申请司法确认程序后，在不予确认的情况下，针对调解协议则仍可采取上述救济途径，以实现自己的合法权益。

四、注意本条提起司法确认程序的期限

《人民调解法》第 33 条第 1 款规定：“经人民调解委员会调解达成调解协议后，双方当事人认为有必要的，可以自调解协议生效之日

起三十日内共同向人民法院申请司法确认，人民法院应当及时对调解协议进行审查，依法确认调解协议的效力。”《民事诉讼法》第 194 条规定：“申请司法确认调解协议，由双方当事人依照人民调解法等法律，自调解协议生效之日起三十日内，共同向调解组织所在地基层人民法院提出。”故双方当事人提起司法确认程序，应当在调解协议生效之日起 30 日内，共同向调解组织所在地基层人民法院提出，逾期则人民法院不予受理。

第五十三条

用人单位对劳动者作出的开除、除名、辞退等处理，或者因其他原因解除劳动合同确有错误的，人民法院可以依法判决予以撤销。

对于追索劳动报酬、养老金、医疗费以及工伤保险待遇、经济补偿金、培训费及其他相关费用等案件，给付数额不当的，人民法院可以予以变更。

【条文主旨】

本条是关于劳动争议案件中人民法院裁判权范围的规定。

【条文理解】

一、制定背景

我国相关法律规定均赋予企业广泛的用人自主权，用人单位建立和完善劳动规章和劳动制度，以规范用人单位履行法定义务，对于保障劳动者权利起到了一定的积极作用。但是从用人单位与劳动者履行劳动合同的过程来看，劳动者始终处于弱势地位，其权利义务的实现均受用人单位的支配，而用人单位滥用劳动规章制定权、处罚权，侵害劳动者合法权益的现象屡有发生，而现行法律针对用人单位对劳动者所作出的开除、除名、辞退的处理及解除劳动合同的行为，没有明确劳动者可以享有申请撤销的权利，显然是不合理的。

为了更好地维护劳动者的劳动权利，2001 年《劳动争议司法解释》第 20 条规定，用人单位对劳动者作出的开除、除名、辞退等处理，或者因其他原因解除劳动合同确有错误的，人民法院可以依法判决予以撤销。对于追索劳动报酬、养老金、医疗费以及工伤保险待遇、经济补偿金、培训费及其他相关费用等案件，给付数额不当的，人民法院可以予以变更。本解释对上述条文予以保留，条文内容无变化，仅对条文序号作调整。

二、本条适用中需要注意的几个问题

（一）本条第1款应注意的几个问题

1. 对本条第1款规定的情形，人民法院仅可以判决予以撤销

对用人单位作出的开除、除名、辞退的处理及解除劳动合同的行为，人民法院仅能判决予以撤销，而不宜对用人单位的用工等问题进行判决。人民法院在审理此类案件中经审查认为，用人单位所作出的对劳动者开除、除名、辞退的处理及解除劳动合同的行为确有错误的，可以判决予以撤销。其撤销后的效力为，用人单位作出的开除、除名、辞退的处理及解除劳动合同的行为即归于消灭，并自始无效。当事人之间的权利义务恢复至行为发生前的状态。因此有人认为，人民法院判决撤销用人单位的决定后，劳动者与用人单位的劳动关系自然恢复，劳动者应继续工作。还有的人民法院直接判决用人单位与劳动者建立劳动关系等。以上观点与做法值得商榷。以上做法已超出了本条所规定的内容，而且不符合相关的法律规定。（1）用人单位依法享有用工自主权。不同类型的用人单位，其具体的用人权利不尽相同。用人单位在录用劳动者方面的权利，主要是有权按国家规定和本单位需要择优录用劳动者，用人单位可以自主决定招工的时间、条件、方式、数量、用工形式等。依照《劳动法》第16条及第17条规定，劳动合同是劳动者与用人单位确立劳动关系、明确双方权利和义务的协议。订立和变更劳动合同，应当遵循平等自愿、协商一致的原则。用人单位与劳动者确立劳动关系的方式就是双方自愿订立劳动合同。其他单位或个人都无权为当事人设立该权利。而且即使人民法院违背当事人意愿判决双方当事人恢复劳动关系，在现实中也无法履行。（2）人民法

院判决撤销用人单位的决定后，劳动者与用人单位应就劳动争议内容重新进行协商。一般情况下，用人单位在对劳动者作出开除、除名、辞退处理及解除劳动合同之前，双方当事人就已经发生了争议，所以在人民法院将用人单位的错误决定撤销后，双方就应该恢复到对劳动争议或纠纷的协商解决的状态上，双方应依照《劳动法》及用人单位的规章制度等对其争议进行协商。如果双方协商达不成一致意见，例如原来订立的劳动合同是否继续履行，不继续履行如何解除，解除合同责任如何认定等协商不成，发生劳动争议纠纷，双方当事人均可以依照合同约定及有关规定向仲裁机构申请仲裁等。

2. 如何认定用人单位作出的决定确有错误

用人单位与劳动者解除劳动合同的，只要符合《劳动法》第 23 条至第 27 条规定的，均应予认可。但是，劳动者有《劳动法》第 29 条规定情形之一的，用人单位不得依据该法第 26 条、第 27 条的规定解除劳动合同。

（1）《劳动法》第 29 条规定用人单位不得解除劳动合同的情形。主要包括：

第一，劳动者患职业病或者因工负伤并被确认丧失或者部分丧失劳动能力的。工伤范围的认定，应依照《工伤保险条例》第14～15条之规定确定。

第二，劳动者患病或者负伤，在规定的医疗期内的。医疗期内不是指病情或工伤痊愈所需要的时间，而是指职工因工负伤或患职业病而停工治疗并领取工伤津贴的期限。根据《工伤保险条例》第 33 条规定，职工因工作遭受事故伤害或者患职业病需要暂停工作接受工伤医疗的，在停工留薪期内，原工资福利待遇不变，由所在单位按月支付。停工留薪期一般不超过 12 个月。伤情严重或者情况特殊，经设区的市级劳动能力鉴定委员会确认，可以适当延长，但延长不得超过 12 个月。工伤职工评定伤残等级后，停发原待遇，按照本章的有关规定享受伤残待遇。工伤职工在停工留薪期满后仍需治疗的，继续享受工伤医疗待遇。生活不能自理的工伤职工在停工留薪期需要护理的，由所在单位负责。因此在劳动者的医疗期内用人单位亦不得解除与劳动者的劳动合同。

第三，女职工在孕期、产期、哺乳期内的。根据《劳动法》规定，女职工在怀孕期间，用人单位不仅不能解除劳动合同，还应对其安全与健康加以特殊的保护，安排劳动强度适度的劳动。女职工生育享受不少于90天的产假；《女职工劳动保护特别规定》对女职工产前、产后以及难产、多胞胎者分别规定了相应的假期。女职工哺乳婴儿的哺乳期为1年。

第四，法律、行政法规规定的其他情形。此系兜底条款，如果有关规定明确规定了其他情形的，用人单位也应予以遵守。

（2）如何理解和适用《劳动法》第25条规定的内容。①关于在试用期间被证明不符合录用条件的问题。是否符合录用条件，应当以法定的最低就业年龄等基本录用条件和招用时规定的文化、技术、身体、品质等条件为准，在具体录用条件不明确时，还应以是否胜任商定的工作为准。用人单位提出不合格的，应当提出合法有效的证明。以避免用人单位滥用解除劳动合同权利。认定是否在试用期间，应当以劳动合同为准。若劳动合同约定的试用期间超过法定最长时间（法定最长时间为6个月），则以法定最长期限为准。若试用期届满后仍未办理劳动者转正手续，则不能认为还处在试用期间，即不能再以试用不合格为由辞退劳动者。②关于严重违反劳动纪律或者用人单位规章制度的问题。是否违纪，应当以劳动者本人有义务遵循的劳动纪律及用人单位规章制度为准。违纪是否严重，一般应当以劳动法规所规定的限度和用人单位内部劳动规则关于严重违纪行为的具体规定作为衡量标准，不得降低或扩大劳动法所要求的严重程度。在判定违纪是否严重时，应当以劳动者在本劳动合同存续期间和法定追究期限内的未经处罚和法定可重复处罚的违纪事实为限，而不能将超出此时间范围或法定不可重复处罚的违纪事实累计在内。③关于严重失职，营私舞弊，对用人单位利益造成重大损害问题。主要是指劳动者在履行劳动合同中有未尽职责的严重过失或者利用职务之便牟取私利的故意行为，使用人单位财产或人员遭受重大损害。④关于被依法追究刑事责任问题。劳动者在劳动合同存续期间，因严重违法构成犯罪，被人民法院依法判处刑罚或者裁定免予刑事处分。但是对依照刑法处以管制者、宣告缓刑者及被免予刑事处罚者，虽然立法规定可予辞退，但在实践中也可不予辞退。

（3）用人单位适用《劳动法》第26条规定与劳动者解除劳动合同的，包括用人单位作出辞退等的劳动处罚决定，除必须符合条文所规定的情形外，还应当提前30天以书面形式通知劳动者本人。对于用人单位作出的处理决定何时生效问题，实践中做法不一，有的以用人单位作出决定之日为准；有的以处罚决定书通知送达劳动者本人为准；还有的以用人单位公告处罚决定之日为准。依据《劳动法》第26条规定及充分体现保障劳动者合法权益的根本宗旨来看，应当以劳动处罚决定书面通知劳动者本人、并自送达之日起生效。

（4）对《劳动法》第27条规定的适用。该条将裁员的法定条件限定为以下两种情形：第一，用人单位濒临破产进行法定整顿期间，确需减员。即在破产程序中，用人单位由于出现破产原因或破产危险，经申请和法院准许开始整顿措施。第二，用人单位生产经营状况发生严重困难，确需减员。即用人单位生产经营状况恶化，发生严重亏损、开工严重不足、产品严重积压等困难，并达到当地政府规定的严重困难企业标准，需要通过减员来克服困难。如果主要是由于职工过剩以外的原因使企业陷入困境，即使裁员也不会使企业摆脱困境的，则不能认为确需减员。

（二）本条第2款关于如何确定给付数额的问题

该条款规定共列举出6项费用，并规定这些费用如果数额确定得不当，人民法院有权直接予以变更。那么，这就涉及人民法院应依据什么确定给付数额，这是一个比较复杂的问题。解答这些问题，只能就各种费用的给付原则及标准进行说明，而不可能对某项费用的具体数额予以确定。下面仅就问题比较多的劳动报酬、工伤保险待遇及经济补偿金如何确定作以下说明：

1. 劳动报酬数额确定原则

工资额的确定必须以劳动法规、劳动政策、集体合同和劳动合同的规定为依据。在我国工资制度中有三方权利：一是劳动者的工资权。包括工资取得权、工资支配权、工资保障权、工资分配参与权。二是用人单位的工资分配自主权。即用人单位依法自主确定本单位工资分配的权利。其包括：（1）工资分配方案确定权。主要是自主选择基本工资制度，自主决定工资标准、工资形式以及晋级增薪和降级减薪的办法、条件和时间。（2）工资水平确定权。主要是按照法定原则自主确定工资总额和职工平均工资水平。《劳动法》第47条规定："用人单位根据本单位的生产经营特点和经济效益，依法自主确定本单位的工资分配方式和工资水平。"该条虽规定了用人单位工资分配的自主权，但应当强调的一点是，此自主权是在法定范围内的自主，凡是以强制性法律规范规定的工资分配规则，用人单位不得超越。而且这里的"自主"并不是指完全由单位单方决定工资分配，用人单位工资分配的制度和方案应当由职工代表大会审议通过，或者经过与工会组织或职工代表协商一致，方能生效。三是国家的工资管理权。主要包括制定工资政策法规、控制工资总量、确定最低工资标准等；对企业工资进行间接管理、监督企业在工资分配过程中遵守工资政策法规；对国家机关（包括部分事业单位和社会团体）工资实行直接管理，确定国家机关工资的制度和方案。

我国实行工资最低保障制度。《劳动法》第48条第2款规定："用人单位支付劳动者的工资不得低于当地最低工资标准。"劳动关系双方当事人不得在劳动合同中约定在法定最低工资额以下的工资。只要劳动者按法定工作时间履行劳动义务或者被合法免予劳动义务，用人单位向劳动者支付的工资就不得少于法定最低工资额。最低工资额的形式，一般有小时工资额、日最低工资额、周最低工资额和月最低工资额。《劳动法》第48条第1款规定："国家实行最低工资保障制度。最低工资的具体标准由省、自治区、直辖市人民政府规定，报国务院备案。"无论从《劳动法》保护劳动者工资的角度，还是从民法上保护劳动报酬的角度，用人单位支付的工资标准都不能低于当地政府公布的最低工资标准。

另外，从工资具有社会财富分配的属性考虑，还应该参照用人单位相同工种、相同岗位的人员工资标准支付劳动者应得的工资，保障劳动者的实际工资，才是对劳动者更高水平的保护。

2. 工伤保险待遇

工伤保险待遇包括工伤医疗和护理费、住院伙食补助费、就医交通费和住宿费、康复治疗费、辅助器具费、伤残补助金、伤残就业补助金、丧葬补助金、供养亲属补助金、一次性工亡补助金等。

（1）关于工伤医疗期间待遇给付标准。包括医疗待遇给付标准、停工留薪待遇给付标准。①医疗待遇给付标准。根据《工伤保险条例》第30条规定，治疗工伤所需费用符合工伤保险诊疗项目目录、工伤保险药品目录、工伤保险住院服务标准的，从工伤保险基金支付。工伤保险诊疗项目目录、工伤保险药品目录、工伤保险住院服务标准，由国务院社会保险行政部门会同国务院卫生行政部门、食品药品监督管理部门等部门规定。职工住院治疗工伤的伙食补助费，以及经医疗机构出具证明，报经办机构同意，工伤职工到统筹地区以外就医所需的交通、食宿费用从工伤保险基金支付，基金支付的具体标准由统筹地区人民政府规定。工伤职工治疗非工伤引发的疾病，不享受工伤医疗待遇，按照基本医疗保险办法处理。工伤职工到签订服务协议的医疗机构进行工伤康复的费用，符合规定的，从工伤保险基金支付。②停工留薪待遇给付标准。该标准在本条前述内容已有详细介绍，此处不再赘述。

（2）关于工伤致残待遇给付标准。根据《工伤保险条例》第35～37条规定，第一，职工因工致残被鉴定为一级至四级伤残的，保留劳动关系，退出工作岗位，享受以下待遇：①从工伤保险基金按伤残等级支付一次性伤残补助金，标准为：一级伤残为27个月的本人工资，二级伤残为25个月的本人工资，三级伤残为23个月的本人工资，四级伤残为21个月的本人工资。②从工伤保险基金按月支付伤残津贴，标准为：一级伤残为本人工资的90%，二级伤残为本人工资的85%，三级伤残为本人工资的80%，四级伤残为本人工资的75%。伤残津贴实际金额低于当地最低工资标准的，由工伤保险基金补足差额。③工伤职工达到退休年龄并办理退休手续后，停发伤残津贴，按照国家有关规定享受基本养老保险待遇。基本养老保险待遇低于伤残津贴的，由工伤保险基金补足差额。职工因工致残被鉴定为一级至四级伤残的，由用人单位和职工个人以伤残津贴为基数，缴纳基本医疗保险费。第二，职工因工致残被鉴定为五级、六级伤残的，享受以下待遇：①从工伤保险基金按伤残等级支付一次性伤残补助金，标准为：五级伤残为18个月的本人工资，六级伤残为16个月的本人工资；②保留与用人单位的劳动关系，由用人单位安排适当工作。难以安排工作的，由用人单位按月发给伤残津贴，标准为：五级伤残为本人工资的70%，六级伤残为本人工资的60%，并由用人单位按照规定为其缴纳应缴纳的各项社会保险费。伤残津贴实际金额低于当地最低工资标准的，由用人单位补足差额。经工伤职工本人提出，该职工可以与用人单位解除或者终止劳动关系，由工伤保险基金支付一次性工伤医疗补助金，由用人单位支付一次性伤残就业补助金。一次性工伤医疗补助金和一次性伤残就业补助金的具体标准由省、自治区、直辖市人民政府规定。第三，职工因工致残被鉴定为七级至十级伤残的，享受以下待遇：①从工伤保险基金按伤残等级支付一次性伤残补助金，标准为：七级伤残为13个月的本人工资，八级伤残为11个月的本人工资，九级伤残为9个月的本人工资，十级伤残为7个月的本人工资。②劳动、聘用合同期满终止，或者职工本人提出解除劳动、聘用合同的，由工伤保险基金支付一次性工伤医疗补助金，由用人单位支付一次性伤残就业补助金。一次性工伤医疗补助金和一次性伤残就业补助金的具体标准由省、自治区、直辖市人民政府规定。

（3）关于因工死亡待遇给付标准。根据《工伤保险条例》第39条规定，职工因工死亡，其直系亲属按照下列规定从工伤保险基金领取丧葬补助金、供养亲属抚恤金和一次性工亡补助金：①丧葬补助金为6个月的统筹地区上年度职工月平均工资。②供养亲属抚恤金按照本人工资的一定比例发给由死亡职工生前提供主要生活来源、无劳动能力的亲属。标准为：配偶每月40%，其他亲属每人每月30%，孤寡老人或者孤儿每人每月在上述标准的基础上增加10%。供养亲属的抚恤金之和不高于因工死亡职工生前的工资。③一次性工亡补助金标准为上一年度全国城镇居民人均可支配收入的20倍。根据《工伤保险条例》第41条规定，职工因工外出期间发生事故或者在抢险救灾中下落不明的，从事故发生当月起3个月内照发工资，从第4个月起停发工资，由工伤保险基金向其供养亲属按月支付供养亲属抚恤金。生活有困难的，可以预支一次性工亡补助金的50%。职工被人民法院宣告死亡的，按照职工因工死亡的规定处理。

3. 经济补偿金

经济补偿金是指在劳动合同解除或终止后，用人单位依法一次性支付给劳动者的经济上的补助。（1）解除劳动合同的经济补偿金。《劳动合同法》第46条对解除劳动合同的经济补偿标准作了如下规定："有下列情形之一的，用人单位应当向劳动者支付经济补偿：（一）劳动者依照本法第三十八条规定解除劳动合同的；（二）用人单位依照本法第三十六条规定向劳动者提出解除劳动合同并与劳动者协商一致解除劳动合同的；（三）用人单位依照本法第四十条规定解除劳动合同的；（四）用人单位依照本法第四十一条第一款规定解除劳动合同的；（五）除用人单位维持或者提高劳动合同约定条件续订劳动合同，劳动者不同意续订的情形外，依照本法第四十四条第一项规定终止固定期限劳动合同的；（六）依照本法第四十四条第四项、第五项规定终止劳动合同的；（七）法律、行政法规规定的其他情形。"第47条规定："经济补偿按劳动者在本单位工作的年限，每满一年支付一个月工资的标准向劳动者支付。六个月以上不满一年的，按一年计算；不满六个月的，向劳动者支付半个月工资的经济补偿。劳动者月工资高于用人单位所在直辖市、设区的市级人民政府公布的本地区上年度职工月平均工资三倍的，向其支付经济补偿的标准按职工月平均工资三倍的数额支付，向其支付经济补偿的年限最高不超过十二年。”（2）失业补偿费。《私营企业劳动管理暂行规定》第 15 条规定：私营企业因破产或歇业而解除劳动合同的，失业补偿费的标准为，合同期未满的时间每相差 1 年发给劳动者相当于本人标准工资 1 个月的失业补助费，但最高不超过 12 个月。（3）禁止同业竞争补偿费。本解释第 36 条规定，当事人在劳动合同或者保密协议中约定了竞业限制，但未约定解除或者终止劳动合同后给予劳动者经济补偿，劳动者履行了竞业限制义务，要求用人单位按照劳动者在劳动合同解除或者终止前 12 个月平均工资的 30% 按月支付经济补偿的，人民法院应予支持。

第五十四条

本解释自2021年1月1日起施行。

【条文主旨】

本条是关于本解释生效日期的规定。

【条文理解】

《民法典》于2021年1月1日起即正式施行，相关法律及司法解释作对应调整。最高人民法院曾先后颁布实施4个劳动争议司法解释，内容丰富、体系庞大、跨越时间长，出现2001年《劳动争议司法解释》、2006年《劳动争议司法解释（二）》的相关内容与后颁布的《劳动合同法》《劳动争议调解仲裁法》内容不协调、不一致的情况。为适应劳动法基本法律体系和内容的变化，本解释对原有的劳动争议司法解释进行了系统性梳理，视实践需要对原有条款予以保留、修改或废止，形成本解释。为充分保障当事人依法行使诉讼权利，考虑到与《民法典》施行时间保持一致以及与诉讼程序的有效衔接，本解释施行的时间确定在2021年1月1日。

一、关于司法解释的施行时间

司法解释的施行时间，是指司法解释对其所调整的社会关系开始发生法律效力的时间。能否正确理解司法解释的施行时间，直接影响人民法院在审理案件过程中能否准确适用法律，继而影响判决结果和当事人权益。我国《立法法》第57条规定："法律应当明确规定施行日期。”司法解释作为最高人民法院就审判工作中具体适用法律问题作出的重要司法规范，亦应执行这一标准。施行日期，或说生效日期，关系到法律规范在何时具备拘束力，这是法律规范得以被适用于具体问题解决的前提。最高人民法院2007年3月9日发布的《最高人民法院关于司法解释工作的规定》第25条第3款规定：司法解释自公告发布之日起施行，但司法解释另有规定的除外。《最高人民法院办公厅关于规范司法解释施行日期有关问题的通知》（法办〔2007〕396号）进一步要求，“一、今后各部门起草的司法解释对施行日期没有特别要求的，司法解释条文中不再规定‘本解释（规定）自公布之日起施行’的条款，施行时间一律以发布司法解释的最高人民法院公告中明确的日期为准。二、司法解释对施行日期有特别要求的，应当在司法解释条文中规定相应条款，明确具体施行时间，我院公告的施行日期应当与司法解释的规定相一致”。2015年9月2日，《最高人民法院办公厅关于规范司法解释发布、施行日期问题的通知》第1条规定：“司法解释的施行日期是司法解释的实质性内容，应在司法解释主文中以自‘×年×月×日起施行’形式予以明确。”

一般而言，司法解释自公告之日起即开始施行，但不排除特殊情况下的特殊安排。我国的司法解释根据不同情况规定了不同的生效时间，通常是由司法解释的具体性质和实际需要决定的，主要分为以下三类：

（一）自公布之日起立即生效

此种方式多适用于急需司法解释尽快出台，且立即施行时机较为成熟的情况，为了使其尽早发挥规范作用，而采取此类一经公布立即生效的做法。例如，此前施行的《最高人民法院关于适用〈中华人民共和国婚姻法〉若干问题的解释（一）》（法释〔2001〕30号，2021年1月1日起废止）第34条规定：“本解释自公布之日起施行。”之所以这样规定，是因为：第一，当时《婚姻法》新修，增加了许多新的制度，对于许多原来规定的制度内容进行了丰富和完善。由于立法技术所限，法律不可能规定得过于详细，使得实践中如何正确理解成为当务之急。而《婚姻法》修改后一经公布立即适用，迫切需要尽快出台可操作性强的司法解释指导审判实践工作。第二，《婚姻法》在修订到公布的过程中，已经在各个领域都得到了广泛的宣传和学习，一些重大变化已经为群众所知。加上较长时间的面向社会各界的征求意见、宣传准备工作，该司法解释具备了公布后马上实施的条件。需要注意的是，如司法解释条文未规定施行时间，也未发布相关公告，其生效时间应理解为“自发布之日起施行”。

（二）自公布一段时间之后的某日起施行

采取这种方式主要是考虑到司法解释从公布到施行需要有一个学习宣传贯彻的过程，力求使各级人民法院理解和掌握司法解释的原则和精神，以便广大审判人员在实际审判工作中正确适用相关规定。具体而言，每件司法解释公布与施行的时间间隔各不相同。这主要根据司法解释的内容、急缓程度来确定。

本解释的生效时间规定也属此类。主要考量因素有二：其一，我国首部《民法典》于2021年1月1日起正式施行，本解释与《民法典》的施行时间保持一致，能够更好地适应社会经济发展的需要，妥善地与《民法典》及相关法律规范进行衔接，进一步保障法律适用的正确性。其二，考虑到本解释对劳动争议领域此前实施的四部司法解释逐一进行了清理、修改和废止，并在此基础上重新整合修订，其内容涉及劳动争议案件审理中的众多重点、难点问题。因此，本解释的公布和施行留出相应的准备和衔接工作的时间十分必要，亦能更好地保证本解释在审判实践中全面、正确实施。

（三）在一项司法解释中规定两个施行时间

此种情况极为少见，但也曾经存在。例如，《最高人民法院关于建设工程价款优先受偿权问题的批复》（法释〔2002〕16号，2021年1月1日起废止）第5条规定：“本批复第一条至第三条自公布之日起施行，第四条自公布之日起六个月后施行。”该批复现已废止，但其具有典型性，相关实体性规范自批复公布之日起施行，但对承包人行使优先受偿权的时间限制从该批复公布之日起6个月后施行，其目的就是更好地保护建设工程施工人工程价款的优先受偿权。这种情况比较少见，主要是根据司法解释的内容和实际需要进行。

二、关于司法解释的溯及力问题

（一）司法解释的溯及力

对于司法解释的溯及力问题，实践中一直存在争论，情况较为复杂。一种观点认为，司法解释虽然理论上是对既有法律的解释，但其在一定程度上起着填补立法空白甚至创设新规则的作用。按照法不溯及既往原则，司法解释只能适用于公布施行后人民法院新受理的案件。只要案件的一审程序是在司法解释生效施行之前启动的，都不能适用该司法解释。另一种观点认为，司法解释是对现行立法的解释，故应当自公布之日起，对于人民法院尚未审结的一审、二审案件均应适用。这种对司法解释施行前人民法院已经受理、司法解释施行后尚未审结的案件加以适用司法解释的主张，实际上是赋予了司法解释一定的溯及力。在审判实践中，对适用法不溯及既往的例外，一定要有明确的规定，没有明确规定的，不得推定法律、司法解释溯及既往。一般情况下，就民事案件而言，新司法解释施行后尚未审结的一审、二审案件适用新解释，而施行前已经终审、施行后当事人申请再审或者按照审判监督程序决定再审的案件不适用新的解释。

（二）本解释的溯及力

本解释作为《民法典》的配套司法解释，溯及力应当与《民法典》保持一致，这也是本解释生效时间确定为《民法典》正式实施的2021年1月1日的重要原因之一。此前关于劳动争议的四部司法解释已被《最高人民法院关于废止部分司法解释及相关规范性文件的决定》（法释〔2020〕16号）宣布废止。人民法院今后在审理劳动争议案件时如何适用新旧司法解释，应根据《最高人民法院关于适用〈中华人民共和国民法典〉时间效力的若干规定》的原则选择适用。具体而言：

1. 基于《民法典》和本解释施行后发生的法律事实引起的民事纠

纷案件，适用本解释。对于法律事实完全发生在《民法典》实施之后的情况，适用《民法典》及本解释的相关规定，这一点在理论和实践中均不存在任何障碍。

2.《民法典》和本解释施行前的法律事实引起的民事纠纷案件，一般适用当时的法律、司法解释的规定，但是法律、司法解释另有规定的除外。根据《最高人民法院关于适用〈中华人民共和国民法典〉时间效力的若干规定》规定，当时的法律、司法解释有规定，适用当时的法律、司法解释的规定，但是适用《民法典》的规定更有利于保护民事主体合法权益，更有利于维护社会和经济秩序，更有利于弘扬社会主义核心价值观的除外。当时的法律、司法解释没有规定而《民法典》有规定的，可以适用《民法典》的规定，但是明显减损当事人合法权益、增加当事人法定义务或者背离当事人合理预期的除外。我们认为，此原则也可类推适用于本解释。即对于《民法典》和本解释施行前的法律事实引起的民事纠纷案件，如果适用本解释更有利于保护民事主体合法权益，更有利于维护社会和经济秩序，更有利于弘扬社会主义核心价值观的，适用本解释。当时的法律、司法解释没有规定，本解释有规定的，除非会明显减损当事人合法权益、增加当事人法定义务或者背离当事人合理预期，适用本解释。

3. 本解释施行前已经终审、施行后当事人申请再审或者按照审判监督程序决定再审的案件，不适用本解释。通常情况下，案件裁判的既判力应当优于司法解释的溯及力，即不得以个案的裁判理由不同于司法解释的规定为由推翻已经生效的裁判。这是因为，即使允许司法解释在有限情形下溯及既往，也要以不违反法的稳定性和信赖利益保护原则为前提，而维护裁判的既判力也是法的稳定性的一项基本要求，如果溯及力优于既判力，可能会导致大量既有生效裁判失去效力，不仅不利于稳定民事主体的权利义务关系，也不利于维护司法权威。

附录：新旧条文对照表

新条文	旧条文
最高人民法院关于审理劳动争议案件适用法律问题的解释（一） （黑体部分为修改或增加的内容）	2001 年《劳动争议司法解释》； 2006 年《劳动争议司法解释（二）》； 2010 年《劳动争议司法解释（三）》； 2013 年《劳动争议司法解释（四）》 （阴影部分为修改或删除的内容）
为正确审理劳动争议案件，根据**《中华人民共和国民法典》《中华人民共和国劳动法》《中华人民共和国劳动合同法》《中华人民共和国劳动争议调解仲裁法》《中华人民共和国民事诉讼法》等相关法律规定，结合审判实践，制定本解释。**	2001 年《劳动争议司法解释》　为正确审理劳动争议案件，根据《中华人民共和国劳动法》（以下简称《劳动法》），和《中华人民共和国民事诉讼法》（以下简称《民事诉讼法》）等相关法律之规定，就适用法律的若干问题，作如下解释。 2006 年《劳动争议司法解释（二）》　为正确审理劳动争议案件，根据《中华人民共和国劳动法》、《中华人民共和国民事诉讼法》等相关法律规定，结合民事审判实践，对人民法院审理劳动争议案件适用法律的若干问题补充解释如下： 2010 年《劳动争议司法解释（三）》　为正确审理劳动争议案件，根据《中华人民共和国劳动法》、《中华人民共和国劳动合同法》、《中华人民共和国劳动争议调解仲裁法》、《中华人民共和国民事诉讼法》等相关法律规定，结合民事审判实践，特作如下解释。 2013 年《劳动争议司法解释（四）》　为正确审理劳动争议案件，根据《中华人民共和国劳动法》《中华人民共和国劳动合同法》《中华人民共和国劳动争议调解仲裁法》《中华人民共和国民事诉讼法》等相关法律规定，结合民事审判实践，就适用法律的若干问题，作如下解释：

续表

新条文	旧条文
第一条 劳动者与用人单位之间发生的下列纠纷，属于劳动争议，当事人不服劳动争议仲裁**机构**作出的裁决，依法**提起诉讼**的，人民法院应**予**受理： （一）劳动者与用人单位在履行劳动合同过程中发生的纠纷； （二）劳动者与用人单位之间没有订立书面劳动合同，但已形成劳动关系后发生的纠纷； （三）**劳动者与用人单位**因劳动关系是否已经解除或者终止，以及应否支付解除或**者**终止劳动关系经济补偿金**发生**的**纠纷**； （四）劳动者与用人单位解除或者终止劳动关系后，请求用人单位返还其收取的劳动合同定金、保证金、抵押金、抵押物**发生**的**纠纷**，或者办理劳动者的人事档案、社会保险关系等移转手续**发生**的**纠纷**； （五）劳动者以用人单位未为其办理社会保险手续，且社会保险经办机构不能补办导致其无法享受社会保险待遇为由，要求用人单位赔偿损失发生**的纠纷**；	**2001年《劳动争议司法解释》第一条** 劳动者与用人单位之间发生的下列纠纷，属于《劳动法》第二条规定的劳动争议，当事人不服劳动争议仲裁委员会作出的裁决，依法向人民法院起诉的，人民法院应当受理： （一）劳动者与用人单位在履行劳动合同过程中发生的纠纷； （二）劳动者与用人单位之间没有订立书面劳动合同，但已形成劳动关系后发生的纠纷； （三）劳动者退休后，与尚未参加社会保险统筹的原用人单位因追索养老金、医疗费、工伤保险待遇和其他社会保险费而发生的纠纷。
	2006年《劳动争议司法解释（二）》第四条 用人单位和劳动者因劳动关系是否已经解除或者终止，以及应否支付解除或终止劳动关系经济补偿金产生的争议，经劳动争议仲裁委员会仲裁后，当事人依法起诉的，人民法院应予受理。
	2006年《劳动争议司法解释（二）》第五条 劳动者与用人单位解除或者终止劳动关系后，请求用人单位返还其收取的劳动合同定金、保证金、抵押金、抵押物产生的争议，或者办理劳动者的人事档案、社会保险关系等移转手续产生的争议，经劳动争议仲裁委员会仲裁后，当事人依法起诉的，人民法院应予受理。
	2010年《劳动争议司法解释（三）》第一条 劳动者以用人单位未为其办理社会保险手续，且社会保险经办机构不能补办导致其无法享受社会保险待遇为由，要求用人单位赔偿损失而发生争议的，人民法院应予受理。

续表

新条文	旧条文
（六）劳动者退休后，与尚未参加社会保险统筹的原用人单位因追索养老金、医疗费、工伤保险待遇和其他社会保险**待遇**而发生的纠纷； （七）劳动者因为工伤、职业病，请求用人单位依法给予工伤保险待遇**发生的纠纷**； （八）劳动者依据劳动合同法第八十五条规定，要求用人单位支付加付赔偿金**发生的纠纷**； （九）因企业自主进行改制**发生的纠纷**。	**2006 年《劳动争议司法解释（二）》第六条** 劳动者因为工伤、职业病，请求用人单位依法承担给予工伤保险待遇的争议，经劳动争议仲裁委员会仲裁后，当事人依法起诉的，人民法院应予受理。 **2010 年《劳动争议司法解释（三）》第三条** 劳动者依据劳动合同法第八十五条规定，向人民法院提起诉讼，要求用人单位支付加付赔偿金的，人民法院应予受理。 **2010 年《劳动争议司法解释（三）》第二条** 因企业自主进行改制引发的争议，人民法院应予受理。
第二条 下列纠纷不属于劳动争议： （一）劳动者请求社会保险经办机构发放社会保险金的纠纷； （二）劳动者与用人单位因住房制度改革产生的公有住房转让纠纷； （三）劳动者对劳动能力鉴定委员会的伤残等级鉴定结论或者对职业病诊断鉴定委员会的职业病诊断鉴定结论的异议纠纷； （四）家庭或者个人与家政服务人员之间的纠纷； （五）个体工匠与帮工、学徒之间的纠纷； （六）农村承包经营户与受雇人之间的纠纷。	**2006 年《劳动争议司法解释（二）》第七条** 下列纠纷不属于劳动争议： （一）劳动者请求社会保险经办机构发放社会保险金的纠纷； （二）劳动者与用人单位因住房制度改革产生的公有住房转让纠纷； （三）劳动者对劳动能力鉴定委员会的伤残等级鉴定结论或者对职业病诊断鉴定委员会的职业病诊断鉴定结论的异议纠纷； （四）家庭或者个人与家政服务人员之间的纠纷； （五）个体工匠与帮工、学徒之间的纠纷； （六）农村承包经营户与受雇人之间的纠纷。

续表

新条文	旧条文
第三条 劳动争议案件由用人单位所在地或者劳动合同履行地的基层人民法院管辖。 劳动合同履行地不明确的，由用人单位所在地的基层人民法院管辖。 **法律另有规定的，依照其规定。**	**2001 年《劳动争议司法解释》第八条** 劳动争议案件由用人单位所在地或者劳动合同履行地的基层人民法院管辖。 劳动合同履行地不明确的，由用人单位所在地的基层人民法院管辖。
第四条 劳动者**与**用人单位均不服劳动争议仲裁**机构**的同一裁决，向同一人民法院起诉的，人民法院应当并案审理，双方当事人互为原告和被告，**对双方的诉讼请求，人民法院应当一并作出裁决**。在诉讼过程中，一方当事人撤诉的，人民法院应当根据另一方当事人的诉讼请求继续审理。**双方当事人**就同一仲裁裁决分别向有管辖权的人民法院起诉的，后受理的人民法院应当将案件移送给先受理的人民法院。	**2006 年《劳动争议司法解释（二）》第十一条** 劳动者和用人单位均不服劳动争议仲裁委员会的同一裁决，向同一人民法院起诉的，人民法院应当并案审理，双方当事人互为原告和被告。在诉讼过程中，一方当事人撤诉的，人民法院应当根据另一方当事人的诉讼请求继续审理。 **2001 年《劳动争议司法解释》第九条** 当事人双方不服劳动争议仲裁委员会作出的同一仲裁裁决，均向同一人民法院起诉的，先起诉的一方当事人为原告，但对双方的诉讼请求，人民法院应当一并作出裁决。 当事人双方就同一仲裁裁决分别向有管辖权的人民法院起诉的，后受理的人民法院应当将案件移送给先受理的人民法院。

续表

新条文	旧条文
第五条　劳动争议仲裁机构以无管辖权为由对劳动争议案件不予受理，当事人提起诉讼的，人民法院按照以下情形分别处理： （一）经审查认为该**劳动争议仲裁机构**对案件确无管辖权的，应当告知当事人向有管辖权的**劳动争议仲裁机构**申请仲裁； （二）经审查认为该**劳动争议仲裁机构**有管辖权的，应当告知当事人申请仲裁，并将审查意见书面通知该**劳动争议仲裁机构**；**劳动争议仲裁机构**仍不受理，当事人就该劳动争议事项提起诉讼的，**人民法院**应予受理。	**2013 年《劳动争议司法解释（四）》第一条**　劳动人事争议仲裁委员会以无管辖权为由对劳动争议案件不予受理，当事人提起诉讼的，人民法院按照以下情形分别处理： （一）经审查认为该劳动人事争议仲裁委员会对案件确无管辖权的，应当告知当事人向有管辖权的劳动人事争议仲裁委员会申请仲裁； （二）经审查认为该劳动人事争议仲裁委员会有管辖权的，应当告知当事人申请仲裁，并将审查意见书面通知该劳动人事争议仲裁委员会，劳动人事争议仲裁委员会仍不受理，当事人就该劳动争议事项提起诉讼的，应予受理。
第六条　劳动争议仲裁**机构**以当事人申请仲裁的事项不属于劳动争议为由，作出不予受理的书面裁决、决定或者通知，当事人不服依法**提起诉讼**的，人民法院应当分别情况予以处理： （一）属于劳动争议案件的，应当受理； （二）虽不属于劳动争议案件，但属于人民法院主管的其他案件，应当依法受理。	**2001 年《劳动争议司法解释》第二条**　劳动争议仲裁委员会以当事人申请仲裁的事项不属于劳动争议为由，作出不予受理的书面裁决、决定或者通知，当事人不服，依法向人民法院起诉的，人民法院应当分别情况予以处理： （一）属于劳动争议案件的，应当受理； （二）虽不属于劳动争议案件，但属于人民法院主管的其他案件，应当依法受理。
第七条　劳动争议仲裁**机构**以申请仲裁的主体不适格为由，作出不予受理的书面裁决、决定或者通知，当事人不服依法**提起诉讼**，经审查确属主体不适格的，**人民法院不予受理；已经受理的，裁定驳回起诉。**	**2001 年《劳动争议司法解释》第四条**　劳动争议仲裁委员会以申请仲裁的主体不适格为由，作出不予受理的书面裁决、决定或者通知，当事人不服，依法向人民法院起诉的，经审查，确属主体不适格的，裁定不予受理或者驳回起诉。

续表

新条文	旧条文
第八条　劳动争议仲裁**机构**为纠正原仲裁裁决错误重新作出裁决，当事人不服依法**提起诉讼**的，人民法院应当受理。	**2001 年《劳动争议司法解释》第五条**　劳动争议仲裁委员会为纠正原仲裁裁决错误重新作出裁决，当事人不服，依法向人民法院起诉的，人民法院应当受理。
第九条　劳动争议仲裁**机构**仲裁的事项不属于人民法院受理的案件范围，当事人不服依法**提起诉讼**的，**人民法院不予受理；已经受理的，裁定驳回起诉。**	**2001 年《劳动争议司法解释》第七条**　劳动争议仲裁委员会仲裁的事项不属于人民法院受理的案件范围，当事人不服，依法向人民法院起诉的，裁定不予受理或者驳回起诉。
第十条　当事人不服劳动争议仲裁**机构**作出的预先支付劳动者**劳动报酬、工伤医疗费、经济补偿或者赔偿金**的裁决，**依法提起诉讼**的，人民法院不予受理。 用人单位不履行上述裁决中的给付义务，劳动者依法申请强制执行的，人民法院应予受理。	**2006 年《劳动争议司法解释（二）》第八条**　当事人不服劳动争议仲裁委员会作出的预先支付劳动者部分工资或者医疗费用的裁决，向人民法院起诉的，人民法院不予受理。 用人单位不履行上述裁决中的给付义务，劳动者依法向人民法院申请强制执行的，人民法院应予受理。
第十一条　劳动争议仲裁机构作出的调解书已经发生法律效力，一方当事人反悔提起诉讼的，人民法院不予受理；已经受理的，裁定驳回起诉。	**2010 年《劳动争议司法解释（三）》第十一条**　劳动人事争议仲裁委员会作出的调解书已经发生法律效力，一方当事人反悔提起诉讼的，人民法院不予受理；已经受理的，裁定驳回起诉。

续表

新条文	旧条文
第十二条　劳动争议仲裁机构逾期未作出受理决定或仲裁裁决，当事人直接提起诉讼的，人民法院应予受理，但申请仲裁的案件存在下列事由的除外： （一）移送管辖的； （二）正在送达或**者**送达延误的； （三）等待另案诉讼结果、评残结论的； （四）正在等待**劳动争议仲裁机构**开庭的； （五）启动鉴定程序或者委托其他部门调查取证的； （六）其他正当事由。 当事人以**劳动争议仲裁机构**逾期未作出仲裁裁决为由提起诉讼的，应当提交**该仲裁机构**出具的受理通知书或者其他已接受仲裁申请的凭证、证明。	**2010 年《劳动争议司法解释（三）》第十二条**　劳动人事争议仲裁委员会逾期未作出受理决定或仲裁裁决，当事人直接提起诉讼的，人民法院应予受理，但申请仲裁的案件存在下列事由的除外： （一）移送管辖的； （二）正在送达或送达延误的； （三）等待另案诉讼结果、评残结论的； （四）正在等待劳动人事争议仲裁委员会开庭的； （五）启动鉴定程序或者委托其他部门调查取证的； （六）其他正当事由。 当事人以劳动人事争议仲裁委员会逾期未作出仲裁裁决为由提起诉讼的，应当提交劳动人事争议仲裁委员会出具的受理通知书或者其他已接受仲裁申请的凭证或证明。
第十三条　劳动者依据劳动合同法第三十条第二款和调解仲裁法第十六条规定向人民法院申请支付令，符合民事诉讼法第十七章督促程序规定的，人民法院应予受理。 依据劳动合同法第三十条第二款规定申请支付令被人民法院裁定终结督促程序后，劳动者就劳动争议事项直接**提起诉讼**的，人民法院应当告知其先向**劳动争议仲裁机构**申请仲裁。 依据调解仲裁法第十六条规定申请支付令被人民法院裁定终结督促程序后，劳动者依据调解协议直接提起诉讼的，人民法院应予受理。	**2010 年《劳动争议司法解释（三）》第十七条**　劳动者依据劳动合同法第三十条第二款和调解仲裁法第十六条规定向人民法院申请支付令，符合民事诉讼法第十七章督促程序规定的，人民法院应予受理。 依据劳动合同法第三十条第二款规定申请支付令被人民法院裁定终结督促程序后，劳动者就劳动争议事项直接向人民法院起诉的，人民法院应当告知其先向劳动人事争议仲裁委员会申请仲裁。 依据调解仲裁法第十六条规定申请支付令被人民法院裁定终结督促程序后，劳动者依据调解协议直接向人民法院提起诉讼的，人民法院应予受理。

续表

新条文	旧条文
第十四条 人民法院受理劳动争议案件后，当事人增加诉讼请求的，如该诉讼请求与讼争的劳动争议具有不可分性，应当合并审理；如属独立的劳动争议，应当告知当事人向劳动争议仲裁**机构**申请仲裁。	**2001 年《劳动争议司法解释》第六条** 人民法院受理劳动争议案件后，当事人增加诉讼请求的，如该诉讼请求与讼争的劳动争议具有不可分性，应当合并审理；如属独立的劳动争议，应当告知当事人向劳动争议仲裁委员会申请仲裁。
第十五条 劳动者以用人单位的工资欠条为证据直接**提起诉讼**，诉讼请求不涉及劳动关系其他争议的，视为拖欠劳动报酬争议，**人民法院**按照普通民事纠纷受理。	**2006 年《劳动争议司法解释（二）》第三条** 劳动者以用人单位的工资欠条为证据直接向人民法院起诉，诉讼请求不涉及劳动关系其他争议的，视为拖欠劳动报酬争议，按照普通民事纠纷受理。
第十六条 劳动争议仲裁**机构**作出仲裁裁决后，当事人对裁决中的部分事项不服，依法**提起诉讼**的，劳动争议仲裁裁决不发生法律效力。	**2001 年《劳动争议司法解释》第十七条** 劳动争议仲裁委员会作出仲裁裁决后，当事人对裁决中的部分事项不服，依法向人民法院起诉的，劳动争议仲裁裁决不发生法律效力。
第十七条 劳动争议仲裁**机构**对多个劳动者的劳动争议作出仲裁裁决后，部分劳动者对仲裁裁决不服，依法**提起诉讼**的，仲裁裁决对**提起诉讼**的劳动者不发生法律效力；对未**提起诉讼**的部分劳动者，发生法律效力，如其申请执行的，人民法院应当受理。	**2001 年《劳动争议司法解释》第十八条** 劳动争议仲裁委员会对多个劳动者的劳动争议作出仲裁裁决后，部分劳动者对仲裁裁决不服，依法向人民法院起诉的，仲裁裁决对提出起诉的劳动者不发生法律效力；对未提出起诉的部分劳动者，发生法律效力，如其申请执行的，人民法院应当受理。

续表

新条文	旧条文
第十八条　仲裁裁决的类型以仲裁裁决书确定为准。仲裁裁决书未载明该裁决为终局裁决或**者**非终局裁决，用人单位不服该仲裁裁决向基层人民法院提起诉讼的，应当按照以下情形分别处理： （一）经审查认为该仲裁裁决为非终局裁决的，基层人民法院应予受理； （二）经审查认为该仲裁裁决为终局裁决的，基层人民法院不予受理，但应告知用人单位可以自收到不予受理裁定书之日起三十日内向**劳动争议仲裁机构**所在地的中级人民法院申请撤销该仲裁裁决；已经受理的，裁定驳回起诉。	2013 年《劳动争议司法解释（四）》**第二条**　仲裁裁决的类型以仲裁裁决书确定为准。 仲裁裁决书未载明该裁决为终局裁决或非终局裁决，用人单位不服该仲裁裁决向基层人民法院提起诉讼的，应当按照以下情形分别处理： （一）经审查认为该仲裁裁决为非终局裁决的，基层人民法院应予受理； （二）经审查认为该仲裁裁决为终局裁决的，基层人民法院不予受理，但应告知用人单位可以自收到不予受理裁定书之日起三十日内向劳动人事争议仲裁委员会所在地的中级人民法院申请撤销该仲裁裁决；已经受理的，裁定驳回起诉。
第十九条　仲裁裁决书未载明该裁决为终局裁决或者非终局裁决，劳动者依据调解仲裁法第四十七条第一项规定，追索劳动报酬、工伤医疗费、经济补偿或者赔偿金，如果仲裁裁决涉及数项，每项确定的数额均不超过当地月最低工资标准十二个月金额的，应当按照终局裁决处理。	2010 年《劳动争议司法解释（三）》**第十三条**　劳动者依据调解仲裁法第四十七条第（一）项规定，追索劳动报酬、工伤医疗费、经济补偿或者赔偿金，如果仲裁裁决涉及数项，每项确定的数额均不超过当地月最低工资标准十二个月金额的，应当按照终局裁决处理。
第二十条　**劳动争议仲裁机构**作出的同一仲裁裁决同时包含终局裁决事项和非终局裁决事项，当事人不服该仲裁裁决向人民法院提起诉讼的，应当按照非终局裁决处理。	2010 年《劳动争议司法解释（三）》**第十四条**　劳动人事争议仲裁委员会作出的同一仲裁裁决同时包含终局裁决事项和非终局裁决事项，当事人不服该仲裁裁决向人民法院提起诉讼的，应当按照非终局裁决处理。

续表

新条文	旧条文
第二十一条 劳动者依据调解仲裁法第四十八条规定向基层人民法院提起诉讼，用人单位依据调解仲裁法第四十九条规定向**劳动争议仲裁机构**所在地的中级人民法院申请撤销仲裁裁决的，中级人民法院应当不予受理；已经受理的，应当裁定驳回申请。 被人民法院驳回起诉或者劳动者撤诉的，用人单位可以自收到裁定书之日起三十日内，向**劳动争议仲裁机构**所在地的中级人民法院申请撤销仲裁裁决。	2010 年**《劳动争议司法解释（三）》第十五条** 劳动者依据调解仲裁法第四十八条规定向基层人民法院提起诉讼，用人单位依据调解仲裁法第四十九条规定向劳动人事争议仲裁委员会所在地的中级人民法院申请撤销仲裁裁决的，中级人民法院应不予受理；已经受理的，应当裁定驳回申请。 被人民法院驳回起诉或者劳动者撤诉的，用人单位可以自收到裁定书之日起三十日内，向劳动人事争议仲裁委员会所在地的中级人民法院申请撤销仲裁裁决。
第二十二条 用人单位**依据**调解仲裁法第四十九条规定向中级人民法院申请撤销仲裁裁决，中级人民法院作出的驳回申请或者撤销仲裁裁决的裁定为终审裁定。	2010 年**《劳动争议司法解释（三）》第十六条** 用人单位依照调解仲裁法第四十九条规定向中级人民法院申请撤销仲裁裁决，中级人民法院作出的驳回申请或者撤销仲裁裁决的裁定为终审裁定。
第二十三条 中级人民法院审理用人单位申请撤销终局裁决的案件，应当组成合议庭开庭审理。经过阅卷、调查和询问当事人，对没有新的事实、证据或者理由，合议庭认为不需要开庭审理的，可以不开庭审理。 中级人民法院可以组织双方当事人调解。达成调解协议的，可以制作调解书。一方当事人逾期不履行调解协议的，另一方可以申请人民法院强制执行。	2013 年**《劳动争议司法解释（四）》第三条** 中级人民法院审理用人单位申请撤销终局裁决的案件，应当组成合议庭开庭审理。经过阅卷、调查和询问当事人，对没有新的事实、证据或者理由，合议庭认为不需要开庭审理的，可以不开庭审理。 中级人民法院可以组织双方当事人调解。达成调解协议的，可以制作调解书。一方当事人逾期不履行调解协议的，另一方可以申请人民法院强制执行。

续表

新条文	旧条文
第二十四条 当事人申请人民法院执行劳动争议仲裁机构作出的发生法律效力的裁决书、调解书，被申请人提出证据证明劳动争议仲裁裁决书、调解书有下列情形之一，并经审查核实的，人民法院可以根据**民事诉讼法第二百三十七条**规定，裁定不予执行： （一）裁决的事项不属于劳动争议仲裁范围，或者劳动争议仲裁机构无权仲裁的； （二）适用法律、**法规**确有错误的； **（三）违反法定程序的；** **（四）裁决所根据的证据是伪造的；** **（五）对方当事人隐瞒了足以影响公正裁决的证据的；** **（六）**仲裁员**在**仲裁该案时有**索贿受贿**、徇私舞弊、枉法裁决行为的； **（七）**人民法院认定执行该劳动争议仲裁裁决违背社会公共利益的。 人民法院在不予执行的裁定书中，应当告知当事人在收到裁定书之次日起三十日内，可以就该劳动争议事项向人民法院**提起诉讼**。	**2001年《劳动争议司法解释》第二十一条** 当事人申请人民法院执行劳动争议仲裁机构作出的发生法律效力的裁决书、调解书，被申请人提出证据证明劳动争议仲裁裁决书、调解书有下列情形之一，并经审查核实的，人民法院可以根据《民事诉讼法》第二百一十七条之规定，裁定不予执行： （一）裁决的事项不属于劳动争议仲裁范围，或者劳动争议仲裁机构无权仲裁的； （二）适用法律确有错误的； （三）仲裁员仲裁该案时，有徇私舞弊、枉法裁决行为的； （四）人民法院认定执行该劳动争议仲裁裁决违背社会公共利益的。 人民法院在不予执行的裁定书中，应当告知当事人在收到裁定书之次日起三十日内，可以就该劳动争议事项向人民法院起诉。

续表

新条文	旧条文
第二十五条　劳动争议仲裁机构作出终局裁决，劳动者向人民法院申请执行，用人单位向**劳动争议仲裁机构**所在地的中级人民法院申请撤销的，人民法院应当裁定中止执行。 用人单位撤回撤销终局裁决申请或者其申请被驳回的，人民法院应当裁定恢复执行。仲裁裁决被撤销的，人民法院应当裁定终结执行。 用人单位向人民法院申请撤销仲裁裁决被驳回后，又在执行程序中以相同理由提出不予执行抗辩的，人民法院不予支持。	2010 年《**劳动争议司法解释（三）》第十八条**　劳动人事争议仲裁委员会作出终局裁决，劳动者向人民法院申请执行，用人单位向劳动人事争议仲裁委员会所在地的中级人民法院申请撤销的，人民法院应当裁定中止执行。 用人单位撤回撤销终局裁决申请或者其申请被驳回的，人民法院应当裁定恢复执行。仲裁裁决被撤销的，人民法院应当裁定终结执行。 用人单位向人民法院申请撤销仲裁裁决被驳回后，又在执行程序中以相同理由提出不予执行抗辩的，人民法院不予支持。
第二十六条　用人单位与其**他**单位合并的，合并前发生的劳动争议，由合并后的单位为当事人；用人单位分立为若干单位的，其分立前发生的劳动争议，由分立后的实际用人单位为当事人。 用人单位分立为若干单位后，**具体**承受劳动权利义务的单位不明确的，分立后的单位均为当事人。	2001 年《**劳动争议司法解释》第十条**　用人单位与其它单位合并的，合并前发生的劳动争议，由合并后的单位为当事人；用人单位分立为若干单位的，其分立前发生的劳动争议，由分立后的实际用人单位为当事人。 用人单位分立为若干单位后，对承受劳动权利义务的单位不明确的，分立后的单位均为当事人。
第二十七条　用人单位招用尚未解除劳动合同的劳动者，原用人单位与劳动者发生的劳动争议，可以列新的用人单位为第三人。 原用人单位以新的用人单位侵权为由**提起诉讼**的，可以列劳动者为第三人。 原用人单位以新的用人单位和劳动者共同侵权为由**提起诉讼**的，新的用人单位和劳动者列为共同被告。	2001 年《**劳动争议司法解释》第十一条**　用人单位招用尚未解除劳动合同的劳动者，原用人单位与劳动者发生的劳动争议，可以列新的用人单位为第三人。 原用人单位以新的用人单位侵权为由向人民法院起诉的，可以列劳动者为第三人。 原用人单位以新的用人单位和劳动者共同侵权为由向人民法院起诉的，新的用人单位和劳动者列为共同被告。

续表

新条文	旧条文
第二十八条 劳动者在用人单位与其他平等主体之间的承包经营期间，与发包方和承包方双方或者一方发生劳动争议，依法**提起诉讼**的，应当将承包方和发包方作为当事人。	2001年《**劳动争议司法解释**》**第十二条** 劳动者在用人单位与其他平等主体之间的承包经营期间，与发包方和承包方双方或者一方发生劳动争议，依法向人民法院起诉的，应当将承包方和发包方作为当事人。
第二十九条 劳动者与未办理营业执照、营业执照被吊销或者营业期限届满仍继续经营的用人单位发生争议的，应当将用人单位或者其出资人列为当事人。	2010年《**劳动争议司法解释（三）**》**第四条** 劳动者与未办理营业执照、营业执照被吊销或者营业期限届满仍继续经营的用人单位发生争议的，应当将用人单位或者其出资人列为当事人。
第三十条 未办理营业执照、营业执照被吊销或者营业期限届满仍继续经营的用人单位，以挂靠等方式借用他人营业执照经营的，应当将用人单位和营业执照出借方列为当事人。	2010年《**劳动争议司法解释（三）**》**第五条** 未办理营业执照、营业执照被吊销或者营业期限届满仍继续经营的用人单位，以挂靠等方式借用他人营业执照经营的，应当将用人单位和营业执照出借方列为当事人。
第三十一条 当事人不服**劳动争议仲裁机构**作出的仲裁裁决，依法提起诉讼，人民法院审查认为仲裁裁决遗漏了必须共同参加仲裁的当事人的，应当依法追加遗漏的人为诉讼当事人。 被追加的当事人应当承担责任的，人民法院应当一并处理。	2010年《**劳动争议司法解释（三）**》**第六条** 当事人不服劳动人事争议仲裁委员会作出的仲裁裁决，依法向人民法院提起诉讼，人民法院审查认为仲裁裁决遗漏了必须共同参加仲裁的当事人的，应当依法追加遗漏的人为诉讼当事人。 被追加的当事人应当承担责任的，人民法院应当一并处理。

续表

新条文	旧条文
第三十二条 用人单位与其招用的已经依法享受养老保险待遇或**者**领取退休金的人员发生用工争议**而**提起诉讼的，人民法院应当按劳务关系处理。 企业停薪留职人员、未达到法定退休年龄的内退人员、下岗待岗人员以及企业经营性停产放长假人员，因与新的用人单位发生用工争议**而**提起诉讼的，人民法院应当按劳动关系处理。	2010 年**《劳动争议司法解释（三）》第七条** 用人单位与其招用的已经依法享受养老保险待遇或领取退休金的人员发生用工争议，向人民法院提起诉讼的，人民法院应当按劳务关系处理。 2010 年**《劳动争议司法解释（三）》第八条** 企业停薪留职人员、未达到法定退休年龄的内退人员、下岗待岗人员以及企业经营性停产放长假人员，因与新的用人单位发生用工争议，依法向人民法院提起诉讼的，人民法院应当按劳动关系处理。
第三十三条 外国人、无国籍人未依法取得就业证件即与**中华人民共和国**境内的用人单位签订劳动合同，当事人请求确认与用人单位存在劳动关系的，人民法院不予支持。 持有《外国专家证》并取得《外国人来华工作许可证》的外国人，与**中华人民共和国**境内的用人单位建立用工关系的，可以认定为劳动关系。	2013 年**《劳动争议司法解释（四）》第十四条** 外国人、无国籍人未依法取得就业证件即与中国境内的用人单位签订劳动合同，以及香港特别行政区、澳门特别行政区和台湾地区居民未依法取得就业证件即与内地用人单位签订劳动合同，当事人请求确认与用人单位存在劳动关系的，人民法院不予支持。 持有《外国专家证》并取得《外国专家来华工作许可证》的外国人，与中国境内的用人单位建立用工关系的，可以认定为劳动关系。

续表

新条文	旧条文
第三十四条　劳动合同期满后，劳动者仍在原用人单位工作，原用人单位未表示异议的，视为双方同意以原条件继续履行劳动合同。一方提出终止劳动关系的，人民法院**应予**支持。 根据**劳动合同法第十四条**规定，用人单位应当与劳动者签订无固定期限劳动合同而未签订的，人民法院可以视为双方之间存在无固定期限劳动合同关系，并以原劳动合同确定双方的权利义务关系。	2001 年**《劳动争议司法解释》第十六条**　劳动合同期满后，劳动者仍在原用人单位工作，原用人单位未表示异议的，视为双方同意以原条件继续履行劳动合同。一方提出终止劳动关系的，人民法院应当支持。 根据《劳动法》第二十条之规定，用人单位应当与劳动者签订无固定期限劳动合同而未签订的，人民法院可以视为双方之间存在无固定期限劳动合同关系，并以原劳动合同确定双方的权利义务关系。
第三十五条　劳动者与用人单位就解除或者终止劳动合同办理相关手续、支付工资报酬、加班费、经济补偿或者赔偿金等达成的协议，不违反法律、行政法规的强制性规定，且不存在欺诈、胁迫或者乘人之危情形的，应当认定有效。 前款协议存在重大误解或者显失公平情形，当事人请求撤销的，人民法院应予支持。	2010 年**《劳动争议司法解释(三)》第十条**　劳动者与用人单位就解除或者终止劳动合同办理相关手续、支付工资报酬、加班费、经济补偿或者赔偿金等达成的协议，不违反法律、行政法规的强制性规定，且不存在欺诈、胁迫或者乘人之危情形的，应当认定有效。 前款协议存在重大误解或者显失公平情形，当事人请求撤销的，人民法院应予支持。
第三十六条　当事人在劳动合同或者保密协议中约定了竞业限制，但未约定解除或者终止劳动合同后给予劳动者经济补偿，劳动者履行了竞业限制义务，要求用人单位按照劳动者在劳动合同解除或者终止前十二个月平均工资的 30% 按月支付经济补偿的，人民法院应予支持。 前款规定的月平均工资的 30% 低于劳动合同履行地最低工资标准的，按照劳动合同履行地最低工资标准支付。	2013 年**《劳动争议司法解释(四)》第六条**　当事人在劳动合同或者保密协议中约定了竞业限制，但未约定解除或者终止劳动合同后给予劳动者经济补偿，劳动者履行了竞业限制义务，要求用人单位按照劳动者在劳动合同解除或者终止前十二个月平均工资的 30% 按月支付经济补偿的，人民法院应予支持。 前款规定的月平均工资的 30% 低于劳动合同履行地最低工资标准的，按照劳动合同履行地最低工资标准支付。

续表

新条文	旧条文
第三十七条 当事人在劳动合同或者保密协议中约定了竞业限制和经济补偿，当事人解除劳动合同时，除另有约定外，用人单位要求劳动者履行竞业限制义务，或者劳动者履行了竞业限制义务后要求用人单位支付经济补偿的，人民法院应予支持。	**2013 年《劳动争议司法解释（四）》第七条** 当事人在劳动合同或者保密协议中约定了竞业限制和经济补偿，当事人解除劳动合同时，除另有约定外，用人单位要求劳动者履行竞业限制义务，或者劳动者履行了竞业限制义务后要求用人单位支付经济补偿的，人民法院应予支持。
第三十八条 当事人在劳动合同或者保密协议中约定了竞业限制和经济补偿，劳动合同解除或者终止后，因用人单位的原因导致三个月未支付经济补偿，劳动者请求解除竞业限制约定的，人民法院应予支持。	**2013 年《劳动争议司法解释（四）》第八条** 当事人在劳动合同或者保密协议中约定了竞业限制和经济补偿，劳动合同解除或者终止后，因用人单位的原因导致三个月未支付经济补偿，劳动者请求解除竞业限制约定的，人民法院应予支持。
第三十九条 在竞业限制期限内，用人单位请求解除竞业限制协议的，人民法院应予支持。 在解除竞业限制协议时，劳动者请求用人单位额外支付劳动者三个月的竞业限制经济补偿的，人民法院应予支持。	**2013 年《劳动争议司法解释（四）》第九条** 在竞业限制期限内，用人单位请求解除竞业限制协议时，人民法院应予支持。 在解除竞业限制协议时，劳动者请求用人单位额外支付劳动者三个月的竞业限制经济补偿的，人民法院应予支持。
第四十条 劳动者违反竞业限制约定，向用人单位支付违约金后，用人单位要求劳动者按照约定继续履行竞业限制义务的，人民法院应予支持。	**2013 年《劳动争议司法解释（四）》第十条** 劳动者违反竞业限制约定，向用人单位支付违约金后，用人单位要求劳动者按照约定继续履行竞业限制义务的，人民法院应予支持。

续表

新条文	旧条文
第四十一条 劳动合同被确认为无效，**劳动者已付出劳动的，用人单位应当按照劳动合同法第二十八条、第四十六条、第四十七条的规定向劳动者支付劳动报酬和经济补偿。** 由于用人单位原因订立无效劳动合同，给劳动者造成损害的，**用人单位应当**赔偿劳动者因合同无效所造成的经济损失。	**2001年《劳动争议司法解释》第十四条** 劳动合同被确认为无效后，用人单位对劳动者付出的劳动，一般可参照本单位同期、同工种、同岗位的工资标准支付劳动报酬。 根据《劳动法》第九十七条之规定，由于用人单位的原因订立的无效合同，给劳动者造成损害的，应当比照违反和解除劳动合同经济补偿金的支付标准，赔偿劳动者因合同无效所造成的经济损失。
第四十二条 劳动者主张加班费的，应当就加班事实的存在承担举证责任。但劳动者有证据证明用人单位掌握加班事实存在的证据，用人单位不提供的，由用人单位承担不利后果。	**2010年《劳动争议司法解释(三)》第九条** 劳动者主张加班费的，应当就加班事实的存在承担举证责任。但劳动者有证据证明用人单位掌握加班事实存在的证据，用人单位不提供的，由用人单位承担不利后果。
第四十三条 用人单位与劳动者协商一致变更劳动合同，**虽**未采用书面形式，但已经实际履行了口头变更的劳动合同超过一个月，变更后的劳动合同内容不违反法律、行政法规**且不违背**公序良俗，当事人以未采用书面形式为由主张劳动合同变更无效的，人民法院不予支持。	**2013年《劳动争议司法解释(四)》第十一条** 变更劳动合同未采用书面形式，但已经实际履行了口头变更的劳动合同超过一个月，且变更后的劳动合同内容不违反法律、行政法规、国家政策以及公序良俗，当事人以未采用书面形式为由主张劳动合同变更无效的，人民法院不予支持。
第四十四条 因用人单位作出的开除、除名、辞退、解除劳动合同、减少劳动报酬、计算劳动者工作年限等决定而发生的劳动争议，用人单位负举证责任。	**2001年《劳动争议司法解释》第十三条** 因用人单位作出的开除、除名、辞退、解除劳动合同、减少劳动报酬、计算劳动者工作年限等决定而发生的劳动争议，用人单位负举证责任。

续表

新条文	旧条文
第四十五条　用人单位有下列情形之一，迫使劳动者提出解除劳动合同的，用人单位应当支付劳动者的劳动报酬和经济补偿，并可支付赔偿金： （一）以暴力、威胁或者非法限制人身自由的手段强迫劳动的； （二）未按照劳动合同约定支付劳动报酬或者提供劳动条件的； （三）克扣或者无故拖欠劳动者工资的； （四）拒不支付劳动者延长工作时间工资报酬的； （五）低于当地最低工资标准支付劳动者工资的。	**2001 年《劳动争议司法解释》第十五条**　用人单位有下列情形之一，迫使劳动者提出解除劳动合同的，用人单位应当支付劳动者的劳动报酬和经济补偿，并可支付赔偿金： （一）以暴力、威胁或者非法限制人身自由的手段强迫劳动的； （二）未按照劳动合同约定支付劳动报酬或者提供劳动条件的； （三）克扣或者无故拖欠劳动者工资的； （四）拒不支付劳动者延长工作时间工资报酬的； （五）低于当地最低工资标准支付劳动者工资的。
第四十六条　劳动者非因本人原因从原用人单位被安排到新用人单位工作，原用人单位未支付经济补偿，劳动者依据劳动合同法第三十八条规定与新用人单位解除劳动合同，或者新用人单位向劳动者提出解除、终止劳动合同，在计算支付经济补偿或赔偿金的工作年限时，劳动者请求把在原用人单位的工作年限合并计算为新用人单位工作年限的，人民法院应予支持。 用人单位符合下列情形之一的，应当认定属于“劳动者非因本人原因从原用人单位被安排到新用人单位工作”： （一）劳动者仍在原工作场所、工作岗位工作，劳动合同主体由原用人单位变更为新用人单位； （二）用人单位以组织委派或任命形式对劳动者进行工作调动； （三）因用人单位合并、分立等原因导致劳动者工作调动； （四）用人单位及其关联企业与劳动者轮流订立劳动合同； （五）其他合理情形。	**2013 年《劳动争议司法解释（四）》第五条**　劳动者非因本人原因从原用人单位被安排到新用人单位工作，原用人单位未支付经济补偿，劳动者依照劳动合同法第三十八条规定与新用人单位解除劳动合同，或者新用人单位向劳动者提出解除、终止劳动合同，在计算支付经济补偿或赔偿金的工作年限时，劳动者请求把在原用人单位的工作年限合并计算为新用人单位工作年限的，人民法院应予支持。 用人单位符合下列情形之一的，应当认定属于“劳动者非因本人原因从原用人单位被安排到新用人单位工作”： （一）劳动者仍在原工作场所、工作岗位工作，劳动合同主体由原用人单位变更为新用人单位； （二）用人单位以组织委派或任命形式对劳动者进行工作调动； （三）因用人单位合并、分立等原因导致劳动者工作调动； （四）用人单位及其关联企业与劳动者轮流订立劳动合同； （五）其他合理情形。

续表

新条文	旧条文
第四十七条　建立了工会组织的用人单位解除劳动合同符合劳动合同法第三十九条、第四十条规定，但未按照劳动合同法第四十三条规定事先通知工会，劳动者以用人单位违法解除劳动合同为由请求用人单位支付赔偿金的，人民法院应予支持，但起诉前用人单位已经补正有关程序的除外。	**2013 年《劳动争议司法解释(四)》第十二条**　建立了工会组织的用人单位解除劳动合同符合劳动合同法第三十九条、第四十条规定，但未按照劳动合同法第四十三条规定事先通知工会，劳动者以用人单位违法解除劳动合同为由请求用人单位支付赔偿金的，人民法院应予支持，但起诉前用人单位已经补正有关程序的除外。
第四十八条　劳动合同法施行后，因用人单位经营期限届满不再继续经营导致劳动合同不能继续履行，劳动者请求用人单位支付经济补偿的，人民法院应予支持。	**2013 年《劳动争议司法解释(四)》第十三条**　劳动合同法施行后，因用人单位经营期限届满不再继续经营导致劳动合同不能继续履行，劳动者请求用人单位支付经济补偿的，人民法院应予支持。
第四十九条　在诉讼过程中，劳动者向人民法院申请采取财产保全措施，人民法院经审查认为申请人经济确有困难，或者有证据证明用人单位存在欠薪逃匿可能的，应当减轻或者免除劳动者提供担保的义务，及时采取保全措施。 人民法院作出的财产保全裁定中，应当告知当事人在劳动争议仲裁机构的裁决书或者在人民法院的裁判文书生效后三个月内申请强制执行。逾期不申请的，人民法院应当裁定解除保全措施。	**2006 年《劳动争议司法解释(二)》第十四条**　在诉讼过程中，劳动者向人民法院申请采取财产保全措施，人民法院经审查认为申请人经济确有困难，或有证据证明用人单位存在欠薪逃匿可能的，应当减轻或者免除劳动者提供担保的义务，及时采取保全措施。 **2006 年《劳动争议司法解释(二)》第十五条**　人民法院作出的财产保全裁定中，应当告知当事人在劳动仲裁机构的裁决书或者在人民法院的裁判文书生效后三个月内申请强制执行。逾期不申请的，人民法院应当裁定解除保全措施。

续表

新条文	旧条文
第五十条 用人单位根据**劳动合同法**第四条规定，通过民主程序制定的规章制度，不违反国家法律、行政法规及政策规定，并已向劳动者公示的，可以作为**确定双方权利义务**的依据。 用人单位制定的内部规章制度与集体合同或者劳动合同约定的内容不一致，劳动者请求优先适用合同约定的，人民法院应予支持。	**2001年《劳动争议司法解释》第十九条** 用人单位根据《劳动法》第四条之规定，通过民主程序制定的规章制度，不违反国家法律、行政法规及政策规定，并已向劳动者公示的，可以作为人民法院审理劳动争议案件的依据。 **2006年《劳动争议司法解释(二)》第十六条** 用人单位制定的内部规章制度与集体合同或者劳动合同约定的内容不一致，劳动者请求优先适用合同约定的，人民法院应予支持。
第五十一条 当事人在**调解仲裁法第十条规定的调解组织**主持下达成的具有劳动权利义务内容的调解协议，具有劳动合同的约束力，可以作为人民法院裁判的根据。 当事人在**调解仲裁法第十条规定的调解组织**主持下仅就劳动报酬争议达成调解协议，用人单位不履行调解协议确定的给付义务，劳动者直接**提起诉讼**的，人民法院可以按照普通民事纠纷受理。	**2006年《劳动争议司法解释(二)》第十七条** 当事人在劳动争议调解委员会主持下达成的具有劳动权利义务内容的调解协议，具有劳动合同的约束力，可以作为人民法院裁判的根据。 当事人在劳动争议调解委员会主持下仅就劳动报酬争议达成调解协议，用人单位不履行调解协议确定的给付义务，劳动者直接向人民法院起诉的，人民法院可以按照普通民事纠纷受理。
第五十二条 当事人在人民调解委员会主持下仅就给付义务达成的调解协议，双方认为有必要的，可以共同向人民调解委员会所在地的基层人民法院申请司法确认。	**2013年《劳动争议司法解释(四)》第四条** 当事人在人民调解委员会主持下仅就给付义务达成的调解协议，双方认为有必要的，可以共同向人民调解委员会所在地的基层人民法院申请司法确认。

续表

新条文	旧条文
第五十三条　用人单位对劳动者作出的开除、除名、辞退等处理，或者因其他原因解除劳动合同确有错误的，人民法院可以依法判决予以撤销。 对于追索劳动报酬、养老金、医疗费以及工伤保险待遇、经济补偿金、培训费及其他相关费用等案件，给付数额不当的，人民法院可以予以变更。	**2001 年《劳动争议司法解释》第二十条**　用人单位对劳动者作出的开除、除名、辞退等处理，或者因其他原因解除劳动合同确有错误的，人民法院可以依法判决予以撤销。 对于追索劳动报酬、养老金、医疗费以及工伤保险待遇、经济补偿金、培训费及其他相关费用等案件，给付数额不当的，人民法院可以予以变更。
第五十四条　本解释自 2021 年 1 月 1 日起施行。	**2006 年《劳动争议司法解释（二）》第十八条**　本解释自二〇〇六年十月一日起施行。本解释施行前本院颁布的有关司法解释与本解释规定不一致的，以本解释的规定为准。 本解释施行后，人民法院尚未审结的一审、二审案件适用本解释。本解释施行前已经审结的案件，不得适用本解释的规定进行再审。
	2013 年《劳动争议司法解释（四）》第十五条　本解释施行前本院颁布的有关司法解释与本解释抵触的，自本解释施行之日起不再适用。 本解释施行后尚未终审的劳动争议纠纷案件，适用本解释；本解释施行前已经终审，当事人申请再审或者按照审判监督程序决定再审的，不适用本解释。

后　记

为了准确理解和正确适用《最高人民法院关于审理劳动争议案件适用法律问题的解释（一）》，帮助读者了解和把握本司法解释的制定背景、内容和相关理论，特编写本书。

本书根据实用性和研究性相结合的原则，以司法解释条文为序，理解与适用部分按照【条文主旨】【条文理解】【审判实践中应注意的问题】【案例解读】的体例编写，力求结构严谨、内容精练、用语规范、分析透彻。

本书由最高人民法院民事审判第一庭组织下列同志参与编写（按姓氏笔画排列）：于蒙、王永明、王亮、王珩、王瑄、王楠楠、王鹏、韦大、田璐、危浪平、刘忠伟、刘佳洁、杜若薇、李海燕、吴晓静、吴博文、张闻、张艳、陈思、罗映清、金曦、赵越 、赵雅丽、高榉 、唐倩、黄百隆、盛峰、窦江涛。危浪平、韦大负责全书统稿工作。

在本解释清理过程中，全国各高级人民法院和广大民事法官通过不同形式提供宝贵素材及修改意见，全国人大常委会法工委、人力资源和社会保障部、科技部等中央国家机关亦对解释涉及的许多重大问题提出重要建议，在此一并致谢！

由于时间仓促，错误、纰漏之处在所难免，敬请广大法律界同仁和各位读者批评指正。

最高人民法院民事审判第一庭

2021 年 6 月